XIBU JIANCHA

西部检察

第五卷

黄常明 主编

中国检察出版社

《西部检察》编委会

编委会主任 余 敏

编委会副主任 王定顺

编 委 南东方 陈胜才 李钺锋 梁 田
　　　　　陈祖德 杨 平 刘 昕 刘 娟

学 术 顾 问 孙长永 朱建华 王利荣 孙 鹏
　　　　　李昌林 高一飞 黄 文 黄 毅

主 编 黄常明

副 主 编 盛宏文 张衍路

编 辑 李 扬 熊 皓 周礼丽 陈春雨
　　　　　张玉飞 杜 颖 欧阳海灵 陈玮煌
　　　　　孙 强

主 办 单 位 重庆市人民检察院
　　　　　重庆市检察官协会
　　　　　重庆市法学会检察学研究会

卷 首 语

　　新刑事诉讼法、民事诉讼法实施以来，对检察工作究竟产生了怎样的影响，在司法实践中又存在哪些困惑、问题，在实际办案中，如何准确把握立法精神，确保"两法"正确贯彻实施，既是检察机关当前面临的重大课题，也是检察机关办案工作的重中之重。为此，重庆市检察机关立足检察实践，针对新刑事诉讼法、民事诉讼法的实施运行情况，通过全面深入的调研、论证，积极开展法律适用实证研究，形成了一批质量较高的论文。

　　《西部检察》（第五卷）共收录46篇优秀论文，其内容涵盖了新刑事诉讼法相关问题研究、刑法适用问题研究、民事检察及综合类问题研究三个方面，收录的论文紧紧围绕修改后两法实施中的法律适用问题，紧密贴近检察实务，采用实证分析方法，较为全面地归纳分析实践中的新情况、新问题，并提出相应的解决方案。论文选题涵盖面广，既涉及刑事诉讼程序的各个环节，如对适用指定居所监视居住措施的有关问题、"撤回报捕"现象、公诉案件撤回起诉、附条件不起诉监督考察、非法证据的认定、检察官参与庭前会议的程序和任务、社区矫正检察监督等进行了实证和理论研究，也对民事诉讼相关问题、刑法适用及综合类问题展开研究，如检察机关对民事申诉案件的调查核实权、民行再审检察建议相关问题、民事执行监督权的完善与发展，以及在办理危险驾驶、毒品和合同诈骗等案件中的法律适用问题，检察建议监督实效、检察权运行的内部监督制约机制完善等相关问题。

修改后的刑事诉讼法将电子数据作为八种证据之一，对电子数据的有关问题的研究在我国尚处于探索阶段。《新刑事诉讼法实施后电子数据的收集问题研究——以职务犯罪侦查实践为视角》一文指出，随着电子计算机技术的发展和网络的普及，部分职务犯罪嫌疑人会在操作电子计算机或者使用其他电子设备时，留下记录其犯罪事实的电子数据。但由于电子数据刚刚纳入证据类型，加上检察机关缺少这方面的专业人才和设备，实践中对于电子数据的收集或者不太关注，或者收集方式简单。从未来规范角度来看，侦查人员既要了解电子数据的基本特征，认真研究学习电子数据的收集技术，也要坚持合法性原则，依据法定程序及时全面地收集电子数据，确保电子数据的证明力。同时，应当加强人才培养和机制建设，从而使职务犯罪中的电子数据的收集符合专业、合法的要求，以适应现代信息技术给职务犯罪侦查带来的挑战和影响。

撤回起诉是现代刑事诉讼中一种诉讼过滤机制和诉讼程序补救措施，我国立法未予规定，但司法解释规定了该制度。实践中存在撤回起诉权被滥用、效力不明、监督制约缺位等问题。对此，《公诉案件撤回起诉若干问题研究》针对某市检察机关近5年的撤回起诉案件展开实证研究，指出该程序存在被滥用、效力不明、监督制约缺位等问题，建议对撤回起诉进行程序规制，并建立内外部监督机制，如撤回起诉须经检察长同意或交检委会讨论决定并交上级检察院审批同意，法院强化对撤回起诉请求进行审查、人民监督员对撤回起诉案件实施监督。

从立法原意上，指定居所监视居住是减少拘留、逮捕的替代措施，具有独立的价值。指定居所监视居住是非羁押性强制措施。如何进一步规制指定居所监视居住，以实现打击犯罪与保障人权的平衡，是当前检察机关适用指定居所监视居住必须面对的问题。《自侦案件适用指定居所监视居住若干问题探讨》总结了重庆市基层检察机关适用指定居所监视居住的相关情况，发现存在执行场所难以确定、办案风险大、相关法律手续不完善、律师权益保障难、执行程序不规范、职责不清、监督协调机制不健全等问题，建议检察机关会同公安机关联合会签具体实施细则，并慎重选择监视居住的指定场所，以"就近、便捷、安全"为原则，在辖区内选择几处相对固定的地点作为执行场所，场所内配置必要的安全、监控等设备，同时加大执法规范化，依法保障人权，构建备案和同步监督机制。

自"两个证据规定"实施以来，非法证据排除的实施情况并不理想，除体制上的因素外，刑讯逼供等"非法方法"、"暴力、威胁等方法"以及"不符合法定程序、可能严重影响司法公正"等关键概念的内涵和外延不清也是重要原因。《非法口供的认定——兼论对"刑讯逼供等非法方法"的理解》一文建议厘清关键概念，并参考《反酷刑公约》的成熟立法以及相关国家和地区的成熟经验来确立总体原则。判断是否遭受"肉体或精神上遭受剧烈疼痛或痛苦"，在运用经验法则依据常识进行判断出现困难时，则可以要求医生介入并以医学标准进行评判。

检察机关对未成年犯罪嫌疑人的监督考察程序是附条件不起诉制度的核心与灵魂，直接关系到该制度的设立初衷——"教育、感化、挽救"未成年犯罪嫌疑人。但是刑诉法就附条件不起诉制度的监督考察仅作了原则性规定，对此，《附条件不起诉监督考察方案制定研究——"知、情、意、行"心理学视角下的未成年人矫治教育》一文力图从"知、情、意、行"心理学的角度出发，探讨制订附条件不起诉监督考察方案，并将监督考察方案作用于未成年人"知、情、意、行"心理要素，以更好地达到对未成年人矫治教育的目的。

强制医疗制度的施行，对于解决我国日益严峻的精神病人肇事肇祸问题具有重大的现实意义。其中，强制医疗执行程序的完善，是实现该项制度人权保障和社会保护功能的重要保障。《强制医疗执行程序之完善——以检察监督为视角的思考》针对修改后的刑事诉讼法实施以来强制医疗程序执行情况进行了实证考察，提出我国需尽快明晰强制医疗执行程序的基本要素，建立两级强制医疗执行机构，以及由国家承担为主、社会个人承担为辅的费用保障机制等建议。同时，该文立足于完善检察院对强制医疗执行的检察监督，提出由检察机关监所部门对强制医疗交付、执行活动进行监督等。

撤回报捕是指侦查机关向检察机关提请批准逮捕后，检察机关没有直接作出批准或不批准逮捕的决定，而是由报送逮捕案件的单位直接将案件撤回。虽然法律没有明文规定逮捕案件可以撤回，但这种做法由来已久。《论"撤回报捕"现象——以重庆市沙坪坝人民检察院为调查对象》一文以沙坪坝区人民检察院近20年撤回报捕案件为调查对象，研究撤回报捕行为发展变化的全过程，并对不同时期的撤回报捕行为进行特点分析，指出撤回报捕不符合法治精神，应当严格禁止，而完善受案机制与提前介入机制则将使撤回报捕完全失去存在的价值。

"社区矫正"进入我国已历10年，其在与本土法环境的融合冲突中不断调适，由区域试点走到立法确认，逐步形成了法定的刑罚制度。如何进一步提升我国社区矫正的规模、质量，使检察监督权发挥更大的作用，《社区矫正西部县域实践与检察监督权——基于对重庆 B 县矫正对象和社区居民的抽样调查》一文通过对重庆 B 县县域的社区矫正进行了实证研究，发现社区矫正工作面临着缺乏群众认同、矫正经费不足、矫正手段单一等突出问题，提出引入社会工作者、志愿者，扩大非监禁刑和社区矫正的适用范围等建议。认为开展对社区矫正的法律监督，是刑罚执行监督的重要内容，也是修改后的刑事诉讼法赋予检察机关的一项重要权能，检察监督工作还有进一步发挥作用的空间。如建议检察机关建立审前社会调查和危险性评估机制，并增设专门犯罪预防机构，通过强化公、检、法、司职能衔接，提升检察监督信息化水平。

为解决旅客出行难、买票难的问题，我国于 2012 年 1 月 1 日起全面推行实名制购票火车票。实名制下倒卖车票能否构成犯罪？全国大部分铁路公检法三家较为一致地认为，实名制下倒卖车票是针对特定旅客，未侵犯社会管理秩序，不构成犯罪。《实名制视野下若干倒卖车票行为的界定与评价》指出在实名制购买火车票的背景下，只要涉及实名制火车票的违法行为符合犯罪的实质构成要件，就构成犯罪，可能涉及如倒卖车票罪、强迫交易罪、敲诈勒索罪等罪名。对于某些形式上符合倒卖车票罪，但实质上并无严重社会危害性的涉票行为，则不应以犯罪论处，直接适用刑法但书的规定。

合同诈骗罪从普通诈骗罪中分离，其目的在于对利用合同实施诈骗的犯罪行为从重打击，然在两罪法定刑量刑幅度基本一致的情况下，司法解释和司法解释授权地方制定的合同诈骗罪"数额较大"、"数额巨大"的标准均高于一般诈骗罪的数额标准，导致司法实践中出现同一个合同诈骗行为依合同诈骗罪条款无罪或罪轻，依诈骗罪条款有罪或罪重的悖论。《关于合同诈骗罪的数额标准评析》一文从刑法相关基础理论出发，结合办案实践，对合同诈骗罪追诉标准进行评析，并建议以普通诈骗罪的追诉标准为参照，对合同诈骗罪的数额标准进行适当调整，两罪使用相同的数额标准。

修改后的民事诉讼法将检察机关的调查核实权写入国家基本法律，内涵深刻、意义深远，但囿于第 210 条的规定比较原则，实践中缺少可操作性的指引。《新民事诉讼法中检察机关调查核实权的探索和完善》提出检察机关在运用调查核实权时应坚持职权法定、居中监督、保持谦抑的原则，法检两家应就检察机关调查所得证据的效力问题尽快达成共识、消除分歧。

民事、行政再审检察建议是我国民事、行政检察监督中较为独特的制度之一，且在司法实践中长期适用和不断发展。新民事诉讼法以法律的形式对检察建议进行了规定,其中第208条第2款将民事再审检察建议与抗诉并列规定,这不仅充分体现了司法改革成果,也体现了人们对检察建议认识的深化。然而,再审检察建议的法律定位,提出的原则、方式、程序等还有待进一步探讨。因此,从实证研究的角度对再审检察建议进行考察,提出完善建议确有必要。《民行再审检察建议实证研究》一文以全国近10年民行再审检察建议以及福建省、重庆市近4年民行再审检察建议数据入手,论证了民行再审检察建议在检察实践中的地位逐步凸显,民事检察监督的发展迫切需要宪法、人民检察院组织法、立法法、民事诉讼法等相关法律的修改完善,以明确检察机关的民事检察监督职能,建立科学完整的民事检察监督体系。同时,该文还就检察机关适用民行再审检察建议的原则、程序、运行方式以及法院审查民行再审检察建议的时限等问题也一并提出建议。

民事诉讼法执行检察监督权的宣誓既经历了漫长的孵化过程,又实现了跳跃性的突破。《民事诉讼法》第14条和第235条的规定将执行检察监督驶入法治快车道,法检两家面临如何构建执行中协同型关系的新命题。执行检察监督权的具体配置将对执行权的运行产生重大影响,其中必须处理好执行救济与执行检察监督的顺位关系和优位关系,执行检察监督运行中的积极规则和消极规则,以及执行检察监督范围和监督方式的封闭和开放问题。《民事执行检察监督权的发展与完善》一文指出,检察监督应该是对民事执行活动最为有效也最符合法治规律的外部监督手段,它可以充分有效地保障执行活动的当事人、利害关系人的合法权益,规范执行秩序。此外,作者认为检察机关对民事执行的检察监督应适用同级属地管辖为原则、上级检察监督为例外的管辖原则,并依职权或经当事人申请,主要针对法院"执行乱"问题进行执行监督,但同时须奉行克制、谦抑原则,不得干预正常的执行活动。

检察人员分类管理是新形势下实现检察人员管理科学化和专业化的重要途径,对提高检察队伍整体素能和检察工作效能具有重要意义。重庆市渝中区人民检察院自2002年被确定为首批改革试点后,着力推进了改革。应当说,改革取得了一定的成效,但正像事物的两个方面一样,改革中也暴露出了一些问题。《检察人员分类管理改革的实践与探索——以重庆市渝中区人民检察院的改革为样本》一文在全面分析改革成果的基础上,认真总结和归纳了改革的启示,并在此基础上提出检察业务机构精细化改革与检察人员分类管理改革应当同步推进,应在现行框架内建立健全各类人员序列的管理制度,着力推进无规定或规定不明人员的分类管理改革。

检察建议在我国有着丰富的理论和实践基础，它的内涵和外延随着时代与法制的进步而不断演化，并最终趋于完善和制度化。《检察建议的批判解读与发展构想》一文从哲学的角度，以批判的观点对现有的检察建议的概念进行审视，在剖析关于检察建议的概念和法律属性的理论研究现状的基础上，提出了检察建议的新概念。

　　检察理论研究是推动检察制度和检察工作创新发展的重要支撑，是检察工作破解难题、创新发展的客观需要，是提高队伍素质的重要途径，也是衡量检察工作"软实力"的重要指标。《西部检察》（第五卷）的出版发行，意在检察工作创新探索与检察理论之间搭建起研究的平台，激发检察官开展法律适用问题研究的兴趣。我们深信，在检察理论与检察实务研究这片百花园中，《西部检察》一定会绽放出绚丽的色彩！

目 录

卷首语 …………………………………………………………（1）

新刑事诉讼法相关问题研究

论"撤回报捕"现象
　　——以重庆市沙坪坝区人民检察院为调查对象 ……………彭子游（3）
公诉案件撤回起诉若干问题研究 ……………………………阮能文（15）
不批准逮捕决定执行监督问题研究
　　——2012年渝中区院不批准逮捕决定执行监督的调研分析
　　………………………………………………汤茜茜　崔全龙（32）
附条件不起诉监督考察方案制定研究
　　——"知、情、意、行"心理学视角下的未成年人矫治教育……雷丹丹（40）
公诉案件撤回起诉若干问题研究
　　——对重庆市近年来检察机关撤诉案件情况的分析 ………胡金永（50）
强制医疗执行程序之完善
　　——以检察监督为视角的思考 ……………………………谢　菲（63）
对指定居所监视居住几个关键问题的思考
　　——以重庆市沙坪坝区人民检察院为调查对象 …李　杰　李　玲（74）
新刑事诉讼法实施后电子数据的收集问题研究
　　——以职务犯罪侦查实践为视角 …………………………王刘章（82）
司法实践中检察机关适用刑事和解的制度设计 ……………吴言才（92）
辩方证人出庭作证研究 ………………………段明学　孙　琳（111）
刑事和解协议效力及救济问题初探 …………………………陈　琳（127）
检察机关适用指定居所监视居住研究 ……高松林　刘　宇　师　索（138）
附条件不起诉制度的应然建构与实践路径 …………………王安胜（152）

非法口供的认定
——兼论对"刑讯逼供等非法方法"的理解 ………… 易　明（166）
职务犯罪侦查中适用强制措施研究 ………………… 柯　琳（175）
浅析附条件不起诉制度之刑罚适用条件的立法完善
　………………………………………… 李雪山　陈龙环（183）
试论同步录音录像资料具有证据属性 … 吴正鼎　司道才（194）
职务犯罪侦查工作中行政证据向刑事证据转化的几个问题 … 张正跃（201）
职务犯罪侦查到案措施研究
——以渝北区检察院侦办案件为样本 ……………… 陈　思（209）
职侦部门执法方式及执法行为规范化问题初探
——选择性执法、随意执法现象分析 ……………… 王亚军（218）
特别重大贿赂犯罪适用指定监视居住问题研究 …… 李丁涛（227）
侦查阶段羁押必要性审查的路径探索 … 李建超　文　哲（241）
指定居所监视居住相关问题研究 ……… 詹文渝　彭劲荣（251）
刑事非法证据排除机制的构建 ……………………… 杨　晓（261）
证据制度的完善对公诉工作的影响及应对 … 尹　浩　贾晓星（275）
撤回起诉制度研究 ……………………… 郭祖祥　勾香华（283）
自侦案件适用指定居所监视居住若干问题探讨 … 程　权　孟传香（293）
审查起诉阶段未成年人刑事案件分案制度之反思与重构
　………………………………………… 高兴敏　宋兴辉（301）
刑事庭前会议制度的立法解读与实践反思 … 梁经顺　王志刚（309）
公诉环节刑事和解的困境及出路 …………………… 苏祖川（321）

刑法适用问题研究

危险驾驶罪量刑均衡实证研究
——以50起危险驾驶案件为样本 ……… 周含玉　冯骁聪（331）
实名制视野下若干倒卖车票行为的界定与评价 … 刘一亮　汤　涛（343）
对"两高"司法解释中"曾因盗窃受过刑事处罚"适用范围的合理界定
　………………………………………………………… 张红良（353）
关于合同诈骗罪的数额标准评析 ……… 夏　阳　朱志荣（363）
办理毒品案件的现实问题探讨 ……………………… 李廷明（372）
毒品案件中"代购毒品"的法律认定问题研究 … 赵　靖　但　萍（380）

民事检察及综合类问题研究

新民事诉讼法中检察机关调查核实权的探索和完善
　　……………………………………… 李建超　罗海萍　张福坤（395）
民行再审检察建议实证研究 ……………………… 戴　萍　王家鹏（403）
民事执行检察监督权的发展与完善 ……………………………… 石　娟（412）
检察人员分类管理改革的实践与探索
　　——以重庆市渝中区人民检察院的改革为样本 … 王　忠　崔全龙（424）
社区矫正西部县域实践与检察监督权
　　——基于对重庆B县矫正对象和社区居民的抽样调查 …… 魏　娜（437）
基于"蝴蝶效应"的检察建议监督实效性探讨
　　——以职务犯罪预防为视角 ………………… 彭德贵　彭　宁（449）
金融检察专业化发展的考察与设计 ……………… 范卫国　王婷婷（457）
检察建议的批判解读与发展构想 ………………… 秦志松　赵　锐（470）
刑事案件量刑建议工作机制的路径设计 … 李存国　邓发强　尹　畅（482）
关于完善检察权运行的内部监督制约机制研究 …… 勾香华　崔晓燕（494）

新刑事诉讼法
相关问题研究

论"撤回报捕"现象

——以重庆市沙坪坝区人民检察院为调查对象

彭子游[*]

  本文所谓的"撤回报捕"是指侦查机关向检察机关提请批准逮捕后，检察机关没有直接作出批准逮捕或者不批准逮捕的决定，而是由报送逮捕案件的单位直接将案件撤回。在我国历次颁布施行的刑事诉讼法中，都没有规定报送逮捕的案件可以撤回，但是撤回报捕的做法却广泛存在，而且由来已久[①]。尽管有人指出撤回报捕的做法是违法的，应当予以禁止，但是对于一种存在的司法操作，不是简单地用"禁止"二字就能回应的，而是必须报以严肃而深刻的反思。本文试图从实践出发，以沙坪坝区人民检察院为个案，考察撤回报捕现象的存在原因、实践意义以及其可能的归宿。

---

  [*] 彭子游，重庆市沙坪坝区人民检察院助理检察员，法学硕士。
  [①] 从目前见诸报端的情况来看，撤回报捕现象并非只有重庆才有，至少在北京、上海、浙江、江西等地也有，可谓存在广泛。相关的报道可见：http://news.sohu.com/20070814/n251583907.shtml，最后访问日期：2013年6月23日，http://news.sina.com.cn/o/2006-01-09/09087932133s.shtml 及 www.66law.cn/topic2010/gajgpbdsx/20747.shtml，最后访问日期：2013年6月24日。而从本文的调查显示撤回报捕在1983年已出现，可谓由来已久。

一、沙坪坝区人民检察院撤回报捕现象概述

（一）撤回报捕的数据统计

从沙坪坝区人民检察院档案室收藏的近47年（从1966年开始）的诉讼档案来看，以撤回报捕作为审查逮捕案件结案方式的案件最早出现于1983年，此后有18个年度出现过撤回报捕的案件。2000年以前，撤回报捕现象都只是偶尔出现。从2001年到2003年，撤回报捕的现象有所增多，但年平均不超过10件。从2004年至今，撤回报捕的现象大量出现，最少时为21件，最多时达到112件。具体数量如下图：

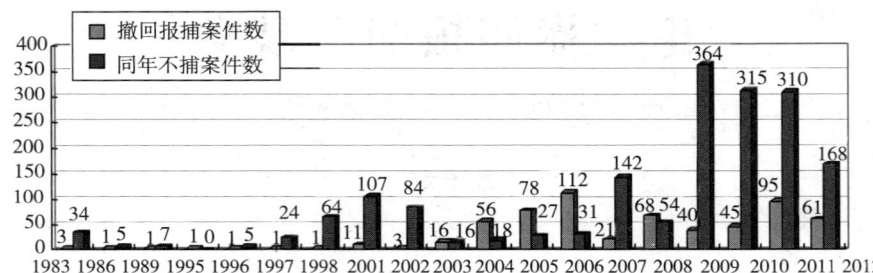

图1 沙坪坝区人民检察院历年撤回报捕案件数与当年的不捕案件数

上图中对比了撤回报捕的案件数与当年的不捕案件数。不难看出，在1996年修正的刑事诉讼法实施之前，不捕案件的数量极少（1983年是个例外，可能与当年的"严打"斗争有关），撤回报捕的数量也相应较少。1996年修正后的刑事诉讼法对强制措施体系予以了完善，司法机关对于逮捕措施的运用也更趋于严格和规范。在此背景下，从1997年开始，不捕案件的数量有所增加，撤回报捕案件数量也相应有所增加。2003年至2006年期间，撤回报捕案件的数量甚至达到或超过了同年的不捕案件数量。

（二）撤回报捕案件的特点分析

综观上述19个年度的撤回报捕案件，大致可以分为三个阶段，各阶段呈现不同的特点：

1. 1983~2000年的撤回报捕案件

此阶段撤回报捕的案件较少，共计9件，年平均不足1件，属于零星出现的现象。从撤回报捕的推动因素来看，这一阶段的撤回报捕属于公安机关被动撤回，因为审查逮捕案件讨论笔录中记录了要求或者建议公安机关撤回的内容。但是从形式上看，检察机关并不向公安机关出具建议撤回的文书，而是由公安机关直接来函撤回。从撤回的原因来看，9起案件中，因管辖问题撤回的3起，因证据不足并另作处理撤回的3起，其他原因的3起，具体如下表：

表1 1983~2000年撤回报捕原因及对应的案件数量

撤回报捕的原因	数量
不属于本区管辖的案件	3
证据不足，可作行政处理（劳教、罚款）	3
其他无须逮捕的情况（系脱逃犯、行为已被追究过、已被其他单位作出逮捕决定）	3（各1）

2. 2001~2003年的撤回报捕案件

此阶段的撤回报捕案件共计30件，年平均10件，属于常见的现象。从推动因素来看，这一阶段的撤回报捕仍然属于被动撤回，是检察机关建议公安机关撤回报捕。形式上，检察院向公安机关发出建议撤回函，再由公安机关来函将案件撤回。这一阶段的撤回报捕原因较为单一，基本属于证据不足建议撤回的情况。这一阶段的撤回报捕案件还有一个重要特点，就是检察机关发出的建议撤回函上大多数引用了法律条款作为建议撤回的依据，而引用的条款则是《刑事诉讼法》第46条，即关于不轻信口供的规定。

3. 2004~2012年的撤回报捕案件

此阶段的撤回报捕案件共计576件，年平均64件，属于多发现象。从推动因素来看，这一阶段的主动撤回和被动撤回兼而有之，既包括了检察机关建议公安机关撤回，也包括了公安机关主动撤回的情况。形式上，既有检察机关向公安机关发出建议撤回函的情况，也有不发建议撤回函，由公安机关直接撤回的情况。但是，即便发出建议撤回函，也不会在函中引用明确的法律条款。撤回原因，则涵盖了证据不足、情节轻微、管辖不当等多种情况。

这一阶段又可分为两段，前一段为2004~2006年，后一段为2007~

2012年。在前一段，撤回报捕的案件数量大幅度超过了同年的不捕案件数量，几乎成为逮捕以外的主要结案方式。而后一段撤回报捕的数量则趋于合理化，撤回报捕也仅是作为一种次要的、补充性的结案方式。

二、撤回报捕的行为逻辑

从上面的数据可以看出，撤回报捕作为一种司法实践，经历了从无到有、从个别到常规的发展，而且其实践方式也在不断变化之中。对于一种于法无据、饱受争议的司法实践，之所以能够发生并长期存在，必然有其自身的逻辑。

（一）撤回报捕的发生：法律的规定与实践的选择

需求产生市场，这一论断同样适用于司法实践。就撤回报捕现象而言，其产生也是为了解决当时审查逮捕实践中遇到的问题。虽然这种沿用至今的方法在现在看来似乎是违法操作，但是，在当时的法律及法制背景下，却并非毫无法律依据。

根据1979年《刑事诉讼法》第47条之规定，"人民检察院对于公安机关提请批准逮捕的案件进行审查后，应当根据情况分别作出批准逮捕，不批准逮捕或者补充侦查的决定"。而紧接着第48条则规定，人民检察院对于公安机关提请逮捕的被拘留的人，应当在3日内作出批准逮捕或者不批准逮捕的决定。这似乎意味着对于人犯（当时对犯罪嫌疑人的称呼）已经被采取强制措施的审查逮捕案件，检察院只能作出批捕或不批捕决定；而对于人犯未被采取强制措施的案件，检察院审查后还可以作出补充侦查的决定。但是，补充侦查的决定该以何种方式作出，法律没有规定。由此可见，当时的刑事诉讼法为审查逮捕案件的结案方式留了一个很小的口子，即人民检察院审查公安机关提请逮捕的案件，如果嫌疑人未被采取强制措施，则可以不作出批准逮捕或不批准逮捕的决定。尽管只是立法上的小口子，但是一旦遇到合适时机，它将显示出难以预测的魔力。

看来这样的时机出现在1983年。在当年出现的3件撤回报捕案件中，有两件的撤回理由是管辖问题，有一件是证据不足。但是，从当时案卷中的审查意见和讨论情况来看，所谓管辖问题只是一个借口，其背后仍然是证据问题。为什么对于证据不足的案件不直接作出不批捕决定，而要退回公安机关呢？也许，考察当年的不捕案件会给我们一些有益的启发。在1983年不批捕的 34 个案件中，有 33 件不捕的理由要么是认为情节轻微没有逮捕的必要，要么是认为不构成犯罪，也有少量案件是因为嫌疑人已经因同一事实被追究过其他责任而不再作为犯罪处理，总而言之，与证据问题无关。而仅有的一件与证据问题有关的不捕案件，在当时的审查意见中也写得十分含混，即把证据不足与不构成犯罪混淆在一起。这一现象表明，在当时的审查逮捕实践中，实践者没有把证据不足作为不批捕决定的依据，而是作为补充侦查决定的依据。而对于补充侦查决定，就是以退回或者公安机关撤回的方式处理。

显然，当时的法律实践者是把 1979 年《刑事诉讼法》第 47 条作为处理审查逮捕案件的普遍规定在执行。而他们对于该法第 48 条作何理解，有没有考虑过超期羁押的问题，我们不得而知。但是，结合当时的法制环境，这种实践选择是可以理解的。

20 世纪 80 年代是我国法制建设起步的时期，也是社会治安矛盾十分突出的时期。在各项法律制度尚未健全的情况下，公安部连续开展了多次"严打"斗争，而检察院和法院则是"严打"斗争的直接参与者。可以想见，在这样的语境中，证据不足很难成为不羁押"人犯"的理由；相反，它极有可能成为加大对"人犯"的审查力度的理由①。如果检察机关以证据不足对"人犯"作出不予批捕的决定，在一定程度上意味着放纵了犯罪。而以退回补充侦查的方式结案，既能表明严厉打击犯罪的态度，又能给公安机关更多自由处置的空间。因此，在此后的 1986 年、1989 年出现的撤回报捕案件，其撤回原因都是证据不足，仅 1995 年出现的撤回报捕案件的原因是该"人犯"系脱逃人员，可直接收监。

从前述统计的数据来看，20 世纪整个 80 年代和 90 年代中期以前，不捕率都维持在一个很低的水平，以至于批捕科一度被称为"开票科"②。这一现象要到 1996 年刑事诉讼法修正以及 1997 年刑法修正后才有所改观。尽管如此，撤回报捕仍然展示出强大的生命力，这在一定程度上取决于检察机关的立场和公安机关的态度。

---

① 关于"严打"对审查逮捕实务的影响，可以参见韩晨旭：《审查逮捕实务研究》，吉林大学 2011 年硕士学位论文，第 2~3 页。

② 这是笔者从至少两位从事侦查监督工作多年的检察官处听到的说法，意指当时批捕率之高，使得审查逮捕工作几乎等于开具批捕决定书。

（二）检察机关的立场：这个方法很好用

1. 1996年刑事诉讼法对撤回报捕实践的影响

1996年，刑事诉讼法作了全面的修正，大的方面如诉讼构造上向抗辩制改革，中的方面如强制措施的细化，小的方面如把"人犯"改称为犯罪嫌疑人，所有这些改变都意味着我国法制建设在向前迈进。法制环境的改变使得审查逮捕工作呈现出新的气象，而撤回报捕现象也遇到了新的土壤。

就审查逮捕制度而言，1996年刑事诉讼法在两个方面作出了重大修改。一是明确规定了审查逮捕的处理方式；二是延长了审查逮捕的办理期限，对于犯罪嫌疑人被刑事拘留的，审查期限从原来的3天增加到了7天。与法律的修改相配套的是法律文书的改革，包括对不批捕决定书的细化和对于不捕理由说明书的规范化。① 所有这些变化都要求审查逮的结论应当明确、细致，而所谓撤回报捕，似乎完全丧失了存在的依据与必要。

1996年《刑事诉讼法》第68条规定："人民检察院对于公安机关提请批准逮捕的案件进行审查后，应当根据情况分别作出批准逮捕或者不批准逮捕的决定。……对于不批准逮捕的，人民检察院应当说明理由，需要补充侦查的，应当同时通知公安机关。"根据这一规定，对于公安机关提请批准逮捕的案件，检察院只能作出两种处理结果，即批准逮捕的决定和不批准逮捕的决定。对于不批准逮捕的决定应当进行说理，如果有补充侦查的必要，则通知公安机关即可。从本文第一节中统计的数据来看，1996年修改后的刑事诉讼法正式实施的第一年，也就是1997年，不捕案件的数量即大幅度上升，此后直到2001年都处于上升趋势。这表明1996年刑事诉讼法实施后，检察机关对于逮捕措施的运用趋于严格、谨慎。与此同时，撤回报捕案件虽然也零星存在，但其撤回的原因已经与证据不足无关。例如，1997年出现的一件撤回报捕案件原因是其他单位已经作出了逮捕决定，1998年出现的两件撤回报捕案件中，一件事由于管辖问题，一件是嫌疑人因假释期间再犯而直接收监。1999年和2000年均未出现撤回报捕的案件。如果不看后来的统计数据，我们或许会认为由于1996年对刑事诉讼法的修改，撤回报捕作为证据不足案件的结案方式可以退出历史舞台了。但是，恰恰相反，在接下

---

① 不批捕文书的修改在一定程度上反映了检察机关对于不批捕案件的重视。关于我国检察法律文书格式的发展及影响，请参见罗庆东：《〈人民检察院法律文书格式〉（样本）的修订与运用》，载《人民检察》2002年第2期。

来的 2001 年，撤回报捕这一司法实践再度展示出蓬勃的生命力。

2. 侦查监督部门的角色转变

根据前述的统计，2001 年出现了 11 件撤回报捕的案件，超过了自 1983 年到 2000 年所有撤回报捕案件的总和（9 件）。而且这一时期的撤回报捕的实践特征十分鲜明，即由检察院直接向公安机关发出"建议撤回函"，再由公安机关来函将案件撤回。更重要的是，在检察机关发出的"建议撤回函"中，均以证据不足作为建议撤回报捕的理由，并无一例外地引用了《刑事诉讼法》第 46 条①作为依据。同样的引用也出现在 2002 年和 2003 年的撤回报捕案件的建议函中。

根据前面的论述，撤回报捕现象的产生就是为了应对证据不足的案件，因此，以证据不足建议公安机关撤回报捕不足为怪。然而，奇怪的是在建议函中引用了 1996 年《刑事诉讼法》第 46 条。要知道，该条的内容与 1979 年《刑事诉讼法》第 35 条的内容一致，但是，20 世纪 80 年代的撤回报捕案件既没有建议撤回函，更未在审查意见中引用第 35 条作为法律依据。而从 2004 年开始，检察机关的建议撤回函中就没有引用条文了。那么，为什么 2001～2003 年期间，检察机关格外倚重第 46 条呢？一个可能的解释是，检察机关侦查监督部门正在重新定位自己的角色，而引用第 46 条作为法律依据是确认自身角色转变的表现，即向公安机关表明自身是站在中立裁判者的位置在审查证据、认定事实。正如我们所见，2000 年在杭州召开的第一次全国侦查监督工作会议对侦查监督部门的职责予以明确，确认了审查逮捕工作的法律监督作用，并且最高人民检察院正式将审查逮捕厅更名为侦查监督厅②。一旦角色转变过来，则无须在建议撤回函中多此一举、不伦不类地引用该条款了。

如果说 20 世纪 80 年代和 90 年代的审查逮捕工作是为侦查活动服务的，那么，进入 21 世纪后，审查逮捕工作开始具有了独立的意义。由此，检察机关不再是公安机关的游戏伙伴，而是公安机关的游戏监督者与裁判者。在面对大量出现的不予批捕的案件时，如何树立监督者与裁判者的权威显得格外重要。正是在这样的语境中，撤回报捕被赋予了新的使命。

---

① 该条文的内容是："对一切案件的判处都要重证据，重调查研究，不轻信口供。只有被告人供述，没有其他证据的，不能认定被告人有罪和处以刑罚；没有被告人供述，证据确实充分的，可以认定被告人有罪和处以刑罚。"

② 关于"一侦会"的具体内容及意义，可参见扬振江：《侦查监督工作三十年回顾与展望》，载《人民检察》2008 年第 23 期。

3. 撤回报捕与风险规避

从前面分析的撤回报捕案件的新特点可以看出：第一，公安机关撤回报捕是被动的，至少形式上是如此；第二，检察机关在审查案件过程中表现出很强的证据意识，但作为裁判者在认定证据时表现出一定程度的不自信，不愿直接作出证据不足的决断；第三，检察机关已经将撤回报捕作为审查逮捕案件的结案方式之一，缺乏必要的反思与节制。由此可见，在撤回报捕这一实践方法扩大化适用的过程中，检察机关起到了决定性的作用。那么，检察机关为何要将这一全无法律依据的实践方法扩大化呢？

面对这一追问，现在的司法实践者最容易给出的答案就是：为了配合公安机关的考核，提高其批捕率。这样的解释现在是非常有说服力的，但是用来解释当时的现象，则有可能遮蔽了真相。事实上，就在撤回报捕最初被扩大化使用的 2001~2003 年期间，撤回报捕的比例占整个非逮捕案件的比重并不大①，很难对批捕率造成显著的影响。而且，在相当长一段时间里，公安机关考核的指标是批捕数而不是批捕率。更重要的是，如果当时适用撤回报捕是为了满足公安机关的考核需求，那为什么撤回报捕的案件几乎全部是证据不足案件，而大量的无逮捕必要案件却没有适用撤回报捕呢？显然，撤回报捕的扩大化不是为了满足公安机关的需求，而是为了满足检察机关的需求。于是，我们要问，为什么对于证据不足案件要以建议撤回报捕的方式结案呢？为什么不直接作出证据不足不予批捕的决定？撤回报捕对检察机关的司法实践者有什么好处？

从过往的审查逮捕经验来看，证据不足案件常常伴随着认识分歧。这种分歧主要来自于两个方面：第一，证据采信。不论我们是否承认，自由心证原则都是现代司法最基本的原则之一②。这意味着，证据的充足与否没有客观的标准，它完全取决于裁判者内心的确认。不同的人对于证据的认识是不一样的，而且即使是同一个人，当他所处角色不一样时，他对证据的认识也会不一样。因此，证据采信问题极易造成分歧，特别是检察机关与公安机关的分歧。第二，法律适用，包括对法律的理解和对行为的定性。实践中常见的分歧如盗窃与侵占的认定、既未遂的认定等都属于这一类。不论是何种原

---

① 根据统计数据，2001~2003 年 3 年共计撤回报捕的案件是 30 件，而没有适用逮捕的案件共计为 237 件，比率为 12.7%。

② 关于我国对自由心证原则的误解及其本来意义，参见秦宗文：《自由心证研究》，四川大学博士学位论文，第 183~197 页。

因造成的认识分歧，其背后都隐藏着一定的诉讼风险。换句话说，一个人认为是证据不足而达不到逮捕条件的案件，在其他人看来可能就达到了逮捕的条件。对于办理审查逮捕案件的检察官而言，要对一个案件作出证据不足的判断，首先要说服的是公安机关，其次才是说服检察长，如果有被害人的案件，还要说服被害人。如果对公安机关的说理不成功，则有可能导致复议、复核甚至改变决定的情形。如果对被害人的说服不成功，则可能导致涉检上访。所有这些，是任何一个检察官都不愿经历的。

可见，在当时的法制语境中，一方面是侦查监督部门要适应角色转变，树立裁判者的权威；另一方面是检察官面对突如其来的大量证据不足的案件，想尽量避免风险。而通过说服公安机关撤回报捕的方式无疑达到了一石二鸟的效果。其一，建议撤回报捕是一种非正式的说理，不像正式的不捕说理那样有强烈的对抗性，非正式的说理更容易为公安机关接受；其二，公安机关将案件撤回后，免去了复议、复核的后顾之忧，更免去了不捕案件可能造成的上访。比起直接作出证据不足的不捕决定，撤回报捕的确更好用。于是，撤回报捕作为既有的司法实践再次大张旗鼓地走向前台，在其后来不断发展壮大的过程中，公安机关的态度起到了促进作用。

（三）公安机关的态度：与人方便，与己方便

从形式上看，至少从2001年到2010年，公安机关在撤回报捕的实践中都扮演着消极的角色。原因很简单，撤回报捕所带来的超期羁押的风险直接由公安机关承担。另外，在有被害人的案件中，撤回报捕意味着公安机关要面对被害人方面的质疑。但是，撤回报捕对公安机关并非没有吸引力，相反，公安机关至少在以下三种情况下希望撤回报捕。

第一，需要对犯罪嫌疑人作劳教处理的时候。劳教制度存续期间，公安机关有相应的劳教打击任务。由于劳教制度的处理标准和证据要求较低，因此作为犯罪处理时证据不足的案件完全有可能作为劳教案件处理。但是，一旦检察机关以法律文书的方式认定案件证据不足，则公安机关就同一事实作出劳教决定时会显得尴尬，因为劳教决定书上要写明"证据充分"。为了避免这种尴尬以及被劳教人员可能以此提出的申辩，公安机关会提出撤回报捕的请求。

第二，试图对犯罪嫌疑人"直诉"的时候。"直诉"不是规范的法律术语，而是一种俗称，它是指公安机关对没有被逮捕的嫌疑人直接移送审查起诉。由于审查逮捕部门和起诉部门都属于检察机关，因此审查逮捕部门对案

件作出的决定表面上代表了整个检察机关对案件的决定。对嫌疑人作出证据不足不捕的决定无疑会影响到后面的起诉，一方面它会增加嫌疑人与公安机关博弈的筹码，另一方面它会给公诉部门造成先入为主的影响。因此，在公安机关不太认同侦查监督部门的不捕理由，又不愿通过复议、复核的方式与侦监部门撕破脸的情况下，对嫌疑人变更强制措施，然后直接移送审查起诉是最有利的选择。这时，公安机关会主动提出撤回报捕。

第三，撤回报捕有利于提高批捕率。在公安机关的统计方法中，撤回报捕的案件意味着没有提请逮捕，从而将本来不予批捕的案件从统计基数中剔除，导致批捕率上升。在以批捕率为考核指标时，撤回报捕成了公安机关的香饽饽。这一点在2012年下半年表现得十分明显。自2012年下半年，重庆市公安局要求本市公安机关提捕案件批捕率达到90%以上，此后撤回报捕几乎成为公安机关的救命稻草。从2012年第四季度到2013年第一季度，几乎98%的非逮捕案件都是以撤回报捕的方式处理的。

由此可见，尽管撤回报捕是在检察机关推动下出现的实践方式，但公安机关也能从中受益。正所谓与人方便，与己方便，这就是公安机关对待撤回报捕的态度。这一态度完全符合检察机关的立场，因此，经过两家无意识的"合谋"，撤回报捕的实践已经完全没有任何阻力了。在21世纪已经过去的12个年头，它几乎成为整个审查逮捕制度中的非正式组成部分。①

三、撤回报捕何去何从

（一）制度惯性与路径依赖

前面的分析已经清晰地展示出撤回报捕是如何从一个偶然性的选择发展成为一项非正式制度的。事实上，历史经验表明，制度时常是在偶然性的因素的推动下形成的，是行动的产物，而非设计的产物。② 而制度一旦形成，又会反过来制约人的行为，成为影响人行动的环境因素。因此，一项通过实践形成的制度，在其形成之后必然会产生强大的惯性，这种惯性会强化当初选择的实践方式。在没有特殊力量介入的情况下，人们很难走出这种通过实践形成的制度。经济学上把这种制度的自我强化现象称为路径依赖。

---

① 尽管没有明文规定，但是重庆市检察机关的案件管理系统中就对审查逮捕案件设置了"撤回"的处理方式，这实际上是对撤回报捕这一非正式制度的认可。

② 参见苏力：《制度是如何形成的》，载《比较法研究》1998年第1期。

显然，检察机关和公安机关对撤回报捕已经形成了路径依赖。正因为如此，尽管所有人都认识到撤回报捕存在着违法和不规范的嫌疑，但几乎没有人有动力去改变这一非正式制度。或许是认识到了撤回报捕中存在的问题，上级机关曾在 2011 年以非正式的方式要求下级院不得建议公安机关撤回报捕，但其效果仅仅是撤回报捕案件的卷宗里面少了检察机关的建议撤回函，而建议撤回的实践仍然存在。在利益受损者的话语缺失的情况下，制度受益者的批判性反思常常显得毫无力量。就撤回报捕而言，检察机关和公安机关都是这一非正式制度的受益者，而真正可能因此受到损害的犯罪嫌疑人却无法或者不愿发出声音，这更使得撤回报捕的现象难以获得实质性的改变。因此，要想取得效果，我们就不能只停留在反思的层面上，而必须进入批判的层面。

（二）对撤回报捕的反思

1. 一种尴尬的实践

目前对于撤回报捕最大的非议在于它可能造成超期羁押。例如，公安机关在刑拘 30 天届满时提请逮捕，检察院审查后认为证据不足，然后公安机关撤回。如果撤回报捕意味着公安机关没有提请逮捕，那么，嫌疑人在检察院审查案件期间被羁押就意味着超期羁押。因此，持这种观点的人同时认为，只要在刑拘期限届满前撤回报捕，那么撤回报捕就是合法的。

上述观点，笔者认为是本末倒置的。因为，并非撤回报捕的合法性取决于是否有超期羁押；相反，是否超期羁押取决于撤回报捕的合法性。换句话说，如果撤回报捕是合法的，那么只要刑拘总羁押期限不超过 37 天，就不存在超期羁押的问题；反之，就应认定为超期羁押。根据刑事诉讼法的规定，刑拘本身是没有设定期限的，刑拘的期限取决于公安机关提请逮捕的期限和检察机关审查逮捕的期限，法律仅仅是对公安机关的提请和检察机关的审查作了期限限制。如果撤回报捕是合法的，意味着公安机关没有违反在法定期限内提请逮捕的规定，检察机关也没有超越审查期限，就不存在超期羁押的问题。但是，如果撤回报捕本身是不合法的，难道在刑拘期限届满之前撤回就能将其合法化吗？由此可见，撤回报捕最根本的问题不是它会造成超期羁押，而是它本身的合法性问题。

那么，撤回报捕有合法性吗？有观点认为，虽然法律没有规定公安机关可以将提请逮捕的案件撤回，更没有规定审查逮捕案件可以用撤回的方式处理，但是毕竟公安机关是审查逮捕程序的启动者，理所当然应该能够中止审查逮捕程序，因此撤回报捕是无可非议的，只要这样做没有侵犯到犯罪嫌疑人的人身权利就不应受到指责。这一观点有一定的道理，它本质上是想用一种法解释学的方法给撤回报捕提供合法性的辩论。但是，这种辩论可能违背了公法行为的基本原则，即法无授权不可为的原则。我们知道，在私法领域，法不禁止即自由，而对于公法领域的公共权力行为，应当严格遵循法无规定即不可为的原则，这是最基本的法治精神的体现。更重要的是，司法实践的出发点应该是维护整个社会的利益，对于法治社会而言，司法机关维护社会利益的最根本方式就是有法必依。但从本文第二部分的分析来看，撤回报捕这一司法实践的出发点不是全社会的利益，而是司法机关自身的利益，它恰恰违背了有法必依的法治内涵。因此，在现行法律和司法解释没有给予撤回报捕任何依据的条件下，撤回报捕是一种十分尴尬的实践。

2. 权宜之计与撤回报捕的正名

尽管撤回报捕在现行法制环境中没有合法性依据，但是对于在长期实践中形成的一种非正式制度，如果骤然一律禁止，势必会给实践造成很大的不便。那么，应该如何对待当前司法实践中的撤回报捕现象呢？笔者的观点是，原则上禁止撤回报捕，但对于公安机关刑拘报捕期限届满之前撤回的，可以允许。这样做有两个方面的好处：一是限制了当前实践中大量出现的撤回报捕的滥用；二是为公安机关和检察机关办案提供了一些灵活的空间，有利于逮捕措施的准确有效适用。

显然，上述的方案只是一种权宜之计。长远来看，最高司法机关必须对撤回报捕的法律地位予以明确。如果确认撤回报捕是合法的，则应当以相关的司法解释明确规定其具体适用的条件。如果确认其不合法，则应采取措施逐步禁止其适用。不论是证实确立撤回报捕制度还是全然禁止撤回报捕实践，都需要一定的时间来完成。而在为撤回报捕正名之前，我们能做的也许只是实践上的权宜。

公诉案件撤回起诉若干问题研究

阮能文*

撤回起诉是指人民检察院在案件提起公诉后,人民法院作出判决前,因出现一定法定事由,决定对提起公诉的全部或者部分被告人撤回处理的诉讼活动。① 撤回起诉对于实现人权保障、诉讼经济等方面均有着十分重要的诉讼价值。不论是在实行起诉便宜主义的英美法系国家,还是在实行起诉法定主义的大陆法系国家,撤回起诉已逐步为多数国家的刑事诉讼法所规定。在我国,在刑事诉讼法未规定撤回起诉制度,最高人民法院、最高人民检察院分别在其司法解释中规定了检察机关拥有撤回起诉权。这种立法上的缺位和错位,引起了学界和实务界就该制度的有无存在必要性的长期论争。笔者认为,赋予检察机关撤回起诉权具有正当化根据,并结合当前撤回起诉的实践运行现状,就如何规范、正确行使撤回起诉权,从法律规定、工作机制建立等方面提出建议,以期对该问题的进一步探讨和司法实践有所裨益。

---

* 阮能文,土家族,重庆黔江人,法律硕士,重庆市人民检察院第四分院助理检察员。

① 最高人民检察院《关于公诉案件撤回起诉若干问题的指导意见》(高检诉发〔2007〕18号)。

一、撤回起诉的文本依据、实践现状及存在的问题

（一）有关撤回起诉的文本沿革

1979年《刑事诉讼法》第108条规定，人民法院对于提起公诉的案件进行审查后，对于不需要判刑的，可以要求人民检察院撤回起诉。1996年修改刑事诉讼法时删除了该内容。在刑事诉讼法修改后不久，最高人民法院1998年颁布的《关于执行〈中华人民共和国刑事诉讼法〉若干问题的解释》第177条规定，在宣告判决前，人民检察院要求撤回起诉的，人民法院应当审查人民检察院撤回起诉的理由，并作出是否准许的裁定。第157条第2款规定，法庭延期审理后，人民检察院在补充侦查期限内，没有提请人民法院恢复法庭审理的，人民法院应当决定按照人民检察院撤诉处理。第117条第4项规定，人民法院裁定准许人民检察院撤诉的案件，没有新的事实、证据，人民检察院重新起诉的，人民法院不予受理。最高人民检察院1999年颁布的《人民检察院刑事诉讼规则》第351条规定：在人民法院判决宣告前，人民检察院发现不存在犯罪事实，犯罪事实并非被告人所为，或者不应当追究被告人刑事责任的，可以要求撤回起诉。第4款规定：撤回起诉后，没有新的事实或者新的证据不得再行起诉。2012年《人民检察院刑事诉讼规则（试行）》（以下简称《规则》）第459条用5款对撤回起诉的事由、效力和再行起诉的条件作了规定。明确将"情节显著轻微，危害不大，不认为是犯罪的"、"证据不足或者证据发生变化，不符合起诉条件的"、"被告人因未达到刑事责任年龄，不负刑事责任的"、"法律、司法解释发生变化导致不应当追究被告人刑事责任的"四种情形增加规定为可以撤回起诉的事由。同时规定，对于撤回起诉的案件，均应在撤回起诉后30日内作出不起诉决定，该条还对重新起诉的条件"新的事实""新的证据"进行了定义。最高人民法院2012年《关于适用〈中华人民共和国刑事诉讼法〉的解释》（以下简称《解释》）对撤回起诉的规定，沿袭了1998年的规定，无任何变化。

（二）撤回起诉的实践运行状况

表1　A市检察机关2009~2012年撤回起诉人数占提起公诉人数的比例

年份 项目	2009	2010	2011	2012
提起公诉人数	28839	32539	35083	44152
撤回起诉人数	7	11	15	25
撤回起诉率	0.24‰	0.3‰	0.43‰	0.57‰

根据上表显示，2009~2012年，A市检察机关共计向人民法院提起公诉140613人，撤回起诉68人，撤回起诉率为0.48‰。从2009~2012年撤回起诉率来看，只有2012年撤回起诉率超过了0.48‰，因此，可以认为实践中对公诉条件的把握还是较为准确的。

不容忽视的是，随着案件数量的逐年攀升，撤回起诉的人数也逐年增多，且撤回起诉率也随之提高，这说明案件办理中确实存在一定的问题，案件质量隐患日趋突出。

表2　A市检察机关2009~2012年无罪判决率和撤回起诉率对照

年份 项目	2009	2010	2011	2012
起诉人数	28839	32539	35083	44152
无罪判决率	0	0.04‰	0.03‰	0.1‰
撤回起诉率	0.24‰	0.3‰	0.43‰	0.57‰

从该表显示的数据可知，无罪判决率与撤回起诉率一样，基本控制在较低的水平内，但二者基本上属于逐年上升趋势。另外，从二者的对照情况来看，如果检察机关不利用撤回起诉为手段，将法院可能判决被告人无罪的案件撤回，无罪判决率将明显上升，由此可以得知，检察机关有利用撤回起诉为手段降低无罪判决率，以规避错案责任和诉讼风险之嫌。

表3　A市检察机关2009~2012年撤回起诉中职务犯罪人数所占比例

年份 项目	2009	2010	2011	2012
撤回起诉人数	7	11	15	25
撤回起诉自侦人数	3	3	8	4
撤回起诉率	42.9%	27.2%	53.3%	16%

从上表显示的数据可知，撤回起诉的职务犯罪案件人数在撤回起诉案件人数中占有一定的比例，但所占比例极不稳定，2011年、2012年分别占撤回起诉人数的53.3%、16%，二者相差37.3%。撤回起诉的职务犯罪案件人数在撤回起诉案件人数极不稳定的比例，除其他原因外，也可以说明检察机关在查办和审查个别职务犯罪案件中，收集、固定、运用证据的能力不足，对证明标准的把握不准。

（三）撤回起诉在实践层面存在的问题

由于在立法上并没有规定检察机关的撤回起诉权，且部分检察人员对撤回起诉的性质、效力及后续处理认识不够，导致该制度在实践操作中存在不少问题，主要体现在以下方面：

1. 未严格区分撤回起诉条件，混用公诉变更的几种情形

根据法律和司法解释的规定，在审判阶段，公诉变更主要是补充起诉、追加起诉、撤回起诉等情形，且各自的含义和适用条件均不一样。如案件提起公诉后，发现遗漏的同案犯罪嫌疑人或者罪行的，可以一并起诉和审理的，可以追加、补充起诉；对于起诉后事实、证据没有变化，但罪名、适用法律与起诉指控不一致的，可以变更起诉。在实践中，个别检察机关将可以变更起诉、追加起诉、补充起诉的案件，先行撤回起诉，混用公诉变更的几种情况，影响了案件质量。

2. 滥用撤回起诉权

如个别检察机关将原本属于矫正错诉特例的撤回起诉变为常态惯例；还有一些检察机关为避免过多的无罪案件，往往对法院准备判决无罪的案件事先撤回起诉，而法院也因为考虑两家关系，故对检察机关的要求常常乐于配合，有时还主动向检察机关通报情况，建议检察机关撤回案件。[①] 撤回起诉的滥用，使撤回起诉成为检察机关规避无罪判决和错案的"挡箭牌"。

3. 撤回起诉的效力不明，处置撤回起诉案件的随意性大

《规则》规定，对于撤回起诉的案件，检察机关应在30日内作出不起诉处理，首次明确了撤回起诉实际上属于效力未定的诉讼行为，并不属于案件的终结处理。在此之前，由于对撤回起诉的效力，认为属于中止案件处理的有之，认为属于案件终结处理的有之，认为属于效力待定的有之，由于认识不统一，各地对撤回起诉案件的处置也各不相同，有的将案件长期搁置，

---

① 龙宗智：《论公诉变更》，载《现代法学》2004年第6期。

有的将案件中止处理，有的等同于不起诉处理等。这种随意处置撤回公诉的案件，造成执法不统一，影响司法公信力。

4. 撤回起诉制约机制缺位，影响司法公正

法院对检察机关要求撤回起诉的条件审查不严，撤诉随意发动。对于提起公诉但并未开庭审理的案件，人民法院就检察机关撤回起诉的要求，基本不审查撤回理由，一概同意撤回；对于已开庭审理判决宣告前，法院对检察机关撤回起诉的要求，虽然规定了应对撤回起诉的理由进行审查，但由于未对公诉案件的撤诉条件作规定，撤诉审查无法可依，导致审查甚至流于形式，实践中鲜见法院不同意检察机关撤回起诉的情形。

5. "推定撤诉"影响司法的严肃性、公正性

根据最高人民法院的解释，人民检察院在法定的补充侦查期限内没有提请人民法院恢复法庭审理的，人民法院应当按人民检察院撤诉处理。这一规定，存在如下问题：一是要撤回起诉，必须有检察机关的撤诉请求。在没有检察机关撤诉请求的情况下，由人民法院直接将案件作撤诉处理，与1979年刑事诉讼法关于人民法院要求人民检察院撤回起诉的规定并无实质差别，属于审判权对公诉权的侵犯。二是检察机关可以使用此规定将所有欲撤诉的案件不经司法审查而自行决定，所以此规定将使整个撤诉制度无法正常运作，该条的出现，也可能使撤诉的所有其他规定流于形式。① 在实践中，有些检察机关明知提起公诉的案件可能要被判决无罪，且无补充侦查的可能和必要时，故意建议延期审理并在法定期限内不建议恢复庭审，让人民法院作出按照撤回起诉处理的决定。

二、撤回起诉的原因

撤回起诉的原因众多，有司法制度宏观层面的因素，也有司法运作微观方面的原因。经调查分析，有关撤回起诉的原因，笔者认为大体有如下几个方面：

（一）司法场域内的各种力量的博弈，使案件起诉后被迫撤回

法律社会学的研究表明，法律制度及其功能形态与社会中的各种因素交

---

① 王宇鹏：《公诉案件撤回起诉实践检讨》，载《中国检察官》2006年第1期。

织在一起,任何法律制度的运行绝不是相关法律规定自然而然的过程。① 事实上,法律自主性、客观性与中立性的特性早已被批判法学视为一种"虚构的神话"。② 实践表明,司法场域内的各种力量的博弈,以不同方式渗透到审查起诉工作中,对承办案件的检察官心理产生不同程度的影响,可能使检察官偏离公诉条件,将案件提起公诉后才发现属于不应、不宜追究刑事责任的情形,被迫将案件撤回。

1. 地方意志成为办案的无形压力

在当前的政治体制下,检察机关的人事权、财政权受制于地方。同时,维护稳定是当下执政的第一要务,而地方党委和政府习惯于将检察机关的审查起诉工作作为治理社会的手段之一,尤其是在影响地方社会稳定和关涉地方利益的案件中,地方意志对执法办案的影响最为突出。检察机关的办案工作受地方意志的影响,导致可能忽视案件的程序要件和实体要件,将不符合条件的案件提起公诉。如某检察机关办理的谭某等 16 人涉嫌聚众斗殴罪一案,由于涉及民众与政府的矛盾、涉案人数多、社会影响大,当地党委要求检察机关将 16 人全部提起公诉,后经开庭审理发现其中 5 名被告人情节显著轻微、危害不大,可不认为是犯罪,遂被迫将此 5 人撤回起诉。

2. 检警关系对公诉案件的处理产生影响

检警关系对检察机关公诉条件的影响非常复杂,也非常微妙,这种影响之所以能够发生与两机关各自利益最大化的诉求有关。③ 公安机关对案件办理的考评,之前一直注重批准逮捕人数和批准逮捕率,而近年越来越重视案件提起公诉的人数和起诉率,这样公安机关就不得不主动争取检察机关将部分可捕可不捕、可诉可不诉的案件予以逮捕和起诉。同时,检察机关为了在一些案件中通过公安机关保障其利益,又需要公安机关的配合和协作。为此,"密切"的检警关系变得越来越必要,但这样可能造成检察机关在审查起诉工作中,更多考虑到公安机关起诉犯罪嫌疑人的心理,偏离公诉条件,将不符合起诉条件的案件提起公诉。

---

① [美] 帕特里夏·尤因克、苏珊·S. 西尔贝:《法律的公共空间——日常生活中的故事》,陆益龙译,商务印书馆 2005 年版,第 36 页。
② 王昕、黄维智、廖耘平:《从撤回起诉的实际状态透视公诉条件的形成》,载《人民检察》2010 年第 2 期。
③ 王昕、黄维智、廖耘平:《从撤回起诉的实际状态透视公诉条件的形成》,载《人民检察》2010 年第 2 期。

3. 社会公众意识、当事人对案件态度迫使检察官将低于定罪标准的案件提起公诉

虽然一再强调司法不能受民意的左右，但在一些民愤极大、影响面广的案件中，如果案件处理不慎，就可能引起社会公众的强烈关注和不满，更可能引起群体性事件，因此社会公众意识成为检察机关办理案件时不得不面对和考虑的问题，它可能从外部影响审查起诉工作的运行。另外，被害人及其亲属的意见，也会影响检察机关的办案工作。近几年发生的杜培武、佘祥林等冤案中，都不同程度地出现了被害人方向司法机关施加巨大压力的情况，检察机关、法院之所以在证据存在疑点的情况作出起诉决定乃至有罪判决，与所谓的"民愤极大"不无相关。在佘祥林案中，被害人家属组织了200多名当地群众上访，给诉、审机关造成极大压力。①

（二）诉前证据不足、诉后证据发生变化

证据是刑事诉讼的基础和灵魂，没有证据，就没有刑事诉讼。② 证据是诉讼的核心，案件变数和指控难度增大主要反映在证据上。③ 这都说明证据对认定案件事实的重要性，案件质量要出问题，更多的是证据原因。近年来，检察机关撤回起诉的案件绝大多数也是因为作为认定事实基础的证据出现了问题。概括起来，主要有两个方面：一是将诉前证据不足的案件提起公诉；二是案件起诉后，证据发生变化。

1. 公诉证明标准的抽象性，导致检、法两家在把握上可能出现不一致

证明标准，是指承担证明责任的诉讼一方对待证事实的论证所达到的真实程度。④ 刑事诉讼法规定公诉案件的证明标准是"事实清楚、证据确实、充分"。同时，2012年刑事诉讼法对于"证据确实、充分"的标准作了进一步的解释，要求认定案件事实的证据必须同时达到三个条件，才可以被认定为"证据确实、充分"：一是定罪量刑的证据都有证据证明；二是据以定案的证据均经法定程序查证属实；三是综合全案证据，对所认定的事实已经排除合理怀疑。虽然立法试图努力廓清"证据确实、充分"的含义，但具体到个案，证据是否确实、充分，能否认定案件事实，就案件提出的"怀疑"

---

① 陈瑞华：《留有余地的判决——一种值得反思的司法裁判方式》，载《法学论坛》2010年第4期。
② 樊崇义、张中：《证据意识：刑事诉讼的灵魂》，载《检察日报》2012年6月13日。
③ 2012年7月朱孝清副检察长在全国检察长座谈会上的讲话。
④ 陈瑞华：《刑事证据法学》，北京大学出版社2012年版，第244页。

是否合理等，还需要作为案件承办者的检察官、法官作具体判断。司法工作者的事实判断、价值判断往往受其出生环境、学识、社会经验等诸因素的影响，因此，就相同的证据，在能否认定案件事实，不同的判断者就可能出现见仁见智的结论。归根结底，还是由于公诉证明标准过于抽象，不易精确把握。由此，检察机关依照自身的证明标准将案件提起公诉后，人民法院可能认为证据不确实、不充分，检察机关就可能将案件撤回。

2. 证据的动态变化对原有的有罪认定形成挑战

刑事诉讼中，据以认定案件事实的证据是动态的，同一案件在侦查阶段、审查起诉阶段和法庭审理阶段的证据很可能会不同。① 另外，物证、书证在搜集、固定、保管过程中都可能遭到破坏和改变。同时对于可变性强的言词证据，内容发生变化的可能性就更大。非法证据排除规则的建立，可能将审查起诉阶段认为具备证据合法性的证据予以排除。证据动态变化给证据的审查和认定带来严峻挑战②。证据的动态变化，就必然动摇有罪指控的证据基础，造成定罪证据不足。

3. 辩护人收集的证据可能动摇有罪认定

刑事诉讼法全面强化了辩护人的辩护权，辩护人更能发现指控证据的弱点，庭审对抗能力显著增强。同时，根据《刑事诉讼法》第40条之规定，辩护人有权收集有关犯罪嫌疑人不在犯罪现场、未达到刑事责任年龄、属于依法不负刑事责任的精神病人的证据，并应及时告知公安机关、人民检察院。同时，庭前会议制度的建立，在一定程度上可能解决控辩双方对证据掌握的不对称问题。虽有如此规定，一方面，辩护方可能出诉讼策略的考虑，不会将诉前搜集的证据告知办案机关，增加了事实认定的变数；另一方面，即使庭前会议制度能在一定程度上解决证据信息不对称问题，但毕竟该程序设置在案件已经提起公诉后，此时检察机关已经处于没有了"回旋空间"的境地，如果通过辩护方证据能得出原有指控不能成立的结论，要么继续诉讼，承担无罪判决的结果，要么撤回起诉。

（三）检、法两家将撤回起诉作为规避诉讼风险的手段

各级检察机关将无罪判决作为案件质量考核的重要指标，上至整个机关，下至具体办案人员，均高度重视无罪判决问题，检察机关对无罪判决几

---

① 邢永杰、侯晓焱：《撤回公诉问题评析》，载《国家检察官学院学报》2013年第2期。
② 张军：《刑事证据规则理解与适用》，法律出版社2010年版，第107页。

乎都是"零容忍"态度，一旦出现无罪判决，案件质量考核受影响自不别说，对办案人员的错案追究也会随之启动，因此，无罪判决对检察机关和检察官形成巨大的压力。鉴于此，一旦诉后案件出现问题，要么主动撤回，要么屈从法院的撤诉建议，这样就会在一定程度上影响严格依法办案立场。为了避免可能的诉讼风险，更有甚者认为，宁愿多几个撤回起诉案件也不能有无罪判决。这样的心理，就是近年来检察机关以撤回起诉为代价替代无罪判决的重要原因。

对于人民法院而言，过多的无罪判决，必然引起社会公众的广泛关注，更可能遭致执法能力不强、执法公信度不高的批判。同时，从对案件的实质判断看，公诉机关决定起诉的案件必然是有相当数量的有罪证据的，通常不会是显然的、毫无争议的无罪案件，法院与检察机关的不同观点也往往是有倾向性的，由检察机关撤回起诉可以避免使法院作出毫无回旋余地的无罪判决。① 这样，即使在遭受质疑时，法院可以将其责任推得"一干二净"，是其规避诉讼风险的"有益"手段，这也是当下很多法院宁愿选择说服检察机关撤回起诉也不愿判决被告人无罪的重要原因。

三、赋予检察机关撤回起诉权的正当化根据

在世界上多数国家和地区的刑事诉讼法均规定检察机关享有撤回起诉权的情况下，我国刑事立法和司法解释上错位和缺位状态，已严重不适应刑事诉讼发展的需要。笔者认为，公诉权的属性、诉讼经济的要求、实践需求、检察机关客观义务的履行等方面，是在法律上赋予检察机关撤回起诉权的正当化根据，应当赋予检察机关撤回起诉权。

（一）撤回起诉权是公诉权的重要内容，是公诉权裁量性的体现

公诉权是法定的专门机关代表国家主动追诉犯罪，请求审判机关对犯罪嫌疑人予以定罪并处以刑罚的一种权力。其性质是在特定的犯罪案件中，国家垄断行使对犯罪行为的控告权。② 公诉权的性质可以从三个方面理解：公诉权是一种司法请求权，包含审判启动请求权和有罪判决请求权两项内容；

---

① 邢永杰、侯晓焱：《撤回公诉问题评析》，载《国家检察官学院学报》2013年第2期。
② 徐鹤喃：《公诉权的理论解构》，载《政法论坛》2002年第3期。

公诉权是一项犯罪追诉权；公诉权是一项具有专属性的法定职权。① 公诉权具有四项基本权能：公诉提起、公诉支持、公诉变更（包括公诉的改变、撤回和追加）、上诉（抗诉）。② 可见，撤回起诉权是检察机关公诉变更权的重要权能，也是公诉裁量权的重要体现。检察机关享有撤回起诉权是起诉便宜主义下公诉权向审判阶段延伸的表现。检察机关在对案件提起公诉后，发现不应起诉或者不必起诉时，可以撤回对部分被告人的控诉，也可以全案撤回。这体现了：公诉作为一种追诉权，天生具有主动性的特征，它不但主动纠举犯罪，提起公诉启动审判程序；而且在发现指控有错漏的情况下，可以主动予以补正。③ 由此可知，撤回起诉是公诉权的应有之义，撤回起诉权是检察机关公诉权能的重要内容。

（二）赋予检察机关撤回起诉权是实现诉讼经济的需要

所有的法律活动，包括一切立法和司法以及整个法律制度，事实上都在发挥着分配稀缺资源的作用，所有的法律活动都要以资源的有限配置和利用即效率的极大化为目标。效率是衡量一切法律乃至所有公共政策适当与否的根本标准。④ 在当下，我国仍处于刑事犯罪高发、社会矛盾凸显期，刑事犯罪总量仍处于高位运行。在这样的形势下，如何高效利用有限的司法资源，成为一个无法回避的现实问题。这就必须做到，一个国家的刑事诉讼活动必须追求以尽可能少的诉讼成本投入来产出尽可能多的诉讼效益，即在解决个人和国家之间的纠纷上实现资源利用最大化的诉讼效益。⑤ 因此，如果检察机关提起公诉的案件属于不能、不应追究被告人刑事责任的情形，如不允许其撤回起诉，而是"坐等"法院的一审、二审甚至再审等复杂的审判程序，将造成司法资源的巨大浪费。如允许检察机关通过撤回起诉来终结这一不必要的诉讼程序，也可以节约更多的人力、财力、物力，用于办理其他的刑事案件，从而实现诉讼经济的目标。

（三）赋予检察机关撤回起诉权是司法实践的客观需要

刑事诉讼的过程就是司法工作人员查明案件事实并对涉案行为人作出评

---

① 龙宗智：《相对合理主义》，中国政法大学出版社1999年版，第290~294页。
② 龙宗智：《相对合理主义》，中国政法大学出版社1999年版，第295~300页。
③ 谢佑平、万毅：《刑事公诉变更制度论纲》，载《国家检察官学院学报》2002年第1期。
④ 丁玉明：《刑事不起诉的经济学分析》，载《经济师》2007年第7期。
⑤ 左卫民：《刑事诉讼的中国图景》，生活·读书·新知三联书店2008年版，第152页。

价和处理的过程。一方面，刑事犯罪本身的复杂性，使司法工作人员对案件事实的查明很可能是一个去伪存真、循序渐进的过程；另一方面，司法工作人员对于案件事实和法律适用的认识也可能发生偏差。主、客观方面的因素都可能导致检察机关出现案件起诉的错误。此时，检察机关如能撤回起诉就可以有效维护被告人的合法权益，最大限度地实现诉讼公正，同时，也能让检察机关纠正其本身的错误，维护司法公信力。因此，检察机关享有撤回起诉权，是顺应司法实践的客观需要。

（四）赋予检察机关撤回起诉权能保证检察机关客观义务的实现

在刑事诉讼活动中，检察机关负有客观义务。有学者将检察机关的客观义务归结为三个方面的内容：一是检察机关应当追求实质真实；二是在追诉犯罪的同时要兼顾维护被追诉人的诉讼权利；三是通过客观公正地评价案件事实追求法律公正的实施。[①] 基于上述客观义务，要求检察机关在对案件进行实体处理前，必须认真进行审查、研判，防止可能出现的各种错、漏情况，确保处理决定的客观、公平、公正。同时，如果出现了案件处理的错误，检察机关也负有纠正的义务。因此，在检察机关将案件不当起诉至人民法院后，应当允许检察机关将案件撤回并作相应处理。通过客观公正、不偏不倚地发挥其各项职能，以实现犯罪追诉和人权保障的双重目标，这不只是履行客观义务的需要，也能彰显作为法律监督者的检察机关也勇于监督自身的执法大度形象。

四、撤回起诉的规制

享有权力并不等于能正确行使权力。权力天然具有扩张性，权力会导致腐败，绝对的权力导致绝对的腐败。法律上赋予检察机关撤回起诉权还远远不够，还必须以权力制约为基点，以权利保障为原则，在现有具体制度的基础上，设置相应的程序和制约机制，确保检察机关能公正行使撤回起诉权，切实维护诉讼正义。

---

① 程雷：《检察官的客观义务比较研究》，载《国家检察官学院学报》2003年第1期。

(一) 对撤回起诉程序本身的限制

《规则》和《解释》对撤回起诉的事由、程序、效力作了原则性规定，对于指导司法实践有一定的作用，但这些规定稍显粗陋，还需要对相应规定进行限制和完善。

1. 撤回起诉的事由需要进一步明确

撤诉理由的界定，直接影响撤诉范围的大小。实践中一般基于两大类事由而撤诉。一是基于实体问题而撤诉。具体情形包括：不存在犯罪事实；犯罪事实并非被告人所为的；情节显著轻微，危害不大，不认为是犯罪的；证据不足或者证据发生变化，不符合起诉条件的；被告人因未达到刑事责任年龄，不负刑事责任的；法律、司法解释发生变化导致不应当追究被告人刑事责任的等。值得注意的是，《规则》第459条在规定关于撤回事由时，除把"被告人是精神病人，在不能辨认或者不能控制自己行为的时候造成危害后果，经法定程序鉴定确认，不负刑事责任的"该种情形删除外，其余事由与《最高人民检察院关于公诉案件撤回起诉若干问题的指导意见》（〔2007〕高检诉发18号）的规定完全一致。笔者认为，被告人在作案时属于不能辨认或者控制其行为的精神病人的案件，在提起公诉后仍然应撤回起诉。理由在于：该种情形与"被告人未达刑事责任年龄作案"的法律后果均一致，刑法均规定为不负刑事责任，且《解释》第241条对该两种情形，均规定为判决宣告被告人不负刑事责任；两种情形下，被告人不负刑事责任的依据均在于无辨认能力或者控制能力。因此，该两种情形完全一致，不能区别对待，都属于应予撤回起诉的事由。另外，对于《刑事诉讼法》第15条规定的对于犯罪已过追诉时效且不是必须追诉的、经特赦令免除刑罚的、被告人在判决宣告前死亡的情形，依法应由人民法院裁定终止审理，不应作撤回起诉处理。同时，对于犯罪情节轻微，不需要判处刑罚或者免予刑罚处罚的，符合相对不起诉条件的案件被提起公诉后，也不宜作为撤诉处理。理由在于：其一，《规则》第459条从社会危害性的程度上，将"情节显著轻微，危害不大，不认为是犯罪的"规定为撤回起诉的情形之一，"犯罪情节轻微"与"情节显著轻微"明显有别，不能等同；其二，对于犯罪情节轻微的案件，毕竟已构成犯罪，既然已起诉到法院，如果撤回起诉，将案件回转到审查起诉环节，同样需要做大量的后续处理工作，不如由法院对被告人判处较轻刑罚或者免予刑事处罚，处理程序更简单，也能节约司法资源。二是基于程序问题而撤诉。《规则》第459条并未将程序问题列为撤诉事由。笔者认为，检察机关将不属于法院管辖的案件起诉并经开庭审理后，才发现不具有审判管辖权的案件，如果属于级别管辖错误，下级法院可以案情重大、复杂为由，请求将案件移送上一级法院审判，此时检察机关无须将案件撤回；如果属于属地、属人管辖错误，人民法院在受理案件时，如果发现该院对案件无管辖权时，会将案件退回检察机关，但如果案件已进入开庭审理阶段后，基于控审分离原则，由于法院不能将案件移送有管辖权的法院，此时，检察机关就应将案件撤回起诉，保证案件得到及时正确的处理。需要说明的是，对于被告人患精神病（非作案时患病）或者其他严重疾病、被告人脱逃等情形，致使案件在较长时间内无法继续审理的，由人民法院裁定中止审理，检察机关不能将案件撤回起诉。

2. 撤回起诉的时间应限定在法院作出一审判决之前

撤回起诉时间的界定，不仅关系到检察权对审判权的干涉，而且关系到被告人合法权益的保障，因此在撤回起诉制度中具有十分重要的意义。《规则》和《解释》均规定在一审判决宣告之前均可以撤回起诉。对于如何撤回起诉的时间界定，主要有以下意见：第一种意见认为检察机关只能在开庭审理前提出，开庭审理之后无权撤诉。① 第二种意见认为撤回起诉的时间应限定在法庭一审辩论终结之前。② 第三种意见认为撤回起诉应在法院合议庭合议之前提出。③ 第四种意见认为撤回起诉的时间应限定在一审开庭后至合议庭评议之前。④ 在案件起诉至法院后开庭审理前可以撤回起诉各方不存争议，争议在于开庭审理后最迟的撤回起诉时间的界定。笔者认为，检察机关撤诉时间应限于法院做出一审判决之前。理由在于：（1）经过开庭审理，控、辩、审三方就案件是否属于可以撤回起诉的范围，已经非常清楚，只是法院尚未做出裁判性意见。此时，作为审判权权威性载体的判决尚未形成，检察官撤回起诉，符合撤回公诉制度的理念，也能体现撤回公诉的价值。⑤（2）能防止撤回起诉权的滥用，强化审判权对公诉权的制约。我们知道，多数案件在形成判决结论与宣告判决之间常常有一定的时间间隔，如果在经

---

① 邓中文：《公诉案件撤诉的若干问题探讨》，载《中央政法管理干部学院学报》1999 年第 2 期。
② 余经林：《论撤回公诉》，载《法学评论》2007 年第 1 期。
③ 顾静薇：《论撤回起诉的规范化》，载《中国刑事法杂志》2007 年第 1 期。
④ 黄敏：《公诉案件撤诉的疑难问题新探》，载《黑龙江政法管理干部学院学报》2003 年第 5 期。
⑤ 余经林：《论撤回公诉》，载《法学评论》2007 年第 1 期。

合议庭、审判委员会评议后已形成裁判性结论，只是尚未向被告人宣告，此时如果还允许检察机关撤回起诉，确有公诉权侵犯审判权之嫌疑，有悖程序公正，因此，在已经形成裁判性结论时，就不应允许撤回起诉，而应做出判决。

3. 严格限制撤回起诉后案件的处理方式

《规则》第459条规定，撤回起诉后检察机关应在30日内作出不起诉决定，需要重新侦查的，将案卷材料退回公安机关补充侦查。同时规定就发现新的犯罪事实和新的证据的，可以重新起诉。对于饱受诟病的撤诉后反复起诉的实践做法，《规则》的规定一是语焉不详，二是没有对这一不当做法予以适当限制。根据《规则》的规定，"新的事实"是指原起诉书中未指控的犯罪事实。该犯罪事实触犯的罪名既可以是原指控罪名的同一罪名，也可以是其他罪名。"新的证据"是指撤回起诉后搜集、调取的足以证明原指控犯罪事实的证据。笔者以为：第一，撤回起诉后发现新的犯罪事实，检察机关可以就新发现的犯罪事实提起公诉，不应受任何条件的限制。因为新的犯罪事实的出现，表明该事实与之前撤回起诉的犯罪事实并非同一事实，不论与撤回起诉的事实触犯的罪名是否相同，如果符合提起公诉的条件，则形成的是与之前撤回起诉的事实完全不同的刑事法律关系，检察机关自然有权提起公诉。第二，实践中备受争议的是以发现新的证据为由对撤回起诉的被告人反复提起公诉的情况。《规则》通过对"新的证据"的解释，从证据收集、调取的时间和证据证明力的大小两方面，对重新起诉的条件作了限制，提高了重新起诉条件。第三，应对"以发现新的证据"为由重新起诉的次数限制为一次。反复的起诉、撤诉，不但浪费大量的司法资源，有损司法行为的严肃性，而且使被追诉者不能对其行为结果有明确的预期，终日处于惶惶不安之中，不利于良好社会秩序的形成。因此，将重新起诉的次数限制为一次为宜。

（二）完善权利救济程序

公诉案件中刑事诉讼活动是由公安侦查、检察机关起诉、法院审判、被告人、被害人共同参与的刑事司法活动。鉴于立法和司法解释就撤回起诉规定的现状，检察机关撤回起诉实质上只能认定为检、法两家对案件的一种协调处理方式，并未得到立法的认可。作为司法机关内部的案件处理协调，完全由检、法两家说了算，将诉讼参与者排斥在外，确不利于保障他们的利益，也有悖于司法公正。因此，建立相应的撤回起诉的权利救济机制就显得十分必要。

1. 被告人权利的救济

一般而言，检察机关撤回起诉，被告人不会反对，但如果被告人认为其确属无辜时，就可能对撤回起诉持相反意见。因为通过法院的无罪判决，一是可以宣告自身的清白，二是可以受判决既判力的保护，三是依法可以获得国家赔偿。因此，检察机关、人民法院应及时向被告人、辩护人送达撤回起诉决定书、准许撤回起诉裁定书等文书，保障被告人的知情权；在人民法院审查是否符合撤回起诉条件时，要充分听取被告方的意见；应当赋予被告人对同意撤回起诉裁定的上诉权；检察机关撤回起诉后应及时作出不起诉决定，迅速对涉案文件、物品进行处置等。

2. 被害人的救济

在我国刑事诉讼中，被害人始终处于被遗忘的角落。应当承认的是，被害人和被告人的权利在很多情况是存在冲突的。① 检察机关对被告人撤回起诉，意味着放弃对被告人刑事责任的追究，尤其是在滥用撤诉权的情况下，被害人的复仇愿望等利益不能得到实现，这对被害人的利益影响重大，被害人的权利将受到"二次侵害"（the second harm）。基于自身利益的考虑，对于检察机关撤回起诉，被害人几乎都不会同意。为充分保障被害人的权益，检察机关、人民法院应负有向被害人告知请求撤回起诉、准许撤回起诉的义务；要适时听取被害人的异议；如被害人对撤回起诉决定和准予撤回起诉裁定不服，要赋予其具有复议、复核、申诉的权利；在检察机关作出不起诉决定，被害人向人民法院提起自诉的，要及时将全部案件材料移送人民法院，确保其自诉请求的实现等。

（三）建立相应的监督制约工作机制

为有效规制检察机关的撤回起诉权，单有简单的法律规定还不够，还须建立内、外部相结合的工作机制。

1. 强化内部监督制约

（1）建立检察机关撤回起诉报上级审批制度。《最高人民检察院关于公诉案件撤回起诉若干问题的指导意见》第13条规定，对于撤回起诉的案件，应当在撤回起诉后30内将撤回起诉案件分析报告、连同起诉意见书、起诉书、撤回起诉决定书等相关法律文书报上一级人民检察院公诉部门备

---

① 陈瑞华：《法律人的思维方式》，法律出版社2011年版，第248页。

案。该规定有利于上级检察机关对下级检察机关的监督，但这种"事后监督"几乎只能起到了解案件处理情况的作用，而且可能出现案件后续处理的"尴尬"。因为在下级检察院将案件报送上级检察院备案审查时，案件已从法院撤回起诉，如果撤回起诉本身没有问题尚可，如果属于错误撤诉，上级检察院就不得不撤销下级检察院的决定，但撤销决定后，一旦没有新的事实和证据，就不能起诉，法院也不会受理，案件处理将无所适从。因此，建立撤回起诉前报上级检察院审批制度确有必要。

（2）严格检察机关内部审核把关制度。检察机关对业已起诉至人民法院的被告人撤回起诉，不只是简单的公诉内容的变更，更关系到案件的最终处理、执法公信度高低等问题，因此，必须严格内部审核把关。案件起诉至人民法院后，承办检察官发现需要将案件撤回起诉，或者法院建议检察机关撤回起诉时，承办检察官、公诉部门负责人、分管检察长均不能自行做出决定，必须向检察长汇报，必要时提交检察委员会研究决定是否撤回起诉。

2. 加强外部制约监督

（1）强化法院对检察机关撤回起诉请求的审查。检察机关起诉后诉讼已经属于特定法院和关涉特定被告，撤回起诉就不再是单方行为。特别是当合议庭已经组成、庭审已经进行时，必须有充分的理由支持，经法院审查同意后才能撤回起诉。这是确保公诉决定严肃性的要求，是审判权与公诉权制衡的需要，同时也是对当事人权利的程序保障。① 法院对撤回起诉请求的进行审查，是审判权的重要内容。法院要从撤诉理由是否充分、程序是否合法、诉讼参与人有无异议等方面，全面审查有无撤诉必要性。尤其要重点审查检察机关以证据不足为由撤回起诉的案件，在确认撤诉后不能搜集、调取到新证据的情况下，一般不宜同意撤回起诉，应直接作无罪判决。这样，一方面可以避免撤诉审查形式化，改变"有求必准"的撤诉不良做法；另一方面也可以避免检察机关滥用撤回起诉权，将其作为回避诉讼风险的"护身符"，以加强诉前对案件事实、证据和法律适用的审查和判断，提高案件质量。

（2）将撤回起诉纳入人民监督员监督案件范围。近年来，检察机关在制度框架内创设的人民监督员制度，是一项具有具体内容和刚性监督程序的外部监督机制。根据《关于实行人民监督员制度的规定》和《关于人民监督员监督"五种情形"的实施规则（试行）》的规定，人民监督员有权对

---

① 邢永杰、侯晓焱：《撤回公诉问题评析》，载《国家检察官学院学报》2013年第2期。

"三类案件"、"五种情形"进行监督。比较而言，作为检察机关的撤回起诉行为，一方面，虽然不具有终结诉讼的效力，但确关系到案件的最终处理；另一方面，与已列入监督范围的"应当立案而不立案或者不应当立案而立案、违法扣押、冻结"等情形也有相似之处。因此，将撤回起诉纳入人民监督员监督案件范围，自觉接受外部监督，对于保证检察机关规范、正确撤回起诉权，具有十分重要的意义。

不批准逮捕决定执行监督问题研究

——2012年渝中区院不批准逮捕决定执行监督的调研分析

汤茜茜* 崔全龙**

《刑事诉讼法》第89条第3款和《人民检察院刑事诉讼规则（试行）》第320条规定，人民检察院不批准逮捕的，公安机关应当在接到通知后立即释放或变更强制措施，并且将执行情况在收到不批准逮捕决定书后3日以内通知人民检察院。但从对渝中区院2012年不批准逮捕决定执行监督的调研情况看，当前不批准决定执行监督存在程序不规范、监督不到位等诸多问题，检察机关应予以高度重视，并切实加强对公安机关不批准逮捕决定执行的法律监督。

一、基本情况

2012年，渝中区院侦查监督部门共作出不批准逮捕决定案件229件294

---

* 汤茜茜，重庆市渝中区人民检察院副检察长。
** 崔全龙，重庆市渝中区人民检察院研究室干警。

人,其中不构成犯罪不批准逮捕 57 人,证据不足不予批准逮捕 118 人,无逮捕必要不予批准逮捕 119 人,不批准逮捕率为 17.14%。其中,作出不构成犯罪不批准逮捕的 57 人中,公安机关作出撤案决定的 5 人,未撤案的 52 人;① 作出证据不足不予批准逮捕的 118 人中,公安机关补充侦查后提请起诉的 53 人,未提请起诉的 65 人;作出无逮捕必要不予批准逮捕的 119 人,公安机关对该类案件均依法提请渝中区院公诉部门审查起诉。

二、存在的问题

通过对 2012 年渝中区院不批准逮捕执行情况的调研分析,公安机关和检察机关在不批准逮捕的执行方面存在以下几个问题:

(一) 执行回执送达程序不规范

在不批准逮捕决定的执行回执送达程序上,公安机关和检察机关在执行规范上存在诸多问题。一是公安机关法制部门未按规定主动及时送达。根据《刑事诉讼法》第 89 条第 3 款和《人民检察院刑事诉讼规则(试行)》第 320 条规定,公安机关应当在收到不批准逮捕决定书后 3 日以内通知人民检察院。实践中公安机关法制部门未能按照规定的 3 日内送达执行回执,而是采取被动、集中式的送达执行回执,即只有在检察机关督促的情况下,公安机关才集中予以送达执行回执。如 2012 年重庆市公安局渝中区分局法制部门对渝中区院侦查监督部门作出的不批准逮捕案件的执行回执送达均是该院侦查监督部门因归档等其他原因,主动向公安机关法制部门督促索要,公安机关法制部门才将先前未送达的执行回执给予集中送达。二是检察机关督促执行回执不及时。法律和司法解释将执行回执的送达时间界定为 3 日内,这对于公安机关和检察机关都具有法律约束力,而检察机关作为法律监督机关对此有着更高的法律监督职责。因此对于公安机关未主动及时送达执行回执的,检察机关应当及时予以监督,确保执行程序的合法化。实践中,检察机关虽然也督促公安机关送达执行回执,但其更多的是基于归档等工作需要,而并非是基于监督公安机关执行的法律监督考虑,这也就导致了检察机关的

---

① 在未撤案的 52 人中,4 人无法核实具体的处理情况,7 人具有特殊情况而未撤案,其余 40 人均属无任何理由未撤案。在具有特殊情况而未撤案的 7 人中,4 人被劳动教养,2 名未成年人被收容管教,1 人因其他罪名被侦查。

督促监督不及时,在公安机关未3日送达执行回执的情况下,检察机关也未予及时督促公安机关,影响了不批准逮捕决定执行的效果。三是执行回执的送达签收手续不规范。依法履行签收手续是确保执行回执送达规范化的重要保障。在实践中,执行回执的送达责任部门涉及公安机关法制部门和检察机关的案管部门、侦查监督部门等多职能部门。从对2012年渝中区院不批准逮捕案件执行回执送达签收手续的调研情况看,三个职责部门在执行回执的签收手续上存在诸多不规范问题,甚至存在着未履行签收手续的现象。这一操作层面的不规范,致使不批准逮捕执行反馈存在诸多不规范问题。如由于时间久远和送达不规范等诸多因素,不批准逮捕决定案件存在执行回执遗失的情况,对此公安机关法制部门往往以"情况说明"的形式来说明对犯罪嫌疑人的执行情况,以替代法定格式的执行回执。2012年在渝中区院作出不批准逮捕决定的229件294人中,执行回执遗失的有12件15人,对此重庆市公安局渝中区分局法制部门均以"情况说明"的形式来予以说明执行情况。

(二)不捕决定执行监督不到位

根据《人民检察院刑事诉讼规则(试行)》第320条的规定,对于人民检察院决定不批准逮捕的,公安机关在收到不批准逮捕决定书后,应当立即释放在押的犯罪嫌疑人或者变更强制措施。据此规定,公安机关是否依法执行检察机关作出的不批准逮捕决定,是否依法立即释放在押的犯罪嫌疑人或者变更强制措施,检察机关应当有监督执行的法律职责。但在司法实践中,检察机关对公安机关执行不批准逮捕决定的监督存在不到位的问题。目前,检察机关监督公安机关执行不批准逮捕决定的方式只有通过执行回执来进行,监督手段较为单一,不批准逮捕决定执行监督的效果不理想。加之,前文所述的公安机关对不批准逮捕决定执行回执送达不及时、不规范问题,致使检察机关赖以监督的单一手段——执行回执更是存在诸多不实之处,这就造成公安机关是否及时释放犯罪嫌疑人、是否依法变更强制措施,检察机关更不得而知的情形。通过与监所的对比检察发现,渝中区院不批捕的294人中,公安机关立即释放或者变更强制措施278人,占94.56%;有16人在监所检察系统中无显示,无法核实执行情况,占5.44%。其中,证据不足不捕的7人,不构成犯罪不捕的4人,无逮捕必要不捕的5人。

（三）不捕案件侦办情况无监督

检察机关侦查监督部门对于公安机关提请批准逮捕的案件依据不同情形可以分别作出不构成犯罪的不批准逮捕决定、无逮捕必要或证据不足的不予批准逮捕决定。从不批准逮捕决定的类型看，检察机关这种审查逮捕决定应当具有双重功能：一是检察机关对是否采取逮捕强制措施的处理意见；二是检察机关对案件本身的处理意见。因此，检察机关对两种处理意见的不批准逮捕决定均应当具有法律监督的职责。前一种监督在前文已述，在此不再赘述。后一种监督在司法实践中尚处于空缺状态，检察机关对于其作出不构成犯罪不批准逮捕的案件，公安机关是否撤案无监督；对于其作出的无逮捕必要不批准逮捕的案件，公安机关是否依法提请起诉无监督；对于其作出的证据不足不批准逮捕的案件，公安机关是否补充侦查或者依法提请起诉无监督。渝中区院作出不构成犯罪不批准逮捕的57人中，有高达52人未被公安机关撤案（其中40人属无任何理由未撤案）。这一现象充分反映出了检察机关对公安机关侦办不捕案件情况监督缺失的问题。

三、原因分析

不批准逮捕决定执行监督存在执行回执送达程序不规范、不捕决定执行监督不到位、不捕案件侦办情况无监督等诸多问题，这些问题有些是公安机关内部不规范的问题，有些是检察机关内设机构配合不到位的问题，有些是公安机关和检察机关配合不协调的问题。应当引起公安机关和检察机关的高度重视。

（一）公安机关和检察机关均未确立规范的执行回执送达程序

不批准逮捕决定的执行回执送达不仅涉及公安机关的职责，同样涉及检察机关相关部门的职责，这是由执行回执的送达程序决定的。因此，分析执行回执送达程序方面的不规范问题，应当从两个方面入手。一方面是公安机关的执行回执送达程序。如前文所述，司法实践中公安机关对检察机关作出的不批准逮捕决定的执行回执采取的是被动的集中式送达方式。这充分反映出公安机关内部未确立起规范的执行回执送达程序，在不批准逮捕决定执行后未主动送达检察机关，以致出现了检察机关侦查监督部门催收执行回执的现象。在执行回执的送达签收上，公安机关在送达执行回执时，存在未与检察机关相关部门履行签收手续的现象。这些问题的出现都是因为公安机关内部不规范的执行回执送达程序引起的。另一方面是检察机关内部的执行回执移送程序。在检察机关内部，由于案件管理的改革，检察机关建立了案件管理专门机构，专门负责案件和相关文书的受理和送达工作，这就使不批准逮捕决定的执行回执在检察机关内部要实现从案件管理部门流转至侦查监督部门。但在签收的手续和职责上，两部门间同样存在着签收手续不规范、签收职责不明确等问题。这些都在一定程度上影响了不批准逮捕决定执行回执送达的规范化，影响了侦查监督部门对公安机关执行不批准逮捕决定的监督效果。

（二）检察机关对不批准逮捕决定执行的监督未引起足够重视

不批准逮捕决定是检察机关贯彻"尊重和保障人权"宪法精神和"少捕、慎捕"刑事政策的重要体现，是充分保障犯罪嫌疑人合法权益的重要举措。公安机关应当严格执行检察机关作出的不批准逮捕决定，并应当及时将执行情况通知检察机关，主动接受检察机关的侦查活动监督，规范执法程序。而作为肩负法律监督职责的检察机关，理应对其作出的不批准逮捕决定执行情况进行积极、主动的监督，切实肩负起对不批准逮捕决定执行的监督职责和对侦查活动的监督职责，切实肩负起保障犯罪嫌疑人人身自由不受非法限制的法律职责。但在司法实践中，检察机关的侦查监督部门及其案件承办人往往以开具出不批准逮捕决定书作为案件审结的标志，以将不批准逮捕决定书送达至公安机关视为职责已履行；而将不批准逮捕决定的执行职责完全交予公安机关，将其天然地作为公安机关的法定职责。至于本院作出的不批准逮捕决定是否得到公安机关不折不扣的执行，犯罪嫌疑人是否得到及时释放或者变更强制措施，侦查监督部门并未将其纳入自身应有的监督职责，案件的承办人也并未将其纳入自身的工作职责。正是由于检察机关对不批准逮捕决定执行的监督职责未引起足够重视，致使侦查监督部门及其案件承办人对执行回执及时送达问题的不重视，致使检察机关对公安机关执行不批准逮捕决定的情况实施监督不到位，致使犯罪嫌疑人的人身自由是否受到限制依旧处于风险状态。由此可见，检察机关对不批准逮捕决定执行的监督未引起足够重视，是造成不批准逮捕决定执行回执送达不规范、执行监督不到位的重要因素。

（三）检察机关各内设机构间尚未建立起有效的协调配合机制

检察机关作为法律监督机关，其内设部门均承担着各自不同的法律监督职责，形成了对刑事诉讼活动中侦查、审判等各个环节的法律监督，构建起了具有中国特色的法律监督体系。但从对渝中区院2012年不批准逮捕决定执行监督的调研分析，我们不难看出不批准逮捕决定执行监督中存在的诸多问题不仅涉及公安机关和检察机关的配合监督问题，更涉及检察机关内部各机构间的协调配合。应当说，上述问题的出现与检察机关各内设机构间的协调配合不到位息息相关。如检察机关的侦查监督部门和案件管理部门缺乏有效的配合，致使不批准逮捕决定执行回执的送达不规范、不及时；检察机关的侦查监督部门和监所检察部门缺乏有效的配合，致使对不批准逮捕决定的执行监督存在不到位的问题；检察机关的侦查监督部门和公诉部门缺乏有效的配合，致使对不批准逮捕决定案件的侦办处理缺乏有力的监督。由此可见，检察机关内设机构间的沟通配合不协调，是导致不批准逮捕决定执行监督不到位或者缺位的重要原因。作为法律监督机关，检察机关的法律监督职责广泛而全面，其内设机构的监督职责不同而相关，各内设机构在法律监督体系中的作用都不容忽视。检察机关要想更好地发挥法律监督的职责，其内设机构间的协调配合至关重要，各内设机构间只有形成法律监督的合力，才能发挥检察机关法律监督的威力，更好地维护国家法制的统一。

四、对策与建议

检察机关对不批准逮捕决定的执行监督薄弱，有检察机关和公安机关沟通配合不畅的因素，也有检察机关内设机构间协调配合不到位的原因。对此，我们应当以问题为出发点，多措并举，切实加强检察机关对不批准逮捕决定的执行监督。

（一）规范执行回执的送达签收程序

不批准逮捕的决定和执行有着其特殊的属性，即检察机关为不批准逮捕决定的决定机关，而公安机关作为不批准逮捕决定的执行机关。这一特殊属性决定着对不批准逮捕决定执行回执的规范程序不仅涉及公安机关的送达签收程序，也涉及检察机关内部的送达签收程序。检察机关可以口头或者检察建议的形式，建议公安机关尽快建立起规范的不批准逮捕决定执行程序和执行回执的登记、送达程序,依法将检察机关作出不批准逮捕决定的犯罪嫌疑人立即释放或变更强制措施,并依规将执行回执在收到不批准逮捕决定通知书后3日内送达检察机关,确保不批准逮捕决定的规范执行。由于近年来,检察机关对案件管理进行了改革,专门设置了案件管理部门,这就致使执行回执的送达签收程序涉及多部门。对此,检察机关要明确分工、落实责任,尽快出台检察机关内部管理规定,明确案件管理部门和侦查监督部门对执行回执的签收、移送职责和规范程序,明确案件管理部门对执行回执的督促送达、统一签收职责,落实侦查监督部门及其承办人对不批准逮捕决定执行回执的监督职责,规范不批准逮捕决定执行回执在检察机关案件管理部门和侦查监督部门内部之间的流转、送达、签收程序,严格监管执行回执在规范、透明的程序下运行,为检察机关进一步做好对不批准逮捕决定的执行监督奠定基础。

(二) 强化对不批捕决定执行的法律监督

不批准逮捕决定是否得到公安机关不折不扣的执行,不仅关乎检察机关不批准逮捕决定的权威性,更关乎犯罪嫌疑人人身自由权利的保障,检察机关应当切实肩负起强化对不批准逮捕决定执行的法律监督。除了上述通过案件管理部门和侦查监督部门对不批准逮捕决定执行回执的审查来实现对公安机关不批准逮捕决定执行的监督,检察机关还应该通过更有效的途径对不批准逮捕决定的执行实施及时的监督。根据《人民检察院刑事诉讼规则(试行)》第326条规定:对公安机关报请批准逮捕的案件,侦查监督部门应当将批准、变更、撤销逮捕措施的情况说明通知本院监所检察部门。依此规定,检察机关的监所检察部门应当有监督不批准逮捕决定执行的法律监督职责。但正如前文所述,司法实践中检察机关侦查监督部门和监所检察部门未形成有效的协调配合机制,侦查监督部门并未将不批准逮捕决定通知监所检察部门,致使监所检察部门虽能时时查阅公安机关看守所的犯罪嫌疑人出入所记录,但因信息不通等因素却未能肩负起公安机关对不批准逮捕决定的执行监督。因此,检察机关应当切实加强侦查监督部门与监所检察部门的沟通协调,建立侦查监督部门和监所检察部门的工作配合、协调机制,明确侦查监督部门应当在作出不批准逮捕决定后及时通知本院监所检察部门,实现不批准逮捕信息的时时互通。监所检察部门应当在收到侦查监督部门的不批准逮捕决定书后,及时监督公安机关看守所是否依法及时释放犯罪嫌疑人或者变更强制措施,对于公安机关未依法释放或者变更强制措施的,可以依法发纠正违法通知书，确保犯罪嫌疑人人身权利的保障。只有检察机关的侦查监督部门和监所检察部门切实履行起各自不同的法律监督职责，才能实现检察机关强化对不批准逮捕决定执行的法律监督。

（三）加强对不捕案件侦办情况的监督

不批准逮捕决定不仅是检察机关对犯罪嫌疑人是否适用逮捕这一严厉强制措施的判断，同时是检察机关对案件事实的司法认定。检察机关作出的不构成犯罪不批准逮捕决定和无逮捕必要或证据不足不予批准逮捕决定均代表着检察机关对案件事实本身的判断。因此，对不批准逮捕决定执行的法律监督，理应包含检察机关对不批准逮捕案件侦办情况的监督。不管是从检察机关的法律监督属性，还是从检察机关对不起诉案件的决定权角度，对检察机关作出的带有案件事实认定性质的不批准逮捕决定，公安机关均应当依法予以执行，而不应当使犯罪嫌疑人长期处于被刑事追诉的状态。但在目前的司法实践中，检察机关对公安机关侦办不批准逮捕决定案件的监督尚处于缺位的状态，而公安机关对不批准逮捕决定案件的侦办也处于失控的状态。如重庆市公安局渝中区分局对渝中区院 2012 年作出的不构成犯罪不批准逮捕决定的 57 名犯罪嫌疑人中 52 人均未撤案足以说明问题的严重性。对此，检察机关应当切实肩负起法律赋予的监督职责，积极探索，加强监督，依法保障不批准逮捕案件做到公平公正的处理。对检察机关自身来讲，要注重相关部门的协同配合，尽快建立起侦查监督部门同案件管理部门和公诉部门的联动机制。侦查监督部门在作出不批准逮捕决定后，应当及时将不批准逮捕决定的信息通知案件管理部门和公诉部门；案件管理部门和公诉部门要注意对不批准逮捕案件提请起诉的收集统计，并将信息及时反馈至侦查监督部门。侦查监督部门对于作出不批准逮捕决定且公安机关未撤案或未提请起诉的案件，应当及时向公安机关发出检察建议或者纠正违法通知书，依法保障刑事案件得到及时公正的处理。

逮捕作为限制犯罪嫌疑人人身自由的最严厉强制措施在刑事诉讼中应当始终坚持谦抑性原则和比例原则。公安机关、人民检察院和人民法院对于不符合逮捕条件的犯罪嫌疑人均应当及时予以释放或者变更强制措施，这不仅是贯彻修改后刑事诉讼法中"尊重和保障人权"的重要体现，更是检察机关加强法律监督（尤其侦查活动监督）的重点所在。对此，检察机关应予高度重视，切实肩负起法律赋予的监督不批准逮捕执行的法律职责。

附条件不起诉监督考察方案制定研究
——"知、情、意、行"心理学视角下的未成年人矫治教育

雷丹丹[*]

未成年人犯罪是一个世界性的严重社会问题,未成年人能否健康成长,是关系到国家存亡、民族兴衰的大事。21世纪以来我国未成年人犯罪现象呈高发势态,青少年犯罪已经成为我国现代化进程中无法回避的现实问题。如何通过附条件不起诉制度中的监督考察程序实现对未成年犯罪嫌疑人的行为矫治,使其能够纠正不良价值取向、行为习惯,顺利回归社会,是我们应该关注的问题。

一、未成年犯罪嫌疑人身心特点及行为特征

按照按照发展心理学中比较通用的划分标准,青少年时期是指少年期(11岁、12~14岁、15岁)、青年初期(14岁、15~17岁、18岁)和青年晚期(17岁、18~24岁、25岁)的统称,按照我国刑法规定,年满16周

---

[*] 雷丹丹,重庆市武隆县人民检察院案件管理中心助理检察员,法学硕士。

岁为完全负刑事责任的年龄,已满 14 周岁未满 18 周岁的人犯罪,应当从轻或者减轻处罚,可见我国刑法学意义上的未成年人是指处于青春初期(14岁、15~17岁、18岁)的犯罪嫌疑人。①

(一) 未成年犯罪嫌疑人身心特点

处于青春初期的未成年人生理方面迅速发育,主要有以下几点:第一,身高体重迅速增长,具备了实施犯罪的体能基础;第二,第二性征出现,生理及心理需求大大扩张,当其生理及心理需求从正常途径得不到满足时,易诱发犯罪行为;第三,内分泌变化剧烈,青春期情绪变化受激素影响起伏较大,易诱发激情、冲动型犯罪。青春初期的未成年犯罪嫌疑人心理成长较慢,还未形成系统的世界观、价值观,心智尚未成熟,出现心理发展与生理发展不能协调同步的现象。这种心理发展相对滞后与生理发育相对超前的矛盾会使未成年人陷入不安、苦恼、忧虑、矛盾的状态,成为青少年犯罪的动因。②

(二) 未成年犯罪嫌疑人行为特征

未成年人的心理和生理特点,决定了他们的犯罪行为具有以下几点特征:第一,模仿性和易受暗示性,未成年人很容易模仿他人或受他人暗示而发生违法犯罪行为;第二,情境性,未成年人的情绪容易受具体情境激发;第三,戏虐性,处于青春初期的未成年人好奇心重,对新颖、奇特、刺激的游戏、事物缺乏抵抗力,成为犯罪动机;第四,情绪性,未成年人对行为控制力较弱,情绪起伏波动较大,因此未成年人的行为表现出明显的盲目性和冲动性,致使犯罪行为发生;第五,反复性,未成年犯罪行为的反复性,与未成年人人格发展不成熟,意志薄弱及不良习惯等因素有关;第六,暴力性和团伙性,青少年依仗自己经历充沛、年轻力壮的优势,在犯罪手段选择上多选择暴力方式,此外,由于未成年人交往需要强烈,容易拉帮结派形成犯罪团伙。③

---

① 林崇德:《发展心理学》,人民教育出版社 2009 年版,第 257~261 页。
② 梅传强:《犯罪心理学》,中国法制出版社 2006 年版,第 115~122 页。
③ 刘邦惠:《犯罪心理学》,科学出版社 2009 年版,第 152~157 页。

二、监督考察方案对未成年犯罪嫌疑人的矫治教育作用

对于未成年犯罪嫌疑人来讲,虽然自身在价值取向、行为习惯方面出现偏差,但"积恶未深",世界观、人生观、价值观仍在形成阶段,本身的错误观念还未定型,行为陋习尚未固定,因此可以通过矫治教育纠正其价值取向和行为习惯方面的偏差。

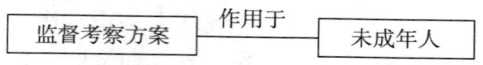

图1 监督考察方案直接作用于未成年人方式

(一)监督考察方案矫治教育的作用方式

检察机关是监督考察方案实施的主体,具体方案是监督考察的内容,方案指向的未成年人是监督考察实施的对象。无论监督考察方案的内容如何变化,或者监督考察方案要求何方协助(譬如未成年人监护人、社区组织、学校、心理专业人员),监督考察方案必须直接或者间接指向未成年犯罪嫌疑人,并且作用于未成年犯罪嫌疑人。直接指向未成年犯罪嫌疑人,是指该考察方式与未成年人直接相关,如检察人员对未成年人进行说服教育,要求未成年人进行思想汇报或者心理医生对未成年人进行心理矫治等,通过直接改变未成年人的思想观念、行为习惯进行矫治教育(如图1所示)。间接指向未成年犯罪嫌疑人,是指该考察方式与未成年人间接相关,如检察人员教育未成年人的家长改变教育方法,与学校、社区进行教育合作等,通过改变造成未成年人犯罪的外部因素,使这些外部因素对未成年犯罪嫌疑人实施良性影响来实现矫治教育(如图2所示)。

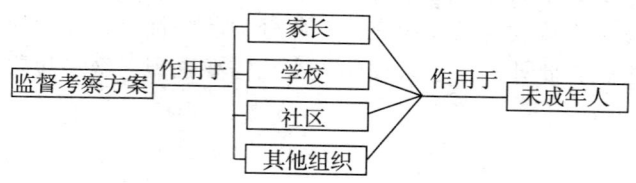

图2 监督考察方案间接作用于未成年人方式

检察机关制定监督考察方案目的是为了纠正未成年犯罪嫌疑人的思想偏差和行为偏差,如果该考察方案的指向内容与该未成年人事无涉的,那该考察方案便不可能实现预期目的。也就是讲,检察机关制定的监督考察方案无

论是通过外因还是通过内因来实现对未成年人的矫治,其方案的作用方式必须最后落实在该未成年人身上,方能达到矫治教育的目的。

(二)"知、情、意、行"与监督考察方案关系

"犯罪现象并不是宿命的或人类命中注定的不可改变的命运,而只不过是由其原因所决定的,通过改变其原因的活动可以改变原因的结果本身。"① 对未成年人进行矫治教育,就是改变其犯罪"原因"得到矫正"结果"的过程。未成年人的犯罪原因可以分为内因和外因两类,其中以内因为主,外因通过内因发生作用。监督考察方案无论是作用于未成年人犯罪的内因还是外因,都要以未成年人的身心发展作为落脚点,达到矫正目的。未成年人的身心发展是有其内在客观规律的,要经过"认知—情感—意志—行动"这样一个客观的发展过程,未成年人通过监督考察方案接受"教育、感化、挽救"的过程便是"认知—情感—意志—行动"心理要素发生改变的过程。无论是上文谈到的监督考察方案直接作用于未成年人的方式还是间接作用于未成年人的方式,监督考察方案都必须能够对未成年人有所触动,引起其"知、情、意、行"心理要素的改变,否则监督考察方案便是无效的。

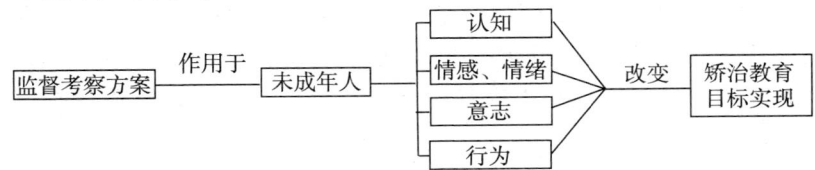

图 3　监督考察方案直接作用"知、情、意、行"实现矫治目标的作用方式

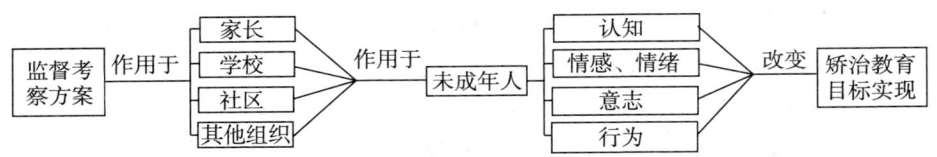

图 4　监督考察方案间接作用"知、情、意、行"实现矫治目标的作用方式

如果能在"知、情、意、行"的视角下具有针对性地制定监督考察方案,主动控制未成年犯罪嫌疑人的"认知—情感—意志—行动"这一身心发展变化过程,便能更有效地实现附条件不起诉对未成年"教育、感化、

---

① [意]恩里科·菲利:《犯罪社会学》,郭建安译,中国人民公安大学出版社 2004 年版,第 45 页。

挽救"的立法目的。

三、未成年犯罪嫌疑人"知、情、意、行"心理因素特点

（一）认知水平低下

"知"是指认知，在心理学中是指通过形成概念、知觉、判断或想象等心理活动来获取知识的过程。人们的认知代表了人们对现有社会的思想、政治、道德、关系以及处理这些关系的原则、规范的理解和认识。[①] 人们通过自己的认知来解释自己对世界、对事物的看法，从而指导自己作出一定的行为，人们有意识的行为活动无时无刻不受到自己认知活动的影响。错误的认知会导致人们对事物形成错误的看法和判断，并进一步作出错误的行为活动，人们的犯罪活动就是在错误的认知指导下造成的，比如对金钱、物质的错误认知，对"哥们义气"的错误认知，对自己行为法律后果的错误认知等。

未成年人犯罪嫌疑人因为年龄限制普遍教育程度较低，加上本身心智不成熟，这就直接导致了未成年犯罪嫌疑人认知水平较低的现状。因为本身的认知水平无法对自己身边的一些不合理现象、突发情况作出正确解释，再受到一定的错误诱导，未成年人极易做出错误的行为活动，导致犯罪行为的发生。

（二）负面情感多、情绪波动大

"情"是指情感、情绪。情感和情绪在心理学中都是态度的一部分，是去理解、评价周围的人和事时产生的一种情绪体验，情绪和情感在一定程度上影响着人们的认知活动和行为活动。

未成年人在家庭、学校、社会生活中愉快、正面的情绪和情感体验，有助于其形成正确的价值观念和行为模式；相反，未成年人在家庭、学校、社会生活中较为敌对、负面的情绪和情感体验，容易造成其价值偏差和行为偏差。据一项关于青少年违法犯罪问题的调查结果显示，24.1%的违法犯罪青少年生活在破损的家庭中，而在我国，破损家庭占全部家庭总数的比例不到10%（《关于八省市青少年违法犯罪问题的调查报告》）。据对某市100名犯

---

① 张耀灿、邱伟光：《思想政治教育学原理》，高等教育出版社1999年版，第94页。

罪青少年的调查表明,在 92 名上过学的人中,有 38 人(占 41.3%)认为"老师普遍偏向好学生、歧视差学生,在犯错误时不正面引导、教育,随意训斥,伤害自尊心等"。在另一项调查中,某市犯罪青少年的居住环境多数比较混乱,有 57.2% 的犯罪青年的居住地经常或者发生吵架、骂街、打架斗殴事件,有 46.7% 的犯罪青年的居住地有赌博、酗酒或其他不良行为。① 另外,因为未成年人处于生理成长高峰期,内分泌激素产生变化,情绪起伏较大,未成年人缺乏对情绪起伏的自控能力,容易引发暴力类犯罪。

(三) 意志薄弱

"意"是指意志。《心理学大辞典》中认为"意志是个体自觉地确定目的,并根据目的调节支配自身的行动,克服困难,实现预定目标的心理过程"。意志在人们的思想品德形成过程中起调节、监督、控制作用。②

意志是促使一定行为反复出现并持之以恒的精神力量,一个人即使具有较高的认知水平,但如果意志薄弱,也会导致犯罪行为出现。未成年犯罪嫌疑人大多意志力较弱,在成长过程中难以抵御外界情欲、财欲的诱惑,容易受到社会不良风气和不良行为的诱导,出现"越轨"违法犯罪行为。

(四) 行为方式偏差

"行"指的是行为。行为是人们在一定的认知、情感、意志的支配和调节下,在社会活动中实际作出的行动反应,而不是简单的生理行动。一个人的行为是一个人认知、情感、意志的外在表现和综合反应,是"认知—情感—意志—行动"这一身心发展过程中的重要一环,是矫治教育效果的外在表现和最终目的。

未成年犯罪嫌疑人"知、情、意"方面认知水平低、负面情感多、情绪波动大、意志薄弱的特点,外化在行为上表现为以下行为方式偏差:行为缺乏持久性,做事情容易半途而废;行为缺乏目标性,行为随意性较大;攻击性行为较多,对自己行为的制约能力较差。

---

① 刘邦惠:《犯罪心理学》,科学出版社 2009 年版,第 74~81 页。
② 张耀灿、邱伟光:《思想政治教育学原理》,高等教育出版社 1999 年版,第 95 页。

四、"知、情、意、行"在监督考察方式中的运用

(一) 监督考察方式中"认知"因素的运用

我国刑法学家陈兴良曾经论述道:"对犯罪的矫正从哲学认识的角度看,实质是改变矫正犯罪头脑中的对客观外界的错误认识,获得正确认识的过程。"① 未成年人犯罪很大程度上与其认知水平有关。首先,对自己行为的法律后果缺乏认识。即没有认识到其行为已经触犯了刑律,是犯罪行为,对刑罚的严重性缺乏认识,不能区分不道德行为、违法行为和犯罪行为。其次,对自己行为对他人造成的伤害缺乏足够的认识。即不觉得自己的行为给他人造成了多大损害,并在案发后将自己犯罪的原因归咎于被害人过错。此类犯罪嫌疑人在附条件不起诉程序中易隐藏自己的真实情感,假装悔罪。最后,对一些社会关系、社会现象存在错误认识,如把"哥们义气"当作友谊,认为金钱是万能的,等等。

针对未成年犯罪嫌疑人认知方面的偏差,在制定监督考察方案时,可以从以下几个方式进行矫治。

第一,通过定期向未成年人讲课、让未成年人自学等方式对未成年人进行普法教育,特别是刑法的普法教育。普法教育要让未成年人明白不道德行为、违法行为、犯罪行为的区别,对刑罚的严肃性和严重性作出重点说明,建立未成年人对刑法和刑罚的畏惧心理,发挥刑法的威慑力。进行普法教育时,可以适当增加学习汇报、书面考试等形式,增强普法教育效果。制定监督考察方案时可以将通过法制考试作为条件,制作考卷的要难易适度,考卷内容具有针对性,多用案例等易于接受的形式进行考察,避免枯燥纯理论性、法条性的考察。

第二,有被害人的案件中,在被害人同意的情况下,可以由办案人员安排、主持被害人与未成年犯罪嫌疑人进行座谈,座谈中可以让被害人充分倾诉犯罪嫌疑人的行为对自己造成的伤害和困扰。通过这种形式,一方面可以使被害人释放心理压力,走出心理阴影;另一方面可以让未成年人站在他人角度上反思自己的行为,培养为他人着想的行为习惯,实现真正的认罪、悔罪。办案人员也可以通过自己的说理分析教育未成年人,让未成年人正视自

---

① 陈兴良:《刑罚的人性基础》,中国方正出版社1999年版,第397页。

己的犯罪后果，在日后可以三思后行、慎重谨慎。通过此类方式迫使未成年人重新审视自己行为给他人、社会造成的损害时，应该时刻注意未成年人的情绪反应，做到适度即可，防止其因为过度自责发生意外。

第三，在盗窃、抢劫等财产类犯罪时，应把对未成年人价值观的正确引导作为重点。可以向未成年人播放传播正能量、具有正确价值导向的影视作品、影视节目，并在播放中进行适时教育，通过寓教于乐的方式纠正未成年人的金钱观、价值观，正确认识自我价值与社会价值的关系，通过社会价值去得到自我价值的实现。另外，办案人员在和未成年人进行面对面的交流时，应该针对未成年人的错误认知进行说理教育，如什么才是真正的友谊，什么才是真正的朋友，以及其他未成年人作出错误解读的事物、关系。

（二）监督考察方式中"情感、情绪"因素的运用

未成年人犯罪时，或多或少都带有一定的情感或情绪因素。在有预谋的故意杀人案和故意伤害案中，行为人一般都会带有消极的否定性情感，比如嫉妒、报复、愤怒、仇恨等情感，并且这种消极的否定性情感具有一定的积蓄性，在附条件不起诉阶段仍会延续。① 在聚众斗殴、寻衅滋事等团伙犯罪中，犯罪嫌疑人一般会具有消极的肯定性情感，比如重情义。在无预谋的故意伤害等暴力犯罪中，行为人一般都具有情绪不稳定，对自己情绪控制力较差等情况，往往会一言不合便大打出手，对自己行为的后果没有顾忌。

在监督考察方案设置时可以对未成年人的不良情绪情感用以下方式进行介入。

第一，通过个别谈话或者座谈会的方式，启发和引导他们认识不良情绪带来的危害，以及控制情绪对人生的意义，使未成年人有自我控制情绪情感的意识。在谈话中，检察干警要营造友好的谈话氛围，使未成年人可以畅谈成长中对社会、学校、家庭的情感体验、情绪感受，干警予以合理的解释、疏导，分析其否定情绪情感产生的原因，逐步消除未成年人与他人、社会的对立情绪或敌意，帮助未成年人学会用心平气和的方式来解决分歧。

第二，转移未成年人优势兴奋中心，使其优势兴奋中心从支配犯罪的消极情感情绪转移到寻求新的自我价值、公平竞争上。例如，可以通过培养未成年人健康的兴趣爱好，将其优势兴奋中心转移，也可以引导他对自己的人生目标、价值实现进行思索，使其兴奋中心转移到通过公平竞争、自我奋斗

---

① 张雅凤：《犯罪改造心理学新编》，群众出版社 2007 年版，第 135 页。

实现人生目标和自我价值上。

第三，改善未成年人与家长关系，增加未成年人对"家"的正面情感体验。未成年人与父母关系是否亲密，能否从父母那里得到关爱，对未成年人的健康成长至关重要。一方面，要对未成年人父母进行说服教育，改变教育方式和沟通方式，保证在家庭中和未成年人的最低接触时间（防止因为工作忙等原因对未成年人疏于照料）；另一方面，定期召开座谈，在干警的主持下，未成年人和其父母对谈彼此感受，使之相互理解。

第四，通过刚柔相济的教育方法，实现矫治教育。对情感型犯罪嫌疑人暴躁的性格或冲动的情绪，应首先以强制的方式压住其嚣张气焰，之后用柔和细腻的方法培养其耐心和信心。例如，干细活（绣花、纺织、编制、针织、雕刻、剪纸、接手表链、修剪花木、养花种草等）、养宠物。干细活可以磨炼耐心；养宠物可以培养爱心。①

（三）监督考察方式中"意志"因素的运用

意志薄弱是未成年人犯罪特别是财欲型犯罪和团伙犯罪中常见的问题。未成年犯罪嫌疑人意志力薄弱表现在以下三个方面：一是无法抵抗外界的物欲诱惑，易出现盗窃、抢劫等财欲型犯罪；二是抵御社会不良风气能力差，易养成不良嗜好，面对犯罪邀约无力拒绝；三是调节情绪的意志薄弱，容易做出冲动行为。检察机关在制定监督考察方案时，可以从以下两个方面入手培养未成年犯罪嫌疑人的意志力。

第一，在对未成年人耐心和信心的培养中，锻炼其意志力。"知、情、意、行"是相互关联、相互作用的心理因素，增强未成年人的意志力就必须重视和利用这些因素。在对锻炼未成年人耐心和信心的训练中，便可实现意志力的培养。比如上文谈到的干细活的训练方式不仅能够培养未成年人的耐心，培养其情绪的控制力，同时也是对其意志力的训练。未成年人在干细活时克服心烦、注意力不集中等困难的过程便是对其意志的培养。

第二，加强行为训练。未成年犯罪嫌疑人意志力薄弱、自制力差的特点，既与其生理特征有关，也和他们生活实践中缺少教养、放荡不羁、不负责任的行为习惯有关，检察机关可以针对未成年人的不良行为习惯，在考察方案中设置一定的行为规定，如生活作息规范，让未成年人建立良好的生活模式，养成沉静、理智、耐心的良好个性，在增强意志力的同时，将其正面

---

① 张雅凤：《犯罪改造心理学新编》，群众出版社2007年版，第138页。

作用反馈到"知、情、行"各个方面。

（四）监督考察方式中行为因素的运用

除却无意识的行为外，人们的行为受认知、情感、意志的指导和影响，是"知、情、意"三种心理因素的外化。如果未成年人的认知、情感和意志都得到了矫治提升，那么其行为习惯和行为模式也必然会发生相应变化；同样，积极的行为实践，可以实现对认知、情感、意志的巩固和强化。在前文论述"认知"、"情感情绪"、"意志"中，很多矫治教育方式都涉及行为方面的规范和训练，在此不加赘述。除上文涉及的方式外，笔者认为还可以通过以下方法对未成年犯罪嫌疑人进行矫治教育。

第一，由家长、老师、社区协助，监督未成年人改正不良行为习惯，如网瘾、赌博等。

第二，由检察机关或者社区组织牵头，让未成年人进行一定时间的公益劳动，通过正面行为改善未成年人的思想观念。

第三，在家长、老师、社区的监督下，禁止未成年人与社会不良人员交往，阻断不良社交圈对未成年人的影响。

五、结　语

未成年人附条件不起诉制度在我国刑事诉讼法中的确立，在我国刑事司法制度中具有里程碑式的意义，它在标志着恢复性司法理念在我国得到认可，是"宽严相济"刑事政策的又一体现。在附条件不起诉制度中，监督考察方案的制定是整个制度的核心和亮点，笔者在上文试图从心理学的角度探讨附条件不起诉监督考察方案的制定，将监督考察方案作用于未成年人"知、情、意、行"心理要素，更好地实现对未成年人的矫治教育。当然，在司法实践中，按照"知、情、意、行"心理因素实施监督考察方案还存在这样那样的困难，如现阶段检察机关案多人少矛盾突出、检察干警精力有限，要求办案人员具有较深的教育学、心理学造诣，协助监督考察缺乏到客观性、中立性问题，经济欠发达地区社区功能尚未完善，校方如何对未成年人的案件信息进行有效保密等，但只要我们在司法实践中坚持按照科学方法不断探索，便一定会形成具有中国特色的未成年人附条件不起诉监督考察方式。

公诉案件撤回起诉若干问题研究

——对重庆市近年来检察机关撤诉案件情况的分析

胡金永[*]

公诉案件的撤回起诉，是指检察机关对被告人提起公诉后，在人民法院作出判决前，因出现某种法定事由，而依照一定的条件和程序决定对提起公诉的全部或者部分被告人撤回处理并由人民法院裁定是否准许的诉讼行为。撤回起诉的目的在于补救刑事诉讼程序，修正公诉后发现的指控不当，保障无罪的人不受刑事追究。公诉案件的撤回起诉权，有别于自诉案件的撤回起诉权，是专属于检察机关的诉讼请求权。作为一项重要的公诉权[①]，如果立法未予充分重视，势必导致实践中出现混乱，从而影响程序正义，损害刑事司法权威和司法机关的执法公信力。本文拟对重庆市检察机关2009~2011年撤回起诉案件的情况进行调查，并对撤回起诉的立法缺陷以及在实践中出现的问题提出对策。

---

[*] 胡金永，重庆市渝北区人民检察院刑事检察局干警。

[①] 撤回起诉属变更公诉权，诉权理论详见蔡永彤：《刑事公诉案件撤回：固守与放开之间》，载《广西政法管理干部学院学报》2008年第3期。

一、检察机关撤回起诉案件的基本情况

2009~2011年,重庆市检察机关撤回起诉案件具体情况①如下:

(一) 撤回起诉案件的比例及发展趋势

数据显示,2009~2011年,重庆市检察机关提起公诉案件量持续大幅度增长,案件质量保持基本稳定。其间,撤回起诉案件共计22件33人。就撤回起诉案件占当年提起公诉的案件比来讲,2009~2011年的公诉案件撤回起诉率呈上升趋势。

表1 重庆市2009~2011年撤回起诉案件数及占提起公诉案件数比例表②

年份 项目	2009	2010	2011
提起公诉案件数	20650件28839人	23203件32539人	25986件35083人
撤回起诉案件数	6件7人	7件11人	9件15人
撤回起诉率	0.24‰	0.3‰	0.43‰

(二) 撤回起诉案件的罪名分布

统计显示,2009~2011年重庆市检察机关撤回起诉案件涉及罪名较分散。从类案来看,撤回起诉案件较多集中于职务犯罪案件(42.3%)、侵犯公民人身权利、民主权利案件(21.2%)、破坏社会主义市场经济秩序案件(18%)以及妨害社会管理秩序案件(15.1%)。

(三) 撤回起诉的原因

调查显示,2009~2011年重庆市检察机关未出现案件因符合不存在犯罪事实、犯罪事实非被告人所为等情形而撤回起诉的情况。因证据发生变化和法律、司法解释发生变化等原因而撤回起诉的案件所占比重较小,仅占12.1%;而因证据不足、不应追究被告人的刑事责任等原因而撤回起诉的案

---

① 本文统计数字来源于重庆市人民检察院公诉一处2009~2011年《无罪判决与撤回起诉情况分析》。

② 除作特别说明的以外,本文相关比例均以案件人数占撤回起诉总人数的比例计。

件比重较大，约为54.5%。这在一定程度上说明检察机关部分承办人在审查案件过程中，存在对犯罪构成要件、对案件事实和证据把握不够准确，因而导致起诉错误的情况。同时，检法两家对证据采信和法律适用等存在认识分歧并不属于法定的撤回起诉条件，但在实践中通常也以该方式作出了处理。

表2 重庆市2009～2011年撤回起诉案件罪名分布表

年度 罪名	2009	2010	2011	合计（占撤回起诉总数比例）
故意伤害	3件3人	0	2件2人	5件5人（15.2%）
贪污、挪用公款	1件2人	0	2件8人	3件10人（30.3%）
虚报注册资本	0	0	1件1人	1件1人（3%）
逃（偷）税	1件1人	0	1件1人	2件2人（6%）
持有假币	0	0	1件1人	1件1人（3%）
参加黑社会性质组织	0	1件3人	1件1人	2件4人（12.1%）
辩护人妨害作证	0	0	1件1人	1件1人（3%）
强奸	0	1件1人	0	1件1人（3%）
绑架	0	1件1人	0	1件1人（3%）
合同诈骗	0	1件1人	0	1件1人（3%）
非法经营	0	1件1人	0	1件1人（3%）
滥用职权、玩忽职守	1件1人	2件2人	0	3件3人（9%）
失职致使在押人员脱逃	0	1件1人	0	1件1人（3%）

表3 重庆市2009～2011年公诉案件撤回起诉原因分布表

年度 原因	2009	2010	2011	合计（占撤回起诉案件总数比例）
不存在犯罪事实	0	0	0	0（0%）
犯罪事实非被告人所为	0	0	0	0（0%）
不应追究被告人的刑事责任	1件2人	2件3人	2件2人	5件5人（15.1%）
证据不足	1件1人	5件8人	2件4人	8件13人（39.4%）

续表

年度\原因	2009	2010	2011	合计（占撤回起诉案件总数比例）
证据变化	2件2人	0	1件1人	3件3人（9.1%）
被告人不到案	0	0	0	0（0%）
检法认识分歧	1件1人	0	1件5人	2件6人（18.2%）
管辖异议	0	0	0	0（0%）
协调撤回起诉	0	0	0	0（0%）
法律、法规发生变化	1件1人	0	0	1件1人（3%）
原因不明	0	0	3件3人	3件3人（9.1%）

（四）撤回起诉后的处理情况

表4 撤回起诉后处理情况统计表

年度\处理情况	2009	2010	2011	合计（占撤回起诉总数比例）
重新起诉	0	0	0	0（0%）
不起诉	2件2人	5件8人	5件5人	12件15人（45.5%）
退回侦查机关（部门）撤案	3件4人	2件3人	4件10人	9件17人（51.5%）
其他	1件1人	0	0	1件1人（3%）

结果显示，2009~2011年重庆市检察机关撤回起诉的案件中，撤回起诉后的处理适用最多的是撤案，其次是作不起诉处理（存疑不起诉、相对不起诉和绝对不起诉均有适用），比例分别为51.5%、45.5%。这说明将案件撤回起诉后，在不能补充到新的证据和事实重新起诉时，检察机关一般会选择将案件退回侦查机关（部门）撤案或者作不起诉处理。

二、撤回起诉的立法、司法解释及实践运作现状

（一）撤回起诉的立法、司法解释现状

1996年刑事诉讼法未对撤回起诉作出明文规定，前述案件的撤回适用了1998年最高人民法院颁布的《关于执行〈中华人民共和国刑事诉讼法〉若干问题的解释》（以下简称《解释》）、1999年最高人民检察院颁布的《人民检察院刑事诉讼规则》（以下简称《规则》）以及2007年最高人民检察院出台的《关于公诉案件撤回起诉若干问题的指导意见》（以下简称《指导意见》）等司法解释的规定。其中，《规则》第351条规定："在人民法院宣告判决前，人民检察院发现被告人的真实身份或者犯罪事实与起诉书中叙述的身份或者指控犯罪事实不符的，可以要求变更起诉；发现遗漏的同案犯罪嫌疑人或者罪行可以一并起诉和审理的，可以要求追加起诉；发现不存在犯罪事实、犯罪事实并非被告人所为或者不应当追究被告人刑事责任的，可以要求撤回起诉。"第353条规定："变更、追加或者撤回起诉应当报经检察长或者检察委员会决定，并以书面方式在人民法院宣告判决前向人民法院提出。……撤回起诉后，没有新的事实或者新的证据不得再行起诉。"《解释》第177条规定："在宣告判决前，人民检察院要求撤回起诉的，人民法院应当审查人民检察院撤回起诉的理由，并作出是否准许的裁定。"第157条第2款规定："法庭宣布延期审理后，人民检察院在补充侦查期限内没有提请人民法院恢复法庭审理的，人民法院应当决定按人民检察院撤诉处理。"第117条第4项规定："……人民法院裁定准许人民检察院撤诉的案件，没有新的事实、证据，人民检察院重新起诉的，人民法院不予受理。"

上述规定构成了我国公诉案件撤回起诉制度的雏形。之后，《指导意见》又对撤回起诉的适用范围、程序及撤回后的处理等方面作了细化。其中第3条规定："对于提起公诉的案件，发现下列情形之一的，人民检察院可以撤回起诉：（一）不存在犯罪事实的；（二）犯罪事实并非被告人所为的；（三）情节显著轻微、危害不大，不认为是犯罪的；（四）证据不足或证据发生变化，不符合起诉条件的；（五）被告人因未达到刑事责任年龄，不负刑事责任的；（六）被告人是精神病人，在不能辨认或者不能控制自己行为的时候造成危害结果，经法定程序鉴定确认，不负刑事责任的；（七）法律、司法解释发生变化导致不应当追究被告人刑事责任的；（八）其他不应当追究被告人刑事责任

的。"第 7 条规定："在法庭审判过程中，人民检察院发现提起公诉的案件证据不足或者证据发生变化，需要补充侦查的，应当要求法庭延期审理；经补充侦查后，仍然认为证据不足，不符合起诉条件的，可以作出撤回起诉决定。"第 11 条规定："对于撤回起诉的案件，人民检察院应当在撤回起诉后七日内作出不起诉决定，或者书面说明理由将案卷退回侦查机关（部门）处理，并提出重新侦查或者撤销案件的建议。"

"两高"在法律没有明文规定的情况下，通过司法解释创设并赋予了检察机关对公诉案件的撤回起诉权，对此部分学者表示了质疑[1]。实际上，"两高"司法解释对撤回起诉的具体内容规定并不一致，这也造成了实务界认识不一甚至操作"无所适从"的混乱现象。直至 2007 年最高人民检察院出台了《指导意见》，才使得撤回起诉有了相对完整且成系统的规定。2012 年新修订的刑事诉讼法虽然对撤回起诉仍未赋予法律上应有之地位，但随之修订的《人民检察院刑事诉讼规则（试行）》（以下简称新《规则》）在撤回起诉的适用、程序及撤回后处理等方面除作部分调整外，对《指导意见》的相关规定基本予以了援引。2012 年最高人民法院《关于适用〈中华人民共和国刑事诉讼法〉的解释》（以下简称新《解释》）延续之前的《解释》，同样认可了检察机关的撤诉权。

对比 2012 年刑事诉讼法修改前后关于撤回起诉的法律规定（特别是《指导意见》和新《规则》），我们发现有以下不同：

1. 撤回起诉提出的时间不同。《指导意见》规定撤回起诉应在人民法院"作出判决前"提出，而新《规则》规定撤回起诉应在人民法院"宣告判决前"提出。

2. 人民法院能否建议检察机关撤回起诉不同。《指导意见》规定人民法院可以建议人民检察院撤回起诉，人民检察院应当认真审查并与人民法院交换意见。而新《规则》仅规定了人民法院对补充侦查、补充起诉、追加或者变更起诉的建议权，而对撤回起诉的建议权未予明确。

3. 撤回起诉后的处理不同。《指导意见》规定，撤回起诉后应在 7 日内作出不起诉决定，或者书面说明理由将案卷退回公安机关（部门）处理，并提出重新侦查或者撤销案件的建议。而新《规则》规定，撤回起诉后应在 30 日以内作出不起诉决定，需要重新侦查的，应先作出不起诉决定再将案卷材料退回公安机关，建议重新侦查并书面说明理由。

---

[1] 王友京、杨新京：《公诉案件撤回起诉质疑》，载《国家检察官学院学报》2003 年第 3 期。

总体上看，新《规则》取消了法院对公诉案件的建议撤回权，进一步明示了其"居中裁判"的地位，体现了撤回起诉的专属性。同时，为防止案件久拖不决，新《规则》明确规定除了有新的事实和新的证据可再行起诉外，撤回起诉后应当作出不起诉决定，以终结诉讼程序。可以说，现有司法解释体现了惩治犯罪与保障人权的统一，对撤回起诉乃至公诉权的适用规定日趋合理。但因与旧有规定有所差异，某些内容也不够具体、详尽，在实践操作中也出现了很多问题。

(二) 撤回起诉在适用中的缺陷

1. 法定适用条件与实际运作存在差异

《指导意见》与新《规则》对撤回起诉的适用条件予以了细化，但尚不够具体。我们发现，在实践中具体个案的撤诉理由不尽相同，有的不属于撤回起诉的法定情形。以重庆市 2009~2011 年撤诉情况为例，撤诉的原因多为证据不足、证据或法律或司法解释发生变化、检法认识分歧等。显然，检法认识分歧并不属于撤回起诉的法定情形。此外，该市有相当部分的撤诉案件中，撤回后作了相对不起诉处理[1]，而对该类案件能否撤回，实践中也存有争议。对因管辖错误而提起公诉的案件如何处理，尽管《指导意见》作了规定，[2] 但与实践中先将案件撤回起诉再移送有管辖权的检察院审查起诉的处理方式有所不同。

2. 撤回起诉的适用程序不完善

一方面，新《规则》与新《解释》规定检察机关在法院"宣告判决前"可以撤回起诉，而《指导意见》则规定撤回起诉的时间应在"作出判决前"。"宣告判决"与"作出判决"有一定的时间差，两者存在矛盾，导致实践中认识不清，各行其是。另一方面，"判决前"指的是"一审判决"还是也包括"二审判决"，甚至在上诉后重审或者按审判监督程序抗诉后再审环节能否撤诉，撤回以一次为限还是多次不限，"两高"司法解释均未明确，导致实践中操作混乱，甚至出现重复撤诉而侵犯被告人权益的情形。此外，启动撤回起诉程序必然关系到被告人与被害人的诉讼权利，理应保障其知情权、参与权以及提出异议权，而现行司法解释却忽略了对当事人制度上

---

[1] 据统计，2009 年至 2010 年该市撤回起诉后作出相对不起诉处理的案件数为 3 件 4 人。

[2] 《指导意见》第 5 条规定："人民法院认为不属于其管辖或者改变管辖的，由人民法院决定将案件退回人民检察院，由原提起公诉的人民检察院移送有管辖权的人民检察院审查起诉。"

的保障。虽然对被告人而言，撤诉意味着代表国家的公诉机关放弃追诉从而对自己有利，但如果其坚信自己无罪并希冀通过法院判决来证实清白，在该情况下不经倾听被告人的意见便撤诉，被告人上诉于法无据，势必会损害其正当权益。对被害人而言，保障其知情权、参与权、提出异议权及部分案件被害人的自诉权，也是实现撤回起诉程序价值的应有之义。同样，侦查机关也应有被告知和陈述意见的权利。对于上述问题，现行司法解释也未予规定。

3. 撤回起诉后的处理不明确

新《规则》规定检察机关应当在撤回起诉后 30 日以内作出不起诉决定，需要重新侦查的，应在作出不起诉决定后将案卷材料退回公安机关重新侦查。根据新《规则》，除发现新的事实或者新的证据再行起诉的以外，撤诉必然导致不起诉决定，似乎撤回起诉的法律效力等同于不起诉的效力[①]。那么，被采取强制措施的被告人以及依法扣押、冻结的被告人的财物如何处理，是在撤回起诉之后还是在作出不起诉决定之后，现有司法解释未予明确。实践当中，检察机关在将案件撤回起诉后，往往先对逮捕在押的被告人变更强制措施为取保候审或监视居住，再作出不起诉决定。之后，再解除对财物的扣押、冻结。笔者认为，刑事法应当具有谦抑性，撤回起诉意味着公诉失效，撤回起诉后对在押的被告人继续一段时间的羁押，被扣押、冻结的财物继续扣押、冻结，实际上背离了司法解释的精神，无疑会侵犯被告人的合法权益，有损法律公平和程序正义。

4. 撤回起诉的制约机制不完善

新《规则》规定检察机关有撤诉决定权，而新《解释》规定法院有撤诉审查权，[②] 两者立场的不同引发了撤回起诉属诉讼请求权还是公诉裁量权的理论分歧，导致撤回起诉的行使疏于监督制约。根据新《规则》第461条规定，撤回起诉应当报经检察长或者检察委员会决定，并以书面方式提出，然而在实践中，前述规定并没有得到很好的贯彻落实。撤回起诉通常由分管检察长审批决定，极少数甚至是主诉检察官自行决定，检察机关内部对

[①] 关于撤回起诉的法律效力争议颇多，囿于篇幅所限，本文不再阐述，笔者赞同撤回起诉并非实质性诉讼终结，诉讼终结取决于检察机关所作的不起诉决定，但笔者同样认为撤回起诉会引起公诉失效、诉讼终结的效果。参见卞东胜、丁能宝：《公诉案件撤回起诉效力问题的思考》，载《中国检察官》2011 年第 9 期。

[②] 详见新《规则》第 459 条第 1 款、新《解释》第 242 条。

撤回起诉的监督较为薄弱①。人民法院也往往从追求结案率、碍于法、检两家关系的角度出发，对检察机关提出的撤诉申请往往不认真审查，一概准许撤诉②，这难免造成司法实践中对撤回起诉的审查流于形式。

三、撤回起诉法律制度的规范与完善

（一）限制适用条件

《指导意见》第5条列举了提起公诉后不得撤回起诉的六种情形，厘清了撤回起诉与追加起诉、变更起诉、中止审理以及终止审理的适用界限。对实践中适用有争议的管辖错误案件、提起公诉后被告人逃脱的案件等，由于司法解释已经作出规定，应当遵照执行。但实践中尚有部分案件，既不属于《指导意见》中的几类情形，法律、司法解释对此又无相关规定。笔者认为，相关法律及司法解释应予明示。

1. 酌定不起诉案件不宜适用撤回起诉

根据《刑事诉讼法》第173条的规定，对于犯罪情节轻微，不需要判处刑罚或者免除处罚的，人民检察院可以作出不起诉决定。如果检察机关已对犯罪嫌疑人提起公诉，显然是表明其认为犯罪嫌疑人的行为不具备不需要判处刑罚或免除处罚的条件，应予刑罚处罚。既然已对被告人的犯罪性质、情节作了预先审慎的判断，而后又在案件事实和证据没有任何变化的情况下要求撤回起诉，显然不符合常理和逻辑，该诉讼行为必定是在某种利益或刺激驱使下进行。笔者认为，实践中检察机关在预先知道人民法院即将作出无罪判决的情况下，出于对无罪判决、错捕赔偿、任务考核等问题的顾虑，而采取撤诉后作酌定不起诉以规避其应当承担的责任和风险。如果说撤回起诉后作存疑不起诉是检察机关以事实为依据、以法律为准绳的自我修正，那么撤诉后作酌定不起诉，便是检察机关滥用公诉权的突出表现。况且，从撤回起诉的设置初衷看，除公诉后发现证据或者法律、司法解释发生变化不应追究被告人的刑事责任以外，其余可适用撤回起诉的情形均为诉前明显不应追究被告人的刑事责任而需要自我补救诉讼程序的情形。因此，笔者认为，撤回起诉是刑事诉讼的补救机制，不应沦为检察机关指控不力的"保护伞"，

---

① 顾静薇：《论撤回起诉的规范化》，载《中国刑事法杂志》2010年第11期。
② 林旭：《撤回公诉制度研究》，载《法制与社会》2007年第8期。

如果酌定不起诉案件适用撤回起诉，不利于维护法律的权威和严肃性，应予明文禁止。

2. 检、法认识分歧案件不宜适用撤回起诉

由于认识的局限性，不同的人对同一案件的处理存在分歧在所难免。人民检察院、人民法院作为司法机关，法律赋予其不同的分工职责，检察机关行使法律监督权，审判机关行使审判权。对于检法对证据采信和适用法律存在认识分歧的案件，检察机关既已提起公诉，显然表明其认为被告人的行为已经具备犯罪构成要件，且符合起诉条件，需要依法对被告人判处刑罚。而人民法院基于审判权有权对案件作出中立裁判，且法律也明文规定了检察机关认为一审判决、裁定在定罪量刑确有错误时有权向上级人民法院提出抗诉。检察机关在提起公诉后，在案件事实和证据没有发生变化的情况下，将认识分歧的案件撤回起诉，有违这一法定诉讼程序，有回避法院裁判之嫌。笔者认为，对检、法认识分歧的案件均以撤回起诉的方式处理，不利于澄明律义，彰显法治精神。况且，这类案件不属于《指导意见》与新《规则》规定的适用撤回起诉的范围，对其撤诉也无法律依据。究其原因，笔者认为，这也是检察机关出于对无罪判决、改变定性、考核等问题的顾虑而采取的规避责任的方法。笔者认为，从践行以事实为依据、以法律为准绳的法律原则出发，对该类案件的撤回起诉应明文予以禁止。

3. 证据不足或证据发生变化的案件须经被告人同意方可撤回起诉

新《解释》第223条、新《规则》第456条分别对公诉案件的默示与明示撤回作了规定。依照该规定，对事实不清、证据不足不符合起诉条件的案件，检察机关在审判期间可以要求延期审理并补充侦查，经补充侦查仍未收集到足以认定被告人有罪的证据，人民检察院可以明示或默示的方式撤回起诉，从而终结诉讼程序。笔者认为，对证据不足或者证据发生变化，应作无罪判决的案件撤回起诉，应当赋予被告人选择权，即对证据不足或证据发生变化的案件适用撤回起诉时，应当征询被告人的意见。如果被告人同意撤回起诉，则准许撤回。否则，应由人民法院继续审理并作出裁判。虽然按照现行司法解释的规定，对该类案件的撤诉意味着作出不起诉决定，但对被告人而言，不起诉与无罪判决毕竟代表着不同的价值。对该类案件的撤回赋予被告人选择权，"既体现了对被告人诉讼主体地位的尊重，又有利于诉讼各

(二) 完善适用程序

1. 限制撤回起诉的时间

撤回起诉体现了起诉便宜主义，是刑事程序的补救措施，但撤诉时间不当容易引发检察权对审判权的干涉。而现行司法解释对撤回起诉的启动时间规定得过于宽泛。为避免实践中检察机关利用撤回起诉规避法院的无罪判决，笔者认为，应将撤回起诉的时间限定在一审合议庭合议之前。理由如下：首先，在一审开庭审理前，人民法院针对案件多为程序性审查，尚未正式启动审判权。此时若发现起诉不当而将案件撤回有利于节省各方投入，对人民法院审判权并无实质影响。其次，在一审开庭审理期间至合议庭评议前，人民法院尚未对案件作整体结论，此时撤回起诉符合该制度设置理念，有利于体现撤回起诉的价值，实现程序正义。最后，因合议庭合议阶段属于法官充分发挥审判职能、对案件作最终定论的阶段，此时提出撤回起诉，一方面难免对审判权有干涉，另一方面则意味着将要合议之前所进行的诉讼程序要重新来过，造成法官和所有诉讼参与人的重复劳动，诉讼程序的重复运作，不符合诉讼经济原则。② 那么，一审判决既已形成，在二审或再审程序中，也不应撤回起诉，否则则系对人民法院已作判决的否定，违背了控审分离原则。

2. 限制撤回起诉、再行起诉的次数

根据现行司法解释，对证据不足不符合起诉条件的案件可以撤回起诉。撤回起诉后，没有新的事实或者新的证据，人民检察院不得再行起诉。但司法解释并未规定撤回起诉、再行起诉的次数。实践中，由于检、法对"新的事实和新的证据"认识不一，检察机关为实现指控的有效性，而将案件反复撤诉后再行起诉，浪费了司法资源，侵犯被告人的合法权益。笔者认为，所谓"新的事实"，是足以对被告人的定罪、量刑产生影响的事实；所谓"新的证据"，是在撤诉后收集、调取的足以认定被告人有罪的证据。法律、司法解释，一方面应规定没有"新的重要事实或者新的重要证据"，人民检察院不得再行起诉，以警示办案机关审慎收集新的证据，注意把握证据

---

① 陈学权：《对"以撤回公诉代替无罪判决"的忧与思》，载《中国刑事法杂志》2010 年第 1 期。

② 姜欣：《公诉撤回问题初探》，载《中国检察官》2007 年第 6 期。

收集的准确性和有效性；另一方面，考虑到最大限度地维护被告人的正当权益，即使发现新的犯罪事实或者证据，也应限定撤回起诉、再行起诉以一次为限，避免出现重复多次追诉侵犯被告人的合法权益的情形。

3. 完善救济程序

撤回起诉的几种适用情形，除证据不足或者证据发生变化不符合起诉条件的以外，在一审合议庭合议前提出均对被告人有利。对于证据不足或者证据发生变化不符合起诉条件的案件，延期审理并补充侦查后仍未收集到新的证据，检察机关若提出撤诉，不论以明示或默示的方式提出，均剥夺了被告人获得无罪判决的机会。笔者认为，法律、司法解释应赋予被告人选择权，即对证据不足或者证据发生变化不符合起诉条件的案件撤回起诉时，应当征询被告人的意见。如被告人不同意撤回起诉，则应当继续审理，由法院作出裁判。另外，被害人是刑事诉讼的当事人，且与案件结果有直接利害关系，案件的撤回起诉往往会影响到被害人的诉讼权利，笔者认为，为保证撤回起诉制度的完整性，司法解释有必要明文规定对人民检察院撤诉后作出的不起诉决定有异议，被害人可以向上级人民检察院申诉，也可以不经申诉，直接向人民法院提起自诉；同样，对于撤回起诉的决定，公安机关有异议的，可以向决定机关要求复议，如果意见不被接受，还可以向上一级人民检察院提请复核。

（三）明确撤诉后案件的程序性处理

新《规则》第459条第2款规定，检察机关应当在撤回起诉后30日以内作出不起诉决定，需要重新侦查的，应在作出不起诉决定后将案卷材料退回公安机关重新侦查。笔者认为，撤回起诉即检察机关对刑事诉讼的主动终结，撤诉后不仅应当作出不起诉决定，还应当对强制措施、追诉时扣押、冻结的财物予以处理。因此，司法解释应当明确，检察机关在收到人民法院准许撤回起诉的裁定后，应当将在押的被告人立即释放，采取其他强制措施的，应当立即解除；有扣押、冻结的财物的，应当及时解除扣押、冻结。这不仅有利于维护被告人的合法权益，而且有利于彰显法律的公平、正义。

（四）规范监督制约机制

1. 加强检察机关内部监督，严格履行审批备案程序

新《规则》第461条规定，撤回起诉应当报经检察长或者检察委员会

决定,并以书面方式在人民法院宣告判决前提出。各级检察机关应当严格按照此规定执行,对于公诉人在法庭审理过程中认为需要撤回起诉的,应当要求休庭,并记明笔录,再向检察长汇报,由检察长或者检察委员会决定是否撤回起诉。案件承办人、主诉检察官、部分负责人、分管检察长均无权自行作出决定。对于拟撤回起诉的案件,应当及时呈报上一级人民检察院审批同意或者备案。在案件作出不起诉决定后,应当将不起诉决定书等相关法律文书,报送上一级人民检察院备案审查。

2. 强化审判机关对撤回起诉的司法审查

《指导意见》与新《解释》赋予人民法院对撤回起诉的司法审查权。由于撤回起诉对当事人的诉讼权利影响较大,作为中立裁判者的人民法院应当认真审查检察机关的撤诉理由并作出是否准许的裁定。一方面,人民法院要完善审查审批制度,对检察机关提出的撤诉要求,应当报经院长或者审判委员会决定,并以书面方式作出是否准许的裁定,对案情复杂或社会影响较大的案件及时与上一级人民法院沟通。另一方面,人民法院对撤回起诉的司法审查应当充分听取各方意见,综合考虑被告人及其辩护人、被害人及其诉讼代理人的意见和检察机关撤诉的理由,既不能因当事人有异议就不准予撤诉,也不能仅因公诉机关提出就一概准许撤回起诉,[①] 而是要从更好地维护当事人的诉讼权利、最大限度地体现公平、兼顾效益的原则出发作出是否准予撤诉的裁定。

---

① 顾静薇:《论撤回起诉的规范化》,载《中国刑事法杂志》2010年第11期。

强制医疗执行程序之完善

——以检察监督为视角的思考

谢 菲[*]

修改后的刑事诉讼法专章规定了对实施暴力行为危害公共安全或者严重危害公民人身安全,依法不负刑事责任,有继续危害社会可能的精神病人的强制医疗程序,弥补了长久以来强制医疗的程序缺失。正是程序决定了法治与恣意的人治之间的基本区别。[①] 这一刑事特别程序的创设,对于解决我国日益严峻的精神病人肇事肇祸问题[②]具有重大的现实意义。应当说,强制医疗程序不仅是一项法律规范体系,同时也是一项艰巨的社会控制工程,涉及公民各种的自由和权利,只有不断地完善才能在实践效果上论证该制度的基本功能——人权保障和社会保护。[③] 然则刑事诉讼法对该项程序的规定过于

---

[*] 谢菲,重庆市合川区人民检察院法律政策研究室主任。
[①] 季卫东:《法治秩序的构建》,中国政法大学出版社1999年版,第3页。
[②] 据中国疾控中心精神卫生中心2009年公布数据显示,我国各类精神患者人数在1亿以上,其中,以精神分裂症为代表的严重精神病患者人数已超过1600万。另据统计,近10年来,我国各类精神病院累计收治肇事肇祸精神病患者75000例,有杀人行为者占30%。
[③] 陈卫东主编:《刑事诉讼法修改条文理解与适用》,中国法制出版社2012年版,第379页。

原则，尤其是对"强制医疗执行"这一实现程序创设初衷的关键环节更是着墨颇少。面对半年多来检察人员在强制医疗执行检察监督中发现的种种问题，面对各地相继报道的强制医疗执行中的种种困难，基于《刑事诉讼法》第289条"人民检察院对强制医疗的决定和执行实行监督"的规定，笔者以检察监督为视角，从强制医疗执行程序必须坚持的基本原则，明晰强制医疗执行的基本要素，完备强制医疗执行检察监督的内容方式等三个方面进行探讨，以期为决策部门细化强制医疗执行及监督规程提供参考，进而真正实现强制医疗程序人权保障和社会保护的功能。

一、强制医疗执行的基本原则——相对明了却必须首先强调的问题

依据我国当前刑法、刑事诉讼法等法律的规定，强制医疗是指在必要的时候，对无刑事责任能力的精神病人所适用的，旨在消除其危险状态、帮助其恢复健康的强制隔离和治疗的刑事实体措施。① 而强制医疗执行是法院作出对被申请人强制医疗的决定后，将被执行人遣送至专门或法院指定的精神病医院进行监管和治疗的一种特殊刑事处遇措施，它既不是一种刑事强制措施，也不是一种刑罚执行方式。针对强制医疗程序的特殊性，从各国的情况来看，在执行过程中无论是执行机关，还是监督机关，都必须遵循一些强制医疗所固有的、全局性的、根本性的原则。

（一）人权保护原则

尊重和保障人权是我国宪法确立的重要原则，也是刑诉法确立的基本原则。黑格尔曾说："成为一个人，并尊敬他人为人。"② 人权保护原则的本质就在于尊重人是一个自主者，肯定人的价值与尊严的同时还要重视与促进人的自由的全面发展。精神病患者作为公民的一分子，其必然应该享有宪法规定的基本权利，享受和其他正常公民同样的平等保护。因为"平等即意味着对个人自由的崇尚和对人性尊严的捍卫，也有助于铲除观念及制度层面对人实行差别待遇和歧视之土壤，而且保障公民的各项权利与自由也是国家基

---

① 李娜玲：《刑事强制医疗程序研究》，中国检察出版社2011年版，第17页。
② ［德］黑格尔：《法哲学原理》，商务印书馆1961年版，第46页。

于社会契约必须履行的基本义务"。① 具体到强制医疗执行中,要求执行机关给予被执行人充分的尊重和理解,体现人文关怀,不得体罚虐待,侮辱人格,而这恰恰也是刑诉法赋予检察机关的重大使命和重要职能,是检察监督需要关注和纠正的重点。

现在联合国通过的《保护人人不受酷刑和其他残忍、不人道、有辱人格的待遇或刑罚的宣言》、《关于医务人员、特别是医生在保护被监禁和拘留的人不受酷刑和其他残忍、不人道或有辱人格的待遇或处罚方面的任务的医疗道德原则》等文件都规定了有关人权保护的条款。从某种意义上说,被执行人都是由于各种因素而导致不能完全适应社会的人,他们更需要社会的关爱和帮助,以重新适应社会,回归社会。尤其是在强制医疗执行中,执行对象是有精神疾病的患者,对其体罚虐待、侮辱人格,只会加重病情的恶化。必须科学地规制执行机关医疗手段的运行,遵循人权保护原则切实地保障被执行人的合法权利。

(二) 治疗与监管相结合原则

福柯在考察人类的疯癫历史时,一语道出了精神疾病的本质:"疯癫只有相对于非理性才能被理解。非理性是它的支柱,或者说,非理性规定了疯癫的可能范围。"② 正是因为精神病人的行为异常性,导致了在执行过程中对其的行为控制必须遵循治疗和监管相结合的原则,运用精神病学这一社会控制手段,达到强制医疗治人的医学目的与管人的社会控制目的辩证统一的效果。③

一方面,强制医疗的执行过程首先是对被执行人的疾病治疗。和所有的专业医疗学科一样,对精神疾病的医治,也必须由专业的人员——精神病学专家来完成。对精神病人进行有效的治疗,是承认精神病人与正常人一样拥有同样的人之为人的权利。当然,这种治疗必须是在强制监管之下的治疗,强制监管是使被执行人配合精神诊治的必要手段。另一方面,通过对精神病

---

① [英] 彼得·斯坦,约翰·香德:《西方社会的法律价值》,王献平译,中国法制出版社2000年版,第45页。

② [法] 福柯:《疯癫与文明》,刘北成、杨远婴译,生活·读书·新知三联书店2003年版,第75页。

③ 南方医科大学人文与管理学院副教授李娜玲在《刑事强制医疗程序研究》一书中,将强制医疗执行过程描述为:"执行既是对病人的管治,也是对病人的治疗,对病人的治疗是通过对病人的管治来实现的,治疗的成功就是管治的成功。"笔者认为,该观点精确地阐述了治疗与监管的辩证关系,也揭示了强制医疗执行这一特殊刑事处遇措施的"特殊"之处。

人实行监护与看管等处遇措施，达到对精神病人人身危险性的特别预防及对社会危险性的一般预防，最终实现防卫社会即社会保护的功能。

（三）不定期原则

强制医疗的不定期原则，是指法律没有对强制医疗的期限作绝对的规定，同时在审判过程中，法官也不裁决执行的具体期限。[①] 由于精神疾病的复杂性和人身危险性这一保安处分[②]的基本适用条件，强制医疗的执行期限必然是一个不确定的状态。一方面，社会危险性程度是一个不断变化的动态的指标，什么时候危险性消除就什么时候撤销强制医疗处分，因而不能于事先硬性规定强制医疗处分的期限，只能交由裁判机关或执行机关灵活掌握。另一方面，精神病具有的反复无常性，使审判者和执行者均不能确定精神疾病治愈的确切时间，这也决定了强制医疗期限只能根据治疗措施的进展和被执行者的恢复情况来确定。

目前世界各国关于强制医疗的期限规定不尽相同。[③] 我国《刑事诉讼法》第288条规定，"强制医疗机构应当定期对被强制医疗的人进行诊断评估"。可见对强制医疗的期限属于既不规定上限，也不规定下限的绝对不定期。而根据许多国家的经验认为，平均有效的治疗期间大约为3年，最长不超过5年，因此，适当的治疗期间，原则上应该是3年至5年。[④] 笔者也赞同这种观点，建议强制医疗的执行期限采取相对不定期制，可以根据其行为可能判处的刑罚和性质综合考虑。

[①] 李娜玲：《刑事强制医疗程序研究》，中国检察出版社2011年版，第213页。

[②] 我国并没有真正意义上的"保安处分"的规定，但人身危险性确实是保安处分的基本适用条件之一。实践中，很难预测人身危险性的状况，尤其是对危险性程度的判断没有客观的标准，只能通过医学方面的检测和心理学方面的诊断作出，难免带有主观性。一般来说，保安处分的不定期分为两种：一是绝对不定期，即刑法完全不限定保安处分的上限、下限，其处分期限决定权绝对地交由法官自由裁量；二是相对不定期，即刑法规定保安处分的上限或下限，法官一般在法定期限内进行自由裁量。

[③] 一般来说，不定期分为两种：一是绝对不定期，即刑法完全不限定保安处分的上限、下限，其处分期限决定权绝对地交由法官自由裁量，例如德国、俄罗斯、奥地利、蒙古等采用的即是绝对不定期。二是相对不定期，即刑法规定保安处分的上限或下限，法官一般在法定期限内进行自由裁量，例如意大利、日本等即是相对不定期。

[④] 张丽卿：《司法精神病学——刑事法学与精神医学之整合》，中国政法大学出版社2003年版，第332页。

二、强制医疗执行的基本要素——相对模糊而必须尽快明确的问题

刑事诉讼法施行半年多以来,各地检察机关在监督强制医疗执行的过程中或多或少都发现了一些问题。如南京市江宁区检察院对吴某强制医疗执行的监督、成都市锦江区检察院对陈某强制医疗执行的监督、江西省资溪县检察院对付强(化名)强制医疗执行的监督等,均发现并提出了执行过程中存在的较为近似的几个问题。① 在汇总分析的基础上,笔者在此姑且以重庆市合川区人民检察院的案件为例,进行具体的阐述和说明。

重庆市合川区人民检察院在对精神病患者李某强制医疗案件执行工作的监督过程中,发现了三个方面的主要问题:

第一,强制医疗执行主体、职责不明确。目前,合川区精神卫生中心是合川区承担精神病患者治疗职能的医疗机构,针对的对象是社会上普通的精神病患者,实行的是"自愿住院治疗"的原则。对于涉嫌犯罪的精神病人的强制医疗,由于法律法规没有明确规定执行主体的资格以及具体的职能职责,因而合川区精神卫生中心并没有制定针对涉嫌犯罪的精神病人的强制医疗程序的特殊规定和针对性措施。与其他普通精神病患者相比,没有任何区别,执行政策的仍然是"自愿住院治疗"的原则。此举与刑诉法中的"强制医疗机构"应当具备的内涵相去甚远。

第二,强制医疗执行配套机制不健全。刑诉法中的"强制医疗"应当是具有司法执行性质的强制性医疗行为,而非一般的普通医疗行为。因此,应当有一套强制医疗对象的接收、强制医疗、管理、监督、解除、责任追究等程序和内涵的机制来保障强制医疗的正常实施。然而,在对强制医疗的跟踪监督实践中,对强制医疗没有任何制度性规范措施,操作的随意性很大,几乎没有引起医疗机构的重视,医疗机构及其工作人员几乎没有意识到强制

---

① 上述案例是作者通过网络查阅收集并整理的,且文中提及的三个案例均是所在省市第一例精神病人强制医疗案例。如南京市江宁区吴某杀害亲生女案,检察院提出"精神病人强制医疗难题不少"(http://newspaper.jcrb.com/htlm/2013-05/22/conten-131771.htl);成都市锦江区陈某杀害亲生父亲案,检察院提出"法、检、公三机关都极为慎重,并对下一步的执行及早做了沟通协调"(http://www.chinacourt.prg/article/detail/2013/01/id/816431.shtml);江西省资溪县付强杀害奶奶案,检察院提出"精神病人管理应重视防治康复工作"(http://www.ligaldaily.com.cn/legal-case/content/2013-02/20/content-4211006.htm)。访问日期均为2013年4月18日。

医疗是一种司法执行行为,仅把他们作为一般的精神病人来对待,在思想认识上出现了偏差,工作理念、工作机制上的缺失就不足为奇了。

第三,强制医疗费用承担主体不明确。强制医疗的一大基础性保障问题就是强制医疗的费用承担。目前,合川区在强制医疗费用承担方面没有统一、明确的规定。按照惯例,对于公安机关送交收治的精神病人的医疗费用,采取的是"公安机关同级政府部门负责"的模式。比如,由派出所送交收治的精神病人,其医疗费用就由派出所所在地的镇、街道办负责,而对于公安局送交收治的精神病人,精神病人所在镇、街道办不负责承担医疗费用。由于李某系由合川区公安局送交合川区精神卫生中心进行强制医疗,因而其所在的南津街街道办事处不愿意承担其强制医疗费用,目前其强制医疗费用在合川区精神卫生中心处于"拖欠"状态。强制医疗费用的承担主体不明确、资金保障不能正常到位等,很可能造成某些医疗措施、监督管理措施无法落实到位,可能严重影响强制医疗的工作效果,进而影响司法的公正和权威。

强制医疗执行的基本要素,如执行机关、执行措施的解除、执行费用等都存在法律规定不明确的问题,也是实践中迫切需要解决的问题。

(一) 建立两级强制医疗执行机构

目前,我国专门的强制医疗机构叫安康医院,它是由公安机关管理的一种特殊监管场所。全国目前共有24所安康医院,分布在20个省、自治区、直辖市,其中有的是省辖市设置的,有的是在普通精神病医院加挂安康医院的牌子。而未设置安康医院的地方,大多数是将决定强制医疗的精神病人送到普通精神病医院强制医疗。根据公安部的要求,截至2012年年底,没有设置安康医院的省、自治区、直辖市必须设立至少一所安康医院。[①] 现实的情况是,面对1.6万至3.2万[②]具有严重暴力倾向的精神病患者,现有的安康医院无异于杯水车薪,难以容纳越来越多的肇事肇祸精神病人,更遑论履行好治疗与监管相统一的职能。参照国外的立法例,针对不同程度的精神病人病情,根据其社会危害性,大多通过不同机构进行收容监管。因此,我国

---

① 参见孙谦主编:《人民检察院刑事诉讼规则(试行)理解与适用》,中国检察出版社2012年版,第484页。

② 参见尹鸿伟:《精神病肇事的法律困局》,载《南风窗》2006年第7期。

强制医疗的执行机构也不应仅限于安康医院,① 建议建立两级强制医疗执行机构,对强制医疗的精神病人进行分流。第一级,仍然明确安康医院作为强制医疗执行专门机构的地位,负责对病情较重、社会危险性较大的精神病人的执行;第二级,对于社会危险性较小且病情较轻的精神病人,交由普通精神病医院执行,当然,普通精神病医院应当设立专门针对强制医疗的专科,避免将强制医疗对象与普通精神病人同等对待、疏于监管。

（二）完善执行措施的解除程序

在适用强制医疗的执行过程中必然遇到下列问题:如被执行人的疾病痊愈或者病情得到好转、人身危险性已完全消除或基本消除,或健康状况发生变化以至于继续执行已无必要等。这时根据被执行人的表现、症状需要撤销或变更强制医疗措施。我国《刑事诉讼法》第288条规定了强制医疗处分的解除程序。其中,有三项需要明确的内容:（1）按照刑诉法的规定,强制医疗机构在对被强制医疗的人进行医疗的过程中,应当定期对被强制医疗的人进行诊断评估。为了保护被强制医疗人的合法权益,这里的"定期",应当被限定为较短的期限,建议以治疗期间满30日为一个周期。（2）对于解除强制医疗的申请,强制医疗机构、被强制医疗的人及其近亲属,均应当同时向人民法院报送诊断评估意见及其他相关证明材料。（3）人民法院对于解除申请的审查,既要包括对执行报告、诊断书等材料的书面审查,也要充分听取被执行人法定代理人、精神病医师、检察人员的意见,审慎作出是否解除强制医疗的决定。

（三）建立以国家承担为主、社会个人承担为辅的费用保障机制

大多数原可治愈的精神病人肇事肇祸往往由于家庭经济问题而错失治愈的最佳时机。这种情况下,强制医疗的费用一般超出家庭负荷而无法承担。笔者认为,根据强制医疗的国家性,强制医疗的费用应以国家承担为主,社

---

① 如《俄罗斯刑法典》第99条规定:"强制性医疗措施的种类规定:1. 法院可以判处以下种类的医疗性强制措施:（1）强制性门诊监管并接受精神病医生治疗;（2）在普通精神病医院住院机构进行强制医疗;（3）在专门精神病住院机构进行强制医疗;（4）在加强监管的专门精神病住院机构进行强制医疗……"

会和个人承担为辅，医药费用由国家统一划拨。① 如福建省 2010 年 5 月发布的《关于加强肇事肇祸重性精神病人强制医疗管理的意见》中规定，住院医疗期间已参加基本医疗保险的，实行单病种费用限额管理，标准为每人每年 5000 元。② 当然，由于强制医疗的费用往往是无底洞，国家经费未必能供给充足，所以社会和集体也应相应地承担起社会救助的责任，社会的捐助活动和社会慈善组织可以发挥相应作用。参照上述《意见》，没有参加医疗保险的，医疗费用从医疗救助基金中列支，由民政部门定期与卫生部门结算。当事人个人或相关组织也可向社会团体组织进行申请捐助获得医疗费用。此外，当地最低生活保障范围外的精神病人住院期间的生活费用，可以由监护人定期缴至收治医院。

三、强制医疗执行的检察监督——相对原则而亟待实践细化的问题

在汉语中，"检"字作为动词的意义是"考查、查验"和"约束、制止"。"察"字与其相近，即"细看、详审"，及"考察、调查"。《辞海》引李贤的话称："检，犹察也。"可见，"检察"一词，既指检视查验，又指检举制止。在现代司法制度语境中的检察概念，特指一种司法职能，而这种职能正是具有检视查验违法行为以及就此向有处置权的机关检举以求约束制止的双重功能。监督，字面意义为监察督促（见《辞海》）。在国家法律监督系统中，检察监督占有重要的地位。而多年来的司法实践表明，检察监督对于保证刑事诉讼活动的顺利进行，保障国家刑罚权的正确实现，维护国家法律的正确统一实施，实现社会公平正义，具有重要意义。

《刑事诉讼法》第 289 条规定，人民检察院对强制医疗的决定和执行实行监督。该条规定虽然再次明确了检察监督的地位，但过于简单的规定却使具体的承办部门和人员对于监督谁、监督什么、如何监督、监督手段是什么等问题感到迷茫。即使《人民检察院刑事诉讼规则（试行）》（以下简称《刑诉规则》），也只是相对原则地规定了强制医疗执行监督制度，可操作性

---

① 蒋美琪《论我国强制医疗诉讼程序的构建》，华东政法大学硕士论文 2011 年第 11 期，第 34 页。

② http://www.fujian.gov.cn/zwgk/zxwj/szfwj/201006/t20100606 - 253336.htp，访问日期：2013 年 4 月 18 日。

较差。在这样的立法现状下,要实现检察监督的功能,必须在实践中不断深入研究和探索,并最终形成相对健全的监督工作机制。下面,笔者就从检察机关对强制医疗执行监督的主体、内容、方式三个方面进行粗浅的探讨。

(一) 监督的主体①

最高人民检察院监所检察厅厅长曾撰文指出,我国现有的专门强制医疗机构称为安康医院,它是由公安机关管理的一种特殊监管场所;同时,强制医疗执行是一种刑事处遇措施的执行,属于刑事执行监督的范围,指出应当由检察院监所检察部门承担强制医疗执行的监督职能。② 《刑诉规则》第661条第2款也规定:"强制医疗执行监督由人民检察院监所检察部门负责。"实践中,各地将监所检察部门派出机构确定为监督的主体。如陕西省西安市检察院在西安市安康医院设立了派驻监察室,主要职责包括对精神病人强制医疗行为进行全程监督,接受精神病人家属对强制医疗过程中义务人员的不当和违法犯罪行为的投诉、控告,监督公安机关依法规范履行相关职责等内容。③ 江苏省镇江市公、检、法、卫生部门联合制定的《镇江市强制医疗程序实施意见(试行)》的通知第36条也提出,可以采取派驻检察的方式进行监督。诚然,设立派驻检察室确实能做到监督的常设性、专门性,但基于目前强制医疗案件数量较少和节约司法资源的考虑,专门设立派驻机构的方式并不可取。

笔者认为,强制医疗执行监督由人民检察院监所检察部门负责并无不妥,但在具体运行过程中,应当注意以下几个问题:(1) 是否专门设立派驻机构的问题。就省级人民检察院一级,可以在安康医院等专门强制医疗机构设立派驻检察室;就省级以下人民检察院,可以由监所检察部门确定专人采取定期、不定期巡查的方式进行监督。(2) 与公诉部门的分工问题。就一般的执行监督而言,诸如对强制医疗交付执行活动,强制医疗机构违法执行、侵犯被强制医疗人合法权益等违法行为的监督,监所检察部门可以审查。但对于不服强制医疗决定申诉的实体审查,应当移送作出强制医疗决定的人民法院的同级人民检察院公诉部门办理,更有利于案件的处理。(3) 与技术部门的

---

① 这里所称的"主体",是在肯定人民检察院作为专门法律监督机关的前提下,对由人民检察院内部什么部门来具体承担强制医疗执行监督职能的问题。
② http://legaldaily.com.cn/Frontier-of-law/conten/2013-01/14/content-4126699-2.htm,访问日期:2013年4月18日。
③ http://newspaper.jcri.com/html/2013-01/04/content-117179.htm,访问日期:2013年4月18日。

配合问题。考虑到被强制医疗的人是否属于精神病人、是否符合强制医疗条件、被强制医疗的人是否康复并应当解除强制医疗等问题属于专业性极强的问题，监所检察部门的人员通常缺乏相应的专业知识，因此在监督实践中，必要时监所检察部门可以请求本院或者上级院检察技术部门予以配合。

（二）监督的内容

如前所述，强制医疗执行是法院作出对被申请人强制医疗的决定后，将被执行人遣送至专门或法院指定的精神病医院进行监管和治疗的过程。笔者认为，对强制医疗执行的检察监督必须是对上述过程的全程、同步监督，内容也应该涵盖如下几个方面：

1. 对强制医疗交付执行活动的监督

人民法院在作出强制医疗决定后，应当将强制医疗决定送交公安机关执行。公安机关应当将被决定强制医疗的精神病人送交安康医院等强制医疗机构执行。因此，人民检察院对于公安机关未及时交付执行，或者应当强制性约束、控制被决定强制医疗的精神病人而不采取约束控制措施等违法行为，应当向公安机关提出纠正意见。

2. 对强制医疗机构执行活动的监督

强制医疗执行监督的主要目的是保障被强制医疗人的合法权益，同时保障强制医疗执行活动的依法、顺利进行。参照《刑诉规则》第664条第1款的规定，主要是对强制医疗机构违法执行、侵犯被强制医疗的人合法权益等违法行为进行监督和纠正，具体包括：（1）对被决定强制医疗的人应当收治而拒绝收治的；（2）收治的法律文书及其他手续不完备的；（3）没有依照法律、行政法规等规定对被决定强制医疗的人实施必要的医疗的；（4）殴打、体罚、虐待或者变相体罚、虐待被强制医疗的人，违反规定对被强制医疗的人使用械具、约束措施，以及其他侵犯被强制医疗的人合法权益的；（5）没有按照规定定期对被强制医疗的人进行诊断评估的；（6）对于被强制医疗的人不需要继续强制医疗的，没有及时提出解除意见报请决定强制医疗的人民法院批准的；（7）对被强制医疗的人及其近亲属、法定代理人提出的解除强制医疗的申请没有及时进行审查处理，或者没有及时转送决定强制医疗的人民法院的；（8）人民法院作出解除强制医疗决定后，不立即办理解除手续的；（9）其他违法情形。

3. 对被强制医疗的人及其近亲属、法定代理人控告、举报、申诉的监督

受理控告、举报和申诉，既是人民检察院的法定职责，也是人民检察院获取强制医疗执行监督信息的有效渠道之一。按照刑诉规则的要求，对控告

人、举报人、申诉人要求回复处理结果的，人民检察院监所检察部门应当在十五日内将调查处理情况进行书面反馈。其中，认为申诉不成立的，可以直接将审查结果答复申诉人；认为原决定可能错误，需要复查的，应当移送作出强制医疗决定的人民法院的同级人民检察院公诉部门办理。

4. 对解除强制医疗的申请以及人民法院决定解除的监督

对于强制医疗的执行的解除，人民检察院可以通过对强制医疗机构执行活动的监督，对不应当提请解除而提请解除或者应当提请解除而没有提请解除的，或者人民法院对应当解除强制医疗的人没有解除、对不应当解除的人解除强制医疗的，提出纠正意见。为便于人民检察院对强制医疗的决定程序和执行、解除程序进行监督，建议人民法院作出有关决定、强制医疗机构提出解除强制医疗的意见时，将有关决定或者意见的副本同时送交人民检察院。强制医疗机构提出解除强制医疗意见的，应当同时将相关证明材料副本移送人民检察院。

（三）监督的方式

按照《刑诉规则》的规定，对强制医疗机构的监督，可以根据安康医院收治的精神病人的数量、检察人员力量等情况，决定采取派驻检察或者巡回检察的模式进行监督。前文已经对省一级人民检察院设立派驻检察室的方式予以肯定，就省级以下人民检察院，具体采取什么监督方式较为合理，笔者有以下建议：（1）在监所检察部门确定专人负责监督工作，采取定期巡回检察为主、不定期巡回检察为辅的方式进行监督。针对强制医疗机构定期对被强制医疗人诊断评估的规定，以治疗周期满30日为宜，为方便收集相关信息，定期巡回检察的期间也应以30~45日为宜。而不定期巡回检察主要是防止强制医疗机构可能为应付检察提供虚假信息的可能。（2）通过接待被强制医疗的人的近亲属和监护人来访，与被强制医疗人谈话等多种方式的方式进行监督，以便更直接、直观地掌握强制医疗执行过程中存在的问题。（3）具体到监督的手段，可以通过向强制医疗机构发纠违通知书、检察建议[①]等开展。

---

① 成都市锦江区人民检察院监所检察科在成都市第一精神卫生防治院进行检察监督时发现，该院对有暴力倾向、可能存在危害公共安全及个人自身安全隐患的病人监管条件不足，随即向锦江区公安分局提出书面检察建议，促使公安机关安排案件承办人前往第一精神卫生防治院办理转院治疗手续，并将被强制医疗人程某某转入成都市强制医疗所进行强制医疗。（信息来源：锦江区党务公开网，访问日期为2013年4月18日）

对指定居所监视居住几个关键问题的思考

——以重庆市沙坪坝区人民检察院为调查对象

李 杰[*] 李 玲[**]

《刑事诉讼法》第 73 条新增了指定居所监视居住强制措施,它是监视居住的一种特殊情况。其中,指定居所监视居住又分为两种情形:一种是无固定住处的,可以在指定的居所执行;另一种是对于涉嫌危害国家安全犯罪、恐怖活动犯罪、特别重大贿赂犯罪,[①] 在住处执行可能有碍侦查的,经上一级人民检察院或者公安机关批准,也可以在指定的居所执行。通常,"指定的居所"是指公安机关根据案件情况在办案机关所在的市、县内为犯罪嫌疑人指定的生活居所。[②] 作为一种减少逮捕的羁押替代措施,指定居所监视居住强制措施在司法实践中仍存在理解与适用上的问题。

---

[*] 李杰,重庆市人民检察院职务犯罪侦查局副局长兼指挥中心办公室主任。
[**] 李玲,重庆市人民检察院第一分院研究室干警。
[①] 参见《人民检察院刑事诉讼规则(试行)》第 45 条第 2 款。
[②] 陈卫东主编:《刑事诉讼法修改条文理解与适用》,中国法制出版社 2012 年版,第 182 页。

一、如何理解无固定住处中"办案机关所在地的市、县"

《人民检察院刑事诉讼规则（试行）》第110条规定："监视居住应当在犯罪嫌疑人的住处执行。对于犯罪嫌疑人无固定住处或者涉嫌特别重大贿赂犯罪在住处执行可能有碍侦查的，可以在指定的居所执行。固定住处是指犯罪嫌疑人在办案机关所在地的市、县内工作、生活的合法居所。"从字面含义讲，"市"的包括了直辖市、设区的市（地级市）和县级市；① 与"县"同级的行政规划有县、自治县、市辖区、县级市。据此，以重庆市各级检察机关为例，对因无固定住处而指定居所监视居住中的"办案机关所在地的市、县"的理解为：（1）重庆市人民检察院办案机关所在地的"市"是指重庆市（直辖市）。因此，由重庆市人民检察院直接侦办的案件中，如果出现"无固定住处"的情形，就是指在重庆市整个直辖市范围内没有固定的住处。由此，进一步讲，如果犯罪嫌疑人在重庆市范围内有固定住处，就不能适用"无固定住处"类型的指定居所监视居住，除非通过指定管辖改变管辖机关从而改变办案机关所在地。（2）重庆市所辖的各区、县人民检察院办案机关所在地即指各自所在的区（市辖区）、县。因此，由各区、县人民检察院直接侦办的案件中，如果出现"无固定住处"的情形，就是指在各自所在的区、县的范围内没有固定的住处。（3）重庆市人民检察院的五个分院办案机关所在地设立于区，但各个分院却管辖着除所在区之外的其他非所在地的区、县检察院，重庆目前现行的做法是将分院所管辖的几个区、县检察院所在地的地域范围认为是其"办案机关所在地"。因此由分院直接侦办的案件中，如果出现"无固定住处"的情形，就是指在分院所管辖的几个区、县检察院所在地的地域范围内没有固定的住处。事实上，如果将分院一级检察机关作为重庆市院的派出机构来理解，分院办案机关所在地应当是重庆市。而这样一来，未免范围显得过宽，会导致许多由分院管辖的案件在"因无固定住处而指定居所监视居住"这一条上无法适用；但是如果按分院一级检察机关不是重庆市院的派出机构来理解的话，那么分院办案机关所在地就应当是所在的区，但这样一来，又未免范围显得过窄，会导致许多由分院管辖的案件在"因无固定住处而指定居所监视居住"这一条上太容易适用。囿于此，仅仅从实务操作的角度来看，将分院所管辖的几个区、县

---

① 但根据我国行政规划，这三种"市"分属不同的行政规划级别。

检察院所在的所有地域范围来理解"办案机关所在地"是有一定合理性的，但是这对如何说明这种做法是符合"市"、"县"概念的内涵从而使这种做法也具有相当的合法性却是困难的。因此，检察机关有必要对此作出适当的说明或者进一步解释，或者制定相关实施办法或细则将分院一级检察院所管辖的几个区、县检察院所在地的地域范围明确规定为其"办案机关所在地"，以便使实践中操作的做法既合理又合法。

二、如何理解"符合逮捕条件"

《人民检察院刑事诉讼规则（试行）》第109条规定："人民检察院对于符合逮捕条件，有下列情形之一的犯罪嫌疑人，可以监视居住。"也就是说，对于指定居所监视居住，其适用前提条件之一就是要"符合逮捕条件"。对于"符合逮捕条件"可以从以下几个方面来把握：

首先，指定居所监视居住的性质是一种"准羁押性质的强制措施"[①]。因为，其需要进行类似于羁押必要性审查的继续监视居住必要性审查，甚至指定居所监视居住的期限要折抵刑期，其强制程度虽低于逮捕，但高于取保候审，相对而言更接近于逮捕，所以才会明确要求要"符合逮捕条件"。但是，从《刑事诉讼法》第72条的规定来看，指定居所监视居住并不属于有逮捕必要的情形，指定居所监视居住中的"符合逮捕条件"这一规定实际上意味着符合逮捕的证据条件、刑罚条件但具有无逮捕必要性或者属于可以不逮捕或者更适宜监视居住的情形，因为对于符合逮捕的证据条件、刑罚条件且有逮捕必要性的案件，因其应当逮捕而无须适用指定居所监视居住。介于此，如果一个案件提请批准逮捕却因符合逮捕证据条件、刑罚条件但无逮捕必要或可以不逮捕的理由而不批捕的话，该案件应当仍然可以决定指定居所监视居住。对此，《公安机关办理刑事案件程序规定》第105条第2款也有类似规定："对人民检察院决定不批准逮捕的犯罪嫌疑人，需要继续侦查，并且符合监视居住条件的，可以监视居住。"

其次，在决定是否指定居所监视居住时，审查是否"符合逮捕条件"主体是指定居所监视居住的决定主体，即是由职务犯罪侦查部门依据逮捕条件以及现有证据而作出的"认为符合逮捕条件"的决定。这种"认为符合逮捕条件"的决定与侦查监督部门批准逮捕时的审查是有一定的联系和区

---

① 陈卫东主编：《刑事诉讼法修改条文理解与适用》，中国法制出版社2012年版，第180页。

别的。其联系表现在，职务犯罪侦查部门同侦查监督部门的审查依据是同一标准，即"符合逮捕条件"，其区别表现在，职务犯罪侦查部门对是否"符合逮捕条件"的审查是在决定是否指定居所监视居住阶段，而侦查监督部门对是否"符合逮捕条件"的审查是在决定是否逮捕阶段，审查批准逮捕是侦查监督部门的专属权力，职务犯罪侦查部门无此权力，这说明职务犯罪侦查部门对逮捕条件的审查实际上是一种"认为符合逮捕条件"而非"认定符合逮捕条件"。"认为"是一种主观上的认识和判断，凡是主观认识和判断必然具有一定的或然性，也就是说，其所"认为"的结果只是一种具有相当可能性的结果。换言之，这种"认为符合逮捕条件"可能在侦查监督部门看来，也许实际上存在并不"符合逮捕条件"的情形，因此不能"认定符合逮捕条件"。但也正因为如此，法律才特别规定对下一级检察院的报请指定居所监视居住的案件，由上一级检察院侦查监督部门依法对决定是否合法进行监督。这一规定明确了对侦查监督部门对指导定居所监视居住是否"符合逮捕条件"审查的定位是属于监督主体，而非在指定居所监视居住时审查是否"符合逮捕条件"的主体，也非决定是否采用指定居所监视居住的主体。因此，如果职务犯罪侦查部门经审查后认为"符合逮捕条件"且决定指定居所监视居住的案件却在侦查监督部门的事后监督中发现存在问题或者不合法的情形，则此时应再由侦查监督部门作出相关纠正建议，但这种监督行为并不能在在对指定居所监视居住进行审查和决定时就提前介入而直接行使审查权，侦查监督部门对指定居所监视居住决定的监督行为不能直接替代职务犯罪侦查部门的审查和决定行为。故而，在指定居所监视居住审查和决定阶段，是由职务犯罪侦查部门依据逮捕条件以及现有证据而作出的一种"认为符合逮捕条件"的决定，介于此，这种决定虽然应当依据逮捕条件而作出，但却不应以侦查监督部门在事后监督中的评价为判断标准，更不应当直接由侦查监督部门提前作出是否"认定符合逮捕条件"的意见或决定。

另外，《人民检察院刑事诉讼规则（试行）》第112条规定，对于特别重大贿赂犯罪嫌疑人指定居所监视居住的，下一级检察院侦查部门应当自决定批定居所监视居住之日起每2个月对其必要性进行审查，没有继续指定居所监视居住的必要或者案件已经办结的，应当解除居所监视居住或者变更强制措施。这一规定确定了继续指定居所监视居住的必要性审查内容，既与羁押必要性审查有相似之处，也有重要的区别。虽然指定居所监视居住的性质是一种"准羁押性质的强制措施"，但是毕竟指定居所监视居住并非羁押，指定的居所并不是羁押场所，监视居住并不是完全限制人身自由。因此，对逮捕的继续羁押必要性审查的规定并不能直接适用于指定居所监视居住的必要性审查，但同时由于指定居所监视居住是作为逮捕替代性措施的面目而出现在新的刑事诉讼法律当中的，其严厉性不言而喻，其可能侵犯人权的危险性也较之其他措施要高，因此对这种"准羁押性质的强制措施"进行继续指定居所监视居住必要性的审查就显得意义重大，由于指定居所监视居住由侦查部门审查决定且其已经要受侦查监督部门的事后监督，因此由侦查部门对继续指定居所监视居住必要性的审查就是比较合理的了。侦查部门在审查继续的必要性时，应当听取侦查监督部门、监所部门等方面的意见，定期审查其继续的必要性，对没有继续指定居所监视居住的必要或者案件已经办结的，应当及时解除居所监视居住或者变更强制措施。

三、"住审分离"抑或"住审不分离"

目前，重庆市检察机关对采取指定居所监视居住的，实行住、审分离的原则，同时审讯时在检察机关专门的办案工作区进行并执行全程同步录音录像的相关规定，在指定居所处不得对犯罪嫌疑人进行讯问，这是为了与指定居所监视居住的定位相适应。从修改后的刑事诉讼法对监视居住强制措施的法律地位和适用条件看，监视居住是作为减少羁押的替代措施，是保护人权及司法人性化的重要体现。与此同时，法律法规定也明确规定采取指定居所监视居住的，不得在看守所、拘留所、监狱等羁押、监管场所以及留置室、讯问室等专门的办案场所、办案区域执行。指定居所监视居住并非羁押，指定的"居所"不是羁押场所而是居住场所，"监视"也非完全限制人身自由，由此而得出结论将居住场所和审讯场所分离，其实也是为了更好地体现"居所"应有的特征和性质。但从另一方面讲，由于将居住场所和审讯场所分离，就需要将被监视居住人每次传唤到检察机关等办案场所进行讯问，就必须执行押解，这不但涉及押解安全的问题，还涉及办案成本和效率的问题。

事实上，根据《刑事诉讼法》第117条的规定，"对不需要逮捕、拘留的犯罪嫌疑人，可以传唤到犯罪嫌疑人所在市、县内的指定地点或者到他的住处进行讯问，但是应当出示人民检察院或者公安机关的证明文件"。换句话说，只要经过出示人民检察院或者公安机关的证明文件这一合法程序，对于指定居所监视居住的犯罪嫌疑人"可以传唤到犯罪嫌疑人所在市、县内的指定地点或者到他的住处进行讯问",在这里对"指定地点"和"住处"的理解,可以认为指定居所包含在"指定地点"之内,或者当犯罪嫌疑人在办案机关所在市、县内没有固定住处的,指定居所就应当是他的"住处"。由此可见,审讯是可以在指定的居所里进行的,其条件是应当出示人民检察院或者公安机关的证明文件,亦即,"住审不分离"也是合法且可行的。

当然,言及孰优孰劣,在法律都允许的情况下也只能作一种价值判断,就看从哪个角度来认识和适用"住审分离"和"住审不分离"了。总的来说,从指定居所监视居住慎用、少用的指导思想以及保障人权的角度出发,同时结合职务犯罪侦查活动千差万别的案件具体情况,可以考虑以"住审分离"为原则,以"住审不分离"为例外。

四、执行主体如何执行监视居住

根据刑事诉讼法的相关规定,对决定对犯罪嫌疑人监视居住的,应当送交监视居住地的公安机关执行,检察机关可以协助执行。据此,监视居住的执行主体是公安机关,通常由被监视居住人住处或者指定居所所在地的派出所执行;协助执行主体是检察院,人民检察院司法警察具有协助执行监视居住的职能[①]。但是从司法实践上来看,执行主体与协助执行主体在如何具体执行指定居所监视居住及执行方面还存在一定的现实困难:首先,监视居住的期间可长达6个月,即使并不需要监视居住这么长时间,公安机关也没有足够的警力保证在指定居所监视居住期间从头到尾不间断地派驻蹲点守候地完成监视犯罪嫌疑人的任务;其次,检察机关只是协助执行主体,仍要以公安机关执行监视为主,不能代替公安机关执行监视,这就导致公安机关在无力对被指定居所监视居住人进行全程不间断地守候监视的情况下检察机关也不能代劳,但对公安机关的不作为行为又往往无可奈何。

要解决上述这一问题,首先要从观念着手。《刑事诉讼法》第76条规定:"执行机关对被监视居住的犯罪嫌疑人、被告人,可以采取电子监控、不定期检查等监视方法对其遵守监视居住规定的情况进行监督;在侦查期间,可以对被监视居住的犯罪嫌疑人的通信进行监控。"公安机关作为指定

---

① 2013年1月《人民检察院司法警察条例》第7条第3项规定:"协助执行监视居住、拘留、逮捕,协助追捕在逃或者脱逃犯罪嫌疑人。"

居所监视居住的执行机关，执行的是监视的行为，而这种监视行为不光包括了全程不间断地蹲点守候，还包括了"电子监控、不定期检查等监视方法"。换句话说，采用了"电子监控、不定期检查等监视方法"的，也是监视的行为，应当视为执行指定居所监视居住的一种监视的行为，而"电子监控、不定期检查等监视方法"也并不需要公安机关随时随地地在被监视的居所中以全程不间断寸步不离地蹲点守候的方法执行监视，只要全程执行了监视的方法且被监视人的情况必须处在公安机关的密切监控和掌握之中，就应当视为公安机关执行了监视。因此，公安机关人员在对犯罪嫌疑人、被告人宣布执行指定居所监视居住后，可以选择多种监视方式灵活执行监视，只要是法律所规定的方法，只要采用这些监视方法的执行主体仍是公安机关，只要被监视人的情况时刻处在公安机关的密切控制和掌握之中，均应视作系由公安机关在执行监视行为。鉴于此，公安机关在宣布执行指定居所监视居住后，在监视期间，可采取电子监控、不定期检查、技术侦查措施等由公安机关执行的监视方法的，其间可以由检察机关予以配合和协作，即在公安机关采用上述方法执行监视中检察机关辅助公安机关执行这些监视行为，辅助行为中自然应当包括检察机关密切监控和掌握犯罪嫌疑人、被告人的活动和状态等，从而保障监视行为顺利、有效地进行。

五、居所的基本要求与休息饮食的必要保障

根据相关法律法规的立法精神，指定居所监视居住中的"居所"与羁押场所有本质的区别，因此指定居所监视居住中的"居所"必须符合这一概念中应有的基本含义。具体而言，"居所"应当具备三个条件：具备正常的生活、休息条件；便于监视、管理；能够保证办案安全。也就是说，检察机关在选择或建设指定居所的时候，必须同时满足居所的生活基本条件和办案基本条件。在司法实践中，办案基本条件比较容易办到，但是生活基本条件应当有哪些内容和标准却言之不详，也往往容易被忽略。从"居所"的一般性含义来讲，除了"居所"不应当是看守所、拘留所、监狱等羁押、监管场所以及留置室、讯问室等专门的办案场所、办案区域外，其最起码特征应当是一个能具备休息、饮食、卫生等的基本设施条件且基于其私密性的要求这一场所并非系公共场所如宾馆、酒店、招待所等，除此之外，由于指定居所监视居住并非完全限制人身自由的措施，因此在"居所"周围也不能设置类似于羁押场所的专用铁栏、护网等。

另外，讯问被监视人，不论是在指定"居所"内讯问，还是传唤到办案地点讯问，都应当确保被监视居住人的必要休息和饮食的时间。新刑事诉讼法虽然没有明确规定该时间是多长，但是在《刑事诉讼法（草案）》的讨论稿中曾出现"6个小时"的这一规定。这一时间规定虽然在后来予以删除，但并非因为这一规定是不必要的，而是由于考虑到司法实践中的情况千差万别，为避免司法机关刻板僵硬地比照6小时的规定执行等原因并未予明确。但是这可以体现立法的一种倾向，即所谓的必要的休息和饮食的时间，可以以6小时或以上为其执行的参照，因此检察机关在制定相关规定中，完全可以明确规定以6小时作为起点。事实上，只有明确保障了被监视居住人的必要休息和饮食的时间，指定的"居所"才更显示出其实质意义上的"居所"的特征，而在居所内外依法讯问犯罪嫌疑人、被告人也才不会导致变相的连续传唤的问题。或许有人会担心如果明确规定了被监视居住人6个小时的必要休息和饮食的时间，会不会因此对侦查产生不利的影响。事实上，这种担心是不必要的。首先，明确被监视居住人6个小时的必要休息和饮食的时间符合人权保障要求和立法意图，也符合"居所"的内在特征和要求，同时也与讯问的节奏即连续讯问的时间限制相配合。其次，明确了被监视居住人的必要休息时间也是保证了讯问人员的必要休息时间。疲劳审讯同样不可取，在犯罪嫌疑人、被告人生理上最疲劳、精神上最疲惫的时候往往也是审讯人员生理上最疲劳、精神上最疲惫的时候，审讯通常是一个较长时间的过程，如何保障审讯人员的身心良好状态同样十分重要。再者，规定被监视居住人6个小时的必要休息和饮食的时间，虽然可能会减轻了被监视居住人疲劳感从而可能增加案件突破难度并延长案件突破时间，但这并不意味着被监视居住人心理和精神压力必然减轻，在身处被监视环境和接受审讯的氛围下，随着时间的推移和案件事实证据的向前推进挖掘，被监视居住人只会越来越感到压力增大。事实上，在被监视居住期间难免会持续性地产生打乱被监视居住人的生物钟的影响，而这对被监视居住人而言，其承受的压力程度未必会一定低于疲劳审讯产生的影响。因此，不论从哪个角度上讲，明确规定被监视居住人6个小时的必要休息和饮食的时间，是必要且可行的。

新刑事诉讼法实施后
电子数据的收集问题研究

——以职务犯罪侦查实践为视角

王刘章*

　　电子数据是随着计算机信息、通信技术发展而衍生的一种新的证据形式。1996年，联合国国际贸易法委员会通过了《电子商务示范法》对电子数据的内涵作了界定："数据电文系指经由电子手段、光学手段或类似手段生成、存储或传递的信息，这些手段包括但不限于电子数据交换、电子邮件、电报、电传或传真。"在我国，《关于办理死刑案件审查判断证据若干问题的规定》第29条首次对刑事诉讼中的电子数据规定了具体审查的内容和要求，并且在传统的7种证据后进行了单独阐述。《刑事诉讼法》第48条第2款规定，证据包括："（一）物证；（二）书证；（三）证人证言；（四）被害人陈述；（五）犯罪嫌疑人、被告人供述和辩解；（六）鉴定意见；（七）勘验、检查、辨认、侦查实验等笔录；（八）视听资料、电子数

---

* 王刘章，法律硕士，重庆市长寿区人民检察院检察员。

据。"至此，电子数据作为一种新的证据正式被确立。但我国对于有关数字电子证据的有关问题还处于探索阶段。

一、电子数据的特点及收集原则

（一）电子数据的特点

由于电子数据是以电子的、数字的、电磁的、光学的或类似性能的相关技术形式保存记录于计算机、磁性物、光学设备或类似设备及介质中的，因此，电子数据除具有一般证据的特征外，还具有自身独特的特点：

1. 具有与载体的可分离性和系统依赖性

电子数据所载的信息并不必然与特定的载体相连，可以在不同的载体中复制转载。电子文件的信息不再具有固定的物理位置，可以在不同载体之间进行转换，也可以在网络上进行传输，而内容却不发生任何变化。但由于是以电子形式存在的，所以，无法像书证、物证那样被直接感知，必须要借助特定的硬件与软件系统才能显示出来。因此，在收集电子数据时，要注意载体和系统的安全性，确保在稳定的、安全可靠的系统里收集电子数据。同时，还要收集与系统稳定性及软件的使用等情况的证明。

2. 具有易变性和可恢复性

由于电子数据的存在形式是多种多样的，再加上网络虚拟性的影响，当人们操作失误、电子设备技术故障或恶意篡改电子数据时，电子数据很容易被修改、删除，而且还不易被察觉。因此，在对电子技术了解不够的情况下，甄别原始的、可靠的电子数据难度较大。但不可否认，任何修改、删除、复制、格式化等篡改电子证据的行为都会在硬盘上留下一定的痕迹，如对于在删除之后没有被覆盖的文件，恢复更加容易，文件被删除之后被放进"回收站"（Windows 系统中），可以直接用命令将其恢复。即使将"回收站"清空，文件也实质上并未从硬盘上删除，删除的只是指向文件物理地址的逻辑指针，即删除的实现方式都通过执行简单的指针的无效化，而不是实际删除程序和文件。① 因此，电子数据的易变性和稳定性是相对的，如果没有配备熟悉电子数据存储、修改、恢复等知识的人才，电子数据的收集以

---

① ［美］Warren G. Kruse Ⅱ, Jay G. Heiser：《计算机取证——应急响应精要》，段海新译，人民邮电出版社 2003 年版，第 126 页。

及应用就会出现问题，但只要配备了精通电子技术知识的人才，利用先进的技术手段，就能轻松地捕捉到并分析、认定计算机上每一次的擦写记录，从而有效恢复被删除、修改的文件并进行甄别。

3. 具有多样性和隐秘性

电子数据可以以文本、音频、视频、图形、图像、动画等多种信息形式存储于计算机硬盘、U盘、光盘、磁带、移动硬盘等多种载体中，且无法被直接感知，只有借助相关的硬件与软件才能将其显示出来。因此，侦查人员等对电子数据进行收集和分析的主体务必全方位查找电子数据，并借助必要的技术手段进行分析和认定，使其能在法庭上展示给审判人员和当事人及其辩护人等相关人员。

（二）电子数据的收集原则

由于电子数据的特殊性，侦查人员在收集时，要坚持以下几个原则，确保电子数据的可采信性。

1. 合法性原则

对于电子数据来说，其合法性的要求主要涉及以下几个方面的内容：收集的主体合法，即要由两个以上依法负有侦查职责的检察人员负责收集；收集的程序合法，即侦查人员要遵循严格的技术标准和程序，按照法定程序进行收集，即要附有相应的清单、笔录并有相关人员的签名及情况说明；电子数据还需经法定程序查证属实。

2. 及时性原则

由于电子数据具有易变性，一旦未能及时收集，就可能遭到破坏，虽然，电子数据被修改或者破坏后，可以通过技术手段加以恢复，但是通过技术手段恢复需要耗费一定的人力、物力，同时恢复的电子数据的真实性还容易受到质疑。因此，为了保障电子数据的证明力，要及时收集电子数据，防止电子数据遭到修改和破坏。在坚持及时性原则时，一方面在收集电子数据过程中要及时备份；另一方面要及时进行技术鉴定，以确定内容及证据效力。

3. 全面性原则

在收集电子数据的过程中，不仅要对其内容本身进行收集，还要对附属信息证据和系统环境证据进行提取，收集与系统稳定性及软件的使用等情况的证明。严格依据电子数据收集程序，运用科学的方法，使用适当的技术设备，防止由于对涉案设备、系统的不当操作而使某些电子数据遭到破坏或者灭失，从而获取高度真实和能证性强的电子数据。同时，要做好提取、储存、保管、恢复等方面的记录，保障电子数据的证明力。

二、职务犯罪侦查过程中电子数据收集现状及存在的问题

（一）电子数据收集现状

1. 较少收集电子数据

职务犯罪侦查过程中，侦查人员仍然比较热衷"由供到证"的传统侦查模式，在立案侦查时不太关注电子证据的收集问题。在职务犯罪在立案之前，一般都是秘密进行，几乎没有机会接触到初查对象使用过的电子设备，也就没有机会初步收集电子数据。在立案侦查后，由于各种因素的影响，对犯罪嫌疑人采取强制措施一般都不在其住所或者办公场所，甚至由于保密措施不到位，导致犯罪嫌疑人知道其被立案侦查。一旦无法及时地封存电子设备，其中与案件事实有关的电子数据可能会被修改、加密或者删除。再加上现有的人员知识结构、电子技术素养等方面的限制，在职务犯罪侦查中，有意识并有效地收集电子数据的情况较少。

2. 收集电子数据的专业人才匮乏

由于电子数据的采集、导出、备份、保留等都需要专门的设备进行，既要采集有用信息，又要不侵犯犯罪嫌疑人的隐私，这些既需要专业的硬件、软件，又需要具有法律知识和精通电子计算机技术的专业人才。但检察机关的职务犯罪侦查人员多是法律专业或者侦查专业出身，绝大多数检察机关职务犯罪侦查部门没有配置精通电子计算机知识的人员，这样对于经过多次修改保存、加密处理的电子数据就不易被查找和识别，势必会影响电子数据的正确、及时收集，不利于相关案件事实的查证。

3. 电子数据收集方式简单

一是比较重视简单电子数据的收集。为了确定犯罪嫌疑人的位置等，通过通信公司查询通过记录比较容易，实践中较为常用。由于电脑等电子设备很容易被技术处理，所以，在侦办职务犯罪过程中，侦查人员在查阅电脑等设备时，仅是对其中仍然存在的、容易查找的信息加以收集；对于其隐藏的、加密的数据就没有进一步收集。二是仅进行简单比对，未深入分析电子数据。由于缺少专门人才和电子技术的复杂深奥，侦查人员无法对电子设备中的数据进行比对，尤其当该数据被多次修改、覆盖时，无法判断真伪。

（二）电子数据收集存在的问题

1. 电子数据的收集未引起足够重视

一是思想上存在畏难情绪。由于电子数据是现代信息技术的产物，具有高科技性、易被修改、隐藏等技术处理，要是缺少必要的电子技术知识和证据收集知识，很难获得有效的电子数据，并且不容易辨别真伪。再加上取证程序的严格性、证明电子数据真实性的复杂性，部分侦查人员对收集电子数据心存畏惧。二是未完全认识到电子数据在职务犯罪侦查中的重要作用。由于电子数据是一个新鲜事物，部分侦查人员对其还没有形成完整、正确的认识，未认识到电子数据在现代职务犯罪查办中的重要作用，[①]认为只要能通过受贿、行贿双方的口供以及银行的账单等证据查证部分案件事实，能给犯罪嫌疑人定罪即可；再加上侦查人员技术、知识、经验等方面的限制，一般情况下，侦查人员对电子数据并不太重视。但不可否认，如果全面收集电子数据，对于职务犯罪的侦破会有很好的助推作用，甚至会起到关键性作用。

2. 未形成有效的人才培养机制

现有的侦查人员中，熟练掌握和精通计算机及网络相关知识的为数不多，能通过网络现场勘查获取电子证据的人更是少之又少，这种状况严重制约了侦查人员对电子证据的获取，增加了收集证据的难度。[②]因此，加强电子数据收集人才的培养成为比较紧迫的任务。但由于刑事诉讼法修改时间不长，侦查人员还未能完全适应刑事诉讼法在电子数据收集方面的要求，懂得电子技术的法律素养不高，有证据收集经验、法律素养较好的，又不精通电子技术；或者由于工作需要，既精通电子技术，又有较高法律素养的人员未被安排到职务犯罪侦查部门，导致人力资源的浪费。因此，应着力构建有效的人才培养机制，加快这方面人才的培养，以应对电子技术给侦查工作带来的挑战和机遇。

3. 没有专门的收集规则

由于电子数据具有自身的特殊特点，如记录方式的特殊性、不易被直接感知性、隐蔽性、对介质的依赖性与可分离性、不稳定性、容易被修改和可

[①] 比如，直接记录犯罪事实的电子数据可以直接认定犯罪，记录某些犯罪事实线索的电子数据可以引导查找，这些对有关证据的收集可以起到事半功倍的效果；把收集的电子数据与其他证据进行比对、印证，可以辨别相关证据的真伪。

[②] 王宇：《浅析电子证据及其提取固定》，载《北京人民警察学院学报》2004年第4期。

恢复性，这些特点就决定了电子数据的收集规则必定与传统证据的收集规则不一样，除了应当遵守传统证据收集规则外，还应建立必要的针对电子数据的收集规则。由于我国电子数据作为证据使用才刚刚纳入刑诉法不久，理论界和实务界对此还没有认真深入地进行研究，虽然《最高人民法院关于适用〈中华人民共和国刑事诉讼法〉的解释》第93条对电子数据的审查作出了具体规定，对电子数据的收集起到一定的指引作用，但检察机关如何具体构建电子数据的收集规则还有待研究和探索。

三、电子数据收集应注意的几个问题

（一）认识到电子数据在职务犯罪侦查中的重要意义

1. 有助于重建职务犯罪现场

从理论上讲，所有的犯罪都有现场，但由于职务犯罪具有隐秘性、对合性、高智商性等特点的存在，职务犯罪现场重建难度较大，因此，这方面的理论研究相当匮乏，实务中也是少人问津。而电子数据的出现在一定程度上可以帮助职务犯罪侦查人员重建犯罪现场。由于现代电子技术的发展，每个人无时无刻不受到电子设备及信息的影响，如果犯罪嫌疑人有电子记录、上网聊天习惯等，如果犯罪行为被某些电子设备或者人员存储下来，就可以通过电话记录、电子日记、电子往来信息等重建犯罪现场，从而攻破犯罪嫌疑人心理防线，突破案件。

2. 有利于丰富查证手段，打击犯罪

职务犯罪尤其是受贿犯罪中，由于其是一对一的犯罪，固定证据相当不易，犯罪嫌疑人也很容易翻供，给检察机关带来很大困扰。传统的"有供到证"模式存在较大不足，也备受质疑，而电子数据的出现就可以在一定程度上丰富查证手段，帮助侦查人员寻找更多的犯罪事实，把电子数据和其他证据进行比对、印证，固定犯罪事实，击碎犯罪嫌疑人的狡辩，防止犯罪嫌疑人翻供、伪供，从而打击犯罪。

3. 有利于深挖犯罪，扩大成果

由于办案压力的存在，在职务犯罪查办过程中，经过初查摸排，在掌握犯罪嫌疑人部分犯罪事实时就会进行立案侦查，要是犯罪嫌疑人保持沉默或者狡辩，很多情况下只能查证掌握的犯罪事实，扩大成果较难。但我们都知道，一般情况下，人都有记录的习惯，如果犯罪嫌疑人在有关电子设备中存储了侦查人员还未掌握的犯罪信息，如果侦查人员能顺利找到，安排人员对电子信息进行研判分析，有可能挖掘更多有价值的犯罪线索或者犯罪事实，从而使犯罪嫌疑人更多的犯罪行为得到惩处。

（二）掌握电子数据的收集技术

对于电子数据的收集除了遵循传统的取证方法方式外，还要结合电子数据的自身特点，采取一定的技术手段。

1. 数据恢复技术

数据恢复技术主要用于把删除或者通过格式化磁盘擦除的数字证据恢复出来。前文已论述过，对于电子数据的任何修改、删除等都会留下一定的痕迹，甚至格式化也只不过是对用于访问文件系统的各种表进行了重新构造，电子设备中的数据仍然存在，只要利用合适的技术和软件就可以恢复。常用的数据恢复技术有：利用系统自身的还原功能恢复数据、使用专业的数据恢复软件以及软件和硬件结合进行数据恢复。使用软件取证时可以使用专业取证软件TCT（the Coronor's tool–kit）和Encase等进行数据恢复。即使使用安全删除工具删除的数据也会留有痕迹，擦除一个磁道的数据时留下的边缘数据和被覆盖后仍留下的痕迹称为阴影数据，我们可以使用特殊的电子显微镜一比特一比特地恢复写过多次的磁道。一个有经验的技术人员，可以使用适当的设备恢复被覆盖过7次以上的数据。[①]

2. 动态截取技术

数据截取技术就是通过传输介质进行截获，无线传输如卫星通道、微波通道的主要截获手段是电磁波捕获，对截获的证据进行分析为调查所用。[②] 运用专业的数据监控软件和数据监控技术，监视网络状态、数据的流动情况，对网络上传输的电子数据进行截取和分析。

3. 密码破译技术

实践中，有些对电子技术比较的熟悉的职务犯罪嫌疑人采取加密技术将重要的文件进行隐藏，这就给电子数据的获取带来困扰。因此，有必要利用密码分析技术、密码破解技术、口令搜索、口令提取和口令恢复等数据解密技术提取电子数据。

---

① 丁丽萍、王永吉：《计算机取证的相关法律技术问题研究》，载《软件学报》2005年第2期。

② 李俊莉：《电子证据在惩治犯罪中的作用探析》，载《平顶山工学院学报》2008年第3期。

（三）制定严格的电子数据收集程序

根据证据的一般收集规则，参照《最高人民法院关于适用〈中华人民共和国刑事诉讼法〉的解释》第93条和第94条的规定，结合电子数据的自身特点，制定严格的收集程序。

1. 证据保存和现场勘验

及时对计算机系统相关的硬件、软件及系统的周围环境进行保护。同时还要将与案件相关的电子数据进行备份，将涉案的各种存储介质和输出设备进行封存，并按规定对这些设备加贴标签，记录相关的名称与链接方式，作为分析案件的原始思考。① 如对计算机电子证据的现场保存方法通常有：第一，用专业的取证设备对计算机的硬盘进行检查。第二，用已经验证过并写有保护程序的光盘或软盘在关闭可疑主机系统时进行检查。第三，用非原可疑系统中的且经过验证的其他软件对原有系统进行检查。第四，在特殊情况下还可以用可疑系统中的软件对可疑系统本身进行检查，从而对系统产生的错误数据形态进行记录。②

2. 电子数据采集

数据采集人员及电子技术专家应制定周密的提取方式及步骤，注意收集数据电文、附属信息和系统环境。在数据收集过程中，进入系统将能够作为证据使用的电子数据提取出来进行加密后发送到取证设备中，并将登录及系统运行情况详细记录下来。同时，注意对电子设备采取防潮、防尘、防磁等措施，防止重要信息受到破坏或者丢失；注意采集过程中要全程使用 UPS（不间断稳压电源），防止突然断电造成信息丢失。③ 应制作详细标签，标明电子数据详细信息，确保客观真实性。证据标签的内容包括：信息来源（地点和持有人）；信息是否需要许可才能调查；信息的描述如果证据是存储设备，还包括设备中包含的信息；获得信息（证据）的时间和日期；最早接收证据的人员的姓名和签字；与证据相关的案件及标签号码。④ 同时，应制作笔录和清单，并有相关人员的签名。必要时，可以全程录像，在技术

---

① 宋宏洋：《对我国网络犯罪中电子证据取证问题的探讨》，载《理论导报》2010年第1期。
② 方胜鑫：《论我国刑事电子证据及其规范化运用》，河北大学2011年硕士学位论文，第24页。
③ 陈晓宇：《论刑事诉讼中的电子证据》，载《辽宁公安司法管理干部学院学报》2009年第1期。
④ ［美］KevinMardia、Chris Prosise、MattPepe：《应急响应 & 计算机司法鉴定》，汪青青译，清华大学出版社2004年版，第167～168页。

人员完成电子数据收集工作之后进行证据固定和笔录制作。①

3. 做好电子数据的分析研判

在电子数据被成功采集后,就要及时进行分析研判,以确定其是否完整、有效。第一,分析空闲磁盘空间和文件碎片空间,利用数据恢复技术查找曾被修改或者删除的数据;第二,分析操作系统与网络运行环境,查看计算机是否有双系统、隐藏分区、危险的木马程序及远程操控装置;第三,将收集的备份数据或者隐藏数据与正在运行的数据进行比对,发现是否进行过修改。通常,这个过程要结合案件中的其他证据,做到对计算机中的各种操作记录、服务器日志、IP 地址、E-mail 回邮信箱等信息进行综合审查。②

4. 及时进行归档管理

在电子数据收集后,及时交由相关部门进行保管,并建立严格保管制度,当侦查人员、鉴定人、检察官等想查看证据,就必须出库登记,当电子证据被再次送回来保存时,必须进行入库登记。③ 只有采取严格的程序控制措施,才可以使电子数据保持完整和真实,从而保障电子数据的证明力。

当然,在收集电子数据的同时,要注意保护当事人的正当权利。首先,要坚持正当程序原则,依法收集电子数据,避免程序违法导致侵犯当事人合法权利;其次,对于与案件事实无关的电子数据不收集,或者收集后及时删除并予以保密,尤其是重要的个人隐私问题;最后,要给当事人适当的救济渠道,对其认为侵犯其隐私权的申诉要及时作出相应的处理,最大限度地保护当事人的权利。

(四) 人才培养与机制共建

1. 人才培养

目前,在人才培养上可以采取两种方式:一是招录计算机方面的专业人才,使其在负责检察机关技术工作的同时,肩负职务犯罪侦查工作中对电子数据的收集、分析等工作。当然要及时对其进行法律知识的培训,使其既熟悉电子技术知识,又了解法律知识,掌握电子数据收集的法律规则和程序。二是重点培养职务犯罪侦查部门中对电子计算机技术有所了解的检察人员。

---

① 参见牛博超:《电子证据的收集与保全》,太原科技大学 2011 年硕士学位论文,第 19 页。
② 苏舒:《电子证据属性研究》,载《安徽电子信息职业技术学院学报》2009 年第 2 期。
③ [美] KevinMardia、Chris Prosise、MattPepe:《应急响应 & 计算机司法鉴定》,汪青青译,清华大学出版社 2004 年版,第 163 页。

及早建立一支既精通法律知识、侦查技能,又熟练掌握电子技术的职务犯罪侦查队伍,以适应现代信息技术给职务犯罪侦查带来的挑战和影响。在收集电子数据时,要安排侦查经验丰富、证据收集能力较强的人员和电子技术人员同时操作,最大限度地发挥各自优势和强项。同时,要及时对电子数据收集过程中发现的问题进行总结,利用团体智慧应对电子技术带来的挑战。

2. 加强机制共建

一是可以与公安机关建立人才共享模式。由于公安机关在平时工作中与网络联系较为紧密,其这方面的人才相对较多,储备的经验也较为丰富,且其具有一定的法律素养和保密意识。因此,检察机关对职务犯罪中遇到的电子数据收集问题,可以邀请公安人员协助收集。二是与专门从事计算机技术工作的机构建立联系。以检察院的名义,与这样的机构签订合同,对人员派出、权利义务及责任等方面进行约定。当然这种协助应限于技术支持和帮助,电子数据的收集主体仍然是侦查人员。一般情况下,这些专业技术人员应告知恢复、解密技术等,而不直接接触电子数据,即使由于情况特殊,不得不接触电子数据的,也要做好保密工作。

司法实践中检察机关适用
刑事和解的制度设计

吴言才[*]

　　刑事和解是指在刑事诉讼程序运行过程中，被害人与加害人以认罪、赔偿、道歉等方式达成谅解后，国家专门机关不再追究加害人刑事责任或者对其从轻处罚的一种案件处理方式。即被害人与加害人达成一种协议和谅解，促使国家机关不再追究刑事责任或从轻处罚的诉讼制度。[①] 近年来，随着刑事诉讼法领域内"恢复性司法"理念的兴起，刑事和解作为一种创新的执法理念深入人心，已被许多国家和地区所认可。在我国构建和谐社会和司法改革的大背景下，以宽严相济的刑事政策为指导，刑事和解制度已经成为我国司法理论界关注的热点，新修订的刑事诉讼法更是鲜明地引入了刑事和解制度，是司法实践中的一项重要的创新，是宽严相济刑事政策的重要体现，也是构建和谐社会的集中反映，实现了刑事诉讼各方的权益平衡。

---

[*] 吴言才，重庆市南岸区人民检察院法律政策研究室干部。
[①] 陈光中：《刑事和解的理论基础与司法适用》，载《人民检察》2006年第10期。

一、正确把握刑事和解的内涵和基本原则

(一) 区分刑事和解与几个易混淆的概念

1. 刑事和解与民间"私了"

"私了"是指民间不经过司法程序而私下了结的处理方式,即双方谈成协议以后,一方得到了钱,一方免除了刑责。它不经过法律规定的程序,在其解决纠纷的合法性难以保证。而刑事和解的主导权仍然在司法机关,通过司法机关的监督和确认,保证了纠纷解决的有效性、合法性和正当性。

2. 刑事和解与辩诉交易

辩诉交易又称变诉交易、辩诉协商、辩诉谈判,是指在检察官签署"控诉书"之前,由处于控方的检察官和代表被告方的辩护律师进行协商,以检察官撤销指控、降格指控或要求法官减轻刑罚为条件来换取被告人有罪答辩的一项司法制度。根据美国较为权威的《布莱克法律词典》的解释,"辩诉交易是指在刑事被告人就较轻的罪名或者数项指控中的一项或几项作出有罪答辩以换取检察官的某种让步,通常是获得较轻的判决或者撤销其他指控的情况下,检察官和被告人之间经过协商达成的协议"。① 前者的主体是被害人和加害人;后者为检察官和被告人,被害人不参加辩诉交易。前者坚持被害人自愿原则;后者并不征求被害人意见,也不以赔偿、道歉作为条件,交易的结果可能违背被害人的意愿。

3. 刑事和解与"花钱买刑"

有人说刑事和解是"花钱买刑",这是对刑事和解的误解,也是刑事和解没有正确运用的结果。刑事和解是加害人自愿真诚悔罪,弥补被害人的损失,得到被害人的谅解,双方自愿合法地达成和解协议。其本质上是一种建立在平等对话和自愿协商之上的内心沟通,目的是化解矛盾、修复关系。两者最重要的区别就是其不能容忍在加害人没有悔罪的情况下单纯根据其所花的"钱"就在刑事责任的程度上给予优待。② 加害人和被害人和解的民事赔偿部分,并不涉及刑事部分。对加害人能不能从宽或免除处罚,其决定权在

---

① 陈光中:《辩诉交易在中国》,中国检察出版社 2003 年版,第 61 页。
② 王志祥:《刑事和解与"花钱买刑"》,载《法制晚报》2012 年 4 月 6 日第 51 版。

司法机关。正如最高人民检察院副检察长朱孝清先生指出的，刑事和解与"花钱买刑"最根本的界限就在于加害人是否真诚悔罪、赔礼道歉，获得被害人的谅解。经济赔偿是真诚悔罪的应有之义，但是如果当事人以降低刑罚标准作为赔偿数额的条件，那么就证明其赔偿之意在于"买刑"，也就违背了刑事和解的前提条件，即使其达成了所谓的和解协议，也将不被允许。在刑事和解制度下，加害人与被害人之间的和解只有在获得司法机关认可的情况下才会对刑事案件的处理产生一定的影响。刑事责任程度，既取决于犯罪行为的社会危害性，也取决于犯罪人的人身危险性。因此，加害人的刑事责任得以减轻，是其人身危险性降低和社会危害性减轻的直接后果。[1] 因此，花钱买刑是对刑事和解法律精神的误解和亵渎，应当坚决杜绝和惩处。

（二）刑事和解的基本原则

1. 平等、自愿原则

刑事和解必须建立在被害人与加害人双方平等、自愿的基础上。首先，加害人与被害人在和解过程中的地位是平等的，是否选择和解、选择何种方式和解也完全取决于双方当事人的自愿。和解动议应由加害人或被害人提起，和解程序由加害人和被害人合意选择，和解内容由加害人和被害人自我权衡，和解协议的最终达成和放弃由加害人和被害人自行决策。其次，要向当事人双方阐明刑事和解的法律知识，告知当事人的诉讼权利，以及刑事和解的法律后果，尽量确保和解在双方当事人平等对话的前提下进行。再次，当事人双方或调停人及司法人员均不得强迫实施和解，不得强迫接受和解内容。最后，和解可以作为从轻处理的法律事实，但若一方不愿意和解，办案机关不得强迫其与另一方和解，尤其不得采用起诉或从重处罚等方式对加害人施加压力促使其与被害人和解。

2. 被害人、加害人与社会三者利益兼顾原则

犯罪行为不仅侵害了被害人的个人利益，同时也侵害了社会利益。在和解过程中，既应尊重双方的意愿，也应当维护社会利益。首先，刑事和解应当注重对被害人的权益保护。被害人是犯罪行为的危害结果的直接承受者，其受到的伤害最大，因此刑事和解应重视、关注对被害人损失的补偿，提升被害人在和解过程中的地位，使其拥有更多的自主权和表达意愿的权利。其次，刑事和解应当保护加害人的合法权利。刑事和解应关注加害人犯罪的原

---

[1] 王志祥：《刑事和解与"花钱买刑"》，载《法制晚报》2012年4月6日第51版。

因并实现对加害人行为的矫正,由社会共同承担责任。刑事和解程序应保护加害人的合法权益和程序权利,并防止加害人因惧怕刑罚而被迫承认"犯罪"并"悔过"的情形。再次,应当保障受犯罪行为侵害的社区参与刑事和解的程序,允许社区成员表达对犯罪作出处理的意见。最后,办案机关对和解案件及当事人的和解协议,应当进行审查,对于违背社会公共利益的,应不予认可。如具有黑社会性质组织犯罪、职务犯罪、涉毒、涉黄犯罪等,不应和解。总之,刑事和解关注的不仅仅是被害人和加害人关系的恢复,还关注整个社会整体利益的复原和改善,是各方利益平衡的过程。

3. 合法性原则

司法领域属于"合法性王国",作为司法领域特有的原则,合法原则具有至高无上的地位,并使其他一切原则都处于合法性阳光的普照之下。[①] 刑事和解是刑事司法制度的重要组成部分,也能充分体现法律对加害人和被害人自由处分行为的平衡和规制,实现制度的法治功能。刑事和解不能违背法律原则和基本精神,不能与现行法律法规相抵触,否则刑事和解是没有任何法律效力的,也是没有任何意义的。因此,合法性在构建刑事和解过程中应当成为制度设计的前提。实践中应防止两种错误倾向:一是认为刑事和解无足轻重,在具体案件的处理上哪种方式省事就适用哪种方式处理;二是认为刑事和解是万灵之药,无条件和无限度地适用刑事和解程序处理刑事案件。

二、检察机关适用刑事和解的现有制度模式及完善

尽管新刑事诉讼法对刑事和解作为特别程序进行了具体的规定,但目前检察机关适用刑事和解仍存在着需要探讨的问题,应不断完善刑事和解的相关制度模式,促进社会和谐。

(一) 当事人和解的案件范围

1. 刑事和解在审查起诉阶段的适用范围主要包括轻微财产性案件和轻微人身伤害案件两种,具体范围如下:(1)案件的起因必须是因民间纠纷引起的,如婚姻家庭矛盾、邻里纠纷、财产纠纷等;(2)涉嫌的犯罪种类只能是属于刑法第四章、第五章规定的侵犯公民的人身权利、财产权利的犯

---

① 郑成良:《法律之内的正义:一个关于司法公正的法律实证主义解读》,法律出版社2002年版,第118页。

罪，可能判处 3 年有期徒刑以下刑罚的；（3）除渎职犯罪以外的可能判处 7 年有期徒刑以下刑罚的过失犯罪案件；（4）属于侵害特定被害人的故意犯罪或者有直接被害人的过失犯罪。

2011 年《最高人民检察院关于办理当事人达成和解的轻微刑事案件的若干意见》对"犯罪种类"并没有限制规定，新刑事诉讼法将罪名范围严格局限于刑法分则第四章、第五章，这导致了刑事和解的发挥空间缩小。笔者认为可以考虑将适用范围扩大至刑法分则第六章所涉及的聚众斗殴、寻衅滋事等部分罪名，属于在可能判处 3 年以下有期徒刑的犯罪中，情节一般较为轻微，犯罪影响较小。此类案件大多是因民间纠纷导致的小型聚众斗殴或是公共场所的寻衅滋事等，虽然妨害了社会管理，但未产生严重的社会后果，并侵害到特定被害人的合法权益，在真诚悔罪的前提下可以适用刑事和解。

2. 犯罪嫌疑人、被告人在 5 年以内曾经故意犯罪的，以及渎职犯罪案件，不适用和解程序。即如果前罪与后罪的时间间隔没有超过 5 年，且前罪是故意犯罪的，无论后罪是故意犯罪还是过失犯罪，都不能适用刑事和解。前罪是过失犯罪的，满足本条规定的其他条件的，当事人之间仍然可以和解。对于国家机关工作人员玩忽职守、严重不负责任等渎职犯罪行为虽然也表现为过失，但渎职犯罪案件因侵犯法益的重要性及一般具有严重的社会危害性，法律对国家机关工作人员履行职责有更严格的要求，因而法律规定，渎职犯罪案件不在和解案件范围之内。

（二）刑事和解的适用条件

根据新刑事诉讼法相关规定及精神，启动刑事和解必须具备如下条件：

1. 犯罪嫌疑人真诚悔罪

刑事和解并非简单地以认罪换取较宽缓的处理，而是要充分关注加害人回归社会，以及修复当事人之间的关系，因此，应以加害人认罪且真心悔过为前提条件。犯罪嫌疑人、被告人出于自己的意愿，发自内心地认识到自己的犯罪行为给被害人带来的伤害，对自己的犯罪行为真诚悔过，以表明犯罪嫌疑人和被告人不再具有社会危害性。如果犯罪嫌疑人和被告人对自己所犯罪行毫无悔改之意，应当依法予以惩罚。

2. 通过向被害人赔偿损失、赔礼道歉等方式获得被害人谅解

这是适用刑事和解的必要条件。赔偿损失、赔礼道歉，是被告人真诚悔罪的具体表现。对犯罪给被害人造成经济损失和人身伤害的，积极赔偿损失

对于恢复被害人的正常生活至关重要，必不可少。通过赔礼道歉和赔偿损失，缓解当事人之间的冲突，可以减轻犯罪行为对被害人的伤害。

如果加害人已经就和解进行了真诚的"恢复性努力"，可是仍然无法取得被害人的谅解或"内心接受"。如司法实践中确实存在的被害人漫天要价问题等，犯罪人能否获得从宽处罚的法律利益。笔者认为，既然刑事和解存在的宗旨就是为了更好地解决被害人民事赔偿问题，保障被害人人权，因此，和解必须经过被害人自愿同意才能成功。鉴于我国相关配套制度还很不完善，实践中不时发生的司法腐败问题，也再次为我们敲响警钟。如果允许犯罪人以"恢复性努力"但没有取得被害人谅解或"心理接受"就获得从宽处罚的法律利益，立法所精心设计的适用条件可能会被大量规避，被害人通过和解所期待获得的利益就无法保障。至于司法实践中存在的被害人漫天要价问题，我们完全可以通过完善相关制度设计来加以引导和避免，如司法机关在审查和解协议时就可以对明显偏高的民事赔偿数额经双方同意后适当加以变更。

3. 犯罪嫌疑人、被告人与被害人自愿和解

"自愿和解"是指被害人不受外力的干扰，在谅解犯罪嫌疑人、被告人的基础上，出于自己的意愿，与犯罪嫌疑人、被告人和解。双方当事人是在了解刑事和解可能导致的结果的情况下，平等、自愿和解。平等、自愿是适用刑事和解的基本原则，而平等自愿又必须建立在双方当事人了解刑事和解可能导致的结果这一基础之上。因此，在适用刑事和解之前，应当由办案人员或者其他相关人员向双方当事人介绍他们在刑事和解过程中的权利义务，以及刑事和解可能导致的结果。将自愿和解作为公诉案件当事人和解的条件之一，也是为防止当事人在受到暴力、胁迫等情况下违背自己的意志同意和解，影响和解的公正性。

4. 案件事实清楚，证据确实、充分

新刑事诉讼法规定，要求案件事实清楚，证据确实充分，即应当符合以下条件：（1）定罪量刑的事实都有证据证明；（2）据以定案的证据均经法定程序查证属实；（3）综合全案证据，对所认定事实已排除合理怀疑。

对适用刑事和解时案件事实清楚的程度，理论界和实务部门都存在较大争议，主要有以下三种观点：（1）认为能够进行刑事和解的前提之一是案件事实清楚，只有案件事实全部查清后，才能确定加害人所应当承担的责任，也才能进行刑事和解；（2）认为只要基本案件事实清楚即可适用和解；（3）认为只要当事人自愿，不论事实是否清楚，就应当允许和解。在实践

中，既有因为事实尚未完全查清而和解不成功的案件，也有案件事实尚未完全查清也和解成功的案件。这种案件主要包括故意伤害、寻衅滋事等加害人与被害人均有过错的案件。这些案件既有可能因双方责任难以彻底查清，加害人与被害人各执一词而无法达成和解协议，也有可能因加害人与被害人各退一步而达成和解协议。①

对该问题的问卷调查结果显示，37.3%的人认为应查清全部案件事实；38.3%的人认为有证据证明有犯罪行为发生且有证据证明加害人实施了犯罪行为即可；9%的人认为有证据证明有犯罪行为发生即可；14.4%的人认为只要当事人双方无争议，就不需要查清案件事实。②可见，认为刑事和解需要有一定事实和证据基础的占绝大多数。

笔者认为，一方面，案件基本事实清楚，证据得到及时的固定是避免出现"和稀泥"现象、及时达到和解的前提条件；另一方面，刑事和解不同于传统的办案方式，要求在适用刑事和解时必须查清全部案件事实不但没有必要，也会使一些原本适合进行刑事和解的案件因无法查清全部案件事实而不能适用刑事和解，影响刑事和解积极效果的发挥。因此，要求适用刑事和解前案件基本事实清楚即可，即有查证属实的证据证明有犯罪行为发生，且证明加害人实施了该犯罪行为。对于不影响案件定性和刑事和解的事实，不必求全责备。如数人实施伤害行为，但不能查证究为哪一加害人所为，这一证据缺陷并不影响数加害人中一人或数人与被害人达成和解。又如对于轻罪的刑事和解，只要当事人达成了和解，即便某些事实没有查清、没有达到证据确实充分的程度，也不影响刑事和解的成立。此外，案情基本清楚要求司法机关及时对案件证据加以固定，即便是已经启动和解的案件也是如此，以防双方达不成和解造成工作上的被动。

（三）刑事和解的形式及内容

按照新刑事诉讼法的规定，刑事和解分为三种形式：当事人自行和解；人民调解委员会、村社、亲友等组织或者个人调解后达成和解；检察机关建议当事人和解。无论采取何种形式，检察机关都应当听取各方意见，对和解的自愿性、合法性进行审查，主持制作和解协议书。达成和解协议后需要在办案机关主持下制作刑事和解协议书，这是刑事和解的形式要件。

---

① 宋英辉等：《公诉案件实证研究》，载《法学研究》2009年第3期。
② 宋英辉等：《公诉案件实证研究》，载《法学研究》2009年第3期。

公诉案件双方当事人无论是自行和解还是在有关机关主持下和解，都不能自行达成协议，任意处分权利和影响对案件的处理。和解协议中应有被害人谅解的内容，但不应涉及刑事责任的处理，刑事责任不能成为刑事和解的客体。

和解协议中包含被害人表示不追究犯罪嫌疑人、被告人刑事责任意愿的内容的，对司法机关没有约束力，刑事责任最终取决于检察机关根据刑法和刑事诉讼法对犯罪嫌疑人、被告人作出的处理，犯罪嫌疑人、被告人不得以此作为不履行和解协议的理由。

（四）刑事和解的方式

新刑事诉讼法规定了可以通过向被害人赔偿损失、赔礼道歉等方式获得被害人谅解；人民检察院刑事诉讼规则对此作出细化规定，并对分期履行、提供担保作出了规定。但并未就赔礼道歉、提供劳务等非经济赔偿方式作出相关程序规定。

从司法实践的实际情况来看，我国所推行的刑事和解主要也是通过向被害人及其家属赔偿经济损失这一单一化的方式来实现的。过于依赖经济赔偿这种和解方式，会导致处于不同经济地位的公民获得差别处理情况的出现，容易给公众造成刑事和解系"花钱买刑"的印象。

因此，笔者认为，应当建立多元化、因案制宜、因人制宜的刑事和解赔偿、补偿方式，除了经济赔偿和赔礼道歉之外，在刑事和解的实践中，还应重视劳务补偿、恢复原状、让加害人从事一定公益劳动（部分案件可以由政府先行给予被害人经济救助）等物质性刑事和解方式和恢复名誉、消除影响等精神性刑事和解方式的适用。

（五）刑事和解的程序要素

1. 启动程序

司法实践中，刑事和解的提出有两种情况：一是由加害人、被害人及其诉讼代理人向办案机关主动提出申请，此为刑事和解启动的主要方式；二是办案机关认为可以适用刑事和解的，告知当事人有权提出和解申请或向当事人提出和解建议。必须注意的，办案机关只能提出建议，履行告知义务，是否和解的决定权在当事人，必须严格遵循"当事人自愿原则"。

2. 刑事和解的调停人（主持人）

刑事和解在我国司法实践中主要有三种模式，即加害方—被害方自行和解模式、司法调解模式和人民调解委员会调解模式。① 据调查，实践中刑事和解的主持者大多由公、检、法机关的办案人员来担任，仅有个别地区的少量案件由人民调解员主持刑事和解。有的地区尽管尝试了人民调解员主持和解的模式，办案人员虽然将案件移送给人民调解员处理，但实际上仍然会花费大量的时间和精力去指导和协助，其工作量甚至超过了办案人员自己主持刑事和解的工作量；或者办案人员在将案件移交给人民调解员之前，实际上已经就刑事和解做了实质性的工作，人民调解员处理不过是走形式。②

宋英辉教授认为，由办案人员或者人民调解员担任刑事和解的主持者各有利弊。办案人员担任刑事和解的主持者具有的优势是：（1）对案情和当事人都较为熟悉；（2）法律素养较高，对刑事法律和刑事诉讼程序熟悉；（3）具有权威性，有助于最终达成刑事和解。不过，办案人员担任刑事和解的主持者，也存在一定问题：（1）可能与其在刑事诉讼程序中的角色相冲突；（2）担任刑事和解的主持者将占用办案人员大量的时间，这在案多人少的情况下，问题更突出。人民调解员担任刑事和解的主持者具有的优势在于：（1）相对独立于诉讼程序，能够在加害人与被害人之间居于中立地位；（2）工作时间相对充裕，能够引社会资源以补司法资源之不足；（3）人民调解员对沟通与调解有较为丰富的经验；（4）达成的协议中的民事部分具有法律效力，可以申请法院强制执行。但这种做法也具有一定的缺陷，表现为：（1）对案情和当事人不熟悉；（2）对刑事法律和刑事诉讼程序不熟悉，易随意许诺并对案件处理造成负面影响；（3）多数当事人不信任，权威性较差。

根据现行规定，双方当事人可以自行达成和解，也可以经人民调解委员会、村民委员会、居民委员会、当事人所在单位或者同事、亲友等组织或者个人调解后达成和解；人民检察院可以建议当事人进行和解，并告知相应的权利义务，必要时可以提供法律咨询；人民检察院应当主持制作和解协议书。可见，我国现行刑事诉讼法并未对刑事和解的调停人作出明确规定，只是强调双方当事人和解的，司法机关在对和解的自愿性、合法性进行审查时，要主持制作刑事和解书。

因此，从目前现有司法实践来看，尽管理论上认为由人民调解员调解更

---

① 陈瑞华：《刑事诉讼的私力合作模式——刑事和解在中国的兴起》，载《中国法学》2006年第5期。

② 宋英辉等：《公诉案件实证研究》，载《法学研究》2009年第3期。

具有中立性，但在人民调解不够发达、人员法律素养不尽如人意的情况下，似乎缺乏现实基础。因此，法律不宜对人民调解员担任刑事和解的主持者作出统一性规定。具体而言，一方面，可以赋予当事人选择权，规定由当事人选择由办案人员主持和解还是由人民调解员或其他人员主持；另一方面，在一些社会条件较好、人民调解组织较为发达的地区，应当逐步实现向由人民调解员担任刑事和解主持者过渡，而在其他地区，在保留办案人员担任主持者的做法的同时，也应当通过强化人民调解员专业与技能培训或聘用具有专业知识的人（退休法官、检察官、律师、法学专家等）充当调解员等方法，积极探索由非办案机关人员担任主持者并发挥实质作用的方式。① 此外，可尝试在检察机关内部创设专门的刑事和解机构，② 成立一种与办案科室相对独立的刑事和解机构专门负责对刑事和解案件审查把关和组织协商的新机制，以减轻办案部门的办案压力，并降低和解风险。

3. 刑事和解的参与者

刑事和解会谈的参与者指的是实质性地参与到刑事和解的核心环节——会谈中，并在会谈中表达自己的感受及如何通过刑事和解处理犯罪意见的机构与人员。③ 在我国目前刑事和解的实践中，在重点跟踪的进入刑事和解程序的328个案件中，141个案件采用了加害人—被害人模式，占43.0%；167个案件采用了加害人、被害人及其亲友参加模式，占50.9%；20个案件采用了社区模式，占6.1%。此外，有16个案件有加害人与被害人双方共同认识的人参与刑事和解，占4.9%。从成功率看，社区模式最高，加害人、被害人及其亲友参加模式次之，加害人—被害人模式最低，有加害人与被害人双方共同认识的人参与的刑事和解成功率也非常高。④ 此外，在我国目前刑事和解实践中，律师参与也较为有限。

新刑事诉讼法并未对参与人作出规定，《人民检察院刑事诉讼规则（试行）》则笼统规定了除当事人外，人民调解委员会、村民委员会、居民委员会、当事人所在单位或者同事、亲友等可以参与刑事和解，仍然未对律师参与刑事和解作出规定。而在达成和解在刑事案件中，律师作为犯罪嫌疑人或被告人的辩护人，或者作为受害人委托的诉讼代理人，是最值得当事人

---

① 宋英辉、何挺：《我国刑事和解制度的基本构想》，载《中国司法》2009年第4期。
② 如北京市朝阳区人民检察院成立的"刑事和解办公室"，负责公诉案件的审查、组织调停，并提出处理意见。
③ 宋英辉等：《公诉案件实证研究》，载《法学研究》2009年第3期。
④ 宋英辉等：《我国刑事和解现状实证分析》，载《中国法学》2008年第5期。

"信赖"的人,确保当事人(委托人)利益最大化。因为当事人因缺乏法律专业知识,往往不会主动选择和解之路;同时,加害方和被害方之间因情绪对立也难以自行沟通;此时作为辩护人、代理人的律师可以对刑事和解起主导作用,主动提起和引导双方的和解工作;在司法机关主持和解或者有第三方调解人的情况下,律师可以穿梭于当事人双方之间,更有效地促进和解的达成。因此,律师参与刑事和解,可以克服现行刑事和解制度中的诸多弊端,充分发挥刑事和解的作用。

对此,宋英辉教授建议:(1)和解参与者范围的确定,应当听取当事人意见。(2)应当确立受到犯罪间接影响的人和社区代表参与刑事和解的模式,并探索将他们引入和解程序的有效且稳妥的方法,例如要求对社区有较大影响的案件的刑事和解必须有合适的社区代表参与。(3)应当通过扩大刑事辩护、为被害人提供法律援助等方式,拓展律师参与刑事和解。

笔者认为,适用刑事和解可以采用听证的方式,通过配套建立好刑事和解与律师提供法律援助、律咨询、法律服务等制度的衔接机制,由当事人选择的检察人员或人民调解员等第三方主持和解,当事人及其同意的当事人生活社区代表或就读学校人员、侦查人员、律师等参与,听取被害人陈述和加害人认罪与道歉以及侦查部门的相关意见,然后进行协商,检察机关专门部门主持制作和解协议书。

4. 刑事和解的确认者

刑事和解的确认者指的是对刑事和解的过程及加害人与被害人之间达成的协议进行审查并确认其效力的机构与人员。① 刑事和解的确认者必须有权对刑事案件进行处理,因此,公诉案件担任刑事和解确认者的一般都是检察机关及其代表,新刑事诉讼法对此也予以了确认。但是,由于我国目前刑事和解实践中,绝大多数情况下和解主持者由检察机关的办案人员担任,在这种情况下,刑事和解的主持者与刑事和解的确认者是重合的,办案机关同时承担了主持者和确认者的角色,既不利于保持确认者的相对独立性、公正性,也增加办案人员的办案压力及风险。由于由谁担任主持者由当事人选择决定,那么对于当事人选择由检察机关担任主持者的情况,应该区别于主持者的办案机关代表担任刑事和解的确认者,以避免角色冲突,加强对刑事和解的审查。②

---

① 宋英辉、何挺:《刑事和解制度研究》,北京大学出版社 2011 年版,第 144 页。
② 宋英辉、何挺:《刑事和解制度研究》,北京大学出版社 2011 年版,第 147~148 页。

5. 刑事和解的期限

节约诉讼资源，提高诉讼效率是刑事和解的重要价值之一。虽然适用刑事和解的案件是轻微刑事案件，根据实际中遇到的案例，调解涉及具体经济赔偿，除少量当事人经济条件好、赔偿能力强的能及时达成赔偿协议外，许多刑事和解的达成往往需要一段时间，需要加害人与被害人几次协商。因此，期限不宜太短，但如果刑事和解久拖不决，不仅难以实现提高效率、节约成本的目的，还有可能因为不能快速解决纠纷而进一步激化矛盾。所以刑事和解的期限不宜过长。笔者认为可以参照刑事诉讼法中关于简易程序的办案期限的规定，人民调解组织或检察机关自受理案件之日起 20 日以内调解结束，没有达成和解协议的，恢复原来的诉讼程序。

6. 刑事和解的案件处理方式

和解成功后，刑事法律后果有三种：第一，提请批准逮捕的案件，双方当事人达成和解协议的，可以作为有无社会危险性或者社会危险性大小的因素予以考虑，可以作出不批准逮捕的决定，审查起诉阶段也可以依法变更强制措施；第二，移送审查起诉的案件，双方当事人达成和解协议的，可以作为是否需要判处刑罚或者免除刑罚的因素予以考虑，符合法律规定的不起诉条件的，可以决定不起诉；第三，对于依法应当提起公诉的，人民检察院可以向人民法院提出从宽处罚的量刑建议。

存在的问题有二：（1）缺乏可以作为缓冲的暂缓起诉制度。暂缓起诉目前在我国的法律中并无明文规定。对部分刑事和解的案件慎重处理，留有余地，先暂缓起诉给予一定的考验期限，然后根据帮教情况、悔改表现作出起诉或者不起诉的决定，则更为科学。另外，办案人员在开展刑事和解工作中也深深感到，由于案件都要求"赔偿款先行给付"，极大地束缚了工作的灵活性，对一些达成和解协议但赔偿款项不能一时全部到位而能提供担保，或愿意和解但暂时无力支付赔偿数额又不能提供有效担保的外地人，或者其他如愿意用劳役、服务来抵付赔偿而被害人也同意的案件。对此类案件如能有暂缓起诉作补充，就能很好地解决这个问题。（2）建议减轻或从轻处罚缺少可操作性。减轻或从轻处罚专属于审判机关的裁量权，这是很难进行量化和体现的，法院不予接受或者体现不明显，难以进行实质监督，进而制约了犯罪嫌疑人的和解主动性，除非检察机关承诺作出不起诉决定。

（六）和解协议的效力与反悔问题

1. 刑事和解协议，既是对该加害行为作出刑事最终处理决定的重要基础,又是加害人与被害人就民事赔偿结果达成的一致协议。对于其中民事部分的效力认定,应独立于刑事处理部分,不能因为刑事处理部分无效而认为民事协议部分当然无效。如此,不仅将民事法律行为效力的认定直接混同于刑事诉讼行为,而且也不利于充分体现民事法律行为中当事人的自治与处分权,更不利于对被害人合法利益的切实保障,不利于刑事和解制度目的功能的实现。加害人与被害人达成赔偿协议后,即成立独立的民事合同(单务合同),作为单务合同的义务履行方,加害人不得在自己违反和解前提的情况下,以显失公平或乘人之危等主张撤销,除非其有明显证据证明被害人在具体赔偿请求中存有欺诈行为或使对方陷于不公正或违背公共利益和公序良俗,鉴于该协议形成于诉讼过程中,并经司法部门审查,为维护刑事和解协议的严肃性,法律在一般情况下应赋予该和解协议财产性或非财产性赔偿部分类似民事诉讼中调解书的强制执行效力。

2. 在刑事和解中,被告人往往是被从宽、从轻处理或者是作不起诉处理,所以反悔基本上都是被害人提出的。反悔的原因和类型基本上有三类:第一种情况是加害人欺诈,其目的主要是为了逃脱处罚、减轻处罚;第二种情况是被害人欺诈,被害人为尽快拿到赔偿,作出表面上的谅解,待经济赔偿到手后则以种种借口向司法机关提出反悔,要求继续追究加害人的刑事责任;第三种情况是被害人受到来自外界不正当的压力,违心地作出了同意刑事和解的意思表示。

《人民检察院刑事诉讼规则(试行)》规定,当事人在不起诉决定作出之前反悔的,可以另行达成和解;在不起诉决定作出之后反悔的,人民检察院不撤销原决定,但有证据证明和解违反自愿、合法原则的除外。依据该规定,对被害人欺诈的类型,撤销原决定,重新提起公诉。

笔者认为,对于被害人欺诈,要维持原来的和解决定,也与"程序正义"的精神相符。理由是刑事和解的基础是加害人的悔罪与主动对加害行为后果的赔偿,是导致刑罚目的与功能的实现,被害人欺诈不影响目标与功能的实现,若仅因被害人的欺骗便判断和解协议的无效从而对加害人重新予以处罚就在一定程度上违背了对加害人的禁止双重危险原则。同时加害人的这种行为也是一种违法的、不道德的行为,违法不应该获利。①

---

① 冯仁强、谢梅英:《刑事和解"反悔"行为的认定与处理》,载《西南政法大学学报》2008年第2期。

三、检察工作适用刑事和解的配套机制

此次刑事诉讼法的修改对于刑事和解制度的发展具有重要的现实意义,检察机关只有在司法实践中不断完善各项配套机制,才能使刑事和解的法律功效发挥得更加充分。

(一) 总结推广"三调联动"工作机制

"三调联动"指的是以人民调解为基础和依托,人民调解、司法调解、行政调解衔接联动的工作机制。从湖南的实践来看,"三调联动"机制主要由以下三种制度组成:联席会议制度;信息通报和工作交流制度;联合调解制度。①

联席会议制度指的是由县(市或区)、乡镇、街道综治办(委)主持,定期召开由各成员单位参加联席会议的制度。信息通报和工作交流制度指各人民调解组织、有关行政部门和司法机关在日常工作中要及时互相通报所发现、受理的矛盾情况及调解工作情况。联合调解制度从两个方面对"三调联动"的执行提出了明确要求:在各个单位之间,各级综治办(委)要负责组织各个成员单位开展横向的联合排调活动;在各个单位内部,各个成员单位也要在上级机关的主持下展开本系统内纵向的排调工作。

司法实践中,以"三调联动"方式处理刑事纠纷,被害人能够从内心真正原谅加害人,从而防止报复现象的出现;加害人能够从内心对自己的犯罪行为认真反省,从而防止再次危害社会现象的发生;群众性调解组织的参与更能有效化解公众关于以钱赎刑的误解和对司法不公的质疑;司法机关对案件处理更容易获取社会公众的期待,司法人员也得以消除不必要的心理负担。这种做法的效果已经在湖南得到了初步检验。2007 年,湖南就有 1500 多起民事纠纷避免了转化成为刑事案件。②

因此,应总结、完善"三调联动"的刑事和解工作机制,形成多方参与的刑事和解大格局,既缓解检察机关"案多人少"的矛盾,又为社会矛

---

① 陈勇、李宁:《刑事和解走向纵深——省人民检察院检察长龚佳禾答记者问》,载《湖南日报》2009 年 7 月 3 日第 7 版。
② 李江:《大力加强调解工作推动"三调联动"格局的形成》,载新浪网,2013 年 6 月 2 日访问。

盾纠纷的彻底解决提供机制保障。

（二）强化刑事和解监督工作机制

适用刑事和解，一定要杜绝以钱赎刑和司法腐败等问题。在本质上是一种建立在平等对话和自愿协商之上的内心沟通过程，重要的是化解矛盾、修复关系，这才是真正的刑事和解。那种纯粹以支付金钱的方式来换取从宽处理的做法，绝对不是法律倡导的刑事和解，在实践中应当坚决予以避免。[①]审慎把握刑事和解，防止"花钱买刑"，笔者建议应建立相关监督机制。

1. 当事人回访机制。事后回访是指检察机关按照刑事诉讼法的规定，对达成和解协议作出不起诉决定的案件，在终结诉讼程序后对双方当事人就和解协议的履行情况进行事后走访听取意见的活动。适用刑事和解时或者刑事和解后，同级检察机关（针对同级公安机关、法院采取的刑事和解）或者上一级公安机关、检察院、法院应对案件双方当事人采取电话回访或者现场回访的方式，进一步审查该和解是否自愿，是否具有合法性。回访内容包括双方当事人对案件处理结果是否满意、矛盾是否得到有效化解、协议履行情况、有无反悔、犯罪嫌疑人、被告人事后悔改等情况，从宣传法律、听取意见、思想疏导、了解诉求、预防犯罪等方面开展事后回访活动，以达到办案的社会效果。

2. 当事人投诉机制。在纪检监察部门建立刑事和解当事人投诉机制，公开接受监督；在纪检监察部门、案件质量管理部门联合建立调查机制，对群众反映出的相关问题从严查处，以儆效尤。双方当事人对和解自愿性、真实性、合法性有异议的可向同级检察机关或者上一级检察院的申诉部门投诉；在收到投诉后，检察机关内部的监督部门应启动监督机制，对刑事和解的矛盾及时化解，构建和谐。

3. 为保证刑事和解案件处理决定的公正，切实维护案件当事人的合法权益，把刑事和解不起诉案件纳入人民监督员的监督范围，充分听取人民监督员的意见，由人民监督员对承办人的处理意见进行表决，再提交检委会讨论决定。

---

① 宋英辉：《修复关系促进和谐 准确把握和解制度主旨》，载《检察日报》2012年4月5日第3版。

（三）建立社会调查及风险预警机制

1. 深入社会调查，做好和解预测及准备工作

检察机关应首先委托社区矫正组织或律师等作为调查人、调解辅助者，对犯罪嫌疑人的性格特点、家庭情况、社会交往、成长经历以及实施被指控犯罪前后的表现等进行周密调查，同时调查当事人之间平时的关系如何、有无积怨，了解隐藏在案件背后复杂的社会关系。调查后应向办案机关提供调查所得的材料，并提出意见，有利于检察机关对和解的可能性进行初步预测。征求单位和社区对犯罪嫌疑人的处理意见，听取双方当事人的意见，根据案情和调查了解的情况及双方当事人的申请，启动刑事和解程序，切实保护和解双方合法权益；同时，也可以降低检察机关的工作量，缓解刑事和解对检察机关造成的办案压力。

2. 注重案前预防，做好风险评估预警工作

对符合刑事和解条件的案件，始终坚持把刑事和解的成功经验、做法，拓展到案前预防。根据对和解案件事前调查所了解的情况，结合刑法的基本原则和宽严相济的刑事司法政策，准确把握和解结果在案件中对于量刑的地位和作用，对刑事和解案件在调解前作出风险评估预警，着重把握刑事和解在检察环节的风险点，对和解结果有可能发生信访进行预测、制定工作预案，进行必要的风险评估预警，有效预防涉检信访发生。

（四）探索建立科学的案件考评机制

修正各类考评机制，加强案件流程管理。目前，有些量化考核、上级业务部门年度考核、基层院绩效考核等考评中的指标规定缺乏科学合理性，同时，来自公安机关追求批捕率、起诉率的压力、检察院追求有罪判决的压力、检察机关内部对不起诉率控制的压力，其后果，往往导致办案机关为了满足考核指标和流程的要求，而无视办案的法律效果与社会效果的统一。[①] 这使一部分本可以进行刑事和解的案件因单纯追求法律效果而走完诉讼全程，造成司法资源严重浪费，办案的社会效果欠佳。研究建立以办案人员是否有过错、是否取得良好的法律效果和社会效果为依据确定的考核指标，[②] 应从案件质量管理入手，加强对案件流程的严密监控，以办案的法律效果、

[①] 宋英辉等：《公诉案件实证研究》，载《法学研究》2009 年第 3 期。
[②] 宋英辉等：《公诉案件实证研究》，载《法学研究》2009 年第 3 期。

社会效果和政治效果相统一的标准确定考评标准，适当考虑办案的社会效果。

（五）尝试建立适当的赔偿标准体系

刑事和解的精髓在于引导双方当事人对于已经被破坏的社会关系进行修复，求得精神、心理上的安慰以及经济上的补偿，但是由于被害人过于注重经济因素，往往将经济赔偿放于首位，出现"漫天要价"的现象，加害人有时迫于无奈只好答应，由此也容易滋生加害人反悔等新矛盾，如果刑事和解赔偿金额有明确标准，就会有效防止这一问题的发生。

笔者认为，为将负面印象降到最低程度，司法机关在决定适用经济赔偿这种和解方式时，应当在审查被害人所遭受的损失的前提下，充分权衡加害人犯罪行为的严重程度，以及加害人与被害人双方的经济状况，参照民事诉讼并高于其民事判决赔偿数额，尝试建立刑事和解赔偿标准，防止赔偿金额畸高畸低这一状况的出现。

（六）进一步完善酌定不起诉制度

增加附条件不起诉和因和解不起诉制度，完善检察机关程序分流机制。人民检察院决定不起诉时，可以根据案件具体情况附加适当条件，或者规定一定的考察期限，要求被不起诉人在规定期限内或一定条件下履行指定的义务。针对被酌定不起诉人，可赋予办案机关针对个案裁量决定一定附加义务。被不起诉人没有正当理由不履行指定义务的，人民检察院可以根据具体情形，撤销不起诉决定，予以起诉，或者要求被不起诉人限期履行指定的义务。被不起诉人在规定期限内重新犯罪的，人民检察院应当撤销不起诉决定，将撤销不起诉决定的犯罪与所犯新罪一并予以起诉。

（七）建立刑事被害人损害补偿制度

刑事和解"将犯罪看作必须治愈的共同体的创伤，强调的重点是疗治—重建正确的关系—手段是补偿而不是报应"[①]。这种对正确社会关系的疗治，需要将关注的重点放在加害人、被害人和所在社区社会关系的修复上，更多地体现在精神层面，而不是物质赔偿。因此，弱化加害人对被害人经济赔偿的意义，是恢复性正义的本质要求。同时，由于犯罪人中欠缺经济赔偿

[①] ［美］博西格诺等：《法律之门》（第六版），邓子滨译，华夏出版社2001年版，第661页。

能力者居多，如果将重心放在经济赔偿上，则许多犯罪人心有余而力不足，不利于和解的达成和犯罪人的人格改造。因此，建立犯罪被害人国家补偿制度势在必行。

刑事被害人国家补偿，就是指国家对一定范围内因受犯罪侵害而受损害的，且又无法通过刑事附带民事诉讼获得损害赔偿的被害人及其近亲属，通过法律程序给予一定的物质补偿。对刑事被害人进行国家补偿，并不是国家代替犯罪行为人或者对犯罪行为依法承担民事赔偿义务的责任人承担民事责任，而是国家对符合法律条件的被害人给予一定的经济补偿，是刑事附带民事诉讼的必要补充，是国家对刑事被害人广义的民事权利的直接保护。在这种制度中，补偿的主体是国家，补偿的对象是因无法从犯罪行为人处获得应有的赔偿而导致生活贫困的被害人或其近亲属。被害人作为犯罪行为侵害的社会弱势群体，更应受到国家和社会的关怀，实现自己民事权利的维护。

（八）完善社区矫正、帮教制度

刑事和解意味着不再严格按照刑法规定追究刑事责任，但是和解以后如果都是一放了之，免不了让人对刑事和解产生异议，认为和解不过就是花钱免刑，而让人产生怀疑的根本原因就在于缺少监禁刑的替代措施。刑事和解虽然意味着不再严格依照刑法的规定追究其刑事责任，但是和解以后还是应当有相应的社会性措施来代替监禁刑的执行。特别是对于未成年人，如果不能落实监护帮教措施，其就有可能在和解之后因无人监管而再次犯罪。我国立法在刑罚种类上非常有限，使建立在非监禁刑适用基础上的刑事和解制度在实施中缺乏可操作性，导致了刑事和解最终确定的道歉、社区服务、生活帮助等解决方式于法无据。

应当完善社区矫正、帮教制度，将被不起诉的人纳入社区矫正范围之内，并加大社区矫正制度的建设力度，鼓励各地探索完善社区矫正的途径与方法；针对在本地无固定住所的犯罪嫌疑人、被告人，可以委托有关单位监管、帮教，或者由当地企业安排就业、帮教和监督。公安机关、检察院和法院与企业签署协议，对外地犯罪嫌疑人、被告人，由企业协助安排工作，同时监督其履行有关义务。① 此外，可以让犯罪者在社区工作人员的督导和安排下，通过亲身提供服务的方式来开展公益活动、美化公共环境、向福利机

---

① 宋英辉等：《公诉案件实证研究》，载《法学研究》2009 年第 3 期。

构提供帮助等方式从事社区服务,这样可以让犯罪人尽快重新回归到社区中,有利于培养起犯罪者的社会责任感;同时社区工作人员可以有针对性地帮助犯罪人培养相关的劳动技能,有助于犯罪人重新融入社会生活。

辩方证人出庭作证研究

段明学* 孙 琳**

新刑事诉讼法进一步完善了证人出庭作证制度，以破解司法实践中长期存在的证人出庭作证难这一"瓶颈"问题。证人出庭作证，对于查明案情、核实证据、正确判决具有重要意义；其背后，则蕴藏着通过直接、言词审判的方式实现控辩平等对抗，促进程序公正和实体公正的深刻理念。这预示着我国刑事诉讼模式将进一步转向职权主义和对抗制交融的"混合型"刑事诉讼模式。自新法实施以来，法庭审判正呈现出一些新的变化。证人出庭作证的情况明显增多；不仅有检察机关申请出庭作证的证人（控方证人），还有被告人及其辩护人申请出庭作证的证人（辩方证人）。被告人及其辩护人申请新证人出庭，往往是证明被告人没有犯罪时间或不在犯罪现场的。辩方证人出庭作证，固然有助于法庭"兼听则明"，但也给检察机关指控犯罪提出了严峻的挑战。目前，有关辩方证人出庭作证的理论研究付之阙如；因此，我们有必要借鉴域外的做法与经验，构建适合我国国情的辩方证人出庭作证制度。

---

* 段明学，重庆市人民检察院第一分院法律政策研究室主任，法学硕士。
** 孙琳，重庆市人民检察院第一分院公诉一处副处长，法学博士。

一、控方证人与辩方证人的区分

控方证人（witness for the prosecution）和辩方证人（witness for the defence）是英美国家对刑事诉讼中证人的基本分类，其区分是以证人由哪方提出为依据的。按照英美证据法中较为普遍的解释，"被请到法庭为辩方提供证据的人"或者"由辩方申请为其作证的人"为辩方证人，反之为控方证人。[①] 之所以对证人作如此区分，与英美对抗制诉讼模式有关。在英美，刑事诉讼长期被视为解决纠纷的法律装置，奉行对抗制诉讼模式（当事人主义诉讼模式）。在这种诉讼模式下，双方当事人在诉讼中居于主体地位，通过积极主动的互相对抗来发现真实。法官的角色只是充当冲突双方的公断人，并无搜集、调查证据的职责，所有证据皆由双方当事人提供。即使为了查明案件事实，需要提出新的证人，也需要控辩双方重新申请。正是如此，由控方提供的证据称为控方证据，其提供的证人称为控方证人；反之，由辩方提供的证据称为辩方证据，其提供的证人称为辩方证人。无论是控方证人还是辩方证人，他们基本上没有独立的利益，也不具有中立性，分别服从、服务于控方利益和辩方利益。"抗辩制审判传统上只有两种利益构成，即控方利益和辩方利益，在这两种利益的两极竞争中，被害人和证人的利益很少得到独立的保护。"[②] "这种制度安排创造了一种典型的两极对抗的竞技场；在此，没有任何中立的立场。证人易于加盟当事人一方；当事人的律师对其进行作证演练之后，更是如此。对于证明手段，人们并不把它看作是'中立性'的信息来源，也不认为它会'超然于'当事人的利益。证据在某种程度上'属于'当事人一方的感觉——与当事人的律师较少参与证据调查的制度相比——显得非常之强。"[③]

大陆国家实行职权主义诉讼模式，强调法官在审判中积极查明案件事实的作用，而不强调当事人在诉讼中的主体地位和能动作用。法官可以采取任何足以证明案件事实真相的证据，并决定采取一切必要的证明方法。法官既要注意查明不利于被告人的证据，也要注意查明有利于被告人的证据。被告

[①] 何家弘主编：《证人制度研究》，人民法院出版社2004年版，第4页。
[②] ［英］麦高伟、杰弗里·威尔逊主编：《英国刑事司法程序》，姚永吉等译，法律出版社2003年版，第315页。
[③] ［美］米尔吉安·R. 达马斯卡：《比较法视野中的证据制度》，吴宏耀等译，中国人民公安大学出版社2006年版，第257页。

人并无举证的义务,虽然被告人也可以提出证人,但证人必须保持中立,所以没有"控方证人"和"辩方证人"的说法。"大陆法系非对抗性的审判在本质上就是由法官主持的官方调查:他决定调查的任何证据都是他的——或者更确切地说,是法庭的——证据。因此,严格来讲,这儿并不存在'控方的证据'或者'控方的证人'。""在这一模式下,并无专属于控方抑或辩方的证人。所有的证人都是法庭的证据来源,从他们身上获取信息是法官而非当事人的主要职责。法律不允许当事人去影响证人作证,遑论帮助证人准备在法庭上的证词。'训练'证人可能置当事人于触犯干预司法的各种刑事犯罪的险境。"①

随着两大法系刑事诉讼制度的相互借鉴、融合,大陆法系国家亦逐渐接受了控方证人与辩方证人的区分。"实际上,将证人划分为控方证人和辩方证人,早已为包括我国在内的世界各国证据法学理论和司法实践所接受。"②对证人的这一划分,有利于科学地设计诉讼程序,增强刑事诉讼控辩双方的对抗,便于查明案件事实。

二、辩方证人出庭作证之沿革

伯尔曼曾说过:"如果没有一种对于过去的重新整合,那么,既不能回溯我们过去的足迹,也不能找到未来的指导路线。"③ 辩方证人出庭作证,经历了自由参与、限制参与到广泛参与这样一个否定式发展历程,清晰地反映出被告人从程序客体到程序主体、诉讼权利不断扩大的历史。考究辩方证人出庭作证的历史沿革,可以探寻其发展轨迹中蕴含的法律精神,梳理不同时期的得失经验,以为完善我国证人制度之殷鉴。

(一) 古代弹劾式刑事诉讼时期

我们知道,在古代社会,刑事诉讼程序与民事诉讼程序并无多大区别。犯罪并不认为是对公共秩序的侵犯,而被视为对个人权利的侵害。与这种犯罪的私法性质观念相适应,各国基本上奉行弹劾式诉讼模式。诉讼的发动,

---

① [美] 米尔吉安·R. 达马斯卡:《比较法视野中的证据制度》,吴宏耀等译,中国人民公安大学出版社 2006 年版,第 111、193 页。
② 熊志海:《刑事证据研究》,法律出版社 2004 年版,第 170 页。
③ [美] 哈罗德·J. 伯尔曼:《法律与革命》,贺卫方等译,中国大百科全书出版社 1993 年版,序言第 5 页。

往往由个人,通常由犯罪被害人提起。只有被害人的起诉(自诉),才能引致程序的开始。原、被告双方诉讼地位平等,对争执的事实须由当事人提出证明予以确认(当事人举证责任)。不同于现代刑事程序的是,它不是由原告证明罪责,而是被告必须证明其无罪。一般地说,原告要证明被告有罪,必须提供两个或两个以上的证人。如古印度《摩奴法典》规定:"当事人举证时应宣誓,通常三个证人即可证明事实的存在。"而被告人要证明自己无罪,必须提供数量更多的证人。"如果原告有一个证人,那么被告就要有两个证人来辩护,这就意味着被控告人须以比控告人起诉时多一倍的人来证明,那么控告人是 2 个、4 个、6 个的话,被控告人须有 4 个、8 个、12 个证人来反驳。"① 这种以证人多寡作为证言证明力衡量标准的"人海战术",可谓荒谬至极。如果被告无法提供证人,则必须诉诸神明裁判,以确定其是否有罪。"在英国和欧洲大陆,依据他人证词宣誓审判和神明裁判都是解决对被指控犯罪者有罪或无罪困惑的常用方法。"② 如公元 5 世纪的《萨利克法典》中一项条款首先便是:"倘若某人被指控,且确实没有证人为其开脱,则他需以汤釜来洗刷嫌疑。"7 世纪爱尔兰的一部法律文件规定,"在没有证人的情况下,应以汤釜为媒介或以抽签法来解决纠纷"。在俄罗斯法律中,热铁神判适用于被告不能提出证人的杀人案件。③

(二) 欧陆纠问式刑事诉讼时期

1215 年,当时在罗马召开的第四次拉特兰圣会宣布废除神明裁判,英国和欧洲大陆刑事司法程序的分道扬镳就此开始。英国最后采用陪审团审判,陪审团审判与自诉传统相结合建立了被称为"抗辩式"的诉讼程序。而在欧洲大陆,则采用了不同的路径,它们发展出包括刑讯在内的一套要求更为严格的调查手段,这就是所谓的"纠问制"程序。"到了 13 世纪,普通法系和大陆法系之间最根本的区别就已初见端倪;普通法已经显示出倚重外行司法而其官僚传统薄弱的鲜明特点,而大陆法系则已经开始选择由官僚控制法律的雏形。"④ 纠问程序的功绩在于使人们认识到追究犯罪并非受害

---

① 何家弘主编:《证人制度研究》,人民法院出版社 2004 年版,第 35 页。
② [美]爱伦·豪切斯泰勒·斯黛丽、南希·弗兰克:《美国刑事法院诉讼程序》,陈卫东、徐美君译,中国人民大学出版社 2002 年版,第 131 页。
③ [英]罗伯特·巴特莱特:《中世纪神判》,徐昕等译,浙江人民出版社 2007 年版,第 42 页。
④ [美]詹姆士·Q.惠特曼:《合理怀疑的起源》,佀化强、李伟译,中国政法大学出版社 2012 年版,第 77 页。

人的私事，而是国家的职责。其严重错误则在于将追究犯罪的任务交给法官，从而使法官与当事人合为一体。① 在纠问式程序下，被告人沦为程序客体，对其进行的诉讼程序甚至对其本人都予以保密，其辩护权基本上被牺牲殆尽。法官作为程序的主导者，可以主动追查事实，并可以采取一切必要的手段，以达到查明事实真相的诉讼结果。刑讯和欺骗是法官获取证据的两种重要方法。"在这样的程序下，被指控者证明自己无罪几乎不可能。……被指控者既不被允许获得代表他利益的律师帮助，也不能提供支持他的证人。"② 法国在旧制度时期，法庭在进行最后讯问的过程中，被告人可以进一步作出辩解，可以援用证明其无罪的事实，等等；如果法庭允许被告就这些事实提出证据，被告人应当当场向法庭告明证人的姓名。但法官可以命令实行拷打，即使在此之前已经进行过拷打，仍可再次实施。③

（三）英美对抗制刑事诉讼形成与发展时期

耐人寻味的是，英美对抗制诉讼程序在形成过程中，居然也形成了禁止被告证人的制度。在英国，直到 16 世纪，被告人都不允许传唤证人，即使他们已经在法庭上并且准备作证。典型的如 1554 年思罗克莫顿案和 1590 年尤德尔案。在这两个案件中，证人已经到庭，并愿意作证，但法官都拒绝了被告提出的由他们作证的要求。在一些案件中，尽管允许被告传唤自己的证人，但是，控方证人比辩方证人仍然有两处优势：一是控方有权申请强制其证人出庭，而辩方则不能；二是因为控方的证人宣誓作证，具有更强的可信度；而被告的证人作证时却不能宣誓。

为什么要禁止被告证人宣誓作证，原因不得而知。有的猜测允许被告证人宣誓作证冒犯了女王陛下，被视为是不适当的；有的则认为，这一规则纯属早期历史的遗迹，那时陪审团被认为是事实的唯一证人，他们尚未适应在审判中的新角色，即作为其他人提出证据的裁判者。后一种观点逐渐得到英

---

① ［德］拉德布鲁赫：《法学导论》，米健、朱林译，中国大百科全书出版社 1997 年版，第 121 页。
② ［美］爱伦·豪切斯泰勒·斯黛丽、南希·弗兰克：《美国刑事法院诉讼程序》，陈卫东、徐美君译，中国人民大学出版社 2002 年版，第 132 页。
③ ［法］贝尔纳·布洛克：《法国刑事诉讼法》（第二十一版），罗结珍译，中国政法大学出版社 2009 年版，第 42 页。

国议会的认可和支持。①

禁止辩方证人宣誓作证的规则，从柯克时代起就饱受批评。柯克在《英国法总论》中认为这种禁止没有依据。在无君统治时期（1649～1660年），黑尔委员会建议立法废止这一做法，但未果。在斯图亚特王朝晚期，发生了一系列著名叛逆案件，如1678年的"天主教阴谋"案、1683年的"赖宅阴谋"案及1685年"蒙茅斯叛乱"案等，反动的统治阶级利用子虚乌有的伪证将无辜者（包括政治贵族）纷纷定罪并处决。在这些案件中，由于辩方证人不能宣誓作证，因此他们的可信度比控方证人低。对这种司法不公的深恶痛绝，激起了光荣革命后一场捍卫被告权利的运动，从而催生了1689年《权利法案》以及1696年《叛逆罪审判法》。《叛逆罪审判法》力图使辩方与控方获得同等的地位，规定被告人有权让其证人宣誓作证。证人不愿出庭作证的，被告人可以申请法院强制其到庭。1702年法令允许重罪案件的辩方证人宣誓作证。1702年后，尽管辩方证人可以宣誓作证，但被告依然不被允许，表面上是避免其为了替自己辩护而昧心伪证。这样一来，尽管刑事审判的核心目的是听取被告人陈述，但他却不能宣誓。这种状况在英国一直持续到1898年。②

美国独立后，国会于1791年发布的宪法第六修正案规定："在一切刑事诉讼中，被告享有下列权利：由犯罪行为发生地的州和地区的公正陪审团予以迅速而公开的审判，该地区应事先已由法律确定；得知被控告的性质和理由；同原告证人对质；以强制程序取得对其有利的证人；取得律师帮助为其辩护。"从而以宪法修正案的形式确认了被告人有权强制证人到庭作证的权利。

三、英美法系国家关于辩方证人出庭作证的理论与实务

不管是英美法系还是大陆法系国家，在法庭审理过程中都要求证人出庭作证，接受法庭质证和各方的询问。即使对于辩方证人，被告方也有权传唤其出庭作证，这被视为被告人的一项基本权利。由于两大法系诉讼模式之间

---

① Daniel Huff, Witness for The Defense: The Compulsory Process Clause as a Limit on Extraterritorial Criminal Jurisdiction, Texas Review of Law & Politics, Vol. 15, 2010, p. 133.

② [美]兰博约：《对抗式刑事审判的起源》，王志强译，复旦大学出版社2010年版，第34页。

的差异,辩方证人出庭作证的有关规则并不一致。限于篇幅,本文主要介绍英美国家辩方证人出庭作证的有关理论与实务问题。

(一) 辩方证人的传唤规则

在对抗式刑事诉讼模式中,被告人可以自始至终保持沉默,并且不会因此而受到不利推论。他也可以放弃沉默权,走上证人席作证。也就是说,被告人是一个适格的但不是可强迫的证人。但是,被告人不能作为控方证人,只能作为辩方证人。被告人除了自己作证外,还可以传唤己方的证人出庭作证。"普通法中相关性和实质性的理念使辩方律师有权传唤适格证人就被告人是否有罪出庭作证。"① 如果满足了这一条件,辩方甚至可以传唤审理的官员作证。关于警察证人,他们不仅是由控方专有,也可以应辩方要求提供一些满足相关性和具有证明价值这两个要素的无罪证据和反证证据。

由于证人属于控辩双方各自的证人,因此,传唤、保证证人到庭的责任主要由控、辩双方承担。控、辩双方可以自行传唤,也可以申请法院传唤。即使控、辩双方申请而由法院进行的传唤也属于控、辩双方的证人。在实践中,法院主动传唤证人的情形十分少见。在英国,法院为了正义的目的,当然有权力传唤证人,然而,"法官传唤证人的权力应当保守地使用。无论如何,在皇家检察官已经决定不再继续控诉的案件中,法官不得传唤另外的控方证人。因为这么做实际上就是接管了控诉"。② 检察官有义务保证支持其指控的证人出庭作证,但他们不能仅仅满足于控诉者的角色,而必须保证司法的公正性。如果检察官知晓可以给出实质性证据的证人而他们自己不欲传唤他,他们负有责任使辩方可以获得该名证人。在英国,曾有这样一个案例:控方未能告诉辩方可以证明 H 的小汽车是停在道路左手边而不是超越了中间的白线并与控方证人的汽车碰撞的证人,导致对 H 疏忽定罪被取消。③

---

① [英]麦高伟、切斯特·米尔斯基:《陪审制与辩诉交易》,中国检察出版社2006年版,第147页。
② [英]约翰·斯普莱克:《英国刑事诉讼程序》,徐美君等译,中国人民大学出版社2006年版,第156页。
③ [英]约翰·斯普莱克:《英国刑事诉讼程序》,徐美君等译,中国人民大学出版社2006年版,第228页。

（二）辩方证据、证人名单的披露规则

为了尽可能实现控辩之间的"平等武装"，确保被告人接受公正的审判，英美法系国家赋予了控方有将在他控制之下的证据向辩方披露的义务。控方披露的证据，既包括法庭指控所依赖的证据，也包括侦查阶段已经收集但没有作为指控被告人证据的材料。传统上，除了要求被告人必须披露不在犯罪现场的证据外，被告方并没有在审判前披露他们案件的义务。"传统的反对将辩方置于这样一项义务之下的论点认为它腐蚀了两条基本原则：控方有证明的责任，被指控者有权受不自证其罪的保护。如这种观点所说，一旦对辩方披露辩护意见施加任何的压力，那么实际上他就被迫填充了控方针对他的案件的不足。"[①] 尽管有这些争论，为了防止辩方发动"突然袭击"，英美法系国家仍在不断强化辩方的证据披露义务。不过，辩方并没有披露在审判时不使用的材料的义务，辩方所披露的，是将要在审判时出示的证据以及将要出庭的证人名单等。主要包括：

第一，不在犯罪现场的证据与证人名单。1970年，美国最高法院在威廉姆斯诉佛罗里达州的判例中，阐述了不在现场通知规定的合宪性。该案中，被告人已经完成了所要求的事项，把不在犯罪现场的证人的名字和地址通知给了控方，然后，控方对该证人进行了取证，并且当证人在法庭上作证时用取证的内容来反对不在犯罪现场的证言。最高法院明确要求，被告方应控方的需要，以书面的形式提前通知不在犯罪现场、说明犯罪发生期间他所在的特定地点而且提供不在犯罪现场的证人的名字和地址。作为回应，控方应当将反对不在犯罪现场的证人通知辩方。对违反此项证据展示义务的做法就是排除证人证言（除了辩方使用被告自身的证言）。[②] 据说，不在犯罪现场的一些特点使其较其他辩护更为紧迫地需要提前告知。这些原因有：（1）不在犯罪现场是辩护的"屁股兜"，很容易在审判的最后几个小时内进行准备，因此更容易对控方造成突然袭击。（2）一个假的不在犯罪现场的辩护建立在第三方作伪证的基础上，如果允许控方有机会准备他们的证言，这种作伪证的念头很容易被打消。（3）不在犯罪现场的辩护需要由检察官

---

① ［英］约翰·斯普莱克：《英国刑事诉讼程序》，徐美君等译，中国人民大学出版社2006年版，第181页。
② ［美］伟恩·R.拉费尔等：《刑事诉讼法》（下册），卞建林等译，中国政法大学出版社2003年版，第1011页。

做独立的调查，如果在审判前不能方便地进行调查，将经常导致诉讼延期的情况发生。（4）如果控方在审前调查过程中发现不在犯罪现场的证人并没有说谎，那么提前展示不在犯罪现场的辩护会引导控方消除指控。① 英国《1996 年刑事诉讼和侦查法》第 5（7）条规定："如果辩护陈述中含有不在现场的证据，被告人必须在陈述中提供不在现场的证据的细节，包括：（a）被告人相信的能拿出证据支持不在现场证据的证人的姓名和住址，如果在提交陈述时被告人知道其姓名和住址的话；（b）被告人掌握的对发现这样的证人可能有实际帮助的任何信息，如果被告人提交陈述时不知道其姓名和住址的话。"辩方陈述必须在控方履行（或声称履行）了初步披露义务的 14 日内提交。如果辩方在披露义务中有缺陷，即有下列行为之一：（1）未能作出披露；（2）在法定期限之后进行披露；（3）在陈述中阐述了不一致的辩护；（4）在审判时提出与辩护陈述中不同的辩护；（5）在陈述中没有给出具体的情节，而在审判时举出犯罪时不在犯罪现场的证据；（6）在陈述中没有给出证人的细节，而在审判时传唤犯罪时不在现场的证人。符合任何一种情况，则辩方披露中的缺陷会被法院（或在法院准许下由当事人）评论，并且法院或陪审团可以从被指控者未能适当的披露的情形中得出推论。当然，在被指控者提出不同的辩护的情况下决定该如何处理时，法院应该考虑到辩护不同的范围以及对此是否存在正当的理由。无论如何，法院不可以根据上述情形中得出的推断而直接宣告被指控者有罪。

第二，其他证人名单与证人证言。在美国，大约一半的州授权法院指定辩方展示其在准备中提出的辩方证人的姓名和住址。但是，"被告没有义务列举任何成为辩方可能证人的人，特别是当辩护律师还没有对该证人进行提问确定该证人能够提供有利的信息时尤为如此"。② 超过一半的州则要求，辩方须对包括在证人名单中证人的记录的陈述进行展示。一般地说，要求展示的证人陈述主要是会见人与证人会谈时所作的逐字逐句的、完整的会见记录。但是，一些州则要求将展示的范围扩展到对证人口头陈述的书面总结，会见人用自己的语言对会见情况所作的书面报告也需要展示。

对于辩方披露的证据，控方是否可以将之作为他们案件的一部分？换句

---

① ［美］伟恩·R. 拉费尔等：《刑事诉讼法》（下册），卞建林等译，中国政法大学出版社 2003 年版，第 1022 页。
② ［美］伟恩·R. 拉费尔等：《刑事诉讼法》（下册），卞建林等译，中国政法大学出版社 2003 年版，第 1024 页。

话说，控方是否可以用辩方证据来指控犯罪？对此，英国刑事司法皇家委员会认为，不应当允许控方将由辩方披露的事项援引为其案件的一部分。因为，"允许这样的行为将对反对自证其罪特权构成严重的破坏，证明责任应当自始至终在检察官一方"。① 控方要想能使用辩方陈述，必须清除两个障碍：（1）他们必须表明陈述是被告人作出的；（2）他们必须为其采纳建立一条证据路径。

（三）辩方证人的"训练"与询问规则

由于证人分属于控方或辩方，因此，被告方有权对己方证人进行训练。"证据资源'属于'纠纷的一方当事人，（'他是我的证人！'）并以党派化的形式只被用以阐明对该当事人有利的信息。证人的演练、证据资源的其他党派式的使用通常不会导致对证据的怀疑。"② 在美国，对证人的训练被认为是非常必要的。英国并不赞成"作证演练"；即便如此，直接询问前，事务律师不与证人会见的情形也非常少见。当然，对证人进行训练并不允许教唆其作伪证。

"在观念上，对抗制庭审中存在两个案件：一个是'控方案件'，另一个是'辩方案件'。"③ 相应地，庭审调查过程中针对每一项指控的举证都分为控方举证与辩方举证两个阶段：第一个阶段是控方举证，第二个阶段是辩方举证。辩方举证阶段，由辩方传唤辩方证人以交叉询问方式向法庭展示辩方的案件事实，并接受控方的质证。无论是控方还是辩方，都必须保证该证人的诚实性与可靠性，这是普通法的一项基本规则。"实际上，律师应为其传唤出庭之证人的诚实性或可靠性担保，尽管那些证人可能证明是怀有敌意的。反对质疑已证人的规则正是从这古老的观念中产生出来的。"④ 一般地说，控辩双方不能质疑本方的证人，以防止举证和诉讼秩序的混乱。但是，这一传统规则正在不断弱化，例外情形在不断增加。例外情形主要包

---

① ［英］约翰·斯普莱克：《英国刑事诉讼程序》，徐美君等译，中国人民大学出版社2006年版，第183页。
② ［美］米尔吉安·R.达马斯卡：《比较法视野中的证据制度》，吴宏耀等译，中国人民公安大学出版社2006年版，第79页。
③ 孙长永：《当事人主义刑事诉讼中的法庭调查程序评析》，载《政治与法律》2003年第3期。
④ ［美］乔恩·R.华尔兹：《刑事证据大全》（第二版），何家弘译，中国人民公安大学出版社2004年版，第50页。

括：（1）不情愿与该方当事人合作的证人；（2）对本方怀有敌意的证人（敌意证人，hostile witness）；（3）在法庭上由于记忆力下降而改变陈述的证人，等等。美国《联邦证据规则》第 607 条规定："关于证人的诚信问题，任何一方当事人，包括传唤该证人作证的当事人，都可以提出质疑。"质疑证人有五种方法：（1）反驳；（2）展示证人在诚实性方面存在不良品格；（3）展示证人的当前陈述与先前陈述不相一致；（4）展示证人存在偏见；（5）展示证人的感知、记忆或者表达能力存在的缺陷。[①] 另外，对本方证人的询问不得提出诱导性问题（反对诱导性问题规则），但是，对于敌意证人、在直接询问中作出意外回答的证人、理解能力有限的证人、记忆力已经竭尽但显然还掌握着额外的相关性信息的证人、专家证人等，辩护律师可以提出诱导性问题。

随着两大法系刑事诉讼制度的融合，大陆法系国家逐步认可了控方证人与辩方证人的区分。如法国，"证据的提交和法庭辩论，显然吸收了英美法系控辩双方各自提出证人，并对另方的证人进行交叉询问的做法"。[②] 但与英美国家相比，大陆法系国家由于实行职权主义诉讼模式，因而法庭承担着重要的证据调查责任，不需要也不能依赖当事人主动提供证据。尽管被告人可以申请传唤证人，但法庭依职责传唤证人仍是主要方式。大陆法系国家并未设置专门的证据开示程序；当然，法官并不赞成试图较晚提出证据而搞证据突袭的做法，任何一方都不能期望通过提出不可预料的新证据来得分。即使是被告人申请传唤作证的证人，也不允许对其进行作证训练，因为这种行为违反了职业道德规范。在法庭上，控辩双方均可以询问证人（无论是控方证人还是辩方证人），并没有严格的规则。明确这些特点，对于构建适合我国国情的辩方证人出庭作证制度，具有重要的参考价值。

四、辩方证人出庭作证的制度建构

我国刑事诉讼法并没有对控方证人与辩方证人作出明确的区分。在理论上，所有的证人都属于法庭的证人，而不属于任何一方当事人。根据新刑事诉讼法之规定，证人是否出庭都由法院决定（第 187 条），并且由法院负责

---

① ［美］诺曼·M. 嘉兰等：《执法人员刑事证据教程》（第四版），但彦诤等译，中国检察出版社 2007 年版，第 159 页。

② 《程味秋文集》，中国法制出版社 2001 年版，第 268 页。

传唤（第182条第3款）。审判人员在开庭以前，可以召集公诉人、当事人和辩护人、诉讼代理人，对出庭证人名单等与审判相关的问题，了解情况、听取意见（第182条第2款）。辩护律师经证人或者其他有关单位和个人同意，可以向他们收集与本案有关的材料，可以申请法院通知证人出庭作证（第41条）。在法庭审理过程中，公诉人、当事人和辩护人、诉讼代理人经审判长许可，可以对证人发问（第189条）。当事人和辩护人、诉讼代理人有权申请新的证人到庭（第192条）。证人证言必须在法庭上经过公诉人、被害人和被告人、辩护人双方质证并且查实以后，才能作为定案的根据（第59条）。此外，《最高人民法院关于适用〈中华人民共和国刑事诉讼法〉的解释》（以下简称《解释》）、《人民检察院刑事诉讼规则（试行）》（以下简称《规则》）也对证人传唤、证人出庭、证人询问、证人保护等问题作出了具体明确的规定。

  新刑事诉讼法实施以来，辩方申请证人出庭作证的情况日益增多。法庭对辩方证人出庭作证的态度，也正在悄然发生改变。之前，法院对辩方证人出庭一般不热情、不支持。在对一个基层法院的调研中，某法官就直截了当地说：本来有些律师爱提出传召证人的申请，但我们一般不批准；多拒绝他几次，他自己就知趣了，就不提申请了。① 如今，法庭为鼓励证人出庭，一般会批准被告方申请证人出庭作证的请求。辩方证人，即使不属于被告方，但其出庭作证的目的不言而喻：就是对被告人无罪、罪轻的事实作证。辩方证人出庭作证，导致法庭审判的不确定因素增加，检察机关指控犯罪的难度加大。如果辩方未事先告知检察机关辩方证人的名单，而在法庭上发动"证据突袭"；如果辩方通过做"工作"，诱使控方证人在法庭上改变证言等，面对这些"突发事件"，法官、检察官应当如何应对？无论是《解释》还是《规则》，都语焉不详，含糊其词；有些规定仍然十分陈旧，难以适应庭审对抗性增强的需要。为此，有必要借鉴英美法系国家的有关经验，结合新刑事诉讼法的实施，构建适合我国国情的辩方证人出庭作证制度。龙宗智教授曾经指出："为保证必要的抗辩性，应通过制度和操作允许审判中建立控方证人和辩方证人的观念。"②

---

① 康怀宇：《让我看到法律——刑辩律师的真实处境及其他》，载《律师与法制》2005年第1期。

② 龙宗智：《刑事庭审制度研究》，中国政法大学出版社2004年版，第314页。

（一）完善辩方证人的传唤规则

目前，证人传唤一律由法院负责。新刑事诉讼法第187条规定："公诉人、当事人或者辩护人、诉讼代理人对证人证言有异议，且该证人证言对案件定罪量刑有重大影响，人民法院认为有必要的，证人应当出庭作证。"《解释》第51条规定："辩护律师向证人或者有关单位、个人收集、调取与本案有关的证据材料，因证人或者有关单位、个人不同意，申请人民法院收集、调取，或者申请通知证人出庭作证，人民法院认为确有必要的，应当同意。"第203条也规定："控辩双方申请证人出庭作证，出示证据，应当说明证据的名称、来源和拟证明的事实。法庭认为有必要的，应当准许；对方提出异议，认为有关证据与案件无关或者明显重复、不必要，法庭经审查异议成立的，可以不予准许。"实践中，证人出庭作证是否"有必要"是很难把握的，不同的法官有不同的认识。这种由法院垄断证人传唤权的做法，其弊端有二：一是加重了法院的工作负担；二是限制了被告方的程序参与权。特别是法院一旦拒绝被告方传唤证人的申请，被告方几乎毫无救济途径。而法院如果拒绝被告方提出的关键证人出庭作证的申请，其后果是显而易见的：其后的庭审流于形式，司法公正成为水中月、镜中花。典型的例子如夏俊峰案2009年5月16日，夏俊峰与妻子在摆摊时被城管查处，后与城管发生争执，持随身携带的尖刀将2名城管刺死、1名刺成重伤。夏俊峰称自己被城管殴打在先，属于正当防卫，其辩护人也持同样的观点。夏俊峰家属找到6个证人证明其被打，但均未被获准出庭作证。① 涉及如此重大的、人命关天的案件，法院无故拒绝辩方证人出庭作证，违反了基本的程序正义原则。这个案子虽然发生在新刑事诉讼法实施前，但足以能够说明上述道理。因此，有必要进一步完善传唤证人的责任分配机制。一是要对法院的传唤裁量权予以限制。被告方申请辩方证人出庭作证，法院认为"没有必要"而予以拒绝的，必须书面说明理由。被告方不服的，有权向上级法院申请复议，复议期间，法院不得对该案件进行审理；正在审理的，应当延期审理。二是赋予控辩双方自行传唤证人的权力。"法院从查明事实真相出发，固然有传唤证人的责任，控、辩双方也应当分配其传唤证人的责任。"② 这既是

---

① 刘昌松：《公正的司法判决才能为对立情绪解套》，载《现代快报》2011年5月11日第A23版。

② 章礼明：《传唤证人责任的分配机制研究》，载《人民检察》2007年第19期。

适应我国庭审诉讼结构吸收当事人主义因素以及保障控、辩双方适度对抗的需要，同时，也有利于减轻法院的工作负担，解决我国法院在传唤证人上现有司法资源能力的不足。对于被告方提出的传唤证人出庭作证的申请，法院认为"没有必要"拒绝的，被告方既可以向上级法院申请复议，也可以直接传唤证人出庭作证，法院不得拒绝或者阻止。但是传唤证人的费用，原则上需要由被告方支付。这样可以限制被告方随意传唤证人而影响法庭审理的顺利推进。

（二）强化被告方的证据披露义务

新《刑事诉讼法》第40条规定："辩护人收集的有关犯罪嫌疑人不在犯罪现场、未达到刑事责任年龄、属于依法不负刑事责任的精神病人的证据，应当及时告知公安机关、人民检察院。"此即被告方的证据披露义务。"增加这一规定，主要是考虑，如果律师掌握了犯罪嫌疑人无罪的确实证据，却为了所谓辩护效果故意压住来搞'证据突袭'，既损害了其委托人的合法权益，不将其及时解脱出来，违反律师的职业要求，也不利于司法机关及时纠正错误，改变侦查方向，损害公正司法。"[①] 但本条规定还可以进一步细化。主要是，辩护人收集的证明被告人无罪（如不在犯罪现场）的证人陈述以及证人名单、住址、联系方式等，必须及时告知公安、检察机关。这样，便于检察机关对辩方证人进行复核，以作出正确的处理决定。何谓及时？应当是最快的时间内，而不得无故拖延。当然，作为回应，检察机关也应当及时披露有利于犯罪嫌疑人、被告人的证据与证人名单，以及不准备在法庭上出示的证据（特别是自行排除的非法证据），以便于辩方对案情有更加全面的了解，更好地做好辩护准备。

（三）强化庭前会议确定证人的功能

新《刑事诉讼法》第182条第2款规定："在开庭以前，审判人员可以召集公诉人、当事人和辩护人、诉讼代理人，对回避、出庭证人名单、非法证据排除等与审判相关的问题，了解情况，听取意见。"根据《解释》第184条的规定，召开庭前会议，审判人员可以就是否对出庭证人、鉴定人、有专门知识的人的名单有异议向控辩双方了解情况，听取意见。根据上述规定，庭前会议的一个重要功能，就是确定控辩双方出庭证人的名单。在庭前

---

① 郎胜主编：《中华人民共和国刑事诉讼法修改与适用》，新华出版社2012年版，第100页。

会议，控辩双方就出庭证人名单达成一致意见后，由审判人员予以确认。庭前会议确定的出庭证人名单，应当对控辩双方、法院均有拘束力。法院传唤证人，应以庭前会议确定的证人名单为依据。没有合理的理由，控辩双方都不得擅自变更证人名单。实践中，部分辩方证人名单并未进入庭前会议确定的证人名单之中，而辩护律师在开庭前或者开庭中要求该证人出庭作证。对于这种情况，法庭要认真进行审查，是否属于"新的证人"。确实属于新的证人的，可以决定延期审理，以给检察机关必要的准备时间。如果属于辩护律师庭前会议之前已经掌握，而在法庭审理过程中搞"证据突袭"的，法庭原则上不予准许。即使辩方证人出庭作证，法庭也可以依法排除该证人的证言，或者对被告人作出不利评价。

（四）借鉴交叉询问制度，完善询问证人规则

无论是《解释》还是《规则》都规定，不得对证人进行"诱导性询问"。如《解释》第213条规定："向证人发问应当遵循以下规则：（一）发问的内容应当与本案事实有关；（二）不得以诱导方式发问……"《规则》第438条规定："讯问被告人、询问证人应当避免可能影响陈述或者证言客观真实的诱导性讯问、询问以及其他不当讯问、询问。辩护人对被告人或者证人进行诱导性询问以及其他不当询问可能影响陈述或者证言的客观真实的，公诉人可以要求审判长制止或者要求对该项陈述或者证言不予采纳。"我们认为，我国刑事诉讼法规定的证人询问，虽然不能称作典型的、严格意义上的交叉询问，但仍然可以从广义上界定为一种交叉询问。① 随着新刑事诉讼法的实施，交叉询问制度中的一些与现行庭审模式不冲突的有益因素已经在我国刑事诉讼法配套制度和司法实践中体现出来，如强制证人出庭、庭前准备会议中的证据开示、控辩双方积极对抗性地向法庭直接展示案情事实等。

借鉴交叉询问的制度设计，可将法庭询问阶段分为主询问、反询问、再主询问和再反询问，并确定不同询问阶段不同的询问目的。主询问的目的，是为了论证己方的诉讼主张；反询问的目的，则是为了揭露相对方不实的事实和证据，审查和澄清模糊的争点。主询问中不得进行诱导性询问理所当然；但是，反询问中，是否可以适用诱导性规则，值得研究。我们认为，对对方证人的询问，应当允许使用诱导性询问；证人翻证的，也应当允许使用

---

① 龙宗智：《刑事庭审制度研究》，中国政法大学出版社2004年版，第305页。

诱导性询问。这样才能够更好地揭露对方证人证言中的矛盾点，帮助法庭去伪存真。此外，为了保证交叉询问的成功，还应当建立传闻证据规则、相关性规则、敌意证人规则等。

当然，我们也要注意防止交叉询问的过分当事人化，仍应强调法官在法庭调查中的主导作用。由于法官事前已经查阅了全部案卷材料，对案情已经熟悉。因此，交叉询问的目的，在于进一步揭示事实真相。法庭应当注意引导控辩双方围绕尚有疑问的事实和证据展开调查。这样才有利于发现事实真相，也有利于提高庭审效率。《解释》第78条第2款规定："证人当庭作出的证言与其庭前证言矛盾，证人能够作出合理解释，并有相关证据印证的，应当采信其庭审证言；不能作出合理解释，而其庭前证言有相关证据印证的，可以采信其庭前证言。"因此，证人庭前陈述与庭上证言不一致的，既可以将其视作传闻证据，也可以将之列为实质证据。究竟作为哪种证据，由法官根据庭审情况自由裁量。

（五）强化辩方证人的保护制度

尽管新刑事诉讼法进一步完善了证人保护制度，但仍然存在一些缺憾。特别是对辩方证人的法律保护有待强化，"不仅对控方证人要提供保护，对辩方证人也要一视同仁地提供保护"。[①]控辩双方都可以在庭前接触乙方证人，以为诉讼作准备；但不得进行"作证训练"，更不得诱使证人或者威胁证人改变证言，甚至提供伪证。辩护律师经控方证人同意，可以向他们收集与本案有关的材料。控方证人改变证言的，辩护律师应当及时告知检察官，以便于检察官进行复核。检察官也可以向辩方证人复核证据，但不得施加压力，阻止辩方证人出庭作证，或者诱使、威协其改变证言。法庭上，控方证人翻证的，检察官可以进行反询问，可以引用庭前陈述进行反驳，以还原事实真相。证人涉嫌伪证除非有确凿证据，并造成严重后果，检察官不得对证人展开调查，更不得对证人滥权追诉。

---

① 史洪举：《强制证人出庭 权利保护先行》，载《人民法院报》2013年2月3日第2版。

刑事和解协议效力及救济问题初探

陈 琳[*]

新刑事诉讼法（以下简称新刑诉法）将刑事和解程序纳入特别程序编，分别在第277条、第278条、第279条对刑事和解协议的适用范围、审查与制作以及协议的效力进行了规定。2012年11月22日，最高人民检察院公布了《人民检察院刑事诉讼规制（试行）》（以下简称新刑诉规则），分别在第510条至第522条对刑事和解的条件、案件范围、主体、适用方式、司法审查和法律后果等内容进行了细化规定，进一步加强了刑事和解的操作性，该规则已于2013年1月1日起正式施行。自新刑诉法实施以来，刑事和解特别程序在司法实践中得到了广泛应用，在充分彰显制度价值的同时也逐渐暴露出一些问题，值得探讨。

一、刑事和解程序实践的基本情况

新刑诉法实施以来，刑事和解程序在审查起诉阶段得到了广泛的适用。以重庆市为例，"1~3月全市检察机关公诉部门（含未检、轻刑部门）共

---

[*] 陈琳，重庆市璧山县人民检察院。

审结案件 3617 件 4609 人，决定不起诉 233 人。其中适用刑事和解办理轻微刑事案件 84 件 89 人，和解后作出不起诉决定 24 件 27 人，起诉后建议人民法院从轻处罚 60 件 62 人"①。全市刑事和解司法实践取得了积极的成效，充分实现了刑事和解制度的价值。在整个刑事和解程序中，刑事和解协议居于核心地位，一方面，其是犯罪嫌疑人或者被告人与被害人之间就赔偿、道歉和谅解等事宜达成的合意，体现了双方当事人之间的真实意思表示；另一方面，其也是司法机关审查的对象和作出是否从宽处理决定的依据。但司法实践中，在刑事和解协议的审查和履行的过程中，也逐渐暴露出一些问题。

[案例] 犯罪嫌疑人钟某为某县一中学食堂管理员。2012 年 5 月 15 日，钟某在工作期间因工作问题与该食堂员工张某某发生口角，进而双方发生抓扯、扭打，最终钟某将被害人张某某打伤致其左肋骨骨折。经鉴定，张某某的损伤程度为轻伤。2012 年 11 月 15 日，钟某与张某某在县人民检察院的主持下达成刑事和解协议，双方约定由钟某一次性赔偿张某某 6 万元人民币，张某某则不再追究钟某的任何民事和刑事责任。协议达成后，钟某于当日将 6 万元赔偿款全额支付给张某某，检察院拟对钟某作不起诉决定。但次日，张某某向检察院提出其对刑事和解协议表示反悔，并不同意返还赔偿款。后经检察院多次协调，在钟某进一步满足张某某的要求后，钟某与张某某再次达成和解，检察院依法作出不起诉决定。

新刑诉规则第 251 条规定，人民检察院拟对当事人达成和解的公诉案件作出不起诉决定的，应当听取双方当事人对和解的意见……当事人在不起诉决定作出之前反悔的，可以另行达成和解。本案例中，在检察机关的主持下，被害人张某某与犯罪嫌疑人钟某某达成刑事和解协议，但张某某在协议履行完毕后提出反悔，在拿到赔偿款后继续向犯罪嫌疑人追加主张。张某某的行为，一方面不诚信，其在对方当事人协议履行完毕后反悔，单方面拒不履行关于自己"不再追究"约定内容，是失信于钟某；另外，其行为也损害了检察机关的"司法权威"性，使得检察机关主持下达成的刑事和解协议对于约束被害人来说如同一纸空文；再者，张某某拿到赔偿款后表示对反悔，并继续向钟某追加要求，钟某在不同意张某某的要求以再次达成和解的情况下，既无法向钟某主张退还赔偿款，即使实际赔偿数额高于应赔数额，高出部分也无法主张退还，也无法得到司法机关的从宽处理结果，这种结果增加了犯罪嫌疑人的和解风险，并不利于刑事和解制度效果的实现。

---

① 重庆人民检察院公诉一处：《全市公诉工作 2013 年一季度情况通报》，2013 年 4 月 23 日。

由此案例可以看出，新刑诉规则允许当事人在不起诉决定作出之前反悔，是对刑事和解协议的效力问题及其约束性采取了回避态度，该规定的完善性有待商榷。而法律关于犯罪嫌疑人、被告人或者被害人在刑事和解协议达成后，如遇对方当事人反悔，抑或对司法机关的审查、处理结果不服；或如，刑事和解协议未达成，双方当事人在协商过程中的自认内容能否在刑事诉讼程序中得到免责，法律均并未规定相应的救济途径；同时，刑事和解司法实践中，还存在双方当事人约定"天价赔偿"、"下跪道歉"等极端条款的情况，司法机关在审查其效力时多有疑惑，各地的处理方式也不尽一致。简言之，刑事和解程序在实践中存在两个方面的问题：一方面，刑事和解协议的效力认定及审查标准不明确；另一方面，刑事和解协议无明确的救济途径。对刑事和解协议效力的认定，是对刑事和解协议的效力状态及法律效果的认识和判断，其认定标准应当根据刑事和解协议本身的的法律定位及属性，来解读其成立与生效的条件及法律效果，并据之以确定其效力审查标准。再根据刑事和解协议的效力及法律效果，并结合实践经验探索其法律上的救济途径。

二、刑事和解协议的法律定位

刑事和解，在西方被称为加害人与被害者的和解，即 victim – offender reconciliation，简称 VOR。我国新刑诉法中的刑事和解是指，在刑事诉讼程序运行过程中，特定公诉案件的犯罪嫌疑人、被告人在真诚悔罪的前提下，通过向被害人赔偿损失、赔礼道歉等方式获得被害人谅解，双方当事人自愿达成和解，且该和解协议经国家司法机关审查认可后，可以作为司法机关从宽处罚犯罪嫌疑人、被告人的依据的一种纠纷解决模式。刑事和解制度价值在于：其一，刑事和解是充分而肯定地保护了被害人的人权，使被害人能通过得到赔偿而确保其实质利益和弥补其精神上的损害，有助于被害人之再社会化；其二，刑事和解为犯罪嫌疑人、被告人提供了一条向被害人表达悔过的途径，有助于缓和甚至化解双方之间的社会矛盾；其三，司法机关可以对犯罪嫌疑人、被告人以撤销案件、不起诉、免予刑事处罚或者判处缓刑等方式从轻处罚，以使轻刑犯罪嫌疑人、被告人获得避免被贴上"罪犯"标签或在刑罚执行过程中被"交叉感染"的机会。正确地对刑事和解协议作出法律定位，是准确判断实务中刑事和解协议的效力、正确落实刑事和解制度的基础，对实现刑事和解的法律效果和制度价值有着至关重要的作用。

关于刑事和解协议的法律定位，学界有着不同看法。一种观点认为，刑事和解协议是公法私法化的体现，是刑事法领域的契约或合同，其基本属性是刑事性，与民事法存在根本的区别，刑事和解并非是犯罪人与被害人的协议，而是一种犯罪处置方式。① 另一种观点认为，刑事和解协议虽有公权力介入，但协议的双方当事人皆为私主体；协议双方当事人的约定仅仅是向国家机关请求从宽处理的请求权或者建议权，而非最终决定权，故约定为双方当事人的完全处分行为；且该约定的违约责任的承担方式也主要是继续履行赔偿、返还赔偿等民事责任方式，所以从根本上来说还是一种较为纯粹的民事契约。② 还有观点提出，刑事和解协议属性具有两重性：刑事和解协议首先是一种刑事契约，以刑事责任的归属为标的；同时，它也是一种特殊的民事契约，通过契约形式使侵权行为责任转化为一种契约责任，并以经济赔偿为其主要内容。③

笔者同意第三种观点，认为刑事和解协议兼具民事契约与刑事契约的双重性质，理由如下：首先，刑事和解协议是犯罪嫌疑人、被告人与被害人之间达成的关于犯罪行为的民事侵权责任所进行的承担约定，以民事赔偿的方式实现保护和补偿被害人的目的，此即刑事和解制度的主要意义之一，体现出了民事契约的性质；其次，刑事和解协议的达成，在被害人同意谅解的情况下，在刑事诉讼程序上最终以实现对犯罪嫌疑人、被告人从宽处理的结果，这体现出了协议的刑事契约性。而刑事和解协议民事责任方面的约定与刑事从宽处理的结果二者缺一不可，二者均对实现刑事和解制度价值有着不可或缺的意义。

而刑事和解协议首先是一种民事契约，是双方当事人针对犯罪行为达成的以犯罪嫌疑人、被告人承担民事责任为内容的协议，旨在通过先行弥补因犯罪行为给被害人和社会所带来的或者引发的伤害，使社会秩序和社会关系获得修复的基础。故在法律适用上，刑事和解协议应当首先受民法的调整。在符合民事契约的生效要件的基础上，刑事和解协议若满足了刑事法律规定的特定条件，才能产生刑事法律效果。因而，刑事和解协议的民事部分和刑事部分在成立和生效的时间、条件上并不同步，在对刑事和解协议进行效力

---

① 姜昕、孙勤：《刑事和解的民法化解释》，载《人民法院报》2008年12月10日第6版。
② 刘承韪：《刑事和解制度的民法解读》，载《环球法律评论》2010年第2期。
③ 向朝阳、马静华：《刑事和解的价值构造及中国模式的构建》，载《中国法学》2003年第6期。

评价时，应当按照"民事优于刑事"的顺序，分别从民事和刑事两个角度、采用不同的标准进行分析。

三、刑事和解协议的生效及审查标准

刑事和解协议的民事责任约定无效，其当然不具有刑事方面的效力；刑事和解协议的民事责任约定合法有效，是其具备刑事法律效力的前提。因此，对于刑事和解协议的效力认定，应当遵循先民事后刑事的顺序，在刑事和解协议民事责任约定有效的基础上探讨其刑事处罚约定的效力，这样才利于充分体现民事法律行为中当事人的意思自治与处分权，有利于对被害人合法利益的切实保障，也有利于刑事和解制度的目的和功能的实现。

（一）民事责任约定

以自然人的人身、财产权利为侵害对象的刑事犯罪案件，犯罪嫌疑人或者被告人的犯罪行为本质上均属于严重的侵权行为，在民法上应受民事责任制度调整。民法之民事责任是一种特殊的债权债务关系，其发生非出于当事人双方的自愿，而是出于民事责任制度的直接规定，以有效的法律义务存的在为前提，以该义务的不履行为停止条件。[1] 犯罪嫌疑人或者被告人针对被害人实施的犯罪行为，同时侵害了被害人民事合法权益的，应当承担民法上的侵权责任；而相应，被害人则有权请求犯罪嫌疑人或者被告人承担民事侵权责任。在被害人与犯罪嫌疑人或者被告人之间达成刑事和解协议之前，被害人可以直接依据其享有的侵权损害赔偿请求权向犯罪嫌疑人或者被告人主张权利；被害人也可以依据自由处分权，以契约的方式对自己的侵权损害赔偿请求权作出处分，与犯罪嫌疑人或者被告人之间达成刑事和解协议。刑事和解协议的签订，使双方当事人将侵权责任转化为一种契约责任，双方当事人之间的债权债务关系不再受侵权责任法的调整，而应适用民法通则关于民事法律行为的相关规定。因此，刑事和解协议的民事责任约定在效力问题上，应符合民事法律行为的成立和生效要件。

按照通说，法律行为的一般成立要件有三项：当事人；标的；意思表示。[2] 法律行为的一般生效要件有四项：当事人须有相应的行为能力；须意

---

[1] 梁慧星：《民法总论》（第二版），法律出版社 2001 年版，第 86 页。
[2] 梁慧星：《民法总论》（第二版），法律出版社 2001 年版，第 166 页。

思表示真实；标的须合法；标的须可能和确定。① 依通说，犯罪嫌疑人或者被告人与被害人就犯罪行为之侵权责任达成和解协议之时，该刑事和解协议即成立；当达成的刑事和解协议同时满足法律行为的四项生效要件时，该和解协议具有民事法律约束力。

刑事和解协议的民事责任约定之生效，应当同时满足以下生效要件。

1. 主体适格。首先，协议的双方当事人应当为犯罪行为之侵权责任的相关人，即享有侵权损害赔偿请求权的被害人和应当承担侵权责任的犯罪嫌疑人或者被告人；被害人死亡的，则依据侵权责任法的规定，应当由其近亲属继承当事人资格，有权请求犯罪嫌疑人或者被告人承担侵权责任；犯罪嫌疑人在押的，其可以委托代理人代为达成协议。其次，刑事和解协议的双方当事人应当具备我国民法之民事权利能力。我国公民从出生时起到死亡时止，依法享有民事权利，承担民事义务，当然具有民事权利能力。外国公民或者无国籍者，则应当适用我国关于涉外民事法律关系的法律规定。最后，刑事和解协议双方当事人应当具有完全民事行为能力；当被害人系无行为能力或者限制行为能力人的，或者犯罪嫌疑人系限制行为能力的，均应当由其法定代理人代为和解。

2. 意思表示真实，即刑事和解协议双方当事人为自愿达成协议，非在欺诈、胁迫、乘人之危的情况下达成。

3. 标的合法。刑事和解协议之约定内容须合法，双方不得恶意串通，损害国家、集体或者第三人利益；不得违法法律或者社会公共利益；不得以合法形式掩盖非法目的。就赔偿项目而言，应当不同于刑事附带民事诉讼中对精神损害赔偿的不支持态度，而应允许双方当事人就被害人所受到的精神损害约定相应的赔偿。在赔偿数额方面，应当与犯罪嫌疑人、被告人所造成的损害相适应，双方意思表示一致即成立；若出现被害人漫天要价的情形，理应遵循民事意思自治原则，只要双方当事人自愿达成协议，则应视为犯罪嫌疑人、被告人对被害人实施的附条件赠与合同行为，以被害人之自愿谅解为所附条件。赠与合同行为是实践合同，以标的物交付为合同成立标准，因此，该种约定当以赔偿履行为生效条件。

4. 标的须可能和确定，即刑事和解协议双方应当将侵权责任承担的赔偿金额、支付时间和方式、赔礼道歉等内容以明确并由双方承诺下来，其约定的内容须为可能实现，且须自始确定或可得而确定。

---

① 梁慧星：《民法总论》（第二版），法律出版社2001年版，第166页。

民事行为之效力状况，除了有效、无效以外，仍存在部分有效、可撤销以及效力待定等情况。刑事和解协议在无效、部分有效、效力待定等情况下，不宜作为刑事和解程序启动的依据。若刑事和解协议因一方或双方当事人存在重大误解或者显失公平的情况，则协议属于可撤销的民事行为。在刑事和解协议未经撤销或者撤销权消灭的情况下，刑事和解协议具有作为刑事和解程序依据的资格；只有经当事人通过诉讼途径向人民法院请求变更或者撤销协议，人民法院以判决的方式予以变更或者撤销，则该协议在刑事和解程序中丧失依据资格。

(二) 刑事处罚约定

有效的刑事和解协议是由刑事诉讼当事人实施的，与行为人主观意志相关的诉讼行为，可以产生刑事诉讼上的特定效果。诉讼行为原则上须具备诉讼法规定的诉讼行为构成要件方可成立，反之则不成立。诉讼行为之成立是判断其有效与无效、合法与不合法、有理由与无理由的前提。诉讼行为的成立要件，一般包括主体、内容、方式等方面要求。[①] 诉讼行为的生效要件一般包括：一是主体具有诉讼行为能力；二是诉讼行为的内容确定；三是诉讼行为的内容在法律许可的范围内，且合法理；四是诉讼行为有利可图，能追求一定的诉讼法律效果；五是符合法定的方式。

刑事和解协议的发生刑事诉讼程序上的效力，首先其民事责任约定须得合法有效，在满足民法上法律行为生效要件的基础上，同时还应满足以下诉讼行为的生效要件。

1. 主体适格。刑事诉讼行为对主体的要求是具有刑事行为能力，与民法上对行为人有明确的年龄要求不同，刑诉法上的行为能力是以其是否具备意思能力为条件，不受年龄限制。因刑事和解协议之生效，必以其民事责任约定的生效为前提，所以刑事和解的双方当事人主体资格，既需满足民法上之年龄要求，也需满足刑诉法之意思能力要求。新刑诉规则第512条对于在押的犯罪嫌疑人或被告人民法上的代理权进行了限制，将其委托代为和解的对象限制为仅可由其法定代理人、近亲属。同时，第511条对被害人死亡的情形进行了规定，将被害人之"法定代理人"纳入了可以与犯罪嫌疑人和解的主体范围；而侵权责任法则将被害人死亡的侵权责任请求权主体继承资格限定为被害人之近亲属。笔者认为，新刑诉规则第511条之规定超出了侵

---

① 龙宗智、杨建光主编：《刑事诉讼法》，高等教育出版社2003年版，第83~84页。

权责任法规定的主体资格继承人员范围，只能作为特殊情况对待。

2. 内容明确且合法。刑事和解协议的内容应当明确，且应包括刑事诉讼法要求约定的全部内容。首先，双方当事人自愿达成协议且明知约定的内容及其后果；其次，犯罪嫌疑人、被告人应当自愿认罪、真诚悔罪，这是刑事和解的必备内容；再次，还应包括双方当事人基于犯罪事实而产生的赔偿损失、赔礼道歉等民事责任事项约定；最后，被害人及其顶代理人或者近亲属基于对犯罪嫌疑人、被告人行为的谅解，提出要求或者同意公安机关、人民检察院、人民法院对犯罪嫌疑人依法从宽处理的内容，并不得对案件的事实认定、证据采信、法律适用和定罪量刑等事宜进行协商。

3. 方式合法。双方当事人可以自行达成和解，也可以经人民调解委员会。村民委员会、居民委员会。当事人所作单位或者同事、亲友等组织或者个人调解后达成和解。

我国学者普遍认为，和解协议的达成是刑事和解程序的第一步，这种和解协议能否被接受并成为免除嫌疑人、被告人刑事责任的依据，则要取决于公安机关、检察机关和法院的最终决定。[①] 但对于刑事和解协议发生刑事诉讼程序上之效力的时间点，仍存在不同的观点。有观点认为，刑事和解协议自协议本身生效要件满足之时起发生效力，不以司法机关之审查认可为条件。也有观点认为，刑事和解协议自司法机关审查认可并主持制作刑事和解协议书为生效时间。

笔者同意第一种观点，认为司法机关的审查行为是对刑事和解协议对刑事和解协议是否有效所进行的价值判断，其一方面要对协议有效性、合法性进行审核；另一方面也要对于协议意思表示内容是否正当的价值判断，以从实体上审查该诉讼行为有无理由。司法机关的审查认可固然是刑事和解协议发生刑事诉讼程序上之效力必不可少的环节，但是司法机关的审查只能对刑事和解协议本身的效力状况进行依法判断，该审查行为并产生影响或者变更协议效力的效果。经审查认可的刑事和解协议，司法机关才主持双方当事人制作和解协议书，这是司法机关对于刑事和解协议之有效性认可的一种宣告。

（三）审查标准

依据新刑诉法规定，双方当事人和解的，司法机关应当对和解的自愿

---

① 陈瑞华：《刑事诉讼的中国模式》，法律出版社2008年版，第4~9页。

性、合法性进行审查。公安机关、人民检察院、人民法院分别在刑事案件的侦查、审查起诉和审判阶段享有对刑事和解的审查权，是刑事和解的审查主体。在刑事案件的不同阶段，刑事和解的审查标准应当是一致的，只有符合审查标准的刑事和解才能取得进入下阶段程序的资格，或者在本阶段程序产生相应的法律效果。

笔者认为，刑事和解的审查应当从形式审查和实质审查两个方面入手，分别按照不同的标准进行。刑事和解在形式上应当满足如下条件：（1）符合特定刑事案件类型；（2）有认罪、悔罪、谅解内容；（3）有民事责任约定；（4）有刑事处罚约定。不符合形式审查要求的刑事和解无效；只有通过形式审查的刑事和解，才有进行实质审查的必要性。而对刑事和解的实质审查，应当按照"民事优于刑事"的顺序，分别以前文所述的民事责任约定和刑事处罚约定之生效要件对和解协议的效力进行审查。经审查的刑事和解协议，司法机关应针对其不同的效力类型作出相应的司法处理。

四、刑事和解协议的法律效果及救济途径

（一）法律效果

刑事和解是刑事诉讼法中的一种诉讼行为，由特定刑事案件的犯罪嫌疑人、被告人与被害人双方当事人所为，其有效与无效是就该行为是否产生诉讼上本来的效果所进行的价值判断，因此无效的刑事和解虽然没有诉讼上本来的效果，但并不意味着什么法律效果也不产生。双方当事人达成刑事和解，即可启动刑事和解程序，使司法机关负担相应的审查义务。不同效力的刑事和解协议，对协议双方当事人、司法机关产生不同的约束力。

刑事和解协议有效的，犯罪嫌疑人、被告人应当向被害人承担约定的民事责任；被害人应当要求或者同意司机机关对犯罪嫌疑人依法从宽处理。侦查阶段达成有效刑事和解协议的，公安机关可以向人民检察院提出从宽处理的建议；公安机关向人民检察院提出从宽处理建议的，人民检察院在审查逮捕和审查起诉是应当充分考虑公安机关的建议。人民检察院可以依据有效的刑事和解协议，结合案件的社会危害性和社会危险性大小的因素，作出不批准逮捕、依法变更强制措施、决定不起诉的决定；对于依法提起公诉的，人民检察院可以向人民法院提出从宽处罚的量刑建议。人民法院则可依据有效的刑事和解协议对被告人从宽处罚。

对于无效的刑事和解协议，应当分情况处理。刑事和解协议民事责任约定无效的，刑事和解协议全部无效，自始不发生法律效力。刑事和解协议民事责任约定有效、刑事处罚约定无效的，不发生刑诉程序上的从宽处理法律效果，但仍对协议双方当事人有民事约束力；协议双方当事人已经履行的民事赔偿有效，尚未完成的民事赔偿应当继续履行。

（二）救济途径

刑事和解，作为一种法定的诉讼行为，在刑事诉讼程序上具有特定的法律效果。在刑事和解协议的审查和履行过程当中，针对刑事和解协议可能存在的实体上和程序上的瑕疵、司法机关或者双方当事人可能存在的不合法行为以及不应预见、不能预见的新情况等问题，应当给司法机关以及刑事和解当事人提供有效救济途径。

（三）刑事和解协议的补正或变更

在刑事和解协议达成后，司法机关受理审查前，双方当事人可以对刑事和解协议内容自行进行补正或者变更。在司法机关受理审查刑事和解协议后、作出司法决定前，如和解协议仍存在遗漏事项未予和解或者笔误等问题，或者双方当事人欲对协议内容进行变更，经双方当事人向司法机关申请，司法机关可以允许对协议内容进行补正或者变更。若仅有一方当事人欲补正或者变更刑事和解协议，则不允许。

（四）刑事和解协议的反悔

刑事和解协议达成后，犯罪嫌疑人、被告人已经切实履行和解协议、不能即时履行和解协议的已经提供有效担保，是司法机关作出从宽处罚决定的先决条件之一。故当犯罪嫌疑人、被告人拒不履行和解协议关于赔偿等内容的约定时，被害人可以向司法机关申请终止案件和解，进入诉讼程序。若犯罪嫌疑人、被告人已经切实履行和解协议或者提供有效担保后，司法机关尚未作出从宽处罚的决定前，被害人收到赔偿款立即撕毁谅解的，或者接受赔偿后欲退回并不予谅解的，司法机关应尊重被害人的不予和解的意愿，终止案件和解；但是关于"天价赔偿"的情形，犯罪嫌疑人、被告人已然支付远高于被害人实际损失的赔偿款后，被害人反悔的，司法机关同样应终止案件和解，而犯罪嫌疑人、被告人可以依据被害人未满足附条件赠予合同之条件，通过民事诉讼的方式向被害人主张不当得利返还。

(五) 刑事和解协议的法律监督

刑事和解协议一方或双方当事人，若不服公安机关对刑事和解协议作出的审查处理意见，可以在案件审查起诉阶段向人民检察院申请重新审查；若对人民检察院作出的起诉或不起诉决定、是否从轻处罚的决定不服，可以向原人民检察院或者上级人民检察院申诉。被告人若对人民法院是否从轻处罚的判决不服，可以上诉；被害人及其法定代理人或者近亲属，若对人民法院是否从轻处罚的判决不服，可以向人民法院、人民检察院申诉。

(六) 刑事和解协议之免责

在刑事和解协议协商过程中，双方当事人的"自认"、承诺或者让步，在刑事程序中应当享有免责权，不应在审判过程中作为不利于被告人的证据使用。

检察机关适用指定居所监视居住研究

高松林* 刘宇** 师索***

长期以来，检察机关极少适用监视居住措施，一方面因为法律规定执行主体为公安机关，而公安机关受制于警力有限、经费紧张等因素，缺乏主动、严格执行来自检察机关监视居住任务的动力和压力。另一方面监视居住自身制度设计并不能有效保障侦查程序的质量。根据 C 市 J 区公安分局法制科办理监视居住最多的一名审批人员称，监视居住期间接近或用尽 6 个月的通常未采取任何监视措施，决定监视居住其实就是"放人"。[①] 并且时而出现犯罪嫌疑人自伤、自残、窜逃、威胁证人、串供等情况，反而增加了办案难度与司法成本。因此，司法实践中对于情节轻微的犯罪嫌疑人，侦查机关一般采用取保候审，对于情节严重的犯罪嫌疑人，一般采用逮捕措施。监视居住往往成为不得已的选项，不可避免陷入沦为摆设的尴尬境地，学界主张废除监视居住的声音也从未消停。因此，新刑事诉讼法保留并重新定位监视

---

* 高松林，重庆市南岸区人民检察院检察长，重庆市检察业务专家。
** 刘宇，重庆市南岸区人民检察院法律政策研究室主任。
*** 师索，重庆市南岸区人民检察院职务犯罪侦查局干警。
① 马静华、冯露：《监视居住：一个实证角度的分析》，载《中国刑事法杂志》2006 年第 6 期。

居住，并衍生出指定居所监视居住制度尤为引人关注。

事实上国外立法亦不乏与我国指定居所监视居住形似神同的制度规范。《德国刑事诉讼法典》第116条规定了"延期执行逮捕令"制度：如果采取不这么严厉的措施，也足以达到待审羁押之目的，法官应当延期执行仅根据逃亡之虞签发的逮捕令，尤其可以考虑的有：（1）责令在法官、刑事追诉机关或者由他们所指定的部门报到；（2）责令未经法官、刑事追诉机关许可，不得离开住所或者居所或者一定区域；（3）责令只能在特定人员监督下才能离开住宅。① 其中第2项中的一定区域赋予侦查机关一定的裁量权，即侦查机关可以根据案件需要决定是办公地点、宾馆，还是侦查机关所指定的区域，当然也可以包括指定的居所。《法国刑事诉讼法典》第138条所规定的司法监督制度中也有针对不得离开住所或者离开预审法官规定的居所的措施。②

从结构功能论的角度看，指定居所监视居住除了具备程序保障、犯罪预防、消除争议与优化侦查决策等显性功能外，还具有转变侦查模式、为重拳反腐释放信号、为纪检权力法治化探路以及维系刑事诉讼动态平衡等隐性功能。③ 指定居所监视居住作为立法者深思熟虑的一项新的制度设计，其合理性无疑得到了国外立法实践和国内理论研究层面的支撑，从而为检察机关适用指定居所监视居住提供了实践参考与理论预设。司法实践中，如何在发挥其显隐功能的基础上使检察机关在查办职务犯罪案件中准确适用该制度，是本文将要着重探讨和解决的问题。

一、指定居所监视居住的适用原则

（一）尊重与保障人权原则

此次刑事诉讼法修改将"尊重与保障人权"写入，被视为"尊重与保障人权"被写入宪法之后我国刑事司法文明的重大进步，是社会主义法治理念对中国人权事业的最新诠释。在该原则指导下，指定居所监视居住在适用过程中必须全面、充分保障犯罪嫌疑人的基本人权。一是要保障犯罪嫌疑

---

① 李昌珂译：《德国刑事诉讼法典》，中国政法大学出版社1995年版，第51~52页。
② 罗结珍译：《法国刑事诉讼法典》，中国法制出版社2006年版，第131页。
③ 高松林：《指定居所监视居住的功能分析与制度完善》，载《西南农业大学学报》2013年第4期。

人获得人身安全、不在居所内受到刑讯以及良好的居住、饮食、休息条件等人身权利；二是要保障犯罪嫌疑人的诉讼权利，包括法律帮助权、控告申诉权、强制措施变更请求权等。

（二）严格程序原则

侦查程序不同于审判程序的最大之处在于强制措施的适用过程没有自由裁量权，侦查人员更不可能像法官那样在自由心证的基础之上去合理分配司法资源。从某种意义上讲，侦查程序表现为刚性程序，设置的目标在于限制恣意、专断和裁量。在新刑事诉讼法已经确定非法证据排除规则之后，这种非人情化的刚性程序，一方面可以保障犯罪嫌疑人在侦查阶段的权利；另一方面也促使侦查机关在收集证据和适用强制措施时更加规范，从而使整个诉讼维系在良性的动态平衡中。严格程序不仅意味着在具体操作时要履行严格的审批程序、严格的执行程序和严格的解除程序，确保每一个程序环节都严格依法运行，而且要求在对相关条文进行解释、细化时要严格把握、限制。如在理解适用《人民检察院刑事诉讼规则（试行）》（以下简称《规则》）第45条中"有重大社会影响的"、"涉及国家重大利益的"两种情形时，对以符合此情形而适用指定居所监视居住，应提交本院检委会讨论后报请上一级检察机关审批，上一级检察机关无法准确定性的应再报请省一级检察机关审批。

（三）审慎适用原则

监视居住作为逮捕的替代措施发挥着减少羁押的功能，但由于制度本身存在争议，其衍生出的指定居所监视居住在司法实践中必然存在较长的磨合期，而这个过程也不可避免会引发对适用条件、执行主体、部门配合、执行保障等新问题的诸多争论。若在相关配套制度尚不成熟、完善时大规模适用该措施，会使各种现实问题大量堆积，不利于指定居所监视居住这一新生事物的顺利生长。对于检察机关来说，指定居所监视居住的适用对象为特别重大贿赂犯罪嫌疑人，最长时限为6个月。尽管犯罪嫌疑人未被完全限制人身自由，但基本的生活环境和生活方式将发生重大改变，且涉案犯罪嫌疑人往往具有一定的社会影响，强制措施的使用必然会对其个人乃至家庭、单位的现实状况带来难以预料的冲击，检察机关在适用时理应综合分析，认真权衡后作出决定，避免引发舆情危机。

二、指定居所监视居住的适用前提

指定居所监视居住和逮捕作为限制犯罪嫌疑人人身自由最为严厉的强制措施，在保障诉讼程序方面具有十分相近的功能。当检察机关在查办职务犯罪案件中面对二者选其一的策略分叉口时，要正确比选适用指定居所监视居住，有必要从以下两个方面认清其适用基础。

（一）准确理解监视居住制度的立法精神

立法机关对监视居住的态度表现为被动性、替代性适用。在刑事诉讼法修改前，一般是在不能适用取保候审的情况下，才选择适用监视居住。监视居住是作为取保候审的补充性措施而存在。新《刑事诉讼法》第72条规定人民检察院对于符合逮捕条件，符合五种法定情形的，可以监视居住；符合取保候审条件，但又提不出保证人和缴纳保证金的，也可以监视居住。《规则》第145条也规定："对符合刑事诉讼法第七十二条第一款规定的犯罪嫌疑人，人民检察院经审查认为不需要逮捕的，可以在作出不批准逮捕或者不予逮捕决定的同时，向侦查机关提出监视居住的建议。"由此可见，监视居住主要被作为逮捕的替代性措施或者取保候审的补充性措施而存在，并且通常是在犯罪事实已经侦查清楚，准备进入下一步诉讼环节时适用居多。

但指定居所监视居住立法精神体现为主动适用，新《刑事诉讼法》第73条规定："对于涉嫌危害国家安全犯罪、恐怖活动犯罪、特别重大贿赂犯罪，在住处执行可能有碍侦查的，经上一级人民检察院或者公安机关批准，也可以在指定的居所执行。"这一条文采用的是因案立法的立法技术，在当下我国特定的现实环境下并不针对特定的人，只要出现符合条件的案件类型，即可主动适用指定居所监视居住。这也是指定居所监视居住与监视居住在立法精神上的差异。

从这种主动适用的立法精神考量，指定居所监视居住显然超越了预防性羁押的内涵，不仅具有缓解羁押的功能，更有利于深挖犯罪事实的功能。在指定居所监视居住期间，检察机关对于犯罪嫌疑人可以继续采取侦查措施，既可以强化外围取证，也便于对嫌疑人进行高强度讯问。从理论上分析，指定居所监视居住分化出的侦查功能并非强制措施实体化误区的延伸，而是强制措施程序化的应有之义。立法也明确规定在监视居住期间不得中止对案件的侦查。

（二）谨慎把握指定居所监视居住的侦查功能

那么，当检察机关意识到指定居所监视居住具有较强侦查功能时，在今后的办案过程中会大量适用指定居所监视居住吗？其实不然，在职务犯罪侦查中，指定居所监视居住的侦查功能是受到限制的，其并不能作为侦查机关验证最初合理怀疑的手段，即不能仅凭未经口供验证的客观证据材料，在拘传结束后就对嫌疑人适用该措施。换句话说，不能将指定居所监视居住作为打开侦查突破口的利器。要取得犯罪嫌疑人的第一次供述仍然得依靠精细化、信息化的高质量初查和多样化审讯谋略。没有第一次供述，贿赂犯罪嫌疑人的涉案金额绝不能妄加推测。

只有当贿赂犯罪嫌疑人供述了行贿或受贿50万元以上数额的犯罪事实时，根据新刑事诉讼法和《规则》规定，检察机关就强制措施的选择才有了一定的策略空间。一种策略是直接逮捕，另一种策略是采取指定居所监视居住。究竟选择适用何种强制措施，涉及对整个侦查大局的把握和侦查策略的灵活运用。当侦查机关根据举报线索和所掌握的证据，认为贿赂犯罪嫌疑人已经完全如实供述了犯罪事实时，可以采取直接逮捕。当出现以下情形时，检察机关则需要选择适用指定居所监视居住：（1）认为犯罪嫌疑人尚未完全如实供述，需要继续深挖犯罪事实，但拘传时限已到又不能取保候审的；（2）犯罪嫌疑人有所隐瞒或者编造伪供导致行受贿双方口供不一致，需要继续侦查核实，但拘传时限已到又不能取保候审的；（3）根据当前的侦查环境认为将犯罪嫌疑人控制在侦查机关掌控范围内更利于案件办理和推进的。

新刑事诉讼法确定的律师提前介入侦查、非法证据排除以及侦查人员、证人出庭作证等制度使得检察机关无法延续惯用的办案模式。如立案前以协助调查的名义将被查对象长时间留置在办案区或其他办案场所进行突审；用内部立案的方式不上报，在审讯取得突破后再立案。并且，对于特别重大贿赂犯罪，新刑事诉讼法赋予检察机关的侦查时间也并不充分。从这个角度看，指定居所监视居住的出台是在不违背社会主义法治文明进步的前提下，配合了国家"老虎"、"苍蝇"一起打的决心，有助于检察机关在新形势下保证办案质量。

三、指定居所监视居住的程序操作

可以预见检察机关主动适用指定居所监视居住更多的是基于侦查需要，因此，在具体操作时必须足够严密，构筑起审批、执行、变更三个环节规范运行与全程监督交织的刚性程序。当侦查机关在适用指定居所监视居住时既要受到上级的监督，又要面对辩方的合理控辩，稍有不慎收集的非法证据还有被排除的风险，在每个程序环节就不可能恣意妄为。否则，指定居所监视居住即便能走出过去虚无化的困境，也难免步入羁押化的误区。导入任何一个极端都会使立法机关制度设计的心血付之东流。

（一）指定居所监视居住的前程序

1. 指定居所监视居住的审批

审批程序作为指定居所监视居住启动的前程序，发挥着事前监督的作用。《规则》第 111 条明确规定了审批的程序设置，即需要对涉嫌特别重大贿赂的犯罪嫌疑人采取指定居所监视居住的，由办案人员提出意见，经部门负责人审核，报检察长审批后，连同案卷材料一并上报上一级人民检察院侦查部门审查。上一级检察院在收到相关材料后应当及时作出批准或者不予批准的决定。决定作出后同样会受到严格的监督。《规则》第 118 条规定："对于下级人民检察院报请指定居所监视居住的案件，由上一级人民检察院侦查监督部门依法对决定是否合法进行监督。"侦查监督部门发现其中存在不符合适用条件的，未按法定程序履行批准手续的以及在作出决定过程中有其他违法行为的，应及时通知侦查机关纠正。

在前程序中，审批时间最容易出现疏漏。笔者认为，在司法实践中，审批时限一般应控制在 12 个小时内。因为根据新《刑事诉讼法》第 117 条规定："传唤、拘传持续的时间不得超过十二小时；案情特别重大、复杂，需要采取拘留、逮捕措施的，传唤、拘传持续的时间不得超过二十四小时。"第 83 条、第 91 条规定，拘留、逮捕后应当将嫌疑人送看守所，最迟不得超过 24 小时。《规则》第 45 条规定，对于特别重大贿赂犯罪嫌疑人监视居住的，人民检察院侦查部门应当将嫌疑人送交公安机关执行时书面通知公安机关。也就是说，检察机关在正面接触嫌疑人 24 小时之后就要决定采取何种强制措施，其中拘留、逮捕明确要送看守所，并且有时间限制，但监视居住并未规定具体送达的时间期限。出于对整个刑事诉讼法律体系的动态平衡运行和人权保障的需求，笔者认为，在上一级检察机关决定指定居所监视居住后，也应在最迟不得超过 24 小时交付公安机关执行。若上级机关审批时间超过 24 小时，也就意味着下级检察机关要对嫌疑人先行拘留来等待审批时限，进出看守所的过程又将增加案件的变数和安全风险，而审批后又要变更强制措施，显然不尽合理。由于书写文书、送达材料、指定居所、交付执行都将消耗大量时间，因此，上一级检察机关的审批时间规定在 12 小时以内比较恰当。

2. 前程序中的抗辩

上级检察机关批准适用后，侦查机关应当在开始执行后的 24 小时以内将适用原因通知家属。无法通知的，应该向检察长报告并写入卷宗，待无法通知的情形消除后，应当立即通知家属。《规则》第 114 条将无法通知的情形限定在：被监视居住人无家属的；与其家属无法取得联系的；受自然灾害等不可抗力阻碍的。在司法实践中，侦查机关不能以"通知家属可能有碍侦查为由"拒绝通知家属，不通知只能限定于规定的三种情形。由于一些检察机关未能及时通知，导致犯罪嫌疑人家属向公安机关报案失踪，引起了不良的社会反响，在实践中应尽量避免。

家属在得到通知后，可以向人民检察院申请取保候审。人民检察院应当根据《规则》第 83 条规定的情形审查后在 3 日内作出是否同意的答复，并说明理由。家属认为检察机关对于被指定居所监视居住人所作出的适用决定存在违法情形的，可以向作出决定的检察机关的侦查监督部门提出控告或者举报，人民检察院应当受理。新《刑事诉讼法》第 33 条规定："犯罪嫌疑人自被侦查机关采取第一次讯问或者采取强制措施之日起，有权委托辩护人。"因此，辩护人认为人民检察院及其工作人员存在以下违法情形的，也可以向上一级人民检察院的控告检察部门提出申诉或者控告：（1）未依法告知嫌疑人有权委托辩护人的；（2）未转达被监视居住的嫌疑人委托辩护人要求的；（3）在规定时间内不受理、不答复辩护人提出的变更强制措施申请或者解除强制措施要求的；（4）违法限制辩护律师通被监视居住人会见和通信的；（5）在执行指定居所监视居住 24 小时以内没有通知被监视居住人家属的。但对于指定居所监视居住来说，新《刑事诉讼法》第 37 条规定，对于特别重大贿赂犯罪案件，在侦查期间辩护律师会见在押犯罪嫌疑人，应当经侦查机关许可。

新刑事诉讼法刚出台时，不少学者出于对侦查权扩张的警惕心理，委婉表达了对指定居所监视居住"要不得"的某种担忧[①]。其实，从前程序的有关规定看，立法机关已经将控辩双方在权力与权利之间的博弈进行了精巧的制度设置，任何一方都不具有压倒性的制度优势。在现有的制度构架下，侦查机关只有更加严格遵循程序要求、规范取证行为，才能确保收集到的证据经得住非法证据排除规则的检验。

（二）指定居所监视居住的执行

1. 执行的主体

新刑事诉讼法规定，监视居住由公安机关执行。但在监视居住的具体执行过程中，公安机关对于检察机关决定的监视居住并不愿积极配合执行，经常以检察机关自身配置有司法警察为由搪塞，交由公安机关勉强执行的效果也并不理想，最终检察机关还得花很大精力监督执行甚至参与共同执行才能保证预期效果。实践中的执行困境在于公安机关在维稳压力之下的警力捉襟见肘，公安机关怎么来协调警力，配置警力参与指定居所监视居住也未出台内部章程。并且指定居所监视居住需要花费相当多的经费，这些资金来源如何解决缺乏相关法律规定。尤其对于检察机关自侦的案件，公安机关在自顾不暇的情况下更无法投入足够的人力、时间、财力为检察机关做嫁衣。如果在指定居所监视居住过程中出现嫌疑人的人身安全问题、案情泄露问题，公安机关更要承担相当的责任风险。尽管立法的目的在于公检之间的相互监督、相互制约，从而保证良好的执行效果。但从现阶段的实践反馈来看，执行主体的相关配套制度比较缺乏，还需进一步完善。

2. 执行中的细节规范

为了防止将指定居所监视居住演变为看守所之外的羁押，在执行期间最为重要的是要做到"住审分离"。"住审分离"有两层含义：第一，不得在指定的居所进行侦查讯问。居所必须保证犯罪嫌疑人必要的饮食和休息。在监视居住期间必须全程同步录音录像并予以保存，以备侦监、公诉和法庭审查，防止犯罪嫌疑人及律师指称刑讯逼供。第二，负责侦查讯问的人员不得进行监管，执行监管的人员不得进行侦查讯问。从指定住所押解到办案地点可由检察机关司法警察负责执行。

[①] 比如，卞建林教授认为，此措施与立法理念相冲突而不科学，并且会造成措施依赖而影响其他强制措施的适用；秦旭东先生认为此立法将过去不规范的制度合法化了。更多学者担心的则是指定居所监视居住将沦为变相羁押，可能导致大量的刑讯逼供。

3. 执行中的权利保障

指定居所监视居住在执行中必须严格保障犯罪嫌疑人的诉讼权利。总的来说，犯罪嫌疑人在监视居住期间享有法律帮助权、会见权、通信权。犯罪嫌疑人在被指定居所监视居住期间可以提出委托辩护人以及申请法律援助的请求，检察机关在收到请求后应当在3日内将材料转交相应机构，并通知犯罪嫌疑人的监护人、近亲属或者其委托的其他人员协助提供有关证件、证明等相关材料。

但是，犯罪嫌疑人享有的会见权在指定居所监视居住期间是受到限制的。对于特别重大贿赂犯罪嫌疑人的辩护人提出会见请求的，人民检察院侦查部门应当提出是否许可的意见，在3日内报检察长决定并答复辩护律师。如果有碍侦查的情形消失后，人民检察院应当通知执行监视居住的公安机关和辩护律师，辩护律师可以不经许可会见嫌疑人。如果律师在侦查终结前提出会见请求，侦查机关则应当许可。因为一般在侦查终结之前，由于侦查成本问题，强制措施一般会由指定居所监视居住变更为逮捕，律师会见则应适用逮捕期间的会见规定。但如果仍然延续指定居所监视居住措施，这时律师也能进行会见。总之，立法精神在于此期间的会见有所限制，但律师至少可以会见一次犯罪嫌疑人。一方面保障了犯罪嫌疑人的会见权实现，另一方面侦查机关也可以根据侦查进度灵活安排。

同样，在指定居所监视居住期间，嫌疑人的外出权也是受到限制的。但不管是否能够外出，根据《规则》第117条的规定，检察机关都可以根据案件具体情况，对嫌疑人采取电子监控、通信监控、不定期检查等方法对其是否遵守相关规定进行监督。

（三）指定居所监视居住的变更

刑事诉讼程序程序的功能在于惩罚犯罪和保障人权。当刑事诉讼在运行中遭遇到来自行为人和犯罪事实两个方面阻抗时，司法机关就有权采取强制措施来化解阻抗。阻抗的力度不同，相对应的强制措施力度也不同，因此强制措施之间存在相对性，这也是强制措施可以变更的学理基础。指定居所监视居住的变更存在侦查机关主动变更和嫌疑人等抗辩方人员申请变更两种情形。《规则》第112条规定了针对指定居所监视居住的定期必要性审查制度，人民检察院侦查部门应当自决定之日起每两个月对其适用进行必要性审查，没有必要继续指定居所监视居住或者案件已经办结的，应当变更或者解除。从监督的有效性和对等性考虑，笔者认为，负责审查的侦查部门应当是作出决定的上一级检察机关为宜。而犯罪嫌疑人及其法定代理人、近亲属或者辩护人认为不再具备指定居所监视居住条件的,也有权向人民检察院申请变更强制措施。人民检察院应当在3日内作出是否变更的决定并说明理由。

四、指定居所监视居住的制度完善

(一) 健全保障执行的工作机制

由公安机关执行检察机关自侦案件的指定居所监视居住事实上处于一种柔性违法的局面,即公安机关可以执行,但绝对不愿意执行,检察机关因为公安机关的态度和案件的保密性,也更倾向于自我执行。美国著名学者弗里德曼认为:"要使刑事司法变得有意义就要求我们严肃考虑它的成本问题。"① 因此,破解执行主体的难题需要完善相关的配套制度。一方面,在法律规定的框架内,要坚持由公安机关作为执行的主体。另一方面,既然指定居所监视居住作为新刑事诉讼法所规定的国家司法机关主动追诉犯罪所采取的强制措施之一,执行相关费用应当由国家财政统一负担,对公安机关执行监视居住的经费进行专项拨款。公安机关应将执行监视居住作为一项重要工作内容进行研究部署,明确规定相关部门和人员的职责,并将执法情况纳入考核,还要配备必要的监视器材和设备。同时,检察机关可以派出司法警察对公安机关的执行进行监督,防止出现安全风险和泄密风险。各级人大要把监视居住执行情况纳入工作监督范围,督促相关部门落实有关法律和政策规定。

(二) 合理解释适用对象条件

《规则》规定,对于可以适用指定居所监视居住的对象,除了贿赂犯罪金额达到50万元,情节恶劣的,还有"具有重大社会影响"、"涉及国家重大利益"两个可以选择适用的条件。

值得注意的是,最高人民检察院将"造成恶劣社会影响"作为滥用职权罪的立案标准之一。就严重程度来讲,"恶劣"肯定比"重大"所引发的影响要大。但两者的侧重点不同。"恶劣"侧重于公众对于滥用职权所爆发的民愤,而"重大"侧重于整体层面,重大的社会影响是具有全方位影响

---

① [美] 弗里德曼:《经济学语境下的法律规则》,杨欣欣译,法律出版社2004年版,第271页。

力的，涉及诸多的社会制度领域。从长远发展的角度来看，滥用职权造成的影响一般存续较短的时间跨度，而贿赂犯罪所造成的影响则在于对社会主义市场经济的公平性、有序性产生巨大的破坏力，进而损害党和政府的公信力，最后瓦解整个制度的根基。因此，字面上看，"重大"虽然没有"恶劣"程度重，但立法机关乃至整个国家都已经意识到了贿赂犯罪的真正危害性。但对重大社会影响的学理解释不应该过于泛化，否则将违背指定居所监视居住的审慎适用原则。笔者建议，重大社会影响可以界定在社会民生和经济建设领域。民生领域应该主要限制在涉及发生在群众身边，涉及群众切身利益的征地拆迁、企业改制等领域。当出现以下情形时，可以视为重大社会影响：（1）涉案金额虽未到50万元但导致群众长期举报的；（2）涉案金额虽未到50万元但导致群众因此自伤自残的；（3）涉案金额虽未到50万元但导致群体性事件发生的；（4）涉案金额虽未到50万元但被媒体、网络曝光，引起社会恶劣反响的。就经济建设来说，应当重点关注贿赂犯罪高发的房地产、金融、工程建设等高风险行业。在这些领域，贿赂犯罪与滥用职权罪通常呈现并发态势，官员在收受贿赂后往往滥用职权，导致危害后果发生。比如，某官员在造桥工程建设中收受贿赂10万元，违法招投标规定擅自将工程包给某资历不够的企业承建，最终导致大桥垮塌，造成人员伤亡。所以，涉案金额未到50万元但给政府造成巨大损失或严重损害政府形象的同样也可以适用。

对于"涉及国家重大利益"，笔者亦认为不能作扩大化的学理解释。因为任何一起贿赂犯罪都将导致国家利益受到损失，有短期损失也有长期损失，有轻微损失也有重大损失，有间接损失也有直接损失。因此，"涉及国家重大利益"的界定，一方面应为国家利益受到重大损失，另一方面则是涉及国家安全。如官员在收受贿赂后以低价变卖国有资产，使得国家蒙受巨大损失的，即便贿赂金额未到50万元，也可以适用；某官员在收受贿赂后向间谍人员、境外情报人员出卖国家商业秘密、重大经济政策以及尚未公开的科学技术等情形的，不管主观是否明知，只要客观上收受贿赂并造成了国家安全风险的，即可以适用。这里涉及针对嫌疑人的管辖问题，但无论是检察机关还是国家安全机关管辖，都不会影响指定居所监视居住的适用。

（三）建立执行期间的附条件外出制度

新《刑事诉讼法》第75条规定，被监视居住的犯罪嫌疑人、被告人未经执行机关批准不得离开执行监视居住的处所，未经批准也不得会见他人或者通信。在司法实践中，侦查机关对于被监视居住的犯罪嫌疑人监控一般不会过于严格，但对于指定居所监视居住的犯罪嫌疑人会非常严格。事实上，由于法律的规定比较绝对和模糊，嫌疑人在这期间的外出、会见和通信仅仅存在理论上的可能。但在国外，相关的法律就比较清晰。如《意大利刑事诉讼法典》第284条规定：在实行住地逮捕的决定中，法官规定被告人不得离开自己的住宅、其他私人居住地、公共治疗场所或辅助场所。在必要时，法官限制或者禁止被告人与其他非共同居住人或非扶助人员进行联系。如果被告人不能以其他方式满足基本的生活需要或者陷于特别困难的境地，法官可以批准他在白天离开逮捕地，在严格的时间限度内设法满足上述需要或者进行有关工作。①《法国刑事诉讼法典》第138条也提到了相关措施："只有在符合预审法官或者负责释放与拘押事物的法官限定的条件与理由的情况下，才能离开住所或离开预审法官规定的居所。"如果要外出，也"不得前往某些特定场所或者仅能前往预审法官或者负责释放与拘押事物的法官规定的场所"。②

笔者认为，对于指定居所监视居住分化出的侦查功能，应当更加灵活地将一些侦查策略融入其中。因此，应当构建一种指定居所监视居住的附条件外出制度，即犯罪嫌疑人和侦查机关达成协议，在外出办理完有关个人事务之后回到讯问场所必须配合侦查机关完整交代犯罪事实。实际上这种附条件并非是要文字或口头协议才能完成，有时更多地存在于社会情理之中。比如说犯罪嫌疑人母亲病重即将离世，家属告知侦查机关后，侦查人员即可对之动之以情、晓之以理，允许在监管人员陪同下见其母亲最后一面。即使限制见面时间和见面对象，这时所取得的侦查效果将远比书面协议或者口头协议要好得多，犯罪嫌疑人对侦查机关的顾虑、猜疑将迅速转变为感恩、信任。若在犯罪嫌疑人遭遇紧急状况时，侦查机关仍不批准，尽管于法有据，但此时犯罪嫌疑人的心理状态可能会急剧转变，既有可能推翻之前供述，也有可能一语不发，形成侦查僵局。在具体实践中，如何把握犯罪嫌疑人外出的情形和条件，应结合侦查形势、犯罪嫌疑人心理与社会舆论综合研判。但侦查机关必须把握制度底线，即附条件外出适用的前提是不得为取得侦查效果而用法律没有规定的利益来引诱，不得以违背社会伦理、职业伦理、家庭伦理的方式来欺骗。

---

① 黄风译：《意大利刑事诉讼法典》，中国政法大学出版社1994年版，第96页。
② 罗结珍译：《法国刑事诉讼法典》，中国法制出版社2006年版，第131~132页。

（四）完善执行变更制度

合理合法的变更必须准确把握"没有必要"和"不具备指定居所监视居住条件"两个前提条件。笔者认为，这两个前提条件实质都是在表述适用情形的消失，应统一起来分析。第一，符合《规则》第121条规定的再次犯罪、自杀逃跑、毁证串供、打击报复情形的，应当转为逮捕；符合第121条违反批准规定而擅自外出、通信以及传讯不到案三种情形的，可以转为逮捕。需要予以逮捕的，可以先行拘留。在司法实践中，这一规定具有重要的现实意义。因为侦查机关可能对于犯罪嫌疑人所涉及案情的深度及广度出现误判，但最终证明只涉及嫌疑人所供述部分的犯罪事实，此时指定居所监视居住不具有侦查功能，应当转为逮捕。但由于之前侦查机关并未及时报请逮捕，所以这期间必须存在缓冲期。对于特别重大贿赂犯罪嫌疑人一般也不能采取取保候审，此时就只能先行拘留来等待逮捕决定。第二，《规则》第125条规定监视居住期限届满或者发现不应该追究刑事责任的，应该变更或者解除。不应当追究刑事责任，则意味着侦查机关可能出现了侦查错误。《规则》第619条第1款第1项作出了详细说明："案件证据发生重大变化、不足以证明有犯罪事实或者犯罪行为系犯罪嫌疑人所为的。"这时应当及时纠错，防止冤假错案发生。第三，犯罪嫌疑人刑事责任可能出现变化的，可以变更。《规则》第619条第1款第2项规定："案件事实或者情节发生变化，犯罪嫌疑人可能被判处管制、拘役、独立适用附加刑的。"也就是说，这个时候犯罪嫌疑人已经不符合逮捕的条件，作为替代措施的指定居所监视居住也不应再适用。

笔者认为，上述的三种变更情形都能找到现实的法律依据，属于法定变更。但根据侦查工作的客观规律，也存在自然变更的情形。在犯罪嫌疑人的剩余犯罪事实已经查清、行受贿双方口供一致以及根据侦查形势将犯罪嫌疑人脱离侦查部门控制不至于干扰侦查的，这时也应当变更指定居所监视居住为逮捕。在成本与风险收益原则的指导下，这属于"没有必要"的解释范畴。

（五）合理进行国家赔偿

由于国家赔偿法只将超期刑拘和逮捕在决定撤案、不起诉或者法庭宣判无罪，终止追究刑事责任的情形纳入了赔偿范围，因此针对监视居住是否应该赔偿一直是学界争论的焦点。就现阶段来看，对错误适用指定居所监视居住进行国家赔偿的主张居多，一方面在于这期间犯罪嫌疑人的人身自由受到了限制；另一方面在于指定监视居住同样要折抵刑期，不可避免地要产生"标签"效应，即便犯罪嫌疑人最终未被追究刑事责任，这样的"污名"也将长期伴随其左右，这将对个人生活造成重大影响。但笔者认为，由于指定居所监视居住具有克服侦查决策的有限理性而降低决策风险、优化侦查结构的功能，若将其与逮捕的后果等同视之，这种优势功能将大为降低，立法者所追求的刑事诉讼动态平衡将发生动摇。

从阶段性来看，指定居所监视居住不同于逮捕的除了自由限制程度不一致外，还存在双方对抗博弈的程度差异。犯罪嫌疑人在该阶段对于侦查机关的对抗性显然大于逮捕之后。再加上证据要求不如逮捕严格，侦查机关在此阶段对于局势的掌控能力相对较弱，不同的强制措施适用错误导致的国家赔偿理应有所区别。这也是笔者认为应构建合理的国家赔偿的理论依据所在。因此，对于错误适用指定居所监视居住是否赔偿，应当根据控辩双方是否有主观过错来界定。第一，犯罪嫌疑人的过错不宜赔偿。主要情形包括：犯罪嫌疑人在拘传期间故意编造伪供、胡乱检举，导致侦查机关需要长时间查证而对其适用指定居所监视居住的；故意夸大犯罪事实误导侦查机关而被适用指定居所监视居住的。第二，侦查机关的过错应当赔偿。主要包括以下情形：一是超过法定期限而未变更或解除的，超出期限应当赔偿；二是侦查终结后撤案、审查起诉之后不起诉以及法院宣判无罪的。由于指定居所监视居住的强制性并未到达逮捕的程度，在刑期折抵上也是两天折抵一天，笔者建议应当参照逮捕标准折半赔偿。

附条件不起诉制度的应然建构与实践路径

王安胜[*]

修改后的刑事诉讼法增加了附条件不起诉,完善了不起诉制度的立法结构,给未成年人刑事检察工作带来了有利条件,同时其在实践中的运行尚存种种纷争与疑难。本文试从承载附条件不起诉制度的基础理念出发,解释法律赋予附条件不起诉的应然结构,阐明附条件不起诉运行的实然困难,初步建构附条件不起诉制度的实践路径。

一、附条件不起诉制度的建构本源

关于附条件不起诉制度设置之正当化或必要性,在刑事诉讼法修改前既有诸多研究,大抵认为,附条件不起诉与起诉便宜主义相契合、符合谦抑主

---

[*] 王安胜,重庆市江津区人民检察院助理检察员。

义的慎刑思想、体现恢复性司法理念、符合诉讼效益原则[①]。对此种种主张，本文并不打算加以评说。笔者认为，现有对附条件不起诉制度的构建缘由的论证并未自觉置于刑诉法的立法体系内，故而虽然正确却对现行法律的适用关联不大。刑诉法将附条件不起诉规定于未成年人刑事案件诉讼程序之中，且明确附条件不起诉的适用对象仅限于未成年人，加之明确规定，"对犯罪的未成年人实行教育、感化、挽救的方针，坚持教育为主、惩罚为辅的原则"，毫无疑问，我国附条件不起诉制度之设立旨在保护未成年人之成长。

此立法根源于教育矫正刑理念。对于犯罪人的教育思想，源自19世纪末的德国刑法学家李斯特，其主张国家刑罚权的发动必须具有"去除犯罪人的社会危险性"的目的，去除社会危险性，犯罪人才能回归社会，社会才能真正受到防卫。[②] 既然刑罚具有教育矫正之功效，何以仅适用于未成年人？这与未成年人之特点密切相关。与成年人相比，未成年人具有特殊的生理和心理属性。他们心理发育尚未完全成熟，自我约束力较弱，且好奇心强、易受暗示，行动的盲目性和冲动性较大，对事物的认识能力和感知程度较低。一方面这使他们更容易走上犯罪道路；另一方面未成年犯罪人又具有极强的可塑性，更容易通过各种方式的教育改造回归社会。未成年人是国家未来的希望，因此运用国家强制力对其干预时有必要慎之又慎。世界上很多国家亦都制定专门的法律对其给予特殊的保护——保护未成年人既是世界潮流也是我国一贯的态度。

此外，在我国附条件不起诉制度仅适用于未成年人，既有社会物质条件制约，也有人文精神条件影响，而最直接的原因莫过于当前我国刑事司法资源的缺乏。诸多学者在论述附条件不起诉制度时皆认为该制度有利于提高诉讼效率，可以让更多的司法资源用于疑难、重大案件之处理，且很多学者以我国缓刑、免予刑事处罚数据比例来论证我国不起诉人数过少，应该扩大适用不起诉。本文认为，此论忽略了我国刑事司法资源整体数量之恒定、不起诉后续工作之艰难复杂，且未能较好地认识国外司法体系同我国体系之不同。以附条件不起诉为例，在作出附条件不起诉决定之后尚有考察、帮教、

[①] 参见刘浪、景孝杰：《附条件不起诉制度的构建》，载《华东政法大学学报》2010年第5期；刘英旭：《附条件不起诉的理论与实践基础》，载《检察日报》2012年8月6日第3版。

[②] 参见林东茂：《评"少年事件处理法"修正》，载林东茂：《一个知识论上的刑法学思考》，中国人民大学出版社2009年版，第185页。

监督等一系列工作，这些工作与起诉后判处未成年人缓刑的考察、帮教并无本质的区别，只是实施主体不一样——前者的工作主体是检察机关，后者则为法院，对于司法系统整体而言并无资源之节约。在资源稀缺状态下我们所能采取的措施，只能是先适用于未成年人。

二、附条件不起诉制度的应然建构

修改后的刑事诉讼法颁布后，理论界、实务界诸多学者都对附条件不起诉制度予以了解读[①]，本文亦从适用前提、考察帮教、适用效果及监督救济四个方面围绕附条件不起诉制度的立法本源构建其应然模型。

（一）适用前提

刑事诉讼法明确规定了附条件不起诉的适用对象是未成年人，罪名条件是涉嫌刑法分则第四章、第五章、第六章规定的犯罪，刑罚条件是可能判处1年有期徒刑以下刑罚，符合起诉条件，但具有悔罪表现的。

1. 严格区分于微罪不起诉的罪名条件和刑罚条件

刑诉法规定附条件不起诉后形成的关于刑事案件处理的结构性框架是：不起诉—附条件不起诉—起诉，显然，附条件不起诉既非区别于绝对不起诉、微罪不起诉、证据不足不起诉之外的第四种不起诉方式，也非不起诉的待定程序，而是勾连起诉、不起诉之特殊制度，其特殊之处"在于附条件不起诉实际上是在起诉和不起诉之间做了一个缓冲，附条件不起诉虽然是不起诉的一种特殊形式，但毕竟不同于一般的不起诉，其决定并不具有实质确定力，检察机关作出附条件不起诉并不意味着案件终结，只是附有一定条件的暂时停止起诉程序，规定一定期限的考验期，根据涉罪未成年人在考验期内的表现情况，决定是否最终作出微罪不起诉决定"[②]。附条件不起诉的犯罪嫌疑人就其犯罪行为而言是符合起诉条件的，只是基于犯罪嫌疑人具有悔罪表现且满足附加条件后方可以不起诉，这与适用微罪不起诉处理的前提是

---

① 参见尚垚弘：《附条件不起诉适用把握五个条件》，载《检察日报》2013年2月6日第3版；郝静、鲍健：《附条件不起诉的实施性问题研究》，载《检察日报》2012年9月5日第3版；傅延威、李明生、曲若玲：《附条件不起诉之我见》，载《检察日报》2009年9月11日第3版。

② 程晓璐：《适用附条件不起诉需要解决的五个问题》，载《检察日报》2012年7月18日第3版。

根据法律规定犯罪嫌疑人的行为本来就不需要起诉时具有本质区别①。换言之，对附条件不起诉与微罪不起诉应该严格区分，符合微罪不起诉条件的即使适用附条件不起诉更有利于保护未成年人亦需适用微罪不起诉。

2. 重点考察悔罪表现认定未成年人人身危险性

附条件不起诉制度的适用对象是所有的未成年人，还是仅限于初犯、偶犯、从犯等？刑事诉讼法规定是未成年人且没有规定排除适用条件，宜认为是针对所有未成年人，无论其是否有前科，毕竟该制度的设定在于保护未成年人，不管先前的行为是多么的可恶，都不应该阻碍重回社会的希望，正如俗语所称"浪子回头金不换"，尤其是在未成年人犯罪原因是整个社会责任的今天，更没有理由在"返回社会的金桥"上设置障碍。换言之，在罪名条件、刑罚条件合法的前提下，只要是具有"悔罪表现"的未成年人就应该适用附条件不起诉。需要指出的是这种"悔罪表现"，必须是发自内心的、自觉自愿的、积极主动的"悔罪"，而不是附条件的、有利益驱动的、被动的"悔罪"，即人身危险性的真正降低。

（二）考察帮教

附条件不起诉制度作为对未成年人教育矫正的产物，对其考察帮教使其重新融入社会自然是制度构建之重点。对于《刑事诉讼法》第272条之明文规定，本文不再赘述，仅对所附之矫治、教育条件之原则予以说明。

1. 补足性原则

正如上文所述，附条件不起诉与微罪不起诉之区别在于其犯罪行为是符合起诉条件的，即其犯罪的社会危害性程度是重于适用微罪不起诉制度之犯罪行为的，只是由于其犯罪嫌疑人主观上具有悔罪表现，又实施了附加条件方能不起诉。既然其最终在考验期满足条件后适用微罪不起诉，显然其在考察期满后从主客观全方位认定的社会危害性应与实施微罪不起诉的同类犯罪行为的社会危害性相当，如此而言，对其附加的考察条件必然要有利于弥补其考验前无法适用微罪不起诉的欠缺，将其社会危害性减低至适合适用微罪不起诉。

---

① 在附条件不起诉的试点过程中，检察机关对其已有所注意，如海淀区检察院2008年、2009年适用附条件不起诉的11件案件均不宜立即作微罪不起诉。参见：北京市海淀区人民检察院公诉课题组：《附条件不起诉制度实证研究》，载《国家检察官学院学报》2009年第6期。

2. 个别性原则

"在司法实践中,刑事案件五花八门,世上没有完全相同的两桩案件,因为即使同一性质的案件,它们在犯罪背景、犯罪情节、被告人及被害人个人情况等方面都或多或少存在差别。"① 未成年人犯罪行为同样千差万别,犯罪原因也各有不同,附条件不起诉若想达到保护之目的,附加条件必须具有针对性,最大限度地教育、感化、挽救未成年人。如针对法律意识淡薄的未成年犯罪嫌疑人,可要求其阅读法制书籍,写出心得,增强法制意识;针对家庭原因犯罪的未成年犯罪嫌疑人任,可要求其多参与家庭活动或劳动,加深对父母的了解、沟通;针对缺乏社会融入感之未成年犯罪嫌疑人可要求参加社会公益活动,增强其责任感和社会认同感;针对个别未成年犯罪嫌疑人犯罪后的精神创伤,可要求其参加心理疏导等。

3. 适度惩罚原则

出于保护未成年犯罪嫌疑人的目的,附加条件必然是教育矫正未成年人之内容,只是需要明确教育矫正仅限于温和之手段还是包含惩罚之内容。刑法学大师贝卡利亚早就指出:"经验表明:如果所采用的力量并不直接触及感官,又不经常映现于头脑之中以抗衡违反普遍利益的强烈私欲,那么,群众就接受不了稳定的品行准则,也背弃不了物质和精神世界所共有的涣散原则。任何雄辩,任何说教,任何不那么卓越的道理,都不足以长久地约束活生生的物质刺激所诱发的欲望。"② 刑事诉讼法关于未成年犯罪嫌疑人之保护原则亦是"教育为主,惩罚为辅",附加条件有惩罚之意理所当然,毕竟附条件不起诉之教育矫正是一种特殊的教育,以自由意愿为基础、教育程序容易划一的普通教育尚会出状况,我们又怎么能过分期待对未成年人的特殊教育而不施之以"易感触的力量"?实践也证实,对未成年犯罪一概从轻处理,很可能导致其再次犯罪的可能性增强,一定程度的惩戒使得未成年感受到刑罚的威慑性无疑有利于增强其守法的意识。

4. 利于监督考察原则

刑事诉讼法规定人民检察院对适用附条件不起诉决定的未成年人负有监督考察的义务,显然,所附加的条件不仅有利于对未成年人犯罪嫌疑人的教育矫正,也应该有利于人民检察院的监督考察。所设条件虽然应该直攻人心,促使未成年犯罪嫌疑人改过自新,但终究需要一个判断未成年犯罪嫌疑

---

① 康黎:《量刑说理初探》,载《中国刑事法杂志》2008年第6期。

② [意]贝卡利亚:《论犯罪与刑罚》,黄风译,中国大百科全书出版社1993年版,第10页。

人是否可以微罪不起诉之标准，若所设条件虽看似利于未成年人犯罪嫌疑人，但实践中却无法监督考察，此类条件同样不应该予以设立。

5. 适当调整原则

附加条件是否一经确定，在考验期内就一成不变？基于人类认识的局限性，初始附加条件并不一定就有利于未成年犯罪嫌疑人的教育矫正，刑事诉讼法也并未规定条件是一成不变的，根据未成年人犯罪嫌疑人的矫正情况及其特殊的预防必要性，调整附加条件及附加考察期限更有利达成教育矫正乃至保护之目的。只是若条件可以调整，有可能造成未成年犯罪嫌疑人的"附加条件的不确定性"，造成自由裁量权的滥用。本文认为，对其条件的调整应由人民检察院会同未成年犯罪嫌疑人的监护人、所在学校、单位、居住地的村民委员会、居民委员会、未成年人保护组织等的有关人员共同商量确定，且此调整不宜过频，应以初始附加条件设置为原则，调整为例外。

（三）适用效果

附条件不起诉决定就实施效果而言，首先是中止审查起诉使得诉讼暂时中止，诉讼是否继续进行，取决于未成年人犯罪嫌疑人在考验期内的具体表现如何。人民检察院在作出附条件不起诉决定后，对于被羁押的未成年的犯罪嫌疑人，应变更强制措施；对于没有必要扣押、查封、冻结的财产，应当立即解除扣押、查封、冻结、返还；属于被害人的财产应返还给被害人。考验期满后，若未成年犯罪嫌疑人遵守规定，履行相应义务，人民检察院应作出微罪不起诉的决定，否则应该撤销附条件不起诉的决定，提起公诉。

需要说明的是，考验期满，未成年犯罪嫌疑人已经实施了附加条件后，方发现其隐瞒了部分事实导致"悔罪表现"的错误认识或者是发现其并未达到预期的教育矫正目标，是否可以对其提起公诉呢？本文认为，只要未成年人犯罪嫌疑人通过了考验条件且未实施《刑事诉讼法》第273条所规定的撤销附条件不起诉之情形，就应该对其微罪不起诉，而不应该考虑其他缘由。对于其"悔罪表现"认识、附加条件实现教育矫正目标之职责在于检察机关、帮教机构，不能将相关机构的职责义务归于未成年犯罪嫌疑人。

（四）监督救济

一切有权力的人都容易滥用权力，故而"立法每授出一项权力，就必须同时设立相应控制权力的制约机制，使权力与权力或者或权力与权利之间得到充分制衡,以防止该项权力被滥用"。① 附条件不起诉制度赋予了检察机关一项新的自由裁量权,在更加强调提高执法公信力的今天,深化司法体制和工作机制改革,健全检察权运行制约和监督体系,推进检察权运行公开化、规范化,实属检察工作科学发展之应有之义。

1. 内部监督

在检察机关内部,案件承办人员书面提出附条件不起诉意见后,报部门负责人审核,再由主管的检察长审批的程序可以保障附条件不起诉决定的正确性,只是对于附条件不起诉决定的做出是由检察长还是由检察委员会最终决定,无论是刑事诉讼法还是《人民检察院刑事诉讼规则(试行)》对此都没有明确规定,后者只提到"人民检察院"可以决定。本文认为并非一定要经检察委员会讨论决定。一是《人民检察院刑事诉讼规则(试行)》规定微罪不起诉决定的主体是检察长或者检委会,既然作出实质处理决定终结案件程序的微罪不起诉都可以检察长决定,那么只是中止诉讼程序旨在保护未成年人的程序性决定当然可以由检察长决定,何况出于保护未成年人的及时性考虑,也应该由检察长决定,"办理一个案子只需要几天时间,但是等开检委会可能要一周甚至更长时间"。②

检察机关内部实行的是检察一体化原则,即上级检察机关与下级检察机关是领导与被领导的关系。根据《人民检察院刑事诉讼规则(试行)》第425条规定,最高人民检察院对地方各级人民检察院的起诉、不起诉决定,上级人民检察院对下级人民检察院的起诉、不起诉决定,发现确有错误的,应当予以撤销或者指令下级人民检察院纠正。上级检察机关对下级检察机关附条件不起的监督、制约,是一种最为直接、简单和有效的方式,有利于检察机关慎重作出正确的附条件不起诉决定。对于微罪不起诉,办案检察机关作出决定后,承办案件的公诉部门会逐案报送上级检察机关备案,并由后者指定专人逐案审核。附条件不起诉决定后是否需要上报备案,如果上报备案待考察期满微罪不起诉之时再次上报是否有浪费资源、诉讼不经济之嫌?本文认为附条件不起诉决定之时应该上报备案,在考察期满后作出微罪不起诉或起诉决定同样需要备案。正如上文所言,附条件不起诉决定的作出若有失当,期满后一旦条件符合只能微罪不起诉,即使上级检察机关事后在审查微

---

① 邓思清:《完善我国检察官自由裁量权制约机制之构建》,载《法商研究》2003年第5期。
② 林世任:《扩大不起诉为修复社会关系而探——北京市朝阳区人民检察院轻伤害案件处理方式改革报告》,载《人民检察》2003年第6期。

罪不起诉之时发现漏误,依据法律规定也只能不起诉。上级检察机关的审查备案可以有效掌握附条件不起诉的实施情况,统筹实施中存在的问题和困难,进一步地指导下级检察机关正确实施附条件不起诉。

2. 外部监督

刑事诉讼法明确规定了公安机关和被害人对附条件不起诉的监督制约,即人民检察院可以作出附条件不起诉的决定。人民检察院在作出附条件不起诉的决定以前,应当听取公安机关、被害人的意见。对附条件不起诉的决定,公安机关要求复议、提请复核或者被害人申诉的,适用《刑事诉讼法》第175条、第176条的规定。这不仅是公安机关和被害人对附条件不起诉决定的制约,而且包含了法院对附条件不起诉决定的限制,因为第176条明确规定了"被害人可以向人民法院起诉。被害人也可以不经申诉,直接向人民法院起诉。人民法院受理案件后,人民检察院应当将有关案件材料移送人民法院"。此外,还有社会监督,比如人民监督员的监督。人民检察院作出附条件不起诉未规定要送达其所在居住地,而且基于未成年人犯罪记录封存的规定,附条件不起诉决定的作出也不应该公开宣布、宣传,但附条件不起诉决定后的帮教考察必然涉及其所在学校、单位、居住地的村民委员会、居民委员会、未成年人保护组织等,相关人员可以对有疑问的附条件不起诉案件向检委会或检察长提交意见,促使检察机关实现有制约的自由裁量权,以实现检察系统之外的监督。

三、附条件不起诉制度的实践难度与缘由

(一)适用前提的不明确与微罪不起诉扩大化

刑事诉讼法对微罪不起诉的适用前提规定为犯罪情节轻微,依照刑法规定不需要判处刑罚或者免予刑罚的。换言之,按照法律的规定,有两种情况可以对未成年犯罪嫌疑人微罪不起诉:一是具有法定免予处罚情节的;二是按照最高人民法院《关于审理未成年人刑事案件具体应用法律若干问题的解释》第17条规定,未成年罪犯根据其所犯罪行,可能被判处拘役、3年以下有期徒刑,悔罪表现好,系又聋又哑的人或者盲人,防卫过当或者避险过当,犯罪预备、中止或者未遂,共同犯罪中从犯、胁从犯,犯罪后自首或者有立功表现,其他犯罪情节轻微不需要判处刑罚的。但在实践中,即使不具备上述两个条件之一,被作微罪不起诉处理的现象也并不少。由此,必然

会导致本应作附条件不起诉的案件作了微罪不起诉处理。① 这固然有我国缓刑、免予处罚率较高，在追求诉讼经济利益的驱动下，对宽严相济刑事政策和化解社会矛盾社会政策的扩大适用的原因，但同时也必须注意的是，法律规定并不能如贝卡利亚在《论犯罪与刑罚》中所提到的明确到不允许解释的地步，诚如美国经济学家密尔顿·弗里德曼说过："没有任何法律可以得到如此精确的限定，以至于避免了任何解释问题；同时没有任何法律能够得到如此精确的限定，以至于明确地包含了一切可能出现的情况。"② 对于何为"犯罪情节轻微"，不同的人就有不同的理解，"实践中很难以刑罚范围将二者简单地区别开来，希望在不对现行酌定不起诉制度作相应变更的情况下建立一种与之并行不悖的附条件不起诉制度也是不现实的，只能增加司法实践中的困惑"。③ 而且附条件不起诉适用前提是"有悔罪表现"，未成年人微罪不起诉同样有"悔罪表现好"的规定，更为两者的区分带来了困惑。加之微罪不起诉的刑罚条件是拘役、3年以下有期徒刑，附条件不起诉则是1年以下有期徒刑，该刑罚条件显然可能导致同样的案情会有不同的处理结果。

另外，既然微罪不起诉可以扩大化，我们又有什么理由不警惕附条件不起诉的扩大化呢？"可能判处一年有期徒刑以下刑罚"判断的经验化会造成司法人员的主观随意性，很容易使"人文关怀"异化为"人情关怀"。何况作为一项新型工作机制，附条件不起诉纳入检察机关内部考绩制度完全可能会强化执法偏向，尽管理论上一直强调检察官与案件结局并不存在利害关系，检察官也不应涉及案件最后的诉讼结果，但实践中检察官的个人利益往往与诉讼结果紧密地缠绕在一起。福斯特就此指出："控方所拥有的内在的且无害的自由裁量权更有可能成为司法错误的来源。"④

（二）人身危险性为核心的"悔罪表现"认识困境

附条件不起诉适用前提的罪名条件和刑罚条件虽然判断存在困难，但尚

---

① 参见陈胜才、盛宏文：《附条件不起诉将影响微罪不起诉》，载《检察日报》2012年7月20日第3版。

② 密尔顿·弗里德曼：《弗里德曼文萃》（中译本），北京经济学院出版社1991年版，第121页。

③ 葛琳：《附条件不起诉之三种立法路径评析——兼评刑诉法修正案草案中附条件不起诉之立法模式》，载《国家检察官学院学报》2011年第6期。

④ ［美］布莱恩·福斯特：《司法错误论——性质、来源和救济》，刘静坤译，中国人民公安大学出版社2007年版，第159页。

有一定的法律依据,而其需要重点判断的"悔罪表现"却没有统一标准。之所以对未成年人适用附条件不起诉在于其具有"悔罪表现",即其人身危险程度降低。有人认为"在附条件不起诉中,认定犯罪嫌疑人有无'悔罪表现',应该通过三方面的表现来判断:一是犯罪嫌疑人实施犯罪前的一贯表现;二是犯罪嫌疑人实施犯罪过程中的表现,包括犯罪事实、情节、后果等;三是犯罪嫌疑人在考验期中的表现。其中,应该以犯罪嫌疑人实施犯罪前的一贯表现为主要标准,在考验期中的表现只能作为一种补充证明"。① 刑事诉讼法规定了未成年人社会调查制度,显然,"悔罪表现"属于社会调查的内容,只是从三方面对未成年人调查内容虽然全面,但缺乏对行为人人格的重点关注与科学调查,以致内容空泛流于形式。已有人指出,在宽严相济政策下,对未成年犯罪一概从轻处理,忽视了人身危险性,很可能导致其再次犯罪的可能性增强。② 且有些未成年犯可能为求得较轻处罚被动的认错悔罪态度良好,因此,对悔罪表现的调查要着重于对未成年犯罪人人身危险性的裁量,而此种裁量必然涉及更专业的知识,比如心理学、人格学等知识,也需要更为专业的人员、机构调查。然当前《刑事诉讼法》第 268 条规定的无论是调查主体还是调查内容尚无法完全达到对人身危险性的裁量。

(三) 考察帮教机制的不健全与帮教组织的松散性

出于矫治和教育的目的,在作出附条件不起诉决定以后,对其帮教、挽救工作必不可少。刑事诉讼法规定"由人民检察院对被附条件不起诉的未成年犯罪嫌疑人进行监督考察","未成年犯罪嫌疑人的监护人,应当对未成年犯罪嫌疑人加强管教,配合人民检察院做好监督考察工作"。《人民检察院刑事诉讼规则(试行)》又规定,人民检察院可以会同未成年犯罪嫌疑人的监护人、所在学校、单位、居住地的村民委员会、居民委员会、未成年人保护组织等的有关人员,定期对未成年犯罪嫌疑人进行考察、教育,实施跟踪帮教。即人民检察院是考察帮教的主体,多向牵头共同完成对未成年犯罪嫌疑人的考察帮教,只是一方面检察机关由于人力、物力、财力的原因发挥的作用有限,另一方面各地的帮教组织、力量也层次不齐,也还没有形成

---

① 杨启耀:《建立附条件不起诉制度须考虑四个问题》,载《检察日报》2011 年 6 月 20 日第 3 版。

② 郭欣阳:《从人身危险性出发正确贯彻"宽严相济"刑事政策——以未成年人犯罪为视角》,载《河北法学》2009 年第 2 期。

各部门之间有序合作的一套行之有效的帮教和矫正制度,尚未形成完善的帮教体系。"在江浙一带社区组织发达,能够有较多的社会力量介入挽救犯罪未成年人和在校学生的工作,但其他地方检察官还需要事必亲为,包括前期与各方协调工作、征询各方意见、安排帮教活动、索取考察报告等大量工作,耗费大量精力,影响帮教效果和工作效率。缺乏专门帮教机关,对于在校学生案发后转学的、举家搬迁失去联系的就无法落实帮教。而外来未成年人,因与本地社会联系不紧密,没有类似学校、家庭、社区等良好的帮教组织,更是在实践中被排除在附条件不起诉的范围之外,有违刑法中的公平原则。"①

(四) 检察官办案力量不足的现实性

据新华社 2012 年 5 月的报道,我国已成立独立未成年人刑事检察工作机构 298 个,但此数据相对于 2010 年统计的 2856 个县级行政区域而言,独立的未成年人刑事检察工作机构只是其 1/10,而且目前各级检察机关中,真正素质较高、专业能力较强的、理想的未成年刑事检察人员依然十分缺少。部分检察机关虽然成立了未成年人刑事案件办理组,指定专人办理未成年人案件,但形同虚设,办案人员依然需要办理成年人犯罪案或者未成年人案件谁都可以承办。这种现状无疑对于既需要认真核实证据、密切社会调查,又需要协调未成年犯罪嫌疑人监护人、学校、社区等关系加强帮教考察的附条件不起诉制度之实行造成重大影响,甚至在保护未成年人、宽严相济政策的幌子下,对于附条件不起诉的实施条件审查、考察帮教等方面流于形式。

四、附条件不起诉制度的路径方向

必须承认,附条件不起诉制度的推行在现行环境下存在着种种困难,然而正如弗兰克所言:"认为司法制度是或者能够是一个超人类的制度的这种幻想,构成了对司法制度进行实质性改革的主要障碍之一。"② 指出与承认附条件不起诉制度推行的困难,是为了更好地明确下一步的工作和方向。

---

① 李华、金铁:《附条件不起诉制度实证研究》,载《国家检察官学院学报》2009 年第 6 期。
② [美] 杰罗姆·弗兰克:《初审法院——美国司法中的神话与现实》,赵承寿译,中国政法大学出版社 2007 年版,第 2 页。

（一）严格按照法律规定审查附条件不起诉、微罪不起诉的适用前提

基于上文所述附条件不起诉适用前提不易判断，微罪不起诉扩大化之缘由，本文认为：一是不能以缓刑、免予刑事处罚的判决率较高就倒推应该多适用微罪不起诉，毕竟三者之间的适用条件、适用程序并不相同，且即使都是对犯罪嫌疑人的轻刑化，在不同的刑事诉讼过程中处遇犯罪嫌疑人对其的教育、改造、惩罚也并不相同；二是严格按照法律规定的二个条件适用微罪不起诉，即只能对刑法明确规定"不需要判处刑罚"与"免除处罚"的行为微罪不起诉；三是严格按照法律规定判断附条件不起诉的适用；四是对于审查认为既可微罪不起诉也可附条件不起诉的，优先适用微罪不起诉。

（二）建立以人身危险性为核心的悔罪表现社会调查制度

保证附条件不起诉制度有效运行的必要条件，如适当的初步调查、宣传、接受及执行机构的不足，将影响附条件不起诉的命运，而关于附条件不起诉制度适用前提之"悔罪表现"更是调查的重中之重。《人民检察院刑事诉讼规则（试行）》规定，开展社会调查，可以委托有关组织和机构进行，但目前我国尚缺乏专门从事未成年人调查工作的机构，无论是对于判断人身危险性需要调查的内容还是方法都还未形成体系。一是要成立专门的社会调查机构，明确社会调查员地位和身份，培养具有专业能力，能够更好地认定社会危害性进行人格裁量的人员。二是明确社会调查的内容，完善调查方法，以便充分发挥社会调查报告的作用。在未成年人刑事案件中，"必须考虑未成年人犯罪的特点，查清未成年人犯罪的主客观原因，导致其实施犯罪行为的直接诱因，以及影响其选择行为方式的条件因素，对预防未成年人犯罪，净化社会环境，找准感化点，有的放矢地改造、管教未成年犯罪人，具有重要的意义。"通过社会调查，查清楚犯罪原因，看是否有从宽或者从严处罚的理由；查清楚适合何种处罚进行教育改造的条件，才能达到教育改造和保障。三是规范社会调查工作的程序，应制定一套完整的调查程序，指导规范社会调查员的调查行为，从程序上保证调查工作的公正、客观、真实。如一个案件应设立至少两名社会调查员，在调查时应由二人同往。四是强化对社会调查员的监督，对于调查员的不良行为聘任单位有权依取消其调查员身份等。另外，社会调查员还应接受被调查单位的监督。

（三）完善未成年人考察帮教机制

健全的考察帮教机制是适用未成年人附条件不起诉的必要条件之一，虽然被适用附条件不起诉制度未成年人所犯罪行并不严重，但其仍然属于"问题少年"，要使他们改邪归正，重新回归社会，具体有效的帮教措施是不可或缺的。一是成立独立的未成年人犯罪帮教机构。刑事诉讼法规定的附条件不起诉帮教考察主体是检察机关，附条件不起诉的审查决定和考察帮教是相对独立的两项工作，审查决定之过程更注重刑罚实施之威慑功能而考察帮教则侧重于教育矫正功能，审查决定和考察帮教分设不同的承办人可避免与未成年人的对立。检察机关可以成立专门负责考察帮教之办案机构，具体牵头实施考察帮教，这不仅可以保证考察帮教不流于形式，而且更有利于审查决定的正确作出。二是形成检察机关为主，多部门共同参与的帮教体系。加强与综治、共青团、关工委、妇联、民政、社工管理、学校、社区、企业等有关方面的联系配合，明确各部门在帮教中的职责，严格完善帮教程序，不至于使未成年人被不起诉后脱管、漏管。检察机关帮教机构应积极贯彻落实考察回访原则，与帮教对象的监护人、社区、学校等部门经常保持联络，掌握该未成年人在学习、生活、工作等各方面的动态信息，有效地预防和控制犯罪。[①] 三是积极为未成年人增设公益强制义务，正如上文所言，对未成年人的帮教考察不能仅限于温和手段，亦需要"易感触之力量"，使其知晓不良行为必须承担相应的责任，从而使这些未成年人内心里感受到刑罚的惩戒和教育功效。

（四）配备专业化的检察人员

附条件不起诉制度运行之主体是检察机关，确切地说是检察机关的承办人员。负责未成年人犯罪案件的审查起诉工作不仅要有专业的法学功底，更应熟知未成年人特点，并且具备的一定的心理学、教育学知识，既保证能准确地适用法律，又能运用各方面的知识对未成年人进行教育、感化和挽救。[②] 一是强化程序意识。把程序公正摆在公诉工作更加突出的位置，办理

---

① 参见李小燕：《附条件不起诉帮教可采用多种考察模式》，载《检察日报》2012 年 9 月 2 日第 3 版。

② 参见朱孝清：《关于未成年人刑事检察工作的几个问题》，载《预防青少年犯罪研究》2012 年第 6 期。

未成年人案件严格遵守其相关规定，落实讯问时合适成年人在场制度、社会调查制度等，坚持程序正义有效保障对未成年人案件的全面把握，做出正确的是否附条件不起诉决定。① 二是加强审查判断能力。不仅是对证据的审查判断要依法、全面，还包括对社会调查报告的审查，要反复推敲和审查，决定的作出既要有效地制止、控制和预防少年犯罪，又要引导和促使更多的后进和有劣迹的少年向好的方向转变。三是加强心理学、教育学等方面知识的学习。对失足少年进行教育，就必须熟悉少年的特点，既要知道少年所具有的一般特点，又要知道失足少年的心理特点，以便及时对症下药，有的放矢地开展教育工作。四是加强沟通协调能力的培养。附条件不起诉制度的实施以检察机关为主导，但只有多方配合才能有效帮助未成年人，如何有效地动员社会力量积极参与到考察帮教工作中，沟通协调能力必不可少。五是认真踏实的工作作风。附条件不起诉的考察帮教期限虽然规定是 6 个月以上 1 年以下，但对部分未成年人而言，紧靠这段时间能否真正的教育感化并不确定，为此可能还需要做大量艰辛的、长期的工作，承办人踏实的工作作风是完成这些工作的必要条件。

---

① 参见董少武：《修改后刑诉法视野下的公诉工作》，载《人民检察》2012 年第 8 期。

非法口供的认定

——兼论对"刑讯逼供等非法方法"的理解

易 明[*]

一、问题的提出

新刑事诉讼法在吸纳《关于办理死刑案件审查判断证据若干问题的规定》和《关于办理刑事案件排除非法证据若干问题的规定》的基础上,对非法证据的排除作了较为明确的规定。其第 54 条规定,采用刑讯逼供等非法方法收集的犯罪嫌疑人、被告人供述和采用暴力、威胁等方法收集的证人证言、被害人陈述,应当予以排除。收集物证、书证不符合法定程序、可能严重影响司法公正的,应当予以补正或者作出合理解释;不能补正或者作出合理解释的,对该证据应当予以排除。并在第 55~58 条规定了非法证据的认定主体、证明责任以及排除的后果。

程序的运作依赖于基本概念的明确、规范与清晰,非法证据的认定,涉及对"刑讯逼供等非法方法"、"暴力、威胁方法"以及"不符合法定程序、

---

[*] 易明,重庆市九龙坡区人民检察院法律政策研究室副主任,法学硕士。

可能严重影响司法公正"等概念的理解。刑事诉讼法对"刑讯逼供等非法方法"、"暴力、威胁等方法"以及"不符合法定程序、可能严重影响司法公正"等概念未作进一步说明，这就要求我们将目光转向相关司法解释寻求解答。然而我们可以发现除了最高人民法院《关于适用〈中华人民共和国刑事诉讼法〉的解释》对"刑讯逼供"一词有一定解释外，《人民检察院刑事诉讼规则（试行）》以及最高人民法院《关于适用〈中华人民共和国刑事诉讼法〉的解释》对这几个关键性概念的内涵及外延并未触及。实践中，必然会对"刑讯逼供等非法方法"、"暴力、威胁等方法"以及"不符合法定程序、可能严重影响司法公正"的理解产生困惑。

关键概念的不清，可能导致实践操作中出现两种偏向：一是对"刑讯逼供等非法方法"、"暴力、威胁等方法"以及"不符合法定程序、可能严重影响司法公正"进行不当的限制解释，对本应排除的证据不予排除，刑事诉讼参与人的基本人权遭受侵犯却无从救济，损害到刑事诉讼的人权保障功能。二是对这几个关键概念进行不当的扩大解释，将凡是采用了不人道或有辱人格等手段所取得的言词证据或程序轻微违法所取得的实物证据均视为非法证据而要求排除，从而妨碍定罪锁链的形成，影响刑事诉讼惩罚、控制犯罪功能的实现。由此可见正确解释"刑讯逼供等非法方法"、"暴力、威胁等方法"以及"不符合法定程序、可能严重影响司法公正"等关键性词语关系到新刑事诉讼法确定的非法证据排除规则在实践中运作的实效性，实有必要从理论上对这几个关键概念的内涵与外延进行专门研讨。

新刑事诉讼法将非法证据分为非法言词证据和非法实物证据，非法言词证据又分为非法口供以及非法证人证言、非法被害人陈述。就前些年出现的冤错案看，主要是因为以刑讯逼供方法取得非法口供。① 由此可见，讨论非法口供的认定显具更大的理论和实践意义。

二、认定非法口供的三个层次

按新《刑事诉讼法》第 54 条规定，采用刑讯逼供等非法方法收集的犯罪嫌疑人、被告人供述为非法口供，应予排除。对非法口供的认定涉及"刑讯逼供等非法方法"这一关键概念的理解。如前所述，新刑事诉讼法并

---

① 吕广伦等：《〈关于办理刑事案件排除非法证据若干问题的规定〉理解与适用》，载《人民检察》2010 年第 16 期。

未对这一概念作出说明。其实"刑讯逼供"纯系我国立法上之用语,对"刑讯逼供"及"等方法"的认定,理论界众说纷纭,实务界也莫衷一是。有的人参照联合国《禁止酷刑和其他残忍、不人道或有辱人格的待遇或处罚公约》(以下简称《反酷刑公约》)规定进行阐述,有的人参照世界刑法学会第十五届代表大会通过的《关于刑事诉讼中的人权问题的决定》提出观点,还有的人基于对非法收集证据行为的整体把握,提出应当从是否侵犯公民宪法权利的角度来把握刑讯逼供的内涵和外延。①

笔者认为,非法证据的认定既要立足司法实践,也要注重与国际条约的接轨,既要注重刑事诉讼的追诉实效及处罚犯罪的功能,也要注重保障人权,对"刑讯逼供等非法方法"的理解亦要遵循此项原则。对"刑讯逼供等非法方法"具体理解方式,最高人民法院《关于适用〈中华人民共和国刑事诉讼法〉的解释》为我们提供了思路,其第95条规定:使用肉刑或者变相肉刑,或者采用其他使被告人在肉体上或者精神上遭受剧烈疼痛或者痛苦的方法,迫使被告人违背意愿供述的,应当认定为《刑事诉讼法》第54条规定的"刑讯逼供等非法方法"。"使用肉刑或者变相肉刑"源于最高人民检察院《关于渎职侵权犯罪案件立案标准的规定》第二部分第3条,该条规定:刑讯逼供罪是指司法工作人员对犯罪嫌疑人、被告人使用肉刑或者变相肉刑逼取口供的行为。"肉体上或者精神上遭受剧烈疼痛或者痛苦"源于《反酷刑公约》,该公约第1条第1款即明确规定:"酷刑"是指为了向某人或第三者取得情报或供状,为了他或第三者所作或涉嫌的行为对他加以处罚,或为了恐吓或威胁他或第三者,或为了基于任何一种歧视的任何理由,蓄意使某人在肉体或精神遭受剧烈疼痛或痛苦的任何行为,而这种疼痛或痛苦是由公职人员或官方身份行使职权的其他人所造成或在其唆使、同意或默许下造成的。因法律制裁而引起或法律制裁所固有或附带的疼痛或痛苦不包括在内。由此,为便于实务操作,笔者认为对"刑讯逼供等非法方法"的理解具体可以分为三个层次:对"刑讯逼供"的理解依据最高人民检察院《关于渎职侵权犯罪案件立案标准的规定》第二部分第3条的规定;对"等非法方法"的理解依据《反酷刑公约》确定的"蓄意使某人在肉体上或

---

① 分别参见万毅:《论"刑讯逼供"的解释与认定——以"两个证据规定"的适用为中心》,载《现代法学》2011年第3期;汪建成:《中国需要什么样的非法证据排除规则》,载《环球法律评论》2006年第5期;樊崇义:《"两个证据规定"理解与适用中的几个问题》,载《证据科学》2010年第5期。

者精神上遭受剧烈疼痛或者痛苦"；依据《反酷刑公约》，未对他人"肉体上或者精神上造成剧烈疼痛或者痛苦"的"其他残忍的、不人道的或有辱人格的待遇或处罚"不构成"刑讯逼供等非法方法"。

（一）对"刑讯逼供"的理解

最高人民检察院《关于渎职侵权犯罪案件立案标准的规定》第二部分第3条规定刑讯逼供罪是指司法工作人员对犯罪嫌疑人、被告人使用肉刑或者变相肉刑逼取口供的行为。该条以列举的方式明确刑讯逼供的具体形式，该条规定：以殴打、捆绑、违法使用械具等恶劣手段，以较长时间冻、饿、晒、烤等手段逼取口供，严重损害犯罪嫌疑人、被告人身体健康的构成刑讯逼供罪。至于该条未列举到的肉刑或变相肉刑手段，只要严重损害犯罪嫌疑人、被告人身体健康，都应属于刑讯逼供的范围，如电击、火烧、灌水、吊挂、坐"老虎凳"等肉刑手段，连续多日审讯不让犯罪嫌疑人睡觉、故意在吃饭时间提审不让嫌疑人吃饭、零度气温时只给穿单衣裤、冬季晚上睡觉不让盖被子、反复浸没在血或尿或呕吐物和排泄物的混合物中等变相肉刑手段。至于掐、拧等轻微肉刑则不属刑讯逼供，所取得的口供不在排除范围，理由有二：一是此类行为不至于对犯罪嫌疑人、被告人造成剧烈的肉体痛苦；二是侦查阶段具有特殊性，对不当侦查行为的容忍度更高。

（二）对"等非法方法"的理解

常见的逼供方法除了肉刑、变相肉刑外，侦查实践中还经常使用威胁、引诱、欺骗性侦查手段，这些侦查手段也会对犯罪嫌疑人、被告人造成一定精神痛苦。最高人民法院《关于适用〈中华人民共和国刑事诉讼法〉的解释》第95条规定采用其他使他人在精神上遭受剧烈痛苦的方法，迫使被告人违背意愿供述的，构成"等非法方法"，进而认定该供述为非法证据予以排除。如前所述，"精神上遭受剧烈痛苦"源于联合国《反酷刑公约》，最高人民法院《关于适用〈中华人民共和国刑事诉讼法〉的解释》采纳了《反酷刑公约》的表述，以司法解释的形式明确了"使他人精神上遭受剧烈痛苦"的精神逼供方式获得的犯罪嫌疑人、被告人供述属非法证据，应予排除。

（三）不构成"刑讯逼供等非法方法"的"其他残忍的、不人道的或有辱人格的待遇或处罚"

新刑事诉讼法对"刑讯逼供等非法方法"所获取的口供采绝对排除原

则，构成"刑讯逼供等非法方法"的要求是"使他人在肉体或精神上遭受剧烈疼痛或痛苦"，对于那些不至于造成他人"肉体或精神上遭受剧烈疼痛或痛苦"的轻微违法的不规范审讯，则不构成"刑讯逼供等非法方法"。这一区分方法是符合《反酷刑公约》相关规定的。联合国人权委员会指出，"酷刑"与"残酷的、不人道的或有辱人格的待遇或处罚"之间存在区别，具体界限在于相应待遇的本质、目的以及严重程度。轻微的疼痛或痛苦可能构成"其他残忍的、不人道的或有辱人格的待遇或处罚"，但只有相对严重的疼痛或痛苦才能构成"酷刑"[①]。据此，疼痛或痛苦是否"剧烈"，就成为区分"酷刑"与"其他残忍、不人道或有辱人格的待遇或处罚"的标准。

三、"肉体或精神上遭受剧烈疼痛或痛苦"的经验性或标准性判断

是否构成"刑讯逼供等非法方法"的核心问题是"肉体或精神上遭受剧烈疼痛或痛苦"与否，何为"剧烈"疼痛或痛苦？刑事诉讼法及刑事诉讼法所依照的《反酷刑公约》并没有对"剧烈"一词的明确内涵予以界定[②]。所谓"剧烈"，必须在实务中依据个案的具体情况进行界定。对此，有学者提出对"剧烈"的经验性或标准性判断方式。[③]

（一）借助人类社会的一般常识和经验法则，从反向进行辅助判断

例如，侦查机关在审讯中为了突破犯罪嫌疑人的心理防线，强调对犯罪嫌疑人保持"高压"态势，因而在审讯中可能会伴有轻微的打骂、呵斥，这类不规范的审讯行为，虽可认定为"其他残忍、不人道或有辱人格的待遇或处罚"，但因为未对犯罪嫌疑人造成肉体或精神上的剧烈疼痛或痛苦而不构成"刑讯逼供"。

---

① 国际人权法教程项目组：《国际人权法教程》（第一卷），中国政法大学出版社 2002 年版，第 113 页。
② 王光贤：《"酷刑"定义解析》，载《国家检察官学院学报》2002 年第 2 期。
③ 万毅：《论"刑讯逼供"的解释与认定——以"两个证据规定"的适用为中心》，载《现代法学》2011 年第 3 期。

（二）在判断是否达到"剧烈"程度时要依据具体案件中嫌疑人不同的身体和精神状况进行逐一判断

疼痛或痛苦剧烈与否，本质上是个人的主观感受问题，只能在每一特定的案件中，通过仔细地平衡考虑各种情况，包括受害者自身对疼痛的忍受能力，才能得到确认。例如，疲劳审讯当然构成刑讯逼供，但问题是什么是疲劳审讯？何种强度的超时审讯才能构成疲劳审讯？从实践情况来看，讯问时间较长，是认定疲劳审讯的一般标准，但仅此却并不足以认定构成疲劳审讯。除时间长短因素外，实践中还必须考虑在讯问期间犯罪嫌疑人是否得到休息机会，嫌疑人要求休息时侦查人员是否加以制止等因素。至于判断威胁、引诱、欺骗手段是否达到"剧烈"程度，也应平衡考虑各种情况，逐案判断。我国台湾地区王志扬、邱振洋、林思容涉嫌违反"贪污治罪条例"案中，3名嫌疑人由"法务部"调查局东部地区机动工作组侦查后移送台湾花莲地方法院检察署起诉。"法务部"调查局东部地区机动工作组在侦查中对林思容、邱振洋使用了威胁、引诱的侦查手段，如审讯林思容时告诉"不老实交代会被关押"、"如老实交代则可以回家"等，审讯邱振洋时告诉"不说实话将无法脱身"、"老实交代可以获缓刑，不会对其作不利处分"等。该案从1999年侦查到2012年2月花莲分院驳回上诉历经13年，四次上诉到"最高法院"。花莲分院在二、三度更审中认定对邱振洋的威胁、引诱手段达到"剧烈"程度，所获口供为非法口供，不予采纳。还认定在审讯林思容时使用的威胁、引诱的侦查手段达不到"剧烈"程度，不影响嫌疑人的自由意志，所获口供合法，不予排除。理由是讯问的录影带表明林思容陈述的语气从容，甚至一再出现笑容，并且对案由的妥当性提出了质疑，要求调查员予以更改，还对笔录内容表示了意见。花莲分院更进一步指出"为判定是否足以影响被讯问者陈述之自由意志，当自整体观之，并非仅以'不说实话，将遭羁押'之结论为判断"。台湾"最高法院"接受了花莲分院这一解释。①

（三）在运用经验法则依据常识进行判断出现困难时，应当要求医生介入并以医学标准进行评判

在面对是否构成刑讯逼供的争议时，可由医生出面以医学标准进行评

---

① 林国强：《审前重复供述的可采性》，载《国家检察官学院学报》2013年第4期。

判，根据受害人的个体情况具体甄别刑讯行为是否给受害人造成了肉体或精神方面难以忍受的剧烈疼痛。

四、判断威胁、引诱、欺骗手段获取口供的侦查手段是否合法的替代性标准

侦查实践中常用的威胁、引诱、欺骗性侦查手段，因为这些手段会对犯罪嫌疑人、被告人造成一定精神痛苦，所以以这些手段所获口供之合法性仍有待讨论。由于侦查环节的特殊性，各法治国家对于威胁、引诱、欺骗性侦查手段获取的口供均采相对排除的原则，即只排除那些采用严重违法的威胁、引诱、欺骗手段获取的口供。① 对于威胁、引诱、欺骗性手段获取的口供不应一律排除的作法也在此次刑事诉讼法修改中得到体现。1996年《刑事诉讼法》第43条规定严禁刑讯逼供和以威胁、引诱、欺骗以及其他非法的方法收集证据。依据该条规定以威胁、引诱、欺骗方式获取口供的侦查手段应一律禁止。最高人民法院《关于执行〈中华人民共和国刑事诉讼法〉若干问题的解释》第61条规定，严禁以非法的方法收集证据；凡经查证确实属于采用刑讯逼供或者威胁、引诱、欺骗等非法的方法取得的证人证言、被害人陈述、被告人供述，不能作为定案的根据。《人民检察院刑事诉讼规则》第265条第1款规定：严禁以非法的方法收集证据，以刑讯逼供或者威胁、引诱、欺骗等非法的方法收集的犯罪嫌疑人供述、被害人陈述、证人证言不能作为指控犯罪的根据。按修改前的刑事诉讼法和"两高"的司法解释，凡是以威胁、引诱、欺骗方式获取口供的侦查手段都是非法的。新《刑事诉讼法》第54条则对刑讯逼供和暴力、威胁手段的不同适用对象进行了区分，应予排除的非法证据中有意省略了威胁、引诱、欺骗侦查手段所获取的口供。最高人民法院《关于适用〈中华人民共和国刑事诉讼法〉的解释》在第54条和第95条规定的基础上，第80条规定对被告人的供述和辩解应着重审查有无以"刑讯逼供等非法方法"收集的情形，与《关于执行〈中华人民共和国刑事诉讼法〉若干问题的解释》第61条相比较，明显

---

① 与刑事诉讼流程的其他诉讼阶段相比，侦查环节在对抗的强度和力度上均远胜公诉、审判，与审判中控辩双方君子动口不动手的唇枪舌战不同，侦查程序中侦查机关与犯罪嫌疑人的对抗与较量是第一线的短兵相接，甚至可能是你死我活的斗争。侦查程序在任务和构造上的这种差异，使得刑事诉讼程序对侦查人员不当侦查行为的容忍度更高，威胁、引诱、欺骗等侦查手段因此而被一定程度地合法化。

省略了威胁、引诱、欺骗手段。

虽然威胁、引诱、欺骗获取口供的侦查手段在一定程度上被合法化，出于人权保障和司法公正之目的，还是存在着威胁、引诱、欺骗等侦查手段合法与否的界限问题。除了以前述标准判断威胁、引诱、欺骗等侦查手段的运用是否造成嫌疑人精神"剧烈"疼痛或痛苦外，有学者提出按照合法性、合理性、真实性三项标准衡量判断威胁、引诱、欺骗等侦查手段是否合法。合法性，即禁止以法律不准许的措施相威胁，禁止以法律没有规定的利益相许诺。合理性，即不能过度地、以社会道德难以容忍的方式实施威胁、引诱、欺骗。真实性则是最后的也是最重要的标准，即这种方法使用在当时的特定情景之下，是否会让一个没有犯罪的人承认自己实施了犯罪。① 这样的标准看似完善，但缺乏可操作性。在刑事诉讼法相关规定不够完善的情况下，无从判断相关威胁措施是否被法律所准许，也无从判断许诺的利益是否为法律所规定。更为重要的是在我国刑诉法尚不完善、判例制度还不成熟的情况下，无法在情形千变万化的个案中判断威胁、引诱、欺骗的手段是否足以妨碍到供述的自愿性。②

在美国、加拿大等国的刑事司法实践中，在判定威胁、引诱、欺骗等侦查手段的合法性时普遍采用另一套标准，即该手段的使用不得有碍法秩序的形成，不能使社会和法庭"受到良心上的冲击"，或者"使社会震惊"，"使社会不能接受"。③ 所谓不得有碍法秩序的形成，是指侦查手段不得公然违背现行法规定。使用威胁性侦查手段时，如果以法律规定的内容或后果进行威胁，只算是法律后果的提示，并不违法；但如果以法律未规定的内容进行威胁，则是非法手段，其所获口供应予排除。比如侦查人员以不交代就秘密处死、不交代就多判几年徒刑或无限期羁押等相威胁的方式就严重违法，其所获证据即为非法证据。使用引诱性侦查手段时，侦查人员允诺提供香烟给

---

① 龙宗智：《两个证据规定的规范与执行若干问题研究》，载《中国法学》2010年第6期。

② 日本等国是通过判例明确某种威胁、引诱、欺骗的侦查手段是否会妨碍到供述的自愿性而不予采纳。如日本通过判例裁定以下几种通过承诺所获取的口供不可采：处于承诺的自白，具体为如果自白将不起诉、如果自白将处以罚金、如果自白就不逮捕并以罚金结案、如果自白将尽快释放、若自白将得到恩赦、即使自白也不将其作为证据、若自白将给提供兴奋等、若自白将允许与亲属联系带来律师费用等。参见宋英辉译：《日本刑事诉讼法》，中国政法大学出版社2000年版，第29页。我国也有学者明确提出应进一步完善判例制度以更好界定"刑讯逼供"的内涵和外延，通过指导性案例界定非法取证行为的内涵。参见陈卫东、Taru Spronken：《遏制酷刑的三重路径：程序制裁、羁押场所的预防与警察讯问技能的提升》，中国法制出版社2012年版，第152页。

③ 弗雷德·B. 英博：《审讯与供述》，群众出版社1992年版，第275页。

有烟瘾的人吸食，以此引诱嫌疑人作出供述。这一侦查手段并不违法，因为提供香烟本身并不违法。但如果侦查人员利用嫌疑人有毒瘾的生理弱点，在其毒瘾发作时，允诺为其提供毒品吸食，以此引诱嫌疑人作出供述，该侦查手段违法，因为引诱、教唆吸毒在我国本身就是犯罪，该侦查手段公然违背了现行法律，有碍法秩序的形成。所谓不能使社会和法庭"受到良心上的冲击"，或者"使社会震惊"，"使社会不能接受"的方式，主要就是指侦查谋略之实施不得违背宗教伦理、职业伦理以及家庭人伦，以及不得有损那些具有社会公信力的基本制度面。① 例如，对信仰基督教的嫌疑人，警察以装扮成牧师听取忏悔的方式取证，这一侦查手段亵渎了牧师这一神圣的宗教角色而违背了宗教伦理，其所获取的口供应作为非法证据予以排除。侦查人员化装成嫌疑人所委托的律师与其会见并听取其陈述，借机收取证据，这一作法违背职业伦理，将彻底破坏嫌疑人与律师之间的信赖关系，危及律师制度存在的社会基础。再如，亲情逼供的系以违背家庭人伦的威胁性取供，属极端不道德的取证方式，应当对其所获口供予以排除。

结　语

两个证据规定实施以来，非法证据排除的实施情况并不理想，除了体制上的因素以外，关键概念还有待完善也是重要原因。厘清关键概念，在实体上增强非法证据排除规则的可操作性，才能保障立法目的不落空虚置。新刑事诉讼法确立的非法证据排除规则在一定程度上借鉴了《反酷刑公约》，对"刑讯逼供等非法方法"等关键概念的厘清，需要借助《反酷刑公约》的成熟立法以及相关法治国家的成功经验来确立总体原则，并在司法实践中以指导性案例的形式将这些总体原则予以细化。

---

① 万毅：《侦查谋略之运用及其底限》，载《政法论坛》2011年第4期。

职务犯罪侦查中适用强制措施研究

柯 琳*

强制措施是一种通过限制犯罪嫌疑人人身自由来保证犯罪嫌疑人及时到案、防止犯罪嫌疑人实施有碍侦查的活动，从而加强侦查机关对犯罪嫌疑人的控制、为侦查活动创造便利条件的手段，具体而言有拘传、拘留、逮捕、取保候审、监视居住5类。适用强制措施的原则应当是在打击犯罪和保障人权之间达到平衡，在不妨碍侦查的情况下尽量保障犯罪嫌疑人的合法权利。但由于职务犯罪案件中犯罪嫌疑人的反侦查能力较强、书证较少、对犯罪嫌疑人口供的依赖性较大，导致了职务犯罪侦查中适用强制措施以羁押为主的现状，本文将对职务犯罪侦查中适用强制措施的情况和存在的一些问题进行探讨。

一、职务犯罪侦查中适用强制措施类型及其适用情况

（一）拘传

拘传是强制犯罪嫌疑人到案接受讯问的措施，与传唤的适用对象、时间

---

* 柯琳，重庆市万州区人民检察院职务犯罪侦查局干警。

限制、适用条件相同,传唤强调犯罪嫌疑人接受讯问的自觉性,不属于强制措施,而拘传是强制措施的一种。职务犯罪侦查中,拘传处于一种较为尴尬的境地,检察机关要么只是传唤犯罪嫌疑人,要么直接使用拘留或逮捕,极少拘传。[1] 传唤时也是由两名侦查人员到犯罪嫌疑人住处通知其接受讯问,在这种情况下,拒不到案的情况几乎没有,因此没有适用拘传的必要性。

司法实践中,第一次接触初查对象时往往还没有立案,只是通知初查对象到检察机关接受询问,此时的询问也在办案工作区进行,并且进行全程同步录音录像,遵守传唤和拘传规定中关于时间限制和保证饮食、必要休息时间的规定,为防止发生安全事故,在初查对象有上厕所、通信等行为时也会派侦查人员看守。询问内容主要是核实初查时掌握的一些初查对象涉嫌职务犯罪的事实以及让初查对象主动交代自己涉嫌的、尚未被检察机关掌握的其他犯罪事实,询问后再根据询问笔录的内容制作提请立案报告、立案决定书进行立案。由于询问的时间已经较长,此时再适用拘传有变相羁押之嫌,因此,立案后直接适用拘留措施。之所以采取先询问再立案的方式,是因为通过初查所掌握的初查对象涉嫌职务犯罪的事实仅仅是基于部分书面材料和办案人员的推测,需要听取初查对象的辩解或交代进行核实,还有一些初查未掌握的情况也需要听取初查对象的主动交代,才能使立案报告的案情和数额更加准确。

(二) 拘留和逮捕

拘留和逮捕均是采取将犯罪嫌疑人羁押到看守所的方式达到控制嫌疑人的目的,是对犯罪嫌疑人的人身自由限制性最强的强制措施,也是职务犯罪侦查中适用最多强制措施。重庆市万州区人民检察院 2010 年至 2013 年 5 月共立案侦查职务犯罪案件 100 件 137 人,其中适用拘留措施的 105 人,适用逮捕措施的 70 人,分别占立案总人数的 76.64% 和 51.09%,每年情况如图 1、图 2 所示。

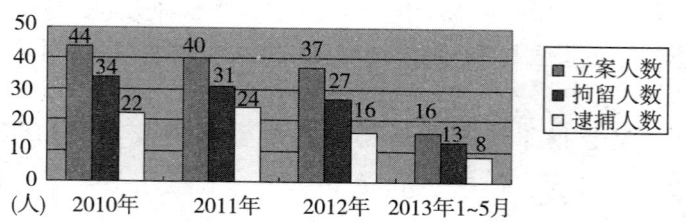

图 1 重庆市万州区人民检察院 2010~2013 年 5 月
拘留、逮捕措施适用情况

---

[1] 宋英辉:《职务犯罪侦查中强制措施的立法完善》,载《中国法学》2007 年第 5 期。

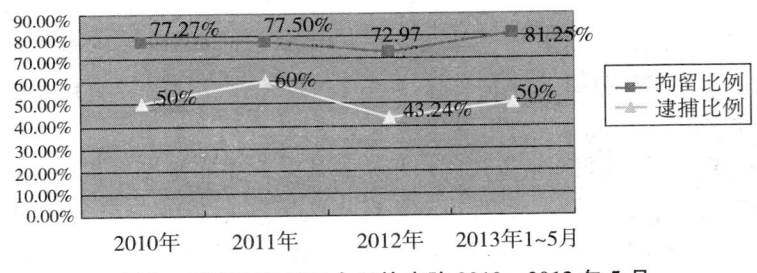

图 2　重庆市万州区人民检察院 2010～2013 年 5 月
拘留、逮捕措施适用比例

由此可见，拘留和逮捕措施在职务犯罪侦查中适用较多，占主导地位，其主要目的是为了防止犯罪嫌疑人做出串供、毁灭证据等有碍侦查的行为，因为职务犯罪特别是贿赂犯罪案件证据比较单一，对口供的依赖性较大，羁押能够有效防止串供。但基于保障人权的需要，侦查过程中适用强制措施不应当以羁押为主。联合国《公民权利和政治权利国际公约》第 9 条第 3 款规定："等待审判的人们被置于羁押状态不应当是一般的原则，但释放时可以附加担保在审判时或司法程序的其他阶段出庭，或者在案件需要的情况下执行刑罚时到场的条件。"联合国人权委员为也明确指出："审判前的羁押应是一种例外，并尽可能短暂。"①

另外，拘留和逮捕的适用还具有连续性的特点，拘留是为收集证据、准备提请批准逮捕材料而提供足够的时间，适用拘留措施的一般都能满足逮捕的条件，只有少数案件因不满足或不完全满足逮捕条件而不予批准逮捕、附条件逮捕、撤销逮捕。重庆市万州区人民检察院 2010 年至 2013 年 5 月提请批准逮捕的案件只有 1 人在逮捕前未拘留。2010 年不予批准逮捕 5 人、附条件逮捕 4 人、撤销逮捕 2 人；2011 年不予批准逮捕 4 人、附条件逮捕 2 人；2012 年无此类案件；2013 年 1 月至 5 月不予批准逮捕 1 人。不满足或不完全满足逮捕条件的案件逐年减少，其原因在于初查工作越来越细致、风险决策越来越少。

（三）取保候审和监视居住

职务犯罪侦查中适用取保候审措施的情况主要有以下四类：一是上级人民检察院认为证据不足或没有逮捕必要而不予批准逮捕；二是侦查羁押期限

---

① 转引自高雪梅、王峰：《职务犯罪案件中强制措施存在的问题及完善》，载《法学杂志》2009 年第 10 期。

届满，案件尚未办结；三是犯罪嫌疑人认罪态度较好，证据收集、固定得较为完善，不再担心犯罪嫌疑人串供或毁灭证据；四是因患有疾病等原因不适宜羁押。因为职务犯罪案件涉及金额一般都较大，没有因可能判处管制、拘役或者独立适用附加刑而适用取保候审的情况。

近年来，在职务犯罪侦查过程中越来越注重对犯罪嫌疑人权利的保障，取保候审的适用也越来越多，重庆市万州区人民检察院2010年至2013年5月适用取保候审措施的共25人，占立案总人数的18.25%，每年适用取保候审措施人数占立案总人数的比例分别为11.36%、12.5%、27.03%、31.25%，所占比例逐年攀升。

职务犯罪侦查中适用取保候审措施时一般采取保证人担保的形式，因为职务犯罪案件的犯罪嫌疑人经济能力都较强，采取保证金形式没有足够的控制力，之前对犯罪嫌疑人的银行账户、资金等一般已经采取了冻结、扣押等侦查措施，再缴纳保证金已无实际意义。

刑事诉讼法修改之前，取保候审和监视居住在适用条件和对犯罪嫌疑人的强制性方面区别不大。取保候审中保证人义务和保证金对犯罪嫌疑人有一定的限制作用，监视居住中犯罪嫌疑人需遵守的规定表面上看来更加严格，但实质上检察机关难以掌握情况，因此，检察机关宁愿选择适用取保候审，监视居住未能发挥作用，甚至形同虚设。重庆市万州区人民检察院近5年来从未适用过监视居住措施。据统计，某省检察机关查办职务犯罪1年所适用监视居住的仅4人，并且主要原因是这4人既交不起保证金，又无法提供保证人。①

刑事诉讼法修改之后，监视居住成为了逮捕的替代措施，需符合逮捕条件，使其与取保候审区别开来，对犯罪嫌疑人的控制程度也有所提高，特别是指定居所监视居住对犯罪嫌疑人的强制性很高。但由于有变相羁押之嫌以及执行困难等原因，监视居住的适用仍然存在很多问题，需要进一步探索。

二、职务犯罪侦查中适用强制措施存在的几个问题

（一）第一次询问初查对象的强制性问题

《人民检察院刑事诉讼规则（试行）》第173条规定："在初查过程中，

---

① 王建明：《论职务犯罪侦查强制措施及其立法完善》，载《法律科学》2008年第3期。

可以采取询问、查询、勘验、检查、鉴定、调取证据材料等不限制初查对象人身、财产权利的措施。不得对初查对象采取强制措施，不得查封、扣押、冻结初查对象的财产，不得采取技术侦查措施。"第一次询问初查对象是不能采取强制措施的，但在司法实践中，基于防止发生安全事故等原因，该过程又具有一定的强制性。如询问在办案工作区进行，询问过程全程同步录音录像，初查对象上厕所、通信等活动派侦查人员看守……除强调初查对象配合侦查活动的自觉性之外，该过程与拘传没有区别。询问过程中，初查对象如有激烈反抗、自杀、逃跑、串供等行为，也需要侦查人员制止。根据立法本意，第一次询问初查对象的强制性不能大于拘传，应当遵守拘传规定中的时间限制和保障饮食、必要休息的规定，不能在询问后再拘传成为变相羁押。对于该过程的强制性程度应当进一步明确。

（二）强制措施执行权的问题

刑事诉讼法规定，取保候审、监视居住、逮捕等强制措施由公安机关执行。但司法实践中更为普遍的情况是：公安机关不积极履行职责，检察机关就自力更生——职务犯罪侦查部门自行追逃，自行押解犯罪嫌疑人到看守所。① 职务犯罪侦查中，检察机关将法律文书送达公安机关仅为一种形式，公安机关没有积极性也没有足够的人力执行职务犯罪案件的强制措施，强制措施由公安机关执行的规定形同虚设。

（三）采取取保候审、监视居住措施，难以保证嫌疑人遵守相关规定

为适应保障人权的需要，适用强制措施应当以羁押为辅、保释为主，但实践中取保候审和监视居住措施难以达到有效控制嫌疑人的目的。取保候审和监视居住影响了检察机关对犯罪嫌疑人的控制能力，尤其是对于实物证据较少或难以确定的贿赂等犯罪。适用取保候审、监视居住，检察机关对犯罪嫌疑人妨碍诉讼的情况几乎一无所知，也难以防止发生犯罪嫌疑人潜逃、串供、销毁证据等现象。② 刑事诉讼法对保证人的责任规定不明确，罚则过于笼统。对没有按规定履行保证义务保证人的处罚措施，目前刑事诉讼法仅规

---

① 辛辉：《职务犯罪侦查强制措施的执行现状及相关立法建议》，载《社会科学论坛》2006年第11期（下）。

② 高雪梅、王峰：《职务犯罪案件中强制措施存在的问题及完善》，载《法学杂志》2009年第10期。

定为罚款,以及对保证人违反《刑法》第310条规定实施窝藏、包庇等行为追究刑事责任,没有其他的处罚规定。对保证人没有履行保证义务的,检察机关也缺乏有效的制约手段,某种程度上难以保证其切实履行保证义务。①

(四) 监视居住的适用问题

监视居住分直接监视和间接监视两种,前者是指执行机关主动进行监视,后者是指指令嫌疑人在指定时间到指定地点报告遵守相关规定的情况。直接监视的强制性较高,应属于羁押的替代措施。间接监视的强制性较低,应属于取保候审的替代措施。如果能够有效使用,监视居住优于拘留、逮捕等羁押措施。对于犯罪嫌疑人来说,居住环境和自由程度肯定优于羁押;对于检察机关来说,监视居住的时间更长,通过电子监控、通信监控等措施也能防止犯罪嫌疑人进行串供、毁灭证据等活动。但在司法实践中,适用监视居住措施最大的问题在于执行困难。为防止发生安全事故、防止犯罪嫌疑人串供和妨碍作证,只能通过执行机关主动进行电子监控、通信监控的直接监视方式,需要投入大量的人力物力,公安机关无法提供足够的人力、物力支持。在犯罪嫌疑人的住处安装监视设备对于与其共同居住的家人的隐私权也是一种侵犯,采取指定居所监视居住则会带来数额庞大的住宿、餐饮等办案经费。

(五) 羁押后的律师会见问题

刑事诉讼法修改后,对职务犯罪侦查阶段律师权利保障提出了更高的要求,目前,各级检察机关也在积极制定相关规定规范自身的执法行为、保障律师执业权利。重庆市万州区人民检察院于2013年6月与万州区公安局、万州区司法局共同制定了关于律师会见在押职务犯罪案件嫌疑人的意见和关于在职务犯罪侦查环节加强与律师沟通的意见,积极适应修改后的刑事诉讼法的要求。但在保障律师执业权利的同时,对律师的执业行为也需要进行监督,目前的监督主要是看守所对律师违反管理规定递交违禁物品等行为的监督,对于律师是否帮助犯罪嫌疑人串供等行为无法进行监督。某些律师职业道德不高,在会见犯罪嫌疑人时帮助嫌疑人串供,实践中已经出现了不少"律师一会见,嫌疑人就翻供"的现象,某些律师为了自证清白,在会见时

---

① 王建明:《论职务犯罪侦查强制措施及其立法完善》,载《法律科学》2008年第3期。

自行录音录像。可见，对律师执业行为进行监督也是十分必要的。

（六）适用强制措施后的国家赔偿问题

《国家赔偿法》第 17 条规定："行使侦查、检察、审判职权的机关以及看守所、监狱管理机关及其工作人员在行使职权时有下列侵犯人身权情形之一的，受害人有取得赔偿的权利：（一）违反刑事诉讼法的规定对公民采取拘留措施的，或者依照刑事诉讼法规定的条件和程序对公民采取拘留措施，但是拘留时间超过刑事诉讼法规定的时限，其后决定撤销案件、不起诉或者判决宣告无罪终止追究刑事责任的；（二）对公民采取逮捕措施后，决定撤销案件、不起诉或者判决宣告无罪终止追究刑事责任的……"司法实践中，经过侦查羁押、审查起诉、一审、二审，对犯罪嫌疑人的实际羁押期限有可能超过判决的刑期，而这种情况并未纳入国家赔偿的范围，有失公正。实践中，还出现了由于犯罪嫌疑人不知道享有国家赔偿权而超过了申请时效无法获得国家赔偿的情况，造成了一些社会矛盾，若增加一项告知义务则不会出现这种结果。

三、完善职务犯罪侦查强制措施适用的几点建议

（一）明确第一次询问初查对象时的强制性程度

如前所述，立案前对初查对象的第一次询问虽不能适用强制措施，但带有一定的强制性，根据立法本意，该过程的强制性应小于拘传，至少遵守关于拘传的规定。检察机关在此过程中一般都能自觉类比适用法律，遵守关于拘传的规定，但由于缺乏明确规定，询问过程的执法行为仍存在任意性较强的问题，因此，需在人民检察院刑事诉讼规则中对初查对象的询问过程需遵守的规范进一步明确，以规范执法行为、提供法律依据。

（二）在公安机关设立相关部门专门配合检察机关执行强制措施

取保候审、监视居住、逮捕等强制措施的执行权归公安机关，由于不是公安机关自己查办的案件，公安机关执行没有积极性，仅仅是走个形式，事实上公安机关也没有足够的人力、物力用于执行强制措施，而由检察机关自己执行又于法无据。因此，建议在公安机关设立相关部门专门负责强制措施的执行，这样才能解决取保候审执行不力、监视居住执行困难等强制措施的

执行问题。

(三) 在取保候审措施中加强对犯罪嫌疑人的监管

一是侦查机关对犯罪嫌疑人遵守规定的情况进行主动跟踪观察，严防串供、毁灭证据等行为。二是强化保证人的责任，对未尽到保证义务的保证人要加重处罚力度，经济处罚与其他处罚相结合，未构成犯罪的增加行政处罚措施。三是多种手段结合加强对犯罪嫌疑人的控制，如对犯罪嫌疑人的金融系统进行冻结、身份证使用进行限制等。

(四) 对监视居住措施细化解释

一是明确监视居住的适用情况，主要作为羁押的替代措施、取保候审的替代措施以及针对无固定住处、流动性强的犯罪嫌疑人适用监视居住。二是明确监视、监听、信号屏蔽等技术措施的使用程序和使用方式。三是与公安机关联合建设适宜用于指定居所监视居住措施的场所，安装配套设备，提供硬件支持。

(五) 加强对律师会见职务犯罪案件嫌疑人的监督

一是由看守所、检察机关驻所检察室对会见行为进行监督，主要防止律师有向犯罪嫌疑人递交违禁物品等违反看守所管理规定的行为，为保障律师依法执业，对其会见时的谈话内容不得进行监督。二是由律师协会对会见内容进行监督，会见过程可自行录音录像，录音录像资料保存于律师协会，在审查起诉或案件审理环节，认为律师可能有帮助串供行为而导致犯罪嫌疑人翻供的，可启动监督程序，调取相关资料。

(六) 增加国家赔偿范围，增设告知义务

为更加充分地保障犯罪嫌疑人的人身权利，建议将羁押期限超过判决刑期的纳入国家赔偿范围，赔偿义务机关为超过刑期羁押阶段的决定机关。另外，为防止发生由于超过国家赔偿申请时效而无法获得赔偿而发生影响社会稳定的事件，建议增加侦查机关的告知义务，告知犯罪嫌疑人在何种情况下可申请国家赔偿，以更好地保障犯罪嫌疑人的合法权益。

浅析附条件不起诉制度之刑罚适用条件的立法完善

李雪山* 陈龙环**

附条件不起诉制度的立法确认,是新刑事诉讼法对未成年人刑事司法活动进行法律完善的最大亮点之一,更是多年来未成年人刑事司法改革工作的重要成果体现。附条件不起诉是指对一些犯轻罪的未成年人,有悔罪表现,人民检察院决定暂不起诉,对其进行监督考察,根据其表现,再决定是否起诉的制度。① 从立法精神层面分析,附条件不起诉针对的是原本应当起诉的未成年人犯罪案件,检察机关对其附条件作出不起诉的决定,从而体现对未成年人特别保护的立法意图。附条件不起诉制度的立法认可,有助于深入贯彻宽严相济刑事政策,进一步落实未成年人刑事司法工作"教育、感化、挽救"的方针,进而倡导对未成年人进行特殊司法保护的法律精神。然而,附条件不起诉制度对未成年人进行特殊保护的立法本意,在此次修改的刑事

---

* 李雪山,重庆市人民检察院第五分院公诉一处处长。
** 陈龙环,重庆市人民检察院第五分院公诉一处助理检察员,法学博士。
① 孙谦主编:《〈人民检察院刑事诉讼规则(试行)〉理解与适用》,中国检察出版社2012年版,第330页。

诉讼法中却未能得到应有的体现,导致附条件不起诉制度的立法价值无法得以充分展现。造成这一状况的根本原因在于附条件不起诉的刑罚适用条件的设置不够科学。为有效践行对未成年人进行特殊司法保护的刑事政策,顺应未成年人刑事司法非刑罚化、轻刑化的国际趋势,完善附条件不起诉制度的刑罚适用条件具有必要性。

一、附条件不起诉制度的立法确认对于加强未成年人刑事司法保护的积极作用

作为未成年人刑事案件诉讼程序的重要组成部分,新刑事诉讼法增设附条件不起诉制度的积极意义主要在于贯彻落实对未成年人进行特殊保护的刑事司法政策。具体体现在:

(一)通过拓宽未成年人不起诉的法律渠道来强化对未成年人的刑事司法保护

作为不起诉制度的重要组成部分,附条件不起诉与绝对不诉、存疑不诉、微罪不诉共同构成了严密的不起诉体系。但是,四种不起诉类型在不起诉体系中的作用明显有别且各有侧重。其中,绝对不诉与存疑不诉同属法定不起诉的范畴,检察机关对依法不具备起诉条件的案件作出不起诉决定时均不享有自由裁量权,但绝对不诉具有诉讼的终局性,存疑不诉却保留诉权。而微罪不诉与附条件不起诉则属于酌定不起诉的范畴,均体现出检察人员自由裁量权的行使与运用,但两者也有所不同,主要区别为:第一,在适用案件范围方面,微罪不诉适用于"犯罪情节轻微,依照刑法规定不需要判处刑罚或者免除刑罚"的刑事案件,而附条件不起诉则适用于"可能判处一年有期徒刑以下刑罚"符合起诉条件的未成年人刑事案件。微罪不诉与附条件不起诉在适用案件范围上呈现出递进的关系,并且"适用附条件不起诉案件的未成年犯罪嫌疑人的罪责应当比适用相对不起诉的未成年犯罪嫌疑人的罪责更加严重一些"。[①] 第二,在适用法律效力方面,微罪不诉作出时即告生效,除非发现不符合法定条件的情形,具有诉讼终局性,而附条件不起诉作出的同时要附加一定条件,如果所附加的条件得到满足则刑事诉讼程序即告终止,如条件得不到满足则不起诉决定即被撤销并提起公诉,刑事诉

---

① 岳慧青:《多角度把握我国的附条件不起诉制度》,载《法制日报》2012年5月30日。

讼程序将会按照诉讼常态继续推进，具有诉讼的中局性和结果的不确定性。与附条件不起诉相比，微罪不诉因其法律后果的确定性和提起公诉风险的消除而更有利于未成年人尽早重新回归社会。可见，微罪不诉与附条件不起诉应属互补但不交叉重合的关系。新刑事诉讼法增设附条件不起诉制度的举措，实质上扩展了未成年人不起诉的案件适用范围，有助于强化刑事司法对未成年人的保护工作。

（二）通过对犯罪的成年人与未成年人的区别对待来强化对未成年人的刑事司法保护

从立法规定看，新刑事诉讼法将附条件不起诉设置在未成年人刑事案件诉讼程序之中，并将该制度的适用对象明确限定为未成年人。附条件不起诉制度不能适用于成年人犯罪案件，充分说明了新刑事诉讼法对未成年人予以特殊司法保护的立法本意。"少年是与成年人本质不同的独立个体，体现为少年司法与刑事司法的二元论，这是当前国际少年司法改革的一个基本动向"。①《联合国少年司法最低限度标准规则》在总则中也明确规定，少年司法应视为是在对所有少年实行社会争议的全面范围内的各个发展进程中的一个组成部分，同时还应视为有助于保护青少年和维护社会的安宁秩序。该国际规则要求各国少年司法遵循保护青少年和维护社会安全的"双保护"原则。此次新刑事诉讼法增设附条件不起诉制度，是对少年司法改革的国际潮流动向的有力回应。从司法实务分析，附条件不起诉的科学设置及依法适用应当产生"成年人与未成年人同案，但未成年人的司法处分较轻"的结果。

二、现行法中附条件不起诉之刑罚适用条件可能引发的法律适用冲突及不利后果分析

依照新《刑事诉讼法》第271条第1款之规定，附条件不起诉制度的适用条件是"对于未成年人涉嫌刑法分则第四章、第五章、第六章规定的犯罪，可能判处一年有期徒刑以下刑罚，符合起诉条件，但有悔罪表现"。该制度的刑罚适用条件为"可能判处一年有期徒刑以下刑罚"。这一刑罚适用条件的设置在司法改革探索以及刑事诉讼法修改过程中产生过与现行法规定不同的认识见解。在司法改革探索中，各地基本上都将附条件不起诉的适用范围限定

---

① 姚建龙：《中国未成年人刑事司法制度的完善》，载《国家检察官学院学报》2011年第4期。

在可能判处 3 年有期徒刑以下刑罚的轻微犯罪。① "在《刑事诉讼法修正案（草案）》向社会各界征求意见的过程中，多数意见认为草案将附条件不起诉限制在'可能判处一年有期徒刑以下刑罚'的案件范围太窄，实践中不好把握，建议将其修改为'可能判处三年有期徒刑以下刑罚'。但也有意见认为，现在未成年人犯罪年龄前移，犯罪手段升级，危害性增大，规定对轻微犯罪可以不起诉可能变相助长社会违纪、违法、违背社会公德的现象发生。"② 附条件不起诉刑罚适用条件的现行法设定，固然体现了立法者对附条件不起诉制度适用的审慎态度，但却忽视了其可能在司法实践中引发的不起诉体系内部直至刑事诉讼程序内部的法律适用冲突，导致对未成年人犯罪轻缓化处理的立法意图无法实现，不是从宽处理反而是从严处理，有违立法初衷。

（一）附条件不起诉与微罪不诉将在刑事司法实践中产生不起诉体系内部的法律适用冲突

从法律条文看，附条件不起诉与微罪不诉在刑罚适用条件方面有着明显的区别，前者为"一年有期徒刑以下的刑罚"，后者为"依法不需要判处刑罚或者免除刑罚"。但在刑事司法实务下，微罪不诉的刑罚适用条件已然宽泛于"一年有期徒刑以下的刑罚"。根据《最高人民检察院关于在检察工作中贯彻宽严相济刑事司法政策的若干意见》之规定，"对未成年人犯罪案件依法从宽处理。办理未成年人犯罪案件，应当坚持'教育、感化、挽救'的方针和'教育为主、惩罚为辅'的原则。除主观恶性大、社会危害严重的以外，根据案件具体情况，可捕可不捕的不捕，可诉可不诉的不诉"。在实践中，对于未成年人犯罪或者因亲戚、邻里纠纷引起的轻伤害犯罪等可能判处 3 年有期徒刑以下刑罚的案件，即使不具备微罪不诉的法定刑罚适用条件，被作微罪不诉的现象存在。③ 在新刑事诉讼法施行前，未成年人犯罪案件中微罪不诉的刑罚适用条件，已从法律层面的"依法不需要判处刑罚或者免除刑罚"扩展为刑事政策层面的"可能判处 3 年有期徒刑以下刑罚"。不仅如此，在刑事诉讼法修改过程中，相关的刑事政策的部分内核已被微罪不诉适用条件吸收成为新刑事诉讼法的组成内容，其中当事人和解的公诉案

---

① 邓思清：《建立我国的附条件不起诉制度》，载《国家检察官学院学报》2012 年第 1 期。
② 陈光中主编：《〈中华人民共和国刑事诉讼法〉修改条文释义与点评》，人民法院出版社 2012 年版，第 401 页。
③ 陈胜才、盛宏文：《附条件不起诉将影响微罪不起诉》，载《检察日报》2012 年 7 月 20 日。

件诉讼程序就是典型的例证。新刑事诉讼法施行前，在刑事司法贯彻宽严相济刑事政策的过程中，对于因亲戚、邻里纠纷引起的轻伤害犯罪等可能判处3年有期徒刑以下刑罚的案件被作微罪不诉的司法探索已然上升转化为当事人和解的公诉案件诉讼程序的基本法律规定。新刑事诉讼法施行后，宽严相济刑事司法政策在检察工作中依然沿用。在刑事法律和宽严相济刑事政策并用的司法背景下，由于适用附条件不起诉的刑罚条件过于苛刻，微罪不诉与附条件不起诉之间必将出现法律适用方面的冲突。

（二）微罪不诉与附条件不起诉的法律适用冲突的主要表现

首先，对于可能判处有期徒刑1年以下刑罚的未成年人犯罪案件，检察人员面临着究竟该对未成年犯罪嫌疑人作出微罪不诉或是附条件不起诉的适用条件冲突。从微罪不诉与附条件不起诉互补但不交叉重合的应然层面看，两者的刑罚适用条件应当是泾渭分明的。微罪不诉与附条件不起诉的法律适用冲突说明，附条件不起诉刑罚适用条件的设定背离了刑事司法的基本原理。从法律适用结果分析，新刑事诉讼法施行前符合作出微罪不诉决定的未成年人犯罪案件可能在新刑事诉讼法施行后依法作出附条件不起诉决定。由于附条件不起诉在确定的考验期内法律效力处于不确定状态，可能判处有期徒刑一年以下刑罚的未成年犯罪嫌疑人可能将面临更为不利的司法境地，如被认为不符合附条件不起诉的法定条件则可能面临交付审判的风险。不仅如此，依照新《刑事诉讼法》第271条第3款之规定，倘若可能判处1年有期徒刑以下刑罚的未成年犯罪嫌疑人及其法定代理人对附条件不起诉决定有异议的，那么检察机关依法应当作出起诉的决定。未成年人犯罪嫌疑人及其法定代理人为什么就不能提出作微罪不诉的处理要求呢？这就意味着新刑事诉讼法施行前符合作出微罪不诉决定的未成年人犯罪案件可能在新刑事诉讼法施行后依法作出附条件不起诉决定，在未成年犯罪嫌疑人及其法定代理人提出异议的情况下甚至会提起公诉。由于现行立法规定的"苛刻"，未成年犯罪嫌疑人及其法定代理人对检察机关作出的附条件不起诉决定别无选择。这一状况直接违背了法律增设附条件不起诉制度旨在加强未成年人特殊司法保护的立法初衷。此外，倘若检察机关在处理未成年人犯罪案件面临微罪不诉与附条件不起诉的司法抉择时，根据法律规定而作出附条件不起诉决定，那么可能出现未成年人犯罪案件与成年人犯罪案件的案情基本相同，法律适用结果却是对未成年人附条件不起诉但对成年人微罪不诉，司法不公正的窘境将难以避免。

其次，对于可能判处有期徒刑1年以上3年有期徒刑以下刑罚的未成年人犯罪案件，检察工作将出现"此类案件依法不符合附条件不起诉的适用条件，但根据宽严相济刑事司法政策却可以微罪不诉"的司法怪圈。这一司法怪圈混淆了微罪不诉与附条件不起诉在不起诉体系中的应有逻辑关系，违反了刑事诉讼活动的基本规律。在现行法框架内，消除上述司法怪圈的唯一可行做法是对可能判处1年以上3年以下有期徒刑刑罚的未成年人犯罪案件不适用微罪不诉，而选择作出起诉的决定，但这一做法势必将造成未成年人犯罪案件不起诉渠道的变相减少，不利于未成年人诉讼权益的充分保障。同时，可能判处1年以上3年以下刑罚的成年人犯罪案件相应也要被排除出微罪不诉的适用范围，否则势必造成"成年人与未成年人同案，但未成年人的司法处分较轻"的国际刑事司法共识不能得到贯彻，对未成年人犯罪的轻缓化处理的刑事司法政策不能落实，立法精神无从体现。由于可能判处1年以上3年以下刑罚的未成年人犯罪案件与成年人犯罪案件微罪不诉适用范围的同步受限，刑事案件不起诉率也将总体降低。显然，这一附条件不起诉法律适用的不利后果将产生与新刑事诉讼法增设附条件不起诉制度旨在"扩大检察机关自由裁量权，有效分流案件，提高诉讼效率，顺应国际刑事司法潮流"的立法本意相背离。

最后，附条件不起诉与当事人和解的公诉案件诉讼程序还将在刑事诉讼程序内部产生法律适用冲突。根据新《刑事诉讼法》第271条之规定，附条件不起诉适用于"未成年人涉嫌刑法分则第四章、第五章、第六章规定的犯罪，可能判处一年有期徒刑以下刑罚，符合起诉条件，但有悔罪表现的"的犯罪案件。根据新《刑事诉讼法》第277条、第279条之规定，"因民间纠纷引起，涉嫌刑法分则第四章、第五章规定的犯罪案件，可能判处三年有期徒刑以下刑罚"的犯罪案件，双方当事人达成和解协议，且犯罪情节轻微，不需要判处刑罚的，可以作出不起诉的决定。对于未成年人涉嫌刑法第四章、第五章规定的犯罪，且可能判处一年有期徒刑以下刑罚的犯罪案件，检察人员在部分案件中将面临法律适用冲突的问题。倘若此类案件系民间纠纷引发，且双方当事人达成和解协议的，那么检察人员在行使自由裁量权时是决定选择附条件不起诉或是微罪不诉？倘若此类案件不是民间纠纷引发，或是此类案件系民间纠纷引发但双方当事人无法达成和解协议的，那么检察人员是选择作出附条件不起诉或是提起公诉？对于未成年人涉嫌刑法第四章、第五章规定的犯罪，可能判处一年有期徒刑以上三年有期徒刑以下刑罚的犯罪案件，案件系民间矛盾引发且双方当事人达成和解协议的，检察人员将面对"依法不能附条件不起诉但却可以微罪不诉"的司法怪象。这一司法现象将混淆附条件不起诉和微罪不诉在不起诉体系内部的逻辑顺序,其不利后果上文已作分析,在此不再赘述。假如从逆向论证而非正面比较的角度出发,"可能判处三年有期徒刑以下刑罚"依法可以微罪不诉这一法律规定本身就说明了附条件不起诉刑罚适用条件设定为"可能判处一年有期徒刑以下刑罚"过于狭隘。这一例证再次说明,附条件不起诉的刑罚适用条件的立法完善具有必要性。

三、完善附条件不起诉刑罚适用条件的立法构想

法律制度的立法完善需要以科学、周密的法律理念作为指导。为此完善附条件不起诉的刑罚适用条件的立法构想要从基本理念着手论述。

(一)完善附条件不起诉的刑罚适用条件的基本理念

附条件不起诉的刑罚适用条件的科学设定需要遵循下列法律理念:

一是着眼于构建严密的不起诉体系。新刑事诉讼法已经形成绝对不诉、存疑不诉、微罪不诉与附条件不起诉四位一体的不起诉体系。该体系的严密性要求四种类型的不起诉方式层次分明,适用条件明确区分且各有侧重,尤其是微罪不诉与附条件不起诉在刑罚适用条件上要注重相互衔接递进,注意避免微罪不诉与附条件不起诉两者可能产生的法律适用冲突,共同构成科学的不起诉体系。

二是有利于加强对未成年人的特殊司法保护。这是刑法谦抑性和未成年人犯罪刑事司法政策的应有之义。新刑事诉讼法将附条件不起诉制度的适用对象限定为未成年人,为此附条件不起诉的立法认可旨在拓宽对未成年人通过不起诉方式获得特殊司法保护的法律渠道。这一立法目的的实现绝不能以变相压缩未成年人通过微罪不诉的方式获得特殊司法保护的法律适用空间作为代价,否则附条件不起诉制度对于加强未成年人的特殊司法保护的积极作用将会大打折扣,有违立法初衷。

(二)具体构想

一是附条件不起诉的刑罚适用条件宜以法定刑作为设定基准。附条件不起诉刑罚适用条件的立法完善需要解决的首要问题,就是以法定刑或是宣告刑作为刑罚适用条件的适用基准。该问题的提出源于新《刑事诉讼法》第

271条关于可能判处1年有期徒刑以下刑罚的规定究竟指代的是法定刑还是宣告刑曾引发争议。"有学者指出,刑法分则中法定最高刑为1年以下有期徒刑的只有侵犯通信自由罪、危险驾驶罪。在实践当中可能判处1年以下的案件也是比较少的,这样写意义不大。我们认为,该观点混淆了法定最高刑与可能判处的刑罚这两个概念。本条规定的可能判处的刑罚并不是法定最高刑,而是检察机关根据案件情况进行的量刑可能性的推断。"[①] 上述争论引发关注附条件不起诉之刑罚适用条件的设定采用宣告刑或是法定刑的利弊比较。以现行法关于附条件不起诉的刑罚适用条件为例,倘若采用宣告刑作为设定基准,附条件不起诉适用于宣告刑为1年有期徒刑以下刑罚的犯罪案件,那么附条件不起诉的案件适用范围明显较宽,但附条件不起诉的适用需要检察人员根据案件具体情况进行量刑估算,检察人员在决定作出附条件不起诉与否的过程中需要行使较大范围的自由裁量权,这将容易造成在司法实践中出现不同地域的案情基本相同但处理结果不同的司法不公正现象,同时因附条件不起诉有可能适用于罪行严重但具有法定、酌定从宽情节以及主观恶性相对较小、人身危险性不大的未成年人,此类重罪案件适用附条件不起诉在附条件不起诉制度施行初期容易产生社会争议。倘若采用法定刑作为设定基准,那么附条件不起诉的适用范围相对较窄,但结合刑法分则第四章、第五章、第六章规定的犯罪法定刑进行分析,附条件不起诉适用范围较窄这一弊端在立法完善中可以通过调整法定刑适用的门槛得到一定的消除,并且其刑罚适用条件明确清晰,便于检察人员统一执法标准,有利于实现不同地域的基本相同案情的犯罪案件得到大致相同的法律处理。利弊权衡之下,附条件不起诉刑罚适用条件宜采用法定刑作为设定基准。

二是附条件不起诉的刑罚适用条件宜设定为法定刑3年有期徒刑以上5年有期徒刑以下的刑罚。附条件不起诉的刑罚适用条件的具体设定应当考虑下列内容:

第一,要建立附条件不起诉与微罪不诉在刑罚适用条件上的衔接关系。考虑到附条件不起诉的法律后果比微罪不诉更为不利,适用附条件不起诉案件的未成年人的罪责应当比适用微罪不诉的未成年人的罪责更大,附条件不起诉的适用案件范围也应当比微罪不诉更加严重,故附条件不起诉的刑罚适用条件应当比微罪不诉适度放宽条件,这样才能体现出对未成年人的特殊保

---

① 孙谦主编:《〈人民检察院刑事诉讼规则(试行)〉理解与适用》,中国检察出版社2012年版,第332页。

护。在刑事法律和宽严相济刑事司法政策并用的司法背景下，检察机关将微罪不诉适用于可能判处3年有期徒刑以下刑罚的轻微犯罪，所以附条件不起诉的刑罚适用条件宜适度放宽为法定刑3年有期徒刑以上5年有期徒刑以下的犯罪案件，这才体现了"论罪应当起诉、符合起诉条件"的适用前提之一。否则，在附条件不起诉与微罪不诉的刑罚适用条件交叉的情况下，既然作出微罪不诉明显比附条件不起诉更有利于未成年犯罪人，那么新刑事诉讼法增设附条件不起诉的立法价值将被虚化，该制度的立法本意和立法初衷也将无从体现。立法只有将此类"罪该起诉"的犯罪案件附条件不予起诉，既有助于构建科学的不起诉体系，否则会出现对符合微罪不诉条件的未成年人却作附条件不起诉的悖论，又能够秉持对未成年人犯罪"宽容但不纵容"一贯司法立场，适度地体现未成年人特殊司法保护的立法本意，还可以实现新《刑事诉讼法》第271条第1款与第3款法律规定的内部和谐，即未成年犯罪嫌疑人及其法定代理人对"罪该起诉的案件但作出附条件不起诉"有异议时，检察机关依法作出起诉决定合乎逻辑。此外，刑事法律对于附条件不起诉刑罚适用条件的最高幅度设定为有期徒刑5年的立法构想具有可容许性，这也可以从新《刑事诉讼法》第275条规定"犯罪的时候不满十八周岁，被判处五年有期徒刑以下刑罚的，应当对相关犯罪记录予以封存"中得到进一步的论证。而对于未成年人实施的法定刑3年有期徒刑以下的轻微案件，除主观恶性大、社会危害严重的以外，检察机关贯彻宽严相济刑事司法政策对于符合"可诉可不诉"条件的直接作出微罪不诉决定即可，又何需选择附条件不起诉。况且，从刑法分则第四章、第五章、第六章的犯罪法定刑规定分析，附条件不起诉刑罚适用条件设定为"法定刑3年有期徒刑以上5年有期徒刑以下"在司法实践中也具有相当的适用率，可以消除附条件不起诉因案件适用范围过于狭窄而无法发挥应有的特殊保护作用的顾虑。

第二，要避免附条件不起诉与微罪不诉在刑罚适用条件设定时的交叉情况。在新刑事诉讼法施行前后，刑事诉讼理论专家和实务人员均主张过将附条件不起诉的适用扩大至"可能判处三年有期徒刑以下刑罚的案件"。[①] 依

[①] 参见陈光中主编：《〈中华人民共和国刑事诉讼法〉修改条文释义与点评》，人民法院出版社2012年版，第402页；陈光中、张建伟：《附条件不起诉：检察裁量权的新发展》，载《人民检察》2006年第4期；左卫民：《通过试点与实践推进制度创新——以L县检察院附条件不起诉的试点为样本》，载《四川大学学报》（哲学社会科学版）2011年第5期；叶成国：《附条件不起诉制度实证研究——温州市检察机关附条件不起诉试点工作调查报告》，载《西南政法大学学报》2011年10月；姜蕾：《浅析附条件不起诉制度》，载光明网，2013年3月15日访问。

照这一主张，附条件不起诉与微罪不诉在刑罚适用条件方面存在交叉关系，为此检察人员在执法过程中将面临两种不起诉方式的法律适用冲突。检察人员在处理这一法律适用冲突需要行使自由裁量权，但自由裁量权的行使并无明确的执法守则。虽然"修改的刑诉法并没有对附条件不起诉限制在初犯、偶犯或共同犯罪的从犯，也没有作出诸如必须具备良好的帮教条件等限制性规定"①，但是参照法律适用效果相当的缓刑适用条件"犯罪情节较轻、有悔罪表现、没有再犯罪的危险、宣告缓刑对所居住社区没有重大不良影响"进行分析，检察机关在适用附条件不起诉时并非完全可以不考虑初犯、偶犯、从犯等情节，进而不对惯犯、累犯等进行限制性适用。在附条件不起诉与微罪不诉两者的刑罚适用条件交叉的情况下，现行法难以确立其他可行性的标准来区分适用附条件不起诉与微罪不诉。换言之，附条件不起诉与微罪不诉在刑罚适用条件交叉的情况必然发生法律适用冲突，而这一冲突将伴随发生前文已阐释的诸多不利后果。

第三，要理性看待检察机关自由裁量权的适度扩张。附条件不起诉刑罚适用条件设定为法定刑3年有期徒刑以上5年有期徒刑以下这一构想，无疑将促使检察人员的自由裁量权得以扩张。如何看待检察机关在附条件不起诉中的权力扩张？根据《人民法院量刑指导意见（试行）》之有关规定，已满14周岁不满16周岁的未成年人犯罪，可以减少基准刑的30%～60%；已满16周岁不满18周岁的未成年人犯罪，可以减少基准刑的10%～50%。结合未成年人量刑指导的有关意见分析，刑罚适用条件为"法定刑3年有期徒刑以上5年有期徒刑以下"的附条件不起诉，与刑罚适用条件为"宣告刑三年有期徒刑以下"的缓刑在案件适用范围的实际效果上基本相当，加之附条件不起诉与缓刑的法律适用效果也大致相当，故附条件不起诉与缓刑两者在刑事诉讼的不同阶段发挥着共同的作用。不仅有利于促进未成年罪犯尽早回归社会，而且有助于实现犯罪案件在刑事诉讼的各阶段得到合理分流的司法目的。因此，在刑罚适用条件设定为法定刑3年有期徒刑以上5年有期徒刑以下的前提下，检察机关自由裁量权在附条件不起诉中的扩张是适度，更是有益的。对于检察机关自由裁量权的适度扩张，理性的做法不是从立法层面一味地抵制扩权，而是通过健全法律监督体系来实现对检察机关自由裁量权的全方位的监督制约。

第四，要从设立附条件不起诉制度的立法本意探索，立法者对未成年人

---

① 程晓璐：《适用附条件不起诉需要解决四个问题》，载《检察日报》2012年7月18日。

犯罪相较于成年人犯罪的"适度宽容"具有必要性，还要从刑法的谦抑性角度分析，附条件不起诉的刑罚适用条件设定为"法定刑三年有期徒刑以上五年有期徒刑以下"具有合理性。"法定刑三年有期徒刑以上五年有期徒刑以下"的未成年人犯罪案件符合起诉条件，显然不能作出微罪不诉的处理，但为体现对未成年人的特殊保护之立法意图，将这种"原本罪该起诉"的未成年人犯罪案件适度放宽条件作出附条件不起诉的处理，并设定一定的考察期限，当条件满足后再作出不起诉的处理，使得未成年人还可能被起诉的风险从不确定性转变为确定性，从而得到终局性的结果。这样才能构建严密的不起诉体系，才能真正实现立法之意图，才能真正凸显对未成年人的特殊司法保护和"宽宥"。

试论同步录音录像资料具有证据属性

吴正鼎* 司道才**

刑事诉讼法在保障人权的证据制度方面作了很多新的规定，把认定证据的标准改为"材料说"，认定证据的分类方法由封闭性变为开放性。但是，刑事诉讼法并没有明确规定同步录音录像资料的证据属性。笔者认为同步录音录像资料的证据属性不仅有法律和实践依据，更具有证据的客观性、关联性、合法性等属性。从外观上看，它属于证据种类中的视听资料；从内容上看，其仍然属于犯罪嫌疑人、被告人的供述和辩解。[①]

一、同步录音录像资料的特征及属性争议

同步录音录像资料是侦查机关在刑事侦查过程中，以同步录音录像方式记录侦查行为的诉讼活动，它所形成的是以录音磁带、录像带、电子计算机

---

* 吴正鼎，重庆市秀山县人民检察院检委会委员，法律政策研究室主任，案件管理科科长。
** 司道才，重庆市秀山县人民检察院研究室干警。
① 杨新京：《职务犯罪讯问录音录像中的若干问题》，载《国家检察官学院学报》2009 年第 2 期。

硬盘、光盘等为载体的，以用于刑事诉讼为目的的视听资料①。它具有诸多传统记录犯罪嫌疑人、被告人的讯问笔录无法比拟甚至超越的特征：一是具有对整个讯问过程进行录音录像的同步性；二是具有动态音响和立体画面的直观性；三是具有记录完整和规范准确的客观性；四是具有还原讯问过程完整面貌的再现性。②

但是，同步录音录像资料在刑事诉讼中能否作为证据使用？如果能作为证据使用，那又是属于刑事诉讼法中的哪一种证据形式？这类问题其实就是同步录音录像资料的证据属性问题。对这一问题，理论和实务界形成了两种观点。

第一类观点认为，同步录音录像资料不属于证据。只有讯问笔录才是诉讼中形成的法定证据。同步录音录像资料是固定证据的一种方式，是记载言词证据的工具。

第二类观点认为，同步录音录像资料是证据。同步录音录像资料属于证据中的视听资料，它是以现场动态的展示方式全程、不间断地记录犯罪嫌疑人、被告人的供述和辩解以及侦查人员的讯问过程，符合视听资料的概念和特征。

笔者赞同第二类观点。同步录音录像资料从一开始是作为一种加固口供的方式，把传统的纸质形式的载体转换为电子形式的载体。随着科学技术的高速发展，现有的设备足够使同步录音录像资料与犯罪嫌疑人、被告人的供述和辩解以及侦查人员的讯问内容高度吻合。对于证明案件事实而言，同步录音录像资料上述特征使其更加具备证明力，符合证据的内在要求，其证明案件事实的作用根本没有改变，载体的不同并不必然带来其证据属性的根本否定。

二、同步录音录像资料具有证据的客观性

同步录音录像资料是犯罪嫌疑人、被告人对案件事实的客观反映的一种

---

① 刘传贵、李根：《对我国检察机关全程同步录音录像的几点思考》，载《西南大学学报》（社会科学版）2010年5月增刊。
② 王志光：《同步录音录像在检察院自侦工作中的应用》，载《法制与社会》2008年第11期（上）。

记录载体。司法者根据经验法则、生活常识、直观判断和逻辑标准,[①] 为实现证据的价值对其进行的法律评价,这种评价结果需要客观判断,而非随意猜想、杜撰和误解。同步录音录像资料所反映的内容只要符合一般人的理解,符合常理的推理,我们就认定其具备了客观性。

（一）同步录音录像资料的内容具有客观性

同步录音录像资料的内容是真实地记载了犯罪嫌疑人、被告人在被讯问的过程中所作的供述、辩解等言词内容,这些内容是犯罪嫌疑人、被告人对犯罪案件事实的客观反映,不是侦讯人员能够随心所欲的。犯罪嫌疑人、被告人面对讯问人员所作的与案件事实相符合的是供述,与案件事实不相符合的是辩解,检举揭发他人犯罪并查证属实的是另案的证人证言。无论是供述、辩解还是证人证言,均是对案件事实的客观反映,反映的内容具有客观性。

（二）同步录音录像资料的表现形式具有客观性

同步录音录像资料的表现形式,其表面就是一种视听资料载体,这种载体能够被一般人感知到它是一种录音录像磁带、光盘,完全具备法定证据种类的客观表现形式,并且同步录音录像资料更加趋近真实,证明内容与犯罪嫌疑人、被告人的供述和辩解完全吻合,其表现形式如同纸质笔录具有客观性。

（三）同步录音录像资料所反映的事实与案件的待证事实之间的联系具有客观性

这种联系的客观性必须符合客观规律,不是异想天开、东拼西凑所形成。同步录音录像资料都是案发当事人描述其对案发事实的联系的客观反映,均具有客观性。判断是否对待证事实有客观的联系,要把对同步录音录像资料所反映的客观存在放在整个证明材料逻辑链条上来,这样才能揭示案件的真实情况,实现其证据的终极价值。

[①] 汤维建:《关于证据属性的若干思考和讨论——以证据的客观性为中心》,载《政法论坛》2000年第6期。

三、同步录音录像资料具有证据的关联性

证据的关联性，指证据必须同案件事实存在的某种联系，并因此对证明案情具有实际意义。① 证明材料与待证事实的关联程度决定了证明材料的证明力的大小，简言之，关联性决定着证据的可采性②。追求证明材料是否有关联性，这种关联性是客观的，渗入了司法工作者就一般人的价值观而非随心所欲的主观判断。

（一）同步录音录像资料与待证案件事实之间具有客观的关联性

关联性反映了证据事实与案件事实之间所存在的一定程度的联系，这种联系是客观的，而不是主观的。③ 同步录音录像资料符合证据的可用性，可以作为证据形式认定，它是犯罪嫌疑人、被告人的供述和辩解以及对侦查人员行为等的记录，与案件事实有着直接的关联，这种关联具有客观性，具有司法工作者就一般人的价值观而对其加以判断的客观性。

（二）同步录音录像资料具有证据关联性表现形式的多元化

同步讯问录音录像资料反映了犯罪嫌疑人在被讯问过程中诸如犯罪动机、犯罪人情况、犯罪手段、犯罪过程等案件情节与待证案件事实直接或间接、必然或偶然、肯定或否定的关系，其形式多种多样，与案件事实的关联性紧密。

（三）同步录音录像资料的关联性形式容易审查

同步录音录像资料的关联性如同证据的关联性，虽较为复杂，但司法人员通过认真审查、反复分析、对比论证，就证明材料是否客观地反映案件事实、是否与待证事实具有客观的关联性、是否有相关证明材料相互印证、是否通过证据链条核对无误后对案件真实具有证明力而言，同步录音录像资料的审查结果无非两种，要么是肯定的，要么是否定的，或要么是供述，要么

---

① 樊崇义主编：《证据学》，中国人民公安大学出版社 2001 年版，第 48 页。
② 樊崇义：《我国刑事证据制度的新发展》，载《法学》2011 年第 7 期。
③ 汤维建：《关于证据属性的若干思考和讨论——以证据的客观性为中心》，载《政法论坛》2000 年第 6 期。

是辩解，其关联性审查结论简单。

四、同步录音录像资料具有证据的合法性

证据的合法性是指证据只能由审判人员、检察人员、侦查人员依照法律规定的诉讼程序，进行收集、固定、保全和审查认定，即运用证据的主体要合法，每个证据来源的程序要合法，证据必须具有合法形式，证据必须经法定程序查证属实。[①] 同时，《刑事诉讼法》第121条规定："侦查人员在讯问犯罪嫌疑人的时候，可以对讯问过程进行录音或者录像……录音或者录像应当全程进行，保持完整性。"

（一）同步录音录像资料收集的主体合法

《人民检察院讯问职务犯罪嫌疑人实行同步录音录像的规定（试行）》（以下简称《规定》）第3条规定："讯问全程同步录音、录像，实行讯问人员与录制人员相分离的原则。讯问由检察人员负责，不得少于二人；录音、录像一般由检察技术人员负责。经检察长批准，也可以指定其他检察人员负责录制。对录制人员适用刑事诉讼法有关回避的规定。"本条规定了讯问主体和录制主体。

（二）同步录音录像资料的收集符合法定程序

《规定》第4条规定："讯问犯罪嫌疑人需要由检察技术人员录音、录像的，检察人员应当填写《录音录像通知单》，写明讯问开始时间、地点等情况送检察技术部门。检察技术部门接到《录音录像通知单》后，应当指派技术人员实施。"第6条规定了同步录音录像告知权，并将告知情况在同步录音录像中反映，在笔录中记载；第8条规定讯问人员着检察制服；第10条规定出示证据当场辨认；第11条规定中断录制的告知权；第12条规定当场确认、签字封存、技术保管和相关说明。《人民检察院讯问职务犯罪嫌疑人实行全程同步录音录像技术工作流程（试行）》第2条规定："检察技术部门在接到办案部门的全程同步录音录像的通知后，应当指派技术人员执行，并制作《人民检察院讯问全程同步录音录像受理登记表》。"可以准确地说，同步录音录像资料收集的整个程序是相当严谨的，具有法定的程序

[①] 樊崇义主编：《证据学》，中国人民公安大学出版社2001年版，第49~50页。

规定。

（三）同步录音录像资料具有证据的法定形式

2012年12月《关于实施刑事诉讼法若干问题的规定》第19条规定："刑事诉讼法第一百二十一条……侦查人员对讯问过程进行录音或者录像的，应当在讯问笔录中注明。"《公安机关办理刑事案件程序规定》第203条规定："讯问犯罪嫌疑人，在文字记录的同时，可以对讯问过程进行录音或者录像……应当对每一次讯问全程不间断进行，保持完整性。"同时，最高人民检察院1999年修订的《人民检察院刑事诉讼规则》第144条规定："讯问犯罪嫌疑人，可以同时采用录音、录像的记录方式。"可见，同步录音录像资料从外观上看属于证据中的视听资料，从内容上看属于犯罪嫌疑人、被告人的供述和辩解的一种记录方式。

五、同步录音录像资料的证据属性的经验基础

在司法实践中，当同步录音录像资料与纸质笔录记载不一致时，司法机关均不同程度地认可同步录音录像资料的证据作用并且加以核对和采用。

如张永富、夏刚、周英等贩卖、运输毒品案，① 重庆市法院最终核对和检验证明"犯罪嫌疑人、被告人供述和辩解"在纸质笔录与同步录音录像资料不一致时，否定讯问笔录，以同步录音录像为准。又如王明全受贿案②，重庆市法院经过调查，发现王明全两次有罪供述的纸质讯问笔录上记载的内容与同步录音录像不一致，同样以同步录音录像资料的内容为准，最终，二审法院改判。以上可以看出，审判机关在证明材料证据力的认定当中

---

① 案件来源于《重庆市检察机关2012年重大刑事案件质量分析》［渝检（诉二）〔2013〕2号］："张永富、夏刚、周英等贩卖、运输毒品案，夏刚供述的同步录音录像证实，夏刚与周英共谋从事毒品犯罪时仅有运输毒品的共同故意，夏刚对周英说：稳重点、运输毒品搞个一两次把钱找了就收手。从同步录音录像中可看出，夏刚只提到了运输毒品，而没有提到贩卖毒品。但纸质笔录中却记载：我就把这件事给我老婆周英讲，准备去买一辆货车，从云南运输毒品麻古回重庆贩卖。最终，二审法院在纸质笔录与同步录音录像不一致时，以同步录音录像认定的事实为准，维持原判。"

② 案件来源于《重庆市检察机关2012年重大刑事案件质量分析》［渝检（诉二）〔2013〕2号］："王明全受贿案，被告人王明全在侦查阶段的两份讯问笔录中供述其于2009年初收受黄某所送的现金5000元，但王明全在一审、二审庭审中均否认该笔犯罪事实。经过调查王明全两次有罪供述的同步录音录像，显示王明全并未供述该笔事实，纸质讯问笔录上记载的内容与同步录音录像不一致。因此，二审法院认定该笔受贿事实证据不足，不予认定，最终改判。"

无形地把同步录音录像作为准证据的标准尺码加以运用。同步录音录像资料的价值正悄然在司法工作者的内心形成了稳定的确信，其证据作用、证据价值、证据属性因此而得以体现。

同步录音录像资料作为证据既具有现实的立法和司法等实践的经验基础，司法实践的优越性明显，不断被司法工作者潜移默化地接受，又同时具备证据的三大属性，其载体和表现形式是一种视听资料，其内容是言词证据，其内容通过视听资料载体展示，可以说是一种被"视听资料"化了的言词证据。遗憾的是，刑事诉讼法并没有明确同步录音录像资料的证据属性。应尽快以司法解释赋予同步录音录像资料的证据属性，在刑事诉讼中将其作为办案根据。在规范文明执法、保障人权的今天，扩大同步录音录像资料的适用范围也是未尝不可的。

职务犯罪侦查工作中行政证据向刑事证据转化的几个问题

张正跃[*]

证据，即证明案件事实的材料。行政机关在行政执法和查办案件过程中收集的用来证明案件事实的材料，是行政证据；司法机关按照法定程序收集的用来证明案件事实的材料，是刑事证据。因此，行政证据和刑事证据都具有证明案件事实，并据此追究相关法律责任的作用。行政证据与刑事证据虽处于不同领域，但无论是从定义，还是从作用来看，都有共通的部分，都具备作为证据的共同特征。修改后的中华人民共和国刑事诉讼法（以下简称刑诉法）、《最高人民法院关于适用〈中华人民共和国刑事诉讼法〉的解释》（以下简称《最高法解释》）和《人民检察院刑事诉讼规则（试行）》（以下简称《高检规则》）自2013年1月1日起施行以前，对于行政机关在行政执法和查办案件过程中收集的材料能否作为刑事诉讼中的证据使用，无论在

---

[*] 张正跃，重庆市酉阳土家族苗族自治县人民检察院助理检察员，工学学士、法学学士。

理论还是实践中都存在争议。①《刑诉法》第 52 条确立了行政证据向刑事证据转化的规则，《最高法解释》第 65 条、《高检规则》第 64 条对转化的规则作了更明确、详细的规定，形成了比较完善的行政证据向刑事证据的转化制度。实践表明，研究职务犯罪侦查工作中行政证据向刑事证据的转化问题，具有重要意义。

一、职务犯罪侦查工作中行政证据向刑事证据转化的重要意义

（一）是有力打击日益增多的职务犯罪的需要

职务犯罪，指由人民检察院直接受理立案侦查的，国家工作人员利用职权实施的贪污贿赂、渎职侵权等犯罪。职务犯罪是腐败的主要表现形式。当前一些领域消极腐败现象仍然易发多发，一些重大违纪违法案件影响恶劣，反腐败斗争形势依然严峻。②腐败对国家政治、经济、社会稳定和进步构成了严重的威胁，造成了重大的损失。十八届中央纪委二次全会作出要求，要保持惩治腐败高压态势，坚持有案必查、有腐必惩，严肃查办发生在领导机关和领导干部中滥用职权、玩忽职守、贪污贿赂、腐化堕落案件，严肃查办发生在重点领域和关键环节的腐败案件，严肃查办商业贿赂案件。③

检察机关办理的职务犯罪案件中，有很大一部分是行政机关④（如纪检监察、公安、工商、税务、烟草、海关、质监、环保、金融监管等）发现并移交的，往往附有大量行政证据。与普通职务犯罪案件相比，行政机关移送的案件更为复杂，通常需要较长的办案期限，一些证据在这漫长的办案时间内可能湮灭消失，如果重新补充取证，检察机关面临的难度很大。而在行

---

① 主要的观点有三种：一是反对说。行政证据由于主体不适格、程序不合法，均不能作为刑事证据使用。二是赞成说。行政证据经司法机关依法接交或调取后，均可直接作为刑事证据使用。三是折中说。对行政证据应区分不同的情况区别对待。对于行政机关先行调取的物证、书证、视听资料可直接作为刑事证据使用；对于行政机关收集的证人证言、被害人陈述、涉嫌犯罪的供述等言词证据，必须重新讯问、询问方可作为刑事证据使用。
② 《习近平在十八届中央纪委二次全会上发表重要讲话》，载新华网 2013 年 1 月 22 日，http://news.xinhuanet.com/politics/2013 - 01/22/c_ 114461056. htm。
③ 《中国共产党第十八届中央纪律检查委员会第二次全体会议公报》，载新华网 2013 年 1 月 23 日，http://news.xinhuanet.com/politics/2013 - 01/23/c_ 114477319. htm。
④ 《高检规则》第 64 条第 4 款规定："根据法律、法规赋予的职责查处行政违法、违纪案件的组织属于本条规定的行政机关。"因此，行政机关包括纪检监察、公安、工商、税务、烟草、海关、质监、环保、金融监管等。

政执法和查办案件过程中,第一时间接触到这些职务犯罪的行政机关,往往能最先发现一些能够证明犯罪事实存在、应当追究嫌疑人刑事责任的关键证据。对于这类案件,如果证据转化不当,很可能由于证据缺失而导致无法认定犯罪事实,最终只能以违法行为进行行政处罚,或者以违纪行为进行纪律处分,从而导致对职务犯罪的打击乏力,无法有力震慑和遏制当前日益增多的职务犯罪问题。

(二)减少诉讼成本、实现司法效率和公正的需要

当前,行政机关缺乏在行政执法和查办案件过程中主动发现、收集涉嫌犯罪的相关证据的意识,向检察机关移送的证据总量相对较少,常常没有反映违法犯罪行为细节的重要证据,主要还是一些违法数额方面的证据,或者即使移送了重要证据,也只是"个体证据",而没有形成"证据链",大量的证据和证据之间的关联,仍需要检察机关重新深入调查。[①] 另外,由于各类行政机关对所收集证据的制作格式不一,制作普遍不规范,通常需要检察机关"推倒重来",导致诉讼成本增加、司法效率低下。没有高效率的司法,就不会有真正全面和持久的公正。通过行政证据向刑事证据的转化,降低取证成本,提高司法效率,有效保障司法公正。

二、职务犯罪侦查工作中行政证据向刑事证据转化过程中存在的问题

在职务犯罪侦查工作中,现行的证据转化制度对不同种类的行政证据进行区别对待:(1)行政机关在行政执法和查办案件过程中收集的物证、书证、视听资料、电子数据证据材料,应当以该机关的名义移送,经人民检察院审查符合法定要求的,可以作为证据使用;(2)行政机关在行政执法和查办案件过程中收集的鉴定意见、勘验、检查笔录,经人民检察院审查符合法定要求的,可以作为证据使用;(3)行政机关在行政执法和查办案件过程中收集的涉案人员供述或者相关人员的证言、陈述,应当重新收集;确有证据证实涉案人员或者相关人员因路途遥远、死亡、失踪或者丧失作证能力,无法重新收集,但供述、证言或者陈述的来源、收集程序合法,并有其他证据相印证,经人民检察院审查符合法定要求的,可以作为证据使用。目

---

① 谭畅:《论公安机关行政证据与刑事证据的转化衔接》,载《湖南师范大学》2011 年第 12 期。

前,职务犯罪侦查工作中行政证据向刑事证据的转化制度存在以下三个方面的问题。

(一) 证据转化的条件不明确

按照现行的证据转化制度,不管是行政机关收集的物证、书证、视听资料、电子数据、鉴定意见、勘验、检查笔录,还是涉案人员供述或者相关人员的证言、陈述,要作为刑事证据使用,均需要经人民检察院审查符合法定要求。但是,对什么是"法定要求"、"法定要求"包括哪些内容,刑诉法、《最高法解释》和《高检规则》均没有作出规定。法律对"法定要求"规定的模糊,导致行政证据向刑事证据转化的条件不明确。

(二) 对涉案人员、相关人员亲笔书写材料的转化存在争议

根据《刑诉法》第 120 条的规定,犯罪嫌疑人请求自行书写供述的,应当准许;必要的时候,侦查人员也可以要犯罪嫌疑人亲笔书写供词。同时,根据《刑诉法》第 124 条、第 125 条的规定,证人、被害人有权自行书写证言、陈述,侦查人员也可以要求证人、被害人亲笔书写证言、陈述。按照刑诉法对证据种类的规定,犯罪嫌疑人、证人、被害人亲笔书写的材料分别属于犯罪嫌疑人的供述和辩解、证人证言、被害人陈述。根据证据转化制度,涉案人员供述或者相关人员的证言、陈述,应当重新收集。换句话说,对涉案人员、相关人员亲笔书写的材料,应当重新收集。涉案人员亲笔书写的供词一般表现为交代材料、情况说明等,相关人员亲笔书写的证言、陈述一般表现为举报信、控告信等。如果因为办案部门的不同,就要求涉案人员、相关人员重新亲笔书写交代材料、举报信等材料,这不但在事实上没有必要,而且降低了司法效率,增加了诉讼成本。因此,行政机关收集的涉案人员、相关人员亲笔书写的材料是否应当重新收集,是否可以作为刑事证据使用,在司法实践中存在不同的做法。

(三) 行政机关与检察机关对证据转化的工作衔接机制不健全

证据转化是否能够落到实处,行政机关与检察机关的工作衔接相当重要。行政执法与刑事执法衔接是一种实质上的衔接,衔接的标志是案件的相

关信息由行政机关向检察机关的流动。① 当前，由于工作衔接机制不健全，信息传递、执法公开、沟通交流工作不能保质保量的开展，使得行政机关与检察机关在衔接过程中出现断层，证据转化也面临许多困难。

三、问题分析及对策建议

（一）正确界定证据转化的条件

虽然现行的证据转化制度对转化的条件没有作出具体的规定，但是不管是行政证据，还是刑事证据，都必须具有证据的"三性"，即客观性、合法性和关联性。因此，证据制度中的"法定要求"不但应该包括行政证据的客观性、合法性和关联性，还应该包括刑事证据的客观性、合法性和关联性。也就是说，职务犯罪侦查工作中行政证据转化为刑事证据，证据不但要满足行政证据"三性"的要求，还要满足刑事证据"三性"的要求。为了正确界定证据转化的条件，需要从客观性、合法性、关联性三个方面对行政证据和刑事证据进行比较分析。

1. 客观性

不管是行政证据，还是刑事证据，都是证明案件事实的材料。证据材料只要是客观存在的，即符合证据的客观性。因此，行政证据与刑事证据的客观性要求是一致的。

2. 合法性

刑事诉讼的目的既是打击犯罪、维护社会秩序，又要保障人权，为实现两者平衡，对收集证据的主体、程序以及内容，法律都作了严格而明确的特别规定，导致刑事证据与行政证据在形式上产生较大的差异。② 具体表现为：（1）主体不同。行政证据指行政机关在行政执法和查办案件过程中收集的用来证明案件事实的材料。我国的纪检监察、公安、工商、税务、烟草、海关、质监、环保、金融监管等行政机关都能收集行政证据，而收集刑事证据的则只要刑诉法规定的公、检、法三家司法机关及其工作人员。（2）证据审查方式不同。刑事证据都必须在法庭出示，并由当事人当庭质证，未经质证的证据不能作为定案依据。另外，刑事证据还确立了非法证据排除规则。

---

① 刘远、赵玮：《行政执法与刑事执法衔接机制改革初探——以检察权的性质为理论基点》，载《法学论坛》2006 年第 1 期。

② 陈光中、徐静村：《刑事诉讼法学》，中国政法大学出版社 2001 年版，第 156~198 页。

因此，刑事证据具有较高的公开、公正性。而行政证据，行政机关不仅具有收集证据的权力，还有审查、认定证据的权力。由于执法主体和相对人之间缺乏对等的抗辩机制，同时缺乏必要的公开透明措施，行政证据的审定难以保证客观、公正。（3）程序要求不同。行政机关调查和收集证据的目的是查清案件的事实，为所作具体行政行为提供依据。为了体现行政活动的效率原则，行政执法人员往往都当场作出具体行政行为，即便不当场决定，也不允许拖延过长的时间。而收集刑事犯罪证据，司法机关不仅是为查清行为事实、抓获嫌疑人，同时也要保证无罪的人不受到刑事追究，所以获取证据的过程中对程序的要求会更加严格。

3. 关联性

行政证据要为行政执法行为提供事实根据，其关键是确认客观的违法行为是否存在以及造成了何种危害后果。而刑事司法的目的是打击"主客观相一致"的犯罪行为。因此，行政证据偏重对客观行为及后果的查证，而刑事证据除了重视上述客观要素之外，还必须反映行为人的主观故意。这就造成行政证据与刑事证据在实质上存在重大差异。具体表现为：（1）证明对象不同。刑事司法中，司法机关（如检察机关）收集证据证明的对象是犯罪嫌疑人的违法犯罪事实，不仅包括犯罪的客观行为，还包括犯罪动机、意图及社会影响等。而行政机关在行政执法和查办案件过程中，行政主体作出具体行政处罚时，其证据的证明对象是行政相对人违反行政法律法规的事实，偏重于客观违法行为及后果。（2）证明标准不同。证明标准也即证明要求，是运用证据对案件事实进行证明所要达到的程度规定。① 行政处罚法对违法事实的证明要求为"事实确凿并有法定依据"，刑诉法对刑事诉讼的证明标准为"案件事实清楚，证据确实、充分"。从行政证据与刑事证据对案件事实的证明程度来看，前者更强调法律真实，后者更注重追求客观真实。当行政证据达不到刑事证据标准时，必须通过收集其他证据进行相互印证，对有关证据予以补强，从而达到刑事诉讼所要求的证明标准。

综上，证据转化的条件应该包括三个方面的内容：一是证据必须是客观存在的材料，使证据符合客观性要求；二是证据收集主体、程序、审查方式必须同时符合有关法律、行政法规规定，不符合规定的，必须进行证据补强或者重新收集，要让证据符合合法性要求；三是证据的证明对象、证明标准

---

① 杨威：《论行政程序证据在经济犯罪侦查中的应用》，载《吉林公安高等专科学校学报》2004年第3期。

必须达到刑事诉讼的要求，不能达到要求的，必须进行证据补强，让证据符合关联性要求。

(二) 当事人亲笔书写材料的证据转化

言词证据是语言的陈述，包含有口头形式、书面形式和录音录像、电子数据等形式。行政机关特别是纪检监察机关在行政执法和查办案件过程中，言词证据一般是采用谈话的方式取得，具体可以由行政执法人员与被调查人或者有关知情人谈话了解情况并作出谈话笔录，也可以由被调查人、证人自己书写。言词证据容易受人的主观意志支配和客观环境影响，具有不稳定性和不确定性，陈述人在不同的情况下可能作出不同的陈述，不同的人员取证可能出现不同的内容，相同的人在不同的情况下取证也可能出现不一样的结果。因此，《高检规则》规定：人民检察院办理直接受理立案侦查的案件，对于有关机关在行政执法和查办案件过程中收集的涉案人员供述或者相关人员的证言、陈述，应当重新收集。但是，涉案人员和相关知情人亲笔书写的供词和证言是基于当事人自己真实和完整的意思表示而自己书写的，其真实性和稳定性较行政执法人员所做的笔录更强，检察机关可以对其进行形式上和内容上的审查，如果认定是自当事人的真实意思表示，且不存在刑诉法规定的"刑讯逼供和威胁、引诱、欺骗以及其他非法的方式收集证据"的情形后，就可以作为刑事证据使用。

(三) 建立健全行政机关与检察机关的证据转化工作衔接机制

1. 建立行政、刑事案件一体化文书标准

为了解决行政证据转化刑事证据的证据合法性问题，同时也为了提高证据转化的效率，可以建立行政与刑事案件一体化文书标准。具体可设计为：(1) 对除询问、讯问外的物证、书证、鉴定意见、勘验、检查笔录等证据，在行政、刑事案件中统一格式，依法收集。(2) 规范物证、书证、鉴定意见、勘验、检查笔录等证据的收集程序，应当符合有关法律、行政法规的规定。

2. 规范办案协作程序，逐步实现案件网上流转

行政机关与检察机关要加强业务查询、鉴定、勘验检查等方面的沟通协作和支持配合，解决证据衔接不畅的问题。逐步实现用计算机代替人工运作，根据法律的程序规定，对应各行政机关在案件线索移送、受理、审查、决定等功能，设定网上流程处理程序模块，实现案件证据与办案相关文书的网上移送。

3. 建立健全提前介入机制

行政机关发现案件性质发生转变可能涉嫌犯罪时，应及时向检察机关移送案件线索，从而确保案件及相关证据及时、顺利进入司法审查程序。就是否涉嫌犯罪以及如何对证据进行收集、保全、固定等问题，行政机关可以向检察机关关提前询问、沟通。检察机关提前介入，及时提出案件定性意见和证据收集、转化的建议，保证刑事诉讼活动顺利进行。同时，检察机关要把法律监督融于协调和沟通，充分发挥检察机关调阅查询案件材料、立案监督、检察建议、追究询私枉法刑事责任等职能作用，加强检察机关对行政执法行为的监督。

4. 建立健全信息传送、沟通、共享机制

建立行政机关和检察机关之间的情况信息通报制度、联席会议制度，定期研究执法办案过程中遇到的证据收集、转化、认定等方面的问题和困难，及时交流案件移送、行政处罚、刑事立案侦查等情况。

证据转化制度对行政证据向刑事证据的转化提供了法律上的依据，但是作为本次刑事诉讼法修改过程中才建立的一种制度，尚存在许多不完善的地方。本文结合职务犯罪侦查工作实际，针对证据转化制度中存在的一些问题提出了建议，希望对完善制度和司法实践有所帮助。

职务犯罪侦查到案措施研究

——以渝北区检察院侦办案件为样本

陈 思[*]

在我国职务犯罪侦查实践中,"到案"[①] 是一个习惯用语,强调犯罪嫌疑人初次到达检察机关接受调查,从普通公民的身份转变为犯罪嫌疑人。在目前的刑事诉讼研究成果中,针对普通刑事案件的到案制度有一些个别的研究和理论的构建[②],但遗憾的是,围绕职务犯罪侦查到案制度,尤其是新刑事诉讼法(以下简称新刑诉法)实施后,职务犯罪侦查到案制度的研究比较匮乏。在此,本文拟从到案措施适用的角度,先对职务犯罪侦查到案制度进行一个基本的构架,在此基础上以渝北区检察院侦办的案件为样本,分析

---

[*] 陈思,重庆市渝北区人民检察院职务犯罪侦查局助理检察员。

[①] 在未特别说明的情况下,下文所用"到案"、"侦查到案"均为"职务犯罪案件侦查到案"的略写;所用"到案措施"均为"职务犯罪案件侦查到案措施"的略写。

[②] 目前,针对普通刑事案件如何构建侦查到案措施体系,尤其是强制到案措施体系,有部分学者进行了研究。例如,马静华:《中国刑事诉讼运行机制实证研究(三):以侦查到案制度为中心》,法律出版社2010年版;刘方权:《法治视野中的强制侦查》,中国人民公安大学出版社2003年版,第26~50页;吴畅:《刑事强制到案制度研究》,西南政法大学2007年硕士学位论文等。

到案措施的适用情况,指出其中存在的问题,并分析具体原因。研究材料主要选取了渝北区检察院2009年至2013年5月侦办的案件适用到案措施情况。研究方法主要通过对档案数据、案件样本的分析以及对部分侦查人员的访谈进行。

一、基本理论

从立法的角度看,"到案"并未被作为一项专门的制度加以规定。在新刑诉法中,"到案"一词一共出现了三次,分别是第69条、第75条和第280条,主要强调犯罪嫌疑人应按指令到达侦查机关的办案场所接受讯问。新刑诉法对"到案"的规定,属于狭义概念上的到案,其内容随着犯罪嫌疑人、被告人的归案而告终结。广义概念上的到案还包括侦查机关对到案措施的决定、实施以及犯罪嫌疑人、被告人归案后的一些后续活动,包括即时讯问、短时间的羁押等。从阶段论角度,到案是指侦查人员适用到案措施,促使犯罪嫌疑人到达办案场所,对其进行讯问和调查,直至作出是否继续追诉或者指控决定的过程。[①] 时域上,到案始于犯罪嫌疑人到达检察机关办案场所之时,终于检察机关对其作出是否追诉的实质性决定。空域上,犯罪嫌疑人在到案阶段一直滞留于检察机关,处于侦查人员的直接控制之下。[②]

适用到案措施的目的,一方面,可以保障侦查活动顺利进行、保全证据不被灭失和损坏;另一方面,在于可以直接对犯罪嫌疑人进行讯问以获取口供。与普通刑事犯罪的侦查不同,职务犯罪侦查往往采取"由人到案"的模式,侦查的方向和内容都围绕犯罪嫌疑人,尤其是嫌疑人的口供展开。实践中,几乎90%以上的职务犯罪案件都需要有口供才能定罪,特别是贿赂犯罪案件,由于缺乏直接的书面证据证明存在行受贿行为,要对行(受)贿犯罪定罪,必须依赖行(受)贿人的口供。可以说,口供是职务犯罪案件证据体系中最核心的证据。由于口供需要在犯罪嫌疑人到案后,通过讯问获得,这决定了到案阶段的重要性。

根据嫌疑人到案方式的不同,法律将到案措施区分为主动到案和被动到案。前者是指嫌疑人在检察机关未采取任何措施的情况下,自行到达检察机关接受调查,体现为主观自愿性与行为主动性的结合,即通常所称的"自

---

① 参见马静华:《侦查到案制度比较研究》,载《中国法学》2009年第5期。
② 参见马静华:《侦查到案:查证功能与期限配置》,载《中国刑事法杂志》2009年第5期。

首"。被动到案也被称为强制到案,是指检察机关适用强制到案措施后,嫌疑人由于意志或者人身被约束而到达检察机关,体现为主观上非自愿性与行为上被动性的结合。法律规定的被动到案形式有传唤、拘传、拘留、逮捕四种。

二、适用状况分析

(一) 样本的基本情况

表1 2009~2013年5月渝北区检察院查办职务犯罪案件数量情况 单位:件(%)

时间	贪污	挪用公款	受贿	行贿、介绍贿赂	渎职	合计
2009	15(48.39)	1(3.23)	9(29.03)	1(3.23)	5(16.13)	31(100)
2010	7(24.14)	0	6(20.67)	8(27.59)	8(27.59)	29(100)
2011	6(17.65)	0	12(35.3)	11(32.35)	5(14.71)	34(100)
2012	0	5(15.15)	14(42.42)	9(27.27)	5(15.15)	33(100)
2013年5月	0	0	10(62.5)	4(25)	2(12.5)	16(100)

表1是对渝北区检察院2009~2013年5月查办职务犯罪案件数量的统计。数据表明,2009~2013年5月,渝北区检察院查办的贿赂犯罪(包括受贿犯罪和行贿犯罪)案件在查办的所有案件种类中占比最大,约占总数量的50%,且呈逐年递增的趋势;查办贪污犯罪案件的数量呈现出逐步减少的特点,在2012年和2013年数量为零;查办挪用公款犯罪案件数量较小;而查办渎职犯罪案件所占的比例平均在19.2%左右。

表1所反映的犯罪类型结构与目前职务犯罪的发展变化规律相符。随着改革的深入,社会各项制度健全规范,滋生贪污这类经济犯罪的土壤减少了。加上贪污需要从财务账上实施骗取、窃取或者侵吞的行为,不管犯罪手段有多高明,都容易留下蛛丝马迹,这使得贪污的实际犯罪成本要比受贿犯罪高,故贪污的实际发案数量正在减少。[①] 贪污犯罪案件数量下降的同时,贿赂犯罪案件的数量却呈现出上升趋势。这除了与经济发展过程中制度不完

[①] 根据统计,江苏省检察机关反贪部门2000年立案查处的贪污案件占同期查处的职务犯罪案件总数的36%,到了2006年这个比例降至25%;而贿赂案件所占比例则恰恰相反,由2000年的40%上升到了2006年的65%,参见卢志坚、张雪松、阿累、陈万洲:《贪污案减少,贿赂案增多》,载《检察日报》2007年1月30日第3版。

善有关之外，也与贿赂犯罪本身隐蔽性强、不容被发现，以及检察机关打击重点调整、侦查水平提高的原因有关。可以预见的是，在今后相当长的一段时间内，查办贿赂犯罪都将是检察机关查办职务犯罪的一项重要内容。

（二）到案措施的适用情况

虽然法律规定的到案形式包括自首、传唤、拘传、拘留和逮捕。但在实践中，实际的侦查到案措施体系与法定的有所不同，规范外的到案措施被广泛适用，而拘留和逮捕基本没有发挥到案功能，往往在犯罪嫌疑人到案后作为羁押措施适用。

表2 2009~2013年5月渝北区检察院到案措施适用情况 单位：件（%）

时间	传唤拘传	拘留逮捕	自首	纪委、监察部门移送①	通知	其他②	总计
2009	0	0	3（9.68）	15（48.39）	13（41.9）	0	31（100）
2010	0	0	2（6.7）	13（44.83）	11（37.93）	3（10.34）	29（100）
2011	0	0	5（14.71）	16（47.1）	13（38.24）	0	34（100）
2012	0	0	5（15.15）	14（42.42）	14（42.42）	0	33（100）
2013年5月	0	0	1（6.25）	7（43.75）	8（50）	0	16（100）

表2是对渝北区检察院2009~2013年5月适用到案措施情况的统计分析。可以观察到，到案措施的适用呈现出以下特点：

第一，自首、通知、纪委和监察部门的移送构成了到案措施的基本体系。除自首为法律规定的到案措施以外，通知和纪委、监察部门的移送均不是法律规范内的到案措施。

第二，传唤、拘传、拘留和逮捕作为到案措施的适用率为零，基本没有发挥过到案的功能。从功能的角度看，传唤和拘传的到案功能比较明显，除了促使嫌疑人到案接受讯问以外，基本不具有其他功能。而拘留和逮捕还具

---

① 本文所述的"纪委、监察部门移送"是指中共纪律检查委员会以及政府监察部门在适用"双规"、"双指"等谈话措施后将犯罪嫌疑人涉嫌职务犯罪的线索移送至检察机关。其中包括部分犯罪嫌疑人主动到纪委、监察部门谈话，后被移送至检察机关的情形。

② 2010年，有3件案件系公安机关在侦查普通刑事犯罪时，对犯罪嫌疑人采取了逮捕的强制措施。在侦查过程中，公安机关发现犯罪嫌疑人另涉嫌职务犯罪，故将线索移送至检察机关。故在受理案件线索初查时，犯罪嫌疑人已被羁押于看守所。本文将这3件案件中犯罪嫌疑人的到案归入了其他类。

有明显的羁押功能。作为法律规定的到案措施，传唤和拘传在实践中从来没有适用过。而拘留和逮捕往往是在犯罪嫌疑人到案后，作为羁押措施适用，其目的是为了进行羁押、保障侦查活动顺利进行以及为后续的讯问和侦查活动提供有利条件。

第三，纪委和监察部门的移送在所有到案措施中适用率最高，近一半的嫌疑人是由纪委和监察部门移送到案。国家工作人员职务犯罪，除法律规定可以由检察机关直接立案侦查以外，中共纪律检查委员会以及政府监察部门也可以使用"双规"、"双指"的措施进行调查。某种意义上说，"双规"、"双指"也具有到案的功能。对于纪委、监察部门采用"双规"、"双指"措施后移送的案件，检察机关可以直接接触犯罪嫌疑人，启动刑事侦查程序。

第四，通知在实践中被大量适用，是一种主要的到案措施。实践中，"通知"是初查中对被调查人适用的一种到案措施。根据初查的情况，通知被调查人到达检察机关接受问话调查，依据问话调查的结果，结合初查收集的证据，判断被调查人是否有犯罪嫌疑，并作出是否立案的决定。适用"通知"的目的在于可以直接对被调查人进行问话，其功能和法律规定的到案措施相同。"通知"的形式包括口头通知和行为通知。前者是以电话通知等形式让被调查人到案，其适用形式和效果类似于口头传唤；后者是侦查人员到被调查人所在地，向被调查人说明情况后，由被调查人和侦查人员一同到达检察机关。在适用行为通知时，侦查人员不使用任何械具，也不采用任何强制性手段，但其行为指向和实质结果均是约束被调查人到达检察机关接受问话调查，其适用形式和效果类似于拘传。

（三）到案措施的适用案件情况

分析图 1 和图 2，可以看出：

第一，受贿犯罪案件嫌疑人绝大部分是通过纪委、监察部门移送到案。尽管近年来检察机关查办受贿犯罪的数量不断增多，但由检察机关主动适用到案措施，启动侦查程序的情况比较少。

第二，以通知形式到案的主要是行贿、介绍贿赂犯罪案件嫌疑人，部分贪污、挪用公款以及渎职犯罪嫌疑人也是经通知后到案。

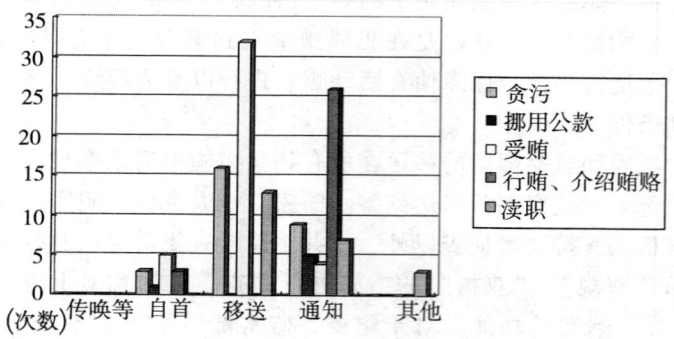

图1 2009~2012年渝北区检察院到案措施的适用案件情况①

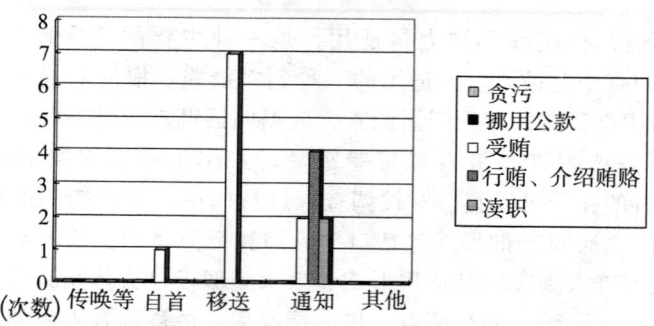

图2 2013年1~5月渝北区检察院到案措施的适用案件情况②

第三,新刑诉法的实施对到案措施的适用情况影响不明显。新刑诉法延长了传唤、拘传的到案时限,规定特殊情况下可以延长12小时,但这一规定几乎对到案措施的适用没有产生影响,各类案件仍然沿用原有的到案形式,各类到案措施的适用率基本维持不变。

---

① 图1和图2所列的"传唤等"是指传唤、拘传、拘留和逮捕。
② 图1中,通过移送到案的渎职犯罪案件犯罪嫌疑人,部分兼有渎职和受贿两种犯罪。

三、存在的问题及原因

(一) 法律规范外的到案措施被大量适用及原因

1. 适用纪委、监察部门移送的原因及问题

纪委和监察部门的移送虽然具有到案功能，并被大量的适用，但其并不是法律规定的到案措施。从法律的维度，"双规"、"双指"措施毕竟只是中国执政党约束党员和领导干部的内部措施，被限制乃至取消应当是这两种措施发展的方向。一定程度上讲，这一到案措施的广泛适用，抑制和减少了法定到案措施的适用率。由于纪委、监察部门采用"双规"、"双指"的措施没有严格的时间限制，不仅为调查部门直接接触被调查人提供了充足的调查时间，对被调查人来说又会产生巨大的心理压力。"双规"、"双指"措施的适用，解决了侦查实践中需要直接讯问嫌疑人获取口供与到案时限短的问题。借助纪委、监察部门采用"双规"、"双指"的措施，检察机关成功查办了一系列的职务犯罪（尤其是受贿犯罪）案件，并形成了两家发挥各自优势，协同办案的模式。这一模式的成功，强化了检察机关借助纪委、监察部门的力量查办职务犯罪的意识，减弱了适用法定到案措施的意识。依据法律的拘束力理论，除法律规定的例外情形以外，人们应当按照法律规定的那样行为。即犯罪嫌疑人的到案应主要通过法律规定的方式实现，非法定到案措施应被禁止或尽量被限制在较小的范围内，但实际情况恰恰违反了这一理论。

2. 适用通知的基础及问题

通知作为实践中广泛适用的到案措施，具有一定的规范基础。依据《人民检察院刑事诉讼规则（试行）》第172条，"初查一般应当秘密进行，不得擅自接触初查对象。公开进行初查或者接触初查对象，应当经检察长批准"。第173条规定："在初查过程中，可以采取询问、查询、勘验、检查、鉴定、调取证据材料等不限制初查对象人身、财产权利的措施。不得对初查对象采取强制措施，不得查封、扣押、冻结初查对象的财产，不得采取技术侦查措施。"即初查中，经过检察长的批准，可以直接接触初查对象，并进行询问。通知被作为到案措施适用正是基于这一规范依据。适用通知促使被调查人到达检察机关，可以对被调查人进行询问并获取其认罪陈述或者辩解。在被调查人认罪的情况下，检察机关往往直接对其进行立案，并采取相

应的强制措施；在被调查人不认罪情况下，则依据具体情况作出不立案或者其他决定。

对于侦查机关来说，通知的适用存在两个方面的利益动机：一方面，可以直接获取被调查人的认罪陈述或者辩解，为下一步的侦查活动提供方向和指引；另一方面，满足实践中"不破不立"的考核需要。如果先进行立案，并采取传唤、拘传等到案措施促使嫌疑人到案，存在嫌疑人不供罪以及到案期限压力的风险。在被调查人认罪后再立案，对于侦查人员来说更加主动，并且对考核更加有利。

由于拘传、传唤、拘留、逮捕等到案措施包含对嫌疑人人身自由的短暂限制和剥夺，故刑诉法严格限制了到案时限，并规定了一系列维护嫌疑人权利的措施。例如，新《刑诉法》第117条规定："不得以连续传唤、拘传的形式变相拘禁犯罪嫌疑人。传唤、拘传犯罪嫌疑人，应当保证犯罪嫌疑人的饮食和必要的休息时间。"但通知作为实践部门在刑事诉讼程序外适用的到案措施，刑诉法对其并没有相应的程序规范。如何保障被调查人的权利、如何对通知到案程序进行规范和监督值得关注和探索。

（二）法律规范内的强制到案措施没有被适用及原因

作为法律规定的四种强制到案措施，传唤、拘传、拘留和逮捕全部都没有适用过。依据法律的实施理论，法律只有通过实施，才能实现其作用与目的。法律的制定，反映了立法者期望通过法律调整社会关系的愿望。刑诉法关于到案措施的规定，是维护侦查活动以及保障嫌疑人权利之间的协调。作为法律的实施机关，检察机关摒弃了法定的所有到案措施，而选择使用规范外的措施让嫌疑人到案，这与法律规定的到案措施与实践发生矛盾相关。

依据刑诉法，传唤、拘传适用于对嫌疑人立案之后，经检察长批准，并需要出示传唤证、拘传证。除特殊情况以外，持续的时间不得超过12小时。由于职务犯罪依赖口供定案，加之口供也是采取后续强制措施最重要的审查依据，所以获得口供是侦查人员在到案阶段的主要任务。然而，不认罪是人之本性。在12小时的时限之内，要实现嫌疑人从不认罪向认罪的转变，需要有高强度的讯问。而即使嫌疑人认罪，要全面、深入地进行讯问也非常耗时。可以得出的结论是，到案阶段讯问活动的期限压力非常大，这是导致传唤、拘传在实践中适用率低最主要的原因。

尽管拘留和逮捕也是法律规定的到案措施，但由于这两种措施伴随着对嫌疑人人身自由的短时间剥夺，如果要直接进行适用，法律规定要有相当程度的证据证明有犯罪事实存在。而口供作为职务犯罪案件证据体系中最重要的证据，在未直接讯问嫌疑人获得口供之前，侦查机关不会直接决定适用拘留和逮捕让嫌疑人到案。

（三） 新刑诉法对到案时限的延长未产生影响及原因

新《刑诉法》第 117 条规定，传唤、拘传持续的时间不得超过 12 小时；案情特别重大、复杂，需要采取拘留、逮捕措施的，传唤、拘传持续的时间不得超过 24 小时。即新刑诉法将拘传、传唤的到案期限延长至最长可达 24 小时。从应然的角度，到案时限延长必然缓解审讯的压力。但统计数据反映，这一规定的修改并没有因此提高法定到案措施的适用率。在对部分侦查人员的访谈中，侦查人员均表示，到案期限延长至 24 小时并没有根本解决问题，适用传唤、拘传到案时限压力大的问题仍然非常突出。

原因在于，随着对职务犯罪侦查活动的不断规范，侦查人员除了要在短时间内突破犯罪嫌疑人获取口供外，还需要完成一些程式性活动，包括制作第一次讯问笔录和同步录音录像光盘、进行层级式程序审批、完善案件网络管理程序以及为犯罪嫌疑人保留必要的吃饭和休息时间等。即刑诉法虽然延长了传唤、拘传的到案时限，但同时也增加了程式性和权利保障性要求，而这些要求使得到案时限在实质的总量上并没有因此增加，适用传唤、拘传等到案措施时限短的压力仍然存在。

本文的考察揭示，在侦查到案阶段，法定的到案措施基本没有被适用，而规范外的到案措施被大量适用。这与法律对侦查到案措施规定的不完善有关，也是实践部门主动选择的结果。对于职务犯罪侦查到案措施的完善，笔者无意设计一个宏大的改革计划，这不是一个职侦干警的使命。或许，当前最重要的是吸引更多的同人、学者以及立法者将目光投向这一问题，运用更多的力量去关注和探究，在此基础上再规划一个全面、可行的改革方案。

职侦部门执法方式及执法行为规范化问题初探

——选择性执法、随意执法现象分析

王亚军[*]

规范执法，是新形势下检察工作的基本要求。职侦部门端正执法理念，规范执法行为，努力实现执法规范化的常态化，是一项长期的、持续的、重要的工作，必须深入健全完善制度规范体系，狠抓制度规范的执行落实，提高执法规范化水平，整体推进业务、队伍和信息化"三位一体"工作机制建设，保证职侦办案规范、文明、安全，切实推动职侦工作健康发展。

一、当前职侦部门执法办案工作与修改后刑诉法存在四个不适应

（一）讯问突破进度不适应律师的提前介入

职务犯罪嫌疑人从被立案拘传到彻底交代罪行的整个过程，通常其心理

---

[*] 王亚军，重庆市云阳县人民检察院职侦局教导员。

活动被分为四个阶段，即防御对抗阶段、僵持阶段、动摇反复阶段和供述交代阶段。据初步统计，我院去年办理的20件案件，从嫌疑人被立案传唤到供述交代的时间，平均约为56小时。同时，嫌疑人及其亲属从拘留后接到通知委托律师提出会见申请的时间平均约为52小时。按照修改后刑事诉讼法规定，律师持相关证件申请会见嫌疑人，看守所须在48小时内安排会见。同时，由于个别律师素质不高，在会见时向嫌疑人传递不良信息，暗示嫌疑人等，造成嫌疑人翻供或负隅顽抗等情况。对律师会见嫌疑人，没有言语规范、行为规范以及完善的会见制度，对实施职侦干警监督其言行没有完善的依据。因此，犯罪嫌疑人能在侦查人员突审之初甚至尚未完成审讯目标前与律师接触，及时抓住律师成为其"救命稻草"。这样，侦查人员讯问突破的时间难以保障，难以适应律师的提前介入。

（二）侦查取证过程不适应律师同步调阅案卷

修改后的刑事诉讼法将控辩双方定位为对抗关系，对保障抗辩平衡作出了明确规定，但强调律师执业权利的同时，完全削弱了侦查人员的权利。制度上充分地保障了律师阅卷权，特别是案件审查起诉阶段的阅卷，让辩护律师尽早无保留地全面了解案情，客观上形成抗辩平衡，实现真正的对抗关系。但侦查阶段，律师调查取证与侦查部门同步，律师有权到检察机关阅卷，掌握侦查的进程和全部证据，检察机关却无权在起诉之前掌握律师所掌握的证据情况。辩护律师可以单独参与侦查过程，有的律师甚至将重要的证据藏而不露，把它作为"重型炮弹"到法庭庭审中才打出来，企图使公诉人措手不及，处于被动地位。这样，将公正的天平倒向了律师，仍然难以实现抗辩平衡原则，使基层侦查部门的调查取证跟不上律师的步伐。

（三）侦查技术现状不适应职务犯罪手段发展

近年来的职务犯罪案件，作案智能化越来越突出。隐蔽化、智能化、期权化现象普遍，通过"入股"分红、收受"交易"差价、"投资"收益等形式收受贿赂等情形增加了查办惩处难度。这些智能化和跨技术领域的特点决定职务犯罪侦查工作必须依靠强有力的侦查技术支持。尽管基层检察机关设有检察技术科，也有一定的技术设备，并在侦查工作中发挥了一定的作用。但从整体上看，整个检察技术队伍和设备对职务犯罪侦查还没有形成有战斗力的支持。许多技术部门的工作基本还处在为办公自动化服务、为刑事检察服务的层次，除同步录音录像及少量手机话单分析系统外，真正为职务犯罪侦查工作提供技术支持较少。专门用于职务犯罪案件的侦查指挥平台和高端专用侦查设备更是少之又少，即使配备了话单分析设备和测谎仪等设备，也不能即时投入有效的使用中。更有使用技术侦查手段法律依据的问题困扰，对技术侦查的范围、要件、权限、期限、许可（或令状）的请求和签发、实施、记录及其证据属性等方面操作烦琐，利用技侦手段获取犯罪证据的难度大，适应不了当前职务犯罪手段的多样化。

（四）非法证据排除启动程序不适应基层办案实际

修改后的刑事诉讼法规定"不得强迫任何人证实自己有罪"，并规定了非法证据排除的范围以及排除非法证据的义务。特别是规定在侦查、审查起诉、审判时发现有应当排除的证据的，应当依法予以排除，不得作为起诉意见、起诉决定和判决的依据。这一法条对职侦部门规范有效的取证提出了挑战，对提高侦查人员素质提出了更高的要求，一些通常惯用的讯问谋略方法而取得的口供被作为非法证据而予以排除的可能性大大增加。同时，犯罪嫌疑人、被告人在侦查阶段、审查起诉阶段、开庭前、法庭辩论前都可主动申请排除非法证据，这给对口供仍有较强依赖性的职务犯罪侦查工作带来了新的挑战。而法庭初步审查，可以直接对起诉指控的犯罪事实进行调查；对供述取得的合法性有疑问的，则由公诉人对取证的合法性举证。法庭通知讯问时其他在场人员或者其他证人出庭作证，仍不能排除刑讯逼供嫌疑的，还得提请法庭通知讯问人员出庭作证，对取得的供述的合法性予以证明。这样，基层侦查人员必然会面临巨大压力，与办案实际难以适应。

二、职侦部门执法规范化在修改后刑诉法实施中的五个挑战

（一）辩护制度前置

新《刑事诉讼法》第33条规定，犯罪嫌疑人自被侦查机关第一次讯问或者采取强制措施之日起，有权随时委托律师作为辩护人为其提供法律帮助。第37条规定，辩护律师会见在押犯罪嫌疑人、被告人时不需许可，不被监听。上述规定无疑对职务犯罪侦查工作提出了更高要求，增加了侦查权与辩护权的直接对抗性。在侦查讯问初期，犯罪嫌疑人心理防线一般较为脆弱，在获取一定外围证据的情况下，突破口供，时机较佳。而此阶段，一旦有律师介入，往往犯罪嫌疑人极易想方设法规避侦查，产生对抗和侥幸心

理，现实中若再遇上素质不高的辩护人稍加"点化"，这种心理更会立即得以强化，获取有价值的口供就难上加难。

（二）非法证据排除

新刑事诉讼法对严禁刑讯逼供和以其他非法的方法收集证据予以排除的程序和方式，作了非常具体而明确的规定。其目的是为了从制度设计上进一步遏制刑讯逼供和其他非法收集证据行为的发生，有利于维护司法公正和刑事诉讼参与人的合法权利。但在司法实践过程，犯罪嫌疑人却可以利用这一制度设计，对一切有关犯罪问题拒绝回答，误认为法律赋予其享有了沉默权；同时对职务犯罪侦查机关而言，因为法律规定除了做说服教育工作外，并无其他办法要求其如实供述自己的犯罪事实。在侦查阶段，犯罪嫌疑人如果拒不承认犯罪事实，对查处贪污、渎职犯罪的影响不大，可根据确实充分的其他证据对犯罪嫌疑人定罪量刑，但对贿赂犯罪的影响却十分巨大，因为贿赂犯罪一般难以获取物证和书证，主要是依据行受贿双方的口供，由于我国的证据制度不是实行自由心证和内心确信，而是强调证据间的相互印证，缺乏行受贿双方口供的贿赂案件，因没有了主要证据，定案将比较困难。

（三）逮捕必要性证明

新《刑事诉讼法》第79条规定，对有证据证明有犯罪事实，可能判处徒刑以上刑罚的犯罪嫌疑人、被告人，采取取保候审尚不足以防止发生下列社会危险性的，应当予以逮捕：（1）可能实施新的犯罪的；（2）有危害国家安全、公共安全或者社会秩序的现实危险的；（3）可能毁灭、伪造证据，干扰证人作证或者串供的；（4）可能对被害人、举报人、控告人实施打击报复的；（5）可能自杀或者逃跑的。对有证据证明有犯罪事实，可能判处10年有期徒刑以上刑罚的，或者有证据证明有犯罪事实，可能判处徒刑以上刑罚，曾经故意犯罪或者身份不明的，应当予以逮捕。被取保候审、监视居住的犯罪嫌疑人、被告人违反取保候审、监视居住规定，情节严重的，可以予以逮捕。

（四）监视居住

新刑事诉讼法规定了监视居住的适用条件，扩大了指定居所监视居住的范围，完善了被监视居住人应遵守的规定，还规定了执行机关执行监视居住的办法和措施，对职侦部门控制和查处嫌疑人提供了措施依据，对推进办案意义重大。但同时，指定居所监视居住只适用于符合逮捕条件、无固定住所或涉嫌特别重大贿赂犯罪在住处执行可能有碍侦查的嫌疑人，因此，指定居所监视居住的侦查成本、安全压力、执法规范等方面将是我们面临的巨大考验。实施嫌疑人指定居所监视居住必须谨小慎微，三思而行。

（五）侦查人员出庭

新《刑事诉讼法》第57条第2款规定，"现有证据材料不能证明证据收集的合法性的，人民检察院可以提请人民法院通知有关侦查人员或者其他人员出庭说明情况；人民法院可以通知有关侦查人员或者其他人员出庭说明情况。有关侦查人员或者其他人员也可以要求出庭说明情况。经人民法院通知，有关人员应当出庭"。该法第187条第2款规定，"人民警察就其执行职务时目击的犯罪情况作为证人出庭作证，适用前款规定"。"适用前款规定"主要是指该法第187条第1款"公诉人、当事人或者辩护人、诉讼代理人对证人证言有异议，且该证人证言对案件定罪量刑有重大影响，人民法院认为证人有必要出庭作证的，证人应当出庭作证"。职务犯罪侦查案件中，侦查人员与嫌疑人多有直接接触，对嫌疑人犯罪事实清楚、证据掌握充分、确切。在法院庭审中，侦查人员出庭说明情况，对法院判定嫌疑人罪行具有很强的质证、心理确认作用。但职侦干警出庭说明情况，也存在两个顾虑，一是侦查人员身份容易暴露，对以后的职侦案件办理产生影响；二是少数嫌疑人家属会认识侦查人员，对侦查人员产生仇视，以至于言语辱骂甚至打击报复。因此，我们认为，侦查人员出庭说明情况，一般应少启动，若案件需要必须启动，应由上级指令，且谨慎启动。

三、选择性执法、随意性执法现象的四种表现

在近几年本院职侦办案过程中，选择性执法不可避免地时有发生，未发现一例随意性执法。其中选择性执法主要体现在以下四个方面：

（一）线索选择性启动

由于云阳县院职侦部门侦查资源的有限性，面对各种领域需要查办的案件，院党组经过综合考虑、全面量衡，结合该院的职侦部门的办案具体情况和线索的评估情况，优先选择节约办案成本的线索启动，实现职侦力量的优化配置。例如，该院在2012年3月通过对众多线索的筛选，启动了龙洞乡

卫生院院长张某受贿案线索，从而对云阳县医疗卫生系统的药品、医疗设备采购市场的贪腐官员进行了一次彻底清查。

（二）强制措施选择性执行

职侦部门在办案的过程中，对犯罪嫌疑人采取何种强制措施由职侦干警选择性决定，这种选择可以理解为职侦干警的一种正当职权行为，除了滥用职权，不依法侦查行为外，采用何种强制措施都属于职侦干警的自由裁量的范围。职侦干警的这种选择不仅仅关系到案件能否侦破，也直接与当事人的生命权、身体健康权、人身自由权以及财产权等重要权利相关。

（三）涉案事实选择性认定

涉案事实选择性认定是由职侦案件的复杂性和侦查资源的有限性引起的。在我院职侦干警的办案过程中，当遇到某些案件事实确实存在，但是该事实不属于职务犯罪的侦查范畴或该涉案事实根本无法定罪量刑，从节约办案成本的角度考虑，我们会选择性地认定该涉案事实。

（四）嫌疑人认罪态度选择性区别

认罪态度作为法院对犯罪嫌疑人量刑的一个参考要素，最有话语权的就是一线的侦查人员。然而认罪态度是侦查人员的一种感知，它没有量化的参考标准，其赋予职侦干警的是一种选择性执法权力。这种选择行执法由于是一种感知认识，不可避免地会存在不准确性和不一致性。

四、杜绝选择性执法、随意执法的五条途径

（一）建立"案件线索初查评估分析制度"，杜绝线索选择性启动

在每一件线索都对应成立由部门领导和线索承办人组成的"案件线索初查评估分析小组"。该制度规定先由分到线索的各评估分析小组在严格保密的情况下，依据举报或反映的案件线索，内容的详略、性质情节、证据线头、举报人反映人身份是否明确等要素进行"可信度"评估；同时还明确规定分析评估后，对初查条件较为成熟的，由评估分析小组集中集体智慧，提出侦查建议，选出突破口、切入口，择定介入方式、侦查路径，形成初查

方案，进行"可行性"指导。在每个案件初查完毕时，由评估分析小组对初查方案的执行情况、初查中所收集的证据合法、证据所证明的问题以及围绕犯罪构成"四要素"对该线索作出全面、客观的评价。按照评估制度作出"立案"、"存查"和"不立案"三种结论。同时对"存查"和"不立案"两种结论给出详细的书面报告备查。如 2012 年 2 月我院职侦局启动的中国农业银行重庆云阳支行信贷部经理吴某涉嫌受贿一案。接到举报线索后，立即启动了"案件线索初查评估分析制度"，成立评估小组对该举报所反映的线索进行全面的预判，制定了详细的初查方案和预案。通过 3 个月的化妆侦查和全面细致的外围取证，在 5 月的案件线索评估会上作出了"立案"侦查的初查结论。立案后仅仅 20 天就侦查终结、移送审查起诉。

（二）加强对不按犯罪追究情况的监督，减少涉案事实的选择性认定

当一个犯罪嫌疑人涉嫌多笔犯罪事实时，侦查人员可能存在对涉案事实进行选择性认定情况。针对这一情况，排除人为因素即可制止这种情况发生，而办案实践中这一情况主要存在于非主要犯罪事实，主要体现在侦查报告中"不按犯罪追究"或"需要说明的问题"。加强对这种问题的监督，该笔犯罪事实在以上两个环节出现时要作出详尽的解释。例如，对该笔事实的全面描述，对已有证据的全面分析比对，不按犯罪追究的法定理由，如果没有法定理由就不能不按犯罪追究。

（三）加强与律师协作和监督，防止与律师对立

变"对立"为"交流"。目前办理职务犯罪案件，嫌疑人主要在本县内，其代理律师也多为本地律师。一直以来的工作中，职侦部门与这些律师多有工作联系。新刑事诉讼法实施前，要召开律师交流座谈会，对新法实施中的有关问题进行通报，对律师提前介入到侦查阶段的相关问题进行沟通，同时，对律师会见中的违法违规现象敲响警钟。既不要与律师之间的关系过于对立，也不要与律师的关系过于"暧昧"，应保持"平行"关系，不"分离"，也不"交叉"。在以后的办案中，经常性与律师开展交流活动，共同协调解决律师会见中的问题。

过去，我们害怕律师的介入，影响案件的侦查，与律师保持的是一种对立的态度。其实，这种做法适得其反。只有我们保障并尊重律师的诉讼权，才能得到律师对检察机关查办案件的理解与支持。所以，侦查人员要学会与

律师打交道。一方面，要尊重律师的诉讼权，为其行使诉讼权提供方便；另一方面，要加强与律师的沟通与联系，征求律师对案件的意见，在尊重、理解、共识的基础上，建立庭前证据开示制度，开示各自掌握的证据，包括律师通过自行取证获得的无罪证据等，都应及时向检察机关开示，从而避免律师在庭审时搞证据"突袭"。

（四）正确灵活使用强制措施，体现宽严相济法律政策

职侦案件的嫌疑人其主观恶性多数较小，对社会危害性不大，但在信息化社会，也有一些职务犯罪案件传播范围宽、社会影响大，若不执行逮捕，势必引起不良反应。因此，职侦部门在办理这类案件时，按照上提一级批捕的规定，有必要对逮捕必要性进行证明。

对职侦部门如何对逮捕必要性进行证明，关键是要把握职务犯罪案件的政策性、法律性以及社会敏感性，既严格把握法律界限，又执行宽严相济的刑事政策。

可以对职务犯罪案件进行分类，可通过贪污贿赂案件和渎职侵权案件分别处理。对贪污贿赂案件，可从案件来源、涉案金额、犯罪情节、社会危害、社会反响等方面进行分类，制定完善报请逮捕的条件。如规定3人以上实名举报必报捕，涉案金额达10万元以上的必报捕，索贿的必报捕，引发群体性信访的必报捕，网络出现热议的必报捕等。对渎职侵权案件，也可按照案件来源、犯罪情节、社会危害和反响等方面进行区别对待。对犯罪金额较小、情节轻微或自首立功的则依法从宽处理，必要时不采取强制措施。

（五）着力规范操作落实"三全"制度，守住规范执法底线

落实全程同步录音录像作为适应新刑事诉讼法、执法规范化建设工作的重中之重，通过规范化的操作、无一遗漏地录制，拓宽全程同步录音录像的应用，既保证了案件质量，又拓展了办案效果。

落实全程同步录音录像制度，规范操作是关键。如我院制定了"明确思想认识'零疏忽'、所有案件'零遗漏'、讯问全程'零闪失'、规范操作'零差错'、责任到人'零缺位'"的"五个零"标准，严格"三个三"规范操作，加强对受理运用、操作流程、安全措施和录制环境的控制。一是讯问前"三备"。人员准备，落实专兼职技术人员9名，每次讯问前，由职侦局长明确案件承办人，由承办人提出讯问人员和技术人员名单，并排出现场录制的值班顺序，经分管副检察长同意后，通知技术人员准备到位；手续

完备，案件承办人在侦查计划中即提出同步录音录像工作安排，填写《同步录音录像通知单》，经职侦局长审核讯问时间、地点、讯问人员和技术人员后，交由技术科实施；器材齐备，购置同步录音录像设备4套，每次讯问前，由案件承办人和技术人员检查设备情况，备齐所需的录音录像设备、光盘、密封袋以及备用电源等，确保无差错。二是讯问时"三告知"。技术人员向讯问人员告知同步录音录像准备完毕，可以进行讯问；讯问人员向犯罪嫌疑人告知将对讯问进行全程同步录音录像；技术人员向犯罪嫌疑人告知讯问同步录音录像的时间和地点。对告知的情况，在同步录音录像中予以反映，并记载到询问笔录中，保证程序合法。三是讯问后"三确认"。过程确认，讯问人员在每次讯问结束后，就该次讯问过程情况是否有刑讯逼供、违法审讯等情况向犯罪嫌疑人确认，并在讯问笔录中记载；封存确认，技术人员当场将同步录音录像光盘资料交由讯问人员，并经讯问人员和犯罪嫌疑人签字确认后当场封存；相关说明确认，技术人员填写全程同步录音录像相关说明，现场经讯问人员和犯罪嫌疑人确认签字，并立卷保管。如在2012年查处医疗卫生系统系列窝串案中，充分发挥全程同步录音录像在保证办案安全、拓宽线索角度、提高办案质量等方面的重要作用，取得了十分积极的成效。

特别重大贿赂犯罪适用
指定监视居住问题研究

李丁涛[*]

由于监视居住在司法实践中面临备而不用和易沦为变相羁押两个极端困境，而备受诟病，并成为废除论者最有力的论证依据。新修订的刑事诉讼法并没有将监视居住从刑事强制措施中剔除，而是通过对其适用对象、适用程序、法律后果等方面进行合理化改造后，保留了该项强制措施。理论界对新刑事诉讼法新增的指定监视居住制度同样充满担忧和不安，认为指定监视居住是纪委"双规"、"双指"的曲线入法，可能为侦查机关超时办案、超期羁押提供法律依据。从价值功能的角度来看，监视居住（包括指定监视居住）获得立法者认可，自有其存在的必要性和合理性。一项制度在法律适用中存在弊病不能成为否定制度本身的理由，如果将是否适用、适用的频率作为某项法律制度存废标准的话，那么我们需要废止的法律制度将不在少数。法律制度在适用当中存在的瑕疵需要在坚持其适用原则的基础上，通过明晰适用条件、规范适用程序、保障适用效果等加以修正。检察机关查办涉

---

[*] 李丁涛，重庆市沙坪坝区人民检察院职务犯罪侦查局助理检察员，法学硕士。

嫌特别重大贿赂犯罪，适用指定监视居住强制措施时，应当在准确把握立法精神、明确适用原则的基础上，对其进行合理化完善。

一、"特别重大贿赂犯罪"适用指定监视居住的必要性与合理性

监视居住自规定以来，主张废除该项措施的声音从未停息过。新修订的刑事诉讼法在充分吸收司法实践成果的基础上，基于保留的立场对监视居住进行了重大改造，并规定了指定监视居住制度。指定监视居住作为一项新的措施，在与司法实践的磨合中不可避免地会出现一些问题，但这并不能否定其自身存在的必要性和合理性。正如笔者前文所言，一项制度在法律适用中存在弊病不能成为否定制度本身的理由。全国人大采纳最高人民检察院要求增设指定监视居住的立法建议，对于查办危害国家安全犯罪、恐怖活动犯罪、特别重大贿赂犯罪提供了有力的措施保障。本文拟从指定监视居住的立法目的、内在属性、外在功效等方面论述特别重大贿赂犯罪适用指定监视居住的必要性与合理性。

（一）从制度设计的目的论

任何法律都蕴含着一定的立法宗旨，体现着统治阶级或立法者的某些动机。[①] 任何法律制度的设计都以立法者希望达到何种目的为导向，实现一定的立法目的是制度运用于实践的目标。监视居住作为逮捕的替代性措施，它形成了羁押性强制措施和非羁押性强制措施的中间缓冲地带，使强制措施制度本身更具体系化、更富操作性。长期以来，侦查机关在适用强制措施时，要么适用羁押性强制措施，要么适用非羁押性强制措施。而根据《中国法律年鉴》数据，自1996年修改后的刑事诉讼法实施以来10年间，我国刑事犯罪羁押候审率超90%。有学者统计了全国20个基层检察院从2004年至2009年5年的逮捕率和羁押率，全部都在90%以上，职务犯罪的捕后羁押率更是高达98%以上。[②] 这与国际社会公认的"羁押是例外，非羁押是常态"的刑事强制措施的使用原则明显相悖。除传统的司法观念滞后、侦

[①] 付子堂：《社会学视野中的法律功能问题》，载《郑州大学学报》（哲学社会科学版）1999年第5期。

[②] 卢凤英：《羁押必要性与制度保障问题》，载石少侠、胡卫列、韩大元主编：《刑事诉讼法修改与检察工作——第八届国家高级检察官论坛论文集》，中国检察出版社2012年版，第346页。

查力量不足、考核制度不科学之外，没有羁押替代性措施是我国刑事强制措施高羁押率形成的主要原因之一。新刑事诉讼法将监视居住的价值重心转移到羁押替代性措施，不仅解决了传统的监视居住与取保候审同质化问题，而且有利于降低审前羁押率，从而更好地保护犯罪嫌疑人、被告人的权利。

职务犯罪在侦查阶段"高羁押率"的现状与职务犯罪的特点及侦查机关的办案模式不可分割。职务犯罪的口供依赖性强、佐证较少以及犯罪嫌疑人反侦查能力强决定了检察机关在侦查阶段必须以固定犯罪嫌疑人口供，防止其翻供、串供为主要目的，而实现此目的的最便捷方式便是将犯罪嫌疑人进行羁押，以排除其与外界的不当接触。另外，侦查机关"先供后证"的传统侦查模式，也决定了以固定犯罪嫌疑人口供为目的羁押必不可少。指定监视居住作为逮捕的替代性措施，在适用功能、适用效果上完全可以替代逮捕措施，甚至比逮捕更有利于深挖犯罪、保证诉讼顺利进行。指定监视居住适用于检察机关查办涉嫌特别重大的贿赂犯罪之中，以降低职务犯罪的羁押率自然是立法者应有之义，而通过该制度的有效适用，也必将间接促进职侦部门传统侦查模式的转变。

虽然强制措施的适用都以保障刑事诉讼的顺利进行为目的，但指定监视居住的目的更倾向于便于侦查，相较于其他以不妨碍侦查、起诉、审判的强制措施有所区别。职务犯罪，尤其是特别重大的贿赂犯罪往往具有"一对一"的作案特征，作案手段比较隐蔽，调查取证比较困难，加之犯罪嫌疑人一般具有较强的反侦查能力，要想彻底突破犯罪嫌疑人不仅要有周密的侦查策略、高超的审讯技巧，还需要有恰当的侦查措施作为保障。指定监视居住在适用时间、适用场所、提审突审的便捷性等方面具有制度设计的优越性（具体将在下文进行论述），更有利于检察机关在查办特别重大贿赂犯罪时，深挖犯罪事实，保证诉讼效果。

（二）从制度的内在属性论

不同于其他强制措施（包括因无固定住处的指定居所的监视居住）的适用贯穿于整个诉讼过程，无论侦查机关、检察机关还是审判机关都可以决定和适用，指定监视居住具有集中性，仅限于侦查阶段，是一种带有侦查性质的措施。[①] 侦查机关对于指定监视居住的适用，仅限于涉嫌危害国家安全犯罪、恐怖活动犯罪、特别重大贿赂犯罪，是针对几种重罪所采取的的特别

[①] 左卫民：《指定监视居住的制度性思考》，载《法商研究》2012 年第 3 期。

措施。对于法律规定的上述三类犯罪，往往都具有社会危害大、犯罪主体特殊、取证比较困难等特点，侦查机关在具体侦办上述案件时，需要及时变更侦查策略，运用多种侦查手段来应对不可预期的困难。指定监视居住作为带有侦查性质的强制措施，在侦查阶段适用于查处上述几类重刑犯罪相比其他强制措施具有内在优势。同时，法律对指定监视居住的适用条件、适用内容、法律后果等方面的规定也客观地保障了该项措施的有效适用。

法律明文规定的可以适用指定监视居住的几种罪名，都是严重危害国家安全、社会秩序、公民人身权利的犯罪，其最高法定刑均为死刑。对于此列犯罪中的"涉嫌特别重大的贿赂犯罪"更是为党和国家高度重视，更易引起人民群众的关注。检察机关在查处涉嫌特别重大贿赂犯罪时，由于涉案跨度长、领域宽、涉及利益复杂，加之嫌疑人反侦查能力较强，侦查机关要想在侦查阶段完全肃清其犯罪事实必须有强有力的措施保障。指定监视居住作为倾向于方便侦查的强制措施，在制度设计之初，对于其定位就已非常明确，即为方便侦查机关查处几种重刑犯罪、深挖犯罪事实提供措施保障，以更好地保障刑事诉讼，维护国家利益、人民权利。

（三）从制度的外在功效论

任何制度的设定都以一定的社会需求为驱动，脱离社会需求的制度设计不仅浪费制度资源，而且解决不了实际问题。评价一项制度的存在是否必要与合理关键是看其在实践运作当中是否有利于解决实际问题。指定监视居住作为新刑诉法修订后的一大亮点，从修订草案公布伊始，便引起了社会公众与学者的热议。不得不承认，作为一项倾向于侦查性质的强制措施，指定监视居住对于办案机关在侦查阶段深挖犯罪事实、保证侦查顺利进行有积极的影响。笔者结合自身在检察机关的办案实际，从指定监视居住的外在功效方面，试阐述其适用于检察机关侦查工作的必要性。

2013年4月，我院在办理一起涉嫌特别重大贿赂案件中，经立案侦查后，在有证据证明犯罪嫌疑人符合逮捕条件的前提下。为深挖犯罪事实，经上级人民检察院批准，我院依法对犯罪嫌疑人采取了指定监视居住的强制措施，我院职侦部门在调查取证当中严格遵守刑事诉讼法、《人民检察院刑事诉讼规则（试行）》（以下简称《规则》）以及重庆市人民检察院《关于对涉嫌特别重大贿赂犯罪嫌疑人采取指定监视居住的审批办法（试行）》的规定，坚持看审分离，规范办案。在监视居住期间，多次提讯犯罪嫌疑人到我院办案区进行讯问。通过近一个月的监视居住，不仅使嫌疑人印证了前期所查证的犯罪事实，而且主动交代了新的犯罪事实。

自新修订的刑事诉讼法实施以来，我院及邻近兄弟检察院在查办涉嫌特别重大的贿赂犯罪时，适用指定监视居住措施的数起案件，在深挖犯罪事实、提高办案效率、保障诉讼效果等方面均比将犯罪嫌疑人直接逮捕效果更加明显。

职务犯罪的犯罪嫌疑人一般具有较高的知识水平和丰富的社会阅历，很容易与所接触到的人形成熟络网。在对这类人进行羁押后，侦查人员若想在专门的羁押场所（一般是看守所）对嫌疑人的犯罪事实继续进行深挖，难度非常大，并且还经常出现嫌疑人翻供的现象，司法实践也证明了这一点。出现上述现象的一个重要原因在于，看守所一般是规模性的群体羁押场所，虽然对被羁押人的人身自由限制较为严格，但在与其他被羁押人平等自由交流方面没有任何障碍，通过这种"开放式"的交流，嫌疑人的反侦查意识和被摧毁的反抗心理很容易重新恢复，甚至会推翻之前的有罪供述，出现翻供的现象。对嫌疑人适用指定监视居住的强制措施不仅可以切断强化其反抗意识的外在因素，而且在"独立、密闭"的空间会弱化其反抗意识。另外，适用指定监视居住的嫌疑人每天所接触到的均是"与自己地位不平等"的办案人员，在这种条件下，嫌疑人心理压力很大，势必每天有意无意地提醒自己，"自己是被调查对象，坦白自己的所有犯罪事实可能是自己的唯一出路"，况且指定监视居住在时间上、提讯方式上也有利于办案机关彻底攻破嫌疑人的心理防线。

二、"特别重大贿赂犯罪"适用指定监视居住的原则

新《刑事诉讼法》第73条规定，对于涉嫌特别重大贿赂的犯罪，在住所执行可能有碍侦查的，经上一级人民检察院批准可以在指定的居所执行。在当前惩治和预防腐败日益严厉的大背景之下，立法机关采纳最高人民检察院要求增设指定监视居住的立法建议，充分说明立法者希望通过此项强制措施为检察机关更加有效查处重大贪腐案件提供措施保障。同时，我们也应当看到，由于法律规定本身的概括性，加之实践部门在具体适用过程中可能存在执法的随意性，极易使指定监视居住制度偏离立法者初衷，成为侵害公民合法权利的"恶法"。

（一）惩罚犯罪与保障人权相统一原则

惩罚犯罪与保障人权相统一是刑事诉讼法的基本原则之一。法律作为统治阶级维护其统治的工具，惩罚危害其利益的犯罪人是应有之义。随着近代人权理念的扩散和深入，统治阶级意识到在保障嫌疑人合法权益的前提下，对其进行惩罚更有利于维护自身的统治。新修订的刑事诉讼法将"尊重和保障人权"明文纳入，是国家尊重和保障人权这一宪法权利在刑事诉讼法领域的集中体现，同时，这一原则将贯穿于整个刑事诉讼过程之中，并规范指导刑事诉讼领域的各项具体措施。指定监视居住作为逮捕的替代性措施，是介于羁押性与非羁押性强制措施之间的一种"半羁押"性质的强制措施。该措施的有效适用将有利于改变侦查阶段"审前高羁押率"的司法现状，使犯罪嫌疑人在非羁押状态下接受调查取证，更有利于犯罪嫌疑人的权利保障。

检察机关侦查部门在办理职务犯罪案件过程中，尤其是特别重大的贿赂案件，由于侦查水平比较低，加之犯罪嫌疑人有较强的反侦查能力，许多案件的侦办仍然摆脱不了"以供待证、先供后证"的传统侦查模式，案件突破的口供依赖性较强。指定监视居住使侦查机关摆脱了提审、突审嫌疑人的羁押限制性规定，并为案件侦查提供充足的时间保障，对有效侦办重大贿赂案件、保证案件诉讼进度、发挥最优诉讼效果均有积极作用。

（二）少用、慎用原则

指定监视居住作为刑事诉讼法修改后的一项新措施，由于其适用对象、适用内容、法律后果的特殊性，在适用的过程中，若不能准确界定适用条件、明确适用范围、完善监督机制，就极有可能对犯罪嫌疑人的权利造成严重侵害。自刑事诉讼法实施以来，检察机关在查办涉嫌特别重大的贿赂犯罪，适用指定监视居住措施时，由于法律规定的概括性，致使实践部门在适用条件、适用场所等方面均存在认识分歧，增加了制度适用的风险。理论界和实务部门比较一致的看法是，必须严格执行指定监视居住的审批，少用、慎用该强制措施，不能将指定监视居住作为办案的常态化措施。具体需要从以下几点进行把握。

1. 不可忽略或扩大解释"在居所执行可能有碍侦查的"这一限制性规定。司法实践中，侦查机关经常将是否属于特别重大贿赂犯罪作为适用指定监视居住的唯一参考，刻意回避"在居所执行可能有碍侦查"这一限制性规定。对于一些没有适用必要的犯罪嫌疑人同样适用指定监视居住,这既不利于犯罪嫌疑人权利的保障,又浪费了司法资源。《规则》第110条对于有碍侦查的情形进行了明确界定,司法实践部门应当严格遵守执行。

2. 对于哪些案件属于"特别重大贿赂犯罪"应当严格按照《规则》的相关规定进行认定,《规则》第45条明确界定了三种案件属于特别重大贿赂犯罪:(1)涉嫌贿赂金额在50万元以上,犯罪情节恶劣的;(2)有重大社会影响的;(3)涉及国家重大利益的。对于《规则》规定的上述三类特别重大贿赂案件在认定时,需要注意以下几点:(1)对于犯罪情节恶劣的认定,应当综合考虑犯罪嫌疑人的主观动机(如是否有主动索取的意思表示)、犯罪手段(如是否具有要挟、胁迫等索贿的手段)、赃款去向(赃款是否用于从事违法犯罪活动)等。(2)对于有重大社会影响的认定要从严把握,案件必须要在该区域为普通民众所知晓,并为民众所关注。(3)对于涉及国家重大利益的认定,要从犯罪嫌疑人所处的职务、通过权钱交易为行贿人谋取利益是否严重影响到该领域的正当行业竞争、为国家造成的损失是否具有可挽回性等方面来把握。

3. 需要特别注意的是,刑事诉讼法明确规定职务犯罪侦查部门对于涉嫌特别重大的贿赂犯罪可以适用指定监视居住。那么,对于涉嫌特别重大的贪污贿赂犯罪能否适用指定监视居住?笔者认为,按照程序法定原则,对于涉嫌特别重大的贪污贿赂犯罪,如果犯罪嫌疑人涉嫌贿赂犯罪部分达到了特别重大贿赂犯罪的标准,并符合其他适用指定监视居住的条件,可以适用指定监视居住;如果犯罪嫌疑人涉嫌贿赂犯罪部分没有达到特别重大贿赂犯罪的标准,而涉嫌贪污、贿赂的总金额达到50万元,且情节恶劣,同样不能适用指定监视居住。但如果犯罪嫌疑人符合《规则》第45条规定的后两种情形的(有重大社会影响、涉及国家重大利益),应认定为属于可以适用指定监视居住的情形。司法实践中,办案机关倾向于将"涉嫌特别重大贿赂犯罪"扩大解释为"涉嫌特别重大贪污贿赂犯罪",从而对此类犯罪适用指定监视居住的强制措施,这种做法是不科学的。

(三) 临时性原则

指定监视居住作为一项临时性强制措施,其适用的最终目的是保证诉讼的顺利进行。指定监视居住作为一项程序性保障措施,并不参与案件实体的处理,案件的诉讼障碍一旦排除,就应当及时解除对犯罪嫌疑人的程序性强制。检察机关在查办涉嫌特别重大的贿赂犯罪,适用指定监视居住的,应当在合法性适用的前提下，通过对案件的快侦快结从速结束指定监视居住的适用，或视案件情况变更非羁押性强制措施。

法律关于指定监视居住期限的规定（最长为6个月），为侦查机关有效侦查、多方取证提供了充足的时间保障，但对于期限的不当把握也将增加侵害犯罪嫌疑人合法权利的风险。对于涉嫌特别重大的贿赂犯罪的侦查取证，一般需要较长的时间，但对于侦查人员来讲，在保证案件侦办质量的前提下，从速、从快结束案件的侦查，对于节约司法资源、保障嫌疑人权利均有积极影响。司法实践中，仅有一笔或较少几笔犯罪事实而构成特别重大贿赂犯罪的并不少见，对于这种情况，侦查机关完全可以在较短时间内结束对案件的侦查，尽早结束对犯罪嫌疑人的指定监视居住，使案件进入下一个司法程序。

三、"特别重大贿赂犯罪"适用指定监视居住的几点思考

一项法律制度能否有效运用于司法实践，发挥立法者所期许的效果，需在准确把握立法目的、坚持适用原则的基础上，对制度本身的疑惑点、司法适用中可能存在的问题等进行厘清和有效规避。检察机关查处涉嫌特别重大的贿赂犯罪，适用指定监视居住的，需要对其适用条件、适用场所、监督方式等问题进行明确界定，以防止在适用中出现刻意规避、模糊执法甚至严重违法的现象出现。

（一）适用必须以"符合逮捕条件"为前提

有些学者提出设立指定监视居住的立法目的之一是，对于一些特殊案件（危害国家安全犯罪、恐怖活动犯罪、特别重大贿赂犯罪）符合立案条件，而不符合拘留、逮捕条件，采取取保候审或普通监视居住可能有碍侦查的犯罪嫌疑人，指定监视居住有利于案件的侦查。[①] 对于上述观点，笔者认为值得商榷。

《刑事诉讼法》第72条规定，"人民法院、人民检察院和公安机关对符合逮捕条件，有下列情形之一的犯罪嫌疑人、被告人，可以监视居住"；第73条规定，"监视居住应当在犯罪嫌疑人、被告人的住处执行；无固定住处

---

① 江苏省南通市开发区人民检察院：《对指定居所监视居住若干问题的思考》，载 http：//www.nantongkf.jcy.gov.cn/llyj/201210/t20121022_968845.html，2013年6月15日访问。

的，可以在指定的居所执行。对于涉嫌危害国家安全犯罪、恐怖活动犯罪、特别重大贿赂犯罪，在住处执行可能有碍侦查的，经上一级人民检察院或者公安机关批准，也可以在指定的居所执行"。通过《刑事诉讼法》第72条、73条的规定不难看出，适用指定监视居住的前提是必须以符合适用普通监视居住为先决条件，而适用普通监视居住必须以符合逮捕条件为前提。即对犯罪嫌疑人适用指定监视居住必须以嫌疑人符合逮捕条件为前提。对于将指定监视居住的立法目的阐释为"符合立案而不符合拘留、逮捕条件，适用指定监视居住便于侦查"的观点，从法条之间的逻辑关系来讲是行不通的。

全国人大常委会法工委刑法室原副主任黄太云在对新修订的刑事诉讼法修改部分的释义中认为指定监视居住应严格限制为两类人：一是符合监视居住条件，但无固定住处的；二是涉嫌国家安全犯罪、恐怖活动犯罪、特别重大贿赂犯罪这三类犯罪在住处执行监视居住有碍侦查的。[①] 这一解释无疑是对指定监视居住法律条文最精确的释义，明确了上述三类特殊犯罪适用指定监视居住必须以"执行普通监视居住有碍侦查"为前提，亦即明确了适用指定监视居住必须以"逮捕"为前提。立法者将监视居住（包括指定监视居住）作为逮捕的替代性措施，对其适用条件的规定必将与逮捕条件在同一位阶。作为一种半羁押性质的强制措施，法律对指定监视居住的适用以符合逮捕条件为前提，并附加规定其他适用条件，是符合立法逻辑的。

另外，若将上述"符合立案，而不符合拘留、逮捕条件"作为指定监视居住的适用标准的话，将人为扩大其适用范围，既不符合现阶段指定监视居住少用、慎用的适用原则，又不利于犯罪嫌疑人权利的保障。尤其对于涉嫌特别重大贿赂犯罪的嫌疑人，以侦查为目的的指定监视居住将更容易滋生变相羁押、更难规避变相刑讯逼供。

《刑事诉讼法》第79条及《规则》第139、140、141条明确规定了对犯罪嫌疑人适用逮捕的条件，并对符合逮捕条件之一的"有证据证明有犯罪事实"进行了明确规定：（1）有证据证明发生了犯罪事实；（2）有证据证明该犯罪事实是犯罪嫌疑人实施的；（3）证明犯罪嫌疑人实施犯罪行为的证据已经查证属实。法律没有规定对犯罪嫌疑人适用逮捕需要以取得犯罪嫌疑人口供为前提，而事实上对于大多数刑事犯罪，对犯罪嫌疑人逮捕是不需要嫌疑人口供的。但对于职务犯罪，尤其是特别重大的贿赂犯罪，案件一般具有"一对一"的作案特征，案件的具体情况大都只有当事人了解，物

[①] 黄太云：《刑事诉讼法修改释义》，载《人民检察》2012年第8期。

证非常少，大多还是需要以犯罪嫌疑人的口供为突破口，犯罪嫌疑人的口供在定案中发挥着至关重要的作用。在具体的司法实践中，检察机关很少在没有获取犯罪嫌疑人口供之前，就对其进行逮捕。因此，在不排除检察机关"无口供不逮捕"的前提下，对嫌疑人适用指定监视居住的目的只能是深挖犯罪事实。对于一些学者提出的职务犯罪侦查中指定监视居住的功能是"解决获取口供难题"① 是不符合逻辑的。

（二）指定"居所"的法律规定缺乏实践操作性

《规则》第110条规定："指定的居所应当符合下列条件：（一）具备正常的生活、休息条件；（二）便于监视管理；（三）能够保证办案安全。采取指定居所监视居住的，不得在看守所、拘留所、监狱等羁押、监管场所以及留置室、讯问室等专门的办案场所、办公区域执行。"该条文对于指定监视居住"居所"的条件及排他性规定是符合指定监视居住立法精神的。指定监视居住作为介于羁押与非羁押强制措施之间的一种半羁押的"缓冲措施"，其严厉程度肯定也同样介于羁押与非羁押措施之间。将嫌疑人指定在"特定居所"进行监视居住，是为了解决有碍侦查的问题，其"特定居所"的条件虽不期望比肩于嫌疑人的住所，但肯定要比一些专门的羁押场所要舒适、自由的多。

为保障指定监视居住嫌疑人的居住条件，防止嫌疑人被变相羁押，《规则》第110条虽明确了"居所"的条件，并以排他性的条款试图规避办案机关变相羁押嫌疑人的可能性，但该条文缺乏可操作性，在司法实践中很难实现立法目的。

特别重大的贿赂案件取证难度要高于一般案件，检察机关决定对嫌疑人适用指定监视居住的，所选择的"居所"一般都需要切断与外界的联系，以保证侦查的顺利进行。涉嫌特别重大贿赂犯罪的嫌疑人一般具有较强的反侦察意识和"自救"能力，加之当今通信条件高速发达，如果选择一些比较大的场所作为嫌疑人的"居所"就极有可能出现串供、毁证的现象。另外，在司法资源紧缺、执行警力相对不足的条件下，为了对一个嫌疑人适用指定监视居住而租赁一个基地、一座酒店是不切实际的，也不利于保证办案

---

① 高松林、刘宇：《职务犯罪侦查适用监视居住有关问题研究》，载石少侠、胡卫列、韩大元主编：《刑事诉讼法修改与检察工作——第八届国家高级检察官论坛文集》，中国检察出版社2012年版，第67页。

的安全性。

结合司法实际,满足法律规定的三个条件的"居所"必定是一个相对隔离、空间相对较小的场所。但如果对嫌疑人指定监视居住的场所定义为相对隔离、空间较小的场所(如酒店房间、会议室等),在司法实践中就很难排除变相羁押的可能性。公安机关在保证办案安全的前提下,对嫌疑人在相对较小的区域内进行监管,不可避免地会对嫌疑人的日常生活进行或多或少的干涉。另外,由于双方地位具有"不平等性",加之犯罪嫌疑人本身存在的一些敌对情绪,在监管过程中出现一些口角之争,甚至监管人训斥嫌疑人的情形也在所难免。

另外,有学者提出,通过借鉴英国的"保释旅馆"、香港的"安全屋"制度,而对指定监视居住的犯罪嫌疑人设立专门的监视居住场所。[①] 笔者认为长远来看是可行的,既有利于犯罪嫌疑人权利的保障,又有利于解决因投入过多警力、物力而面临的成本过高问题。但这种将指定监视居住的"居所"集中化、制度化后,是否与《规则》第110条"不得在专门的办案场所、办公区域执行"的规定相矛盾,仍是值得探讨的问题。

(三) 适用指定监视居住的审批须严格

从制度的适用源头规避不法的存在,是所有环节中成本最低、效益最高的。如果审批部门就一项法律措施是否能有效适用于司法实践,在审批环节有效把关、严格审批的话,那么后续适用出现违法的概率将大大降低。刑事诉讼法及《规则》相关条文对涉嫌特别重大贿赂犯罪的犯罪嫌疑人采取指定监视居住的审批程序进行了规定,明确了上级人民检察机关对下级检察机关适用指定监视居住的审批权,但鉴于两者属于领导与被领导的关系,利益趋于一致,在司法实践中可能出现审批不严的现象,因此,需要明确上级检察机关在审批方面需要注意的问题。

上一级人民检察院应当严格按照刑事诉讼法及《规则》的相关规定,从实体、程序两方面对下级检察院提请的指定监视居住的材料进行审批。实体方面,重点对案件是否属于涉嫌特别重大的贿赂犯罪、是否符合逮捕条件、是否属于有碍侦查的情形等方面进行审查。在审查过程中,对于不能满

---

① 高松林、刘宇:《职务犯罪侦查适用监视居住有关问题研究》,载石少侠、胡卫列、韩大元主编:《刑事诉讼法修改与检察工作——第八届国家高级检察官论坛文集》,中国检察出版社2012年版,第70页。

足或暂不能满足适用指定监视居住的,要坚决做出不批准的决定,杜绝为方便下级机关办案"先批后补"的做法。程序方面,重点审查下级检察机关在讯问嫌疑人时是否告知其权利义务、是否对讯问进行全程录音录像、是否超出法律规定的报批时限等。通过对适用指定监视居住实体与程序两方面的严格审查,规避其适用的违法性和随意性。

笔者在前文论述了适用指定监视居住必须以"符合逮捕条件"为前提,那么对于上一级人民检察院在审批下级检察机关提交的指定监视居住的材料时,应当如何把握"是否符合逮捕条件"这一必要性规定?需要注意两点:(1)由一笔或不多几笔犯罪事实构成的特别重大贿赂犯罪,以获得行、受贿人的口供为符合逮捕的必要性条件,没有获得犯罪嫌疑人口供或只获得了犯罪嫌疑人口供,均不能作为特别重大贿赂犯罪"符合逮捕的条件";(2)由多笔犯罪事实构成的特别重大贿赂犯罪,在立案侦查的时限内,基本查实了一笔或几笔犯罪事实(指获得了行、受贿人的口供)的前提下,为了进一步收集证据,深挖其他犯罪事实,属于可以"附条件逮捕"的情形,可以认定为"符合逮捕条件"。

(四)适用指定监视居住的监督、责任赔偿问题

1. 监督方面

上一级人民检察院对适用指定监视居住执行方面的监督,重点是保证"看审分离"制度的有效落实。虽然理论学者、实务工作者都充分肯定了"看审分离"对于指定监视居住的重要性,并对其重要性的理由进行了充分论述。但在司法实践当中,检察机关看审不分,大包大揽的现象仍时有发生。公安机关执法力量短缺、执法成本过高固然是不参与执行的理由,但检察机关便于对嫌疑人进行"管理"、保证案件的侦破"效果"恐怕是隐藏在其背后的真正原因。上一级人民检察院在指定监视居住的执行监督过程中,对于发现下级检察机关不按照看审分离原则进行执行的或在指定居住地对犯罪嫌疑人进行讯问的,应当及时予以警告,并责令纠正,情节恶劣的可取消指定监视居住决定。

《规则》第115条规定,必要时人民检察院可以协助公安机关执行指定监视居住。排除指定监视居住的执行机关不作为、乱作为因素,在公安机关自身案件繁多、执法成本过高等情况下,法律规定人民检察院可以协助公安机关执行指定监视居住,不失是一个解决之策。但此规定在司法实践中能不能有效运用,能否产生良性法律后果是值得探讨的。(1)检察机关执行指

定监视居住的主体，排除办案人员外，只能是司法警察。虽然法律对司法警察的定位是司法机关行使司法权的辅助性主体，但其在具体的职务犯罪案件办理中却往往承担着与具体办案人员一样的职责，同样参与审讯。在一些没有将司法警察与办案人员的职责进行完全区分的地区（如重庆），贸然将检察院司法警察纳入执行主体，是不科学的。（2）对于具有上下级关系的检察机关，鉴于其利益的趋同性，我们都可以合理怀疑上一级检察机关在审批下级检察机关报审的指定监视居住材料时，存在审批不严的可能，那么，同属一个检察机关的办案人员与司法警察又如何保证能够严格执行指定监视居住的"看审分离"制度呢？（3）投入大量司法警察参与指定监视居住的执行，是否会影响司法警察固有的检察工作，亦是需要考虑的问题。

另外，刑事诉讼法、规则明确规定，对于下级人民检察院报请指定监视居住的案件，由上一级人民检察院侦查监督部门依法对决定是否合法进行监督。但对于有批准决定权的上一级人民检察院侦查部门的监督情况，法律没有明确规定。监督追责机制相对模糊的指定监视居住的审批机关，在审批的过程中很可能与同一位阶的侦查监督部门形成一致意见，使审批、监督均流于形式。

2. 责任赔偿方面

根据刑事诉讼法关于非法证据排除的相关规定，对犯罪嫌疑人错误适用指定监视居住，所获得的证据，属于非法证据，应当在诉讼中予以排除。对于因错误适用指定监视居住，对嫌疑人造成的权利侵害是否适用国家赔偿问题，理论界与实务界并没有形成统一看法。按照现代法治精神，对于限制人身自由的强制措施都应当予以赔偿，并且明确错误适用指定监视居住的赔偿问题，有利于界定各个主体机关的责任，从而更好地在决定、审批、执行层面完善指定监视居住的适用。

结　语

指定监视居住作为刑事强制措施的一种，其存在的价值不仅在于体系化、系统化了强制措施本身，更主要的是这一带有侦查性质的强制措施在司法实践中更有利于侦查机关获取证据、深挖犯罪。指定监视居住制度作为刑事诉讼法的一种创新，不容否认，其在法律规定和司法适用方面都有诸多需要明确及修正的地方，但这并不能否认这一制度存在的合理性。法律规定与实务运用最终落脚点还是制度本身能否有效运用于司法实践，并产生良性法律效果。法律需要在与实践的磨合中，缓慢地修补其不足，并最终实现立法目的。因此，检察机关在侦办涉嫌特别重大贿赂犯罪，适用指定监视居住时，需要在明确法律适用的前提下，在司法实践中有效完善现有制度规定，重点对其适用条件、适用地点、监督制约机制等进行补充和界定，以期能以最小的制度投入获取最大的法律收益。

侦查阶段羁押必要性审查的路径探索

李建超[*] 文 哲[**]

《刑事诉讼法》第 93 条规定："犯罪嫌疑人、被告人被逮捕后，人民检察院仍应当对羁押的必要性进行审查。对不需要继续羁押的，应当建议予以释放或者变更强制措施。有关机关应当在十日以内将处理情况通知人民检察院。"这是刑事诉讼法中新增的关于羁押必要性审查的规定，这个规定比较抽象、笼统。最高人民检察院在随后颁布的《人民检察院刑事诉讼规则（试行）》中对此进行了完善，列举式规定了羁押必要性审查的内容和方式，对于检察机关办理羁押必要性审查案件起到了较好的指导作用，具有一定的操作性。检察机关需要将羁押必要性审查纳入到诉讼监督活动之中。法律不仅明确赋予了检察机关在捕后对羁押必要性继续审查的工作职责，同时明确规定了逮捕后羁押必要性审查的保障机制，对保障在押犯罪嫌疑人、被告人的合法权益等至关重要。目前，绝大部分检察院对于羁押必要性审查的工作都处于摸索阶段，有少数院出台了羁押必要性审查的实施细则，但目前为止办理的羁押必要性审查案件仍然为数不多，对于这一工作的有序开展存在深入探究的空间。

---

[*] 李建超，重庆市永川区人民检察院检察长。
[**] 文哲，重庆市永川区人民检察院侦监科干警。

一、羁押必要性审查的内涵

羁押必要性审查是指根据被羁押的犯罪嫌疑人、被告人涉嫌犯罪的性质、情节以及证据的收集固定情况、犯罪嫌疑人、被告人的悔罪态度等，审查其是否具有再次犯罪或者妨碍诉讼的危险性，如果对其取保候审、监视居住是否足以防止发生这种危险性。在此基础上，决定是否继续羁押该犯罪嫌疑人、被告人。① 许多国家的法律都有关于羁押必要性审查的规定。在德国，如果被羁押人已经被羁押了至少3个月，在检察院、他本人或者他的法定代理人对此提出申请的时候，应当为其指定一名待审羁押期间辩护人。如果被羁押人（包括检察院或其法定代理人）未要求指定辩护人，并且也未因不服羁押命令而提起法律救济，则在羁押逾3个月后，法院应主动依职权进行羁押审查。羁押逾6个月时，州高级法院或联邦最高法院需依职权主动进行羁押审查。② 韩国刑事诉讼法规定，决定羁押后，发现没有羁押事由或羁押事由消灭时，法院应依职权或根据检察官、被告人、辩护人等的请求，决定撤销羁押。③

我国捕后羁押必要性审查制度的出台，是为了解决实践中羁押率长期居高不下、羁押后变更强制措施难等问题。司法实践中，有的地方检察机关进行了对被羁押人员羁押必要性进行审查的司法改革，取得了良好的效果。在确认实践经验的基础上，立法机关修改了刑事诉讼法，增加了捕后羁押必要性审查机制。④ 这一规定是在新形势下进一步贯彻"少捕"、"慎捕"理念，维护社会和谐稳定的新举措，是新刑事诉讼法的亮点之一。在构建社会主义和谐社会的大背景下，在刑事诉讼程序中设立羁押必要性审查制度，既是完善逮捕程序的一项重要制度，也是贯彻宽严相济刑事政策的一个重要举措，对改变当前一旦批准逮捕，无人过问、一押到底的现状具有非常重要的意义。羁押的根本目的是确保整个刑事诉讼程序的顺利进行，防止犯罪嫌疑人逃跑、自杀、毁灭罪证或者继续犯罪，其价值功能是一种临时性的保障手段，但由于价值取向上的偏差，"一捕到底"成了我国刑事诉讼程序的常

---

① 童建明主编：《新刑事诉讼法理解与适用》，中国检察出版社2012年版，第116页。
② 宋英辉、孙长永主编：《外国刑事诉讼法》，法律出版社2006年版，第417页。
③ 马相哲译：《韩国刑事诉讼法》，中国政法大学出版社2004年版，第30页。
④ 宋英辉、王贞会：《论我国刑事强制措施的立法完善》，载《人民检察》2012年第13期。

态，缺乏羁押必要性审查，犯罪嫌疑人和被告人的合法权利就得不到有效的保障。

二、侦查阶段羁押必要性审查的启动方式

每起案件都要经历侦查、审查起诉、审判的诉讼过程，且犯罪嫌疑人逮捕后多被羁押在看守所，在每个诉讼环节，均可能会出现犯罪嫌疑人、被告人不需要继续羁押的情形，因此，羁押必要性审查应贯穿刑事诉讼的全过程，涉及侦查、审查起诉和审理裁判的每个诉讼环节。本文仅针对侦查阶段的羁押必要性审查工作，即按照人民检察院刑事诉讼规则规定的由侦查监督部门负责的羁押必要性审查。此一阶段的羁押必要性审查案件主要为批准逮捕后移送审查起诉前的仍处于继续侦查阶段的案件。

侦查监督部门对于羁押必要性审查的启动，应实行主动依职权审查和被动依申请审查、定时审查与动态审查相结合的多元化个案审查启动方式。

主动依职权审查，即检察机关采取定期或不定期跟踪回访的方法去发现犯罪嫌疑人、被告人所犯罪行的性质、情节是否严重，犯罪事实是否已经查清，本人对所犯罪行是否有坦白、自首、立功和悔罪情节，是否积极赔偿受害人，在本地有无固定居所、工作单位等方面的信息，对其人身危险性作一综合评估后，决定是否有继续羁押的必要。主动审查羁押必要性的案件宜限制在一定范围：（1）案情重大敏感、社会关注度高或者特殊主体（如70周岁以上老年人、未成年人或在校生）犯罪；（2）案件有后续补充侦查空间，检察机关在作出逮捕决定的同时引导侦查取证的；（3）具有刑事和解空间的轻伤害案件、交通肇事等过失犯罪案件；（4）案件定性存在争议，或者法律、司法解释、刑事政策等发生变化，导致不应继续羁押的；（5）审查逮捕阶段即发现犯罪嫌疑人患有疾病、怀孕或哺乳自己婴儿的妇女等影响逮捕必要性判断的因素，但在该阶段必须作出逮捕决定的。

对于部分案件，侦查监督部门必须启动羁押必要性的经常定时性审查：一是初犯、偶犯、过失犯、有自首、立功等主观恶性较小的犯罪案件；二是有可能被判处3年以下有期徒刑、缓刑或独立适用附加刑的；三是共同犯罪案件中的从犯、胁从犯；四是未成年人犯罪案件；五是执行刑事和解的案件。侦查监督部门在开展捕后羁押必要性审查的过程中，必须扩展信息渠道，确保审查工作顺利进行。在侦查阶段，检察机关侦查监督部门在完成捕前审查工作后，侦查机关基本不会再就案件情况与侦查监督部门联系，所以

侦查监督部门人员往往不再接触案件；在审查起诉阶段，由于案件并非必须经过侦查监督部门，所以侦查监督部门也很难知道案件的后续情况。由于审查逮捕工作属于刑事诉讼过程中比较靠前的诉讼环节，所以在实践中侦查监督部门难以掌握案件后期的发展和变化动态。对此，需要侦查监督部门与侦查机关以及公诉部门加强沟通联系，构建起切实有效而且方便快捷的信息交流机制，确保侦查监督部门能够掌握案件的全程动态，在此基础上才能把捕后羁押必要性审查工作落到实处。

在批准逮捕之后，侦查监督部门主动发起的羁押必要性审查要把握好一个时间限度。考虑到一旦确定逮捕后，从维护法律统一、司法权威的角度讲，没有特殊情形不应进行变更，尤其不宜在作出批准逮捕决定后短期内就进行变更。另外，时时监督过于浪费人力，也有影响侦查工作之嫌。鉴于侦查机关在批捕后有两个月的侦查羁押期限，因此在逮捕后1个月到1个半月左右时间进行羁押必要性审查比较适宜，既可以保障侦查机关的侦查时间，又能最大限度避免犯罪嫌疑人过长时间羁押。随着侦查的进一步深入，一些证据可能会发生改变，同时在逮捕后1个月至1个半月左右时启动审查，又可以从逮捕后的1个多月的羁押过程中发现犯罪嫌疑人的表现、证据变化情况，从而作出全面的是否继续羁押的评估。

被动依申请审查，即侦查监督部门在接到相关的羁押必要性审查申请后，启动审查程序。这种申请，可以来自于以下几个方面：一是依办案部门的申请。这里的办案部门主要是指侦查机关。办案部门在捕后案件的继续侦查过程中，根据案件进展情况认为犯罪嫌疑人或被告人无羁押必要性时，可以向检察机关侦查监督部门提请变更强制措施。二是依当事人的申请。《刑事诉讼法》第95条规定："犯罪嫌疑人、被告人及其法定代理人、近亲属或者辩护人有权申请变更强制措施。人民法院、人民检察院和公安机关收到申请后，应当在三日以内作出决定；不同意变更强制措施的，应当告知申请人，并说明不同意的理由。"根据上述规定，犯罪嫌疑人、被告人可以通过监所检察部门提出申请，或者委托辩护人、法定代理人、近亲属代为向侦查监督部门提出申请。三是依监管部门的申请。监管部门在监管过程中发现部分犯罪嫌疑人、被告人没有继续羁押的必要，可以向检察机关驻监所检察部门反映或者直接向侦查监督部门提请变更强制措施，驻监所检察部门对提请过程实行同步监督，提出书面的检察监督意见，提交侦查监督部门进行书面审查，驻监所检察部门应及时将了解到的在押人员的平时表现、思想动态和悔罪情况等向侦查监督部门反馈，防止出现可以不被羁押而仍被羁押的情况出现，切实保护犯罪嫌疑人和被告人的合法权益。根据人民检察院刑事诉讼规则的规定，监所检察部门在监所检察工作中发现不需要继续羁押的嫌疑人，也可以直接提出释放或变更强制措施的建议。

主动依职权审查和被动依申请审查互为补充的模式，可以有效保障捕后羁押必要性审查工作的开展，正确使用好逮捕强制措施，更大限度地保障在押人员的人权。

三、侦查阶段羁押必要性审查的审查方式

羁押必要性审查程序的设置，顺应了司法改革关于未来将适当减少监禁刑适用的要求，其理论基础源自无罪推定原则。根据无罪推定原则的内涵，任何人在法院依法判决有罪之前，其人身自由就应当得到法律的保障。而羁押措施却直接限制或剥夺犯罪嫌疑人、被告人的人身自由，它使得一个在法律上处于无罪地位的公民丧失或者基本丧失了从事正常社会活动的必要条件。因此，法治国家的立法对人身强制措施的采用大都规定了严格的条件和程序。

在捕后羁押必要性审查的方式上，应当借鉴刑诉法修改逮捕程序改革的精神，进一步强化司法审查的色彩。为了全面准确地查明羁押必要性事实，减少羁押的行政审批色彩，彰显程序正义，检察机关在进行羁押必要性审查时也应当听取犯罪嫌疑人、被告人及其辩护律师的意见，必要时可以听取被害人意见，特别是犯罪嫌疑人、被告人提请被动审查的案件，检察机关可以考虑启动听证程序，围绕羁押的必要性，由有关各方充分表达意见，表明立场。实践中，已经有基层检察院在办理羁押必要性审查案件时采取听证会的方式，邀请人民监督员和特约检察员参与听证，并有人大代表和政协委员参与旁听。[①] 由于侦查羁押阶段的羁押必要性审查必须考量侦查工作需要，并且只有侦查机关对诉讼进展、犯罪嫌疑人人身及社会危险状况有充分了解，因此检察机关进行羁押必要性审查应当充分听取侦查机关的意见。

侦查监督部门办理羁押必要性审查案件，实行承办人个案提请，部门负责人和分管领导严格审查，从严把关，检察长决定，确有客观必要的可以由检委会集体讨论决定。对于犯罪嫌疑人可能无继续羁押必要的案件，由侦查监督部门案件承办人就个案进行提请，向本部门提交《继续羁押必要性审

---

① 2013 年 6 月重庆市涪陵区检察院举行首例继续羁押必要性审查听证会。

查表》，启动审查机制，该表应包括嫌疑人的基本信息、简要案情、逮捕理由、申请变更强制措施理由等。程序启动后，由承办人对已经在押的犯罪嫌疑人、被告人在诉讼期间是否存在继续羁押的必要性进行量化分析的工作，即综合犯罪嫌疑人、被告人逮捕时依据的条件的变化、羁押期间的具体表现、诉讼期间证据保全情况等因素，评判有无继续羁押的必要性，并将评判结果形成《羁押必要性案件审查报告》，报部门负责人审查，同时报送分管领导把关，在必要情况下可以进行科室内部讨论。形成结果后，对于是否变更强制措施由检察长决定。如遇意见分歧，或者有上访等其他因素的可提请检委会集体讨论决定。经审查决定可以变更强制措施的，应向侦查机关发送检察建议，要求侦查机关在10日以内将处理情况通知本院。侦查机关没有采纳人民检察院建议的，应当要求其说明理由和依据。

就法律效力来讲，羁押必要性审查结果是一种建议权，而不是决定权。检察机关经过审查认为没有继续羁押的必要而提出建议，办案单位是否采纳，完全由办案单位作出决定，要么采纳，要么不采纳，完全由办案机关决定。这体现了检察机关法律监督职能的程序性特征，即法律监督的决定主要是启动相关自行纠错的程序，而不能代替相关机关纠正错误。[①]

四、侦查阶段羁押必要性审查的审查内容

捕后羁押必要性审查其实是审查逮捕工作的延伸，在适用逮捕措施时，既要捕前审查，也要捕后审查，因此羁押必要性的审查标准与审查逮捕标准应是一致的。学界有一张倾向，将逮捕的标准直接等同于证据条件、刑罚条件和社会危险性条件。[②]《人民检察院刑事诉讼规则（试行）》第619条关于羁押必要性审查的前三款规定也大体对应这三个条件。目前，对于侦查阶段的羁押必要性审查应不应该包括对原逮捕决定的审查，人民检察院刑事诉讼规则没有明确规定，理论界也存在争议。一种观点认为，应当对原逮捕决定进行审查。如有学者认为"与逮捕必要性的具体内涵相比较，羁押必要性还要把握羁押公正性问题，羁押公正性是对逮捕质量的间接监督"，[③] 还有

---

① 万春、刘辰：《羁押必要性审查制度的思考》，载《人民检察》2012年第16期。
② 王希发：《羁押必要性审查的理性审视》，载《重庆广播电视大学学报》2012年第6期。
③ 郭彦：《逮捕必要性审查与羁押必要性审查有四点不同》，载《检察日报》2012年9月14日第3版。

学者认为"从羁押必要性审查制度的属性看，羁押必要性审查是一种刑事羁押救济制度；从逮捕决定救济制度的现状看，我国逮捕决定救济制度不健全；从羁押必要性审查制度的实施逻辑看，羁押必要性审查是逮捕必要性审查的后续程序，羁押必要性审查正确与否直接依赖于正确的逮捕决定"；①另一种观点认为，不应当对原逮捕决定进行审查。如有学者认为"羁押必要性审查是基于使用逮捕措施一段时间后，案情可能已经查清，社会危险性等因素可能发生改变，因而才进行的是否继续羁押的审查，原逮捕适用正确与否并不能决定是否存在继续羁押的必要性"。②笔者倾向于第一种观点，认为侦查阶段的羁押必要性审查包括对于原逮捕决定的审查，但若经审查认为嫌疑人可以变更强制措施，并不意味着原逮捕决定是错误的，因为据以审查的事实和证据都可能发生了变化，如果将两者挂钩，可能会导致侦查监督部门承办人在办理羁押必要性审查案件时为了不否定之前的批捕决定而在工作中畏首畏尾，使得羁押必要性审查工作难以开展。

  实践中，对羁押必要性的审查应当把握"三性"，即社会危害性、人身危险性、诉讼可控性。但是，与逮捕必要性的"三性"审查相比，羁押必要性的"三性"审查还是有些不同。对逮捕必要性的审查是被动的、静态的、阶段性的、单向的，而对羁押必要性的审查则可能是主动的、动态的、全程的、双向互动的。主动的，是指按照刑事诉讼法规定，检察机关应当主动审查继续羁押的必要性；动态的，是指在刑事诉讼的不同阶段，都要审查是否还有继续羁押必要，情况是否发生了变化，如逮捕以后的继续侦查阶段有羁押的必要，但可能到了侦查终结、移送起诉、审查起诉等下一个阶段就没有继续羁押的必要了；全程的，是指从执行逮捕开始到最后判决执行，全过程都属于羁押必要性监督的范围；双向互动的，是指羁押必要性审查，当下诉讼环节的办案单位可以主动审查，也应该主动审查，比如逮捕以后应当24小时以内讯问，发现逮捕错误的，应当立即放人；办案单位认为无继续羁押必要的，可以主动审查按照程序决定释放或者变更强制措施。与此同时，检察机关也可以主动审查继续羁押的必要性。

  新刑事诉讼法的精神是对犯罪嫌疑人、被告人尽量采取取保候审、监视居住等较为轻缓的强制措施，而逮捕强制措施是在其他强制措施不足以防止社会危险性和保障诉讼活动顺利进行时才采取的一种最严厉的强制措施。因

---

① 石京学、封红梅：《羁押必要性审查内容探究》，载《人民检察》2013年第8期。
② 陈卫东主编：《刑事诉讼法修改条文理解与适用》，中国法制出版社2012年版，第205页。

此，羁押必要性的审查主要是从防止社会危险性和保障诉讼活动两个方面来考虑，随着侦查工作的推进，围绕定性、量刑、主观恶性、悔罪表现、身体状况、监护帮教条件等因素进行审查：

一是随着证据收集而发生的变化。比如，定性的证据变化使重罪变为轻罪；量刑的证据核实了初犯、偶犯、从犯、过失犯，犯罪后确有悔罪表现，或者具有预备、中止、未遂、自首、立功、防卫过当、避险过当等法定从轻或减轻处罚情节；犯罪嫌疑人、被告人系已满14周岁未满18周岁的未成年人、在校学生、70周岁以上老年人、盲人、又聋又哑的人或尚未完全丧失辨认或控制自己行为能力的精神病人，逮捕时不具备监护、帮教条件但现在具备的；法律、法规、司法解释、刑事政策发生变化，导致不认为是犯罪，不需要追究刑事责任或者可能被判处有期徒刑以下刑罚的；在交通肇事、轻伤害、因生活无着落偶然实施盗窃等轻微刑事犯罪案件中，双方达成刑事和解并履行完毕的；案件事实基本查清，主要证据已经收集固定，犯罪嫌疑人、被告人毁灭证据、串供的风险降低，采取其他强制措施不致发生社会危险性的情形。

二是犯罪嫌疑人、被告人身体状况发生重大变化：犯罪嫌疑人有不适于羁押的疾病，或者正处于怀孕、哺乳期不适宜继续羁押的。

我们在考察羁押必要性标准过程中，必须注重对羁押理由和羁押事实的综合考量，不能只注重一方面，否则就会失之偏颇，丧失设置该程序的正义价值。

五、侦查阶段羁押必要性审查的配套机制

由于羁押必要性审查工作的开展，从发现监督对象、进行监督审查到提出监督意见的整个过程，对外对内涉及多个单位和部门。为切实保障检察机关羁押必要性审查工作的顺利开展，必须建立、健全相关配套机制，才能确保该项工作真正发挥实效。

（一）建立权利告知机制

一方面规定检察机关在讯问犯罪嫌疑人时，应告知其在每一个阶段均享有申请变更强制措施及释放的权利，并详细告知申请的理由、需要的相关材料及相关的程序；另一方面规定检察机关应注意听取犯罪嫌疑人的辩护人、法定代理人或者近亲属的意见，并明确告知其享有申请变更强制措施及释放

的权利，详细告知申请的理由、需要的相关材料及相关的程序。

（二）建立定期不定期通报、督办机制

规定侦查机关定期向检察机关通报逮捕后案件进展情况、是否存在出现无羁押必要性情形；针对审查逮捕阶段存在可能达成和解的案件、可能存在羁押必要性审查情形的案件要不定期进行通报。

（三）建立沟通、协作机制

规定侦查监督部门在加强与本院监所部门沟通联系的同时，应加强与公安机关的沟通联系。此外，应注意听取犯罪嫌疑人的辩护人、法定代理人或者近亲属的意见，畅通信息交流渠道，及时掌握捕后案件是否出现不存在羁押必要性的情形以及案件诉讼进程。

（四）建立跟踪回访机制

规定针对捕后变更强制措施或者释放的案件，检察机关应进行跟踪回访，发现犯罪嫌疑人出现违反取保候审、监视居住规定，应及时向侦查机关提出意见，情节严重的，应依法予以逮捕。侦查监督部门承办人应对办理的批准逮捕案件进行评估预测，对捕后逮捕必要性条件可能发生变化的案件登记备案，并根据"谁办案谁负责"的原则对该案进行跟踪审查，一旦发现逮捕必要性条件发生变化，无继续羁押必要的，及时向相关部门提出变更强制措施的建议。

（五）完善非羁押性强制措施

完善取保候审和监视居住等非羁押性强制措施是实施羁押必要性审查机制的前提之一。应扩大取保候审适用范围、放宽取保候审担保条件，有效落实取保候审的程序性保障措施，建立取保候审风险评估机制，采取多种措施加强保后监管，与公安机关会签文件建立长效机制等方式完善非羁押性强制措施。

（六）完善考核机制

落实羁押必要性审查机制的另一前提是考核机制的完善。在检察机关考核捕后判轻刑率的情况下，侦查监督部门的利益诉求是逮捕后的案件要判处实刑，而羁押必要性审查机制是在继续羁押必要性丧失时，变更为取保候审

等非羁押性强制措施，这与侦查监督部门的利益诉求是相违背的。因此，应从刑事司法实际出发制定符合现实情况的考评标准，在降低高羁押率、保障合法权益与惩治犯罪之间寻求平衡点，以真正实现保证刑事诉讼顺利进行的立法目的。

刑事诉讼法既对逮捕强制措施作出了适应执法办案需要的调整，又对逮捕的执行作出了严格的规制。我们要深刻领会立法精神，在开展羁押必要性司法审查时，既要敢于监督，善于监督，又要谦抑执法，严守边界，防止司法权力空置和滥用，确保法律的统一正确实施，维护社会公平正义。侦查监督部门要把好关，切实履行好批准逮捕和羁押必要性审查的职责，在打击犯罪的同时不忘挽救与保护，凸显人性关怀，顺应刑事诉讼法减少强制措施的精神，保障犯罪嫌疑人的合法权益，以人为本，做到法律效果和社会效果的统一。

指定居所监视居住相关问题研究

詹文渝* 彭劲荣**

新刑事诉讼法将监视居住定位为逮捕的替代性措施，专门规定了指定居所监视居住制度，赋予侦查机关在侦查犯罪过程中，将符合逮捕条件并具有法定情形的犯罪嫌疑人在指定的居所进行监视、限制其人身自由的权力。但是，新刑事诉讼法的相关规定比较原则，有关配套制度尚不完善，指定居所监视居住措施在适用中存在一些问题。本文结合实际对此进行探讨，以期对准确适用该措施有所裨益。

一、指定居所监视居住制度的法律属性

监视居住制度在我国产生较晚，一般认为最早出现在新民主主义革命时期，由于革命根据地尚不具备关押大量犯罪嫌疑人、被告人的现实基础和物质条件，当时的中华苏维埃共和国中央政府就根据情况而创设了监视居住措

---

* 詹文渝，重庆市人民检察院侦监处处长。
** 彭劲荣，重庆市江北区人民检察院侦监科副科长。

施。① 1979 年《刑事诉讼法》第 38 条第 1 款规定,"人民法院、人民检察院和公安机关根据案件情况,对被告人可以拘传、取保候审或者监视居住"。第 2 款规定,"被监视居住的被告人不得离开指定的区域。监视居住由当地公安派出所执行,或者由受委托的人民公社、被告人的所在单位执行"。该法首次以国家法律的形式确立了监视居住制度,但没有对监视居住的适用条件和执行方法进行细分,使该强制措施缺乏现实的可操作性。② 该法也没有明确规定是否可以指定居所监视居住。1996 年《刑事诉讼法》第 50 条对 1979 年《刑事诉讼法》第 38 条第 1 款基本上原文保留,同时对监视居住制度作了补充完善,第 57 条第 1 款规定了被监视居住的犯罪嫌疑人、被告人应当遵守五项规定,其中第一项为"未经执行机关批准不得离开住处,无固定住处的,未经批准不得离开指定的居所",首次在刑事诉讼法中规定了指定监视居住的执行方法。但是,该法没有对指定居所监视居住进行细化,相关的司法解释也基本没有对此作进一步的规范。1996 年刑事诉讼法施行以后,监视居住由于存在立法不完善、实际使用率低、功能异化等问题遭受学术界和实务界诸多非议,许多学者主张废除该制度。同时,也有一部分学者认为应当保留并完善。2012 年修改刑事诉讼法前后,监视居住制度特别是指定居所监视居住问题成为学术界、实务界及社会公众十分关注的焦点。③ 尽管各界对监视居住制度争议颇多,2012 年 3 月 14 日十一届全国人大五次会议通过的《关于修改〈中华人民共和国刑事诉讼法〉的决定》第 24~26 条仍将该制度予以保留和补充完善,增设条款专门规定了指定居所监视居住问题。新《刑事诉讼法》第 72~77 条及第 79 条对监视居住制度作了规定,明确将其作为逮捕的替代性措施,而指定居所监视居住又是监视居住的执行方式之一,具有多个方面的特殊性。

根据现行刑事诉讼法及最高人民检察院《人民检察院刑事诉讼规则(试行)》(以下简称《刑事诉讼规则》)、公安部《公安机关办理刑事案件程序规定》(以下简称《规定》)的规定,指定居所监视居住制度的特殊性主要体现在以下几个方面:一是适用对象具有特殊性,在符合监视居住条件的基础上,必须是无固定住处的人或者是涉嫌危害国家安全犯罪、恐怖活动

---

① 张建良:《刑事强制措施要论》,中国人民公安大学出版社 2005 年版,第 194 页。
② 樊崇义:《刑事诉讼法学研究综述与评价》,中国政法大学出版社 1991 年版,第 128 页。
③ 练情情:《激辩"监视居住"利弊——广东高校法学教授研讨刑诉法修改草案》,载《广州日报》2011 年 11 月 18 日第 AII4 版;郑钰飞:《指定监视居住是有害的——专访卞建林》,载《成都商报》2011 年 10 月 28 日第 8 版。

犯罪、特别重大贿赂犯罪（专指检察机关直接立案侦查的贿赂犯罪案件），在住处执行可能有碍侦查的人。二是适用程序具有特殊性，对于适用对象为在住处执行可能有碍侦查的人，应当经上一级人民检察院或者公安机关批准。三是适用阶段具有特殊性，原则上是在侦查阶段适用。① 四是法律后果具有特殊性，即指定居所监视居住的期限应当折抵刑期，监视居住一日可以折抵管制一日或拘役、有期徒刑半日。五是指定的地点具有特殊性，必须是专门的办案场所、办公场所以外的居所，并具有正常的生活、休息条件。上述五个方面的特殊性使得指定居所监视居住既不同于传统语义下的监视居住制度，也不同于拘留、逮捕等羁押性强制措施，还不同于取保候审等非羁押性强制措施，成为介于羁押与非羁押之间的，但可能更接近羁押的强制措施。②

二、当前办案中适用指定居所监视居住的特点及问题

1996年刑事诉讼法及《刑事诉讼规则》、公安部《规定》没有对指定居所监视居住的问题进行明确的规定，侦查机关在办案中也很少有对犯罪嫌疑人指定居所进行监视居住。2013年1月1日新刑事诉讼法及《刑事诉讼规则》、公安部《规定》施行至今，据了解全国各地侦查机关已在数百起案件的侦办中适用指定居所监视居住措施。以某直辖市侦查机关办理的案件所反映的情况来看，当前办案中适用指定居所监视居住措施有以下几个方面的特点。

（一）公安机关适用人数略多，并主要集中在基层办案单位

从办案的主体看，公安机关决定适用的案件数和人数略高于检察机关，占所有适用指定居所监视居住的比例在55%左右。采取指定居所监视居住措施的案件，绝大多数为区县公安机关、检察机关办理，所占比例超过90%。

（二）案件涉嫌罪名比较宽泛，但又相对集中

从涉嫌的罪名看，涉及刑法分则第三章、第四章、第五章、第六章、第

---

① 根据最高人民法院《关于适用〈中华人民共和国刑事诉讼法〉的解释》第125条的规定，对于无固定住处的被告人，人民法院可以决定指定居所监视居住。
② 左卫民：《指定监视居住的制度性思考》，载《法商研究》2012年第3期。

八章10个罪名，涵盖受贿罪、行贿罪、盗窃罪、贩卖毒品罪、敲诈勒索罪等罪名。其中，主要集中在行贿罪、受贿罪和盗窃罪三个罪名，占比达46%。

（三）适用的理由以"无固定住处"为主

公安机关办理的案件均是以"无固定住处"为理由，尚未有以涉及特殊案件在住处执行有碍侦查为理由的情况。检察机关办理的案件中，70%左右的案件是以"无固定住处"为理由。

（四）执行监视居住的指定居所不固定并以宾馆旅店为主

当前办案中指定的居所主要是在办案机关所在县、市、区的宾馆、旅店等场所，且指定的地点并不固定和特定，而是根据案件情况择地指定。尚未发现在办公、办案或羁押场所执行的情况。

（五）职侦案件监视居住的由检察院协助公安机关执行

新《刑事诉讼法》第72条规定监视居住由公安机关执行，《刑事诉讼规则》规定检察院在必要的时候可以协助公安机关执行。在当前职侦办案实践中，监视居住的执行实际上是以检察院为主、公安机关为辅。

从实际办案来看，当前适用指定居所监视居住在总体上、形式上、程序上符合刑诉法和司法解释的规定，但从尊重和保障人权的宪法原则和程序正义的角度进行审视和考察，当前实践中的做法还是存在一些不容忽视的问题和理论上的争议。

（一）适用条件如何把握有分歧

指定居所监视居住适用的条件有两个层次。一是要满足监视居住的条件，二是要满足"无固定住处"或涉嫌三类特殊犯罪在住处执行可能有碍侦查的条件。关于第一个条件，新《刑事诉讼法》第72条第1款第4项"案件的特殊情况或者办理案件的需要"没有明确的界定，比较难以把握。关于第二个条件，《刑事诉讼规则》、公安部《规定》对"三类特殊犯罪"及"有碍侦查"作了详细的规定和解释，但是对于"有重大社会影响"、"涉及国家重大利益"等条文用语的理解和把握，也有从严、从宽的区别。在司法实践中，对上述条件如何把握还是存在分歧，特别是对于指定异地管辖导致犯罪嫌疑人"无固定住处"的能否适用指定居所监视居住有争议。

（二）执行期间转为拘捕有争议

《刑事诉讼规则》第 129 条规定了拘留的两种情形，第 121 条规定了对违反监视居住规定的四种情形应当予以逮捕，包括：故意实施新的犯罪行为；企图自杀、逃跑，逃避侦查、起诉的；实施毁灭、伪造证据或串供、干扰证人作证，足以影响侦查、起诉正常进行的；对被害人、证人、举报人、控告人及其他人员实施打击报复的。对于不具有上述情形之一的犯罪嫌疑人进行拘留或者批准（决定）逮捕，在法律上是否存在障碍还有不同的意见。

（三）执行场所内讯问是否合法

办案机关办理案件应当严格依照刑事诉讼法和《刑事诉讼规则》、公安部《规定》全面、客观地收集、调取证据材料。例如，讯问犯罪嫌疑人，应当在规定的地点进行。在实践中，办案机关在指定的居所内进行讯问，且存在凌晨讯问、使用手铐、连续讯问超过 12 小时等情况。对于在指定的居所内进行讯问是否合法，实践中还存在争议。指定的居所有演变为办案点的风险，在该场所进行讯问取得的笔录可能会成为辩护人提出非法证据排除申请的理由。

（四）决定和执行的监督难到位

根据刑事诉讼法的规定，办案机关对无固定住处的犯罪嫌疑人采取指定居所监视居住的，无须报上一级机关审批。《刑事诉讼规则》规定，对执行的监督由监所检察部门负责，但是如何监督还没有经验可循。从办案情况看，办案机关多以无固定住处为由采用指定居所监视居住措施，并未将此情况报告上级机关，也未主动报送情况给检察机关侦查监督部门，导致上级机关无法及时了解掌握相关情况，难以及时进行指导和监督，侦查监督部门也难以对决定是否合法进行监督。

（五）监管措施如何到位待完善

根据法律规定，指定居所监视居住由公安机关执行，公安机关办案程序规定由指定居所所在地的派出所执行，办案部门可以协助执行。被执行人应当遵守相应的会客、通信等监督制度。在司法实践中，检察机关办理的案件实际上由侦查部门代为执行，公安机关办理的案件实际上疏于监管。据了解，公安机关适用的案件中，目前已有脱管现象。

三、准确适用指定居所监视居住的几点建议

虽然一直备受争议和诟病,监视居住制度在历经两次刑事诉讼法修改后还是存续下来,且在新的立法中被赋予了更高的地位,其体系、功能和价值得到进一步巩固和完善。指定居所监视居住制度作为新刑诉法专门规定的强制措施,对于侦查办案具有重要的价值和意义,同时也受到学术界和社会公众的关注和挑剔。为此,结合当前实际,对办案中准确适用指定居所监视居住提出以下几点建议。

(一)充分认识指定居所监视居住措施在办案中的特殊价值和功能

监视居住是我国强制措施体系中的重要组成部分,在五种强制措施中居于承前启后、承轻启重的中间位置,对于实现刑事诉讼法保障人权和控制犯罪的目标具有重要的价值。强制措施制度是诉讼法上的程序性措施,设立的宗旨和目的是确保刑事诉讼顺利进行,保证准确及时查明犯罪事实,惩罚犯罪分子,保障无罪的人不受法律追究。从制度属性上讲,监视居住属于非羁押性强制措施,对于犯罪嫌疑人的人身自由有限制但不剥夺,与拘留、逮捕这两种剥夺人身自由的羁押性强制措施有本质和程度上的重要区别。监视居住虽然在实践中的使用率不高,但是这并不能否定其所具有的特殊价值和重要功能。

指定居所监视居住是监视居住的执行方式,并非是刑事诉讼法规定的第六种强制措施,没有突破我国刑事诉讼法长期确立的五种强制措施体系,没有获得独立的强制措施类型的法律地位,我们仍然要坚持在"监视居住是强制措施的一种"这一法定框架下来认识和把握指定型监视居住。作为监视居住制度中的特殊组成部分,指定型监视居住具有自身独特的价值和功能,其中最为重要的就是实现控制犯罪和保障人权的动态平衡。从理论上讲,羁押性强制措施直接将犯罪嫌疑人置于侦查机关有效控制和与外界强制隔离的状态,最有利于保障诉讼顺利进行,减少办案阻力和安全风险,具有较大的侦查效益。但是,羁押性措施将未经法院审判的犯罪嫌疑人置于与已被法院判决确定有罪的人大致相同的境地,有违公平正义的基本法律价值和精神,也与现代法治所遵循的尽量减少未决羁押的潮流相悖。非羁押性措施对于犯罪嫌疑人的人身自由进行有限的限制,让其处于与普通公民的自由和

权利基本无差别的境地，能够最大限度地保障犯罪嫌疑人在经济、社会、政治等方面的权利和利益，在人权保障方面具有更加显而易见的优势。但是，非羁押性措施弱化了侦查机关对于犯罪和刑事案件诉讼进程的控制能力，可能引发干扰证人、串供等一系列妨害诉讼公正的危险情势，削弱打击犯罪的效率和实体公正的实现程度。如何在控制犯罪和保障人权两种价值之间获得可被公众认可的平衡，指定型监视居住无疑非常恰当地承载了这一重要而艰巨的任务。指定型监视居住本质上是非羁押性强制措施，对于没有固定住处的犯罪嫌疑人来讲有着明显的人道主义关怀；对于实施危害国家安全、恐怖活动、特别重大贿赂三类严重危及国家安全、社会稳定和政权公信力的犯罪嫌疑人而言，又具有一定程度上的羁押控制特征，偏重于便利调查取证等侦查利益的最大化。

犯罪是对法益的严重侵犯，国家必须采取有效措施进行打击和控制，让社会公众在安全稳定的社会秩序下生活和发展。与此同时，打击犯罪的国家权力不能脱离法治的轨道，应当在可控和人道的范围。指定型监视居住正是契合了这两种有些矛盾和冲突的需要，其使用率较低也应当成为必然，而不是对其进行指责的焦点。三类特殊案件不仅社会影响大，而且牵涉面较广，侦查取证难度大，有必要采用特殊的措施和手段进行侦查。在特殊案件和案件有特殊需要的情况下，指定居所监视居住有利于侦查机关在掌控办案进度和突破案件，[1] 对于办案具有特殊的价值和意义。

（二）准确理解和把握刑诉法的相关规定，严格遵循法定程序办案

新《刑事诉讼法》第72~77条及第79条对监视居住进行了规定，其中第73条专门对指定居所监视居住的条件、审批、执行和监督问题作了规定，《刑事诉讼规则》第109~128条、公安部《规定》第107条、第108条对监视居住进行了详细具体的规定，构建了现行的监视居住制度。适用监视居住必须严格依照上述法律和司法解释进行。其中，最为关键的是指定居所监视居住的条件和程序。

1. 指定居所监视居住必须符合监视居住的基本条件

前已述及，指定型监视居住是监视居住的一种执行方式，必须在监视居

---

[1] 冯帝焱：《检察机关侦查贿赂案件指定居所监视居住制度研究》，载正义网，2013年4月3日访问。

住制度的法律框架下理解和把握，也即是说指定居所监视居住的条件必须首先符合监视居住的基本条件。根据规定，侦查机关对符合逮捕条件，有新《刑事诉讼法》第72条规定的六种情形之一的犯罪嫌疑人、被告人，可以监视居住。"符合逮捕条件"应当是指符合逮捕的事实证据条件、刑罚条件和社会危险性条件。对于不符合逮捕条件的犯罪嫌疑人不得监视居住，包括指定型监视居住。

2. 指定居所监视居住必须满足特殊的条件

监视居住原则上在犯罪嫌疑人的住处执行，无固定住处的，或者涉嫌危害国家安全犯罪、恐怖活动犯罪、特别重大贿赂犯罪在住处执行有碍侦查的，可以在指定的居所执行。《刑事诉讼规则》第110条、第45条对"固定住处"、"特别重大贿赂犯罪"、"有碍侦查"进行了具体详细的规定，公安部《规定》第107条、第108条、第347条对"固定住处"、"有碍侦查"、"危害国家安全犯罪、恐怖活动犯罪"作了具体的规定。因此，只有案件的具体情形符合上述特殊条件的，才能适用指定居所监视居住。

3. 指定居所监视居住必须经特定的程序审批

对于无固定住处而指定居所监视居住的，由办案人员提出意见，部门负责人审核后报经办案机关负责人决定。对于涉嫌三类特殊犯罪的犯罪嫌疑人适用指定居所监视居住，承办案件的侦查机关负责人审批后，连同案卷材料一并报上一级人民检察院或公安机关审查决定。

4. 解除或变更指定型监视居住应当报请备案

对于经过上一级机关批准的指定型监视居住，办案机关需要解除或变更的，应当报上一级机关备案。需要特别注意的是，办案机关变更指定型监视居住为取保候审的，应当报上一级机关备案。上一级机关认为变更或解除错误的，有权指令下级撤销，或者直接予以撤销。变更为拘留的，应当符合刑事诉讼法及有关司法解释规定的拘留条件。

5. 应当加强继续指定居所监视居住的必要性审查

《刑事诉讼规则》第112条规定，侦查部门应当自作出指定居所监视居住之日起每两个月进行必要性审查。因此，办案机关应当根据案件办理情况和犯罪嫌疑人自身情况的变化，在监视居住期间加强对是否有必要继续指定居所执行的审查，对于没有必要或者案件已经办结的，应当解除或变更强制措施。

6. 监视居住变更为拘留、逮捕应慎重适用

新《刑事诉讼法》第80条和《刑事诉讼规则》第129条分别规定了公

安机关先行拘留和检察机关决定拘留的法定条件，因此，不具备拘留法定情形的不能直接将监视居住变更为拘留。对于监视居住变更为逮捕，新《刑事诉讼法》第79条第3款规定被监视居住的犯罪嫌疑人违反规定情节严重的可以逮捕，《刑事诉讼规则》第121条规定了违反监视居住监督规定应当逮捕的四种情形和可以逮捕的三种情形，但对于不具有相关规定情形的是否可以由监视居住转为逮捕，法律没有明确禁止性规定，实践中绝对禁止也不利于一些特殊案件的办理，但应当慎重适用，只有适用监视居住的前提条件发生了变化，才可以转为逮捕，而不能以符合逮捕条件为由予以转捕，否则将形成监视居住适用中的悖论。

（三）充分保障犯罪嫌疑人的诉讼权利，防止刑讯逼供和安全事故

指定居所监视居住是对特殊的人采取特殊的监视措施。一直以来，对监视居住主张废除的论者对其羁押化的问题进行了猛烈的批评。指定型监居具有羁押的部分特征，对其羁押化的指责没有触及关键处，关键是如何保障侦查部门控制下的犯罪嫌疑人的权利，尤其是如何防止刑讯逼供的问题。

1. 讯问场所与指定的居所分离

外界担心，指定的居所比较隐蔽，没有类似看守所的监管条件和环境，难以防止侦查人员对犯罪嫌疑人进行刑讯逼供。从以往的侦查实践看，刑讯逼供主要发生在看守所之外的"办案点"或者其他场所。[①]为此，有必要将讯问的场所与指定的居所相分离，对犯罪嫌疑人的讯问，应当在办案场所内进行，并依照相关规定实行全程同步录音录像。

2. 遵循公安机关执行的法律规定

刑事诉讼法明确规定监视居住由公安机关执行，包括检察院办理的贿赂犯罪案件。检察院在侦查过程中，既是侦查主体，又是监视居住的决定机关，如果再具体深入地参与执行，难以让外界信服执法的公正性。《刑事诉讼规则》第115条规定"必要时人民检察院可以协助公安机关执行"，其协助的内容应当是提供必要的资料和信息，主要不是指派人员进行近距离监视。检察院应当尽量避免派员参与全天候执行。

3. 建立视频监控和巡查制度

为保证犯罪嫌疑人的人身安全，防止其在指定的居所内实施串供、干扰

[①] 尹吉：《"指定居所监视居住"的法律适用研究》，载《中国刑事法杂志》2012年第6期。

证人等妨害诉讼顺利进行的行为，有必要对其行动进行监控。公安部《规定》第112条规定，公安机关可以采取电子监控、不定期检查等监视方法进行监管，可以对电话、传真、信函、邮件、网络等通信进行监控。《刑事诉讼规则》第117条规定人民检察院可以商请公安机关采取电子监控等监视方式，为此可以建议公安机关建立视频监控系统，对指定的居所进行监视和巡查，同时该系统与检察院监所检察部门联网，便于监所检察部门对监视居住的执行情况进行监督。

4. 切实保障犯罪嫌疑人的辩护权

对于非三类特殊案件犯罪嫌疑人的辩护人要求会见的，不得阻碍或者限制，符合法律援助条件的应当及时通知法律援助机构指派律师进行法律援助。对于三类特殊案件犯罪嫌疑人提出委托辩护人、辩护人提出会见的请求，应当及时审查并在规定的时限内作出决定。

5. 畅通信息渠道加强监督制约

第一，侦查监督部门加强对指定居所监视居住的决定是否合法的监督。《刑事诉讼规则》第118条规定，对于下级检察院报请指定居所监视居住的案件，由上一级人民检察院侦监部门对决定是否合法进行监督。侦监部门主要有两种方式获取信息，即办理审查逮捕案件和接受犯罪嫌疑人及其法定代理人、辩护人的控告或举报，对于未报请逮捕或者未报请上一级检察院侦查部门批准的案件，无从获取案件信息，更谈不上进行监督。为此，建议建立信息通报机制，对于报请指定监视居所监视居住的案件，上一级检察院侦查部门在作出是否批准的决定后，应当将决定的情况书面函告侦查监督部门；对于未报请批准的案件，侦查部门在作出决定后，应当将决定的情况报上一级检察院侦查部门备案，同时抄报上一级检察院侦查监督部门。侦查监督部门应当及时对决定的合法性进行审查，发现有违反法律规定的情形的，及时提出纠正意见。对于公安机关办理的案件，在作出指定居所监视居住的决定后，应当通报同级检察院侦查监督部门。第二，监所检察部门加强对定居所监视居住的执行是否合法的监督。根据《刑事诉讼规则》第120条的规定，监所检察部门负责对决定的执行活动是否合法进行监督，但是没有规定监所部门如何获知相关信息，故也应当建立信息通报机制，即侦查部门将监视居住决定书送交公安机关执行的同时，应当将相关文书和信息函告监所检察部门，公安机关决定的在执行时通报同级检察院监所检察部门。监所部门应当指派专人对执行的场所、执行的过程进行检查监督，发现有刑讯逼供、体罚虐待等违法情形的，及时提出纠正意见。

刑事非法证据排除机制的构建

杨 晓[*]

"尊重和保障人权"是我国宪法确立的一项重要原则,将其写入刑事诉讼法,是我国法制建设的重大进步。修改后的刑事诉讼法用六个具体条文在人大立法层面规范了非法证据排除规则,但是,各界对新增加的非法证据排除规则却颇有非议,担心犯罪嫌疑人、被告人的人权难以保障。对此,深入理解其立法规定,确立相应的检察工作机制,积极回应并明确由谁审查排除(由谁审)、怎么审查排除(怎么审)、审查排除什么(审什么)的问题,以期在司法实践中有效地促进非法证据的排除,保障犯罪嫌疑人的人权,已成为贯彻修改后的刑事诉讼法的重大问题。

非法证据排除规则在我国的确立具有十分积极的现实意义:一方面,非法证据排除规则有利于贯彻和落实宪法规定的,以及本次刑事诉讼法修改中新添加的"尊重和保障人权"条款,有效遏制诸如刑讯逼供等侦查人员非法取证行为,以限制侦查权力,维护犯罪嫌疑人、被告人的合法权利,加强刑事诉讼程序中的人权保障,实现刑事诉讼中的程序公正;另一方面,非法证据排除规则有利于实现刑事诉讼法确定的"准确查明案件事实以惩罚犯

---

[*] 杨晓,重庆市人民检察院第一分院检察员,全国检察理论研究人才。

罪"的诉讼目的和任务。① 就我国司法实践而言，非法证据排除主体多元化具有中国特色，也具有极大的制度优势。它规定公、检、法三机关分别在侦查、检察和审判阶段，只要发现了非法证据就要及时予以排除，避免了非法证据进入下一个诉讼环节，充分节约了司法资源，这种层层过滤的排除方式，更大程度上保障了非法证据能够予以排除，有利于严格公正执法，有利于彻底纠正违法，有利于切实保障诉讼参与人的权利。尤其对于侦查机关来说，赋予其排除非法证据的权力，其实质是赋予侦查机关本身纠错的机会，更有利于侦查机关加强自身的内部监督。检察机关在审查逮捕、审查起诉阶段，对非法证据排除亦可以更好地降低起诉风险。

一、明确非法证据排除的主体——解决由谁审的问题

检察环节明确非法证据排除的主体，至关重要。即首先应当明确侦查环节和审查起诉环节非法证据排除的主体，以解决由谁审的问题。

（一）侦查环节应当由侦监部门审查排除非法证据

非法证据排除规则，是指采用非法手段取得的证据不得用作对犯罪嫌疑人、被告人不利的证据。② 尽管刑事诉讼法并未明确在审查批捕过程中适用非法证据排除，但从法理和立法确立非法证据排除程序的出发点考虑，在审查批捕环节是应当适用非法证据排除的。从时间上看，审查批捕环节距离非法取证行为的发生时间最近，比较而言也更容易发现存在非法取证行为。从法理上看，凡是违反法定程序的诉讼行为都是无效的，既然非法获取的证据不能作为起诉意见、起诉决定和判决的依据，同理，以非法手段获取的证据，也不能作为批准逮捕的依据。从立法精神上看，新刑事诉讼法已将排除职责往前延伸到侦查阶段，逮捕属于侦查中采取的强制措施，批捕工作处于侦查阶段，刑事诉讼法关于侦查阶段排除非法证据的规定精神应当及于批捕工作。因此，审查批捕环节没有理由不排除非法证据。从人权保障的角度看，逮捕虽然只是强制措施，但其攸关犯罪嫌疑人的人身自由，审查批捕环

---

① 参见王颂勃：《〈刑事诉讼法〉修改后的非法证据排除规则评析》，载《广西大学学报》（哲学社会科学版）2012 年第 3 期。

② 参见王颂勃：《〈刑事诉讼法〉修改后的非法证据排除规则评析》，载《广西大学学报》（哲学社会科学版）2012 年第 3 期。

节履行排除侦查机关违法获取的证据,能有效地纠正违法侦查行为,保障侦查活动依法进行,并维护侦查阶段犯罪嫌疑人的合法权利不受侵犯,既有利于查明犯罪,又有利于在宪法视野下实现人权保障。同时,在审查批捕环节注意对非法证据的发现和排除,是实行侦查监督的重要任务,也是对非法证据排除规则的有益补充,更是实现诉讼公正的重要保证。因此,侦查环节由侦监部门审查排除非法证据,较为适宜。

(二)起诉环节应当由公诉部门审查排除非法证据

《刑事诉讼法》第54条第2款规定,"在侦查、审查起诉、审判时发现有应当排除的证据的,应当依法予以排除,不得作为起诉意见、起诉决定和判决的依据"。第171条规定:"人民检察院审查案件,可以要求公安机关提供法庭审判所必需的证据材料;认为可能存在本法第五十四条规定的以非法方法收集证据情形的,可以要求其对证据收集的合法性作出说明。"上述规定确立了检察机关作为非法证据排除裁判主体的地位,可见,审查起诉环节由公诉部门审查排除非法证据有法律依据。

二、完善检察工作机制——解决怎么审的问题

刑事诉讼法已经在人大立法层面上正式确立了具有中国特色的非法证据排除规则,为了使检察机关充分发挥该项制度的优势,亟待确立相应的检察工作机制,以促进非法证据的有效排除。

(一)确立检察环节非法证据排除的启动机制

发现线索,是启动非法证据排除程序的前提。就检察环节来说,分为职权启动和诉权启动两种情况,即检察机关在审查批捕和审查起诉过程中自己发现而启动,以及犯罪嫌疑人及其法定代理人和他们委托的人提供非法取证的线索和证据而申请启动。① 检察人员可以通过阅卷、讯问犯罪嫌疑人、听取犯罪嫌疑人及其辩护律师、被害人及其委托的人的意见、调查核实其他证据以及提前介入侦查或者派员参加侦查机关(部门)对重大案件的讨论等方式发现非法证据的线索,其中关键的是讯问犯罪嫌疑人、听取犯罪嫌疑人

---

① 参见陈海鹰、黄金钟:《确立非法证据排除启动、决定和救济程序》,载《检察日报》2013年2月1日第3版。

及其辩护律师的意见。犯罪嫌疑人所处的被追诉地位以及对侦查机关的对抗态度，决定了他们具有提出非法证据线索的天然倾向。检察机关在审查批捕、决定逮捕和审查起诉的过程中，一方面要关注如何有效地启发和利用他们的积极性来发现非法证据线索，保证他们的合理要求得到实现；另一方面要客观地审查排除非法证据的请求，并判断争议证据的合法性和真实性。①

1. 检察机关自行发现依职权启动

在审查批捕程序中，如果检察机关认为侦查机关（部门）提请逮捕的证据确系合法取得，应当依法作出不予排除的决定并告知犯罪嫌疑人理由。如果检察机关认为侦查机关（部门）提请逮捕的证据确系违法取得，或者认为侦查机关（部门）提请逮捕的证据不能排除刑讯逼供或者暴力、威胁等非法取证嫌疑的，应当依法予以排除。如果排除非法证据后其他证据不能证明犯罪嫌疑人实施犯罪行为的，应当依法作出不予批准逮捕的决定。检察机关排除非法证据，应当告知侦查机关（部门）理由。②

公诉环节作为检察机关的最后一道关口，理应重点加大排除非法证据的力度。检察机关受理案件后，应对案件先进行形式审查。从讯问笔录的时间、地点，鉴定意见的出具时间、鉴定机构的资质等方面审查单个证据的形式合法性，尤其要对同一种类的言词证据之间的矛盾、多种类言词证据之间的矛盾仔细审查和甄别，从中获取非法证据线索。这一阶段的审查侧重于证据的形式合法性。实践中，办案人员还可以通过下列途径发现非法证据线索：提前介入侦查活动；讯问犯罪嫌疑人、询问证人和被害人，听取犯罪嫌疑人的辩护人和被害人及其诉讼代理人的意见；接受控告、举报、申诉；加强与控申等部门的联系等。③

诚然，在审查起诉活动中，既要注意审查甄别证据的真实性、充分性，以确定是否符合提起公诉的事实条件，又要注意审查判断证据的合法性，注意发现和排除非法证据。法律明确规定，在审查起诉时发现有应当排除的证据的，应当依法予以排除，不得作为起诉决定的依据。为了能够及时发现和排除非法证据，在审查起诉过程中，要认真对待犯罪嫌疑人的辩解和对侦查

---

① 参见郭欣阳：《检察改革视域中的非法证据排除规则》，载《国家检察官学院学报》2012年第5期。

② 参见卞建林、李晶：《刑事诉讼法律监督制度的健全与完善》，载《国家检察官学院学报》2012年第3期。

③ 参见孙振江、李晓龙：《刑事诉讼法修改对公诉部门的挑战及其应对——以非法证据排除程序的构建与完善为视角》，载《中国检察官》2012年第7期。

机关非法取证的反映，注意听取辩护律师的意见，要求侦查机关提供讯问时的同步录音录像等资料，发现存在非法取证的线索或材料时要认真核查。经过调查核实，如果认为侦查机关（部门）移送审查起诉的证据确系违法取得的，或者认为侦查机关（部门）移送审查起诉的证据不能排除刑讯逼供或者暴力、威胁等非法取证嫌疑的，应当依法予以排除。如果排除非法证据后其他证据不能证明犯罪嫌疑人实施犯罪行为的，应当依法作出不起诉的决定。此外，检察机关在调查核实后发现侦查人员存在刑讯逼供或者暴力、威胁等非法取证行为的，应当及时提出纠正意见，同时要求侦查机关（部门）另行指派侦查人员重新调查取证，必要时也可以自行调查取证。除了注意在审查起诉程序中对非法证据的发现和排除外，检察机关还要重视在审判程序中对证据合法性的证明。①

2. 当事人申请依诉权启动

《刑事诉讼法》第 56 条规定，当事人及其辩护人、诉讼代理人申请排除以非法方法收集的证据的，应提供相关线索或者材料。这种线索或者材料应当是合理的，能够使人产生对证据合法性的怀疑，且该怀疑只需要是"推测的怀疑"而无须达到"合理的怀疑"。当然，对此线索或者材料，检察机关应当进行初步的价值评估；对于提不出任何具体线索或者材料、明显属于无理辩解的，不必启动下一步程序；对于提供了一定的线索和材料，使检察人员产生可能存在非法证据的合理怀疑的，应启动进一步的调查核实程序。②

《刑事诉讼法》第 55 条规定："人民检察院接到报案、控告、举报或者发现侦查人员以非法方法收集证据的，应当进行调查核实。"该条明确了非法证据审查程序可以由检察机关依职权提起，也可以由犯罪嫌疑人及其辩护人、近亲属申请提起。检察机关究竟在何种情况下可以启动排除程序，实践中还有待进一步厘清。因为一般情况下，即使犯罪嫌疑人遭受了刑讯逼供，其人身上也没有明显的伤痕，无法提出刑讯逼供的具体时间和参与人员。③这种情况下，犯罪嫌疑人只要提交关于侦查程序不合法的材料和线索即可，

---

① 参见卞建林、李晶：《刑事诉讼法律监督制度的健全与完善》，载《国家检察官学院学报》2012 年第 3 期。

② 参见杨小宁：《非法证据排除规则适用的几个问题》，载《江西警察学院学报》2012 年 5 月第 3 期总第 157 期。

③ 参见孙振江、李晓龙：《刑事诉讼法修改对公诉部门的挑战及其应对——以非法证据排除程序的构建与完善为视角》，载《中国检察官》2012 年第 7 期。

如不排除合理怀疑有可能影响案件的公正处理时，检察机关即应启动排除程序。对于犯罪嫌疑人申请排除的可以无限次申请，但一旦作出决定，在没有新证据的情况下，不应再次启动程序。

（二）确立检察环节非法证据排除的听证决定机制

1. 制作审查报告

办案人员在审查批准逮捕、审查起诉中如果发现了非法证据，应当撰写《非法证据线索审查报告》，写明非法证据线索的来源、采取了哪些审查措施和已查明的问题、对非法证据线索的分析和论证，对是否属刑讯逼供等非法手段取证提出明确意见。办案人员认为非法证据线索查证失实的，将报告提交部门负责人审核；认为非法证据线索查证属实的，将报告经所在部门负责人同意后，提请检察长或者检察委员会决定是否启动非法证据审查程序。

2. 听证

在非法证据审查过程中，侦查机关应当提供相关证据证明争议证据的合法性，辩护方及其证人可以提供证据证明争议证据的非法性，检察机关也可以自行收集取证行为违法的相关证据。有下列情形之一的，办案人员应建议部门负责人向检察长或检察委员会申请召开听证会：一是对于是否属于非法证据存在重大分歧的；二是非法言词证据排除后对案件认定形成实质性影响的；三是侦查机关或者案件当事人要求听证的。听证会的决策机构可以由检察委员会专职委员、人民监督员、承办案件部门负责人等人员组成。听证会由办案部门负责人主持，侦查人员、犯罪嫌疑人等有关当事人在场，由侦查人员承担证明责任，双方还可以申请证人出场作证。主持听证的侦监、公诉部门负责人在听取双方陈述和核查双方提供证据的基础上判断证据的合法性问题。① 最后由检察长或者检察委员会决定是否予以排除。

3. 决定

对于经过审查或者听证确有证据证明属于非法证据的，应由检察长决定予以排除；对于是否属于非法证据有重大分歧的，或者对于非法言词证据排除后对案件认定形成实质性影响的，应提交检察委员会决定。在非法证据排除的同时，检察机关应注意加强与侦查机关的沟通，促使侦查机关及时调整侦查布局，更有效地打击犯罪、保障人权。发现刑讯逼供的，必要时由渎职侵权检察部门介入调查。检察机关应在审查逮捕、审查起诉的法定期限内作

---

① 参见谢佑平：《检察机关与非法证据排除》，载《中国检察官》2010 年第 11 期（上）。

出是否排除非法证据的决定，并在该办案期限内及时将作出的决定告知侦查机关和犯罪嫌疑人、被害人。① 这样做，一是为了提高办案效率；二是为了及时查明真相，维护犯罪嫌疑人的合法权益；三是落实《刑事诉讼法》第55条调查核实权的需要。

4. 制作法律文书和执行决定

对于非法证据材料，应当制作排除非法证据决定书，将其从案卷中撤除并装入检察内卷，不得向下一阶段移送，以免非法证据对审判人员认定案件事实造成实质上的影响；对于非法证据所涉及的侦查机关和侦查人员，根据非法取证方法的严重程度和非法证据被证明的程度，提出纠正意见直至追究刑事责任。

（三）确立检察环节非法证据排除的救济机制

如果当事人、辩护人或者诉讼代理人对于公安机关非法证据排除不服的可以向同级或上一级检察机关控告申诉部门反映，也可以在审查起诉以及审判程序中提出排除非法证据的申请。侦查机关不同意检察机关排除非法证据决定，有权向该检察机关提出复议；对复议结论仍不服的，可向上一级检察机关提请复核。同时，犯罪嫌疑人等案件当事人对检察机关不予排除非法证据的决定有异议，则可以在申诉过程中提出审查要求。检察机关或者当事人、辩护人及其诉讼代理人认为第一审法院作出的非法证据排除决定，影响到判决、裁定正确作出的，可以提出抗诉或上诉。

（四）确立检察环节非法证据排除的信息对接机制

控告申诉检察部门具有受理侦查人员以非法方法收集证据的报案、举报、控告职责；侦查监督部门在审查批捕和实行侦查监督中所作出的排除非法证据的决定以及对侦查机关所提出的纠正违法侦查行为，补正瑕疵证据，补充证据的要求都是公诉人员发现非法取证的重要信息；监所检察部门负责羁押场所的执法检查监督，由监所部门及时了解犯罪嫌疑人的羁押状态、审讯情况、生理心理的变化，将情况通报刑检部门。如通过与侦查机关（部门）和羁押场所管理部门等协商，明确规定对犯罪嫌疑人在押期间的身体检查、羁押场所的相关登记记载和视频资料、对犯罪嫌疑人讯问的同步录音录像、看守所干警和驻所检察人员与在押人员的谈话记录等应予留存，并建

---

① 参见詹安乐：《检察机关排除非法证据的程序思考》，载《新余学院学报》2011年第1期。

立相应档案，以备办案查询。刑检部门发现刑讯逼供等可疑情况时，应及时通报监所部门有针对性地收集信息，为排除非法证据提供参考。对此，可以以案管中心为切入点，在公诉部门受理审查起诉以后，通过内部网络将前述这些部门获取的相关信息汇集到公诉环节，从而丰富公诉审查的信息。在羁押场所，监所检察部门应当以一定的方式公开明示人民检察院有调查核实侦查人员以非法方法收集证据行为的职责，鼓励有关知情人员对这类行为进行检举揭发。为有利于二审中检察人员发现非法收集证据的线索，在上下级检察机关之间也应当构建这种信息对接机制。此外，还应加强与反贪、反渎部门联系，发现职务犯罪线索及时移交查处，增强非法证据审查的权威性。

三、完善审查标准——解决审什么的问题

司法实践中，进一步明确审查逮捕、审查起诉环节检察机关排除非法证据的证明责任，严格把握非法证据排除的审查标准，非常重要。

（一）建立非法证据排除的判断标准

对于采用刑讯、暴力、威胁等非法方法取得的言词证据，要绝对排除，相反，物证、书证如果是违反法律规定收集的，可以排除，也可以不排除。判断物证，书证是否需要排除的标准有三：一是违法取证的手段是否严重，严重就排除，不严重就不排除。二是造成的后果有没有可能严重影响司法公正。这里的司法公正既包括影响结果公正，导致错案冤案，也包括程序公正，造成国家司法形象的降低。三是要考察经过补证是否能消除违法或作出相应的合理解释，如果得到有效的补证就可以采纳作为定案根据。而补证有两种方法：其一，重新制作笔录，消除原来违法的情形，再次以合法的方式做笔录；其二，实在没有办法重新做笔录的，必须给出合理的解释和说明。让侦查人员做一份情况说明，说明导致违法取证的主客观原因，或者即使存在违法行为，其程度也不是很严重，没有造成严重后果。①

可见，非法证据排除的标准，以足以影响案件的定性与量刑为宜，此类非法证据的排除应当报请检察长或者检察委员会决定。如果非法证据的排除不足以改变定性与量刑。此时是否仍需报检察长或检察委员会决定在实践中

---

① 参见陈瑞华：《刑事诉讼法修改对检察工作的影响》，载《国家检察官学院学报》2012年第4期。

做法不一，且对于这些证据的审查与决定是单独进行，还是连同其他证据的审查与决定一起报检察长或检察委员会也存在争议。考虑到起诉环节办案期限的限制，为使案件不在公诉环节梗阻，提高诉讼效率，对于不足以改变定性与量刑的非法证据的排除，建议由部门负责人直接审查决定。①

诚然，对于物证、书证的合法性证明，虽然当前立法对排除此类证据依然存在较多限制，再加上我国目前在实物证据收集方面司法审查制度的缺失，辩护方对物证、书证合法性的质疑很难启动，但检察机关亦当未雨绸缪，主动加强对实物证据收集与固定工作的适时监督，以保证实物证据的合法性，这也是强化诉讼监督职能的内在要求。

（二）明确再次移送的非法证据的把握标准

由于侦查活动的隐秘性以及法律监督权实际行使的不足，检察机关往往接触不到第一手材料，发现非法证据线索的机制匮乏。另外，立法未对公安机关能否单独对非法证据的认定提出复议或复核、在何期限内向何机关提出复议或复核进行明确，也没有考虑如果检察机关排除所认定的非法口供后，依据其他证据继续提起公诉时，侦查机关不服该排除决定如何处理。如何界定侦监部门对非法证据的认定不明确，同样作为检察机关内设机构，公诉部门如何认定侦监部门对非法证据的审查存在很大争议。如对侦监部门已经作出的结论是否可以再次审查。有人认为既然侦监部门已经作出结论，公诉部门就不应再次审查，否则将造成司法资源的浪费。实践中，各地把握标准不一，影响了非法证据排除的效果。本来许多可以在检察环节解决的问题转移到审判环节，加大了审判环节排除非法证据的压力。②

笔者认为，侦监部门已作出非法证据应当排除的结论的，侦查部门不得再次将该证据移送审查起诉。公诉部门在提起公诉时，也不得将已经排除的非法证据移送审判机关，并应将排除的非法证据单独存档备案。对非法言词证据无论是否具有真实性，必须予以排除。③ 实物证据因其不可替代性，一旦被排除便不可能再次取得，因此，对实物证据的瑕疵应当进行补正或作出

---

① 参见孙振江、李晓龙：《刑事诉讼法修改对公诉部门的挑战及其应对——以非法证据排除程序的构建与完善为视角》，载《中国检察官》2012年第7期。

② 参见孙振江、李晓龙：《刑事诉讼法修改对公诉部门的挑战及其应对——以非法证据排除程序的构建与完善为视角》，载《中国检察官》2012年第7期。

③ 参见宋英辉：《检察机关贯彻"两个证据规定"的几个问题》，载《中国检察官》2011年第1期（上）。

合理解释。只有这样,才能有效遏制刑讯逼供,维护犯罪嫌疑人的合法权利。

(三) 完善甄别调查核实的程序标准

任何一项法律、制度的实施,其价值追求均体现在其实施的结果是否体现了公平与正义,检察机关排除非法证据亦应该以一系列的完备程序体现其排除的正当性,具体可考虑设定如下程序:

一是将办案人员复核证据时调查有无被刑讯逼供或暴力取证作为法定义务,并对经讯问、询问后可能存在取证程序违法的事实进行调查、核实。二是规定办案人员应当对经调查确认的非法证据填写《非法证据排除审批表》。具体写明需要排除的证据种类、排除原因、调查经过和结论、审查意见等,并附能够证明被调查证据系非法证据的证据,呈检察长审批。三是检察长经审查,确认被调查证据按照法律规定应当排除的,签署审批意见决定排除;对证据存在疑问的,可提交检察委员会研究决定是否排除。检察机关作出的排除决定,应当在决定后 3 日内通知公安机关等侦查机关并说明理由。四是对检察机关作出的排除非法证据的决定,公安机关等侦查机关有异议的,应当在接到通知后 5 日内以书面形式向作出决定的检察机关申请复议,也可以不经复议直接申请作出决定的检察机关的上一级检察机关复核,复议、复核均需在接到复议、复核申请书后 5 日内答复。五是对检察机关自行侦查的案件,参照上述非法证据排除程序进行,同时规定,排除非法证据需经人民监督员监督并评议。①

1. 初步排查

该阶段在形式审查的基础上对案件证据进行"二次过滤"。一是审查全案卷宗证据材料。重点审查犯罪嫌疑人、被害人、证人的历次讯(询)问笔录等是否相互矛盾,案件事实是否存在无法排除的疑点。如果同一犯罪嫌疑人、被害人、证人的多份讯(询)问笔录自相矛盾,办案人员则需对该疑点进行更深入的排查。二是审查讯问过程的原始录音录像资料。审查制作人或持有人的身份、制作时间、方法、是否为原件等,尤其要注意审查有无经过剪辑、删改、编辑等。对讯问过程的录音录像资料有疑问的,要进行鉴定。刑诉法规定了非法证据排除中的举证责任倒置规则,要求公诉人不但要

---

① 参见何兆英、张宏杰:《谈对我国刑事非法证据排除规则的认识、理解与适用——以修正刑事诉讼法为视角》,载《中国检察官》2012 年第 9 期。

能审查证据之"实",还要能判断证据之"真",识别证人之"伪",纠正取证之"错",这对公诉人员审查、判断、运用和纠错证据的能力提出了更高的要求。①

2. 讯问犯罪嫌疑人

对任何案件,提审时首先告知犯罪嫌疑人有申请排除非法证据的权利,并明确告知其如若提出申请,应当提出相关线索,以便查证。然后讯问是否存在刑讯逼供等行为,同时观察其生理(精神)状态和伤害情况;对有刑讯逼供重大嫌疑的,及时询问同监室的犯罪嫌疑人、驻所检察人员,查阅健康检查记录,严格审查录音录像资料等材料。在条件具备的情况下,检察机关应当与侦查机关探讨建立侦查讯问同步录音录像随案移送机制。目前,侦查机关受人力、物力、财力限制,如将所有案件实行同步录音录像,确有困难,但是,将侦查讯问同步录音录像作为今后探讨发展的方向,实为必然。因此,检察机关要认真对待犯罪嫌疑人的辩解、申诉甚至翻供,认真听取辩护律师的意见和反映。发现存在非法取证嫌疑时,要高度重视,坚决核查,不能简单听信侦查机关关于证据合法收集的证明。检察机关经审查认为存在刑讯逼供或者暴力、威胁等非法取证行为嫌疑的,应当要求侦查机关(部门)提供全部讯问笔录、原始的全程同步录音录像或者犯罪嫌疑人出入看守所的健康检查表等其他证据,将审查侦查讯问同步录音录像资料作为发现、排除非法证据及补强合法证据的重要手段和方法,必要时可以询问其他证人或者其他在场人员、看守管教人员以及检察机关驻看守所人员等。如果仍然不能排除嫌疑的,检察机关可以以听证方式对证据合法性进行调查核实,通知犯罪嫌疑人及其聘请的律师以及侦查人员出席听证,要求侦查人员对存疑证据的合法性进行说明,允许犯罪嫌疑人及其聘请的律师对证据合法性进行质证并与侦查人员辩论。②

3. 调查核实

完善检察机关对非法证据线索的处理程序,通过调查核实权的运用,明确是否存在非法证据对于确有以非法方法收集证据情形的,应当提出纠正意见;构成犯罪的,应当依法追究刑事责任。一是向言词证据提供人调查核

---

① 孙谦、童建明主编:《检察机关贯彻新刑事诉讼法学习纲要》,中国检察出版社2012年版,第40页。

② 参见卞建林、李晶:《刑事诉讼法律监督制度的健全与完善》,载《国家检察官学院学报》2012年第3期。

实。办案人员应向犯罪嫌疑人、被害人、证人获取非法取证的人员、时间、地点、方式等相关线索或者证据材料进行调查核实,并判断是否有进一步排查的必要和可能。二是检查核实犯罪嫌疑人身体伤情。犯罪嫌疑人反映非法取证活动导致其伤情时,应对其人身进行检查,并调阅犯罪嫌疑人进出看守所的时间表、体表检查表以及相关的诊断证明、照片等。如果健康检查记录中有伤痕或就医记载,要向监管干警了解犯罪嫌疑人身体健康异常的可能原因。同时,还要注重向驻所检察人员了解相关信息。三是向侦查人员了解核实取证情况。检察人员发现非法证据线索后,应向侦查人员了解核实取证情况,由侦查人员出示证据以证明其收集证据程序的合法性。侦查人员只有在发生争议的时候,笔录、情况说明解决不了的时候才需要出庭作证。所谓出现争议就是指侦查行为被指控为违法,而且指控附有相关证据,有具体事实情节、细节、时间、地点、人员、行为手段等。当然,在侦查人员不举证或举证未达到"确实、充分"的情形下,侦查机关应当承担不能以该证据证明所指控的犯罪事实的法律后果,① 即宣告侦查行为无效,不具有法律效力。

4. 证据补强

办案人员对于获取手段违反立法上某些"细节性"或"技术性"等一般违法性的实物证据核查后,应对非法证据的可替代性以及重新调取的可能性、非法证据的证明方向、案件的性质及其对社会的危害性、该证据对本案的重要性等进行筛选并分别作出处理:

一是证据存在瑕疵的补正。对证据存在瑕疵的,要提出补正的办法和作出合理解释。补正的方法主要是针对侦查人员在原收集物证、书证过程中没有履行的程序性行为,在不影响原物证、书证真实性的情况下,要求侦查人员补充履行程序性行为。如对于收集调取的物证、书证,侦查人员或者持有人或者见证人没有在勘验、检查笔录、搜查笔录、提取笔录、扣押清单上签名,或者就物品特征、数量、质量、名称注明不详,可以交由未签名的人签名或者补充注明物品特征、数量、质量和名称。此外,对于电子数据等新种类证据的补正或补充取证,应根据其自身特点和取证程序、规律,采取相应的补正或补充取证方法。当然,补正的方式可以是退回补充侦查,也可以是直接补正、侦查机关出具情况说明等。而对于未经法定审批程序进行搜查、扣押、查封、冻结等严重侵犯公民人身、自由、通信、住宅等宪法权利获得

---

① 参见詹安乐:《检察机关排除非法证据的程序思考》,载《新余学院学报》2011年第1期。

的违宪性非法实物证据,由于其获取手段的严重违法性,应当坚决予以排除。① 值得注意的是,在证据原件上直接补正,应限定为对办案人员签名等纯属形式性要素的缺陷;"情况说明"应详细记载程序瑕疵的原因、过程和结果以及相关主体反应,必要时应随附证明材料,并且要由有关人员签名,加盖有关单位印章。对于程序性瑕疵系由侦查人员以外的人员造成的,侦查人员除了出具情况说明外,还应当随附有关人员的证言或者其他证明。

二是作出合理解释。即对侦查人员因未履行法定程序行为导致对物证、书证的合法性和真实性产生合理怀疑,要求侦查人员作出合理解释。如侦查人员由于情况紧急或者工作疏忽或者不熟悉程序,在收集物证照片、录像或者复制品时,没有注明与原件核对无异和复制时间等,可以就此原因作出合理解释。解释应符合常理并有事实依据,对于补正或解释,应当注意是否符合不影响证据的真实性这一前提条件,如果对证据真实性的质疑仍然不能排除,则该证据不能采信,应另行寻求补充证据的方法。同时,言词证据也存在对瑕疵证据的补正或作出合理解释的问题,其补正或解释的方法和要求同物证、书证一致。对经过依法审查,如果能依法确认移送起诉的证据系非法取得的,办案人员应当依据《刑事诉讼法》第54条的规定,提出排除此项证据的建议,逐级报请部门负责人、分管检察长、检察长或检察委员会决定。

三是补充证据。这是针对已经排除或者可能会排除的非法证据,通过补充取证完善和重新构建指控犯罪证据体系。其一,重新取证。即对被排除或将要排除的证据重新取证。在重新取证中,要履行对非法证据排除的告知义务。其二,转化证据。即通过有针对性地依法调取关联证据,弥补替代可能被排除的非法证据。实践中,通常使用的方法是将可能被排除的物证、书证通过获取相关言词证据予以转化。如在原调取的手机通话详单未注明来源、重新调取已无可能的情况下,可以通过调取通话双方当事人的证言予以转化。其三,完善证据。即围绕已经排除或可能排除的证据,通过调取与该证据相关联的一个或数个证据以弥补该证据并形成新的证据体系。如从现场提取的某作案工具因非法收集而被排除,而对该作案工具,有目击证人证实,并能明确证明其种类、形状和特征,为犯罪嫌疑人所持有的情况也有知情人予以证实,则可以通过调取目击证人和知情人的证言,形成独立的证据

---

① 参见王惠、赵忠:《试论新刑事诉讼法中非法证据排除规则的若干问题及实现路径》,载《中国检察官》2012年第8期。

链条。

　　修改后的刑事诉讼法对刑事证据制度所作的重大修正对检察工作机制提出了新的更高的要求，切实发挥非法证据排除机制保障人权的制度优势，还需司法工作人员带着问题意识在司法实践中不断探索和完善。

证据制度的完善
对公诉工作的影响及应对

尹 浩[*] 贾晓星[**]

  2012年刑事诉讼法的修正，适应了民主法制建设和司法实践的要求，意味着我国刑事诉讼制度向民主、科学、人道方向又前进了一大步。在这次刑事诉讼法修改中，证据问题贯穿整个刑事诉讼制度，这不仅反映了立法者的证据意识，同时也给刑事诉讼的所有参与者尤其是公诉人提出了更高要求。如何适应新证据规则，是当前公诉部门一项重大而紧迫的任务。

一、刑事诉讼法对证据制度的补充和完善

（一）完善了证据的概念和种类

1. 修改了证据的概念

1996年刑事诉讼法将证据定义为"证明案件真实情况的一切事实"。新

---

 [*] 尹浩，重庆市开县人民检察院公诉科干警。
 [**] 贾晓星，重庆市开县人民检察院未检科干警。

刑事诉讼法将证据概念修改为"可以用于证明案件事实的材料"。后者比前者少了"真实"二字，并将"事实"替换为"材料"。相比而言，旧概念较注重客观真实，而新概念不仅注重客观真实，更加注重法律真实。证据是证明信息与证明载体的有机统一，旧概念将证据也视为"事实"，容易与作为证明对象的"案件事实"相混淆，新概念用"材料"来定义证据，更准确也更客观，也更能提示证据内容真实，来源及形式合法的要求。

2. 完善、调整了证据的种类

新刑事诉讼法在7种法定证据种类的基础上，增加了"辨认、侦查实验等笔录"以及"电子数据"两个种类。由于旧法未规定辨认笔录属于何种证据种类，有的承办人将其作为书证，有的又将其作为犯罪嫌疑人供述或证人证言。新法明确了辨认笔录的证据种类，适应了司法实践需求；新法将旧法的"鉴定结论"调整为"鉴定意见"，两字之差的调整，反映出立法机关认可了鉴定结果的主观性。实际上，鉴定结果是鉴定人对案件中的客观问题作出的主观判断，在英美法系是以专家证言的形式出现的。鉴定结论向鉴定意见的转变对公诉人也提出了更高的要求：要克服迷信权威、迷信专业的思想，要强化证据审查意识，对鉴定材料形式和内容的合法性均应进行审查。

（二）新增了口供自愿性和非法证据排除规则

新刑事诉讼法将"尊重和保障人权"写入总则，因此在证据制度一章中也不例外地贯穿这一原则。新《刑事诉讼法》第50条规定"不得强迫任何人证实自己有罪"。这一口供自愿性规定，是充分尊重和保障人权的体现，也符合无罪推定、不被强迫自证其罪的法治精神。口供自愿性规定，赋予了犯罪嫌疑人选择权，有权如实供述，也有权保持沉默。而新刑事诉讼法对非法证据排除的规定更是浓墨重彩，这能有效遏制侦查人员采用刑讯逼供等非法方法收集犯罪嫌疑人、被告人供述和采用暴力、威胁等非法方法收集证人证言、被害人陈述的取证行为。上述两个证据规则的目的都是为了防止因刑讯逼供而发生的冤假错案，案件审查部门为了保障人权和程序公正，可以确认某一证据不具有证据能力，从而拒绝将其作为定罪的依据，这极大加强了证据在刑事证明和诉讼程序中的重量。而且非法证据排除规则第一次在我国引入了对证据合法性的裁判程序，将证据资格与证明标准、证明责任和证明程序联系在一起，充分体现了证据、证明与证明规则之间的密切关系。

(三) 确立刑事案件检察机关的举证责任

1996年刑事诉讼法和相关立法、司法解释规定，刑事案件的证明责任分担有三种：一是人民检察院负有证明被告人有罪的责任，即检察机关提起公诉的案件，必须达到犯罪事实已经查清，证据确实充分，依法应当追究刑事责任的标准。二是自诉案件的自诉人应当对控诉承担证明责任。自诉案件中，自诉人处于原告的地位，独立地承担控诉职责，对自己提出的控诉主张依法应当承担证明责任。三是例外情况下，嫌疑人、被告人承担部分证明责任。如巨额财产来源不明案，被告人对明显超过合法收入部分的财产承担证明其来源合法的责任。《关于办理刑事案件排除非法证据若干问题的规定》规定，被告人及其辩护人认为，被告人审判前供述的非法取得的证明责任，由被告人及其辩护人承担。新刑诉法规定了公诉案件中被告人有罪的举证责任由人民检察院承担，自诉案件中被告人有罪的举证责任由自诉人承担，举证责任的确立，对于刑事诉讼的公正合法有着深远的影响，有效地举证是质证、认证、最后进行判决的关键，对于保护公民的合法权益有着重要的意义。

(四) 细化了犯罪事实证明标准

1996年刑诉讼法规定的证明标准是"犯罪事实清楚，证据确实、充分"。在《关于办理死刑案件审查判断证据若干问题的规定》和《关于办理刑事案件排除非法证据若干问题的规定》出台之前，司法实践中证明标准的掌握尺度没有全国统一的界限，怎样才算清楚，哪种程度才为确实、充分，均无规定，很容易造成适用上的随意性。新刑事诉讼法仍然是以"证据确实、充分"为证明标准，但通过三项条件对"确实、充分"进行了细化和解释，以便司法实践操作。同时，新刑事诉讼法引入了"排除合理怀疑"这一概念，注重证明主体内心的一种信念，强调的是认识的主观性。这一证明标准体现了自由心证的基本原则，虽然表述方式和大陆法国家的"内心确信"不同，但按照自由判断原则来进行证据的证明力评判与案件事实的认定，已达到证明主体内心确性，即排除合理怀疑作为证明的标准与目的，二者在这一点上是相通的①。排除合理怀疑的证明标准也具有更强的可操作性，其表达的本身就是教导证明主体如何去把握"确实、充分"，如何

---

① 龙宗智：《证据法的理念、制度与方法》，法律出版社2008年版，第191~192页。

判断自己内心形成了何种的认知,这对司法人员提高办案质量有着极强的指导作用①。

(五) 强化了证人作证机制

1996年刑事诉讼法规定了证人有作证的义务,证人证言必须在法庭上经过质证并且查实才能作为定案的根据,这表明从原则上证人应当出庭作证,但是又规定了未到庭的证人的证言笔录应当当庭宣读。司法解释又规定了人民法院只有在两种特殊情形下应当通知证人出庭作证。上述规定,导致了实践中证人不出庭是惯例,出庭成了特例,使证人出庭制度几乎形同虚设。新刑诉法在证据制度中,严格规定了证人的安全保护制度,新增了证人出庭费用的保障措施,从立法的角度解决了证人出庭作证的后顾之忧,有力的保障将会大大提高证人出庭作证的概率,也将让证人从"必须履行作证义务"到自愿出庭作证。

二、新证据制度对公诉工作带来的挑战

(一) 摒弃口供本位思想,更加注重客观证据审查

新刑事诉讼法的口供自愿性规则实际上是赋予了犯罪嫌疑人的沉默权,这将极大改变公诉部门现有的证据意识和办案方式。实践中,公诉人员较为依赖犯罪嫌疑人的口供,有口供本位的倾向而忽视物证、鉴定意见等证据的审查,导致案件带病起诉。在我院办理的一起周某某故意伤害案件中,由于犯罪嫌疑人、被害人、证人等口供存在较大分歧,承办人将案件审查的主要精力放在对口供真实性的确认上,忽略了被害人病历将"未见骨折"修改为"左腓骨线性骨折"以及案发后第一张X光片较为模糊无法看出是否骨折而10余天后第二张X光片可见骨折这一相互矛盾的两组证据,导致法院在审查案件时认为不能确定被害人受伤与犯罪嫌疑人的殴打存在刑法上的因果关系。后经专家鉴定,确认第一张X光片因机器老化显示较为模糊但仍可见骨折且与第二张光片骨折点位于同一位置,法院方对被告人作出了有罪判决。

---

① 么宁:《排除合理怀疑证明标准的实践应用》,载《国家检察官学院学报》2012年第6期。

（二）非法证据排除，公诉部门责任重大

新刑事诉讼法实施以前，非法证据排除的庭审调查在司法实践中不多，但对公诉人来说却最具有挑战性。尤其是检察机关的自侦案件，由于被告人多是具有较高知识水平和丰富生活阅历的人，动辄便会使用该规则对抗审判。作为监督机关的检察院此时处于被监督、被审查的地位，庭审中的公诉人难免被置于尴尬的境地。例如，笔者所在单位承办的县卫生局局长向某某及其丈夫共同受贿一案，向某某在侦查、审查起诉环节均如实供述了犯罪事实，但在法庭上却哭诉受到侦查人员的刑讯逼供。向某某的哭诉以及女性的性别优势很快便使旁听人员窃窃私语，公诉人及时出具了同步录音录像及看守所体检材料等侦查合法性的证据，向某某的狡辩不攻自破。

在当前条件下，公诉部门对证据合法性的举证责任已经明确，在以后的庭审中再试图依赖侦查机关（部门）出具一个没有刑讯逼供的"办案情况说明"来驳斥被告人提出受到刑讯逼供的辩解将效果甚微，辩护人也将会更注重甚至放大取证过程中的程序违法或瑕疵[①]。而公诉人现有审查意识中对证据客观性的审查远多于对证据合法性的审查。如高某某非法制造爆炸物案，高某某在侦查阶段共有 6 次供述，其中两次为有罪供述，但该两次供述是其被送交看守所羁押以后，侦查人员将其外提讯问时形成。该两份供述是违反法定程序取得，按新刑诉法的规定应予以排除。这种带有"硬伤"的关键证据如不及时发现则会触及罪与非罪的敏感问题。

（三）证人出庭作证增加了质证难度

新刑事诉讼法强调了对定罪量刑有重要影响的证人当庭作证的必要性。新刑事诉讼法实施以前，法庭质证中指控犯罪的言词证据一般由公诉人宣读，很少有证人出庭作证，质证过程相对简便。新刑事诉讼法实施后，一旦证人被置于法庭上，与被告人当面对质，接受控辩双方的交叉询问，很难保证证人会有当庭指认和证实犯罪的勇气。受中国传统儒家中庸思想影响，证人在庭上可能出于不得罪人、怕报复的考虑而作出前后矛盾的不客观的证言，不仅无法起到证实犯罪的作用，还增加了法庭对其前后证言如何采信的难度。审查起诉阶段据以认定犯罪事实的证据发生了变化，诉讼风险随之明

[①] 郝国宏：《新刑事诉讼法要求侦查人员具备的证据意识》，载找法网，2013 年 3 月 1 日访问。

显加大。这些给公诉部门增加了质证难度,给公诉人掌握庭审主动权带来了严峻考验。

三、建立三种机制应对新证据制度的实施

(一) 建立公诉风险防范预测机制

公诉作为检察机关办理刑事案件的最后环节,案件质量直接反映检察机关的司法水平,影响检察机关的司法形象。若工作出现瑕疵、错误,轻则会削弱执法公信力,重则严重侵犯群众合法权益。但事实上,由于案件数量逐年增多、公诉职能依法延伸、公诉内容合理深化等原因,公诉风险让人不能忽视。新刑事诉讼法的实施又让公诉工作面临了更多的证据适用风险。因此,有必要对一些重大疑难复杂案件通过强化风险意识,增强对关键证据在收集、固定、送检、鉴定、保存、移送等各环节中出现的变化进行掌握,确保对各类风险预测到位。

1. 建立对物证、书证、鉴定意见、电子数据的专门审查制度

要重视发挥实物证据和专门技术证据在认定案件中的客观性作用,在对涉及专门性技术问题鉴定材料进行审查时,可以送交检察技术人员进行审查,或者进行必要的咨询,检察技术人员、具有专门知识的人员出具的审查意见或者咨询意见应当附卷。同时,要监督侦查部门建立专门的物证库,确定具有专门知识的管理人员对物证和检验、鉴定素材实行统一保管,有效防止证据在审判终结前损毁、丢失。[①] 实践中,由于案多人少、办案人员经验不足等问题,证据、鉴定素材丢失的情况确有发生,如王某某故意杀人案,侦查人员提取王某某使用的农药之后没有及时让其进行指认,农药送至市公安局检测鉴定后丢失,该案关键证据因此缺失。

2. 建立公诉人员学习、实践培训制度

新刑事诉讼法已经实施,公诉人员当务之急就是要认真学习,夯实理论基础。特别是对公诉工作有重大影响的法条,要以专题学习的形式逐一学习研究,准确把握其立法精神和意图,探讨应对举措。其次应强化实践培训,提高公诉人员实战能力,学以致用,以需求为导向,以问题为中心,以研

---

① 卢乐云:《审查判断运用证据的新内涵及其落实——基于公诉执法视角解读两个〈规定〉》,载《中国刑事法杂志》2010年第11期。

讨、实践等形式提高公诉人适应新证据制度的能力，具体包括发现排除非法证据的能力、补正瑕疵证据的能力、自行补强证据或引导侦查部门补强证据的能力以及在排除非法证据庭审中的质证能力。

3. 建立同类案件专门审查制度

基于新领域犯罪、新手段犯罪的不断涌现，要逐步建立同类型案件专人审查制度，发挥办案人员专业知识和经验在风险预测和防范中的作用。例如在办理生产、销售假药、劣药类犯罪，生产、销售不符合安全标准的食品罪等案件时，需要承办人有较为专业的知识；在办理滥用职权、玩忽职守类案件时则需要承办人有扎实的法律理论知识、丰富的办案经验，这些案件都可以实行专人审查制度，以提高办案质量，降低错案风险。

(二) 建立公诉执法内外对接机制

1. 建立与侦查机关的长效协作机制

刑事证据绝大多数源于侦查机关取得并固定，因此，侦查意识和水平将直接影响甚至是决定刑事案件的结果，公诉部门应与侦查机关保持良好的联络沟通，通力协作确保证据质量。首先，要定期召开案情分析联席会议，以两个单位存有分歧的真实案例和解决方法与侦查机关进行沟通，逐步提升其证据意识和办案质量。[1] 其次，要通过提前介入，加强对侦查行为的监督，对违法取证的行为及时提出纠正意见，并引导侦查人员对可以证明证据合法性的证据予以固定，从源头上防范非法证据的出现。另外，可以邀请侦查人员旁听、观摩刑事审判庭，以便其身临其境地感受由于取证瑕疵给刑事诉讼程序顺利进行带来的障碍，加强侦查人员对公诉工作的理解与配合[2]。

2. 建立与审判机关的对接机制

案件提起公诉以后，公诉人要把握案件证据可能出现的动态变化，作出风险预测，跟进防范对策。加强与审判机关的联系，了解被告人及其辩护人有无提出新的意见和材料，有针对性地做好庭前准备工作。对审判机关要求侦查人员、鉴定人、证人出庭作证的，配合审判机关通知相关人员，并就出庭作证需注意的问题，在庭审前与出庭作证人员沟通，以保证出庭作证效果。

---

[1] 汤旭：《新刑事诉讼法对证据规则的修改和完善》，载正义网，2013年2月18日访问。
[2] 宋庆绵、曹向荣：《公诉工作如何适应证据制度修改》，载西部法制网，2013年3月1日访问。

3. 建立与诉讼参与人、辩护人的交流机制

讯问犯罪嫌疑人、听取被害人的意见,以及听取辩护人、诉讼代理人的意见,核实关键证人证言既是公诉部门的职责,更是发现非法证据、保障案件质量的重要途径。公诉人员应当增强人权保障意识,维护辩护人和犯罪嫌疑人的诉讼权利,注意认真听取犯罪嫌疑人的申诉和辩护人的意见,仔细审查其提供的无罪证据、罪轻证据,与辩护人、被告人的家属以及其他利害关系人之间增强信息沟通与交流,及时防范、发现和排除非法证据,确保办案质量。

4. 完善与内部机构的衔接机制

公诉与侦监部门、职侦部门和监所检察部门之间要加强沟通,及时了解掌握审查批捕和监所检察环节发现的相关问题,提前实施防范对策,增加发现非法言词证据的渠道。公诉部门在审查证据的合法性时,要注重发挥驻所检察官的作用,通过他们了解犯罪嫌疑人的思想变化情况,以及时准备犯罪嫌疑人庭审翻供的应对材料。很多在押犯罪嫌疑人也会通过驻所检察官向公诉部门反映自己的意见和辩解,公诉人员应多听取驻所检察官的反馈意见。如遇有犯罪嫌疑人在审查起诉环节翻供,可以将侦监部门对其讯问形成的笔录调取作为证据使用。当已经批准逮捕的案件,公诉人员认为不能起诉时应与侦监承办人员进行沟通,充分听取其意见,并与之共同探讨。

(三) 建立办案质量分层问责机制

为了强化执行新刑事诉讼法的责任感,有必要建立公诉办案质量分层问责机制,界定责任主体、责任范围、责任认定,制定实施细则。根据现行体制和公诉办案模式,案件承办人负责审查证据,认定案件事实,及时发现并提出案件中存在的问题,对审查判断的事实和证据负责,如果因该发现的问题未发现、该提出的问题未提出而产生错案,应当问责;负责审核的部门负责人对承办人提出的问题应加以重视,认真审查把关,对案件中的关键性证据以及重大疑难复杂案件,要亲自审阅有关案件材料。部门负责人对承办人提出的问题该重视的未重视,该应直接审查的疑问未审查,该解决的未解决,如果造成错案,应当问责;分管领导对部门提出的问题,该重视的未重视,该解决的未解决,如果造成错案,应当问责。

撤回起诉制度研究

郭祖祥* 勾香华**

  检察机关撤回起诉是指人民检察院在案件提起公诉后、人民法院作出判决前,因出现一定法定事由,决定对提起公诉的全部或者部分被告人撤回处理的诉讼活动。① 撤回公诉制度是现行公诉制度的重要内容,是对检察机关行使撤回公诉权加以限制规范的制度。② 修改后的刑事诉讼法并没有将撤回起诉制度纳入其中,但最高人民检察院在《人民检察院刑事诉讼规则(试行)》(以下简称《规则》)、最高人民法院在《关于适用〈中华人民共和国刑事诉讼法〉的解释》(以下简称《解释》)中均对撤回起诉作出了明确规定。实践中撤回起诉的做法一直延续至今,由于撤回起诉在立法上的欠缺、司法解释上的简约及条件规定不周延等,导致撤回起诉在实践中不当使用,从而引起理论及实务界诸多"讨伐"。本文通过对重庆市检察机关近5年撤回起诉制度运行情况的调研分析、对撤回起诉制度立法现状及存在问题的深

---

 * 郭祖祥,重庆市巴南区人民检察院检察长。
 ** 勾香华,重庆市巴南区人民检察院法律政策研究室主任。
 ① 最高人民检察院《关于公诉案件撤回起诉若干问题的指导意见》第2条。
 ② 刘敏:《探议我国撤回公诉制度的本土化规制方案》,载《法制与社会》2011年第4期(下),第46页。

入探讨，在此基础上，提出完善建议。

一、撤回起诉运行情况分析

2007年至2011年，重庆市检察机关共向法院提起公诉143413人，撤回起诉55人，撤回起诉率为0.38‰。通过进一步的分析，可以发现近几年我市检察机关撤回起诉案件具有以下特点：

（一）从数量上看，撤回起诉案件的比例总体较低

据了解，重庆市检察机关2007年至2011年撤回起诉的比例分别为0.70‰、0.30‰、0.24‰、0.30‰和0.43‰。① 具体情况见表1。

表1 撤回起诉案件情况

项目 年份	起诉案件总人数	撤回起诉案件数（人）	撤回起诉率
2011	35083	15	0.43‰
2010	32539	11	0.34‰
2009	28839	7	0.24‰
2008	26841	8	0.30‰
2007	20111	14	0.70‰
合计	143413	55	0.38‰

从上表可以看出，重庆地区近5年撤回起诉率是非常之低的。根据有关资料统计，不同地区撤回起诉的比例也有所不同。如北京市检察机关2006年至2011年撤回起诉的案件占起诉案件的比例分别为0.45％、0.22％、0.1％、0.13％、0.15％和0.25％。我国C市2003年至2005年撤回起诉案件占起诉案件的比例分别为0.43％、0.55％和0.37％。② 从这些数据不难看出，虽然各地撤回起诉案件占提起公诉案件比例有一定差距，但总体来说都较低。

（二）从撤回的理由来看，具体事由较为复杂

但主要体现为法律适用与证据问题两个方面。从我市2007～2011年五年

---

① 本文数据如无特殊说明，均来自重庆市检察机关公诉案件无罪判决与撤回起诉情况分析。
② 王昕：《从撤回起诉的实际状态透视公诉条件的形成》，载《人民检察》2010年第1期。

撤回起诉的案件来看,因为证据问题撤回的案件占撤回案件总数65.45%,因为法律适用问题撤回案件占撤回案件总数34.545%。具体情况见表2。

表2 撤回起诉案件情况

项目 年份	撤回总人数	撤回原因		所占比例	
		证据问题（人）	法律适用（人）	证据问题	法律适用
2011	15	7	8	46.67%	53.33%
2010	11	7	4	63.64%	36.40%
2009	7	5	2	71.43%	28.57%
2008	8	8	0	100%	/
2007	14	9	5	64.29%	35.71%
合计	55	36	19	65.45%	34.545%

（三）从撤回的时间来看,多数为一审判决前,但也有部分为经过二审发回重审的案件

以2007~2009年3年撤回起诉案件为分析对象,撤回时间在一审判决前的分别占85.7%、87.5%和71.4%,撤回时间为二审发回重审环节的分别占14.3%、12.5%和28.6%。具体情况见表3。

表3 撤回起诉环节

项目 年份	撤回总人数	撤回环节		所占比例	
		一审	上诉发回重审	一审	上诉发回重审
2009	7	6	1	85.7%	14.3%
2008	8	7	1	87.5%	12.5%
2007	14	10	4	71.4%	28.6%
合计	29	23	6	79.3%	20.7%

（四）从撤回后的最终处理结果来看,多数作了无罪处理,仅有个别案件重新起诉

无罪处理主要包括作出微罪不起诉、存疑不起诉、绝对不起诉及退回侦查机关（部门）撤销案件等。从我市2007~2011年5年间撤回起诉的案件来看,98.2%的案件均作了无罪处理（不起诉或者撤案）,仅有一件案件重

新起诉，重新起诉案件占撤回起诉案件总数的 1.8%。具体情况见表 4。

表 4　撤回起诉后处理情况

年份\项目	撤回总人数	处理结果				
		不起诉			撤案	重新起诉
		微罪不诉	绝对不诉	存疑不诉		
2011	15	1	4	0	10	—
2010	11	3	3	2	3	—
2009	7	0	1	1	5	—
2008	8	0	0	4	3	1
2007	14	1	5	3	5	—
合计	55	5	13	10	26	1

二、实践中存在的问题

（一）撤回起诉时间上的问题

从前面的数据分析来看，2007~2009 年，我市在一审判决宣告前撤回起诉的案件占撤回案件总数的 79.3%，20.7% 的案件是二审发回重审的过程中撤回，即超过 1/5 的案件是在二审发回重审的过程撤回。例如陈某某故意伤害案，2009 年 7 月 29 日某区人民检察院以陈某某涉嫌故意伤害罪向该区人民法院提起公诉，2009 年 8 月 12 日开庭审理。审理过程中陈某某脱逃，后该区人民法院裁定中止审理。2010 年 5 月 11 日陈某某被逮捕，该区人民法院于 2010 年 5 月 26 日恢复审理该案。2010 年 5 月 27 日，被告人陈某某因故意伤害罪被判处拘役 3 个月。判决后，被告人不服判决，提出上诉。某市中级人民法院裁定发回重审，在重审的过程中，检法两家就证据采信产生分歧，为避免无罪案件的出现，2011 年 4 月某区人民检察院撤回对该案的起诉。从"两高"现行的司法解释来看，检察机关撤回起诉的时间是在"人民法院宣告判决前"，也就是说，在人民法院宣告判决前的任何时间里，检察机关都可以申请撤回起诉，包括开庭审理前、审理中和审理后。同时人民法院宣告判决前，究竟是一审法院宣告判决前，还是也包括二审发回重审按照一审程序审理的案件宣告判决前。前述陈某某故意伤害案就是典型的二审法院裁定发回重审，原一审法院重新组成合议庭按一审程序重新审理中撤回。对于此类案件，是否可以撤回起诉，存在分歧意见。一种意见认为，此类案件可以撤回起诉，理由是该案仍旧处于一审阶段，法院未宣告判决前，理所当然可以撤回起诉；另一种意见认为，此类案不能撤回起诉，理由是该案已经一审法院判决，被告人上诉后二审法院裁定发回重审，虽然重审仍旧是按一审程序审理，但这已经不是严格意义上的一审了，因此，不能撤回，而是应该由法院以"证据不足，指控的罪名不能成立"为由宣告被告人无罪。如果此时再撤回，岂不是撤回起诉否定了先前法院的判决及二审法院的裁定？且不论先前法院对此类案件所付出的各种司法资源，从更深层次上讲这是一种公诉权对于审判权的否定和干预，审判权在公诉权面前失去了权威性，处在了隶属的地位中，这既是对控审分离原则的违背，也大大损害了审判活动的严肃性和权威性。

（二）撤回起诉的事由问题

从前面的数据分析可以看出，撤回起诉的事由主要是由于案件在法律适用与证据两个方面存在问题，其中尤以证据问题原因撤回起诉的较多，达到65.45%，占到撤回起诉案件的近2/3。通过分析撤回案件，法律适用方面的问题主要表现在：一是法律法规发生变化，对被告人的行为不予追究刑事责任而引起的撤回起诉。二是法律规定过于模糊、笼统，检法两家在定罪定性等法律适用上产生分歧。证据方面的问题主要表现在：一是证据不足。主要是侦查机关在收集证据时不全面、不及时，证明犯罪事实的证据无法形成锁链，导致案件事实无法被认定，从而导致检察机关撤回。二是证据在法庭审理阶段发生重大变化，被告人翻供或者出现有利于被告人的新证据，检察机关因此撤案。三是检、法两家对公诉的证明标准存在分歧。刑事诉讼法规定公诉的证明标准是"事实清楚、证据确实充分"，但对"证据确实充分"的把握上，检法两家存在认识上的分歧。四是非法取证。如刑讯逼供或通过威胁、引诱、欺骗等违法方法收集的证据，不能作为认定案件的依据。笔者认为，对于因法律适用原因而引起的可能撤回的案件，应当允许，如因法律法规发生变化原来认为构成犯罪的案件因为有了新的规定而不构成犯罪，如果不允许撤回而再继续审理，显然是对司法资源的一种浪费。对于因证据问题引起的撤回起诉则应分情况而定。如果是因"证据在法庭审理阶段发生重大变化"和"非法取证"这两种理由撤回起诉，笔者认为应当允许，理由是：起诉后证据在法庭审理阶段发生变化是不可预料的，将其作为撤回起诉的条件，是无可厚非的；对于非法取证，新修订的刑事诉讼法规定了庭前会议，在庭前会议中将对非法证据进行排除，在此阶段，若确定存在非法取证情形，且对案件影响重大，导致案件证据不足，此时撤回起诉亦应当允许；然而，对于"证据不足"及"检法两家对证明标准存在分歧的案件"而撤诉的，笔者认为，原则上应当禁止，理由是检察机关在审查案件中本身就应客观公正、全面地进行审查，如果允许"证据不足"也可以撤回，那么任何可能判处无罪的案件，检察机关都可以"证据不足"为由撤回从而规避无罪判决风险。这也是撤回起诉在实践中被广泛滥用的主要原因。从某种程度上讲，撤回公诉制度成了检察机关规避无罪判决的盾牌①。但本次修订后的《规则》将证据不足不符合起诉条件的，也纳入撤回起诉的范围，笔者认为值得商榷。

（三）撤回起诉立法上的问题

修订后的刑事诉讼法并没有关于检察机关撤回起诉制度的规定，但撤回起诉在实践中却普遍存在。2007年，最高人民检察院于发布了《关于公诉案件撤回起诉若干问题的指导意见》（以下简称《意见》），对撤回起诉的各个方面进行比较系统的规定，包括撤回起诉的界定、适用情形、排除情形、内部监督制约机制、重新起诉的条件、撤回后续程序及后期备案审查备案等，《意见》对撤回起诉制度的完善起到了一定程度上的作用。《规则》第459条用5款对撤回起诉的事由、效力、再行起诉的条件等作了更为详细的规定。《解释》则侧重规定了撤回起诉的适用程序。《规则》及《解释》在新刑事诉讼法没有触及撤回起诉问题的情况下，对这一做法作了全面规范，体现出规制撤回起诉的现实必要性和紧迫性。虽然司法解释一定程度上弥补了刑事诉讼法的空白，但以司法解释的形式规定撤回公诉这一刑事诉讼程序，无疑是对立法的突破，违反了程序法定原则。因为司法解释的应有之义是司法机关在适用法律的过程中对已有法律规范的具体应用问题进行解释，而不是通过解释来"造法"。如果继续由法律解释作为这项实践的唯一依据，与构建中国特色社会主义法律体系所追求的法治目标不相适应，也与司法机关树立权威、增强法治公信力的目标相背离，所以应适时将撤回公诉纳入刑

---

① 刘敏：《探议我国撤回公诉制度的本土化规制方案》，载《法制与社会》2011年第4期（下）。

事诉讼法的规范。① 同时，检察机关的撤回起诉，并不只是检察机关简单的单方行为，它涉及公诉权的放弃或者调整，是刑事程序分流和过滤机制之一，同时关系到公诉权与审判权的职权配置与相互关系，对相关被告人和被害人的合法权益会产生重要影响，因此，此项制度应由法律予以明确规定。

（四）当事人的权利救济问题

在撤回起诉的过程中如何保障被告人和被害人的合法权益，当事人的合法权益受到国家司法机关的侵害时如何进行司法救济，"两高"的司法解释对此均没有作出规定。实践中，在撤回起诉案件时，大多是检察机关主动或经法院审查同意即可撤回，基本就是检察机关与法院之间的行为，检察机关没有"义务"告知被告人和被害人，也不会征求被告人和被害人的意见，被告人和被害人不享有任何权利，只能被动接受，被告人和被害人的知情权得不到保障，丧失了得到司法救济的机会。虽然 2010 年新修订的《国家赔偿法》第 17 条规定，"对公民采取逮捕措施后，决定撤销案件、不起诉或者判决宣告无罪终止追究刑事责任的"，受害人有取得赔偿的权利。但该法第 19 条也规定，"依照刑事诉讼法第十五条、第一百四十二条第二款规定不追究刑事责任的人被羁押的，国家不承担赔偿责任"，即被羁押的人如果依据 1996 年刑事诉讼法第 15 条、第 142 条第 2 款最终被检察机关作出绝对不诉、微罪不诉处理结果的，是不能得到国家赔偿的。从前面的数据分析来看，2007 年至 2011 年 5 年中，撤回起诉案件作微罪不诉及绝对不诉的共计 18 人，占撤诉案件总数的 32.7%，也就是说，这部分人是无法得到国家赔偿的（前提是这些人全部都被羁押，当然实际中有一部分人并未被羁押）。对被告人而言，无法通过法院审判来获得权威的无罪判决以证明自己的清白，也无法获得国家相应的赔偿。对被害人而言，撤回起诉往往与其强烈的追究被告人刑事责任的愿望相违背，即使对撤诉极其不满，也没有任何救济途径。

（五）将撤回起诉作为检察机关内部考评机制的问题

刑事诉讼的过程是一个对过去已经发生的案件事实进行回溯的过程，在对过去事态的案件事实进行探知的过程中，司法人员需要根据已有的证据，对案件事实作出尽可能准确的还原，并不断深化对案件事实的认识，在这个

---

① 刑永杰、侯晓焱：《撤回公诉问题评析》，载《国家检察官学院学报》2013 年第 2 期。

过程中，由于受到各种主客观因素的影响，如司法人员主观判断失误、新证据出现等，对案件的处理出现偏差和失误是不可避免的。在办理案件过程中，只能尽可能减少错误的出现，而不可能完全排除错误的发生。如将不应起诉的案件提起了公诉或者向不符合管辖条件的法院提起了公诉等，都是公诉活动中不可避免会出现的现象。将撤回起诉案件直接作为考核下级院公诉工作业绩指标并予以重扣分，如规定"生效的无罪判决案件，出现1人减20分；撤回起诉的案件，出现1人减10分"；相反，追诉一条漏罪或一名漏犯仅加0.5分，反映出对无罪判决绝对不能接受的理念，在一定程度上违背诉讼客观规律。笔者并非完全反对将其纳入考核内容，而是认为应当进行合理设置，以免出现撤回一两件案件就全盘否定该院整个公诉工作的现象。

三、完善建议

（一）在立法上明确赋予检察机关撤回起诉的权利

"法无明文规定不为罪，法无明文规定不处罚"已经成为我国一项重要的刑事司法原则，作为诉讼意义上的刑事程序规则，应当由国家立法机关制定的基本法律即刑事诉讼法来明确规定，任何机关不得违背刑事诉讼法的明文规定，以任何形式来设立或者改变诉讼制度。撤回起诉是一项刑事诉讼程序，关系到是否对被告人继续进行刑事追究，涉及被告人获得法院公开审判的刑事诉讼权利，对被告人影响重大。根据程序法定原则的要求，应当由立法机关在刑事诉讼法中明确规定。虽然"两高"基于实践需求作出了相应的规定，但这毕竟突破了立法规定，超越了司法解释的权限。笔者认为，立法者应当正视撤回起诉制度目前的现状，而不是一味地放任这些问题的存在，在再次修订时应当予以明确，同时对检察机关行使撤回起诉权的时间、范围、效力及后续程序等作出合理明确的规定，使这一制度走上法制化和规范化轨道。

（二）完善撤回起诉的程序

一是明确撤回起诉的时间。关于撤回起诉的时间，世界各国和地区的立法规定不尽相同。在日本，检察官撤回起诉的时间是在第一审判决前；[①] 在

---

① 参见《日本刑事诉讼法》第257条。

我国台湾地区,检察官在一审辩论结束之前,发现存在不应当起诉或者不适宜起诉的情形时可以撤回起诉。① 笔者认为,撤回起诉应分阶段予以规定。其一,开庭审理前可以撤回起诉。对于起诉后、开庭审理前检察机关就确定案件属于撤诉事由的,检察机关有权自行决定撤回起诉,此阶段的撤诉行为能及时将无追诉必要的案件退出诉讼程序,防止司法资源的不必要浪费。其二,开庭审理后撤回起诉需经法院审查同意,特定情况下应该直接判决。检察机关起诉诉讼已经系属特定法院和关涉特定被告,撤回起诉就不再是单方行为。特别是当合议庭已经组成、庭审已经进行时,必须具有充分的理由支持,经法院审查同意后才能撤回起诉。这是确保公诉决定严肃性的要求,是审判权与公诉权制衡的需要,同时也是对当事人权利的程序保障。否则,从理论上将可能造成检察机关单方面的起诉、撤回起诉,乃至再起诉缺乏制约。以是否开庭作为区别不同处理方式的分界,亦较为合理。

二是严格撤回起诉的事由规定。根据撤诉后的法律效力与后续程序的不同,可以将撤回起诉的事由分为实体性事由和程序性事由两大类。高检院《规则》第459条对撤回起诉的理由作了明确规定,主要体现在实体方面:其一,犯罪事实不存在;其二,犯罪行为并非被告人所为;其三,不应当追究刑事责任的情形,包括被告人未达到刑事责任年龄、法律法规则发生变化导致不应当追究的情形等;其四,情节轻微,不需要追究被告人刑事责任的情形;其五,证据不足或证据发生变化的情形。笔者认为,提起公诉后,案件的证据发生了重大变化,导致无法在庭审中对犯罪行为进行指控,这种情形显然应当允许撤回起诉。但对于起诉后证据未发生变化,审理中才发现事实不清、证据不足的案件,应当不允许撤回起诉,而是应建议延期审理并进行补充侦查;对于补充侦查后案件证据仍然不足的,法院应以"证据不足,指控的犯罪事实不能成立"为由作出无罪判决。在程序性事由方面,主要是基于管辖错误而导致撤回起诉,如将上级院管辖的案件错误地向本级院提起公诉、将自诉案件作为公诉案件提起公诉等,对于因管辖错误而引起的撤回起诉,法院应当裁定允许撤回。

三是严格规定撤回起诉后的案件处理。《规则》第459条第2~3款明确规定了撤回起诉的处理方式。其一,撤回起诉的案件以决定不起诉为原则,即使需要重新侦查,也应当先行决定不起诉;其二,明确将具备新的证据或者新的事实作为再行起诉的条件,并将收集、调取新的证据的时间规定

---

① 林钰雄:《刑事诉讼法》(上),中国人民大学出版社2005年版,第112页。

为撤回起诉后。这些规定有助于防止撤回起诉后随意、反复追诉被告人，为实现犯罪和保障人权之间的平衡作出了实质性的努力。

四是明确当事人的权利救济。其一，保障被告人、被害人的知情权。无论是检察机关主动撤回起诉，还是经法院审查裁定准许撤回起诉，都应当及时将此事项告知被告人及其法定代理人、辩护人，被害人及其法定代理人、诉讼代理人。其二，保障被告人的上诉权，被告人对法院同意检察机关撤回起诉的裁定可以在上诉期限内向上级法院提出上诉。同时，被告人对检察机关撤诉决定不服时，也可以向上一级检察机关提出申诉。其三，保障被害人的申诉权。刑事诉讼中，被害人有着强烈的追究被告人刑事责任的意愿，而撤回起诉意味着诉讼程序的终止，检察机关不再追究被告人的刑事责任，这与被害人的意愿是相冲突的。因此，为切实保护被害人合法权益，在撤回起诉程序中，应赋予被害人申诉权。被害人对撤诉决定不服的，在法定期限内可以向上一级人民检察院申诉，上级人民检察院应当将复查决定书面告知被害人。

（三）树立正确的执法理念，建立科学合理的考评机制

当前的司法实践中，检察机关为了防止公诉人员主观臆断和滥用公诉权，都设有严格的错案考评机制，具体表现为一些目标量化管理和年度考核考评办法。在公诉活动中，错案追究制的存在造成了检察人员独立性的丧失，使检察官在处理案件中所应当具有的客观中立性受到极大的冲击。① 笔者很赞同一位学者对于这项制度的评价："业务考证机制和错案追究制的存在，是属于法律规则之外的规则，违背了法律至上的原则，其存在缺乏正当性。"② "检察官在刑事司法活动中不能仅以追求胜诉作为自己所要达到的目标，检察官应当保持客观公正。"③ 检察机关应当建立客观公正的案件质量考评机制，而不应当一概以无罪判决的存在来给公诉人员"施压"。因此，要坚持实事求是的态度，建立科学合理的考核考评办法。

---

① 刘根菊等：《刑事诉讼程序改革之多维视角》，中国人民公安大学出版社2006年版，第98页。
② 黄维智：《刑事司法中的潜规则与显规则》，中国检察出版社2007年版，第19页。
③ 龚佳禾：《检察官客观义务研究》，载《诉讼法学、司法制度》（人大复印资料）2008年第2期。

自侦案件适用指定居所监视居住若干问题探讨

程 权* 孟传香**

新修订的刑事诉讼法对自侦案件适用指定居所监视居住作了明确规定，《人民检察院刑事诉讼规则（试行）》、《最高人民法院关于适用〈中华人民共和国刑事诉讼法〉的解释》对自侦案件适用指定居所监视居住进行了细化。2013 年 2 月至 5 月期间，大足区人民检察院依法决定或报经上级人民检察院决定对 5 名犯罪嫌疑人采取指定居所监视居住的强制措施。从实践中适用的情况来看，指定居所监视居住还存在诸多问题需要进一步完善。

一、指定居所监视居住概述

（一）指定居所监视居住的立法背景

司法实践中，由于监视居住司法成本大、办案风险大等各种原因，导致

---

* 程权，重庆市大足区人民检察院检察长。
** 孟传香，重庆市大足区人民检察院法律政策研究室主任。

监视居住实用性不强，部分学者提议将监视居住废除。然而在减少拘留、逮捕等羁押性强制措施后，又如何防止不收监的犯罪嫌疑人不致发生社会危害性？因此，最高人民检察院出于以下两点考虑向全国人大提出的修法建议，要求增设指定居所监视居住，并得到了全国人大的批准：一是为了减少拘留、逮捕，将监视居住定位于减少羁押的替代措施；二是针对一些特殊案件中符合立案条件而不符合拘留、逮捕条件，采取取保候审或者普通监视居住可能有碍侦查的犯罪嫌疑人，指定居所监视居住有利于案件的侦查。①

（二）指定居所监视居住具有独立价值

关于指定居所监视居住的独立价值问题，即指定居所监视居住是否有存在的必要性问题。实践中有观点认为，指定居所监视居住必须"符合逮捕条件"，且执行中又存在较大的安全风险，检察机关完全可以采取直接逮捕的强制措施，没有必要使用指定居所监视居住。结合司法实践中适用指定居所监视居住的情况来看，指定居所监视居住具有逮捕不能替代的独立价值：首先，指定居所监视居住是一种"进可攻、退可守"的强制措施。在检察机关收集了足以证明构成犯罪的证据的情况下，可转为逮捕，不能构成犯罪的情况下，可解除指定居所监视居住；其次，指定居所监视居住比逮捕更利于促使犯罪嫌疑人交代犯罪事实；最后，指定居所监视居住的期限长于逮捕，对特别重大、复杂案件特别是某些窝案、串案，有利于缓解侦查羁押期限的紧张。同时还有利于检察机关在不对侦查对象羁押的情况下降低对纪检监察部门"两规"、"两指"的依赖。

（三）关于指定居所监视居住的定位

指定居所监视居住是非羁押性强制措施。主要理由在于：首先，从立法本意来看，监视居住是减少拘留、逮捕的替代措施，指定居所监视居住作为监视居住的一种执行方式，其非羁押性附属于监视居住的非羁押性。其次，从实质特征来看，指定居所监视居住虽然在适用对象、执行方式、审批程序等方面不同于普通的监视居住，但其特殊性和例外性并不改变监视居住非羁押性的本质特征。最后，从价值判断上来看，指定居所监视居住在刑期折抵上，被判处管制的，监视居住1日折抵刑期1日，被判处拘役、有期徒刑

---

① 张虎伟：《对指定居所监视居住若干问题的思考》，载 http：//www.jcrb.com/procuratorate/theories/essay/201210/t20121018_966463.html，2013年6月10日访问。

的，监视居住 2 日折抵刑期 1 日，这一方面表明指定居所监视居住对人身权利的限制重于普通的监视居住，另一方面表明指定居所监视居住和管制在限制人身自由方面具有等价性，管制并不剥夺人身自由，因此，指定居所监视居住也不是剥夺人身自由的羁押措施。

二、自侦案件适用指定居所监视居住存在的问题

（一）执行场所难以确定

虽然《人民检察院刑事诉讼规则（试行）》第 110 条对指定居所监视居住的执行场所作了规定："采取指定居所监视居住的，不得在看守所、拘留所、监狱等羁押、监管场所以及留置室、讯问室等专门的办案场所、办公区域执行。"但该规定只是一般的原则性的规定，并没有从根本上解决实践中指定居所的选择。首先，宾馆或者招待所能否作为"居所"，如能，首先要解决好安全问题，而检察机关如果对宾馆或者招待所的一些房间进行安全改造，是否变成了"专门的办案场所"。其次，纪检监察机关用于"双规"、"两指"的场所，能否作为检察机关指定的"居所"，如果能，是否意味着"双规"被曲线立法？最后，能否单独建设与羁押场所、专门的办案场所、办公区域相区别的独立的用于指定居所监视居住的专门场所作为指定监视居住的居所？

（二）办案风险大

新修订的刑事诉讼法要求指定的居所应当具备正常的生活、休息条件，便于监视、管理，能够保证办案安全，不得在看守所、拘留所、监狱等羁押、监管场所以及留置室、讯问室等专门的办案场所、办公区域执行。目前，大足区检察院办理的 5 件指定居所监视居住案件，均选择在宾馆或招待所，但宾馆或招待所作为一般的民用建筑和场所，不可能像专门的办案场所一样对窗户、墙壁、卫生间等设施进行改造以防止犯罪嫌疑人的自杀和逃跑。无论是由公安机关执行还是检察机关协助执行，指定居所监视居住的人身安全风险明显大于逮捕，容易发生犯罪嫌疑人逃跑、自杀等事故，增加了执法办案的风险。实践中，大足区符合办案安全条件的场所几乎没有，经过排查，大足辖区内相对安全的场所仅两三处，但长期集中办案极易成为家属重点围攻的地点。

（三）相关法律手续不健全

市院出台的《关于对职务犯罪嫌疑人采取指定居所监视居住指导意见》要求采取指定居所监视居住的，应做到住、审分离。审讯应当在检察机关专门的办案工作区进行并执行全程同步录音录像的相关规定，在指定居所处不得对犯罪嫌疑人进行讯问。实践中，为执行"住、审分离"，在将犯罪嫌疑人从指定居所地点提解到检察机关专门的办案工作区进行审讯，以及审讯完将犯罪嫌疑人从办案工作区还解的过程中，与执行机关没有提解、还解相关的相关法律手续，一旦在此期间发生安全事故，将导致相关责任不明。

（四）律师权益保障难

市院出台的《关于对职务犯罪嫌疑人采取指定居所监视居住指导意见》要求犯罪嫌疑人监视居住期间必须进行全程安全监控录像，并予以保存，而新刑事诉讼法规定辩护律师会见犯罪嫌疑人、被告人时不被监听，执行全程安全监控录像必然会侵犯律师不被监听权。另外，如果允许律师在指定居所监视居住地点会见犯罪嫌疑人又不被监听，又存在办案安全隐患。

（五）执行程序不规范、职责不清

根据新刑事诉讼法的规定，指定居所监视居住强制措施的执行主体是公安机关，检察机关在必要时予以协助。但目前对公安机关如何执行、检察机关在哪些方面予以协助、执行程序的规范、执行责任的划分、办案安全、经费保障、人员分配以及保密义务等方面均没有相关的程序规范。实践中大足区院自侦案件指定居所监视居住执行过程中，公安机关受警力限制，检察机关也派员参与协助执行，如大足区院在5名指定居所监视居住强制措施执行中，对其中4名犯罪嫌疑人派员协助执行。这种执行模式使得公安机关和检察机关职责不清，一旦发生安全事故将导致双方责任不明。

（六）监督协调机制不健全

一方面，内部协调机制不完善。目前存在的问题是自侦部门是在本院作出决定后才向侦监部门移送指定居所监视居住决定书副本，同时已启动执行程序，侦监部门仅凭决定书副本无从监督指定居所监视居住的决定是否合法，即使监督也属事后监督，此时自侦部门已移送公安机关执行。另一方面，外部协调机制不健全。相关法律法规并未规定执行机关启动执行程序后，应将执行情况告知检察机关监所部门，实践中自侦部门将犯罪嫌疑人交付公安机关后，监所部门对公安机关执行活动是否开展只能从自侦部门了解。

三、自侦案件适用指定居所监视居住的选择与出路

（一）联合出台实施细则

最高人民检察院应会同公安部联合会签关于指定居所监视居住的具体实施细则，就公安机关如何执行、检察机关在哪些方面予以协助、执行程序的规范、执行责任的划分、办案安全、保密义务、相关法律手续以及律师权益的保障等方面进行明确和细化，通过自上而下整体推进。在会签文件出台前，当地检察机关应加强同公安机关的沟通协调，就指定居所监视居住执行和监督程序以及相关职能职责进行明确。

（二）指定居所监视居住"居所"的确定

应在坚持"少用、慎用、规范使用"的前提下，分阶段进行。首先，在目前情况下，可以"就近、便捷、安全"的原则，考虑在辖区内选择相对固定的几处地点，在执行指定居所监视居住时随机轮换使用，如果选择宾馆、招待所，以及检察机关自有的其他场所，如培训中心、会议中心、警示教育基地等居住设施，应首先解决好安全问题。其次，等条件成熟时，可以考虑借鉴我国香港特区的经验，设置专门的居所，作为执行指定居所监视居住的专门场所。由省级检察机关统一规划、选址和建筑，并报最高人民检察院备案，所需经费由国家财政专项办案经费支持，并委托公安机关进行日常管理。由于指定居所监视居住是减少拘留、逮捕的替代措施，属于非羁押措施，其严厉程度小于逮捕，居所内的相关配套设施除了符合《人民检察院刑事诉讼规则（试行）》第110条第5款的规定外，还要在一定程度上保障居所的舒适度。

（三）确保办案安全

由于指定居所监视居住的人身安全风险明显大于逮捕，容易发生犯罪嫌疑人逃跑、自杀等事故，无论是由公安机关执行还是检察机关协助执行，都要高度重视并确保犯罪嫌疑人的人身安全。要慎重选择监视居住的指定居

所，使其能够保证办案安全，原则上应选择在底楼或平层，且窗户带有防护栏的房间；要为指定居所装备必要的安全设备、监控设备和录音录像设备，消除居所内部和周边一切不安全隐患；要培养、训练对指定居所监视居住的执行人员，规范执行流程，实现执行的专业化、规范化；要与执行机关共同建立健全办案风险评估预警和应急处置机制，把风险评估作为办理案件的重要环节，制定突发事件应急处理办法和工作预案；要建立健全办案安全医疗保障协作机制，加强检察机关与医疗机构在查办职务犯罪案件工作中的协作配合，开通办案医疗保障"绿色通道"，组织办案人员进行急救知识培训和技能训练，切实防止涉案人员非正常死亡责任事故和突发疾病死亡意外事件发生。

（四）全面规范执法

要注意"居审分离"，保障取证合法性。新刑事诉讼法将指定居所监视居住的性质定位于逮捕的替代措施，并作禁止性规定，不得在羁押场所、专门的办案场所执行，旨在防止监视居住演变为变相羁押，因此，审讯应当在检察机关专门的办案工作区进行，在指定居所处不得对犯罪嫌疑人进行讯问。要注意依法讯问，严格遵守新刑事诉讼法关于讯问地点、讯问时间、两次讯问间隔时间的规定，依法保障人权。讯问时应当依法对讯问活动进行全程录音或者录像，切实保证犯罪嫌疑人的饮食和必要的休息时间。讯问聋、哑的犯罪嫌疑人，依法应当有通晓聋、哑手势的人参加，并且将这种情况记明笔录。要按照法律规定，严格履行通知被指定监视居住人家属以及告知犯罪嫌疑人委托辩护人等义务。对委托了律师的，除涉及重大贿赂的职务犯罪嫌疑人的会见须报检察机关批准外，必须依法保障律师同犯罪嫌疑人的会见权和通信权，不得以各种理由拒绝或拖延，辩护律师会见犯罪嫌疑人时不被监听。

（五）依法保障权利

第一，保障辩护权。被指定居所监视居住的犯罪嫌疑人提出委托辩护人要求的，检察机关应当及时向其监护人、近亲属或者其指定的人员转达其要求，并记录在案。犯罪嫌疑人因经济困难或者其他原因没有委托辩护人的，人民检察院应当自收到被指定居所监视居住的犯罪嫌疑人提出的法律援助申请三日以内将其申请材料转交法律援助机构，并通知犯罪嫌疑人的监护人、近亲属或者其委托的其他人员协助提供有关证件、证明等相关材料。犯罪嫌疑人是盲、聋、哑人，或者是尚未完全丧失辨认或者控制自己行为能力的精神病人，没有委辩护人的，人民检察院应当在犯罪嫌疑人自被采取指定居所监视居住之日起及时通知法律援助机构指派律师为其提供辩护。犯罪嫌疑人可能被判处无期徒刑、死刑，没有委托辩护人的，人民检察院应当在侦查阶段通知法律援助机构指派律师为其提供辩护。检察机关应当向辩护律师告知犯罪嫌疑人涉嫌的罪名和案件有关情况，并且认真听取辩护律师提出的申诉、控告、申请变更强制措施和其他各项意见。第二，依法及时通知家属和解除监视居住。根据新刑事诉讼法的规定，除无法通知的以外，检察机关应当在执行监视居住后24小时以内，及时通知被监视居住人的家属。不需要指定居所监视居住的情形发生时，应当及时将其调整为取保候审或者普通的监视居住。对于发现不应当追究刑事责任或者监视居住期限届满的，应当及时解除监视居住，并且及时通知被监视居住人和有关单位。

（六）构建备案机制

检察监督的前提是知情，检察机关要对指定居所监视居住的决定和执行是否合法实行监督，必须掌握指定居所监视居住的具体情况。一方面，在检察机关内部，自侦部门自做出指定居所监视居住的决定一定期限内，应向本院侦查监督部门报送指定居所监视居住相关法律文书。另一方面，公安机关自收到指定居所监视居住的执行通知书一定期限内，应向检察机关监所检察部门报送指定居所监视居住执行情况相关法律文书。在变更、解除、撤销指定居所监视居住之日起一定期限内，应向检察机关监所部门报送指定居所监视居住相关法律文书。

（七）构建指定居所监视居住同步监督机制

第一，侦监部门对侦查活动的监督要到位。对于下级人民检察院报请指定居所监视居住的案件，由上一级人民检察院侦查监督部门依法对决定是否合法进行监督，同时监督侦查部门自决定指定居所监视居住之日起是否对指定居所监视居住的必要性进行审查。同级侦监部门对本院决定的指定居所监视居住的案件，依法对决定是否合法进行监督。第二，监所部门对执行活动的监督要到位。同级检察机关监所部门应立即派人到指定监视居住执行地点了解被监视居住人的基本情况，了解居所是否具备正常的生活、休息条件，是否便于监视、管理，是否能够保证办案安全。定期通过查阅卷宗、走访现场、倾听被指定居所监视居住的犯罪嫌疑人的意见等方式，对公安机关执行指定居所监视居住情况进行检查，了解指定居所监视居住的执行情况，向被监视居住人询问对其是否有刑讯逼供或者变相体罚、虐待或其他侵犯其合法权益的行为。同时，执行机关如何保障被监视居住人的休息、饮食、室外活动等合理需求，也在监所检察人员的监督范围内。

（八）完善基础保障

需要加大在人、财、物三个方面的投入。首先要保障人员到位，加大与公安机关的协调力度，积极争取公安机关加大对指定居所监视居住执行的警力投入力度，保持指定居所监视居住警力相对稳定。其次要落实资金保障，上级检察机关应积极与财政部门沟通协调，在资金制度上从上到下解决好保障工作。

审查起诉阶段未成年人刑事案件分案制度之反思与重构

高兴敏[*] 宋兴辉[**]

  在当今社会情形下，我国未成年人犯罪的刑事案件处于急剧增长、高压的局面，已经成为社会中的一颗毒瘤，引起了社会各界的高度关注。我国未成年人保护法中规定未满18岁的公民就属于未成年人，由于未成年人是一个相对比较特殊的群体，相比较成年人身心发育还不成熟，对社会各方面的感知存在一定程度上不清楚的认识，极易受到外界的干扰，从而实施一些违法犯罪的行为，同时还考虑未成年犯在人生道路阶段中处于开始阶段，属于成长期，具有很大的再塑性。诚如马尔文·沃尔夫冈所说："在17岁年龄的人群中，有30%—50%的至少有过违法或者犯罪的经历，但这些人在成长后大多能回归正途不再犯罪，只有6%左右的人恶习不改成为惯犯、屡犯。"[①] 对此，世界各国在未成年犯的司法制度上基本上有一个共同点，即

---

[*] 高兴敏，重庆市潼南县人民检察院法律政策研究室主任。
[**] 宋兴辉，重庆市潼南县人民检察院公诉科干警。
① 栾时春：《我国未成年犯罪共性特征分析》，载《青少年犯罪问题》2006年第6期。

对未成年犯施以特殊的刑事政策，用以教育矫正未成年犯，使其能很好地回归社会之中。对此，在我国刑事法律体系中，宽严相济的刑事政策下，我国未成年人保护法和预防未成年人犯罪法均对未成年犯作出特殊规定，体现出对未成年人教育为主、惩罚为辅，实行教育、感化、挽救的方针。并且在具体制度层面上面，我国法学理论界和司法界也提出了多种对策，其中在处理未成年人与成年人共同犯罪案件中，实行分案起诉为其中的一种类型。

一、分案制度概念、依据和范围

分案制度是相对于并案制度而言，是指一个具有完整意义上犯罪事实的刑事案件，在侦查阶段、审查起诉阶段或者审判阶段基于特殊原因分裂成两个以上的独立案件，从而分别进行各个诉讼流程。也有人称为分案处理，是指对未成年人案件与成年人案件实行诉讼程序分离，分案审理，分别关押，分别执行。① 而审查起诉阶段未成年刑事案件分案起诉属于分案制度中的一种类型而已，是基于犯罪主体的特殊性以及案件所处阶段而进行的分类。具体是指检察机关在刑事案件的审查起诉阶段，将未成年人与成年人共同犯罪的案件分离，以独立案件提起公诉（起诉后法院也往往分案受理）的特殊起诉模式②。

在我国的刑事诉讼法中没有条文具体规定要求对未成年犯与成年犯共同犯罪进行分案处理，但是在其他法律层面上看，只有预防未成年人犯罪法和未成年人保护法中有一些相关规定，比如《未成年人保护法》第55条规定，公安机关、检察机关、人民法院办理未成年人犯罪案件和涉及未成年人权益保护案件，应当照顾未成年人身心发展特点，尊重他们的人格尊严，保障他们的合法权益，并根据需要设立专门机构或者指定专人办理。从这里可以间接找到一定的根据，从而我国相继出台了相关的司法解释以及规章，主要有《人民检察院办理未成年人刑事案件的规定》、最高人民法院《关于审理未成年人刑事案件的若干规定》、《公安机关办理未成年人违法犯罪案件的规定》，但是这些解释规章均只是提及由专门机构或者专人办理该案件，未见分案制度的规定。直到2002年出台的《人民检察院办理未成年人刑事

---

① 陈光中、徐静村主编：《刑事诉讼法学》（修订二版），中国政法大学出版社2002年版，第371页。

② 张立兆主编：《未成年犯罪刑事政策研究》，中国检察出版社2006年版，第182页。

案件的规定》才明确规定分案,其第 20 条规定,人民检察院提起公诉的未成年人与成年人共同犯罪案件,不妨碍案件审理的,应当分开办理。2006 年修改该解释后继续保留着这种制度。

前述规定的对适用犯罪也进行了划分,将不适宜的案件排除在外,第 20 条规定,人民检察院审查未成年人与成年人共同犯罪案件,一般应当将未成年人与成年人分案起诉。但是具有下列情形之一的,可以不分案起诉:(1) 未成年人系犯罪集团的组织者或者其他共同犯罪中的主犯的;(2) 案件重大、疑难、复杂,分案起诉可能妨碍案件审理的;(3) 涉及刑事附带民事诉讼,分案起诉妨碍附带民事诉讼审理的;(4) 具有其他不易分案起诉情形的。虽然最高人民法院作出排除性的范围规定,但是各个省市在具体实践中,又有自己相应的操作规定,对未成年人刑事案件有采取"一刀切"的方式,也有以特殊情形例外的方式。

二、我国审查起诉阶段分案模式

由于最高人民法院对分案制度进行了相应的解释,目前在全国范围内大多数地区都在适用,在实践中具体模式也多种多样,鉴于本文的重点是在审查起诉阶段的分案制度,不再论及侦查和审判阶段的分案制度。笔者了解[①]到审查起诉阶段的模式主要存在以下几种:一是审查起诉前分案;二是审查起诉过程中分案;三是审查起诉完毕后分案。

审查起诉前分案是指侦查机关在移送检察机关审查起诉时,已经对未成年人与成年人共同犯罪案件进行了分案。简而言之,在案件受理时本是一个案件已经分成了两个或者多个。审查起诉中分案是指侦查机关在移送检察机关审查起诉时未对案件进行分案处理,而是以一个案件进行移送,检察机关受理后,在审查起诉的过程中发现有未成年人犯罪,从而对案件进行分案。审查完毕后分案是指公安机关、审查起诉部门均以一个案件进行审查起诉,只是在审查完毕后将未成年犯与成年犯分别提起公诉,制作两份或者多份起诉书移送人民法院。

[①] 主要是实践中,包括自己办理案件、他人办理案件以及其他方面了解到的。

三、各种模式的评析

目前,最高人民检察院对分案的范围以排除法的原则进行了划分,明显是采取了相对分案的模式,没有绝对化,为一些特殊案件留下了依据。但是笔者认为这种规定不具有可操作性,因为前述的几种情形均是指检察机关在审查起诉中认定的,在法庭审判时是否还是这样来认定呢,可能存在一定的疑问。比如,承办人认定主犯、首要分子,而在法院庭审后发现认定存在一定的问题,那么未成年人与成年人一起进行了审判与司法解释不符;有在审查起诉阶段未提起附带民事诉讼,而在法院阶段提出该诉讼,按照规定应建议法院合并审理,但这就让前期分案白做了。

就前述几种审查起诉阶段的模式来看,在诉讼过程中既有好的一方面又坏的一方面,从专门机构或者专人办理保护未成年犯方面来看,与德国对未成年人的处理比较类似,如要求办理未成年人案件的检察官在性格和其他有关素质方面必须与他的职业相适应,要具有管教能力①。第一种模式由于在受理前就对案件进行了分案,从某些检察院单独成立未成年犯检察机构来说,检察机关受理后能自由方便分案,的确能够从受理案件开始就很好地落实未成年人犯罪由专门的机关或者专门办案人员进行办理。第二种模式由于在移送审查起诉时未进行分案,检察机关受理案件后就直接将案件分给承办人,承办人可能是专门负责承办未成年人案件的人,也可能是办理一般普通刑事案件的人员。承办人在审查案件中发现共同犯罪中有未成年犯,再将案件进行分案,将未成年犯独立成新案件,其中分出来的案件可能继续由承办人办理,也可能由其他人办理,这也能体现出专人办理的特点。第三种模式由于在审查起诉阶段未进行分案,直接分给办理未成年犯的工作人员一并进行办理,在制作起诉书时将未成年犯与成年犯分别制作起诉书,让法院审判时将一个案件分成两个以上的案件进行审判。这也能凸显出专办的特殊性。总的来说,分案的几种模式均有一个共同的目的就是保护未成年犯的身心发展,避免受到感染。

未成年人具有其特殊性。诚如学者所言,从人格发展而言,其系处于生心理极度不安定的时期;就社会关系而言,其又处于学校生活与社会生活的过渡期;就社会价值与规范认知的关系来看,其处于认知准备或是社会适应

---

① 康树华:《青少年犯罪与治理》,中国人民公安大学出版社2000年版,第543页。

时期。① 不了解未成年人犯罪的背后存在哪些因素，就不能达到一般预防和特殊预防的效果，也不能落实好对未成年犯的教育、感化、挽救的方针政策。因此，对涉及未成年犯的案件由专门的机关或者专人进行办理具有很大的好处。分案制度在实行专办方面的确有合理之处，但是不是在审查起诉阶段进行分案，将未成年犯独立进行诉讼就是对未成年犯的很好保护？笔者认为这样的理解存在一定的误区。

第一，审查起诉阶段实行分案制度，导致检察机关起诉尴尬。审查起诉阶段强行将案件分成两个以上，当案件由不同人办理时，可能会出现对同一犯罪事实在定罪量刑方面有不同理解，特别是在部分地方实行主诉检察官的情形下，在未完全沟通协调的情况下，可能会出现同一犯罪事实多份起诉书的情形，有损司法公正的形象；即使由同一办案人员办理的时候，也可能因为分开的案件因具体承办存在先后顺序，导致在不同时间情形下审查起诉，产生理解上的偏差，也可能出现前述的情形。

第二，审查起诉阶段实行分案制度，检察机关在审查证据中存在一定的盲区。由于一个案件被分成多个，如果由不同人办理，根据现行的刑事诉讼法，承办人应该听取犯罪嫌疑人的辩护人、被害人及其代理人的意见，这时由于承办人拿到的案件实际上只是原来案件的一部分，不能了解到另一个案件的情况，不能够很好地判断证据。如果分案后不能一并审查完毕起诉，存在一定的先后顺序，此时在证据的判断上可能存在一定的先入为主，认为本是一个案件，既然另一个已经起诉，本案也按照已经起诉的认定，不再进行实质的审查，导致在某些情况下存在一定的盲区。在分案后，一个案件提起公诉法院判决后，另一个案件承办人如果没有一同起诉，那么可能会尽量等法院判决下来后再进行起诉，直接采信法院的判决来提起公诉。其间，会把精力放在其他案件中，这样可能会忽略手中案件存在的一些问题。这也让法院审判的人员形成一种偏见，认为一个案件已经判处了，那么这个案件也应该一样，审前就形成了内心确信，会对被告人的辩解置之不理，不利于保障其权益。

第三，审查起诉阶段实行分案制度，无疑会增加办案成本，浪费司法资源。本是一个案件被分成多个案件就需要对案卷进行再一次装订卷宗，这就增加了工作量。然后由不同的人办理，相比一个案件一个承办人来说，又一次增加了工作量。因为一个人办理可以从案件的各个角度来进行审查，一次

---

① 柯耀程：《刑法的思与辩》，中国人民大学出版社 2008 年版，第 285 页。

性审查完毕。而分成多个后，不只是办案人数增加，而且相应的工作量更多：因为不同人理解可能不同，需要查证的东西也就各不相同，导致双方承办人均得做多方面的工作，需要多次审查。同时还得增加领导审批的工作量，以及后续出庭工作量。此外，在成立案管中心后不易操作，除前面已经提及需要再次装订卷宗外，还得需要案管人员重新受理分出来的案件，重新告权并上传在案管系统之中。

第四，在审查起诉阶段分案，可能导致附带民事诉讼的原告人不便提起诉讼请求以及法院审判。因为案件中几个被告人是共同犯罪，理应承担连带责任，当案件进行分案后，附带民事诉讼的原告人写一个诉状还是两个诉状，诉讼请求中写明全部人承担责任，还是写对应案件的被告人赔偿，都可能不合适。并且按照现行刑事诉讼法之规定，人民法院在审理附带民事诉讼案件，可以进行调解，附带民事诉讼的审判应该与刑事案件一并审判，同时由同一审判人员进行。分案就可能导致与现行规定冲突。笔者在实践中就遇到，分案后提起公诉的时间不同，法院在判决一个后，另一个还未提起公诉时，被害人要提起附带民事诉讼，这时导致在实践中不好操作，既不能再调解，也不能一并进行审理。因为其中一个案件已经判决了，通常处理可能就是让被害人单独提起民事诉讼，这就变相剥夺了被害人提起附带民事诉讼的权利。

第五，审查起诉阶段实行分案制度，不便于法院审判、查清犯罪事实。检察机关将案件分案后，移送法院后一般情形下由不同审判人员审判，基于不同的法观念和事实认识，可能导致审判结果出现差异，有损司法的公正。实践中分案后因承办人和案件的各种原因大多数不能一并移送法院，案件存在先后顺序，先审判的案件可能因被告人认罪法庭很快就审判完毕，而后到的案件出现其他情况，导致两案件可能存在矛盾的地方，审判法官可能产生偏见，就会依照已经判决的案件进行认定，从而不利于查清犯罪事实。并且这种强行分案制度，也有违诉讼客体理论。

第六，在审查起诉阶段分案，可能导致在审判阶段剥夺了被告人同庭共审的对质权以及辩护人对共同犯罪案件其他被告人的发问权利。根据最高人民法院对新刑事诉讼法的解释来看，被告人之间可以进行对质，被告人的辩护人可以对被告人进行发问。当案件分案没有征得被告人的同意，进行强制分割后，在法院一般也采取"一刀切"的办法实行分别审判，这样可能就导致各个被告人之间的对质权被剥夺了，不利于发现真相；而对于相应的被告人的辩护人来说，由于案件被分开后，其只能参与其委托人的庭审，不能参与对其他被告人的审判,导致辩护人不能对其他被告人进行发问,不能清楚掌握案件事实,不利于对被告人案件进行辩护。同理,对现行诉讼法规定的特殊情形下证人出庭作证来看,如果其中一个案件出庭作证了,而另一个案件未出庭作证,那么辩护人就只能通过书面审查的方式就行,也剥夺了相应辩护人对证人的发问权益。

第七,在审查起诉阶段分案,人民法院分别审判后,导致上诉审、重审不易操作。部分被告人对法院的判决提起上诉或者申诉时,根据法律规定,上级人民法院对案件实行全面审查原则。而本是一个案件被分成了两个案件,此时上级人民法院到底是只审查上诉被告人的案件,还是将整个案件一并审查?如果只按案件的形式来审查,那么就将另案的被告人进行了孤立,忽略了案件事实之间实质的关联性,不便了解案件事实,毕竟这是从一个案件事实之中进行分离出来的;如果一并审查,可能将已经认可判决的其他被告人再次卷入诉讼之中,强制卷入诉讼。因此,两种不同的情形均可能存在问题。

四、相关建议

未成年犯在人格上、伦理上都不够成熟,对于行为后果的严肃性还不能领会,并非自由人[①],理应该采取特殊手段给予特别的保护。但是笔者通过前面的论述可以发现目前实行的审查起诉阶段分案制度,在实现专门机构或者专人办理方面看,能够很好地保护未成年犯,具有相当的可取之处。同时随之也存在相应的问题,不能很好地达到天平状态。此时就得考虑在审查起诉阶段分案在保护未成年人方面能做些什么、能达到怎样的效果。笔者认为在审查起诉阶段能做的就是专人专办,实现最大限度地教育与矫正未成年犯。实现专人专办的模式完全可以不分案而实行原来的模式,将案件一并交给专门负责未成年人刑事案件的人员办理,这样可以在避免上述的冲突的同时又达到相应的目的。当在不分案的情形下是否就赞同前述的第三种模式,根据最高人民检察院制定的分案范围来决定是否分开制作起诉书。笔者认为没有必要,前面已经论述,该规定的可操作性不强,带来的效果也不一定很明显,甚至可能出现"竹篮打水,一场空",因为审查起诉只是我们自己的观点,在后续的审判阶段将会是怎样的情形,我们当时可能无法预料。既然

---

① 林东茂:《刑法综览》,中国人民大学出版社2009年版,第100页。

我们无法准确决定就不能去制定，即使制定了可能不能产生更大的效果。但是为了在后续阶段保护好未成年人，保障未成年犯实行专人审判。在此，最好的办法就是交给最终决定的审判机关进行裁量，由其进行预审后进行决定是否进行分开审理。

综上，笔者认为目前的分案制度可以取消①，任何新生的制度存在都有一定的目的，当达到该目的具有多种途径时，从最大利益化原则来看，那么就应该选择牺牲最少的而获得效果最多的制度。从审查起诉中分案制度成立的目的来看就是实现专人办理案件，那么我们完全可以将未成年人与成年人犯罪案件一并交给专人办理，办理完毕后再以一份起诉书的方式移送人民法院。当不存在前述最高人民检察院解释中需要并案的情形时就可以以建议分案审理的方式一并移交给人民法院，提前给法院一个提示，让其去决定是否进行分案而由少年法庭审理②。为了有一定的依据，可以将最高人民检察院解释中的分案换成建议分案意见书。同时还需要人民法院建立相应的配套措施，规定一下哪些案件可以分案审理，哪些案件分案审理存在一定问题，也可以参考最高人民检察院的解释进行制定解释，而不能采取"一刀切"的模式。最后，不管是分开审理还是一并审理，在制作判决书时，应该制作一份判决书，从而避免前述冲突。

---

① 既然审查起诉阶段取消分案制度，那么侦查机关也没有必要实行分案模式。
② 笔者还认为，保护未成年人效果突出最大的应该是在审判机关，在此不多说。

刑事庭前会议制度的
立法解读与实践反思

梁经顺* 王志刚**

刑事庭前会议（以下简称庭前会议）是指公诉案件开庭审理之前，由法官主持的在控辩双方共同参加下以解决、梳理案件程序性问题及部分实体性问题为目的，旨在为庭审扫清阻碍、保证庭审集中审理的准备程序。[①]2012年3月14日新修订的中华人民共和国刑事诉讼法（以下简称新刑诉法）第182条初步构建了我国的庭前会议制度，随后出台的《最高人民法院关于适用〈中华人民共和国刑事诉讼法〉的解释》（以下简称《最高法解释》）和最高人民检察院《人民检察院刑事诉讼规则（试行）》（以下简称

---

* 梁经顺，重庆市长寿区人民检察院检察长。
** 王志刚，重庆市长寿区人民检察院副检察长。
① 庭前程序包括两项重要的内容，即对提起诉讼的案件进行审查，确定是否有进行审判的必要；如果经过审查认为需要开庭予以审理，则步入开庭审判前准备程序，通过传唤、通知等方式为即将进行的庭审活动做必要的准备，以保证庭审活动的顺利进行。参见陈卫东、杜磊：《庭前会议制度的规范建构与制度适用：简评〈刑事诉讼法〉第182条第2款之规定》，载《浙江社会科学》2012年第11期。

《最高检解释》)又对庭前会议的适用作了进一步规定。

新刑诉法及相关解释正式实施已逾半年,如同其他新实施的制度,庭前会议制度不出意外地在实践中面临了"叫好"与"叫难"并存的状况。① 笔者认为这是一种正常现象,如同自然科学研究中的"试错法",社会科学研究中的许多命题和假设也都需要接受实践的检验,只有通过实践的检验和反思才能不断完善,期待一项制度制定之始就尽善尽美、无懈可击是有悖逻辑的。相较于刑事诉讼中其他制度在我国理论界和实务界研究的深入,庭前会议的地位则相对边缘,正如有学者曾经指出的那样,"就像看戏人们只注意台上演员的举手投足、剧情演绎而不注意台前的排练和预演一样,庭前程序在诉讼程序研究中是一个容易被忽视的程序"。② 新刑诉法对庭前会议的规定则为这一制度的研究提供了空间,也提供了契机,鉴此,笔者不揣冒昧,在此将对庭前会议制度的立法规定进行梳理,并对其实践运行状况进行检视,在此基础上提出该制度的完善建议。

一、庭前会议制度的立法解读

《新刑诉法》第 182 条第 2 款规定:"在开庭以前,审判人员可以召集公诉人、当事人和辩护人、诉讼代理人,对回避、出庭证人名单、非法证据排除等与审判相关的问题,了解情况,听取意见。"该条第 4 款规定:"上述活动情形应当写入笔录,由审判人员和书记员签名。"随后相继出台的"两高"解释进一步丰富细化了庭前会议的内容,据此可知,庭前会议的设置目的即其作用在于解决案件的管辖、回避、确定出庭证人、鉴定人、有专门知识的人的名单、证据调取、非法证据排除、不公开审理、延期审理、适用简易程序、证据整理、庭审方案及对民事赔偿的调解等与审判相关的问题。根据上述规定,笔者在此欲对庭前会议的制度定位和主要内容进行梳理。

---

① "叫好者"认为庭前会议疏通了刑事庭审质效的"肠梗阻",在透明高效中提升了审判效率与质量(参见王邦052:《庭前会议:疏通刑事审判质效"肠梗阻"》,载 http://www.chinapeace.org.cn,2013 年 6 月 18 日访问);"叫难者"则认为庭前会议适用范围过宽,解决内容不明确,庭审被虚置化(参见李辰、陈禹:《庭前会议制度适用不宜扩大化》,载 http://theory.people.com.cn,2013 年 6 月 18 日访问)。

② 龙宗智:《刑事庭审制度研究》,中国政法大学出版社 2001 年版,第 146 页。

(一) 庭前会议制度的法律属性

《新刑诉法》第 182 条第 2 款规定了庭前会议制度，同条第 4 款则规定了庭前准备程序。根据立法规定，庭前准备程序包括：确定合议庭组成人员、送达起诉书副本、召开庭前会议、确定开庭的时间地点、传唤和通知当事人及诉讼参与人、公布案由、制作笔录，等等。由此可见，庭前会议的制度定位是庭前准备程序的其中一环，其并非是独立于庭前准备程序的新程序。

作为庭前准备程序中的核心一环，我国新刑诉法所设计的庭前会议制度的目的在于保障将来庭审活动的顺利进行，提高庭审效能，它既有别于英美法系国家的证据开示程序，又有别于大陆法系国家的预审程序，对此有学者进行过精彩论述[①]，笔者在此不再赘述。另需指出的是，庭前会议制度并非是对公诉审查制度的一种替代，公诉审查工作并未合并进庭前会议中进行。我国《新刑诉法》第 182 条规定了庭前会议，而第 181 条则仍然保留了对公诉案件的审查程序：人民法院对提起公诉的案件进行审查后，对于起诉书中有明确的指控犯罪事实的，应当决定开庭审判。可见，两者虽同为庭前程序，但法律仍赋予了其不同的程序功能。依据上述立法安排，庭前会议是在公诉审查结束、法庭做出开庭审理决定后方能开启，故庭前会议中原则上不再涉及公诉审查的内容，即庭前会议后应开始庭审程序。即立法沿循了这样一种逻辑：公诉审查决定是否开庭—决定开庭—召开庭前会议—庭审。

尽管有学者对此提出，由于我国公诉审查的内在缺陷，使得公诉审查往往流于程序性审查，[②] 缺少司法审查过滤不当公诉的功能，因此建议将公诉审查并入庭前会议中，通过庭前会议来解决公诉审查。其具体设想为：在庭前会议中，在控辩双方充分的证据展示下，法庭发现被告人无罪或不在犯罪现场的证据而控方又无法提供明确指控依据的，应建议人民检察院撤销起诉；如果检察机关不撤诉，开庭后被告人确实无罪的，则不再允许检察院撤

---

① 参见陈卫东、杜磊：《庭前会议制度的规范建构与制度适用：简评〈刑事诉讼法〉第 182 条第 2 款之规定》，载《浙江社会科学》2012 年第 11 期。

② 最高人民法院、最高人民检察院、公安部等六部委《关于实施刑事诉讼法若干问题的规定》第 25 条规定：对于人民检察院提起公诉的案件，人民法院都应当受理。人民法院对提起公诉的案件进行审查后，对于起诉书中有明确的指控犯罪事实并且附有案卷材料、证据的，应当决定开庭审判，不得以上述材料不充足为由而不开庭审判。如果人民检察院移送的材料中缺少上述材料的，人民法院可以通知人民检察院补充材料，人民检察院应当自收到通知之日起三日内补送。

回起诉而应直接宣判无罪。以此让庭前会议发挥司法审查的功能，防止不当审判的发生。① 作为未来完善的路径，这种思路是具有建设性的。但根据现行立法之规定，在实践操作中，是不能将庭前会议替代公诉审查程序的。

综上可知，新刑诉法"将庭前审查程序由封闭式的构造改造为三方参与的诉讼构造"，"将纯粹手续性的庭前审查程序改造为程序性的庭审预备程序"、"将附属于审判的程序改造为相对独立的审判前程序"② 从而明确了庭前会议作为庭前准备程序的核心一环，但又独立于公诉审查程序，其目的在于为将来进行的庭审活动做好准备，"透过准备而使'人'与'物'能齐集于审判期日"③。

（二）庭前会议制度的主要内容

根据新刑诉法及相关司法解释的规定，庭前会议制度主要涉及以下内容：

1. 庭前会议的时间、地点和形式

关于庭前会议的时间，新刑诉法仅规定"在开庭以前"，其隐含的前提是人民法院决定开庭审判之后。至于是开庭以前的哪一个时间段，新刑诉法并没有明确要求，《最高法解释》也未对此明确规定。而从实践情况来看，辩护方的出庭证人名单、非法证据排除的申请、案情重大复杂的判断等问题一般只有在合议庭组成之后才有可能进行，因此，庭前会议的时间一般只能在合议庭组成之后才能进行。立法也未对召开庭前会议的地点作出硬性规定，从实践情况来看，法院和被告人的羁押场所似乎都可以进行。④

在具体形式上，则是由审判人员主持召开会议，就回避、出庭证人名单、非法证据排除等与审判相关的问题依次听取公诉人、当事人和辩护人、诉讼代理人的意见，庭前会议的情况必须制作笔录，该笔录可作为未来裁判的依据。

2. 庭前会议的参加者和案件范围

庭前会议的主持者为审判人员，一般是从负责审理该案的合议庭组成人员中指定一名审判人员召开庭前会议，如果案件较重大复杂的，则合议庭全

---

① 闵春雷、贾志强：《刑事庭前会议制度探析》，载《中国刑事法杂志》2013 年第 3 期。
② 参见汪建成：《刑事审判程序的重大变革及其展开》，载《法学家》2012 年第 3 期。
③ 参见林钰雄：《刑事诉讼法》（下册），中国人民大学出版社 2005 年版，第 151 页。
④ 张媛、张玉学：《刘志军案庭审前 法院曾在秦城监狱开过一天会议》，载 http://news.cn.yahoo.com，2013 年 6 月 18 日访问。

部组成人员参加,由审判长来主持会议。参加庭前会议者除了审判人员外,还包括公诉人、当事人、辩护人、诉讼代理人以及人民法院的会议记录人员。需要特别指出的是,根据立法规定,被告人并不是必然能够参加庭前会议,而是由法院根据案件情况来决定其是否参加。就辩护人、诉讼代理人而言,其参加诉讼的目的本身就是要维护当事人的合法权益,出席庭前会议也有助于协助当事人处理相关问题,以保障庭前会议的效果,而在被告人缺位的情况下,这种效果能否实现,尚需实践进一步检验。

另需明确的是,庭前会议并非公诉案件的必经程序,也即召开庭前会议的案件具有选择性。根据《最高法解释》的规定,案件有下列情形之一的,审判人员可以召开庭前会议:(1)当事人及其辩护人、诉讼代理人申请排除非法证据的;(2)证据材料较多,案情重大复杂的;(3)社会影响重大的;(4)需要庭前会议的其他情形。尽管立法未明确排除适用简易程序审理的案件是否需要召开庭前会议,但从实践情况来看,大多数案件系事实清楚、证据确实充分、案情相对简单、犯罪嫌疑人自愿认罪甚至没有辩护人,这类案件完全可以适用简易程序直接进行审理,若要开庭前会议,只会增加法官和公诉人的工作量,降低诉讼效率。因此,庭前会议的适用范围似主要适用于人民法院决定适用普通程序审理的公诉案件。

3. 庭前会议的处理事项

新刑诉法对庭前会议的处理事项进行了原则性的规定,即庭前会议应围绕回避、出庭证人名单、非法证据排除等与审判相关的问题进行,随后相继出台的司法解释进一步细化了庭前会议的内容。据此,庭前会议可解决:案件的管辖、回避、确定出庭证人、鉴定人、有专门知识的人的名单、证据调取、非法证据排除、不公开审理、延期审理、适用简易程序、证据整理、庭审方案及对民事赔偿的调解等与审判相关的问题。

庭前会议的功能主要用以解决案件审理中可能遇到的程序性问题,对此学界及司法实务中意见颇为一致,且认为随着新情况的出现,可以拓展司法解释之外的程序性内容,如关于证据展示、证据保全、证人保护、变更强制措施等等,为法庭审理扫清障碍。但是对于庭前会议是否涉及案件实体问题意见尚不统一:一种观点认为,庭前会议只能解决程序性问题;另一种观点认为,立法表述中"与审判相关的问题"本身就包含了部分实体问题。[①] 笔

---

① 参见《"庭前会议——控辩审三方研讨会"会议纪要》(会议由吉林大学闵春雷教授主持召开),转引自闵春雷、贾志强:《刑事庭前会议制度探析》,载《中国刑事法杂志》2013年第3期。

者认为，对此进行争论的实践意义不大，没有必要将庭前会议处理对象的属性标签化，庭前会议作为一个舒缓庭审压力、明确诉争焦点的程序平台，其处理事项的对象应具有开放性，无论程序性事项，还是实体性事项，只要有利于制度设计目的的实现，都可放在这个平台上予以解决，这也是立法保留了"与审判相关的问题"这一概括性规定的原因所在。

4. 庭前会议的处理方式

庭前会议的处理方式是决定庭前会议是否具有实质意义的一项重要的因素。《新刑诉法》第182条第2款仅规定要"了解情况，听取意见"，但是对于如何处理却没有规定。一种解读认为，刑事诉讼法规定的就是"了解情况，听取意见"，除此之外，人民法院不能够再有其他的作为；而另一种意见则认为，法律并没有反对在庭前会议中就有关问题做出处理，审判人员具有相关事项的处理权。[①] 笔者认为，正如上文所述及，庭前会议之设置目的在于舒缓庭审压力、明确诉争焦点，若其仅发挥一个"了解情况，听取意见"的"事先通气会"功能，将所涉及的问题都推迟到庭审中去解决，则庭前会议之设置毫无必要。只有在庭前会议中尽可能多地解决争议事项才能够解决庭审的后顾之忧，将庭审真正高效、集中在实体争议之上，庭前会议制度的价值才能够得到切实体现，因此应进一步明确主持庭前会议的审判人员的处理权及其法律效力问题。

有人担心庭审程序会因此而被虚置，且庭前会议会使审判人员预先形成心证，由此而提出庭前会议的主持者应与庭审法官相分离的主张。[②] 实际上，这种担忧主要是混淆了庭前会议所要解决问题的实质，庭前会议中所解决的问题实际上就是一些准备性质的事项，拿到庭前会议程序中解决是符合其本身的特质的。而将庭审法官与庭前会议的主持者相分离的主张也不符合我国现实状况，我国当前各地法院几乎都面临"案多人少"的矛盾，一线审判力量捉襟见肘，在这种情况下将庭前会议主持者和庭审法官分离无疑将使原本不堪重负的司法资源雪上加霜。因此，笔者认为，现阶段由参加庭审的合议庭成员主持庭前会议尽管是一种不得已的做法，但却是目前最具操作性的一种选择，且其副作用也许并不会像想象中的那么大。

---

① 参见陈卫东、杜磊：《庭前会议制度的规范建构与制度适用：简评〈刑事诉讼法〉第182条第2款之规定》，载《浙江社会科学》2012年第11期。

② 新浪网：《庭前会议和庭审法官是否需要分离》，载 http://news.sina.com.cn，2013年6月18日访问。

二、庭前会议制度的实践反思

庭前会议制度运行已逾半年时间,其实践效果究竟如何?是否实现了立法意图?存在的主要问题有哪些?从推进制度建设的意义上讲,有必要进行盘点与反思。

根据实践反馈情况,目前我国多地法院都在努力适应这一制度,一些地方还专门出台了实施庭前会议制度的实施细则,有法官对其效果进行了乐观评价,"这一看似增加法官工作量的制度实际上起到了事半功倍的效果……传统庭审中遇到的管辖异议、人员回避、非法证据排除、证据突袭等,可能造成休庭、延期等情形。现在庭前会议中事先将这些程序性问题妥善解决了,原来可能为此耽误三五天甚至更长时间,现在在案件审理正式开庭前就全部解决了,效率大大提高,节约了司法资源,降低了诉讼成本,确保法官有更多时间和精力承办其他案件"。[①] 对于复杂案件,庭前会议也发挥了良好作用[②],这种积极效果令人欣慰,对此应当予以充分肯定,但我们也不能因此而回避问题。据笔者调研情况来看,庭前会议制度在实践运行中也暴露出以下几个方面的主要问题:

(一) 实践应用过少

司法实践中,除了一些法院因庭审直播或庭审观摩等特殊情况需要而审前了解证据听意见外,这一方式使用率极低,从而出现了考核指标不采纳、领导不提倡、法官不愿意、公诉人不积极、辩护人不主动的"五不"局面。据笔者对所在辖区及周边 10 余个法院的调研统计情况显示,其中仅有两个法院初步启用了庭前会议程序,适用案件数量占案件总量的比率不足 5%。这种"不会用"、"不愿用"局面的出现,固然有面对新制度的保守与观望,亦有"重实体、轻程序"的观念所限,但笔者认为,最重要的还是制度设计的粗疏,其可能起到的效果未得到充分展现,缺乏具体可操作性,由此而制约了其在实践中的适用,笔者在下文将专门论及此问题。

---

① 参见王邦习:《庭前会议:疏通刑事审判质效"肠梗阻"》,载 http://www.chinapeace.org.cn, 2013 年 6 月 18 日访问。

② 傅鉴等:《成都:涉众型合同诈骗案召开庭前会 庭审效果好》,载 http://www.jcrb.com, 2013 年 6 月 18 日访问。

（二）功能发挥有限

如上文所述，立法仅规定了审判人员在庭前会议中的"了解情况，听取意见"权，而没有规定对相关事项做出实质性决定的权力，诸如回避、管辖权异议、非法证据排除等问题，法官在什么情况下可以在庭前会议中决定对那一方面的问题予以确认和作出决定缺乏相应规定。在"多一事不如少一事"的心态支配下，在法官和司法辅助人员结构倒挂，法官承担较多事务性工作而无暇顾及"无关紧要"的庭前准备程序问题的情况下，庭前会议在实践中成了"过场会"，其所承载的保障迅速、集中审理的功能难以得到发挥。

（三）制度设计粗疏

新刑诉法仅对庭前会议作出了原则性规定，随后出台的"两高"解释尽管进一步予以明确，但其细化程度仍然不够，许多问题未得到明确，难以发挥实践指导作用。例如，庭前会议是依申请还是依职权启动？控辩双方在庭前会议中是否有辩论权和相应权利？适用的必要性如何把握和判断？庭前会议中达成合意事项的法律效力如何，是否可以在庭审中反悔？这些问题都未得到明确规定。

如果上述问题可视为瑕疵，那么对于非法证据排除程序规定的缺失则是关键缺损。

笔者认为，本次新刑诉法对于庭前会议制度规定的最大意义在于保障非法证据排除规则的实施，非法证据排除作为"案中案"、"诉中诉"的法律难题，唯有在正式庭审前将其解决才能保障庭审活动的顺利进行，而庭前会议无疑是解决这一难题的最佳装置。但遍寻立法及相关解释，尽管将非法证据排除问题纳入了庭前会议的范围，但如何去操作却得不到明示，从而使庭前会议制度黯然失色。当然，这种情况的出现与立法对于非法证据排除规则规定中的相关疏忽也有关系。《新刑诉法》第56条将非法证据的排除局限在庭审中，使涉嫌非法的证据生命力一直持续到在法庭最终裁决之时，任由非法证据影响着法官的思维，又必将带来程序操作的混乱，如此不能不说是本次立法中最大的遗憾之处。

（四）程序运行封闭

现行立法所规定的庭前会议是一种封闭性运作的方式，庭前会议的启动完全通过法官依职权召集并主持，自由裁量的空间较大，控辩双方及其他诉讼参与人无权主动提出庭前会议动议；在庭前会议阶段，法律未对各方参与人配置任何具有实际意义的程序性权利和义务，程序参与权缺失，缺乏必要的监督和保障。此外，对于是否会出现管辖权异议的申请以及对附带民事部分的合理引导等缺乏法律规定，也使其公正性受到了极大影响。

三、庭前会议制度的完善

"法律是一种不断完善的实践"，对于实践检视和反思的目的在于完善法律，继而更好地服务于实践。对庭前会议制度在实践中所暴露问题的解决是一个系统工程，它既有赖于制度的改良，更依靠于观念的更新。笔者认为，就现阶段而言，完善庭前会议制度的核心和关键在于细化运行程序，通过增强其可操作性来保障这一制度实施的生命力。具体可从以下几个方面予以完善：

（一）规范庭前会议的启动程序

为增强庭前会议的诉讼性特征，可将庭前会议的启动方式明确为申请启动和职权启动两种，即公诉人、当事人、被告人和辩护人、诉讼代理人均有提出召开庭前会议的权利，人民法院可以根据审判案件的实际需要，决定是否召集；另外，法官也可以根据案件的需要自行决定是否召开庭前会议，但要征求控辩双方的意见。

在启动步骤上，首先，法院应在决定开庭审理后即告知控辩双方在规定时间内提出召开庭前会议申请的权利，申请的事由包括证人出庭问题、回避问题、非法证据问题等需要庭审前予以解决的问题；其次，当事人、被告人和辩护人、诉讼代理人在接到权利告知书后限定时间内向法院提交召开庭前会议的申请，以防止辩护方利用该程序拖延诉讼。申请书的形式应采用书面形式，书写有困难的，可以口头告诉的方式，由法官或辩护人形成笔录。

（二）扩大庭前会议的适用范围

庭前会议的适用范围不宜过宽，但也不能限定过窄，除了现有立法之规定外，对于被告人或其辩护人对追诉机关采取的强制措施有异议的案件，被告人或其辩护人认为会见权、阅卷权等合法权益受侵犯而提出异议的案件，辩护人对证据资格问题提出异议的案件，公诉人认为辩护方可能掌握被告不在犯罪现场等无罪证据而拒绝庭前出示的案件也应当予以明确。此外，还需注意以下两种特殊情形：第一，对于被告人没有辩护人的案件，不能召开庭前会议。但法官认为有必要召开的，可以为被告人指定辩护人。第二，对于未成年人犯罪案件，是否召开庭前会议，应听取其法定代理人的意见；在庭前会议上，控辩双方只应就该证据的证明效力表示有无异议的意见，不能进行质证和辩论。

（三）限定庭前会议的处理事项

庭前会议的处理事项不宜规定过宽，否则会淡化制度适用的针对性，进而妨碍制度功能的发挥。从实践需求出发，除了立法规定的内容外，庭前会议应着重处理以下事项：

1. 非法证据的排除问题

如笔者在前文所论及，庭前会议设置的主要价值在于保障非法证据排除规则的顺畅运行，因此应将非法证据排除问题明确为庭前会议处理事项中的首要内容。作为一项涉及诸多矛盾的法律难题，非法证据的排除存有诸多困难，为了保证庭审的顺利进行和节约诉讼时间，诉辩双方及相关当事人在庭前会议中应对非法证据排除问题予以解决。如果能对非法证据的问题达成共识且形成笔录签名认可，庭审时则不再对此进行辩论和质证；反之，如达不成一致意见，则由书记员将各方的观点记录在案，法官在开庭时重复庭前会议中的各自的观点，提问各方是否坚持即可，从而可节省大量的时间。

2. 辩护权的保障问题

从近几年司法实践的情况来看，关于辩护人的辩护权是否得到了保障经常是庭审争论的焦点内容之一，因此应在庭前会议中对这个问题进行解决。对此可围绕以下方面展开：第一，辩护人是否提出被告人不在犯罪现场、未达到刑事责任年龄、属于依法不负刑事责任的精神病人意见及相关证据；第二，辩护人是否提出被告人具有自首、立功情节及相关证据；第三，辩护人是否提出观看同步录音录像的；第四，辩护人是否提出申请调取其他新的证据等。

3. 开庭时间的确定问题

新刑诉法及相关解释对于审判日期如何确定、确定审判日期时应考虑哪些因素、法院在确定审判日期时是否要听取公诉人和辩护人的意见没有明确规定。笔者认为，不应将确定审判日期单纯视为法官的职权行为，在确定审判日期时也需听取公诉人和辩护人的意见，比如辩护人是否提出要为被告人做精神病鉴定，或者申请重新、补充鉴定等要求推迟审判的要求，从而保证控辩双方有足够时间做好出庭准备，以保证审判质量。

（四）明确庭前会议的召开方式

庭前会议一般应采用控辩审三方均在场开会的方式，但在诸如辩护人不在当地、交通不便、不可抗力等特殊情况下也可以不必三方均在场，审判人员可采取电话听取意见同步录音并记入笔录的方式，也可由辩护人或公诉方以信件、电子邮件的方式提出意见。如果控辩双方无不可抗力或未经法院批准，故意不参加庭前会议的，可视为对对方抗辩意见的默认。庭前会议结束后，法官应将控辩双方意见、庭前会议所作内容等记录在案，由审判人员和书记员签名。在召开次数上，庭前会议应以有必要为限，既防止仓促了事而使庭前会议流于形式，也不能因多次召开而增加控辩双方不必要的负担。

此外，对于以采取开会的方式召开的庭前会议应事先公告，对于公开审理的案件可允许旁听，以形成社会监督；检察机关对于庭前会议过程合法性的监督权也应予以明确，以此来保证庭前会议的公正性和合法性。

（五）肯定庭前会议的法律效力

庭前会议程序当中确认过的事项，其效力如何？如回避事项、证人名单的确认、非法证据排除等事项在庭前会议程序当中已经处理且经双方确认后能否反悔并提出异议？笔者认为，在充分保障控辩双方诉讼权利行使的前提下召开的庭前会议，其目的在于厘清争论焦点，舒缓庭审压力，提升庭审效力，若不肯定庭前会议处理事项的法律效力，任由庭审中继续纠缠庭前会议中已达成合意解决过的事项，那么庭前会议的设置毫无意义。因此，庭前会议中达成合意后，经控辩双方签字认可的笔录即产生法律效力，如无诸如程序违法、发现新证据等法定例外情形外，可直接作为裁判依据使用，以此来实质化庭前会议的功能。

这样做看似侵袭了庭审的功能，实则舒缓了庭审的压力、保证了案件审理的质量，同时提升了控、辩、审三方的责任心：公诉人必须要调整思路，对庭前会议程序中需要解决的问题加以更加充分的准备，经得起辩方的推敲和质疑；辩护人也会更加珍惜这次为当事人进行程序性辩护的绝佳机会，有效保障其辩护权的充分实施，这使得律师的收费方式也随之发生了变化[①]；

---

① 张兵：《"审前辩护"催生中国律师收费改革》，载《中国经济周刊》2013年第19期。

同时，审判人员也会改变固有理念，不会再对辩方关于证人证言不实的辩解视而不见，不能只在庭审时由公诉人将证人书面证言一念了之，而会以更加审慎的态度对待控辩双方提出的合理诉求，庭前会议的功能将由此而进一步实质化。

公诉环节刑事和解的困境及出路

苏祖川[*]

修订后的刑事诉讼法在特别程序中设置专门章节规定了当事人和解的公诉案件诉讼程序,在法律上明确了刑事案件和解的地位,对和解案件的范围、适用条件等作了具体规定。但三个条文规定仍显单薄,仍然未能完全回应我国法律框架和社会条件下检察机关在公诉环节进行刑事和解所面临的困境,需要进一步研究。

一、刑事和解的价值困境

刑事和解是以被害人—犯罪人关系为中心建立起来的新型"合作性司法模式"[①],因此与传统司法的价值追求上存在冲突。有学者将刑事和解在价值上存在的困境表述为"后法治时代与前法治时代的冲突、个人和谐与

---

[*] 苏祖川,重庆市渝中区人民检察院检察员。
[①] 兰耀军:《被害人视野中的刑事和解——一种基于实证的分析》,载陈兴良主编:《刑事法评论》(第二十二卷),北京大学出版社 2008 年版。

社会和谐的悖论、刑事契约化与刚性化之辩"①。我们认为，可以从如下几方面概括刑事和解面临的价值困境。

（一）国家本位与个人主义的冲突

目前我国的刑事追诉制度的价值追求还是基于国家本位，这是由我国的现实治安状况、司法机关的侦查能力等客观因素决定的。而刑事和解制度强调当事人通过自主选择、自主意志来实现自己的合法权利，更多的是站在个人主义的立场来考虑问题，这是经济和社会发展代带来的公民权利意识的提高所导致的。两者都是我国现阶段条件下的客观产物，但两者在价值追求上又存在冲突，在刑事和解这一领域，两者在价值上必然会产生激烈的碰撞。

（二）国家独占公诉权观念与被害人自主意志的冲突

现代公诉制度的前提就是国家独占公诉权，国家将大多数犯罪界定为个人对公共秩序的挑战，并将大多数犯罪的公诉权由国家垄断。而刑事和解制度则受到当事人的直接影响，由于当事人（犯罪嫌疑人和被害人）的选择直接决定了案件的处理走向，公诉权的实现不再完全基于代表国家行使公诉权的检察机关的判断，而在很大程度上基于当事人的判断，这就给传统的国家独占公诉权观点带来了冲击。

（三）公共秩序与被害人权利的冲突

犯罪既违反了国家法律规范，因此破坏了正常的法律公共秩序，同时也侵害了被害人的合法权利。为了维护公共秩序，需要处罚犯罪，但刑事和解则将被害人的权利放在了比传统更高的地位上。公共秩序与被害人权利的保护，如何平衡，也是刑事和解在价值选择上的困境之一。

二、刑事和解的制度性困境

从公诉环节来看，刑事和解其制度定位、制度建构和制度具体设计上都存在困扰。

---

① 齐小玉：《刑事和解的现状、困境与出路》，载《华商》2008年第6期。

（一）刑事和解在制度定位上是否具有司法属性，导致检察机关在刑事和解中的地位不明

理论界一般都是从恢复性司法的角度来理解刑事和解的制度性渊源。西方的恢复性司法并非一种"司法制度"，而是在在社区的主持和调解下，通过犯罪人与被害人的协商，恢复被犯罪侵害的社会关系。① 从西方恢复性司法的制度地位上来看，恢复性司法恰恰不是一种司法制度，而是一种弱化司法的"非司法制度"。因此，在恢复性司法的制度设计中，恰恰排除了司法机关（包括检察机关）的参与，主持恢复性司法的主体是社区。

我国目前公诉环节采用的刑事和解制度，被学者理解为"以正规刑事诉讼环节为依托，并由司法机关践行的一种司法制度或案件处理方式的改革"。② 显然属于司法制度的范畴，这就要求检察机关将刑事和解作为司法制度下的办案处理方法，修改后的《刑事诉讼法》第278条规定："双方当事人和解的，公安机关、人民检察院、人民法院应当听取当事人和其他有关人员的意见，对和解的自愿性、合法性进行审查，并主持制作和解协议书。"从条文来看，检察机关以司法机关的角色定位进入刑事和解，并履行一定的审查职责，不可避免地凸显司法强制力。这一制度定位与恢复性司法的制度定位是矛盾的。检察机关作为司法机关一旦进入，那么与社区的非司法、非强制的角色就存在冲突，不能明确的是检察机关应当作为社区的辅助角色，还是独立的调解的机构。而检察机关作为独立的调解机构，又与其司法属性存在冲突。

（二）刑事和解制度与现行的考核制度存在冲突

众所周知，现有的衡量司法机关工作业绩的重要指标就是上级对下级的各类考核指标。就公诉环节来看，刑事和解并未进入公诉部门的考核内容；相反，刑事和解与一般案件相比，程序复杂，需要耗费较多精力。因此，刑事和解反而有可能影响到公诉部门其他考核指标的完成。更重要的是，公安机关在刑事侦查考核中一直将打击人数作为最重要的指标，通过刑事和解而产生的不起诉人数、撤销案件人数都不能计入公安机关的打击人数，也就不

---

① 黄伟明：《恢复性司法的理念及其运作》，载《辽宁公安司法管理干部学院学报》2007年第3期。

② 杨晓静：《我国刑事和解的现实困扰和进路分析》，载《中国刑事法杂志》2008年第9期。

能计为考核目标。因而公安机关对刑事和解有着天然的抵触情绪。在我国的三机关"分工负责、互相配合、互相制约"的制度设计下，缺乏公安机关支持，在公诉环节由检察机关单独实施刑事和解，具有先天的制度性缺失。

（三）刑事和解制度没有规范严格的程序性规定，随意性大

"由于对刑事和解的内涵理解不一，缺少完整的法律依据，检察机关在刑事和解程序适用上存在问题。"① 主要的问题表现在，启动条件不健全，和解的启动依赖办案人员或主管领导的主观判断。调解的程序不完善，调解的形式、调解协议的地位、调解中检察机关的地位和作用，办案人员的介入程度无规定。

三、刑事和解的操作性困境

由于刑事和解在现阶段，还只是一种司法改革的探索，因此在操作中不可避免地出现了问题。

（一）公诉环节检察机关可以适用的手段单一

从现行法律规定和实务操作上来看，检察机关在公诉环节中仅能采取的手段就是在调解的基础上，不起诉或者商请公安机关撤销案件，或者向人民法院提出从宽处理的建议。其一，不起诉的程序复杂，且需通过检委会，在实际操作中，可能出现双方已达成调解协议，但不起诉决定不能获得检委会通过的尴尬局面。其二，商请公安机关撤销案件需要公安机关的认可，如前所述，如公安机关基于自身利益不认同，则和解协议无法实施。其三，由于和解程序复杂，在嫌疑人被羁押的情况下，反而可能增加犯罪嫌疑人的被羁押时间，或者司法机关为了避免羁押超期，而放弃采取和解，直接起诉。

（二）缺乏对刑事和解后续工作的跟踪机制②

从理论上说，完整的刑事和解除了对案件作出处理，还应当包括对刑事和解后续工作的处理，也就是和解完成后，对嫌疑人和被害人的治理和保护，以及一系列相关制度的落实。就现实而言，检察机关在公诉环节一

---

① 孙文红：《检察机关适用刑事和解的程序问题研究》，载《人民检察》2008年第3期。
② 刘林玲：《刑事和解后续工作之浅谈》，载《河南公安高等专科学校学报》2008年第4期。

且完成了刑事和解，便意味着刑事和解的结束。事实上，在案件中，可能出现犯罪嫌疑人时候骚扰被害人等情况，但检察机关对此类情况并无跟踪与处理。一是因为现有法律没有对后续工作的规定，检察机关既无职责也无权力进行处理。二是因为检察机关的人员与经费限制，无法进行后续工作的处理。

（三）公诉环节的刑事和解，过多依赖经济赔偿，导致检察机关工作开展的困难

就我院已经办结的刑事和解案例来看，凡是成功的案例，都是嫌疑人一方进行了较好的经济赔付。而未能调解成功达成和解的案例，都是因为嫌疑人一方在经济赔偿上没有能满足被害方的要求。这就导致了刑事和解的基础单一，而悔罪态度、犯罪情节、嫌疑人的经济情况都无法在刑事和解中得以体现。检察机关开展刑事和解工作，往往只能依赖嫌疑人的经济地位。

四、刑事和解的可能性解决进路

检察机关在公诉环节适用刑事和解所面临的困境，既有理论上的困境，又有制度上的不完善带来的问题，要更好适用刑事和解，可能的解决进路如下。

（一）在坚持法治本土资源观点的基础上，肯定刑事和解的司法属性，并以此确定检察机关在公诉环节中刑事和解中的主体地位

刑事和解在制度上与恢复性司法有渊源，但并非恢复性司法的翻版。且我国传统的调解机制等也构成了刑事和解的法治本土资源。因此，从法治本土资源的观点出发，将刑事和解置于司法工作之下，更为符合我国实际。首先，我国司法机关并非单纯的办案机关，现代司法工作也并非单纯的"规则之治"，也含有"解决纠纷"的功能，在我国，解决纠纷是司法工作的主要方面。[①] 刑事和解完全可以与我国的司法制度设计结合。其次，恢复性司法要求社区成为和解主持的主体，在我国的现实情况下，社区在人力、财力上还无法与西方成熟的社区制度相比，如果说司法机关都没有足够资源，那

---

① 苏力：《送法下乡》，中国政法大学出版社2000年版，第158页。

么现实的社区的资源就更少。最后，就我国目前的法治水平和人民遵守法律的习惯来看，缺乏司法机关的介入，无法充分保证被害人的合法权利。修订后的刑事诉讼法在肯定司法属性上已经走出了第一步，但还应当在理论上给予明确。

（二）在完善严格监督机制下，扩大检察官对刑事和解的自由裁量权

刑事和解的提出就是为了减少案件进入法庭，刑事和解的制度设计应当在保障国家法制统一和被害人权利的基础上，尽量扩大刑事和解的适用。要想合理合法地扩大其适用，就需要检察官对刑事和解适用范围的自主裁量。法律案件是人的先前经验所无法穷尽的，面对真实多变的法律事件，规定严格的适用范围并不能完全满足刑事和解的需要。因此，应当赋予检察官在适用刑事和解上较大的自由裁量权。

但为了防止检察官自由裁量权过大的弊端，必须设立严格的监督机制，将刑事和解的整个程序置于严厉的监督之下。

（三）规范严格的程序，特别是刑事和解中检察机关解决方法的多样性问题

就整个刑事和解来看，从案件进入公诉环节后，案件受理、和解的提出、调解的启动、调解的方式、调解后的处理、和解的后续工作均应当有一整套完善的程序。目前制约环节特别表现在检察机关解决方法的单一上，我们考虑有两种可以值得进一步研究的解决方式。一是检察机关的暂缓起诉权，也就是在和解协议未能完全履行的情况下，检察机关对犯罪嫌疑人暂缓起诉，其一，可以在此期间考察犯罪嫌疑人的态度及表现；其二，可以给予犯罪嫌疑人一个筹措经费的机会。二是与刑法中的社区服务相衔接，犯罪嫌疑人可以在社区内以社区公益服务的形式来换取国家代其支付一部分赔偿金额。这两项制度都可以在一定程度上缓解被害人因经济困难无法达成协议的情况，增加检察机关开展刑事和解工作的主动性。

（四）合理协调平衡刑事和解与现有考核制度的关系

现行考核制度明显妨碍了刑事和解的适用，对双方的矛盾应合理协调。办案部门应当通过调研等方法，反映出现有考核制度对刑事和解的阻碍作用，争取将刑事和解纳入考核指标或者最终取消考核。在考核指标未能改变

的情况下,在刑事和解与考核指标存在矛盾情况下,应当将合理合法的刑事和解放在考核之上。考核毕竟只是对司法工作的一种反映,司法工作的最终衡量标准是公平正义而非人为制定的考核指标。

刑法适用问题研究

危险驾驶罪量刑均衡实证研究

——以50起危险驾驶案件为样本

周含玉[*] 冯骁聪[**]

一、研究思路的设定

自《刑法修正案（八）》增设危险驾驶罪以来，在较短的时间内，该罪呈现出了较高的发案率。据我国 C 市某基层人民法院统计，该院在一年时间内共受理危险驾驶犯罪案件 145 件，占刑事收案总数的 4.32%。[①] 如果说刑法增设危险驾驶罪的初衷是为了有效遏制醉驾等行为以保障民生，那么危险驾驶罪的量刑均衡问题则直接关系到危险驾驶行为的刑法规制效果。

从语义上看，均衡即是指"平衡",[②] 引申为不偏不倚，以同一标准对待事物。然而量刑均衡的实现已经成为一个备受关注的世界性难题，因为

---

[*] 周含玉，重庆市九龙坡区人民检察院干警，法学硕士。
[**] 冯骁聪，西南政法大学刑法学在读博士。
[①] 蒋兴平、代文芳、董瑞：《危险驾驶罪调研报告》，载 http://cqfy.chinacourt.org/public/detail.php?id=79933。
[②] 参见《现代汉语词典》，商务印书馆 2005 年版，第 751 页。

"均衡归根结底要表现为一种心理的感受性,或者说是人们对现实事物的一种公平感和正义感,即相似的情形是否被同等对待了,不同的情形是否受到区别对待"①。而不同时期、不同地域的不同的人对于刑罚的心理感受存在差异。因而量刑欲达致绝对的均衡近乎是理论上的空想,"量刑只能做到相对的、动态的、过程性的均衡,而且这一过程将永无止境"②。量刑均衡,首先是指作为量刑结果的宣告刑与犯罪之间在质、量、度上实现相对的均衡,③ 它要求裁判法官系统、全面地提取和评价案件的所有的量刑情节,并使相应的量刑情节发挥合理的作用。其次量刑均衡还意味着具有大致相同情节的案件之间的在量刑结果上的均衡,要求具有相同或近似的量刑情节的案件之间的量刑应保持一定的平衡关系,不能有较大的悬殊。事实上,量刑均衡的这两个方面含义是内在统一的:只有个案实现了罪刑均衡,才能保证"相同"的案件能够得到大体均等的判决;而"同案不同判"的现象又是由于具体个案裁判者未全面、系统、合理提取和评价相应的量刑情节即个案的罪刑失衡所造成的。

由此可见,量刑均衡的实现过程实质上就是裁判者在案件审理的过程中全面、系统、合理地提取和评价具体案件的所有量刑情节的过程。为了直观地展现和还原这一过程,我们从中国法院网的案例库中随机抽取了50例已经宣判的危险驾驶罪案件④,通过对样本中量刑情节适用情况进行实证分析,以期发现影响危险驾驶罪量刑均衡的主要障碍并据此提出完善的对策。需要说明的是,本研究的进行,需要建立在以下假设的基础之上:第一,假设中国法院网在上传案例时没有经过人为地刻意筛选,从而保证本研究所抽取的案例具有随机性,保证研究结果不具有某种倾向性;第二,假设本文所抽取的50例案件在审判过程中程序合法,据以定案的犯罪事实清楚,证据确实充分,排除了影响案件公正的人为因素。

---

① 刘军:《量刑如何实现均衡——以量刑规范性文件为分析样本》,载《法学》2011年第8期。
② 刘军:《量刑如何实现均衡——以量刑规范性文件为分析样本》,载《法学》2011年第8期。
③ 参见刘守芬:《罪刑均衡论》,北京大学出版社2004年版,第46~54页。
④ 需要说明的是,本研究选取的50例样本全部为在道路上醉酒驾驶机动车构成的危险驾驶罪,因此本研究所指危险驾驶罪特指在道路上醉酒驾驶机动车构成的危险驾驶罪,下同。

二、危险驾驶罪量刑情节适用的实证分析

量刑情节是指法律直接规定或授权审判机关决定的,量刑时应当考虑的决定量刑轻重或者免予刑罚处罚所依据的各种主客观事实[①],是作为量刑结果的宣告刑形成的唯一事实根据。在具体案件事实错综复杂,其量刑情节也各不相同,在某种意义上,具有完全相同的量刑情节的案件是不存在的。但就量刑情节所反映的内容来看,主要包括犯罪行为的社会危害性和犯罪人的人身危险性两个方面。罪刑均衡也就是作为判决结果的宣告刑与社会危害性与人身危险性在质和量上相适应。通过对样本的分析,我们发现研究样本中危险驾驶罪的量刑情节主要集中在行为人的血液酒精含量、案件发生的时间地点、驾驶的车型、人身财产损失、违章事实、认罪态度、事后赔偿损失及取得被害人谅解、前科劣迹、自首与坦白9类,其中前5类是反映行为的社会危害性的量刑情节,第6类是既反映社会危害性又反映人身危险性的量刑情节,后3类是反映行为人人身危险性的量刑情节。危险驾驶罪宣告刑的形成事实上就取决于上述的量刑情节,它们构成了危险驾驶罪的主要量刑情节。

(一) 研究样本中主要量刑情节的分布情况的实证分析

1. 行为人的血液酒精含量

根据《车辆驾驶人员血液、呼气酒精含量阈值与检验》,行为人的血液酒精含量达到80mg/100ml以上才能构成醉酒驾车,可见血液酒精含量首先发挥着定罪情节的功能,只有当它达到规定的指标才有可能成立本罪。同时,法医学研究成果表明,血液酒精的含量与行为人的注意能力成负相关关系而与事故的发生率成正相关关系(见表1),而由于本罪是抽象危险犯,不需要造成的危害结果即告犯罪成立,由此决定了同样是"醉驾"行为,随着血液酒精含量的递增,行为的社会危害性也不断增加,因而它又发挥着量刑情节的作用。同时,为了避免定罪情节与量刑情节之间的重复评价,作为量刑情节的血液酒精含量应是由超过80mg/100ml的那一部分数值来充当。

根据图1,大部分样本中的行为人的血液酒精含量位于80~150mg/

---

① 石经海:《量刑个别化原理》,法律出版社2010年版,第184页。

100ml 和 150～250mg/100ml 这两个区间内，共 39 例，占到了总样本数的 78%；超过 250mg/100ml 的 11 例，占样本总数的 22%。结合表 1 可以得出结论：78% 的样本具有发生事故的高度盖然性，22% 的样本具有发生事故的必然性①。

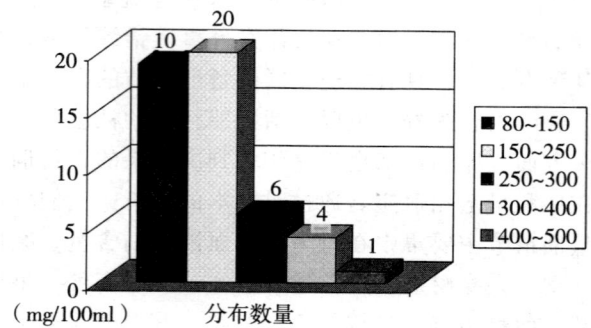

图 1　样本案件中犯罪人血液酒精浓度分布

表 1　血液酒精含量与事故发生概率②

血液酒精浓度 （mg/100ml）	行为人的反应	事故发生概率
50	面红，飘然感	有可能
50～150	话多，激进、 自我评论、吵闹	增加
150～250	动作不协调、意识 混乱、舌重口吃	很容易
250～300	眼发亮，开始进入昏迷	
300～400	昏迷、呼吸有 鼾声、体温下降	一定
400～500	麻醉，深度昏迷、死亡	

2. 案件发生的时间地点以及车型

案件发生的时间地点以及车型都反映了案件中行为的社会危害性，从而

---

① 这一结论与后文对所有样本中人身财产损失比例的分析相映证。
② 参见王保捷主编：《法医学》，人民卫生出版社 1987 年版，第 151 页。

影响宣告刑的形成。根据图2,夜晚发生的案件占到了最大比例(42%),其次为下午(30%),这可以从我国居民习惯在中餐与晚餐时饮酒的酒文化得到解释。根据图3,58%的案件都发生在城市的道路上,这可以从城市的人口密度以及较为严格的交通执法得到解释。根据图4,占到最大比例的涉案车型为摩托车(56%),高出了小型汽车(38%)18个百分点,这一现象在一定程度上说明摩托车驾驶员安全意识的相对缺乏和公安交警部门的监管不力。

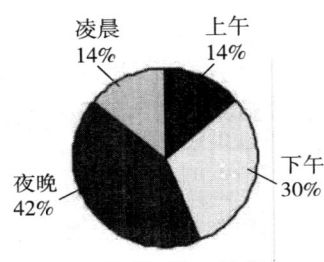

图2 案件发生的时间

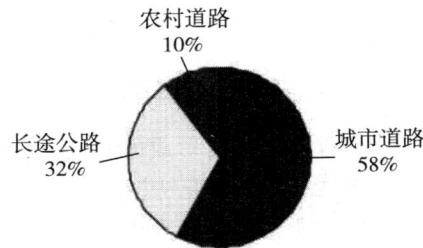

图3 案件发生的地点

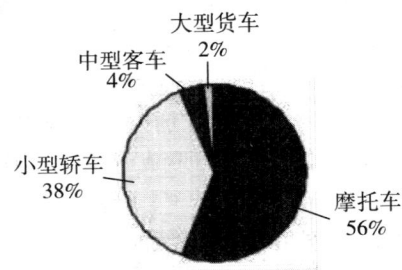

图4 涉案的车型

3. 人身财产损害与被告人积极赔偿、取得谅解

在所有的50起案件中,19例造成人身财产损失,占样本总数的38%,这

与本罪的查获途径的特殊性有关，一旦因为醉酒驾驶造成人身财产损失，交警部门往往会介入处理，在调查事故原因时发现醉驾行为。其中 17 例被告人对损失进行了赔偿，并取得了被害人的谅解，占有损失案件的 89.47%。

4. 违章事实

在所有的 50 起案件中，13 例为无牌无证驾驶，占样本总数的 26%。值得引起注意的是，有违章事实的样本中，车型都为摩托车，违章事实都体现为无牌无证驾驶，这再次印证了公安机关对摩托车的监管不力。

5. 前科劣迹

在所有的 50 起案件中，4 例存在前科劣迹，占样本总数 8%。这说明前科与本罪的发生并无必然的联系，这与本罪系非预谋犯罪，无显著犯罪动机有关。

6. 认罪悔罪与自首坦白

在所有的 50 起案件中，41 例存在着认罪悔罪的情节，占样本总数的 82%，3 例存在自首的情节，占样本总数的 6%，22 例存在坦白情节，占样本总数的 44%。这足以表明本罪的行为人人身危险性较小，在认识到自己的行为将构成犯罪之后，大多数都会流露出悔恨的情绪，并积极认罪悔罪。

（二）研究样本中主要量刑情节对宣告刑影响的实证分析

为了探求显著量刑情节对于宣告刑形成的影响，本研究采用了形式逻辑学上的"共变法"作为分析工具。"共变法"的基本原理是："如果每当某一现象发生一定变化时，另一现象也随之发生一定变化，那么这两个现象之间有因果联系。"① 正确运用"共变法"还有一个基本前提：除了研究的特定对象发生变化之外，其他对象应保持相对恒定。因而，本研究从所有样本中选取了若干对具有如下特征的样本：除了需要考察的有关量刑情节存在轻重差异之外，其他情节都非常近似，其差异可以忽略不计。通过运用"共变法"对这些样本进行分析，一旦宣告刑随着考察的量刑情节的变化而变化，即可以肯定该量刑情节对宣告刑的形成产生了影响，进而确定产生了何种程度的影响。

1. 反映社会危害性的量刑情节对宣告刑的影响

社会危害性不仅是特定行为构成犯罪必须具备的特征，也是报应刑根据，裁判者在确定宣告刑时必须提取和评价反映社会危害性的量刑情节，从

---

① 金岳霖主编：《形式逻辑》，人民出版社 1979 年版，第 236 页。

而正确地确定宣告刑。

行为人的酒精含量无疑是反映危险驾驶行为社会危害性程度的重要情节，与行为的社会危害性呈正相关。本研究选取了两对样本进行分析，第一，对样本为同一法院同案审理的危险驾驶案，两被告人均属醉酒驾驶摩托车，两车在行驶过程中发生碰撞，二被告均存在无牌无证的违章驾车行为、造成损害后果、自首、认罪态度好的情节。但二被告人在行为时的血液酒精含量存在明显差异，陈某L的含量为181.68mg/100ml，茅某Z的含量为80.12 mg/100ml。结合前述表1，两被告人的血液酒精含量横跨了两个区间。可以观察到二者的宣告刑存在明显差异：陈某L为宣告刑为拘役一个月，罚金2000元，茅某Z的则被宣告免予刑事处罚。第二，对样本同样是同一人民法院审理的其他量刑情节大致相同两起危险驾驶案，被告人的血液酒精含量位于表1中的同一区间内，二者的宣告刑完全一致。因此，可以得出结论，当行为人的血液酒精含量位于不同的表1的不同区间时，会对其宣告刑产生影响。

行为人造成的人身财产损害是醉驾行为社会危害性程度的直观表现。我们同样选取了两对样本进行分析：其中两个样本不存在任何损失，两外两个样本存在损失并且被告人存在着积极赔偿和取得被害人谅解的情节，但损失程度有所区别，其一为一般追尾财产损失轻微，其一为肇事车辆撞上另一轿车并造成一名行人轻微伤。通过对上述样本的分析可以发现：虽然人身财产损失反映的危险驾驶行为的社会危害性，但一般的财产损失对本罪的宣告刑的形成无显著影响，只有财产损失较为严重或者造成被害人轻微时，对宣告刑才形成影响。在其他情节大致相同的情况下，造成严重财产损失和被害人轻微伤的样本较之未造成损失的样本的拘役刑重4个月的刑期，罚金刑重3000元；而一般财产损失的样本较之未造成损失的样本其宣告刑一致。造成这种现象的原因可以归结于大部分被告人都积极赔偿损失，从而减轻了行为造成损失的社会危害性。

对于案件发生的时间、地点、涉案的车型、交通违章事实而言，通过若干对样本的比对，无法观察到案件发生的时间、地点以及交通违章事实对于宣告刑有任何影响，涉案车型仅在个别样本中对宣告刑的形成造成了影响。

2. 反映人身危险性的量刑情节对宣告刑的影响

罪刑均衡不仅要求刑罚与行为的社会危害性相称，同时要求刑罚与行为人的人身危险性相称，裁判者在量刑时只有正确提取和评价反映人身危险性的情节，才能最终实现罪刑均衡。

对于前科劣迹而言，在所有的样本中，有4例存在前科劣迹的情节，宣告刑较之具有相同情节的样本普遍拘役刑高出1个月或者罚金刑高出1000元，影响较为明显。由于危险驾驶罪自由刑的法定刑仅为拘役，排除了成立累犯的可能性，前科劣迹这一酌定情节就成了表明行为人人身危险性较重的事实根据。对于悔罪情节而言，由于82%的样本存在着该情节，① 根据现有的样本难以观察到悔罪情节对于本罪宣告刑有显著的影响，没有认定悔罪情节但量刑理由表述详细的样本与认定了该情节的样本，在其他情节大致相同的情况下，宣告刑基本一致。此外，在所有样本中，有1例样本的判决书认定了发生事故后逃逸的情节，较之相同情节的样本，其作为宣告刑的拘役刑高出了一个月，而该情节反映了行为人更重的人身危险性，可见事故后逃逸同样影响到了宣告刑的形成。

综合以上实证分析可以发现，对危险驾驶罪宣告刑形成有显著影响的量刑情节包括行为人的血液酒精含量、人身财产损失、前科劣迹以及事故后逃逸，其他情节虽然在理论上反映了行为的社会危害性和行为人的人身危险性，但在裁判者量刑过程中未构成对宣告刑形成的显著影响。

三、影响危险驾驶罪量刑均衡的主要障碍

危险驾驶行为入罪一年多来，量刑失衡问题已逐渐成为危险驾驶罪制约审判活动取得法律效果与社会效果的主要障碍之一：不同地区之间对于量刑情节近似的这类案件的量刑结果相差悬殊，不仅难以得到当事人的信服，更难以取得社会公众的认同。通过前述样本的分析，可以发现危险驾驶罪的量刑失衡现象主要表现在以下几个方面：

（一）量刑情节未得到全面的提取

对危险驾驶案件进行量刑的过程中，需要全面提取反映行为社会危害性的事实和反映行为人人身危险性的事实，从而使宣告刑与具体案件的情况相适应，从而为实现个案的罪刑均衡和案件之间的"同案同判"提供了基础。通过对样本的观察，19例存在损失的案件的拘役刑平均较未造成损失的案件重1个月左右的刑期，并且在造成严重财产损失或者人员轻伤的结果时对

---

① 由于少数样本判决书量刑理由表述不详细，无法判断该样本中是否存在悔罪情节，实际上，具有悔罪情节样本的比例可能会更高。

宣告刑的形成有显著的影响；血液酒精含量和前科劣迹对宣告刑的形成也呈现出显著的正相关性。然而，在所有的样本中，只有1例提取了涉案车型是小型轿车这一情节，从而使得该案的宣告刑重于其他情节类似但涉案车型是摩托车的对照样本；在所有的样本中，案件发生的时间、地点、交通违章事实这三类情节始终未得到体现并对宣告刑的形成产生显著影响。这表明裁判者在量刑活动中未全面提取所有的量刑情节，尤其是四种反映社会危害性的量刑情节未得到充分提取，从而使个案未能充分实现罪刑均衡。

（二）大致相同的量刑情节对宣告刑的形成未能起到等同的作用

量刑情节因反映了行为的社会危害性和行为人的人身危险性而在本质上是宣告刑形成的事实根据。宣告刑的形成不仅在性质上应与量刑情节所反映的事实相契合，即宣告刑在以法定刑的基础对所有量刑情节进行评价所形成的；而且宣告刑在数量上也应与应与量刑情节所反映的事实相适应，即宣告刑的具体数量与量刑情节所反映的社会危害性与人身危险性的大小呈现出合理化的比例。由此不仅实现个案的罪刑均衡，并且实现案件与案件之间的"同案同判"。然而，样本所反映出来的现象却是：在一些对危险驾驶罪的判决中，大致相同的量刑情节对宣告刑的形成未能起到等同的作用。例如在某两个样本中，都具有悔罪坦白的从轻情节，样本A造成了财产损失（事后积极退赔），样本B则不存在损失。尽管样本A存在着财产损失这一反映社会危害性较大的情节，但二者自由刑的宣告刑却存在着趋于一致。这说明上述两个样本中有关量刑情节对宣告刑的形成未能起到相同的作用。

（三）缓刑和定罪免刑的适用缺乏具体标准

在所有的样本中，有9例适用了缓刑，占样本总数的18%，1例宣告定罪免刑，占样本总数的2%，缓刑率和定罪免刑的比率都相对偏低。就缓刑的适用而言，有悔罪表现、没有再犯罪的危险、宣告缓刑对所居住社区没有重大不良影响这三个条件可以通过有关事实得到明确的认定，问题在于，在危险驾驶罪中，犯罪情节较轻这一条件的认定标准比较模糊。在适用的缓刑的9例样本中，有6例血液酒精含量超过了150mg/100ml，占66.67%；有4例造成了不同程度的人身财产损失，占44.44%；有5例为小型车，占55.56%；其余为摩托车，占44.54%。然而与在上述情节相似的样本中，即使某些样本与上述样本一样具备了取得被害人谅解、初犯、无前科、积极认罪悔罪等情节却没有适用缓刑。这说明由于危险驾驶罪适用缓刑的标准模糊，导致缓刑的适用随意性大。在仅有的 1 例宣告了定罪免刑的样本非常具有典型意义，因为该样本与另一样本系同时犯，法院宣告定罪免刑的理由在于自首情节且犯罪情节较轻（因为血液含量接近最低标准）。可见该样本中将酒精含量较低认定为了犯罪情节较轻，根据《刑法》第 67 条的规定作出裁判。但《刑法》第 37 条所规定的"犯罪情节轻微"在危险驾驶罪中的具体标准是什么并不明确，导致法院倾向于不宣告定罪免刑。

四、危险驾驶罪量刑均衡实现路径的设计

样本分析反映出来的危险驾驶罪量刑失衡的诸种表现的背后的深层原因是目前法院对于危险驾驶罪的量刑基本采取的是"估堆"的方法，缺乏规范化的手段及操作流程。因而，危险驾驶罪的量刑规范化是实现本罪量刑均衡的必由之路。所谓量刑规范化就是指"在遵循量刑规律的前提下，通过设置和适用完备的程序制度，使量刑生产出公正有效及符合刑罚目的的量刑判决"①。量刑规范化的目的就是实现量刑的均衡，而量刑规范化的实现则必须以完备的程序制度作为前提。具体而言，量刑规范化的运作基础应包括完备的量刑程序及量刑标准，前者属于程序规范的范畴，后者属于实体规范的范畴。在我国，前者体现在最高人民法院等五机关制定的《关于规范量刑程序若干问题的意见（试行）》，后者则体现为最高人民法院制定的《人民法院量刑指导意见（试行）》（以下简称《指导意见》）。《指导意见》首先对量刑的指导原则、量刑的基本方法、常见量刑情节的适用都作出了明确的规定。《指导意见》规定的量刑的指导原则、基本方法等内容必须与具体的量刑标准结合才能发挥作用，否则上述规定也就成为了抽象空洞的规范。但由于《指导意见》具有试行的性质，仅规定了 15 类具体犯罪的量刑标准，未能将危险驾驶罪包含在内。因此，实现危险驾驶罪的量刑规范化首先就是要解决危险驾驶罪的量刑标准问题。在对样本进行实证分析的基础上，本研究拟提出危险驾驶罪量刑标准的规定建议。

根据最高人民法院的《指导意见》，规范化的量刑过程应包含如下三个操作步骤：首先，根据基本犯罪构成事实在相应的法定刑幅度内确定量刑起点；其次，根据其他影响犯罪构成的事实在量刑起点的基础上增加刑罚量确定基准刑；最后，根据量刑情节调节基准刑，确定宣告刑。设计危险驾驶罪

---

① 李永升主编：《刑法总论》，法律出版社 2011 年版，第 238 页。

的量刑标准，就是要确定该罪的量刑起点、基准刑应如何确定，以及如何根据有关量刑情节调节基准刑确定宣告刑。

量刑起点大致相当于理论界提出的量刑基准，即按"刑法分则构成规定，对已确定适用一定幅度法定刑的个罪，在排除各种轻重情节的情况下，依其一般既遂状态的基本事实而应判定的刑罚"[①]。具体而言，量刑起点是根据实证和经验在具体法定刑幅度内确定的、用作确定基准刑的参考标准[②]。量刑起点确定的事实根据是"基本犯罪构成事实"，根据对"指导意见"规定的量刑步骤进行系统把握，"基本犯罪构成事实"是指根据刑法规定构成某一犯罪既遂形态的基本犯所需要的情节。根据《刑法》第133条之一的规定，道路上醉酒驾驶机动车即可构成危险驾驶罪。因此血液酒精含量、涉案车型、案发时间地点属于危险驾驶罪的"基本犯罪构成事实"。同时上述情节中血液酒精含量对量刑结果的影响最为显著，因此可将血液酒精含量作为确定量刑起点的基本根据：血液酒精含量达到醉驾的标准并且小于或等于150mg/100ml的可以在1~2个月的拘役刑内确定量刑起点；血液酒精含量超过150mg/100ml且小于或等于250mg/100ml的可以在2~3个月的拘役刑内确定量刑起点；血液酒精含量超过250mg/100ml可以在3~4个月的拘役刑内确定量刑起点。在上述幅度内，根据涉案车型、案发时间地点确定最终的量刑起点。

基准刑可以界定为法官在量刑活动中，遵循量刑规则，根据量刑情节，在具体法定刑幅度内对量刑起点增加刑罚量所形成的具有基准性质的刑罚量。在规范化量刑的操作步骤中，基准刑的确定具有承上启下的作用：它不仅是量刑起点与案件事实进一步结合的产物，更为作为量刑结果的宣告刑的确定提供了数量基础。根据《指导意见》，确定基准刑的事实根据是"其他影响犯罪构成的犯罪数额、犯罪次数、犯罪后果等犯罪事实"。据此，在危险驾驶罪中应根据事故对人身财产造成的损失，即人员受伤的程度、受伤人数、财产损失的价值确定基准刑。

在一般情况下，宣告刑是量刑的最后结果，也是量刑规范化流程的"成品"。根据《指导意见》，宣告刑的形成是以基准刑为基准，根据量刑情节对基准刑进行调节所成的，其事实根据是量刑情节。危险驾驶罪基准刑的具体调节标准可以确定为：行为人积极赔偿损失的，根据赔偿的数额及主动

---

① 汤建国：《量刑均衡方法》，人民法院出版社2005年版，第14页。
② 石经海：《量刑个别化原理》，法律出版社2010年版，第184页。

程度可以减少基准刑30%以下；行为人认罪态度好，具有坦白情节的，可以减少基准刑20%以下；行为人具有前科劣迹的，可以增加基准刑20%以下；行为人具有逃逸情节的，可以增加基准刑20%以下；行为人无牌无证驾车或者超速驾驶的，可以增加基准刑20%以下。根据上述标准，对基准刑进行调节即可形成危险驾驶罪的宣告刑。

上述流程，不仅提取和评价了危险驾驶罪常见的量刑情节，而且使大致相同的量刑情节对宣告刑的形成起到均等的作用，从而有利于危险驾驶罪实现量刑均衡，最大限度地消除危险驾驶罪量刑不均的现象，使对"醉驾"行为的刑法控制发挥最优的效果。

实名制视野下若干倒卖车票行为的界定与评价

刘一亮[*]　汤　涛[**]

一、问题的提出

[**案例1**] 2012年1月20日~2月13日，黄某在"铁路客户服务中心12306"官网利用编造注册人、乘车人姓名、邮箱、证件号码等方式在该网上购得广安、重庆北、成都至全国各地紧俏车票（全系残疾军人和儿童半价票）1625张，票面价值172231元。而后在火车站招揽旅客，谈好价钱后，黄某一边将其在网上购得的车票退掉，一边利用时间差，用电话订票的方式输入该旅客的真实信息后将所退车票抢出来，成功获得订票流水号后再加价30~150元不等倒卖给旅客，旅客自行去窗口凭流水号将车票取出。

[**案例2**] 2012年1月30日~3月8日，骆某在利用购买火车票可以"一拖四"（即一张成人票可以附带4张儿童票）的规定，在家中利用借来

---

[*] 刘一亮，重庆铁路运输检察院检察员，公诉科副科长，法学硕士。
[**] 汤涛，重庆市渝中区人民检察院检察员，法学硕士。

的身份证号码，用电话拨打96006的方式购得重庆北至各地的实名制紧俏火车票1035张，票面价值108853元，而后在火车站招揽求票旅客。在找到旅客后，骆某即将原购得的火车票退掉，与此同时由吴某在另一窗口拿求票旅客身份证抢购其所退车票，成功后向该旅客加价30元不等好处费。案发后，二行为人成功倒票661张，非法获利万余元。

[案例3]张某通过广告招揽或到火车站售票窗口、代售点等地宣传帮助旅客电话或网上订取各地紧俏火车票，而后收取不特定旅客的身份证，协商好代为电话、网上订票的服务费后，再帮助上述旅客集中进行电话、网上订票及取票服务，成功后，向该旅客收取高于票面金额的10元至100多元不等的服务费。案发时，张某获利万余元。

[案例4]王某在自己经营的网吧及电话亭，利用小广告的形式招揽部分不会网上购票和电话订票旅客，而后当场帮助该旅客进行网上订票或电话订票，成功订票后，由旅客自行凭订票系列号取票，王某仅向该旅客收取50元不等的网络费或电话费。案发时，王某获利8000余元。

[案例5]李某系四川某偏远高校在校学生，其经学校勤工俭学办公室许可，并缴纳了50元管理费之后，收取欲购票学生的学生证70余本，帮助后者去火车站集中代为订购学生票，每张收取10元至20元的劳务费，总共票面价值13680元，获利千余元。

对于上述涉票案件中，行为人的行为是否构成犯罪，是否构成倒卖车票罪，在我们的司法实践中尚存在较大的争议，并直接导致上述案件最后不同方式的处理。

二、问题的分析——涉票行为的评价基础

在我们的司法实践中必定会遇到各种不同的具体个案，对个案的评价，应当以事实为基础，以法律为准绳，通过对案卷中所梳理出的案件事实，结合刑法条文和法律精神，通过运用司法判断规则对具体的个案作出公正的评价，这种评价过程也即是司法过程。在对上述案件作出评价之前，有必要对结合打击涉票案件的立法背景以及司法实践中存在的误读进行简单的阐述及澄清，从而有益于得出正确的结论。

(一) 涉票案件行为评价前提——实名制购票体系下有倒卖车票犯罪

早在 2010 年春运期间，铁道部在广铁集团及成都铁路局部分火车站实行实名制购票试点后，在涉及实名制车票的违法行为之时，全国大部分铁路公、检、法三家较为一致的观点认为，由于实名制下倒卖车票是针对特定旅客，所以未造成对社会管理秩序的侵犯，没有社会危害性，因此实名制下不存在倒卖车票犯罪，从而导致对所有涉及实名制车票的违法犯罪行为仅以行政处罚代替刑事处罚，① 从而造成了对犯罪行为的放纵。

笔者认为，这种认为实名制下就不存在倒卖车票犯罪的观点是值得商榷的。首先，对于某种行为是否构成犯罪的评价来源于刑法的三性，即行为的严重社会危害性，刑事违法性和应受刑法惩罚性。严重的社会危害性是对特定行为是出入罪的核心评价因素。从黄某倒卖车票一案不难看出，黄某利用铁路客服中心售票软件未与公安部联网的漏洞，采取编造身份证号码、残疾军人证件号码、姓名等方式囤积紧俏车票 1625 张，价值 17 余万元。这种编造虚假军人证件就是一违法行为，通过这种方式控制了紧俏的优势票源，从而导致了大量旅客无法购得所需车票，造成出行困难，使得购票难的问题无法彻底解决，这正是民众对铁路运输系统不满的根本所在，也是火车票实名制改革的目的所在。显然黄某的这种行为严重侵害了 1625 名需票旅客分享社会资源的权益，扰乱了国家对车票管理的社会秩序，也增加了社会不和谐因素。因此，黄某对实名制车票的控制的行为具有严重的社会危害性。其次，在公检法的协调会中，实践部门的同志通常认为，实行实名制购票后，那些通过加价倒票的行为，是针对车票上所记载的特定的旅客进行的。它不符合针对不特定旅客加价倒卖的倒卖车票罪的行为特征，也未侵害其他旅客的购票的权利。笔者认为，特定与不特定是相对而言，对此的理解，我们可以借鉴在危害公共安全行为中危害的对象不特定的理解进行分析。如果驾车在具有许多不特定人的大街上冲撞，显然是以危险方法危害公共安全，但如果同样是驾车冲进一个有 20 个学生正在上课的教室是否也同样构成以危险

---

① 在 2010 年春运后的所涉实名制车票违法行为均未以倒卖车票罪进行处罚，而某些报道宣传的所谓实名制车票第一案等均是对案件本身的误读，而仅是在实名制地区进行的非实名制车票的倒卖。在 2012 年 1 月 1 日全面推行实名制购票的后，在成都铁路局辖区内，虽然对实名制车票案件的犯罪嫌疑人部分进行批捕，但均未提起公诉，也即未对任何实名制车票的涉案嫌疑人以倒卖车票罪进行打击。

方法危害公共安全呢？在理论和司法实践中都认为这种行为系以危险方法危害公共安全之行为。这也即是说，不特定人是在行为人实施行为之前对其具体的行为对象和对象的量无法准确地估计，如驾车冲进教室之前他是不知道教室是否有人、有多少、有哪些人的，故而行为的对象是不特定的，但实际上那个教室内的人在行为之前就已经固定了，这和大街上具有变化性不同。在实名制倒卖车票案件中，行为人在囤积车票过程中是采取编造或借用特定的身份证件来囤积车票，对于其将会把车票卖给谁，能卖出多少以及是否能抢票成功都是无法确定的，仅仅在其倒卖车票牟利实现之后，才形成特定的对象。很显然在其从囤票、退票、抢票、加价的整个过程中，行为人针对的对象是任何需票的旅客。因为其倒卖车票的对象也是不特定的。在倒卖车票的刑法条文以及相关的司法解释中并未规定倒卖车票必须针对不特定人进行，所以以此来排除实名制车票的入罪是不妥当的。因此，笔者认为，在实名制购票的前提下，只要行为人的行为具有严重的社会危害性并且符合刑法倒卖车票罪的四个构成要件，依然可以构成倒卖车票罪。

（二）涉票案件并非仅有罪与非罪之分，而无此罪与彼罪之别

在司法实践之中，有不少同志常常对行为人的行为评价是采取套法条的方式进行的，如上述的黄某倒卖车票案，只要涉及火车票案件，就直接根据《刑法》第227条第2款的规定，来判断该行为是否符合倒卖车票罪的犯罪构成要件，如果不符合则行为人无罪。显然，这种司法行为走入了法律思维的误区。首先，对任何行为的评价，先要对其进行事实评价，然后才有法律评价，在对其进行刑法评价之前，首先考虑应是民事关系范畴，然后才判断是否属于刑法调整的范畴，即判断其是否具有严重的社会危害性，接下来判断该行为是否应受刑法的处罚，再考虑应依据那个刑法条款来进行。也即是先有罪，才考虑何罪之有。在判断该行为有罪之后，则应根据案件事实和案件证据材料情况来分析，该行为系此罪还是彼罪。而不仅根据行为人的行为方式来推断适用的法条，从而直接根据该法条的规定来判断该行为的罪与非，而不考虑此罪与彼罪之别。这显然是错误的。

在涉票案件中，还有可能涉及伪造大量的车票，然后再加价倒卖的情况，这就可能涉及法条竞合的情况，这在前几年是涉票案件中高发的情形之一；通过伪造居民身份证，然后再购票火车票后倒卖的情况下，则有可能出现牵连犯的情况；同时也存在有部分行为人通过收取高额电话费、网络费或打车费用等方式从而实现其帮人购票获利的目的，在这种情形下，虽然一般

不宜以倒卖车票论处，但在上述行为方式具有严重社会危害性之时，就有可能构成强迫交易罪①。当然在涉票案件中还同样存在以卖票为幌子的诈骗行为等。但非常遗憾的是，通过调查发现，在涉票案件中极少对倒卖车票罪以外的罪名进行定罪处罚，这也足以反映这种趋势的严重性。

（三）准确理解法条，防止刑事法网的任意扩张或缩小

在全面实行实名制购票后的今天，在面对实名制涉票案件之时，由于受实名制下无倒卖车票罪的既定观念的影响，故而对涉及实名制涉票案件的处理，各地铁路公检法，包括某些地方省级公、检、法均是通过逐级上报的方式进行，要求"两高一部"出台相关的司法解释，甚至要求直接修改刑法中的倒卖车票罪名，从而使得打击倒卖车票犯罪有法可循。但同时，由于受诉讼期间的限制，大部分所涉的实名制涉票案件不得不以行政处罚的方式结案，综观全国，几乎无对直接倒卖实名制涉票案件进行定罪处罚的判例②。

通过对涉及实名制车票案件的处理，不难看出在当前的司法实践中存在着两个极端的走向。第一种是各地包括部分省级公检法对上述典型的涉及实名制倒卖案件持过于谨慎的态度，从而把自己陷入对法律理解的机械主义错误之中。人为地缩小了刑事法网，从而以"罪刑法定"之名放纵了部分犯罪。根据《刑法》第227条第2款的规定，倒卖车票情节严重即构成本罪，但现行有效的涉及倒卖车票的司法解释仅有1999年9月6日最高人民法院《关于审理倒卖车票刑事案件有关问题的解释》仅是对情节严重作了票面数额5000元以上或非法获利2000元以上的解释，并未限制实名制不构成本罪或必须向不特定的对象倒卖等限制条件。第二种是各地以观望的态度，期待"两高"以司法解释的方式来明示或修正《刑法》第227条第2款的规定的方式来确定倒卖实名制车票可以构成倒卖车票罪又陷入了立法癖③的怪圈。"在我国，基于立法中心主义而不是释法中心主义，国人对于很多行为都提出了犯罪化的建议。对于实践中常常发生的某些行为，如果现有法律无法通过解释涵摄的，国人就会呼吁增设新罪或'扩容'旧罪来解决问题。"④ 这就是我国普通民众而非法律人的思维模式，但遗憾的是当前有部分司法工作

---

① 刘一亮：《涉票案件的十问十答》，载《成铁调研》2011年第1期。
② 这里的实名制涉票案件是指典型的对实名制车票进行加价倒卖的案件。这种判断的依据来源于各地铁路检察机关的起诉数据以及全国媒体公开报道的情况。
③ 张文、刘艳红、甘怡群：《人格刑法导论》，法律出版社2005年版，第12页。
④ 刘艳红：《我国应该停止犯罪化的刑事立法》，载《法学》2011年第11期。

者作为理性的法律人依然缺乏法律人所应具有的司法勇气和智慧。

笔者认为,在无穷的个案之中,作为司法实践者,应当结合具体的个情情况,根据法律条文所应具有的含义,准确地理解法律,并根据法律的运用规则,对具体的个案作出客观、合法、公正且正确的判断。不应过分地依赖法律的明示或司法解释的相关条款,也不应对法律的所谓原意作过多的阐述或法官释法。应根据对犯罪打击的需要,从有利于社会和法治长远发展的高度,在有限的范围内对法律作出应有的理解和适用,防止过度地扩大或缩小刑事法网,从而通过司法实践推进法学理论、立法乃至法治的总体向前发展。

三、问题的解决——涉票案件的罪与非

通过对涉票案件评价基础的上述考察,对于本文提出的五类新型涉及实名制车票犯罪案件的界定就非常容易。

(一)案例1和案例2中的黄某、骆某、吴某的行为均构成倒卖车票罪

首先,黄某利用铁路客服中心售票软件的漏洞,采取编造假证件的方式控制紧俏的优势票源1625张,从而导致了大量旅客无法购得所需车票,造成出行困难,损害了1625名需票旅客分享社会资源的利益,严重扰乱了国家对车票管理的社会秩序,显然黄某的这种行为具有严重的社会危害性。黄某的这种具有社会危害性的行为因为其具有严重性的特征,故其同时触犯了《刑法》第227条第2款的规定,则黄某的行为具有刑事违法性。通过考察,不难发现,黄某的行为不属于免予处罚的范畴,且刑法对其该种行为作了否定性的刑法评价,故其具有应受刑法惩罚性的特征。因此,黄某的行为系犯罪行为。同理,骆某、吴某的行为也具有刑法的三个法律特征。其次,三行为人的行为均在牟取不法利益的主观思想支配之下,实施了通过利用铁路售票漏洞控制紧俏票源,而后再利用时间差加价倒卖车票的行为,从而严重影响了国家对车票、铁路运行活动管理的秩序,且数额较大,其行为均符合倒卖车票罪的构成特征,应以倒卖车票罪论处。

在案例1和案例2中尚存在几个亟待解决的问题:

第一,黄某等人并未直接将其控制的票源加价倒卖给需票旅客,而是通过先退其所控制的票源,再通过凭借该旅客的真实信息抢购的方式获得该

票，与传统的直接加价倒卖车票的犯罪特征有所不同。即所谓的"未影响铁路对车票的控制和缺乏转手倒卖环节"①。

笔者认为，首先，黄某等人的上述行为虽然与传统的不特定人所控制票源的倒卖车票表现形式不同，但与其未有实质的区别。黄某等人是通过编造或真实的特定主体通过真实购买的方式实际获得涉案的车票，但其购买该票的目的是为了通过牺牲较小的成本（退票费）来控制该些票源以牟取更高的不法利益（加价倒卖获利），此处仅是控制的方式有所改变。其次，传统的倒卖车票案件中，由于行为人对车票的控制，从而铁路部门对该车票的最终去向无法掌握，可以是任何旅客，也可能是临开车时的退票。黄某等人的行为，虽然在铁路部门显示是在特定的旅客名下，即使倒卖后也是在另一特定旅客名下，但在实质的最终旅客上车之前，其依然具有传统的不特定性特征，同样可以是任何特定的实名制旅客名下，也可能是临行时的退票，同样导致了铁路部门的管理困境。最后，黄某等人的行为依然具有转手倒卖之环节。在案例 1 和案例 2 中，黄某、骆某等人是通过获得既定的需票旅客之后，通过退回其所控制的车票，再通过需票旅客的真实信息进行购买，从而把该票洗白。不难看出，黄某、骆某等人通过控制票源的方式来控制了获得该票的机会，而在倒卖之时，也实质是倒卖获得该票的机会，这也恰恰是行为人所侵害的其他旅客的分享社会福利的权利。

第二，黄某等人的行为最终能否实现牟利以及获利的多少由于根据的是时间差，且具有抢的特征，故其具有盖然性和不确定性，并且（根据概率）必定少于其欲牟利的数额，对其犯罪数额如何计算？

黄某、骆某等人的行为以及其所期待的非法利益是否能够实现是不确定，这也是犯罪风险的特征之一，我们不能以犯罪行为以及犯罪所可能获得的非法利益是否可以实现来评价该行为的罪与非，仅能根据此种因素可能影响犯罪行为人的犯罪形态。根据《刑法》第 227 条第 2 款以及 1999 年 9 月 6 日最高人民法院《关于审理倒卖车票刑事案件有关问题的解释》的规定，情节严重是本罪构成前提之一，而情节严重主要表现为票面数额 5000 元以上或非法获利 2000 元以上。这也就是说，倒卖车票行为即使未实质获利，但其欲倒卖的车票票面价值在 5000 元以上即属情节严重，即构成倒卖车票罪的既遂。所以黄某、骆某等人的犯罪数额即应直接以其所控制的车票票面额度计算，而无须考察其实质所获利益。

---

① 重庆铁路公安处：《关于严惩实名制下倒卖车票行为的请示报告》（内部材料）。

（二）案例3和案例4中张某和王某的行为一般不宜以犯罪论处为妥，但情节严重时可以他罪处罚

对于上述情况，笔者认为该类行为系一种事实行为，不涉及犯罪问题。行为人利用自己的场所便利之优势按照旅客之要求帮助旅客购票，实际上这是一种助人为乐的行为，即使涉案人向旅客收取一定的劳务费用，只要是旅客自愿即为合法。第一，在我们对一种行为作犯罪评价之前，我们应该考虑这种行为的社会背景和行为的现实意义以及正负价值之权衡。之所以会出现涉案人利用帮助旅客操作电话和网络订票而以此营利，这也正说明我们的社会具有这种现实需求，这种现实的需求是在国家没有尽到电话、网络订票的积极广泛宣传或提供便利的电话、网络订票系统等原因，从而导致很大一部分民众不熟练操作或不会操作，这种必要的国家责任不应该转移至普通的民众，特别是在普通民众在实质地承担起这种责任之时，或是非"雷锋"式的无偿服务时而给予犯罪打击，这是不符合最基本的常理、常识和常情的。第二，根据罪刑法定原则，这种行为是在立法之时未纳入犯罪圈之中的，我们不能在实质行为发生之后，而以国家之名义来进行打击。此种行为是一种国家责任，作为一个负责的法治大国，国家责任不能毫无根据地转嫁于民众。第三，这种行为之所以会有市场，且普遍受到旅客的欢迎，说明它符合社会主义市场规律。民众之所以对此种行为予以认同，是因为它解决了实际的购到票的问题。民众是朴素的，民众是功利的。刑法同是一种公民的保障法，维护公民的最大利益也刑法的最大责任之一。第四，张某和王某并未有囤积和转售之行为，也未有加价倒卖火车票牟利的主观犯意，不符合倒卖车票罪的犯罪特征。第五，倒卖车票罪本身系轻罪，国家之所以对该种行为予以立法打击是因为其严重影响了票务秩序，特别是长期的票贩子的囤积行为，造成普通民众购票难，出行难，促使实质的不公平，从而民愤四起。由于此种情形下系由代理人根据购票人的要求按照相关规定购票，这些票的去向是确定的且真实的，不会对票务的管理秩序以及其他旅客造成任何的侵害，刑法系法律的保障法，其适用具有迫不得已性，此种情况没有严重的社会危害性，故而不符合打击条件。第六，此种行为实质是购票人与行为人之间的一种事先合同行为，通过一种讨价还价之后，达成的一致且可接受的结果，应受到合同法之保护。第七，如果此种行为收费较大，明显不公正或具有威胁性的，可以《刑法》第226条的强迫交易罪论处。如果经营数额较大或获利较大，造成恶劣社会影响的，可以《刑法》第225条非法经营罪论处。

（三）李某的行为符合倒卖车票罪的犯罪特征，但不宜以犯罪论处

首先，我们并不主张以"学生"、"不知法"等为借口作为犯罪的理由，对此类情形，我们认为应当作法定不起诉。其次，在此类案件的办理中，我们必须考虑其特有的社会背景。在 2000 年左右开始，火车站为了方便高校学子寒、暑假回家，经常会采取集体送票或由学校统一订票的方式来解决学生买票难的问题，由于是预定方式和代售点类似，会收取 5 元的订票费用（也有些地方不收取订票费），但实质上方便了学生回家，是一种广受赞誉的活动，现在依然在一些地方延续。这种订票方式基本是由学校自己组织或由学校的团委、学工部甚至是一些学生组织如学生会来协调进行。因为扣除订票费用以外还需要一定的运行成本，如取票的交通费、通讯费、餐旅费，甚至还有招待费等，这些成本学生不能报销，只好转嫁在购票成本上，故而有些学校的个别部门或学生团体会在原票价及订票费的基础上再增加每张 5 元或 10 元不等。实质上在不少偏远高校，如果单个学生自行去火车站购票，仅公交费就超过 5 元甚至 10 元，且不一定能顺利购买到合适的火车票。由学校或学生团体购票，由于集体行为，购票上更有保障，极大地方便了诸多学生购票，解决学生的购票难问题。因此，大部分学生愿意且希望学校或学生团体代为购票。有大部分学生甚至部分学校的领导都认为此种行为是一种公益行为，故而积极倡导，并且出现案中所示的学校收取一定的管理费用。通过对此类行为产生的背景进行分析以后，不能看出此类行为没有社会危害性，不应以犯罪论处。再次，在司法实践当中，难免有些同志过于机械地理解罪刑法定，认为此类案件中，行为的主体、主观方面、客体、客观方面等都符合倒卖车票犯罪构成的四个要件，因而判定该行为构成犯罪，应予处罚。我们以为，此类行为在形式上的确符合倒卖车票罪的构成要件，但其不具有严重的社会危害性，而严重的社会危害性是犯罪的本质，故而我国《刑法》第 13 条但书才规定："情节显著轻微危害不大的，不认为是犯罪。"对一个行为作犯罪评价之时，除了作形式评价以外还应作实质评价，这个实质评价就是应考虑其是否具有严重的社会危害性，这同大陆法系的违法、该当、有责的分层犯罪构成评价具有异曲同工之妙。但遗憾的是，在我们的司法实践中，极少有同志直接适用我国《刑法》第 13 条的但书条款来排除一种行为的罪与非罪，也很少有同志适用《刑法》第 37 条之规定，在面对诸如本案一样的法律与道德的矛盾之时，苦于找不到合法的理由来最妥当地解

决此类矛盾。最后，在对此类案件的处理上，我们的司法人员习惯于通过行为或结果来直接推定其主观的故意，并不综合考虑其可能影响犯罪故意的形成之因素。诸如，在行为人收取了加价费用之时，就直接推定其具有牟利之目的，从不考虑涉案人是否考虑犯罪的经济成本。就如对正当防卫的评价一样，该行为首先是一个犯罪行为，而后因合法性根据从而排除其犯罪之构成。刑法是法律的保障法，刑法应该具有善的本性，是惩恶扬善，我们不能因为我们的理解和运用把刑法置于"刑法系恶法的境地"。在我们对一种行为无法进行法律评价之时，那请别再用所谓法律人的眼光来进行艰难的评价，用最朴素的常理、常识、常情来评价，那即是我们有生命的法律，那也即是公正。当然，对于此类情形，如果上述条件不具备，也即不具有正当性，而具有非法牟利之目的，应以倒卖车票罪论处。

对"两高"司法解释中"曾因盗窃受过刑事处罚"适用范围的合理界定

张红良[*]

2013年4月4日"两高"联合下发的《关于办理盗窃刑事案件适用法律若干问题的解释》(以下简称《盗窃案件若干解释》),其中第2条第1项关于认定盗窃罪时"曾因盗窃受过刑事处罚的"数额较大标准减半的规定在司法实践中出现一些争议。这些争议集中在以下三点:一是对该规定时间效力结点的界定,如该司法解释生效后尚未处理或正在处理的盗窃案件能否适用该规定;二是对该规定中作为前科的"盗窃"的范围的界定,如盗窃电线的行为最终判决为破坏电力设备罪的能否认定为该项规定中的"盗窃前科";三是对该规定中"受过刑事处罚"范围的理解,如情节轻微免予刑事处罚或缓刑执行完毕的是否可以认定为受过刑事处罚。笔者认为,检察机关在适用该项规定时,应当站在刑法体系整体协调的高度,严格遵循从旧兼从轻的刑事法律时间效力原则,运用正确的法律解释方法,坚持刑法谦抑和有利于犯罪嫌疑人的司法理念,有理有据、不枉不纵,确保检察工作法律效

---

[*] 张红良,重庆市沙坪坝区人民检察院法律政策研究室副主任,法学博士生。

果和社会效果的良好统一。

一、适用该规定应严格遵循从旧兼从轻的刑事法律时间效力原则

（一）从旧兼从轻的时间效力原则应当适用于刑事司法解释

从旧兼从轻是我国刑法时间效力的基本原则，其不仅约束刑法典，也约束其他形式的与刑法效力相当的刑事法规范，包括刑法修正案和刑事司法解释（指"两高"单独或联合做出的刑事司法解释）。"毕竟，罪刑法定原则之精义，在于应使国民对于自己的行为将被论处何种犯罪、被科以何种刑罚具有预见性。"[①]因此说，如果刑事司法解释受罪刑法定原则约束，自然也受从旧兼从轻的刑法时间效力原则的约束。

首先，从法理上讲，刑事司法解释是刑法典的细化和具体化，当然也应当受刑法时间效力原则的约束。作为刑法典的有效补充，"两高"的刑事司法解释实际上是刑法典在司法实践中的细化和具体化，其虽在法律位阶上较刑法典为低，但在实务中与刑法典效力相当，甚至因司法机关对其更为依赖且对犯罪嫌疑人的利害关联更为直接而实践意义更强。"我国目前司法解释，实际上是二次立法，具有司法法的性质，即司法机关创制的法。"[②] 因此刑事司法解释有必要与刑法典一样，在时间效力上用从旧兼从轻原则加以约束，以避免借用司法解释的形式规避和打破刑法时间效力现象的发生。

其次，从现行规定来看，"两高"对于刑事司法解释从旧兼从轻的时间效力已予明确肯定。2001年"两高"联合下发的《关于适用刑事司法解释时间效力问题的规定》（以下简称《时间效力规定》）对于刑事司法解释从旧兼从轻的时间效力原则做了明确规定。《时间效力规定》第3条明确，"对于新的司法解释实施前发生的行为，行为时已有相关司法解释，依照行为时的司法解释办理，但适用新的司法解释对犯罪嫌疑人、被告人有利的，适用新的司法解释。"这是"两高"对于司法解释时间效力从旧兼从轻原则的直接肯定。因此说，我国的刑法典和刑事司法解释都应当遵循从旧兼从轻的时间效力原则，《盗窃案件若干解释》也不例外。

[①] 莫洪宪、刘夏：《"从旧兼从轻"原则与刑法修正案（八）的实施》，载《中国检察官》2011年第5期。

[②] 陈兴良：《司法解释功过之议》，载《法学》2003年第8期。

（二）时间效力原则在"曾因盗窃受过刑事处罚"规定上的具体适用

具体来讲，依时间效力原则的不同表现形式可将涉及《盗窃案件若干解释》第 2 条第 1 项规定的案件分为以下三类：

第一类是"盗窃前科"在《盗窃案件若干解释》生效之前发生，而盗窃案件在该解释生效之后发生。对于这类案件，自然严格适用该解释处理，这是新法在生效期间的自然效力。

第二类是"盗窃前科"和盗窃案件均已在该解释生效前发生，且业已处理完毕。这一类案件依当时的法律得出了正确结论，不应再生变化。《时间效力的规定》第 4 条明确，"对于在司法解释施行前已办结的案件，按照当时的法律和司法解释，认定事实和适用法律没有错误的，不再变动"。

第三类盗窃案件需要我们特别注意，即："盗窃前科"在《盗窃案件若干解释》生效之前发生，盗窃案件也在该解释生效之前发生，但在该解释生效之后尚未处理或正在处理。对于这类案件，有观点认为，依《时间效力的规定》第 1 条规定，"对于司法解释实施前发生的行为，行为时没有相关司法解释，司法解释施行后尚未处理或者正在处理的案件，依照司法解释的规定办理"。这类"曾因盗窃受过刑事处罚"的盗窃案件在犯罪行为实施时并没有"相关司法解释"予以规定，所以在新司法解释生效后尚未处理完毕的，应依新司法解释认定，即盗窃数额定罪标准减半执行。笔者认为，这种观点有待商榷。这种做法与上文所论述的从旧兼从轻时间效力原则相冲突。依从旧兼从轻的时间效力原则，这一类案件虽在新司法解释生效时尚未处理完毕，但既然新法重于旧法，旧法更有利于犯罪嫌疑人，就应当适用旧法。在笔者看来，对于《时间效力的规定》第 1 条的理解不能脱离从旧兼从轻的基本原则，刑事司法解释对其实施之前发生的行为在定罪或量刑上作出从重规定的，只能从旧从轻，不能从新从重。

这并不是说《时间效力的规定》第 1 条与从旧兼从轻原则相冲突，这种"表相的冲突"只是部分法律工作者对这一条规定作了过于机械的解读。如上所述，在我国任何刑事法律都必须遵守从旧兼从轻的时间效力原则，对《时间效力的规定》第 1 条的理解也必须在该原则的框架内进行。《时间效力的规定》第 1 条设立的现实意义有二：一是对某些犯罪行为统一定性。有些行为性质难以认定，在新司法解释出现后，依新司法解释实现统一。如拾得他人信用卡后在自动柜员机上取款的行为。在 2008 年《最高人民检察院关于拾得他人信用卡并在自动柜员机（ATM机）上使用的行为如何定性问题的批复》出台以前，实践中对这种行为性质的认定有分歧，有侵占、盗窃和诈骗等几种意见。但在该批复出台后，则统一认定为信用卡诈骗。二是有些犯罪行为在新的司法解释中作出较轻的规定，包括排除为犯罪或降低量刑幅度，此时自然应当适用新司法解释。以上两种情况皆没有违背从旧兼从轻的时间效力原则，是对《时间效力的规定》第1条的正确理解。

二、适用该规定应合理界定"盗窃前科"的范围

（一）对"盗窃前科"的界定"过宽则枉、过窄则纵"

关于对"曾因盗窃受过刑事处罚"中"盗窃前科"的范围应如何界定存在几种不同观点。第一种观点是广义说，认为对盗窃前科应作广义解释，所有的以盗窃为手段实施的犯罪，即便认定的是破坏电力设备罪、盗窃枪支、弹药罪，都可以认定为这里的"盗窃"。第二种观点为狭义说，认为对盗窃前科应作狭义理解，该规定就是为了突出对刑法分则第五章侵犯财产罪中的盗窃惯犯的打击，所以这里的"盗窃"就是单纯的盗窃罪，不包括其他罪名。笔者认为以上两种观点都失之偏颇。第一种广义说的观点，认识到了相关犯罪由"盗窃行为"实施的共性，但没有认识到该规定不是针对所有的盗窃行为，而是针对常见多发的侵财类盗窃犯罪。第二种狭义说的观点，认识到该规定出于打击常见多发的侵财类盗窃犯罪的目的，但忽视了这种盗窃犯罪有可能以其他罪名认定的事实。以上两种观点，或宽或窄、非枉即纵，都不应为司法实践采用。

基于广义说和狭义说的不妥之处，笔者提出了折中说的观点。这种观点对盗窃前科的界定较狭义说宽，较广义说窄。在笔者看来，运用合理的法律解释方法，即坚持"有理有据、严守立法目的"才是界定盗窃前科的正确思路。

（二）对"盗窃前科"的界定应坚持有理有据，严守立法目的

首先，所谓"有理"，是指对此处"盗窃前科"的界定应当遵循基本法律理念。这是对盗窃前科的学理解释。包括：一是遵循宽严相济的刑事政策。宽严相济刑事政策要求司法工作要考虑"犯罪人的主观恶性"，考虑

"法律效果与社会效果的有机统一"。① 而犯罪人的盗窃前科，一方面反映出其对法律更为严重的藐视，不惧法律、屡判屡犯；另一方面反映出其犯罪习性的顽固性，恶习强烈、屡教不改。因此，对于盗窃前科范围的界定不能过窄，以免放纵这部分有盗窃恶习的犯罪人。当然，考虑到"法律效果与社会效果的统一"也不能将所有以盗窃手段实施的犯罪都纳入"盗窃前科"。二是遵循刑法学说基本原理。如对于以侵占公私财物为目的的盗窃使用中的电线的行为，构成盗窃罪与破坏电力设备罪的想象竞合犯。在法理上，这一行为既构成盗窃罪又构成破坏电力设备罪，只是在判决时依从一从重原则而有可能认定为破坏电力设备罪。此时的破坏电力设备罪当然可以认定为《盗窃案件若干解释》第2条第1项指向的"盗窃前科"。

其次，所谓"有据"，是指对此处"盗窃前科"的认定要有一定的法律依据。这是对盗窃前科的体系解释。即依前科判决当时的刑事法规，作为前科的犯罪行为要有一定的法律依据可以认定为盗窃罪，即使最终宣判罪名不是盗窃罪。这些法律依据可以分为三种类型：一是我国刑法的相关规定，除《刑法》第264条盗窃罪的规定外，还包括第196条第3款关于"盗窃信用卡并使用的"认定为盗窃罪的规定、第210条关于"盗窃增值税专用发票或者可以用于骗取出口退税、抵扣税款的其他发票的"认定为盗窃罪的规定、第265条关于"以牟利为目的，盗接他人通信线路、复制他人电信码号或者明知是盗接、复制的电信设备、设施而使用的"认定为盗窃罪的规定等。二是其他刑事法规范中关于特定行为应以盗窃罪认定的规定，主要是指刑事司法解释，如2000年最高人民法院《关于审理扰乱电信市场管理秩序案件具体应用法律若干问题的解释》第7条关于"将电信卡非法充值后使用"、第8条关于"盗用他人公共信息网络上网账号、密码上网"的应当认定为盗窃罪的规定；2003年最高人民检察院《关于非法制作、出售、使用IC电话卡行为如何适用法律问题的答复》中关于"明知是非法制作的IC电话卡而使用或者购买并使用，造成电信资费损失数额较大的"应认定为盗窃罪的规定等。三是刑事法规范中将盗窃行为以其他罪名认定的规定。如《刑法》第269条关于"犯盗窃……当场使用暴力或使用暴力相威胁的"认定为抢劫罪的规定；2007年最高人民法院《关于审理破坏电力设备刑事案

---

① 《最高人民检察院关于在检察工作中贯彻宽严相济刑事司法政策的若干意见》（2006年12月28日公布）第4条《最高人民法院关于贯彻宽严相济刑事政策的若干意见》（2010年2月8日公布）第6条都由提到上述内容。

件具体应用法律若干问题的解释》第3条关于"同时构成盗窃罪和破坏电力设备罪的,依照刑法处罚较重的规定定罪处罚"的规定;2007年最高人民法院、最高人民检察院《关于办理盗窃油气、破坏油气设备等刑事案件具体应用法律若干问题的解释》第1条关于"在实施盗窃油气等行为过程中……危害公共安全,尚未造成严重后果的,依照刑法第一百一十八条的规定定罪处罚"的规定等。

需要注意的是,这里的盗窃前科应当符合盗窃罪的成立要件。司法解释规定的是"曾因盗窃受过刑事处罚"的是盗窃前科,那么如果之前的盗窃行为不符合盗窃罪的构成要件,如数额未达定罪标准,则不能认定为盗窃前科。因为,在我国刑事法体系中,虽然犯罪不一定承受刑事处罚,但受过刑事处罚的一定构成犯罪。

最后,所谓严守立法目的,是指此处"盗窃前科"的界定应当严格从该条款设立的立法目的出发来理解。这是对盗窃前科的目的解释。有观点认为立法目的是一个"伪概念",这种观点认为,受各种因素影响,立法者本身就难以形成明确统一的"目的",而且这一"目的"也必然处于随形势发展而不断变化的动态中,且从立法者主观转化到客观的立法,再从客观的立法转化到执法者的主观以实现司法,整个过程必然会不断消散、歪曲原本就不确定的"立法目的"。笔者认为,这种观点有一定的合理性,我们应当承认一项立法从提案、起草、出台、施行,其目的性定会逐级偏差。但是,立法作为一项人类社会自发的规范自身行为的活动,我们不能否定这一活动必然具有相当的目的性。否则作为最重要的法律解释方法的目的解释也就失去了它存在的根基。因为"目的解释,是指根据刑法规范的目的,阐明刑法条文真实含义的解释方法"。① 没有目的,何来目的解释?在笔者看来,这一目的最直接简洁的定义就是"为什么要制定并实施这样一项立法",近几年来新的法律规范出台时相关"立法机关"常会用"立法背景"或"答记者问"等形式来回答这个"为什么";这一目的最合理准确的实现过程就是执法者对法律的理解尽量向立法者制定法律的动机靠近,或者说"执法目的"努力向"立法目的"靠拢。

具体到本文论述的《盗窃案件若干解释》,笔者认为,这一司法解释就是为加大对有侵财类盗窃习惯的犯罪人的惩处而制定的。之所以做这样的理解,一是有该司法解释制定者对这一目的已有确认;二是这样理解有利于执

---

① 张明楷:《刑法学》,法律出版社2011年版,第43页。

法目的以最具操作性的方式向立法目的靠拢。

关于《盗窃案件若干解释》的立法目的，该司法解释首段即讲到，其是"为依法惩治盗窃犯罪活动，保护公私财产"而制定，最后一条又专门提到"本解释发布实施后，《最高人民法院关于审理盗窃案件具体应用法律若干问题的解释》同时废止"，而被废止的这一司法解释即是专门针对盗窃罪而定。可见，该司法解释在整体上是为应对盗窃罪而制定的。具体到该解释第 2 条第 1 项，2013 年 4 月 3 日"两高"联合举行的答记者问也指出，该解释第 2 条中的"第一、二种情形是依法惩治具有盗窃习惯的人的规定"。① 也就是该解释第 2 条第 1 项"曾因盗窃受过刑事处罚的规定"是出于严惩具有盗窃习惯的人的目的而制定的。这就是该条款的立法目的。这里的盗窃习惯是指"盗窃公私财物习惯"，这是由上文所述的该司法解释整体的立法目的决定的。

如果我们认识到这一条款这样的立法目的，那么实践操作就变得简单易行、统一规范。如对于曾有盗窃正在使用中的电线，但最终以破坏电力设备罪定罪的案件，考虑到这一案件反映了犯罪人具有一定的"盗窃公私财物习惯"，因此将其认定为"曾因盗窃受过刑事处罚"是符合立法目的的，是对该条款的正确理解。反之，对于盗窃枪支的，其目的可能是为了其他违法犯罪活动，并不能反映犯罪人"盗窃公私财物的习惯"，因此不应认定为这一条款中的"犯罪前科"。但犯罪人盗窃枪支想象竞合的，即犯罪人当时出于盗窃公私财物的目的，实际上却在不知情的情况下盗取到枪支的，则可以认定为该条款的"犯罪前科"——实际上这种行为在司法实践中就应当认定为盗窃罪而不是盗窃枪支罪。

（三）"盗窃前科"的具体范围

依上文分析，本文界定的"盗窃前科"，一是在法理和法律上可以解释为盗窃罪——即便没有以盗窃罪宣判，应当符合普通盗窃罪的成立要件——仅是盗窃行为的排除在外，应当具有非法侵占公私财物的"主观侵财性"——仅以盗窃为手段的排除在外。具体说来，包括以下几类：

第一，判决为盗窃罪的盗窃前科。即狭义说所界定的范围。这是司法解释的当然之义，笔者不再赘述。

---

① 参见《两高有关负责人就盗窃刑事案件司法解释答记者问》，载 http：//news.xinhuanet.com/politics/2013 - 04/03/c_ 115268993_ 2. htm。

第二，与盗窃罪想象竞合的盗窃前科。如出于变卖目的盗窃正在使用中的电线，并最终认定为破坏电力设备罪的犯罪。这一类犯罪需要具备认定盗窃罪的完整的构成要件才能够认定为盗窃前科。如盗窃变卖中的电线数额未达到盗窃罪认罪标准的，则不能认定为盗窃前科。

第三，转化为他罪的盗窃前科。主要是指依《刑法》第269条转化为抢劫罪的盗窃前科。同样的，转化之前的盗窃行为应当达到普通盗窃罪成立的程序。如盗窃财物数额较小，只是因转化才定抢劫罪的，则不宜认定为这里的盗窃前科。因为单就盗窃行为来说，尚未达到"罪"的程度，无须受刑罚处罚，自然不是本文的"盗窃前科"。

另外，有以下三类盗窃犯罪不宜作为本文所论述的"盗窃前科"处理：

一是以盗窃财物为手段的牵连犯，这类犯罪因可能不具有非法占有公私财物的"主观侵财性"而不应认定为这里的盗窃前科。如为破坏交通工具而盗窃零部件的，盗窃行为只是手段行为，犯罪人不具有侵犯公私财产的"惯窃"的特点，就不应认定为这里的"盗窃前科"。所以司法实践中，盗窃犯罪人有以盗窃手段实施且判决为破坏交通工具罪这样前科的，也应仔细斟酌，不能一律认定为"盗窃前科"。

二是其他非侵财性的特殊盗窃罪。如盗窃枪支、弹药罪、盗窃国家机关公文、证件、印章罪等非侵财性的特殊盗窃罪。这些犯罪排除在"盗窃前科"范围之外也是因其不具有"主观侵财性"。而犯罪人不知在实施普通盗窃行为时，在不知情情况下盗得枪支弹药的，因为应当认定为盗窃罪，自然包括在"盗窃前科"之内。

三是其他相对"非常见"的特殊盗窃罪。如盗窃增值税专用发票罪，盗窃商业秘密罪，盗掘古文化遗址、古墓葬罪，盗掘古人类化石、古脊椎动物化石罪等。对于这类犯罪应否包括在"盗窃前科"中最有争议。因为这类犯罪可能同时侵害公私财产权益和国家对相关对象的特殊保护，较普通盗窃罪危害更大。但笔者建议现阶段应将此类犯罪排除在"盗窃前科"之外。理由包括：首先，这类犯罪大部分不依财产数额定罪，而《盗窃案件若干解释》第2条第1项是关于定罪数额减半的规定，认定这类犯罪时无须适用该解释；其次，这类犯罪不是常见罪，在解释法规时没有必要对其重点打击；最后，这类犯罪本身的刑罚已较为严厉，实现了从重打击的目的。

（四）对一些争议的回应

第一，对"将'盗窃前科'扩大到以其他罪名成立的犯罪违背了罪刑法定原则"观点的回应。对此，笔者解释如下：一是罪刑法定不是机械的"照本宣科"，宣判罪名并不一定能够反映犯罪行为的完整性质。如上文盗窃公私财物的盗窃罪和破坏电力设备罪的想象竞合犯，实际上犯罪行为符合以上两罪完整的犯罪构成要件，认定任何一罪都没有问题。只是为了保证罪责刑相适应才从一从重认定为破坏电力设备罪。这一宣判罪名并没有否定行为本身具有盗窃罪的犯罪属性。二是笔者在上文强调了"盗窃前科"要有一定的法律依据。这本身就是对罪刑法定原则的坚持。三是就笔者上文所论述的认定"盗窃前科"应"坚持有理有据、严守立法目的"实际上包含了对"盗窃前科"的范围做一定限制的意图。在笔者看来，这是对法律条款合理理解，并不是单纯地扩大。

第二，对"将'盗窃前科'扩大到以其他罪名成立的犯罪违背了有利于犯罪嫌疑人原则"的回应。对此，笔者解释如下：一是坚持有利于犯罪嫌疑人不能变相放纵，在有必要且有法律支撑的情况下当严惩不怠。这是对法律的尊重，是严格执法。二是坚持有利于犯罪嫌疑人不能轻视对合法利益的保护。严惩有盗窃公私财物习惯的行为正是法律为保护公私财产作出的积极努力。

三、适用该规定应合理界定"受过刑事处罚"的范围

（一）盗窃前科为"微罪不诉"或"免予刑事处罚"的不属于"受过刑事处罚"

第一，微罪不诉的因不构成犯罪而不能认定为盗窃前科。我国《刑法》第13条规定，犯罪情节显著轻微危害不大的，不认为是犯罪。因此微罪不诉的案件实际上并没有认定为犯罪，当然不属于受过刑事处罚。所谓犯罪，应"具有两个特征：一是社会危害性，二是依照法律应受刑罚处罚"。① 显然微罪不诉是有一定的社会危害性，但因情节显著轻微危害不大，不认为是犯罪，不承受刑事处罚，也就不够成本文所论的"犯罪前科"。

第二，免予刑事处罚的因没有承受刑罚而不能认定为盗窃前科。通过以上论证，依我国《刑法》第37条之规定，"对于犯罪情节轻微不需要判处刑罚的，可以免予刑事处罚"，对于免予刑事处罚的因犯罪人并没有承受刑

---

① 张明楷：《刑法学》，法律出版社2011年版，第88页。

罚，当然也不能认定为盗窃前科。同样的，承受第 37 条规定的"训诫或者责令具结悔过、赔礼道歉、赔偿损失，或者由主管部门予以行政处罚或者行政处分"的惩罚措施因不属于刑事处罚，也不构成盗窃前科。

（二）盗窃前科为缓刑顺利执行完毕的不属于"受过刑事处罚"

我国《刑法》第 76 条规定，"对宣告缓刑的犯罪分子……缓刑考验期满，原判的刑罚就不再执行"。所以缓刑顺利执行完毕并不是说原判刑罚已经通过缓刑的形式执行，缓刑并不是原判刑罚的替代刑。缓刑执行完毕表明对犯罪人没有必要再执行原判刑罚，是原判刑罚的不再执行，因此不构成本文所论"盗窃前科"。正如 1998 年最高人民法院研究室《关于缓刑考验期满三年内又犯应判处有期徒刑以上刑罚之罪的是否构成累犯的电话答复》中明确，"根据刑法规定，缓刑是在一定考验期限内，暂缓执行原判刑罚的制度。如果犯罪分子在缓刑考验期内没有再犯新罪，实际上并没有执行过原判的有期徒刑刑罚"。虽然该电话答复已失效，但其对缓刑的理解应为我们借鉴。从另一个角度讲，既然当时决定对犯罪人施加缓刑而不是实际执行刑罚，说明当时的犯罪主观恶性不大、客观危害有限，这样的犯罪没有必要为刑法"时时事事念念不忘"，可以不归入本文论述的"受过刑事处罚"的范围之内。

综上，所谓"受过刑事处罚"应是指犯罪人实际承受了刑罚，而不是"不认为是犯罪"、"免予刑事处罚"或"原判刑罚不再执行"。

总之，我国的刑事法律体系，包括刑法、刑法修正案和刑事司法解释，是一个有机统一的整体，其中任何一项条款的适用都应当遵循基本的刑法原则，如时间效力原则、罪刑法定原则等，同时要坚持在刑事政策的指引下司法执法，确保法律效果和社会效果的良好统一。对《盗窃案件若干解释》第 2 条第 1 项的理解和适用就应当在上述思路下进行：站在整个刑事法律体系协调统一的高度合理解释，坚守刑法基本原则、不枉不纵，严格适用。

关于合同诈骗罪的数额标准评析

夏 阳[*] 朱志荣[**]

2010年6月3日,犯罪嫌疑人崔某利用和男友秦某同居的机会,获取秦某母亲的个人信息后,在秦某及其母亲均不知情的情况下,使用伪造的身份证、房产证,冒用秦某母亲之名,通过签订房屋租赁合同的方式,将秦某母亲位于某市高新区107号附1号一单元10-3的房屋出租给被害人周某,并骗取其"房屋押金"和"租金"共计人民币1.5万元后逃匿。

一、罪与非罪的悖论

案例中崔某的行为是否构成犯罪,应当如何定性,在办案过程中存在较大争议。

第一种观点认为,犯罪嫌疑人崔某的行为不构成犯罪。理由在于:首先,崔某以非法占有为目的,冒用他人的名义签订合同,骗取对方当事人财物的行

---

[*] 夏阳,重庆市渝中区人民检察院检察长。
[**] 朱志荣,重庆市渝中区人民检察院法律政策研究室副主任。

为属于合同诈骗行为,但因其犯罪数额未达到合同诈骗罪数额追诉标准①的要求,故不构成合同诈骗罪。其次,合同诈骗罪与诈骗罪系法条竞合关系,应坚持特别法条优于普通法条的适用原则。该原则体现了特别法条与普通法条的排斥关系。这种排斥关系不仅意味着行为人的行为在按照特别法条和普通法条都构成犯罪时应按照特别法条处理,还包括了在行为人的行为属于特别法条所意欲规范的行为类型时,具有排斥普通法条适用的可能性。简言之,当特别法条与普通法条并存时,应当绝对排除普通法条的适用。因此,本案中崔某的合同诈骗行为既不构成合同诈骗罪,也不能认定为普通诈骗罪,只能作无罪处理。

第二种观点认为,犯罪嫌疑人崔某的行为构成诈骗罪。理由是犯罪嫌疑人崔某的行为同时符合诈骗罪和合同诈骗罪的行为特征,当一个行为同时符合同一法律的普通法条与特别法条规定的犯罪构成时,应根据以下两个原则来适用法律:(1)特别法条优于普通法条;(2)重法条优于轻法条。两个原则的关系是,一般情况适用前一个原则,后一个原则是前一个原则的修正和补充。因此,虽然犯罪嫌疑人崔某的犯罪数额虽然未达合同诈骗罪立案追诉标准,但已达诈骗罪的追诉标准②,可以根据重法条优于轻法条的原则认定其构成诈骗罪。

笔者认为,依据现行法律和司法解释,无论认定崔某的行为有罪或者无罪,在刑法解释的过程中均存在障碍,其根源在于司法解释和司法解释授权地方制定的关于合同诈骗罪与诈骗罪的数额标准不尽合理。

---

① 最高人民检察院、公安部《关于公安机关管辖的刑事案件立案追诉标准的规定(二)》第77条规定:以非法占有为目的,在签订、履行合同过程中,骗取对方当事人财物,数额在2万元以上的,应予以追诉。

② 《重庆市法检关于办理诈骗刑事案件数额标准的规定》第1条:诈骗公私财物价值人民币5000元以上的,为数额较大。

二、值得商榷的数额标准

合同诈骗罪与诈骗罪的法定刑量刑幅度基本一致①，但两者的数额标准却相差甚远。以重庆市为例，根据《最高人民检察院公安部关于公安机关管辖的刑事案件立案追诉标准的规定（二）》、《重庆市法检关于办理诈骗刑事案件数额标准的规定》（渝高法发〔2011〕25号）等相关规定，个人进行合同诈骗数额特别巨大和诈骗公私财物数额特别巨大的标准均为人民币50万元，但不知何故，前者关于"数额较大"和"数额巨大"的标准却远高于后者：（1）个人进行合同诈骗数额在人民币2万元以上的，属于"数额较大"；个人进行合同诈骗数额在人民币10万元以上的，属于"数额巨大"。（2）诈骗公私财物价值人民币5000元以上的，为"数额较大"；诈骗公私财物价值人民币5万元以上的，为"数额巨大"。上列数额标准在司法实践过程中存在如下问题。

（一）导致对合同诈骗行为罪与非罪的认定出现障碍

在司法实践中，对于自然人利用合同实施的诈骗行为，如果其数额在人民币5000元至2万元之间，就会产生该行为人构成诈骗罪和不构成犯罪两种认识分歧：

持有罪观点的人认为，认定行为人的行为构成诈骗罪，符合犯罪构成要件、符合刑法的基本原则、符合法条竞合的适用原则。第一，自然人实施的诈骗罪与合同诈骗罪的犯罪构成之间存在包含关系。其主体均为年满16周岁具有刑事责任能力的自然人；主观上均要求具有非法占有之目的，客观上均要求实施了"欺骗"行为，唯客体有所不同，诈骗罪所侵犯的客体是公私财产所有权，而合同诈骗罪所侵犯的是多重客体，不仅包括公私财产所有权，同时还包括市场经济交易秩序和合同管理制度。由此，虽然行为人因数

---

① 《刑法》第24条规定："有下列情形之一，以非法占有为目的，在签订、履行合同过程中，骗取对方当事人财物，数额较大的，处三年以下有期徒刑或者拘役，并处或者单处罚金；数额巨大或者有其他严重情节的，处三年以上十年以下有期徒刑，并处罚金；数额巨大或者有其他特别严重情节的，处十年以上有期徒刑或者无期徒刑，并处罚金或者没收财产……"《刑法》第266条规定："诈骗公私财物，数额较大的，处三年以下有期徒刑、拘役或者管制，并处或者单处罚金；数额巨大或者有其他严重情节的，处三年以上十年以下有期徒刑，并处罚金；数额特别巨大或者有其他特别严重情节的，处十年以上有期徒刑或者无期徒刑，并处罚金或者没收财产。"

额未达合同诈骗罪的追诉标准而不构成合同诈骗罪，但因其行为完全符合诈骗罪的犯罪构成，同时其数额亦达到了诈骗罪的追诉标准，故应认定其行为构成诈骗罪。第二，认定行为人构成诈骗罪符合罪刑法定、适用刑法人人平等、罪责刑相适应三大基本原则。首先，罪刑法定原则，是指只有在某个行为人的行为符合刑法分则中的某一条文，符合某一个罪名的犯罪构成时，才能认定其构成犯罪，否则就不能认定该行为构成犯罪，即所谓的"法无明文规定不为罪"、"法无明文规定不处罚"。正如合同诈骗数额在5000元至2万元之间的行为人，因合同诈骗的数额未达合同诈骗罪的追诉标准，故其行为不构成合同诈骗罪；但行为人的行为却恰恰符合了诈骗罪的犯罪构成，那么就应当以诈骗罪对其定罪量刑。其次，从"适用刑法人人平等原则"来看，行为人的合同诈骗数额没有达到追诉标准，对其当然就不能以合同诈骗犯罪论处，从合同诈骗罪的角度看是平等地适用刑法的，但若站在诈骗罪的角度看，对那些被以诈骗罪定罪的人来说可能就是不平等的了。正如合同诈骗数额在5000元至2万元之间的行为人，如果按合同诈骗罪2万元的追诉标准，那么行为人的行为就不构成合同诈骗罪；倘若另一个行为人用一般的诈骗手段实施诈骗，则只需诈骗数额达到5000元就可以构成诈骗罪。通过这样一比较，不难看出，如果不追究合同诈骗数额在5000元至2万元之间的行为人的刑事责任，显然对后一行为人在适用刑法上是不平等的。同样是诈骗行为，只是手段上有利用合同和未利用合同的差别，追诉标准却截然不同。如果司法实践中也仅因合同诈骗数额未达合同诈骗罪追诉标准就同时排除了合同诈骗罪和诈骗罪的适用，那就明显违背了"适用刑法人人平等原则"。最后，从"罪刑相适应原则"来分析，对于通过一般手段诈骗了5000元的行为需要要对其定罪，同理，对于合同诈骗数额在5000元至2万元之间的行为人也应当定罪处罚，这才符合"重罪重罚、轻罪轻罚，罪刑相称，罚当其罪"的要求。第三，认定合同诈骗数额在5000元至2万元之间的行为人构成诈骗罪，符合符合"法条竞合"的适用原则。所谓"法条竞合"是指一个行为同时符合数个法条规定的犯罪构成，但从数个法条之间的逻辑关系来看，只能适用其中一个法条。① 因一个合同诈骗行为必然同时符合合同诈骗罪和普通诈骗罪的犯罪构成，故其当然属于法条竞合的情形。对于"法条竞合"的适用原则，虽然目前在理论界和实务界都还有较大争议，但通说观点认为，法条竞合的适用原则为：当一个行为同时符合同一法律的普

---

① 张明楷：《刑法学》，法律出版社2012年版，第418页。

通法条与特别法条规定的犯罪构成时，应依具体情况与法律规定，分别适用特别法条优于普通法条、重法条优于轻法条的原则。在通常情况下，应依照特别法条优于普通法条的原则论处，这是因为特别法设立的目的，就是为了对特定犯罪给予特定处罚，或因为某种犯罪特别突出而予以特别规定。但在特殊情况下，应适用重法条优于轻法条的原则，这里的"特殊情况"主要包括两种情形：（1）法律明文规定按重罪定罪处罚；（2）法律虽然没有明文规定按重罪定罪量刑，但对此也未作出禁止性规定，而且按特别法条定罪明显不能做到罪刑相适应时，按照重法条优于轻法条的原则定罪量刑。通过以上分析，我们可以得出这样的结论：在通常情况下，合同诈骗罪作为特别法条是优先于诈骗罪这一普通法条被适用的。但是，这并不意味着犯罪行为一旦符合合同诈骗罪的犯罪形态，就一律排除诈骗罪的适用，因为，法条竞合的适用原则不仅仅是特别法优于普通法，还有"重法优于轻法"的适用。也就是说，当合同诈骗数额没有达到其定罪数额时，当然不能以合同诈骗罪对其追诉定罪，因为要遵循罪刑法定原则。但如果此时的合同诈骗数额已经达到了诈骗罪的定罪数额时，相对合同诈骗罪，此时的诈骗罪就是"重法"，而合同诈骗罪就是"轻法"，按照"重法优于轻法"的适用原则，当然应当以诈骗罪对其追诉定罪。

  持无罪观点的人认为，认定合同诈骗数额在 5000 元至 2 万元之间的行为人构成诈骗罪，不符合"法条竞合"的适用原则，同时有违"罪责刑相适应原则"。第一，在"法条竞合"的情况下，适用重法条优于轻法条的原则需有严格的限制条件。"法条竞合"的一般适用特别法条优于普通法条的原则，只有特殊情况下方才适用重法条优于轻法条的原则，并且必须符合以下三个条件：其一，行为触犯的是同一法律的普通法条与特别法条。其二，同一法律的特别法条规定的法定刑明显低于普通法条规定的法定刑，并缺乏法定刑减轻的根据，而且根据案件的情况，适用特别法条明显违反罪责刑相适应原则。其三，刑法没有禁止适用普通法条，或者说没有指明必须适用特别法条。即当刑法条文规定了"本法另有规定的，依照规定"时，禁止适用普通法条。① 对于普通诈骗罪，《刑法》第 266 条中有"本法另有规定的，依照规定"的规定，亦即说明当有特别法条规定时，刑法禁止该普通法条的适用。因合同诈骗罪与普通诈骗罪的规定之间系特别法条和普通法条之间的关系，故对于合同诈骗数额在 5000 元至 2 万元之间的行为人，必须排除

---

① 张明楷：《刑法学》，法律出版社 2012 年版，第 424 页。

诈骗罪条款的适用，只能适用合同诈骗罪的条款，又因其合同诈骗数额未达合同诈骗罪追诉标准，故应认定其无罪。第二，若认定合同诈骗数额在5000元至2万元之间的行为人构成诈骗罪，将严重违背"罪责刑相适应原则"。为了直观地说明这一问题，我们以案例中的崔某为例。崔某的合同诈骗数额为15000元，若认定其行为构成诈骗罪，则其犯罪数额以达到了诈骗罪起刑点的3倍；相反，倘若崔某的合同诈骗数额为2万元，司法实践中几乎会毫无争议地按照合同诈骗罪来处理，则其犯罪数额刚刚达到合同诈骗罪的起刑点。因合同诈骗与诈骗罪的法定最低量刑档次基本相同，若将合同诈骗数额在5000元至2万元之间的行为人以诈骗罪定罪量刑，则完全有可能出现对合同诈骗1.5万元的行为人量刑重于合同诈骗2万元的行为人的悖论，严重违背"罪责刑相适应原则"。

（二）导致对合同诈骗行为此罪与彼罪的认定出现障碍

在"法条竞合"的情况下，刑法规定了特别法条优于普通法条、重法条优于轻法条两大基本适用原则，但对两者的位阶则并无明确的规定。因此，司法实践中，对于自然人利用合同实施的诈骗行为，如果其数额在人民币5万元至10万元之间，就会产生该行为人构成诈骗或是构成合同诈骗罪两种认识分歧。假定一个行为人的合同诈骗数额恰好是5万元，若按照特别法条优于普通法条原则，以合同诈骗罪对其定罪量刑，则其可能被判处3年以下有期徒刑或者拘役，并处或者单处罚金；若按照重法条优于轻法条的原则，以诈骗罪对其定罪量刑，则因其犯罪数额巨大，至少将被判处3年以上有期徒刑。由此可见，在现行的数额标准下，因对法条适用解释方法的不同，将可能导致对同一行为定性的混乱。

（三）导致合同诈骗罪数额标准本身的逻辑混乱

对于合同诈骗罪的数额标准高于诈骗罪数额标准的理解，实践中主要有两种解释。一种观点认为，刑法将合同诈骗罪置于分则第三章第八节，其保护的重点在于市场经济交易秩序和合同管理制度，公私财产所有权虽然也在其保护之列，但地位相对低于前者。而市场经济的一个基本原则是效率优先、兼顾公平，效率是第一顺序的，同时，市场主体以"合同"方式实施的经济行为，金额一般较大，若合同诈骗罪的数额标准设置过低，对于保护交易安全有利，但却有可能对市场经济的效率带来不利的影响。另一种观点认为，"合同"本身就具有保护交易安全的功能，在以"合同"为载体的交易中，交易双方具有更高的注意义务，在签订、履行合同中受骗的被害人，其本身的过失要高于普通诈骗罪的被害人，因此，合同诈骗罪的数额标准要高于普通诈骗罪。

以上两种解释，看似合理，实则不然。其一，严厉打击合同诈骗行为，对合同诈骗罪设置较低的数额标准，更有利于保障交易安全，而交易安全系数的提高，会增强市场主体的安全感，不仅不会降低市场经济的效率，反而更有利于维护正常的市场经济交易秩序。其二，随着经济社会的发展，"合同"已不仅仅限于书面的经济合同，"口头合同"属于合同诈骗罪中的"合同"已成通说，以"合同"方式进行的交易也并非全是大额交易，行为人以"口头合同"的方式实施诈骗行为与普通诈骗罪的诈骗行为无太大区别，对合同诈骗的被害人提出更高的注意义务，不仅于法无据，而且不合常理。其三，现行合同诈骗罪数额标准本身存在严重的逻辑混乱。仍以重庆市为例，个人进行合同诈骗数额巨大和诈骗公私财物数额巨大的标准均为人民币50万元，但合同诈骗罪"数额较大"的标准是2万元，诈骗罪数额较大的标准是5000元，合同诈骗罪"数额巨大"的标准是10万元，诈骗罪数额巨大的标准是5万元。即使认可前述对于合同诈骗罪的数额标准应当高于诈骗罪数额标准的两种解释，那么也应当是合同诈骗罪的数额标准整体高于普通诈骗罪的数额标准。然现行合同诈骗罪与诈骗罪"数额特别巨大"的标准一致，但合同诈骗罪"数额较大"、"数额巨大"的标准却远高于一般诈骗罪的标准，无论用效率优先、被害人更高的注意义务抑或是"合同"交易金额大都无法对此作出合理解释。

三、数额标准的重新厘定

现行合同诈骗罪数额标准设置不当，不仅使司法实践中罪与非罪、此罪与彼罪的认定出现困难，而且其本身的逻辑层次也较为混乱，有必要重新进行厘定。然而犯罪数额标准的制定，必须考虑立法目、量刑档次、当地经济社会发展水平等因素。基于诈骗罪与合同诈骗罪之间的特殊关系，我们可以以诈骗罪的追诉标准为参照，对合同诈骗罪的数额标准进行适当调整。此法不仅简单，而且可以解决因数额标准引起的罪与非罪、此罪与彼罪的争论，同时也利于理清数额标准本身的逻辑关系。仍以重庆市为例，既然合同诈骗罪与诈骗罪均以人民币50万元作为"数额特别巨大"的标准，亦可将人民币5万元作为两罪"数额巨大"的标准,将人民币5000元作为两罪数额较大的标准。

对于这一数额标准,应当解决三个基本问题:其一,为何以现行普通诈骗罪而非合同诈骗罪的数额标准作为两罪的追诉标准?其二,两罪使用同一数额标准是否会导致合同诈骗罪的单独设立失去意义?其三,设定此数额标准是否考虑了量刑档次、当地经济社会发展水平等因素?

对于第一个问题,笔者认为,以诈骗罪的数额标准作为两罪的数额标准,更符合立法目的。1997年修订刑法以前,在司法实践中对利用合同骗取数额较大财物的行为,均是以诈骗罪定罪。1985年7月18日,最高人民法院、最高人民检察院《关于当前办理经济犯罪案件中的具体应用法律若干问题的解答(试行)》中规定:"国营单位或集体经济组织不具备履行合同的能力,而其主管人员和直接责任人员以骗取财物为目的,采取欺诈手段同其他单位或个人签订合同骗取财物数额较大,给对方造成严重经济损失的,应按诈骗罪追究其主管人员和直接责任人员的刑事责任。"尽管如此,此后的司法实践依然表明,合同诈骗犯罪活动有增无减,于是1996年12月16日最高人民法院《关于审理诈骗案件具体应用法律若干问题的解释》又明确规定:"根据刑法第一百五十一条和第一百五十二条的规定利用经济合同诈骗他人财物数额较大的,构成诈骗罪。"在刑法修订前以及修订过程中,对于利用合同诈骗的犯罪是否应单独规定为一个罪名,刑法学界及司法实践部门均存在否定与肯定两种不同意见。否定的观点认为,以合同进行的诈骗行为应同样按刑法规定的诈骗罪处理,不宜另设新罪名。因为实践中诈骗犯罪的方式是多种多样的,是随着各个时期政治经济形势的不同而不断发展变化的。只要符合诈骗罪的法律特征,作案方式方法的不同不能影响诈骗罪的认定,也绝不能根据不同时期主要作案方式方法上的不同而去设定新罪名。增设罪名必须考虑到法律的连续性和稳定性,而不能将其当作一种权宜之计。肯定的观点认为,在我国刑法中有必要增加合同诈骗罪。其理由是:在商品经济大发展的形势下,利用签订合同诈骗财物大有愈演愈烈之势。这类诈骗案件手段复杂,不宜识别,涉及面广,数额巨大,危害严重。增设合同诈骗罪是司法实践处理这类犯罪的客观需要。合同诈骗罪与普通诈骗罪虽然都是诈骗罪,但两者在构成特征上存在很大差别,诈骗罪属于侵犯财产罪,侵害的客体是公私财产所有权,而利用合同诈骗的行为,不仅侵害了他人的财产所有权,同时还破坏了市场经济秩序和合同管理制度,因此在关于刑法修改的讨论过程中，越来越多的学者提出把利用合同实施的诈骗犯罪从诈骗罪中分离出来。修订后的刑法将利用合同诈骗的犯罪单立罪名，并置于分则破坏社会主义市场经济秩序罪一章的扰乱市场秩序罪一节，加强了对此类犯罪的刑法调控力度。① 由此可见，合同诈骗罪单立的初衷在严厉打击此类行为，同时，因合同诈骗罪不仅侵害了他人的财产所有权，而且破坏了市场经济秩序和合同管理制度，其社会危害性不可能低于普通诈骗罪，故其定罪量刑的数额标准不应高于普通诈骗罪的数额标准。综上，以现行普通诈骗罪而非合同诈骗罪的数额标准作为两罪的追诉标准更为适宜。

对于第二个问题，笔者认为两罪使用同一数额标准不仅会导致合同诈骗罪的单独设立失去意义，还可避免合同诈骗罪与诈骗罪之间因数额标准而引起的罪与非罪、此罪与彼罪的争议。笔者认为，1997年刑法增设合同诈骗罪，以加强对合同诈骗行为的打击，其核心手段是在合同诈骗罪中规定了单位犯罪，而普通诈骗罪则不可能成立单位犯罪，因此，两罪数额标准的同一，也仅限于自然人犯罪的情形，不会影响合同诈骗罪的单独设立之意义。此外，两罪数额标准同一后，罪与非罪只有一个追诉标准，此罪与彼罪的认定也只需考虑行为性质，可有效避免数额标准不同而带来的执法混乱。

对于第三个问题，笔者认为，合同诈骗罪与诈骗罪法定刑量刑幅度基本一致，诈骗罪的数额标准系司法解释和司法解释授权的有权机构所制定，其制定时必然考虑了当地经济社会发展水平、各罪名之间数额标准的平衡等因素，该标准逻辑层次清晰，且经多年司法实践检验，证明其科学合理，故可将其作为合同诈骗罪与诈骗罪两罪共同的数额标准。

---

① 王玉珏、杨坚研：《细说合同诈骗罪》，载《上海商业》2002年第9期。

办理毒品案件的现实问题探讨

李廷明*

一、关于"特情引诱"

近年来,公安机关使用"特情引诱"方法侦破的毒品犯罪案件越来越多,涉及对"特情引诱"是否属于技术侦查措施和如何规范等诸多问题,给案件认定带来了一定的现实困难。

(一)关于"特情引诱"的认识

公安部颁发的《公安机关办理刑事案件程序规定》(以下简称《程序规定》)在"技术侦查"一节中第254条、第262条、第264条规定了对重大毒品案件使用"隐匿身份实施侦查"的技术侦查措施。但由于公安机关对"特情引诱"的具体含义无明确规定,"特情引诱"是否属于"隐匿身份实施侦查"的技术侦查措施就显得较为模糊。

一种观点认为,"特情引诱"实质是"隐匿身份实施侦查"。"特情引诱"是公安机关经过严格程序批准,由聘请的特殊情报人员(通常指"特

---

* 李廷明,重庆市丰都县人民检察院副检察长。

情"）在侦查人员的安排授意和实际控制下，依靠自己隐匿的身份，将本已实施毒品犯罪的人"引诱"出来，并由侦查人员借此收集、固定有关证据，从而达到破案目的的一种活动，它具有公安机关按照规定程序实际控制的合法性、证据收集的客观性和与案件有关的相关性，符合《程序规定》的有关原则精神。

另一种观点则认为，"特情引诱"不等于"隐匿身份实施侦查"。虽然"特情引诱"是公安机关指定的"特情"在侦查人员的组织下，按照侦查人员的意图，依靠自己不具有侦查人员实际身份的隐匿性，通过一定方式将毒品犯罪者"引诱"出来，从而收集有关证据，达到破案目的的活动，但由于这种活动具有不可确定性，既有可能将有犯罪行为或者有犯罪意图将要实施犯罪的人"引诱"出来，又可能促使没有犯罪行为或者没有犯罪意图的人产生犯罪意图诱使他人犯罪。如果属于前者，就符合《程序规定》的有关原则精神；如果属于后者，那么就违反了《程序规定》第262条的规定，明显有违法之嫌。因此"特情引诱"不是标准的"隐匿身份实施侦查"，需要谨慎行事。笔者同意此种观点，"特情引诱"既含有"隐匿身份实施侦查"的基本要件，又具有"隐匿身份实施侦查"的禁止特征。

（二）关于"特情引诱"的含义及条件

为了准确把握"特情引诱"的含义及证据使用问题，笔者建议可从以下途径入手：

一是明确将"特情引诱"定性为"隐匿身份实施侦查"的技术侦查措施。公安部可采取解释、答复等方式，明确将"特情引诱"作为"隐匿身份实施侦查"的措施之一。

二是明确规定"特情引诱"的基本要件。可将目前司法实践中较为赞同的观点而给出的条件作为"特情引诱"的基本要件，即：（1）前提要件是使用通常的侦查方法无法取证查实；（2）对象要件是被"引诱"的人必须是合理地被认为有重大毒品犯罪嫌疑的人；（3）目的要件是取得毒品犯罪的客观证据；（4）排除要件是不能使被"引诱"者失去自由意志而产生毒品犯罪意图或者实施新的毒品犯罪行为。因此，符合以上基本要件的，实施"特情引诱"的侦查人员或者"特情"的行为是合法的，不构成毒品犯罪的教唆犯或帮助犯，所收集的证据可以作为刑事诉讼证据使用；不符合基本要件的，"特情引诱"即不合法，所收集的证据不能作为刑事诉讼证据使用。

三是明确限定"特情引诱"的几种特殊情形。对"特情引诱"中发生的犯意引诱、数量引诱、间接引诱、提供机会型引诱等特殊方式,要进行必要的限制。按照《程序规定》第 262 条关于"隐匿身份实施侦查时,不得使用促使他人产生犯罪意图的方法诱使他人犯罪"的规定,明确禁止采取上述几种特殊方式促使被"引诱"者本无犯罪意图而产生毒品犯罪动机、本无犯罪行为而被迫实施毒品犯罪等,同时建立健全严格限制引诱主体、明确被引诱对象、确立引诱使用的最后性原则及人民检察院对引诱侦查的监督等制度。

二、关于自行运输毒品的认定

当前在办理毒品犯罪案件中,出现了毒品犯罪者依靠自己或者租用的运输工具自行运输自己的毒品现象,是认定运输毒品犯罪,还是其他种类的毒品犯罪,甚至不以犯罪处理,十分困惑。

(一) 运输毒品犯罪的新认识

运输毒品罪是指违反毒品管理法规,采用携带、邮寄、利用他人或者使用交通工具等方法将毒品从此地转移到彼地的行为。在司法实践中,一般对运输毒品罪侵犯的客体、犯罪的主体没有分歧意见,但随着打击此类犯罪的深入,运输毒品的方式越来越隐蔽,特别是自行运输毒品行为的出现,客观上导致了对运输毒品罪客观方面和主观方面的认识不尽统一。

有观点认为,不论行为人自己运输自己所有的毒品,还是为他人运输毒品,也无论是采用各种交通工具运输,还是采用身体隐藏或者携带毒品,只要明知是毒品而运输,不论其主观上是否以牟利为目的,均不影响运输毒品罪客观方面和主观方面的成立。此种观点认为,自行运输毒品的,无论数量多少、方式怎样、主观如何,均应认定为运输毒品罪。

但在现实办案中,运输毒品犯罪分子的结构和成分发生了深刻变化,呈现出复杂多样的特征。主要有以下几种:(1)指使、雇用他人运输毒品的犯罪分子和接应、接货的毒品所有者、买家或者卖家;(2)运输毒品犯罪集团的首要分子和组织、指使、雇用他人运输毒品的主犯或者毒枭、职业毒犯、毒品再犯;(3)武装掩护、暴力抗拒检查、拘留或者逮捕、参与有组织的国际毒品犯罪、以运输毒品为业、多次运输毒品者;(4)受指使、雇用的贫民、边民或者无业人员;(5)自行运输自己的毒品者。因此,对运输毒品罪客观方面和主观方面需要重新认识。

(二) 自行运输毒品的认定

笔者认为，如果属于上述第 (5) 种自行运输毒品情形的，情况十分复杂，认识也应当有所慎重，对其犯罪的客观和主观方面要认真分析，按照具体的毒品犯罪构成要件分别定性定罪。如果已经查明其主观上以贩卖牟利为目的而自行运输毒品，则应认定为贩卖毒品罪。如果由于认定贩卖毒品的证据不足，客观行为反映出其已将毒品的空间状态进行了转移，又可能兼有较轻的非法持有毒品犯罪等行为，且无正当理由说明其主观内容合法的，可以按照处理牵连犯的原则，以较重的运输毒品罪处理较为适宜的，可以认定为运输毒品罪，但其量刑应当与其他单纯地依靠或者专门从事运输毒品行为有所区别，可以从轻或者减轻处罚。如果运输者只是为了吸食毒品而在购买毒品后自行运输的，认定贩卖毒品、运输毒品就显得十分困难，只能根据查明的毒品数量认定其是否构成非法持有毒品罪。如果已经达到非法持有毒品罪构罪标准的，按非法持有毒品罪定罪处罚；达不到非法持有毒品罪构罪标准的，不能以该犯罪论处。

三、关于非法持有毒品罪"情节严重"的把握

(一) 法律或司法解释未对非法持有毒品罪"情节严重"规定具体标准

《刑法》第 348 条规定："非法持有海洛因或者甲基苯丙胺十克以上不满五十克，处三年以下有期徒刑、拘役或者管制，并处罚金；情节严重的，处三年以上七年以下有期徒刑，并处罚金。"从此条规定可以看出，刑法虽对非法持有毒品罪规定了具体的数量起止标准和量刑幅度，但对其中"情节严重"却未规定具体数量，亦未规定哪些具体情节。同时，截至目前最高人民法院、最高人民检察院也未对非法持有毒品罪的"情节严重"规定具体的司法解释标准。因此，从立法层面和司法解释角度两个方面看，非法持有毒品罪的"情节严重"只是一个法律规定的摆设，司法实践中难以把握。

(二) 执法实践对非法持有毒品罪"情节严重"认识不统一

虽然法律或司法解释未对非法持有毒品罪"情节严重"制定具体标准，

但在执法实践中却遇到了很多此类案件必须处理，执法中大体出现了较为稳固的两种观点。

第一，数量或者情节分别说。持此种观点的认为，只要非法持有毒品达到一定数量，或者具有一些从重处罚的特别情节的，就应分别认定为情节严重。其主要理由是：

一是参考司法解释规定。最高人民法院《关于审理毒品案件定罪量刑标准有关问题的解释》规定，对走私、贩卖、运输、制造毒品罪"情节严重"规定为7克以上，其具体折算为10克的70%，说明只要达到该条规定最高数量的70%以上，即可认定为"情节严重"。那么，如果以此为参考推算，在最高人民法院未对非法持有毒品罪"情节严重"制定具体数量标准的情况下，也可按此比例进行折算，即非法持有毒品在35克（50克的70%）以上的，即使没有其他法定、酌定从重处罚情节，也可认定为非法持有毒品"情节严重"。

二是司法实践的有益探索。北京、上海等地的高级法院在分别调研辖区内各级法院对非法持有毒品案件的具体量刑情况后，经过充分酝酿讨论，在大量探索的基础上，制定了辖区内内部掌握的具体标准。有的以30克以上、有的以35克以上作为认定"情节严重"的数量标准。

第二，数量和情节兼容说。持此种观点的认为，非法持有毒品在达到一定数量的基础上还必须兼有累犯、再犯等法定或者其他酌定从重处罚情节的，才能认定为"情节严重"；如果只具备数量标准或者只具备其他严重情节的，均不能认定为"情节严重"。主要理由：一是根据刑法"法无明文规定不为罪"的规定，凡是法律或者司法解释无明文规定标准的，一律不得认定；二是北京、上海等地的司法实践探索不是司法判例或者指导判例，按照刑法关于不能类推的规定，不能作为办案可执行的依据。

上述两种观点分别从不同的角度阐述了不同的理由，都有重要的参考价值。但笔者认为，两种观点均有一定缺陷。第一种观点中凡是"具有一些从重处罚特别情节"的即可认定为"情节严重"，混淆了对该罪整体量刑幅度实行从重处罚的标准，由于非法持有毒品罪的法定量刑幅度只有两个，即"七年以上有期徒刑"和"七年以下有期徒刑"（在此幅度内有两个量刑档次，即3年以下有期徒刑、拘役或者管制和3年以上7年以下有期徒刑），如果将"具有一些从重处罚特别情节"认定为"情节严重"，那就无法说明此规定是对"七年以下有期徒刑"的量刑幅度还是对"七年以上有期徒刑"的量刑幅度中"情节严重"的标准。第二种观点完全忽视了数量的"单一作用，虽然毒品犯罪案件不以数量作为必备条件，但在非法持有毒品犯罪案件中数量却是构成犯罪甚至认定"情节严重"的"单一"标准。

由于有上述观点的存在，司法实践中一般按照有利于"被告人"的做法，对"非法持有海洛因或者甲基苯丙胺十克以上不满五十克"的案件，绝大多数在"三年以下有期徒刑、拘役或者管制"的幅度内量刑。如某甲非法持有海洛因或者甲基苯丙胺 10.1 克，对其应当在 3 年以下有期徒刑的量刑幅度内判处刑罚；某乙非法持有海洛因或者甲基苯丙胺 49.9 克，由于无"情节严重"的司法解释，如果按照最为保守的做法，也只能对其在 3 年以下有期徒刑的量刑幅度内判处刑罚。某乙非法持有同种毒品的数量大于某甲 3 倍多，而获得的刑罚处罚幅度与某甲却几乎同等。同时，如果按此判例推论，某乙非法持有海洛因或者甲基苯丙胺 49.9 克只判处最高 3 年有期徒刑与某丙非法持有海洛因或者甲基苯丙胺 50.1 克最低应当判处 7 年有期徒刑的案件相比，前者与后者数量仅差 0.2 克但刑期却相差至少 4 年。这样的判例必然造成司法实践的明显不公。因此，很有必要及时对非法持有毒品罪的"情节严重"制定统一标准。

（三）制定非法持有毒品罪"情节严重"标准的建议

为了有效打击非法持有毒品犯罪，根据法律规定和司法实践探索的经验，笔者建议：具有下列情形之一的，可以认定为非法持有毒品"情节严重"：（1）非法持有海洛因或者甲基苯丙胺 35 克以上不满 50 克的；（2）非法持有海洛因或者甲基苯丙胺 10 克以上不满 50 克，并具有主犯、累犯、再犯、前科等情节或者采取武装方式非法持有毒品，暴力抗拒检查、拘留或者逮捕的；（3）曾因非法持有毒品被行政处罚又非法持有毒品数量在 25 克以上不满 50 克的。同时，对非法持有其他种类的毒品，按照有关司法解释的规定，参照上述比例确定具体标准。

四、走私、贩卖、运输、制造毒品罪"情节特别严重"兼累犯、再犯如何适用刑法规定

司法实践中，对犯走私、贩卖、运输、制造毒品罪并具有"情节特别严重"情形的，适用刑法有关规定较为容易。但在办案中对此类犯罪既有"情节特别严重"情形又兼毒品再犯或者累犯的，如何适用刑法规定意见分歧较大，基本难以把握。

《刑法》第 347 条第 2 款规定："走私、贩卖、运输、制造毒品，有下列情形之一的，处十五年有期徒刑、无期徒刑或者死刑，并处没收财产：走私、贩卖、运输、制造鸦片一千克以上、海洛因或者甲基苯丙胺五十克以上或者其他毒品数量大的；走私、贩卖、运输、制造毒品集团的首要分子；武装掩护走私、贩卖、运输、制造毒品的；以暴力抗拒检查、拘留、逮捕，情节严重的；参与有组织的国际贩毒活动的。"从此条规定可以看出，犯走私、贩卖、运输、制造毒品罪并具有上述"情节特别严重"情形之一的，应当判处 15 年有期徒刑、无期徒刑或者死刑。对于既有"情节特别严重"情形又兼毒品再犯或者累犯的，在这个刑法的基本量刑幅度内如何量刑，不仅是一个适用刑法量刑的问题，而且涉及案件是否属于中级人民法院管辖问题，有必要统一执法尺度。

（一）该款规定的是一个量刑幅度

对此有两种不同的观点，直接影响对案件的处理。一种观点认为，该款规定的是三个量刑幅度，即"十五年有期徒刑"、"无期徒刑"和"死刑"各为一个量刑幅度，符合立法规定关于不同刑种分别排列的精神。另一种观点则认为，虽然该款规定从表面上看视乎有三个不同的主刑刑种兼一个附加刑，好似有三个不同的量刑幅度，但实质上却是一个统一的量刑幅度，即在这一个量刑幅度内最低的刑罚是 15 年有期徒刑，最高的刑罚是死刑，不存在三个量刑幅度的认识。

笔者同意后一种观点，前者混淆了量刑幅度与量刑档次的概念。根据刑法的立法精神，各种犯罪依据不同的行为特征、数量、情节等因素，均设立不同的量刑幅度，同时在一个量刑幅度内又设立不同的量刑档次。《刑法》第 347 条共设立三个量刑幅度，即第一个量刑幅度是"十五年有期徒刑、无期徒刑或者死刑"；第二个量刑幅度是"七年以上有期徒刑"；第三个量刑幅度是"三年以上七年以下有期徒刑，三年以下有期徒刑、拘役或者管制"，在这三个量刑幅度内分别又有各自的量刑档次，如"三年以上七年以下有期徒刑，三年以下有期徒刑、拘役或者管制"这一量刑幅度内就分别规定了两个量刑档次，一个是"三年以上七年以下有期徒刑"，另一个是"三年以下有期徒刑、拘役或者管制"。如果按照第一种观点，那么《刑法》第 347 条共设立了 6 个量刑幅度，显然既不符合立法原意，也不符合执法规律。

(二) 毒品再犯、累犯应当从重处罚

最高人民法院《印发〈全国部分法院审理毒品犯罪案件工作座谈会纪要〉的通知》第8条关于"毒品再犯问题"规定，"只要因走私、贩卖、运输、制造、非法持有毒品罪被判过刑，不论是在刑罚执行完毕后，还是在缓刑、假释或者暂予监外执行期间，又犯刑法分则第六章第七节规定的犯罪的，都是毒品再犯，应当从重处罚"，"对同时构成累犯和毒品再犯的被告人，应当同时引用刑法关于累犯和毒品再犯的条款从重处罚"。此规定说明：只要系毒品再犯、累犯的，均应当从重处罚。根据最高人民法院研究室关于对"从重处罚"如何理解的答复精神，"从重处罚"应当在法律规定的量刑幅度内选择较重的刑种或者刑期，而不是在一个量刑档次内选择较重的刑种或者刑期。

(三) 对走私、贩卖、运输、制造毒品罪"情节特别严重"兼累犯、再犯量刑的最低刑应为无期徒刑

如前所述，走私、贩卖、运输、制造毒品罪"情节特别严重"的量刑幅度是"十五年有期徒刑、无期徒刑或者死刑，并处罚金"，如果走私、贩卖、运输、制造毒品罪"情节特别严重"兼累犯、再犯的，就应当在此量刑幅度内从重处罚。由于此量刑幅度规定的是"十五年有期徒刑"、"无期徒刑"和"死刑"三个固定的刑种，属于法律特别且固定的规定，不允许行使自由裁量权。因此，从重处罚只能在这三个不同刑种中选择较重的刑种，个人认为最低应选择无期徒刑。如果对此类案件的被告人等同于不具备累犯、再犯情形的"情节特别严重"的犯罪分子，统一判处"十五年有期徒刑"，就无法体现对走私、贩卖、运输、制造毒品罪的毒品再犯、累犯从重处罚的立法含义和司法解释精神。

毒品案件中"代购毒品"的法律认定问题研究

赵 靖* 但 萍**

一、"代购毒品"犯罪现状及原因分析

所谓代购毒品，是指行为人受他人之托帮助购买毒品，再转手给委托人的行为。司法实践中最为常见的代购毒品行为，主要是指行为人帮助吸毒者代买毒品的行为。代购毒品行为是一种新型、多样化的毒品犯罪形式，且在近年来的司法实践中呈现日益多发的态势。以重庆市北碚区办理毒品案件的情况为例，该区检察机关公诉部门2010年，共受理刑事案件892件984人，其中涉及刑法第六章第七节规定的毒品犯罪案件共计334件385人，分别占受理总案件数的37.4%和总人数的39.1%。2011年，共受理刑事案件963件1076人，其中涉及刑法第六章第七节规定的毒品犯罪案件共计445件515人，分别占受理总案件数的46.2%和总人数的47.9%。2012年，共受理刑

---

* 赵靖，重庆市北碚区人民检察院法律政策研究室主任，全国检察理论研究人才，法学硕士。
** 但萍，重庆市北碚区人民检察院公诉科副科长，法学硕士。

事案件995件1097人，其中涉及刑法第六章第七节规定的毒品犯罪案件共计512件580人，分别占受理总案件数的51.5%和总人数的52.9%。2013年1月至6月，共受理刑事案件460件516人，其中涉及刑法第六章第七节规定的毒品犯罪案件共计310件356人，分别占受理总案件数的67.4%和总人数的68.9%（具体比例见图1）。

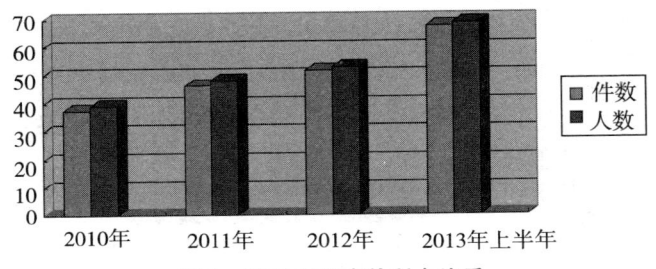

图1 毒品犯罪案件所占比重

由上述数据可以看出毒品犯罪案件已成为北碚区公安机关近年来集中力量侦办的主要类型案件，但是在上述贩毒类案件当中涉嫌"代购毒品"犯罪案件的又居多。2010年，"代购毒品"案件为205件244人，分别占毒品案件总案件数的61.5%和总人数的63.4%。2011年，"代购毒品"案件为298件354人，分别占毒品案件总案件数的67.1%和总人数的68.8%。2012年，"代购毒品"案件为389件449人，分别占毒品案件总案件数的75.9%和总人数的77.4%。2013年上半年，"代购毒品"案件为249件291人，分别占毒品案件总案件数的80.2%和总人数的81.7%（具体比例见图2）。

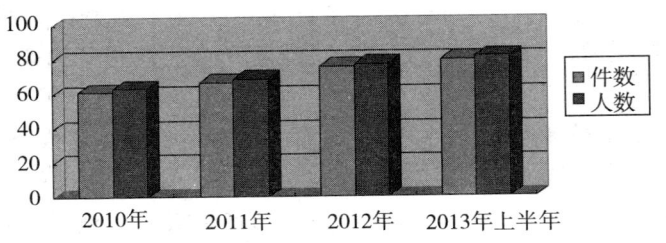

图2 "代购毒品"案件占毒品犯罪案件的比例

由上述数据可以看出"代购毒品"案件不仅在整个毒品类犯罪案件中所占比例较大，而且有逐年上升的趋势。在不起诉的"代购毒品"案件中，因事实不清、证据不足被检察机关作出了存疑不起诉决定的又占多数。2010年、2011年、2012年、2013年上半年，因事实不清、证据不足被检察机关作出了存疑不起诉决定的"代购毒品"案件，分别占不起诉"代购毒品"案件总件数的72.9%、78.3%、82.2%和85.6%。2010年、2011年、2012年、2013年上半年，因事实不清、证据不足被检察机关作出了存疑不起诉决定的"代购毒品"案件嫌疑人，分别占不起诉"代购毒品"案件总人数的73.4%、79.9%、83.6%和87.1%（具体比例见图3）。

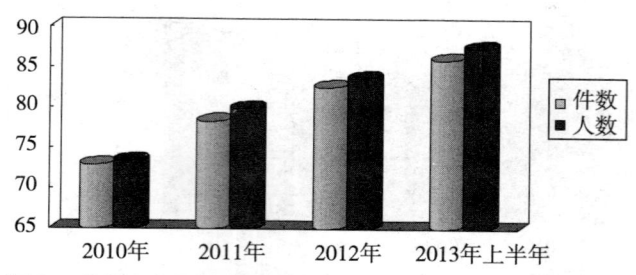

图3 "代购毒品"存疑不起诉占"代购毒品"案件的比例

"代购毒品"案件近年来有增多的趋势，究其原因有多个方面，但我们发现未能查获贩卖毒品的上家是一个应当引起高度重视的原因。因事实不清、证据不足被检察机关作出了存疑不起诉决定的大多数案件均是由于侦查机关在未查获贩卖毒品上家的情况下行为人为了逃避打击就故意辩解其系为他人代购毒品，在口供"一对一"的情况下，司法机关无法查证行为人到底是否牟利、是否系明知他人实施毒品犯罪而居间介绍等情况，从而导致司法机关无法及时准确地追究行为人的刑事责任。而这些行为人事实上有的是专门贩卖毒品的，有的则是以贩养吸，有的多次被强制戒毒，有的则多次因毒品犯罪被判刑坐牢。有的行为人自己总结了许多逃避打击的"经验方法"，有的则是通过与其他"粉友"、"狱友"交流获得了逃避打击的"秘诀"。①

此外，由于最高人民法院关于审理毒品犯罪案件工作座谈会纪要的有关内容不明确，给一线办案人员在执法办案中带来了认识分歧和无尽的困惑，导致司法机关无法及时准确地追究行为人的刑事责任，进而导致"代购毒品"案件不断增多的又一重要原因。② 最高人民法院于2008年9月形成的《全国部分法院审理毒品犯罪案件工作座谈会纪要》（以下简称《纪要》）中规定："有证据证明行为人不以牟利为目的，为他人代购仅用于吸食的毒

---

① 聂云：《代购毒品从中分食该当何罪》，载《广西政法管理干部学院学报》2012年第1期。
② 王笑音：《贩卖毒品罪疑难问题探析》，载《法制与经济》2012年第4期。

品，毒品数量超过刑法第三百四十八条规定的最低数量标准的，对托购者、代购者应以非法持有毒品罪定罪。代购者从中牟利，变相加价贩卖毒品的，对代购者应以贩卖毒品罪定罪。明知他人实施毒品犯罪而为其居间介绍、代购代卖的，无论是否牟利，都应以相关毒品犯罪的共犯论处。"

2000年4月出台的《全国法院审理毒品犯罪案件工作座谈会纪要》中规定，有证据证明行为人不是以营利为目的，为他人代买仅用于吸食的毒品，毒品数量超过《刑法》第348条规定数量最低标准构成犯罪的，托购者、代购者均构成非法持有毒品罪。但是，对此情形下行为人从中牟利的如何处罚，没有明确规定，致使司法实践中存在分歧。2008年9月形成的纪要明确了对代购者为吸毒人员代买毒品并牟利的，应以贩卖毒品罪定罪。上述纪要虽然明确规定了代购毒品并加价牟利的构成贩卖毒品罪，但是对于何谓"以营利为目的"或"以牟利为目的"、如何界定"为他人代买"等问题存在巨大的认识分歧，给一线办案人员在执法办案中带来了无尽的困惑，毒品犯罪中同一罪名涉及的不同行为的定性也随之成为刑事司法人员面临的无法回避的难题，但目前我国公、检、法相关部门对这一问题的认识还不够深入，具体处理方式上随意性较大。①

因此，笔者拟通过一些真实案例对毒品犯罪中"代购毒品"行为的性质进行简要分析，对侦查机关在案件的证据收集方面存在的问题逐一加以介绍，并对如何正确认识"代购毒品"行为的性质以及在该类案件中如何及时全面合法地收集相关证据提出一些建议，希望引起法律工作者对这一问题的关注和重视。

二、有关"代购毒品"犯罪的典型案例

重庆市北碚区人民检察院公诉部门2013年上半年办理的几个有关"代购毒品"犯罪的典型案例：

案例1：A区的吸毒人员甲让乙为其向B区的丙代买5000元的毒品冰毒供甲自己吸食，同时他把5000元钱打到了乙的银行卡上。后乙从卡上取出甲打过来的5000元钱购买了10克冰毒，从B区乘车携带至A区，当乙下车后被抓获。案发后，未抓获贩卖毒品的上家丙。

---

① 王丽芳：《为吸毒人员代买毒品的行为是否构成贩卖毒品罪》，载《中国检察官》2013年第5期。

案例2：甲为吸食毒品找到乙，给乙200元人民币，让乙帮其向丙购买0.2克毒品冰毒，并许诺过后会分些给乙吸食。乙同意后用甲给的200元向丙购买了0.2克毒品冰毒。在拿毒品给甲的路途中，乙被公安机关抓获。案发后，未抓获贩卖毒品的上家丙。

案例3：甲吸毒，但一时找不到卖家，但其知道乙有获取毒品的渠道，即叫乙帮忙购买100元的毒品冰毒。乙找到自己认识的贩毒人员丙，向丙以100元购买了0.1克毒品冰毒。后乙将0.1克毒品冰毒交付给甲，甲给乙人民币100元，乙被公安机关抓获。案发后，未抓获贩卖毒品的上家丙。

案例4：甲是吸毒人员，找到认识的乙，给乙500元人民币，让乙帮忙向丙购买2克毒品冰毒。乙随即同意，用甲给的500元人民币向丙买了2克毒品冰毒，乙在将毒品交付给甲时被公安机关抓获。在审讯中，乙供述听说甲曾戒过毒，但不清楚甲是否又在复吸，其答应帮甲买毒品时，没有考虑甲买回毒品是作什么用途的。案发后，未抓获贩卖毒品的上家丙。

案例5：甲是吸毒人员，找到认识的乙，给乙200元人民币，让乙帮忙向丙购买价值200元的毒品冰毒。乙随即同意并乘公交车从B区赶到丙所在的A区，用甲给的200元人民币中的150元向丙买了0.15克毒品冰毒，乙在将毒品交付给甲时被公安机关抓获。但因向乙贩卖毒品的丙未抓获，丙以150元的价格贩卖0.15克冰毒给乙的情况，只有乙本人的供述予以证实。乙声称其赚取的50元系为甲购买毒品所花的车费，经查证B区到A区的公交车往返价格为40元。

三、"代购毒品"行为的认识分歧及评析

案例1中，有人主张乙的行为可以构成运输毒品罪。

案例2中，有人认为代购者在代购行为中确实获取了利益，但是这种利益并不是经济学概念中的营利，不能认定为"以营利为目的"。

案例3中，有人认为该情况属于典型的代购行为，如毒品数量未超过《刑法》第348条规定数量最低标准的，不认为是犯罪行为。

案例4中，有人认为乙不清楚甲购买毒品的具体用途，不能认定乙的行为构成贩卖毒品罪。

案例5中，有人认为乙赚取的50元差价是为他人代购毒品的正常花费不能认定为加价牟利，即便认定乙的行为系代购毒品过程中的加价牟利行为，因该加价牟利的情况只有乙一人的供述证明，没有其他证据予以印证，

证据不充分，因而不宜认定乙存在加价牟利的行为，进而在无法收取的其他证据证实其加价牟利的情况下，应对其作出存疑不起诉处理。

上述案例中，乙的行为应如何认定，涉及的关键问题其实就在《纪要》中规定："有证据证明行为人不以牟利为目的，为他人代买仅用于吸食的毒品，毒品数量超过刑法第三百四十八条规定数量最低标准，构成犯罪的，托购者、代购者均构成非法持有毒品罪。"该规定应如何进行司法适用。争议的焦点主要体现在如下三个方面：（1）何谓"以牟利为目的"；（2）如何界定"为他人代买"；（3）"仅用于吸食的毒品"在该规定中的含义。

最高人民法院《纪要》中明确了毒品犯罪中代购毒品行为作为一种特殊的行为形式，在打击毒品犯罪工作中应和一般的毒品犯罪行为有所区别。根据刑法"罪责刑相适应"的基本原则，该纪要实际认定了"有证据证明行为人不是以营利为目的，为他人购买仅用于吸食的毒品的"，排除贩毒、运输毒品等重罪。

因此，笔者并不赞同乙的行为构成运输毒品罪。当然，代购毒品的行为作为毒品向社会扩散的一种方式，仍具有的严重社会危害性。司法实践中应严格控制《纪要》中"代购毒品"行为的"准入条件"，以确保对毒品犯罪的打击力度。

（一）如何理解"以牟利为目的"的内涵

《纪要》首先就明确了该条解释中的"代购毒品"行为以"不以牟利为目的"为前提条件。但由于刑法以及相关司法解释中并未明确此处"牟利"的内涵，尤其该"利"是否仅限于单纯的金钱利益？是否还包含其他财产性利益，甚至非财产性利益？按照辞源的解释，牟为多所求取之义；利则有利润、利益之说；牟利的意思是取得的利益超出了应该获得的，一般形容贪婪地谋取巨大利益，违反道德，甚至法律。提到利益，人们很容易就联系到金钱、现金等货币收益，而忽略了利益还可以是获取其他的非货币利益。这一概念引入刑事司法领域时，就容易产生分歧。[①] 结合上述《纪要》精神和我国惩治预防毒品犯罪的具体实际，笔者认为，正确界定这一问题还是要从贩卖毒品的本质属性、行为人的主观恶性和社会危害性的角度来综合考虑，在从严的基础上遵循主客观一致的原则。具体而言，为他人代购毒品的主观目的可分为三种情形：第一种是纯粹出于同情，不忍见吸毒者瘾发时的惨状

---

① 张明楷：《刑法学》，法律出版社2012年版，第271~272页。

而代购毒品,帮助这些瘾君子解一时痛苦的行为,常见于吸毒者的家属、亲朋,代购人自己并未从中获取任何实际的利益;第二种是代购者追求直接的金钱利益,帮托购者购买毒品以从中获取利润;第三种就是案例2中的情形,代购者并不追求直接的金钱利润,但为托购者代购毒品却存在一定的条件,即寻求诸如免费吸食托购人购买的部分毒品、获得其他财物、进行性交易、获得逃避处罚或升职、调动、晋级机会等非金钱利益。三种情形中,第一种情形"不以牟利为目的",第二种情形"以牟利为目的",在理论上和实践中不会存在太大争议。关键是对第三种情形的认定,有人认为第三种情形虽然代购者在代购行为中确实获取了利益,但是这种利益并不是经济学概念中的利益,不能认定为"以牟利为目的"。而笔者认为,第三种情形和第二种情形无论是在行为动机上还是从对社会的危害后果方面,其本质是一致,社会危害性也是等同的。即代购者受到利益的驱使,不顾托购人员亲疏多寡,积极主动地去代购毒品,客观上促成了毒品的买卖交易,造成了毒品的扩散和流转,其行为具有严重的社会危害性。这与第一种情形中代购者并不获得任何利益,对代购毒品行为并不会积极主动追求,毒品也不会扩散到除托购者以外的其他社会成员的行为是根本不同的。因此,笔者认为,《纪要》的"牟利",应非仅限于金钱利益,还包含其他财产性利益甚至非财产性利益。故案例2中乙的行为应认定为贩毒。

  这里还涉及另外一个问题,即帮忙购毒者虽然从托购者手中获取了一定的差价,但是其辩解这部分钱是为托购者购买毒品所花费的诸如油费、车费等必要费用,而经查证代购者取得的差价的确又和该区域往返所需的必要交通费用、油费相符或者相差不大。有人认为如果存在代购者声称赚取的交通费用与实际生活中所必需的交通费用相符或者相差不大的不宜认定代购者具有加价牟利的行为,从而导致无法认定代购者的行为构成犯罪。

  笔者认为这一观点有违刑法有关毒品犯罪条文的立法精神。贩卖毒品犯罪是一种严重破坏社会秩序、危害公众身心健康的犯罪行为,这种行为不属于正常经济生活中商品运输转移的物流行为,不存在被法律所承认和保护的所谓运输费用。如果将代购者为促成了毒品的买卖交易而积极主动地去代购毒品,从而产生的相应交通运输费用认定为合理必要的成本,而不认定该行为属于代购毒品中的加价牟利行为,无疑是变相承认法律认可毒品犯罪中存在必要的交通费用、运输成本,而收取这些所谓交通费用、运输成本是不会被刑法评价为违法犯罪行为的合理行为。这种观点一方面明显违背贩卖、运输毒品条文的规定;另一方面也给代购者逃避法律责任创造了良好的借口。

此外，在实践中如何把握所谓合理的运输费用也没有可操作性。在例5中从A区到B区乘坐公交车往返需要花费40元，但是如果乘坐出租车则要花费100元，乘坐甲公司的普通车辆需要40元，乘坐乙公司的空调车则需要50元，那么是否意味着代购者选择乘坐何种交通工具、哪一家运输公司的车辆，就将成为决定其行为是否构成犯罪的标准？即便确定某一家运输公司的车辆或者某一种运输价格作为必要的毒品运输成本的参照，那么到底与该参考价格相差多大属于合理范围，是否只要大于该参考价格的情况都属于加价牟利的范围。因此，上述观点显然既不符合刑法的基本理论，也与逻辑常识相悖。

笔者认为，不论代购者以什么样的名义来对赚取的差价进行辩解，只要在毒品转移的过程中，代购者从托购者处获取的毒品价格高于贩卖毒品上家提供毒品的价格，就应认定代购者在代购毒品的过程中加价牟利。

（二）如何认定"为他人代买"

"为他人代买"是《纪要》中代购毒品的行为要件。实践中，"居间介绍"与代购毒品容易混淆。根据最高人民法院《关于适用〈全国人民代表大会常务委员会关于禁毒的决定〉的若干问题的解释》（以下简称《解释》）的规定："居间介绍买卖毒品的，无论是否获利，均以贩卖毒品的共犯论处。"可见"居间介绍"同为帮助购毒之行为，"居间"者同样可以未从中获利，但在法律定性上与代购毒品存在明显的差异。因此，只有正确把握和认定上述两种帮助购毒行为的性质，才能有助于公正司法，准确惩处毒品犯罪行为。从司法实践来看，"为他人代买"毒品往往可分为两种情况：一种情况是吸毒者明知某地某人有毒品，而让他人到指定地点去把少量的毒买回来，代购人仅起跑腿作用；另一种情况是吸毒者不知购毒渠道，但知道代购人有毒品来源，请代购人代为购买少量毒品。第一种情况实质上托购者与卖毒品方已有直接或间接的联系，仅仅是因为时间、地点及身体等方面的原因，委托代购人向托购人知悉的贩毒人代为购买指定数量、品种的毒品，代购人主要起"跑腿"的作用。这种情况是典型的"为他人代买"毒品行为。第二种情况中，虽然代购人未将毒品买卖双方介绍到一起，看似一种"为他人代买"的行为。但此时代购人通过自己认识和熟悉贩毒者，在得知托购人购毒需求后，通过自己的撮合让托购人实现了自己的需求，也帮助贩毒者顺利找到了买家，其行为主观上带有"居间"的故意，客观上扩大了毒品的社会流转面，具有严重的社会危害性。因此，笔者认为该种情况不宜认定为代购毒品中的"为他人代买"行为,而应属于《解释》中的"居间介绍",应以贩毒罪论处。故案例3中乙的行为宜认定为贩毒。但是在司法实践中,往往将上述两种情况均认定为"为他人代买"毒品的行为,从而让许多实际实施了"居间介绍"的行为人,逃避了刑事责任的追究。

此外,还涉及"为他人代买"应由谁先垫资的问题。笔者认为,由谁先垫资并不是认定"为他人代买"的关键,即无论是托购人先出资,还是由代购人先垫资,都不会影响到托购人、代购人、贩毒人之间的实质关系,也不会影响到"为他人代买"的行为本质,因此,谁先垫资的问题并不构成认定"为他人代买"行为的必要条件。[①]

(三)"仅用于吸食的毒品"的界定

司法实践中,对"代购毒品"行为的研究与适用一般多侧重于对"以牟利为目的"及"为他人代买"的认定,往往忽视了对"仅用于吸食的毒品"这一行为人行为对象的界定。但在具体案例的法律适用上,代购人对行为对象是"仅用于吸食的毒品",在主观形态上的认知程度应如何把握,仍会存在一定的争议。笔者认为,《纪要》对"代购毒品"行为法律定性的规定是一条排除重罪的条款,即在司法实践中,考虑到《纪要》中规定的"代购毒品"行为确实较一般的毒品犯罪行为社会危害性小,而以纪要的形式排除了对该种行为以贩毒等重罪进行认定。从法理上讲,代购人无论其代购毒品行为最终是否入罪,但至少其代购毒品的行为是不合法的。行为人实施不合法的行为,对其行为产生的社会后果应当承担防止社会危害性恶化的作为义务,就理应在主观上对其行为对象有更清楚的认识,这也是对代购人适用轻罪的法律条件。[②] 因此,笔者认为《纪要》中规定的"仅用于吸食的毒品"应严格控制在以下两个方面:一是托购人明确告诉了代购人购买的毒品是"仅用于吸食的毒品"或者托购人虽然未明说,但其言语或行为明确表达了托购的毒品是"仅用于吸食的毒品",如托购人告诉代购人"毒瘾发作特别难受"、代购人看见托购人毒瘾发作在苦苦挣扎等;二是代购人内心确定托购人托购的毒品是"仅用于吸食的毒品"。这两个方面缺一不可。故案例4中,乙对甲托购毒品的用途持一种放任的态度,则不能适用重罪的排除性条款,乙的行为仍应定性为贩毒。当然,至于代购人在为托购人代购

---

① 马克昌:《刑法学》,武汉大学出版2011年版,第194页。
② 赵秉志:《刑法学》,法律出版社2010年版,第358页。

了"仅用于吸食的毒品",并将毒品交付托购人,后托购人并未将该毒品"仅用于吸食",则不应影响到对代购人适用轻罪的认定,否则就有客观归罪之嫌。

四、侦查机关在"代购毒品"案件中证据收集方面存在的主要问题

典型案例反映的侦查机关在代购毒品案件中证据收集方面主要存在以下几个方面的问题。

(一)重言词证据的收集,轻实物证据的收集

由于受到"口供是证据之王"的影响,侦查机关在抓获贩卖毒品的犯罪嫌疑人时,往往只注重如何攻下犯罪嫌疑人的口供,而忽视了对与案件有关的其他证据的收集,如有些侦查人员在缴获了毒品,固定了有罪供述后就不再去收集手机、指纹等证据,一旦犯罪嫌疑人翻供,侦查部门很难再补充收集到有价值的证据,导致指控证据不足。又如,对犯罪嫌疑人供述中陈述的与贩毒的事实相关的人员的证言、物证、书证未及时收集加以印证,案件移送起诉后,需补充证据时,由于一些证人系外地人,不知去向,有些物证、书证已灭失,难以形成证据锁链。

(二)忽视对侦查讯问活动合法性证据的收集固定

大部分毒品案件主要依靠言词证据定案,侦查机关在讯问时通常不会制作同步录音录像,致使部分犯罪嫌疑人在审查起诉阶段和审判阶段,推翻其以前的有罪供述,并指出侦查人员有刑讯逼供行为,但侦查机关却无法提出有力的证据证实取证行为的合法性。部分案件中侦查机关采用录音录像的方式固定犯罪嫌疑人供述,但实际工作中录音录像不能与讯问过程同步,很多时候是做了书面的笔录后,又重新对讯问过程进行录制。

(三)证据提取不及时

部分案件在有条件提取视听资料的情况下,对有关的监控录像(如银行取款监控、住宿酒店监控)未及时调取,致使时间过长,相关证据已灭失。部分案件中从犯罪嫌疑人处扣押的用于协商贩毒、运毒等事宜的手机,公安机关未提取手机内能够证明犯罪的通讯录名单、通话、短信等信息。

（四）毒品的收集、固定、保全、移送无统一的规范

毒品不仅是一般意义上的赃物，而且也是特殊的物证。因此，对查获的毒品严格管理，不仅是诉讼的需要，也是国家对毒品实施管制的需要。但在司法实践中，发生过因侦查机关不规范保存导致毒品脱水、霉变以致灭失的情况，导致诉讼中毒品数量及种类难以认定。

五、对侦查机关在"代购毒品"案件中证据收集的建议

在代购毒品案件中，根据犯罪嫌疑人的供述找到书证，需要及时固定，在固定书证的过程中需要供述补强的证据要及时补充讯问，要注意证据之间的吻合与印证，确保毒品的来源去向、毒资的源头和去向能形成清晰完整的证据链条。在抓捕犯罪嫌疑人之前要先固定犯罪证据。也就是说，在侦破案件的过程中就应做到边经营、边收集、固定证据，只有确实掌握了犯罪证据的情况下再实施抓捕行动。具体而言，在收集和固定证据中应注重以下方面：

（一）讯问犯罪嫌疑人时应进行同步录音录像

针对当前毒品犯罪案件犯罪嫌疑人翻供较多，其他证据又比较薄弱的问题，讯问时应进行同步录音录像，审查起诉时要及时移送公诉部门。针对目前犯罪嫌疑人往往辩解不识字，侦查人员没给宣读，或虽认识，但侦查人员没给看或由于笔录的字太草，看不明白等情况，笔录形成后一定要让犯罪嫌疑人仔细阅读后签字，并推广电子笔录，不仅对供述内容是否属实签字确认，还应对笔录形成情况签字确认。

（二）及时收集固定与案件有关的各类证据

对于与案件有关的各类证据及时收集固定。即在抓获犯罪嫌疑人并同时缴获了毒品后，及时取得犯罪嫌疑人的有罪供述和无罪辩解，并调取犯罪嫌疑人的指纹、手机及通话详单，核查其自报的姓名与所持手机卡信息是否一致，核查证人提供的犯罪嫌疑人身份情况与其体貌特征是否相符，查明犯罪嫌疑人是否属再犯、有无吸毒史，查明毒品的性状、来源以及买毒者的相关信息等，用多种证据方式印证犯罪嫌疑人、被告人的有罪供述，在侦查环节就断绝犯罪嫌疑人的翻供念头，形成完整的证据链，真正做到想翻不能翻，

使案件经得起时间的考验。

（三）将用技侦手段获取的材料转化为法定证据使用

通过技侦手段获取的材料必须要及时转化为法定证据使用。具体转化可以采用以下方法：一是将秘密录音、录像取得的视听资料转化为犯罪嫌疑人的口供，如将录音、录像播放给犯罪嫌疑人听或观看，使其与所作出的有罪供述相互印证；二是公安机关根据技侦手段取得的证据材料，由县级以上公安机关出具书面的"情况说明"，对技侦取得的证据材料的内容进行客观叙述，作为书证提供给检察机关和审判机关。

（四）及时查找代购人购买毒品的上家

司法实践中，公安机关为了保证完成上级机关有关办案数量的考核任务，故意不查找或消极查找代购人购买毒品的上家，使得许多案件由于代购人购买毒品的上家没有找到，导致代购人在代买毒品过程中是否加价牟利无法认定，使那些加价牟利的代购人无法受到法律追究。司法实践中，这类案件数量很多且检察机关因事实不清、证据不足都会作出存疑不起诉决定。由于公安机关不仅有办案数量的考核，而且有不起诉率的考核，所以当检察机关对这类案件的不起诉达到一定数量时，就会超出公安机关有关不起诉率的考核要求。个别公安机关就会要求检察机关配合他们作建议撤案处理。但是按照新刑事诉讼法的规定，已取消了检察机关建议公安机关撤案的情况，对证据不足的案件只能作出存疑不起诉处理。针对这种情况，目前公安机关采取的应对措施是，要求检察机关将案件退回补充侦查。退回补充侦查后，公安机关就不再移送审查起诉。笔者认为，公安机关这样做存在两个方面的问题：一是退回补充侦查只能由检察机关自行作出决定，公安机关无权要求检察机关将案件退回补充侦查，检察机关也不应当为了"配合"公安机关去作这样的决定。二是依据法律规定只有一种情况下，退回补充侦查后公安机关才有权不再移送审查起诉，那即是发现犯罪行为并非移送案件中的犯罪嫌疑人所为。在其他情况下，包括证实犯罪嫌疑人犯罪证据不足的情况下，都只能再次移送检察机关，由检察机关作出存疑不起诉的决定。为此，笔者提出几点建议：一是公安机关应当彻底取消有关办案数量的考核任务。因为实践表明，办案数量的考核使得公安机关只重视办案数量不重视办案质量，有的公安机关为了完成任务，故意去放纵案件发生或人为地制造案件发生。许多"做出来"的案件由于质量差被检察机关存疑不诉或绝对不诉，有的被迫自己作撤案处理。二是公安机关应当排除一切困难，及时积极查找代购人购买毒品的上家。这样不仅可以及时准确地打击代购人的犯罪行为，而且可以阻断代购人购买毒品的上家向更多的下家贩卖毒品。从而有效地抑制"代购毒品"犯罪日益增多的势头。三是检察机关应当严格执行新刑事诉讼法的有关规定，对于证据不足、事实不清的案件只能作出存疑不起诉决定，不能为了"配合"公安机关违法作退回补充侦查处理；而对于符合法律规定条件退回补充侦查的案件，如果公安机关不再移送审查起诉的，应当及时调查原因，对于无法定理由的案件，应当督促公安机关再次移送审查起诉。

民事检察及
综合类问题研究

新民事诉讼法中检察机关
调查核实权的探索和完善

李建超* 罗海萍** 张福坤***

一、调查核实权概述

(一) 调查核实权的含义

从本质上讲,调查核实权是行使民事检察监督权的一种手段。调查核实权是指检察机关通过对民事申诉案件和相关法律文书的审查,或通过其他渠道,发现法院作出的生效民事裁判错误,或者审判人员贪污受贿等法律规定情形时,进行相关调查核实活动的权力。调查核实权是一项保障民事监督有效实施的具体权能,立法者用"调查核实"这样的概念,而不用诸如调查、调查取证、调查收集证据等词汇,可见,调查核实有其特有的含义。笔者认

---

* 李建超,重庆市永川区人民检察院检察长。
** 罗海萍,重庆市永川区人民检察院民行科干警。
*** 张福坤,重庆市永川区人民检察院研究室副主任。

为，新民事诉讼法赋予检察机关的"调查核实权"，实质上包含了调查和核实两项权能，调查即取证的意思，核实则是对所有与案件有关的证据进行审查。在实践中，检察机关调取新证据的情况相对较少，这是由检察监督的事后性和有限性所决定的，因此，检察机关更应该加强核实权的运用。

（二）调查核实权的特点

民事法律监督中的调查核实权具有以下特点：

1. 权力来源的派生性

调查核实权是由民事检察权派生而来的，是履行民事诉讼法律监督职能的重要手段。①

2. 目的的监督性

调查核实权在行使上从属于履行法律监督职能的需要，必须围绕法律监督目的的有效实现和职能的充分履行来展开。

3. 范围的有限性

调查核实的范围必须符合法律规定，即新《民事诉讼法》第200条规定的13种情形以及第208条规定的情形。

4. 地位的中立性

调查核实的着眼点并不是要干预属于私法范围内的民事法律关系，而是对同属于公法范畴的人民法院的审判权行使的一种监督，是防止公权力的滥用。

5. 手段的非强制性

民事法律监督的调查核实权遵循了民事诉讼一般规律，不能将其理解为类似刑事诉讼中的带有强制性的侦查权。

二、民事诉讼法中的调查核实权

在新民事诉讼法修改之前，检察机关对民事申诉案件进行调查核实的主

---

① 郑青：《民事法律监督调查权的内涵与实践功效》，载《人民检察》2010年第11期。

要依据存在效力层级较低，法律无明确授权等弊端①。直到 2012 年 8 月民事诉讼法修改通过，该法第 210 条规定，"人民检察院因履行法律监督职责提出检察建议或者抗诉的需要，可以向当事人或者案外人调查核实有关情况"，首次以法律形式确认了检察机关的调查核实权。

（一）新《民事诉讼法》第 210 条之含义

首先，民事检察监督的事后性和有限性决定了检察机关的调查核实权侧重于调查核实民事申诉案件原审的有关情况，即检察机关仅对生效裁判确定的事实有一定调查核实权。其次，此条规定的调查核实权是设限的。检察机关行使调查核实权要有正当取向，在履行法律监督职责时才能实施，并且是为了抗诉或者提出检察建议的需要。再次，此调查核实权非强制、非必须。本条中的"可以"正是由平等主体之间的民事诉讼法律关系决定的，检察机关认为必要时才可以行使调查核实权，避免错用、滥用调查核实权而对民事诉讼当事人的平等地位造成冲击。另外，调查核实对象是"当事人或者案外人"。此处表面上解决了"能够向什么人进行调查核实"的问题，而且继承了"两高"《关于对民事审判活动与行政诉讼实行法律监督的若干意见（试行）》（以下简称《若干意见》）中关于调查核实对象的规定。实际上，"案外人"引发的问题很多，如"案外人是否包含审判人员"。笔者认为，从司法实践来看，程序违法往往与审判人员和国家机关有千丝万缕的联系，因此，"案外人"应当包括审判人员。最后，调查核实的范围或者内容是"有关情况"。本条规定的"有关情况"，不能理解为仅限于认定案件事实的证据，而应理解为检方因履行法律监督职责提出检察建议或者抗诉而需要了解和查证的所有情况。除认定案件事实的证据外，还应包括原审法律适用、审判组织、审理程序、审判人员是否存在违法行为等情况。

调查核实权的赋予，不仅能够保障民事检察监督权的正确行使，也是保

---

① 2001 年 9 月 30 日最高人民检察院发布检察院民行部门内部工作规范性文件《人民检察院民事行政抗诉案件办案规则》（以下简称《办案规则》），其中第 18 条规定了检察机关可以行使调查权的四种情形，但没有明确检察机关调查取证的意图。2010 年 6 月，最高人民法院办公厅与最高人民检察院办公厅下发《关于调阅诉讼卷宗有关问题的通知》（以下简称《通知》）规定了检察机关可以查阅或者调阅人民法院的诉讼卷宗。2011 年 4 月"两高"《关于对民事审判活动与行政诉讼实行法律监督的若干意见（试行）》（以下简称《若干意见》）正式用"调查核实"这一概念，文件第 3 条、第 13 条对检察机关的调查核实权作出了规定。

证其监督权威和监督功能发挥的正确选择①。新民事诉讼法概括性地规定了调查核实的目的、条件、对象、范围，这有利于民事检察监督目的的实现，有利于进一步强化检察监督职能，有利于促进案件质量的提高，但却未解决司法实践中一些现实性问题。

（二）新《民事诉讼法》第210条之不足

1. 未明确调查核实的具体措施

具体、可操作性的措施是检察机关行使民事调查核实权的保障，如果没有具体配套的措施，检察机关的调查核实权就只能作为抽象的法律概念而存在，将失去它应有的作用。实践中，检察机关自侦部门办理职务犯罪案件的调查权已经被普遍认知，但检察机关在民事诉讼领域的调查核实权仍未被部分单位和个人认识和理解，在民事调查核实权缺乏强制力的客观情况下，如果被调查单位和个人不予配合，法律规定的调查核实权将缺乏必要的保障措施。实践中，经常因为检察机关采取的调查核实措施不被认可而影响检察监督的效果，使得调查核实权本身的价值被否定。因而，对检察机关的调查核实有必要予以措施保障，防止上述后果的出现。

2. 未明确检察机关调取证据的效力

不少学者认为检察机关作为国家的法律监督机关，依照法定职权遵循法定程序调取的证据，其合法性无须怀疑。其所得证据的效力类似于人民法院依职权调查取得证据的效力，"但所取证据在再审庭审时的运用依然是一个值得研究的问题，它包含两方面问题：一是如何说明证据来源；二是由谁对证据进行质证"。② 检察机关调取的证据作为提出检察建议或者抗诉的依据，但是，当案件再审时能否作为认定案件事实的依据，法律或者司法解释均未明确规定。"两高"《若干意见》第13条规定，检察机关行使调查取证权取得的证据，应在法庭上出示，并回答当事人的质疑，但对于检察机关调取证据的效力如何认定，仍缺乏规定，司法实践中检、法两家存在认识上的分歧和矛盾，这将为检察机关民事法律监督职能作用的发挥带来一定影响。

---

① 王建：《角色与定位：民事检察制度修改的法理审视》，载《检察日报》2012年9月26日第3版。

② 江宪法：《民事检察证据运用的法理与实践》，载《华东政法学院学报》2001年第5期。

3. 未解决谁来监督"监督者"的问题

谁来监督监督者，监督过多反而会使监督者的素质每况愈下。① 如果说强化检察监督是 2012 年民事诉讼法修改的指导思想之一，那么如何确保检察机关严守检察权的边界，防止和制止监督权的滥用？如何规范调查核实权？这些在新民事诉讼法中并未提及的问题需要民行部门工作人员认真思考并切实解决。如前文所述，检察机关行使调查核实权的主要目的是通过了解与生效判决、裁定、调解书有关的特定信息，从而决定是否提出检察建议或者抗诉。如果调查核实权不加限制地使用，则很有可能造成公权侵害私权的现象。另外，检察机关在监督中，如果滥用调查核实权，将有限的调查核实变成无限的调查取证，势必会使得再审程序频繁启动，使得人民法院依法作出的裁判由于检方无限制的调查取证而变得脆弱，导致人民法院的生效裁判处在一个不安定的状态，影响生效裁判的既判力。最终，这种监督的恣意会从根本上动摇法律的权威性，影响和动摇检察机关的法律监督职能。

三、新民事诉讼法实施中调查核实权的具体完善措施

（一）坚持原则

1. 职权法定原则

根据新《民事诉讼法》第 14 条的规定，检察权是对审判权的监督，是公权对公权的监督，这就要求依职权监督②。新《民事诉讼法》第 200 条、第 208 条、第 209 条、第 210 条，明确规定了检察机关在民事诉讼监督中运用调查核实权的范围、目的、前置条件，这是贯彻职权法定原则的体现。检察机关要坚持客观公正和依法调查原则，注意规范和正确运用调查核实权，不能超出需要了解情况的必要范围，不能替代当事人举证，也不能将调查核实理解为类似刑事诉讼中的侦查。

2. 适度性原则

检察机关办理民事抗诉案件时行使调查权必须保持高度的谦抑性。检察监督的目的并不是民事个案的公正，而是通过对个案的介入和监督，实现对司法审判权的制衡，最终实现法律适用的统一。检察机关在审查民行申诉案

---

① 贺卫方：《运送正义的方式》，上海三联书店 2002 年版，第 166 页。
② 孙加瑞：《民事行政检察的审判化误区与检察化回归》，载《国家检察官学院学报》2012 年第 3 期。

件的过程中，对证据有疑问的，为了发现案件真相、维护公平正义、达到诉讼监督的目的，可以主动对证据进行调查核实，但应当规范、适度地运用调查核实权。坚持以"书面审查"为主，以核实为主，调查取证只是一种慎用的辅助手段，调查核实目的主要是了解与生效判决、裁定、调解书有关的特定信息，不应超出为提出检察建议或者抗诉而需要了解的具体范围。

3. 制约性原则

检察机关在调查核实活动中应保持公正和中立。检察官要认真把握当事人举证责任与调查核实权各自的边界，防止代替当事人的举证责任，要尊重并保护当事人的合法权益，不能违背当事人之间合法、自愿的民事处分原则。对于涉及国家秘密、个人隐私、信息安全等问题，更要依法行事，严格遵守相关规定。因此，检察机关行使调查核实权应注意建立检察机关的内部制约机制，同时也要建立外部监督机制，要自觉接受法院、律师和当事人的监督，重视征求法院对监督工作的意见、建议，认真听取各方当事人及律师的意见。

（二）加强与法院沟通

民事诉讼法修改后，基层民行部门将会在履行监督职责的过程中直接和同级法院及诉讼当事人打交道，这使检法两家的关系从之前的注重配合到真正意义上的监督和被监督转变，基层法院的心理上将会产生较大的抵触情绪，这种情绪可能会通过不配合工作甚至于利用法律规定的不全面来拒绝监督，这种局面往往很难在短时间内得到改变。① 在这种背景下，检察机关运用调查核实权调取的证据是否可以转化为"再审证据"作为法院再审认定案件事实的依据，关系到再审案件能否改判，关系到检察机关提出检察建议或者抗诉的结果，最终影响到检察机关法律监督的效果。因此，笔者认为，一方面，检察机关要严格履行法律监督职责，充分运用好民事诉讼法授予的调查核实手段；另一方面，也要注重工作方法，在法律规定的范围内做好沟通协调工作。

新《民事诉讼法》第 63 条第 2 款规定："证据必须查证属实，才能作为认定事实的根据。"笔者认为，"两高"《若干意见》第 13 条虽然规定了检察机关行使调查权取得的证据，应在法庭上出示，并对当事人提出的问题

---

① 刘宏成：《民事诉讼法修改给基层民行检察工作带来的机遇与挑战》，载《法制与社会》2012 年第 11 期。

予以说明。但是，会签文件并没有规定在那些情况下检察人员应予以说明，如果当事人所有的质疑检察机关都要予以说明，那么，检察机关调查收集的证据合法性难免受到质疑，检察机关法律监督者的身份也可能受到挑战。因此，针对新民诉法未规定的检察机关调查所得证据的效力问题，检、法两家应共同研究商讨，尽可能统一认识，消除分歧，就实践操作中的细节性问题达成共识，以更好地实现司法公共、维护国家法制的统一、尊严和权威。

（三）以司法解释或者实施细则来完善立法的不足

检察机关的民事调查核实权首次被写入国家基本法律，处于立法技术的考虑，很多操作上的细节问题并没有上升至立法层面。这使得法律在实践运用中，难免过于概括、笼统，缺乏具体的细化指导。为了保证检察机关能够用好调查核实权，笔者建议应参考现有司法解释的相关规定，在民事诉讼法实施细则或者司法解释中补充、完善立法。

首先，为了促使那些了解真实情况的单位和个人提供证据，有必要将有关单位和组织向检察机关提供证据上升为一种法定义务。其次，为了保证检察机关能够顺利地查清裁判是否确有错误或程序违反法律、法规，应当以立法的形式明确赋予检察机关调查核实的具体措施，如根据案件的实际需要，采取查询、调取、复制相关证据材料，询问诉讼当事人或证人，鉴定、勘验、评估、审计以及向有关部门进行专业咨询等措施，不得采用查封、扣押、冻结等强制措施，不得限制被调查人的人身自由。再次，从程序设计上规范调查核实的具体行为，如检察人员在调查核实时应该由2人以上进行；检察人员在调查核实时应该出示相关证件；检察人员对调查取得的证据必须依法保存；证人证言应该向证人当场宣读，并由其签名，对书证、物证等应该制作证据清单，一式两份并由当事人签名等。最后，要规定检察过错责任，特别是要严格规范检察机关民行办案人员与法官、律师、当事人和中介的关系，健全回避制度，坚决防止检察人员和民事诉讼一方当事人形成利益共同体，坚决防止利用检察监督权谋取私利等违法违纪行为。

（四）注重与相关文件的衔接

修改后的民事诉讼法吸收了大部分重要司改成果，但没有将所有改革成果转化为立法。从立法角度而言，有些尚不需要上升到立法层面，有些还需要进一步实践和探索，有些意见还不完全一致。① 因此，贯彻落实修改后的民事诉讼法，还要认真做好与相关文件的衔接工作。一是对于民诉法修改时已经吸收的内容，应当直接执行修改后的民事诉讼法的规定。例如，《若干意见》第3条第1款第1项，即人民检察院对于已经发生法律效力的判决、裁定、调解如果有可能损害国家利益、社会公共利益的情况时，检察机关可以向当事人或者案外人调查核实，这一内容已经被新《民事诉讼法》第208条吸收，因此，检察机关应当直接执行修改后的民事诉讼法规定。二是司改文件与修改后民事诉讼法不一致的，应当按照修改后民事诉讼法的规定执行。又如，新民事诉讼法将《若干意见》第3条第1款第2项中的"证据"改为"主要证据"，将"原告、第三人"改为了"当事人"，检察机关在监督时就应该针对主要证据进行调查核实。三是虽然民诉法未作规定，但司改文件规定与立法精神没有冲突，如调阅诉讼卷宗，仍应继续抓好落实。

---

① 最高人民法院民事诉讼法修改研究小组编著：《〈中华人民共和国民事诉讼法〉修改条文理解与使用》，人民法院出版社2012年版，第484~486页。

民行再审检察建议实证研究[*]

戴 萍[**] 王家鹏[***]

引 言

"再审检察建议,是指人民检察院在办理民事、行政抗诉案件中,认为人民法院已经发生法律效力的民事、行政判决、裁定或调解确有错误,向人民法院发出《再审检察建议书》,从而启动人民法院再审程序的一种监督方式。"[①] 民事、行政再审检察建议是我国民事、行政检察监督中较为独特的制度之一,且在司法实践中长期适用和不断发展。最高人民检察院(以下

---

[*] 本文主要侧重于民事再审检察建议的论述,但题目定为"民行再审检察建议实证研究",原因有二:其一,民行检察是检察机关的一个重要职能部门,民行再审检察建议在实务中由同一部门行使,最高人民检察院出台的司法解释也对民行一并作出规定,因此,此种安排可以保持与司法实践的统一;其二,虽然实务中行政再审检察建议极少,但收集的数据均以民行再审检察建议形式出现,出于严谨考虑也有此必要。如无特别说明,本文论述中再审检察建议均指民行再审检察建议。

[**] 戴萍,重庆市北碚区人民检察院检察长,全国检察业务专家。

[***] 王家鹏,重庆市北碚区人民检察院法律政策研究室助理检察员。

[①] 周有智、王忠华:《关于适用再审检察建议的调查与分析》,载《人民检察》2005年第10期(下)。

简称最高检）2004年至2010年及2013年向全国人大所做的工作报告中均有提及再审检察建议。2001年最高人民检察院出台的《人民检察院民事行政抗诉案件办案规则》（以下简称《民行抗诉规则》）和最高人民法院发布的《全国审判监督工作座谈会关于当前审判监督工作若干问题的纪要》（以下简称《审判监督纪要》），只是对再审检察建议的适用范围和条件作了大致的规定，缺乏具体的操作程序；而且从立法层面上看，《民行抗诉规则》是检察院通过自我授权的形式制定的工作制度，缺乏立法上的正当性，《审判监督纪要》是法院的内部文件，不能形成对法检双方强有力的约束。这导致了再审检察建议在实践运用中的混乱，对其是否采纳很大程度上取决于检法双方的关系是否融洽，缺乏法律的严肃性。2011年3月，最高人民检察院、最高人民法院会签了《关于对民事审判活动与行政诉讼实行法律监督的若干意见（试行）》，明确规定地方各级人民检察院对符合抗诉条件的判决、裁定、调解，经检察委员会决定，可以向同级人民法院提出再审检察建议，并要求人民法院收到再审检察建议后3个月内，书面回复提出建议的人民检察院，人民检察院认为人民法院不予再审的决定不当的，应当提请上级人民检察院提出抗诉，肯定了再审检察建议制度。2013年1月1日起施行的新《民事诉讼法》第208条明确规定："地方各级人民检察院对同级人民法院已经发生法律效力的判决、裁定，发现有本法第二百条规定情形之一的，或者发现调解书损害国家利益、社会公共利益的，可以向同级人民法院提出检察建议，并报上级人民检察院备案；也可以提请上级人民检察院向同级人民法院提出抗诉。各级人民检察院对审判监督程序以外的其他审判程序中审判人员的违法行为，有权向同级人民法院提出检察建议。"这是检察建议以法律的形式出现在诉讼法中，也是对司法体制改革成果的充分体现。从上述可知，再审检察建议在实践中运用的时间并不算短，因此，对再审检察建议的实证考察将有利于发现其在以往运行中的规律及存在的问题，便于在未来的实施中更好地发挥作用。

一、回顾：民行再审检察建议的实践考察与解读

2001年最高人民检察院制定的《民行抗诉规则》规定了检察建议，其中第47条就民行再审检察建议作出了相应的规定。之后，最高人民检察院在向全国人大所作的工作报告中往往着重提及再审检察建议，而该报告能够较为全面地总结检察工作，其内容和数据反映了最高人民检察院及全国人大

对全国检察工作的看法，具有较高的权威性和广泛的代表性。最高人民检察院 2003 年的报告中虽提及检察建议，但并未以再审检察建议的形式命名，因此，在分析再审检察建议数据时从 2004 年报告开始对全国再审检察建议历年的统计数据做一简要分析。根据报告统计，2003 年至 2009 年，全国检察机关提出再审检察建议数量分别为：3316 件、4333 件、5192 件、5949 件、5992 件、5222 件、6714 件；2011 年至 2012 年最高人民检察院向全国人大所作的工作报告中并没有单列再审检察建议，但从 2013 年报告对"过去五年检察工作回顾"中可以推算出 2010 年至 2012 年平均每年全国检察机关提出的再审检察建议约为 11296 件（见图 1）。①

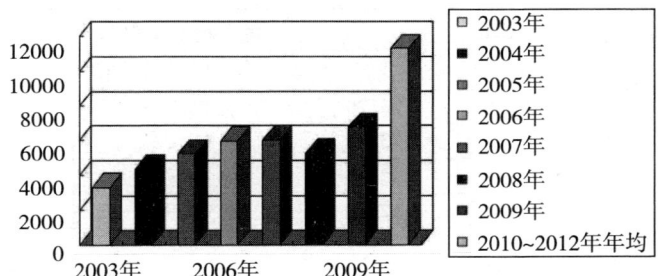

图 1　2003~2012 年全国检察机关提出的再审检察建议（单位：件）

从以上最高人民检察院每年工作报告中有关再审检察建议的数据可以看出关于再审检察建议实践中的几个特点：

1. 在检察实践中民行再审检察建议其实包括两种，即民事再审检察建议和行政再审检察建议。因检察系统在机构设置上的缘由并未将二者作出具体区分。

2. 从数据上看，再审检察建议的总数整体呈现上升态势，但并不是一个直线上升趋势，而是忽高忽低。2008 年民行检察建议总数与上一年相比下降尤为明显，比上年减少 12.85%。这与民事诉讼法关于民事案件的再审修改有很大关系。

3. 2002 年是最高人民检察院制定施行《民行抗诉规则》的第一年，所以在此之前的工作报告中并未有民行再审检察建议的统计数字，即使是 2003 年的报告中也未直接提及再审检察建议，而是以检察建议冠之。从 2004 年开始在工作报告中才出现民行再审检察建议的统计数据。

4. 2011 年与 2012 年最高人民检察院在向人大所作的报告中也未提及再

---

① 数据来源于最高人民检察院 2004 年至 2013 年向全国人大所作的工作报告。

审检察建议。这与2009年年底全国政法工作电视电话会议精神不无关系。最高人民检察院根据此次电视电话会议精神提出要把抗诉与再审检察建议有机结合起来,并且特别强调抗诉与息诉并重的工作理念及检调对接等工作机制以促进社会矛盾的化解,这些都在报告有所体现。

抗诉是与再审检察建议密切相关的另外一种民行检察监督方式。为此,我们仍以最高人民检察院向全国人大所作的工作报告中的数据为分析对象,就民行再审检察建议与抗诉在检察实践的运用进行对比(见表1)。①

表1 2003~2012年全国检察机关提出的民行再审检察建议与抗诉情况统计

项目 年份	再审检察建议 (件)	抗诉(件)	再审检察建议与 抗诉比值(%)	备注
2003	3316	13120	25.27	
2004	4333	13218	32.78	
2005	5192	12757	40.70	
2006	5949	12669	46.96	
2007	5992(24782)	11898(63662)	50.36(38.93)	括号中为五年总数及比值
2008	5222	11459	45.57	
2009	6714	11556	58.10	
2010~2012	33887(11296)	32977	102.76	
合计	70605	119654	59.01	

从以上最高人民检察院每年的工作报告中的有关再审检察建议与抗诉的数据对比中可以看出:

1. 从数据可以得知,再审检察建议在检察实践的地位逐步凸显,特别是最近3年的提出总数量超过抗诉提出的总数量,这显示了新民事诉讼法关于检察建议的修改是建立在一定实践基础之上的。

2. 抗诉的变化规律呈现出逐年减少趋势,而再审检察建议的变化规律却相反,呈现出逐年增加趋势,但两者在2008年都出现下降,如上述,这与民事诉讼法的修改有很大关系。

在横向分析上,我们以两个省(直辖市)的民行再审检察建议统计数据为基础,以其他资料为辅助,拟对再审检察建议在实践中的具体运行进行分析,这两个省(直辖市)分别处于我国的东、西部,代表了我国经济发

---

① 数据来源于最高人民检察院向全国人大所作的工作报告。

达与欠发达的地区，具有代表性。

F省人民检察院位于我国东部沿海地区，属经济发达省份。F省人民检察院2008~2012年提出再审检察建议数量及相关数据统计如表2。①

表2 2008~2012年F省人民检察院提出再审检察建议数量及相关数据统计

项目 年份	再审检察建议（件）	法院采纳（件）	采纳率（%）	抗诉（件）	再审检察建议与抗诉的比值（%）	备注
2008	50	44	88	164	30.49	
2009	46	26	56.52	172	26.74	
2010	81	58	71.60	102	79.41	
2011	79	59	74.68	114	69.30	
2012	101（357）	72（259）	71.29（72.55）	99（651）	102.02	括号内为五年总数
合计	357	259	72.55	651	54.84	

C市人民检察院位于我国西南部，属于经济欠发达地区，2008~2012年，C市人民检察院提出再审检察建议数量及相关数据统计如表3。②

表3 2008~2012年C市人民检察院提出再审检察建议数量及相关数据统计

项目 年份	提出再审检察建议数量（件）	法院采纳数量（件）	采纳率（%）	抗诉（件）	再审检察建议数与抗诉数的比值（%）	备注
2008	185	138	74.59	184	100.54	
2009	187	155	82.89	221	84.62	
2010	380	321	84.47	255	149.02	
2011	167	146	87.43	298	56.04	
2012	205	175	85.37	418	49.04	
合计	1124	935	83.19	1376	81.69	

从以上两省（直辖市）数据可以看出检察建议在实践运用中的几个

---

① 福建人大网，http://www.fjrd.gov.cn/fjrdww/Desktop.aspx?PATH=fjrdww/Homepage，2013年6月11日访问。

② 重庆人大网，http://www.ccpc.cq.cn；法律监督网：http://www.cqjcy.gov.cn/home.asp，2013年6月12日访问。

特点：

首先，再审检察建议已经成为检察机关行使检察监督职能、维护社会稳定、服务经济建设的重要工作方式之一，在实践中得到普遍应用。从两个省（直辖市）院数据可以看出，民行再审检察建议成为向人大所作的工作报告的特定组成部分，可见对其重视程度。

其次，两个省（直辖市）院提出的再审检察建议在数量上变化较大。F省提出的民行再审检察建议呈现波浪式上升趋势。而C市2010年提出的民行再审检察建议数量比2009年增长了103.21%，2011年又比2010年减少了56.05%。两个省（直辖市）在2010年提出的民行再审检察建议明显高于往年，这与2010年最高人民检察院《关于加强和改进民事行政检察工作的决定》有很大关系。

再次，F省人民检察院提出的再审检察建议总数远远少于C市人民检察院提出的再审检察建议总数，且C市人民检察院提出的再审检察建议质量较高，除2008年外，法院采纳率均保持在80%以上，而F省人民检察院除2008年法院采纳率达到88%外，2009~2012年法院采纳率均低于80%。此外，从数据可以看出，F省人民检察院再审检察建议数量已经逐渐超过抗诉的数量，这与全国再审检察建议与抗诉的关系变化趋势更为接近。而C市人民检察院依然将抗诉作为民行检察的主要监督方式。

最后，再审检察建议的法院采纳率在实践中不算高，两个省（直辖市）院再审检察建议的法院采纳率分别72.55%和83.19%。从两个省（直辖市）院的分析看，虽然检察机关提出的民行再审检察建议的数量及法院采纳的数量不多，但也说明再审检察建议的确发挥了保障公民个人权利、服务社会经济建设及民行检察法律监督的效用。

综上所述，我们认为再审检察建议可以从以下几个方面分析：

1. 再审检察建议与抗诉之间的关系不清。从上述统计数据可以看出，再审检察建议与抗诉存在此消彼长的关系，为何出现此种状态？我们认为，主要原因在于再审检察建议与抗诉之间的关系不清，即：哪些案件属于可以提出再审检察建议，哪些案件属于可以抗诉的，二者无法完全区别开来。因为抗诉具有强制性，而再审检察建议（在新民事诉讼法实施之前）相对缓和，其"能够发挥其柔性监督的特点，有利于与法院建立良好的工作机制，本着相互配合、相互制约的原则，在构建和谐社会中，实现法律赋予检、法两家各自的职能,以达到司法公正的目的"。① 再审检察建议改变了抗诉激烈的对抗方式,更易于法官接受。因此再审检察建议提出数量逐渐超过抗诉。但是根据新《民事诉讼法》第 208 条第 2 款规定,地方各级人民检察院对同级人民法院已经发生法律效力的判决、裁定,发现有本法第二百条规定情形之一的,或者发现调解书损害国家利益、社会公共利益的,可以向同级人民法院提出检察建议,并报上级人民检察院备案。同时规定上述情况也可以提请上级人民检察院向同级人民法院提出抗诉。新民事诉讼法的规定使得再审检察建议与抗诉的界限更加模糊。对于基层检察院来说,对同级法院提出再审检察建议可能要比向上级检察机关提请抗诉要直接、便捷,这可能导致民行检察部门在以后的执法办案中提出再审检察建议将成为主流。

2. 与法院办理的民行案件总量相比较,检察机关提出的再审检察建议所占比例较小。据统计,2008 年至 2010 年,全国法院共受理民事案件 1955.52 万件。② 根据最高检向全国人大所作报告中的数据显示,同期检察机关提出的再审检察建议数量约占法院受理民事案件的 0.12%,抗诉也只占 0.18% 左右。这一方面反映了法院系统在案件质量管理、法官办案水平上不断提升;另一方面也反映了检察机关民行检察部门在队伍建设、执法办案水平上还有待进一步提高。

3. 民行再审检察建议缺乏实现监督的完整机制。统计数据显示,检察机关提出再审检察建议后,法院的采纳率不高,一个重要原因在于再审检察建议缺乏应有的保障机制。就目前的法律规定而言(新民事诉讼法也只规定了检察建议),未就民行再审检察建议提出的方式、程序作出规定,也未对提出后法院的审查期限、决定是否再审的反馈方式、应当再审而不启动再审程序的制约机制作出明确规定,如若遇到法院对再审检察建议不予理睬,或立案后消极处理时,检察机关缺乏相应的保障机制,十分被动。

4. 法律的修改或新的司法解释的出台对再审检察建议的影响明显。这与提出再审检察建议的法律依据缺失有直接关系。因为新民事诉讼法实施之前的法律虽规定了人民检察院有权对人民法院的民事、行政诉讼活动进行监督,但只规定了以抗诉的方式进行监督,并未规定再审检察建议的监督方式,这使得再审检察建议在运用过程中没有坚实的法律支撑。这种情况下,

---

① 高立新、龚瑞:《民行检察中的再审检察建议》,载《中国检察官》2006 年第 5 期。
② 《全国法院 3 年受理民事案件 1955 万多件》,载 http://news.xinhuanet.com/legal/2011 - 06/24/c_121577220.htm,2013 年 6 月 11 日访问。

法律修改后或出台新的司法解释时,提出再审检察建议的数量极易受到影响。

二、展望:民行再审检察建议完善建议

再审检察建议在司法实践中的广泛运用和实际作用决定了再审检察建议有其存在的正当性的社会基础,因此对于再审检察建议应在新民事诉讼法的基础之上进一步完善。

第一,民行再审检察建议具有检察建议的属性,是履行审判监督的检察建议,检察建议也是第一次以法律形式出现在新民事诉讼法中,这是对检察建议的充分肯定。更为普遍的是"在检察实践中,检察建议完全是以公权力的形式在普遍运作的"。① 然而,我们知道,检察建议这项公权力如果仅仅在一部诉讼法中进行规定显然不具有统辖其他法律的位阶,而只有在较高位阶法律中作出规定才能体现其作为一种法律监督权的权力属性。因此,我们建议在宪法及人民检察院组织法中对检察建议权作为明确规定,并作为检察机关履行法律监督职能的重要方式之一赋予检察机关。同时在行政诉讼法和刑事诉讼法中也应当明确规定检察建议权,以彰显检察建议作为履行法律监督职能的特殊性。

第二,新民事诉讼法就再审检察建议作出了明确规定,那么,检察机关提出民行再审检察建议是有坚实的法律依据的,是检察机关的一项权力。因此必须对民行再审检察建议适用的原则、程序、运行方式作出明确的规定。我们认为:首先民行再审检察建议必须严格依据新《民事诉讼法》第208条的规定提出并报上级检察机关备案,以保障提出的再审检察建议质量。其次在程序上必须履行一定的审批程序。先由办案人员结合案件情况,依照格式要求制作检察建议书,由部门负责人或主诉、主办检察官审核后,报分管检察长审批签发,必要时可经检委会讨论决定。主诉、主办检察官不应拥有再审检察建议的审批签发权。此外,由于再审检察建议的跨部门性,最高法和最高检应该联合出台司法解释,保证再审检察建议在法律适用中能顺畅地得到执行。

第三,完善再审检察建议的时限问题。检察机关办理民行申诉案件必须遵守法律的时效要求,尽快实现对申诉人的法律保护。对于检察机关向法院

---

① 万毅、李小东:《权力的边界:检察建议的实证分析》,载《东方法学》2008年第1期。

发出的再审检察建议，法院何时再审新民事诉讼法没有明确规定。虽然新《民事诉讼法》第 204 条规定人民法院应当自收到再审申请书之日起 3 个月内审查完毕，但再审检察建议是否适用此条尚存争议。出于当事人利益应当及时有效得到保障为原则并且不至于由于因提出再审检察建议而影响抗诉程序的及时启动，我们认为，法院审理再审检察建议的期限应当少于第 204 条规定的期限，建议规定法院对提出的再审检察建议应予在 1 个月内审查，决定是否立案，立案后，应根据法律规定的期限审理终结，作出再审裁判，并将案件处理情况及时送达检察机关，从而使再审检察建议具有不可动摇性和权威性，达到监督目的。

第四，完善再审检察建议与抗诉的衔接机制。如上所述，再审检察建议与抗诉均为民行检察部门的法定监督方式，两者地位齐平，提出条件基本相同，根据目前法律规定二者的界限已经无法截然分开。在此情况下，我们必须将二者结合起来，完善再审检察建议与抗诉的衔接机制，即：检察机关再审检察建议发出后，应加强对已发出建议的跟踪，及时收集法院的反馈信息。对同级法院在规定的期限内不予反馈或不予采纳的再审检察建议，而检察机关认为法院的裁判确实存在错误的，应及时启动抗诉程序，向上级人民法院提请抗诉申请。只有加强再审检察建议与抗诉的有效衔接，才能有效确保民行检察监督维护司法公正作用的发挥。

第五，加强队伍建设，提高再审检察建议采纳率。由于民行检察工作具有专业性强、发展更新速度快等显著特点，而出于工作的统筹安排和工作重心倾斜，民行检察部门的人员往往较少，变动也较为频繁，造成骨干队伍不稳定，且新上岗的民行检察干警往往没有经过专门的岗前业务培训，知识结构可能存在局限，实践能力也比较欠缺，那么，打造一支精通业务的队伍显得尤为紧迫。我们认为，可以通过岗前培训、业务指导、互派交流、岗位练兵、干警自学等方式提高民行检察人员的专业素质。特别是加强对民商事法律及相关司法解释的学习和法理研究，提高法律文书的说理性，切实提高检察人员的素质和办案技能；有针对性地提出再审检察建议，保障所提出的再审检察建议容易被法院采纳，提升采纳率。这不但利于强化再审检察建议的权威性，也利于提高再审检察建议受重视程度。

民事执行检察监督权的发展与完善

石 娟[*]

一、民事诉讼法执行检察监督权的宣誓：孵化与突破

（一）民事诉讼法宣誓前的争论

《民事诉讼法》第14条和第235条明确规定检察机关的执行监督权之前，"反对说"和"引入说"之争，持久而热烈。法院系统是立场最明确和坚定的反对者。从最高人民法院的有关执行监督的司法解释到比较法视野的否定，到自我救济措施的倚重和依赖，都明显地表达反对的意愿。具体而言，司法解释方面，人民法院一边否定检察执行监督，如《关于对执行程序中的裁定的抗诉不予受理的批复》、《关于如何处理人民检察院提出的暂缓执行建议问题的批复》，一边在重要规范性文件强调人大监督、政协监督及社会监督，只字不提检察监督；在比较研究中强调域外没有检察监督，能够找到的法国和俄罗斯立法中所规定的检察院介入执行事务的所谓执行检察

---

[*] 石娟，重庆市渝北区人民检察院诉讼监督局副局长，中国人民大学法学博士研究生。

监督权,都是检察院对法院正常行使执行权时给予协助的职能、职权和义务①;在路径依赖方面,认为民事执行作为法院司法活动的最后环节,是与社会发生碰撞最为激烈的一个领域,各种参与主体的程序利益和实体利益交织在一起,检察监督的引入还是不引入其实并不是缓解执行乱现象的关键或先决问题,这样的关键或先决条件恰恰在于对执行救济制度必须加以规范和完善,检察监督的引入应当谨慎②,只应作边缘化的补充③。相反,引入说在检察机关和学者中的支持者较多,其目的是解决执行中存在的现实困境。引入者认为我国民事执行检察监督的理论依据包括以下三个维度:检察监督的宪政之维——权力制约;检察监督的司法共同体之维——司法权威生成的合力,检察监督的民事诉讼法理之维——权力对权利的救济。④ 在"引入说"内部,有学者将区分为支持说、制约说和混合说⑤。的确,赞成检察监督的学者们,对于监督的目的、重点和要解决的问题持不同的见解。关于民事执行检察监督的方向,杨荣馨教授归纳为三点:支持、纠错和共进。⑥ 在针对执行乱还是执行难的问题上,较为主流的观点认为检察院对于法院行使执行权的违法行为(即执行乱问题)实施的干预才属于执行监督的范畴;⑦ 另一种观点认为检察监督于民事执行首先是一种支持,重点要解决的是执行难的问题;⑧ 还有一种观点认为既要解决执行难问题又要针对执行乱的情形⑨。这些争论仍然未因民事诉讼法对执行检察监督权的宣誓而消弭。可见,执行检察监督的争论深深地烙着部门之争的影子,监督者与被监督者意见和立场大相径庭。这种认识和观念上的反差预示着民诉法执行检察监督权实施后法、检两家长时间的磨合和不适应。

---

① 黄金龙、黄文艺:《域外没有民事执行检察监督》,载《法制日报》2007 年 8 月 9 日第 3 版。
② 王亚新:《执行检察监督问题与执行救济制度构建》,《中外法学》2009 年第 1 期。
③ 胡亚球、刘杰:《检察权如何介入民事强制执行》,载《2010 年民诉法年会论文集》(下)。
④ 夏蔚、范智欣:《论执行检察监督的理论基础》,载《政法学刊》2011 年第 3 期。
⑤ 傅郁林:《民事执行权制约体系中的检察权》,载《国家检察官学院学报》2012 年第 3 期。
⑥ 杨荣馨:《略论强制执行的检察监督》,载《人民检察》2007 年第 15 期。
⑦ 傅郁林:《民事执行权制约体系中的检察权》,载《国家检察官学院学报》2012 年第 3 期;张新宝:《完善民事执行检察监督》,载《中国检察官》2012 年第 9 期;李晓奋:《民事执行检察监督的修正与展望》,载《法律适用》2011 年第 12 期。
⑧ 廖永安、颜杨:《我国民事执行检察监督的科学定位与制度设计》,载《湘潭大学学报》(哲学社会科学版)2010 年 11 月;李浩:《目的论视域中的民事执行检察监督对象解读》,载《法商研究》2011 年第 2 期。
⑨ 孙加瑞:《检察机关实施民事执行监督的程序设计》,载《人民检察》2007 年第 13 期。

（二）入法前执行监督的实践与司法改革

在中央进行执行司法改革之前，很多检察机关对执行监督进行了大量的探索和实践，河南、山东、江苏等一些地方的法检就如何进行执行检察监督达成共识，甚至有的地方通过人大出台相关执行监督文件。例如，2007年深圳市人大常委会颁布了《关于加强人民法院民事执行工作若干问题的决定》，该决定规定："人民检察院应当建立、健全有关工作制度，加强对人民法院民事执行工作的法律监督。"深圳市人民检察院研究起草了民事执行监督工作制度，对执行裁定的监督、立案与审查、调查权、再次监督、现场监管、查处违法犯罪等进行了详细的规定。

在地方实践的基础上，中央司改文件及其贯彻措施为执行检察监督写入民事诉讼法发挥了极其重要的作用。中央司法体制改革小组"关于司法体制和工作机制改革的初步意见"、中央政法委员会"关于切实解决人民法院执行难问题的通知"都要求各级检察机关要加大对人民法院执行工作的监督力度。2011年3月，最高人民法院和最高人民检察院共同发布了《关于在部分地方开展民事执行活动法律监督试点工作的通知》（以下简称"试点通知"），将上海、浙江、山西、内蒙古、山东、福建、江西、广东、湖北、陕西、宁夏、甘肃等地方划入试点单位范围，同时就民事执行检察监督的具体开展做了初步规定。时隔一年，在试点的效果还没有来得及总结和有力彰显时，民事诉讼基本法就确定检察机关执行监督权，实属快速地迈出了一大步。可以说，执行检察监督立法突破是地方实践及司改成果的产物。

（三）民诉法宣誓性规定的意义

民事执行检察监督，是指检察机关对于人民法院在民事执行过程当中的执行实施行为、执行裁决行为进行监察与协助，依据法定程序纠正违法执行行为，确保民事执行权合法有效行使的法律制度。修改后的民事诉讼法确立了检察机关对民事执行实行法律监督的明确依据，从而改变执行中当事人诉权保障不力和执行权易致滥用的局面。

1. 执行检察监督权进入法治状态

多年前，笔者就开始呼吁，检察机关介入执行监督需首先破解立法缺失的难题[①]。民事诉讼法的规定明确宣誓检察机关执行监督的职能，执行检察

---

① 石娟：《检察机关推进执行监督立法的难题与路径》，2009年民事诉讼法年会论文，第223页。

监督有了明确的法律依据可以遵循，终结了执行检察监督的引入与反对的争论。执行检察监督的法源有二：一是《民事诉讼法》第14条规定"人民检察院有权对民事诉讼实行法律监督"，二是《民事诉讼法》第235条规定"人民检察院有权对民事执行活动实行法律监督"。执行检察监督条款的增设，其直接作用就是防止继立法后的解释论产生困境，重申人民检察院对执行活动具有法律监督权，这种叠加式原则规定更加稳固地确立了执行监督的立法定位[①]。从立法技术上讲，第14条是统领审判和执行的原则性规定。民事诉讼法规定在先的制度对规定在后的制度具有推定适用的效力，特别是民事诉讼法规定在后的内容未在特殊程序阶段确立特殊规则的情形下。在执行篇章，民事诉讼法未确立执行监督的方式和措施，但在与执行的法律属性不相冲突的范围内，可准用审判程序中的监督方式和保障措施等具体规定。

2. 执行检察监督确立了法检协同原则

检察机关介入执行监督由法律的宣誓，打破长期以来法院封闭的执行工作缺乏有效外部力量监督的局面，成为法、检双方均无法回避的新课题。执行检察监督对现行的执行乱注入了新的救济渠道，首先对执行人员的执行规范形成巨大的威慑，具有积极的预防规制效果。执行监督能在多大程度上规制执行乱，乃至执行难问题，需要依靠两家在工作中的协同、协作，而非对抗、排斥、冲突和不信任。检、法协同存在现实可能性。客观地讲，法检两家不管是扮演主导还是监督执行的角色，都有共同的目的，均是为了保障法院判决的司法权威不受损害、保障债权及时实现和执行程序的高效性、有效性和公平性。对检察机关而言，只有确立了检法协同原则，执行检察监督方能成为执行活动中的有效救济力量，成为法院的执行权顺利行使的保障因素；对于法院而言，只有确立了法检协同原则，执行权才能实现有效的多元配置，执行活动实施主体和监督主体规范行使权力，有利于解决执行中的现实困境。任何一方背离立法目的的不合作，均应当受到质疑。

二、执行检察监督与执行救济：顺位与优位

（一）执行救济制度

执行机关法院的内部监督机制包括督促执行措施和救济制度。执行救济是在执行程序中，执行机关有违法行为或不当行为的，法律赋予当事人及利害关系人提出异议、复议的申请或诉讼，以阻止、纠正或撤销侵害他们合法

---

① 汤维建：《民事检察监督制度的定位》，载《国家检察官学院学报》2013年第2期。

权益的执行行为。根据最高人民法院《关于执行权合理配置和科学运行的若干意见》第1条的规定，执行权是人民法院依法采取各类执行措施以及对执行异议、复议、申诉等事项进行审查的权力，包括执行实施权和执行审查权。其中执行审查权的范围主要是审查和处理执行异议、复议、申诉以及决定执行管辖权的移转等审查事项，由法官行使。可以看出，法院执行救济主要在执行审查权中行使，其中，向同级法院申请异议及向上级人民法院申请复议都是极为重要的救济内容。执行异议、复议意味着程序内的执行当事人、案外人或其他利害关系人出于保护自身程序和实体权益的动机，向法院申请救济。基于与执行检察监督联系的紧密性，本章主要探讨执行异议和执行复议与执行检察监督的衔接。

1. 执行法院的监督：异议审查及异议之诉

《民事诉讼法》第225条作出了原则性的规定："当事人、利害关系人认为执行行为违反法律规定的，可以向负责执行的人民法院提出书面异议。"执行异议条件为对执行行为不服，接受异议的主体是负责执行的人民法院。具体规定可以申请执行异议的执行行为散落在执行的各个规范性文件中，包括：（1）管辖权异议；（2）执行分配异议；（3）第三人对履行到期债权的异议；（4）对保全财产和担保财产执行措施的异议；（5）虚假破产的异议；（6）财产保全、先予执行的实施行为等。

表1 规范性文件规定执行异议的具体规定

序号	可以异议的执行行为	规范性法律文件
1	管辖权异议	最高人民法院《关于适用〈民事诉讼法〉执行程序若干问题的解释》（法释〔2008〕13号）第3条
2	执行分配方案异议	法释〔2008〕13号第25条
3	第三人对履行到期债权的异议	最高人民法院《关于人民法院执行工作若干问题的规定》（法释〔1998〕15号）第61条
4	对保全财产和担保财产执行措施的异议	最高人民法院《关于依法制裁规避执行行为的若干意见》（法〔2011〕195号）第8条
5	虚假破产的异议	法〔2011〕195号第10条
6	财产保全、先予执行的实施行为的异议	最高人民法院《关于执行权合理配置和科学运行的若干意见》（法发〔2011〕15号）第17条

另外,《民事诉讼法》第 227 条规定,执行过程中,案外人对执行标的提出异议的,对人民法院裁定不服且与原判决、裁定无关的,案外人或当事人可以提出异议之诉。异议之诉是针对实体上的权利争议,请求不得执行或变更执行的救济方法。异议之诉还包括执行分配方案的异议之诉、代位析产之诉。异议之诉是对执行标的实体性权利争议,以诉讼审判的方式予以救济,情形较为特殊,需要法律的明文授权。

2. 上级法院的监督:复议审查

执行复议一般是指因下级人民法院错误执行、不当执行或怠于执行等对当事人或案外人的实体权利或程序权利造成侵害时,上级人民法院依法进行督促、救济的司法活动①。执行复议分为两种:一种是执行异议是执行复议的后续救济措施,另一种是直接对执行行为不服的救济措施。《民事诉讼法》第 225 条对执行复议进行了规定,"当事人、利害关系人对异议裁定不服的,可以自裁定送达之日起十日内向上一级人民法院申请复议"。该条规定复议的条件为对异议裁定不服,接受复议的主体为上一级人民法院,并在法释〔2008〕13 号中明确规定上一级人民法院应当组成合议庭进行审查。

表 2　规范性文件规定执行复议的具体情形

序号	可以复议的情形	规范性法律文件
1	不服管辖权异议的复议	法释〔2008〕13 号第 3 条
2	直接不服不予受理裁定的复议(无须先向本级人民法院申请异议)	最高人民法院《关于办理申请人民法院强制执行国有土地上房屋征收补偿决定案件若干问题的规定》(法释〔2012〕4 号)第 3 条
3	直接不服不准予执行裁定的复议(无须先向本级人民法院申请异议)	法释〔2012〕4 号第 7 条
4	不服财产保全、先于执行裁定的复议(主体:作出裁定的法院)	法发〔2011〕15 号第 17 条
5	对拘留或罚款措施不服的复议	最高人民法院《关于执行公开的若干规定》(法发〔2006〕35 号)第 9 条

---

① 参加《重庆市高级人民法院关于办理执行监督案件若干问题的暂行办法》第 1 条。

执行裁定复议制度相当于执行裁定的上诉。按照我国民事诉讼法的规定，民事裁定在审判中可以提起上诉的情形限定得比较严格，仅规定了不予受理、管辖权异议和驳回起诉的裁定，对于执行中的裁定的上诉情形也应当严格限制。部分地方性司法解释集中地明确了可以申请复议情形，其复议范围有所拓展。如《重庆市高级人民法院执行案件复议程序规则》规定："执行法院在作出下列裁决中应当告知当事人复议的权利和期限：（一）仲裁裁决、公证债权文书不予执行的；（二）变更或追加被执行主体的；（三）案外人提出异议的；（四）对已拍卖、变卖执行标的物后，又裁定拍卖、变卖无效的；（五）裁定中止、终结执行的；（六）对妨碍民事诉讼行为作出罚款、拘留决定的；（七）其他可以申请复议的裁决。"但是总体而言，法院对自身救济制度的安排限定较严，需要规范性文件的具体列举。

《民事诉讼法》第225条规定了执行异议、复议的概念，并在配套的规范性文件中明确了具体情形，但两者之间的关系存在不同的理解。具体哪些执行行为允许提出异议的类型是否仍需相关规范性文件明文规定？是否所有异议均应当准许复议？如果能够提出异议的行为完全没有限制，任何一个财产调查、控制、处分、交付和分配等行为均可以提出异议，且异议审查程序不作区别处理，可能导致执行中觉得不利于自己的任一方都随意提出异议从而中断执行正常流程。这将给执行保障债权及时实现的目标及其效率带来消极影响。故执行异议和复议应当严格限制在法律明确规定的范围内，特别是复议不应当然地成为所有异议不服的后续措施。就复议的效果而言，在高级人民法院统一指挥执行案件的情形下，上级法院的复议监督可能演化为自行监督，并不能发挥多大作用。

（二）执行检察监督与执行救济的衔接

执行监督在广义上也是对当事人、利害关系人的一种救济。在我国，执行检察监督是执行监督的下位概念，是一种法律属性强、程序性强的外部监督制度。执行检察监督与执行救济都表现为针对执行的违法违规现象，在功能上都发挥纠错的作用。两者相互间存在紧密的内在关联。有学者主张以执行救济为主体，以执行监督为补充。[1]但是，执行救济虽然体现了法院追求自身完善的理念，但对权力而言，自身完善的效力比较有限，且目前法院这种自身监督的实际效果并不理想，执行救济为主的方式明显乏力。在明确了

---

[1] 傅郁林：《民事执行权制约体系中的检察权》，载《国家检察官学院学报》2012年第3期。

异议和复议的范围内充分行使法院自身救济的情形下，大力推进检察监督可能是一种更优的选择。

1. 顺位监督

执行检察监督与执行救济措施广义上都是对执行当事人或利害关系人的权利救济，具有同质性。如果规范性法律文件规定了执行异议权、复议权的，应当坚持穷尽法院自身监督手段的原则，在权利人申请了异议、复议后检察机关方可监督。这是穷尽法院监督手段、节约司法资源和审慎检察监督原则的基本要求。同时，两者又具有异质性。执行检察监督的监督主体具有外部性，其优势在于更为有力地避免体制干扰和法院内部不利影响，从而着重保障执行中的公平价值，而执行法官执行经验丰富、易于掌握案情，救济申请的审查更为便捷和有效率，更能满足当事人或利害关系人及时地阻止不当执行行为的效率追求。当执行法官进行了有效率的监督不能满足当事人对公平价值的期待时，检察人员方顺位介入监督，既保证了救济体系的科学性和层次性，也明确了检察执行监督作为最后救济手段的地位。

2. 优位监督

对于规范性文件没有明确规定执行异议权、复议权的执行行为，执行救济未覆盖的执行行为，检察机关可以直接优位介入监督。如上表1、表2所统计，规范性法律文件所确立的可以提出执行异议、执行复议的具体情形较为有限，在实践中，法院的救济措施控制也较为严格。在法院内部监督未能发挥救济作用的广大领域，执行检察监督权应当发挥对当事人救济权的重要保障作用，弥补救济权的缺失。此次民事诉讼法的修改更加强调诚信原则下的协同主义诉讼模式，它要求各诉讼主体及诉讼的参与者均应恪守诚实信用原则，依法客观地、善意地从事各项诉讼活动，检察监督全面地融入由诚信原则的导入所形成的协同型诉讼体制和诉讼模式之中。检察机关与人民法院在执行参与中均应更多秉持支持、保障、统一、合作、配合、协调等新型理念。人民法院如果主张依据《民事诉讼法》第225条应当先行向法院申请监督而不予接受的辩解，检察机关可以认定该辩解不能成立；但如果实践中法院根据第225条原则性的规定，事实上接受了当事人的异议申请，应当尊重法院的救济手段，改为顺位监督。

三、执行检察监督运行规则：消极与积极

（一）执行权与审判权的不同性质

执行检察监督与审判监督最大的区别在于监督对象的不同，即审判权与执行权的不同性质和不同的运行规则。审判权是典型的司法权，追求审判的独立，当事人主体之间的平等对抗，遵守处分原则和辩论原则。民事执行是运用国家强制力将生效的裁判等执行依据付诸实现的制度，是司法权的延续和保障制度。在强制执行中，执行法院需要积极主动的行为去强制被执行人履行义务，遵循准职权主义原则。民事执行权既有行政权的特征，又有司法权的特征，但它既不隶属行政权，又不隶属于司法权，是一种处于行政权和司法权之间的边缘性权利。[①] 事实上，人民法院在执行中又存在司法权和行政权的集中，查封、扣押、划拨等单纯的执行实施权属行政权的范畴，而追加变更执行人等执行裁决权则属于司法权的范畴。[②] 当然，这些执行实施权不同于一般行政机关的决定权，仍然有行政相对人通过行政诉讼来维护自身权益的救济渠道。执行权作为由法院所行使的明显具有集合权利性质的权利束，一方面可能形成无约束的垄断权利，另一方面在没有"司法权独立"的护佑下，又极易受到行政机关、上级机关的不利影响。

（二）执行检察监督的启动与管辖

由于执行权与审判权的不同性质和不同的运行规则，执行检察监督的启动不应受到"非公益不职权"的限制。当执行中涉及不同权能的运行，检察机关应当根据监督对象权力属性的不同，运用不同的监督路径和规则。在对法院的裁决行为等司法权进行监督时，应经由当事人申请，对特定内容的司法行为进行监督；而对于执行实施权等行政权的监督，检察机关自行发现后可对执行实施权进行全面监督。故在执行检察监督的启动方式上应当是主动与被动的结合。审判监督特别是案件监督在检察机关内部受理、审查环节、审查时间、层级差异、成案效果等方面已形成较为稳定的规律，检察机关的审查依赖与原审法院审判卷宗的调阅，也基本形成了配合有序的态势。

[①] 谭秋桂：《民事执行权定位问题探析》，载《政法论坛》2003年第4期。
[②] 严军兴、管晓峰主编：《中外民事强制执行制度比较研究》，人民出版社2006年版，第83页。

而执行检察监督的内部规律仍待明晰,执行实施行为的难以调查和执行裁决乃至执行卷的调卷难都要求检察机关在办理执行监督案件时,发挥更主动的积极性,除使用《民事诉讼法》第210条所规定的调查核实权外,还有利用相关文件所赋予的外延更丰富、针对性更强的调查权①。检察机关的积极介入还可以帮助人民法院对抗不当干预,形成一种有效的防御权。

执行检察监督应当确立同级属地管辖为原则、上级检察监督为例外的管辖原则。人民检察院进行执行监督的级别选择上也应与裁判监督不同,不存在照顾裁判的权威性和既判力而采取的审慎态度和级别限制。即便在案件监督领域,虽然抗诉的决定权机关是作出生效裁判的人民法院的上级人民检察院,但在多年的实际操作中,均是由生效裁判的属地同级人民检察院首先审查,作出建提抗报告,实际上基础检察机关担当了办案的主体和生力军力量。在执行检察监督更加讲究效率和配合的要求下,溯本清源,由同级人民检察机关进行监督将更为便捷和有效。同时,也不能排除上级检察机关的提级监督权及对下级检察机关执行监督权进行保障追踪监督的权力,以及需要同级检察机关进行回避时,由上级人民检察机关指令异地检察机关管辖的权力。

四、执行检察监督的范围与方式:封闭与开放

检察监督应当构建开放性体系,检察监督的手段和时间应当是自由的,以避免形成民事检察监督的真空带。② 执行检察监督在进行立法宣誓后,相当时期内也应当允许检察机关进行各种监督内容和监督方式的广泛实验,既预留足够的空间,也是发现最优方案的必要路径。

(一)执行检察监督范围:局部还是全面

执行检察监督范围是否及予执行当事人及案外人,根据执行检察监督的目的,可分为"一元目的论"和"双重目的论"。一元目的论者认为检察机关主要监督法院的执行乱问题;而双重目的论者主张检察机关既要监督人民法院的执行行为,又要监督法院的执行难问题,以形成法院执行合力。由于

---

① 参见"两高三部"《关于对司法工作人员在诉讼活动中的渎职行为加强法律监督的若干规定(试行)》第2条、第3条第9项、第7条、第13条的规定。
② 陈桂明:《民事检察监督之系统定位与理念变迁》,载《政法论坛》1997年第1期。

造成执行难的因素较为复杂,涉及法院、当事人、协助人、政府,乃至社会诚信体系、执行环境等因素,而执行乱主要原因是因为法院在执行过程中的违法违规行为和消极执行行为。执行难不是一项单纯的法律问题,而是一项社会问题,检察机关的法律监督难以解决。基于检察监督为对公权力的监督的定位,故解决人民法院执行乱应为检察监督的主要目标,通过对执行公信力的维护间接地作用于执行难的问题。显然,一元目的论更能实现执行检察监督的立法目的。由此可以确定两个原则:第一,没有充分且正当的理由,检察机关不得对法院公权力以外的主体实施监督;第二,没有充分且正当的理由,法院不能拒绝检察机关对执行行为的监督。第一个原则主要用于限制检察机关对法院以外的主体实施监督。至于法检建立联动机制,人民法院借助检察机关的侦查特长,由其协助收集债务人的情报,其性质为协助而非监督。第二个原则特别针对主张因受到民事执行效率价值的制约及检察监督作用范围的限制,而必须奉行克制、谦抑原则[1],对于执行行为一般意义上不应予以监督的观点。检察机关不干预正常的执行活动,但并不意味放任人民法院的乱执行,当执行行为发生后,当事人及案外人要求检察机关救济的,检察机关旨在修复的公正价值应当优位于避免执行程序曲折迂回的效率价值。执行监督不仅要监督法院的作为,更要监督法院的不作为,如未采取财产调查措施,未责令被执行人报告财产,未进行搜查,未采取查封、扣押、冻结措施,未追加被执行人等对当事人或利害关系人影响重大的执行不作为。

(二)执行监督方式:一元还是多元

监督方式是指法定的监督主体向被监督者表达监督意见的外在形式,主要是以法律文书为表达载体,也包括口头的监督方式。关于民事执行监督的方式选择,应考虑以下几个因素:一是监督方式应该和监督内容相一致;二是监督方式应该体现监督机关职权的特点;三是监督方式要限定在监督的权限之内;四是监督方式的采用要考虑能不能实现监督效果。[2] 如果符合上述要求,检察机关可以选择在具体情形下最有利于达到监督效果的方式,体现

---

[1] 肖建国:《民事执行中的检法关系问题——民事执行检察监督法理基础的另一种视角》,载《法学》2009年第3期。

[2] 邵世星、张剑文:《民事执行检察监督的制度化》,载《国家检察官学院学报》2009年第6期。

不同的监督力度，适应不同的监督事项。在"两高"执行试点通知中确立了书面检察建议的方式，"两高三部"文件中确立了提出纠正违法意见和建议更换办案人两种监督方式，对于案外人执行异议之诉、申请执行人执行异议之诉、执行分配方案异议之诉、代位析产之诉等涉执行的诉讼，人民法院按照民事诉讼程序审理，其审理结果对当事人具有实体性约束力，对这些裁判结果可以采取抗诉、再审检察建议的方式进行监督。除了法律和规范性法律文件所确立的上述五种监督方式外，在实践中被证明能起到一定作用的现场监督、暂缓执行监督意见书、口头监督等方式，在双方协商达成共识的情形下，也可以合理使用。需要注意的是，检察机关以不同方式提出、发表的的监督意见，均不能代替法院的判断决定及代替法院的执行行为。

执行检察监督应当遵循必要性原则。对于比较轻微的违法执行行为和不当执行行为，检察机关可以采取监督力度较轻的检察建议乃至口头监督方式。对于较为紧迫或者对当事人权利影响较大的情形，可以提出纠正违法意见；对于执行人员的原因导致不宜继续执行案件的，发出更换承办人意见。纠正违法意见和更换承办人意见指向非常明确，对人民法院的纠正"强制"或威慑力更大，因此采取这些方法所针对的违法情形要更严重和执行事实要更为清楚。这也可称为监督情形和监督方式的比例性原则，以避免检察机关动辄以严厉的方式介入执行进程。当监督方式符合必要性和比例性原则时，配合适用不同力度的监督方式，确保监督的针对性和立体性，以便人民法院对监督意见予以支持。当人民法院在同一执行案件中具有多种违法情形的，检察机关可以通过较严厉的监督方式提出监督意见，即以举重以明轻的方式对全部问题进行监督，避免繁复发出多个法律文书。

检察人员分类管理改革的实践与探索
——以重庆市渝中区人民检察院的改革为样本

王 忠[*] 崔全龙[**]

  检察人员分类管理是推进司法体制改革和深化检察人事制度改革的重要内容，中央和最高人民检察院对检察人员分类管理改革高度重视、积极推进，并于2002年选择在重庆、山东等地部分检察院进行了试点。在最高人民检察院和重庆市人民检察院的支持和帮助下，2002年4月重庆市渝中区人民检察院被确定为首批全国检察系统人员分类管理改革试点单位，并于2004年着力推进了改革。在8年间，该院通过实施人员分类、精简内设机构、创新管理模式等工作对检察人员分类管理进行了积极的实践与探索，为检察机关进一步深化检察人员分类管理改革提供了可鉴之本。

---

 [*] 王忠，重庆市渝中区人民检察院法律政策研究室主任。
 [**] 崔全龙，重庆市渝中区人民检察院法律政策研究室干警。

一、检察人员分类管理改革的概述

（一）检察人员分类管理改革前的状况

1. 业务机构的设置

改革前，根据检察管理体制和检察职能，重庆市渝中区人民检察院下设侦监科、公诉科、职侦局、监所科、民行科、控申科、技术科、办公室、政治处、研究室 10 个内设机构。其中侦监科、公诉科、职侦局、监所科、民行科、控申科 6 部门为履行检察职能的业务机构，政治处、研究室、办公室、技术科 4 部门为服务检察工作的辅助或综合机构。

2. 检察人员的类别

改革前，重庆市渝中区人民检察院根据检察官法的规定，对符合法律规定条件的检察人员依法任命了法律职务和职级，[①] 共任命具有助理检察院以上职务的检察人员 71 人，占全体检察人员 65.7%。在检察业务管理体制上，该院设有检察长、检察委员会、部门负责人、主诉主办检察官及其助手、书记员等职务。主诉主办检察官由具备检察员资格的检察人员竞争上岗。主诉主办检察官的助手、书记员以及其他检察人员没有严格的分类。

3. 检察人员的职责

改革前，重庆市渝中区人民检察院已实行主诉主办检察官办案责任制，即主诉主办检察官在检察长的领导下，独立承办案件，负责决定和处理除由法律明确规定应当由检察长、检察委员会行使职权之外的事项。主诉检察官的助手辅助主诉检察官办理案件，接受主诉检察官的指派具体处理办案过程中的有关事项。部门负责人根据检察长的授权，监督、检查、协调主诉检察官及其助手的办案工作。[②] 书记员的职责则未予明确，司法实践中书记员的职责基本上参照了主诉主办检察官助手的职责。

[①] 当时，重庆市渝中区人民检察院共有检察人员 108 人，任命了助理检察员以上法律职务的检察官共计 71 人，占在职干警人数的 65.7%；其他检察人员共计 37 人，占在职干警人数的 34.3%。其中具有法律职务但在行政综合管理岗位工作不履行检察权的有 14 人，占检察官总数近 20%。

[②] 参见 2000 年最高人民检察院办公厅下发的《关于在审查起诉部门全面推行主诉检察官办案责任制的工作方案》和《关于在检察机关侦查部门开展主办检察官办案责任制试点工作的意见》。

4. 检察人员的管理

改革前，重庆市渝中区人民检察院依照《人民检察院组织法》和《检察官法》的规定，虽然对具备检察官条件的检察人员进行了法律职务的任命和职级的评定，但尚处于法律职务职级的空转状态，并未对检察官进行单独序列的管理，而是将其与其他检察人员一同按照一般公务员管理规定进行混合管理。在职务职级晋升、工资福利以及考核方面均参照同级一般公务员来管理。检察人员的交流也以工作需要和行政职务职级的晋升为依据，而不以检察人员类别为依据。

（二）检察人员分类管理改革后的现状

2004年，重庆市渝中区人民检察院根据最高人民检察院《检察人员分类改革框架方案》和重庆市人民检察院《关于实施检察人员分类管理改革试点的指导意见》，立足渝中区情和院情制定出台了《关于实施检察人员分类管理改革试点工作的总体方案》、《关于检察人员分类管理改革试点工作实施办法》等一系列落实改革的规范性文件，有效推进了检察人员分类管理改革工作的进展。

1. 整合内部机构

根据检察职能任务的要求，重庆市渝中区人民检察院将时有的10个内设机构整合为6个，即刑事检察局、①职务犯罪侦查局、诉讼监督局、检察长办公室、政治部、检察事务部，简称"三局两部一办"。其中，刑事检察局主要负责刑事犯罪案件的审查批捕、审查起诉和检察监督工作；职务犯罪侦查局主要负责职务犯罪案件的举报、侦查和犯罪预防工作；诉讼监督局主要负责监所检察、民事行政检察、控告申诉检察和国家赔偿工作；检察长办公室主要负责检察委员会日常工作、检察业务目标管理与案件质量监督、检察理论调研工作；政治部主要负责人事工作、思想宣传工作、党建工作；检察事务部主要负责文秘信息、后勤保障、司法警察、技术装备等工作。内设机构中的"三局一办"实行检察官负责制。主任检察官领导部门工作，向检察长负责。"三局"下设若干个检察官办案室，检察官在主任检察官指导下，独立负责地开展办案工作。"两部"实行主任负责制，主任领导部门工作，政治部向党组负责，检察事务部向检察长负责。

---

① 2007年，因工作需要，刑事检察局被重新划分为侦查监督局和公诉局，分别负责审查逮捕和审查起诉工作。

2. 确定人员类别

根据检察机关各个职位工作性质和在检察活动中的地位作用,重庆市渝中区人民检察院将检察人员分为:检察官、① 检察事务官、检察行政官。根据履行检察权的需要,检察官设三个职务层次:检察长、副检察长、检察官。在检察官中,根据不同职责和管理工作需要,设置主任检察官和副主任检察官②、"检察官"③。由此重庆市渝中区人民检察院的检察官序列中,就包括检察长、副检察长、主任检察官、副主任检察官、检察官。检察事务官指在检察活动中协助"检察官"履行检察职责,从事辅助性、事务性工作,保障检察活动有序开展的职位。根据工作性质和任务不同,检察事务官设置检察官助理、检察侦查官、检察技术官和司法警察四个职系。检察行政官是指从事检察政治工作、综合管理工作和行政事务工作的职位。该职位包括政工、行政、文秘、党务、纪检监察等部门人员。同时,该院按照检察官不超过 30%、检察事务官占 45%~50%、检察行政官占 20%~25% 的比例,通过竞争上岗、双向选择,选拔检察官 35 名、检察事务官 57 名、检察行政官 26 名。

3. 明确人员的职责

改革后,先前的"主诉主办检察官"更名为"检察官",实行竞争上岗,履行主诉主办检察官的职责。检察事务官履行主诉主办检察官助手和书记员的职责。检察业务管理上,实行以检察官独立决策与检察长审批决策相结合的模式,即对于作出批准逮捕决定和起诉决定的案件,由检察官独立决策,并对案件负责;而对于作出不批准逮捕决定和不起诉决定的案件,由检察官报请分管检察长决定。业务部门的主任检察官、副主任检察官(即部门负责人)负责部门检察业务的协调和日常事务管理工作。检察行政官负责政工、后勤保障等综合事务工作。

4. 规范人员的管理

改革后,重庆市渝中区人民检察院实行了对检察官的单独管理制度。如该院通过制订职位说明书和确定专门机构负责的形式明确了检察官的职责和管理机构,通过建立检察官考核、检察官执法档案、执法过错追究等制度机

---

① 此处的检察官不同于检察官法规定的检察官含义,而是具有行使检察权并兼具行政管理职能的检察官,其包括检察长、副检察长、业务部门负责人、办案组长。
② 主任检察官、副主任检察官出任检察业务部门的正副职。
③ 此处的检察官与 2000 年改革后的主板主办检察官具有相同的含义。

制,对检察官直接或其"主导"办理的案件进行督导、检查、监督和预警,考核和评估检察官的业务素质和办案质量,并以此作为检察官评价和晋升的参考依据。至于对检察事务官和检察行政官的管理,则基本沿用了改革前的管理模式。

二、检察人员分类管理改革的成效

(一)检察人员分类改革取得的成效

从重庆市渝中区人民检察院检察人员分类管理改革的效果看,应当说具有积极的意义,也取得了一定的成效。

1. 检察业务人员与检察行政人员的分类初步成型

重庆市渝中区人民检察院将检察人员分为检察官、检察事务官、检察行政官的分类方式,有其积极意义。由于检察业务人员与检察行政人员在岗位职责、工作内容上的显著差异,使检察业务人员和检察行政人员的划分较为容易。重庆市渝中区人民检察院在这两大类人员的划分上,成效就更为显著。从分类效果看,该院的分类方式将检察业务人员和检察行政人员作了严格的划分,且界限明显、职责明确,两者之间并不存在模糊认定问题。从运行情况看,具备法律职务职级的检察业务人员逐步流向了检察业务部门,不具备法律职务职级的检察人员逐步流向了检察综合部门,且两大类检察人员的交流也基本能够在各自的序列内进行。① 因此,应当说,重庆市渝中区人民检察院检察人员分类管理改革促使检察业务人员和检察行政人员两大类检察人员的分类在该院初步成型,一定程度上有效激励了两大类人员向各自方向发展,有效推进了检察业务工作和检察行政工作的良性快速发展。

2. 以"检察官"②为主体的执法办案机制基本建立

重庆市渝中区人民检察院将从事检察业务工作的检察业务人员分为检察官和检察事务官。在业务运行上,逐渐形成了以"检察官"为核心的执法办案机制,集中体现于:"检察官"在检察长的领导下,对除法律规定应当由检察长或检察委员会行使职权之外的其他事项享有相对独立的决定权。"检察官"可以直接办理案件,也可将案件委托于检察事务官办理。检察事

---

① 这主要是指没有担任领导职务的检察人员。由于在改革过程中,重庆市渝中区人民检察院并未建立起检察官的职务职级晋升机制,存在部分优秀检察官流向检察综合部门行政领导岗位的现象。

② 此处"检察官"是指具有行使检察权并兼具行政管理职能的"办案组长"。

务官作为"检察官"的助手,受"检察官"指派审阅案卷,制作阅卷笔录,提讯犯罪嫌疑人,询问证人,拟定案件审查意见,对案件的事实和证据负责,"检察官"拥有最终的决定权,对定性负责。从执法办案效果看,该院的绝大部分案件由"检察官"直接或在"检察官"的主导下依法独立办理,基本建立了在检察长领导下,以"检察官"为主体的执法办案机制。[①] 这种执法办案机制具有分工负责、权责明确的特点,既强化了检察长或检察委员会对重大检察业务的领导,又发挥了"检察官"的主观积极性,有效地推动了检察业务的健康发展。

(二)检察人员分类管理改革存在的问题

虽然重庆市渝中区人民检察院检察人员分类管理改革取得了积极的成效,但在实施改革的过程中和改革效果上,也暴露出一些问题。

1. 内设机构整合的成效尚未显现

重庆市渝中区人民检察院在检察人员分类管理改革的过程中,伴随了内设机构的整合,将先前的10个内设机构整合为6个,可以说实行的是"大部门"管理体制,其初衷是精简机构、便于管理。但从司法实践看,"大部门"管理体制存在以下问题:一是由于该院与上级检察机关内设机构设置不一致,致使上级检察机关的内设机构与该院内设机构难以形成一一对应关系,存在部分业务协调沟通不畅的问题;二是肩负多项检察职能的"大部门"管理体制不利于检察机关检察职能的充分发挥,不利于检察业务的精细化管理;三是在现行行政管理体制化的环境下,内设机构的整合直接导致检察机关行政领导岗位的减少,不利于形成激励检察人员晋升的管理体制。如该院改革后肩负民行职责、监所职责和控申职责的诉讼监督局,在业务协调上,其与上级检察机关不能一一对称,严重影响了业务的沟通协调;在业务管理上,因部门负责人精力等诸多因素,导致各业务发展不均衡;在部门管理上,因部门整合直接导致领导职位的减少,在各序列人员管理制度尚未健全的前提下严重影响了检察人员的晋升,挫伤了检察人员的工作积极性。因此,内设机构的整合虽然实现了精简机构的目标,但其更加有利于检察业务发展的积极成效尚未显现。

[①] 2012年,重庆市渝中区人民检察院共办理审查逮捕案件1715人,审查起诉案件2484人,其中由检察官依法独立作出批准逮捕决定和起诉决定的案件分别为1412人和2264人,分别占总人数的82.3%和91.1%。

2. 检察业务人员的分类尚不明确

正如前文所述,重庆市渝中区人民检察院在检察业务人员和检察行政人员的分类上,取得了积极的成效,有力地推动了检察业务人员和检察行政人员的错位发展。但在检察业务人员的分类上,虽然将其划分为检察官和检察事务官,也明确了任职条件和各自的职责,但在实际操作中,依然没有得到严格区分。在检察官的界定上,该院对检察官的界定和检察官法对检察官的界定不相一致,且存在包含关系混乱的问题。① 在检察事务官的界定上,界限较为模糊,除了检察官和检察行政官之外,其余的检察人员均划入了检察事务官的范畴,并参与协助检察官办理案件。在称谓上,按照检察官法规定具有助理检察员以上职务的检察官,因未竞争上"检察官"职务,而被划入了检察事务官序列,违背了法律规定。在两者的职责上,基于基层检察院人案矛盾突出,往往导致检察官无暇顾及委托给检察事务官办理的案件,甚至出现检察官全权交由检察事务官审查办理案件的情况,未有效发挥检察官在案件办理中的"主导"作用。

3. 各类序列的检察人员管理制度尚未完全确立

重庆市渝中区人民检察院在检察官的管理上,建立了单独的检察官考核、检察官执法档案、执法过错责任追究等制度机制,有力地推动了检察官考核评价、执法经历管理和案件质量保障等工作的发展。但在检察官的职务职级晋升②、工资薪酬等配套制度上因多种原因未得以确立或者落实。检察官的职务职级晋升依然实行的是行政管理体制,以行政职务职级的晋升为标准。检察官的工资薪酬实行同级一般公务员的工资薪酬制度。这就致使该院单独的检察官序列管理制度存在制度缺位的状况,而尚未完全确立起完善而有效的检察官序列管理制度。同时,也因制度的不完善,导致检察官考核机制、检察官执法档案等配套制度尚不具有实质的参考意义,而仅停留在程序上的操作层面。在检察事务官和检察行政官的管理正如前文所述,并未建立单独类别的管理制度,而参照同级一般公务员进行管理。

---

① 如根据重庆市渝中区人民检察院的检察官分类,检察官就包含检察长、副检察长、主任检察官、副主任检察官、检察官。这就出现了两个称谓相同的名称,出现了包含与被包含的关系。

② 由于现行检察官法规定的检察官等级晋升尚处于空转阶段,无实质意义。因此,此处职务职级的晋升主要指依据现行行政管理体制而给予检察官行政职务职级的晋升。

三、检察人员分类管理改革的启示

重庆市渝中区人民检察院的检察人员分类管理改革中暴露出的一些问题，为深入推进检察人员分类管理改革积累了宝贵的经验，也为进一步深入改革提供了有益的启示。

（一）检察人员分类管理改革不等于内设机构改革

检察职能伴随着社会管理的日益精细化而呈现精细化的发展方向，这是检察管理改革的重要因素之一，同时决定着检察人员和内设机构的改革应当朝着精细化的方向推进。需要说明的是，检察人员和内设机构改革的步伐同向是以检察业务为前提条件，即检察官和检察业务部门的发展应当向着职业化、专业化、精细化的方向[1]，而非笼统意义上的检察人员和内设机构。对于检察人员和内设机构的改革，应当首先区分检察业务人员和检察行政人员、检察业务部门和检察辅助部门。对于检察业务人员和检察业务部门应当向着精细化方向改革，而对于检察行政人员和检察辅助部门应当按照行政体制进行管理。检察机关尤其是其检察业务部门不易实行"大部制"，这是由检察机关的司法属性和检察职能决定的，检察机关以履行检察职能为职责，其职权职能之间具有互不相同、互不交叉的特点，不具备实行"大部制"的前提条件。相反，检察机关应当依照宪法和法律赋予的检察职能不断促进检察业务部门和检察官的精细化发展，逐步实现检察业务部门的专业化和检察官队伍的职业化。因此，实施检察人员分类管理改革，应当避免将检察人员分类管理改革简单地等同于内设机构改革，尤其应当避免按照同一方式对检察业务部门和检察综合部门、检察业务人员和其他检察人员进行无类别的混合式改革。

（二）检察人员分类管理改革应当严格依照法律规定推进

重庆市渝中区人民检察院的检察人员分类管理改革总体上是依照了人民检察院组织法、检察官法等法律法规，但在实践中也存在诸多与法律法规不相符之处。如在检察官的界定上，根据《检察官法》第 2 条的规定，检察

---

[1] 如检察官可以根据侦查、控诉、监督、民行等不同的检察职能方向发展，检察业务部门可以根据不同的检察职能进行部门设置。

官是依法行使国家检察权的检察人员,包括最高人民检察院、地方各级人民检察院和军事检察院等专门人民检察院的检察长、副检察长、检察委员会委员、检察员和助理检察员。而在该院的改革中,将"检察官"界定为了兼具行使检察权和行政管理职责的办案组组长、业务部门负责人等检察人员,而将部分具有检察员或助理检察员法律职务的检察人员则划入了检察事务官和检察行政官的序列,致使在"检察官"的理解上存在歧义。同时,检察事务官和检察行政官的称谓表述有将全部检察人员视为检察官而误导视听之嫌,影响了检察官的特殊称谓和职业荣誉。因此,在检察人员分类管理改革的过程中要依法推进,尤其要严格遵照法律法规对检察官任职条件、界定、检察职责等规定执行。

(三)应当建立健全各类序列的检察人员管理制度

重庆市渝中区人民检察院从检察官考核、检察官执法档案等方面建立了检察官单独序列的管理制度,但在检察官的职务职级晋升、工资薪酬保障等方面未予跟进,致使出现处于执法一线的检察官任务重、责任大,甚至出现了检察官流失的现象①。在其他人员的管理上,虽然进行了分类,但在检察事务官和检察行政官的管理上并未建立类别不同的管理制度,而是一律参照一般公务员进行管理。由于检察事务官是从事检察业务的辅助人员,尤其是具备检察员或助理检察员资格的检察事务官,其虽然没有"检察官"的相对独立决定权,但根据法律规定其属于检察官,享受依法行使检察权的职权。而将此类检察事务官一并纳入一般公务员进行管理,则未显示出其检察官的属性。检察事务官序列也未形成有序竞争的机制,使检察事务官的晋升渠道受到限制。此外,对于检察事务官中的检察技术人员、司法警察、书记员等检察人员也未予建立各自序列的管理制度。正是由于检察事务官管理制度的缺位,检察事务官的岗位更像是一个依附于检察官序列的临时性和过渡性岗位,而不是一个独立的检察人员序列,直接阻碍着该院稳定化、专业化检察事务官队伍的形成。因此,推进检察人员分类管理改革,要着重建立健全各类序列的检察人员管理制度。

---

① 检察官的流失有两种情形:一种是部分检察官离开检察系统;另一种是部分优秀检察官为了获取行政职务职级的晋升机会,不得不流向检察综合部门。

（四）检察人员分类管理改革是系统工程，应当审慎推进

由于检察人员分类管理改革涉及面广、改革难度大，重庆市渝中区人民检察院在改革过程中审慎推进，在改革初期受到了各级领导机关的支持，制定了严密的实施方案和明确的规章制度，实现了改革的顺利进行。即便如此，在改革推进的过程中，其改革的步伐和成效仍然受到法律政策改变、规章制度不健全、配套制度未跟进等诸多不确定因素的影响，严重折损了检察人员分类管理改革的成效。检察人员分类管理改革是一项系统工程，其不仅包含检察人员分类、检察官管理、检察工作机制等内容，还包括人事管理制度和配套制度的跟进，同时也离不开上级检察机关和同级党委、政府的支持，因此开展检察人员分类管理改革应当审慎推进，稳扎稳打，有计划、有步骤地推进改革的实施。

四、检察人员分类管理改革的建议

检察人员分类管理改革关乎司法改革和检察改革的顺利推进，关乎广大检察人员的切身利益。在检察人员分类管理改革的过程中，应当严格以人民检察院组织法、检察官法等法律为依据，在现行法律法规框架内进行制度优化设计；应当严格按照中组部和最高人民检察院联合下发的《人民检察院工作人员分类管理制度改革意见》（中组发〔2013〕11号）和《检察官职务序列设置暂行规定》（中组发〔2011〕19号）等规范文件为指导，积极落实；应当严格按照司法规律和检察工作属性，审慎探索法律法规尚未明确的事项，稳步推进检察人员分类管理改革。

（一）检察业务机构精细化改革与检察人员分类管理改革的同步推进

检察业务机构精细化改革和检察人员分类管理改革都是由社会分工精细化、社会管理职责化和强化法律监督职责决定的。因此，在推进检察人员分类管理改革的过程中，要注重实现检察业务机构精细化改革与检察人员分类管理改革的同步推进。只有在检察业务机构精细化的同时，才能够将进行了科学分类的检察人员划入相应的职责机构，才能够为更加职业化的检察人员提供发展的空间，最终在逐步形成专业化检察业务部门的同时，实现检察业务人员的职业化，最终实现检察业务机构专业化与检察业务人员职业化的良性互动发展。其实，近年来检察系统为了切实肩负起法律监督的职责，有效地发挥检察职能，已越来越注重内设机构的精细化改革，尤其是检察业务机构的精细化改革，从检察机关内设机构的改革方向已能窥探出两者互动发展的必要性。如检察机关从最初职务犯罪预防部门的设立，到近期案件管理部门、未成年人刑事案件部门的设立，无不昭示着检察业务机构的精细化改革方向，同时也伴随着更加职业化职务犯罪预防人才、案件管理人才、未成年人案件人才的逐步成形。虽然检察体制机制的改革取得了显著成绩，但我们也应当看到在检察系统中仍然存在将检察辅助人员、检察技术人才、司法警察、检察行政人员等混合发展的现象①。显然这种检察业务部门整合性的发展，不仅不利于检察职能的充分发挥，不利于专业化检察职能部门的形成，更不利于检察人员的科学发展。因此，要想更好地实现科学的检察人员分类管理，更好地推进检察业务的快速发展，应当切实将检察业务机构精细化改革与检察人员分类管理改革的同步推进。

（二）严格依照法律法规推进检察人员分类管理改革

人民检察院组织法、检察官法对检察人员有着原则性的分类，如明确规定了检察官和书记员职务。在最高人民检察院《人民检察院工作人员分类管理制度改革意见》中，也对人员类别和工作职责作了明确规定。如将人民检察院工作人员划分为检察官、检察辅助人员、司法行政人员，应当说这一分类具有合法性和合理性。最高人民检察院的改革意见对检察官的界定遵照了检察官法的规定，对司法行政人员的界定符合检察工作实际，②对检察辅助人员的界定基本能够涵盖所有协助检察官履行检察职责的检察人员，具有较强的合理性。因此，在检察人员分类管理改革的分类上，应当坚持法律法规将检察人员划分为检察官、检察辅助人员、司法行政人员的规定，深化检察人员分类管理改革。此外，正如前文分析，在检察人员分类管理改革的过程中，仍然存在法律政策稳定性、地方党委政府的支持与否、规章制度科学健全与否、配套制度是否跟进等诸多不确定因素，这就要求检察机关推进检察人员分类管理改革更要注重依据现行法律法规的规定，以法治思维和法

---

① 重庆市渝中区人民检察院在检察人员分类管理改革中将检察技术人才、司法警察、检察行政人员等检察人员统一整合到了检察事务部。

② 正如前文所述，在重庆市渝中区人民检察院的检察人员分类管理改革中，检察业务人员（检察官、检察事务官）与检察行政官的划分具有职责明确、易于管理的合理性。

治方式稳步推进改革,使检察人员分类管理改革在法律的保障下进行,确保改革取得实效,确保改革成果得以固化。

(三)在现行框架内建立健全各类人员序列的管理制度

检察人员作为公务员的重要类别之一,其具有公务员普遍性和检察职业特殊性相统一的属性。因此在推进检察人员分类管理改革的过程中,检察机关要注重公务员管理与检察人员分类管理的良性互动和互补。根据《公务员法》第14条第2款的规定,公务员职位类别按照公务员职位的性质、特点和管理需要,划分为综合管理类、专业技术类和行政执法类等类别。据此,检察机关在分类中可以将具有同上述三类人员相同职位性质、特点和管理的人员纳入公务员法来调整,而将不属于上述三类人员的检察人员再进行科学分类。如司法行政人员可纳入综合管理类,检察技术人员可纳入专业技术类,司法警察可参照警察序列进行管理;而对于检察官、检察官助理、书记员等暂无法参照归类的检察人员可探寻独立序列的管理制度,从任职资格、职责范围、工资待遇、职务晋升、考核培训、交流等方面进行制度的建立和完善。因此,检察机关推进检察人员分类管理改革,应当首先通过认真分析检察人员类别,尽可能地在现行法律法规框架内推进人员的分类管理,对法律法规确无规定或规定不明的检察人员再行进行人员分类管理改革。只有这样,才能实现即依法进行、稳步推进,又依法保障、重点明确,顺利推进检察人员分类管理改革。

(四)着力推进无规定或规定不明人员的分类管理改革

如前所述,在检察人员的各类别中,检察官、检察技术人员、司法警察、司法行政人员在现行法律法规框架内均有明确或类似职位的规定,应当依法推进。而对于检察官助理、书记员等在法律法规上均无明确规定或暂无规定的检察人员,[①] 应着重予以推进改革,因为这些将严重影响检察人员分类管理改革的整体推进,也是改革应当着力推进的关键所在。因此,在检察人员分类管理改革的过程中,应当以着力推进此类人员的改革为突破,带动

---

① 最高人民检察院《人民检察院工作人员分类管理制度改革意见》明确了检察官助理职位,但检察官助理的资格、职责、管理等方面均无明确的规定。关于书记员的规定,根据《检察官法》第55条规定:人民检察院的书记员的管理办法,由最高人民检察院制定。但迄今为止,最高人民检察院尚未制定关于书记员的相关规定。

检察人员分类管理改革的整体推进。笔者认为，对检察官助理、书记员等人员的分类，应当坚持历史和现实的视角，既着眼职位的来源，又关注职位的属性。① 由于检察官助理、书记员等职位都是从事辅助检察官执法的人员，其自身具有一定的法律基础，可将该类人员作为检察官的后备人员进行培养选拔，在为其提供发展空间的同时，积极为检察机关做好检察官的人才储备工作，逐步实现检察官队伍建设的有序发展。

---

① 司法实践中，检察官助理和书记员的来源主要有三类：第一类是检察机关编制内公开招录的新进人员或不具备检察官资格的检察人员；第二类是检察机关通过聘用形式聘任的辅助检察工作的人员；第三类是不同时期各大法律院校到检察机关进行实习的大中专学生。

社区矫正西部县域实践与检察监督权
——基于对重庆 B 县矫正对象和社区居民的抽样调查

魏 娜[*]

  社区矫正是一种不将罪犯与社会隔离并利用社区资源教育改造罪犯的方法，是所有在社区环境中管理教育罪犯的方法总称。社区矫正的概念源于 19 世纪末以来近代学派"行刑社会化"的思想，作为一种新的刑罚执行方式，它蕴含着刑罚的惩罚性和恢复性双重价值，与监禁刑相比，更能满足罪犯再社会化和实现自我发展的要求。

  我国社区矫正工作起步较晚。2003 年，最高法、最高检、公安部、司法部（以下简称"两高两部"）联合颁布了《关于开展社区矫正试点工作的通知》，率先在上海、北京、天津、江苏、山东、浙江 6 个沿海发达省市开启了社区矫正试点工作。2005 年，试点扩大到 18 个省市，并于 2009 年正式在全国范围内试行，矫正人数也随之逐年增长。截至 2012 年 6 月，全国累计接受社区矫正人员 105.4 万人，解除矫正 58.7 万人，社区矫正人员在

---

[*] 魏娜，重庆市璧山县人民检察院法律政策研究室主任，法学硕士。

矫正期间的再犯罪率为 0.2% 左右①。2012 年 5 月 1 日,《刑法修正案（八）》正式实施，最终确立了社区矫正制度在我国的法律地位，明确对缓刑、假释、暂予监外执行三类犯罪人实施社区矫正。在社区矫正进入我国整整十年的历史节点，为全面深入了解矫正工作开展的具体情况，寻找实践中存在的问题，笔者通过开展问卷调查、走访当地司法行政机关并结合相关司法统计资料，对重庆 B 县县域环境下的社区矫正进行了实证研究。

一、重庆某县社区矫正抽样调查情况

2013 年 4 月开始，笔者与本院监所部门多次走访 B 县司法局及基层司法所了解情况、收集统计资料，并针对 92 名矫正对象和 185 名社区居民分别展开了问卷调查。

据统计，自 2009 年实施以来，全县纳入社区矫正人数少则 260 人，多则 310 人不等，具体人数每月均有变化。相对于此，该县司法局从事社区矫正工作的在编人员为 28 人；除司法局内设社区矫正科 3 名工作人员外，主要依靠各司法所工作人员 20 名（并非专职负责社区矫正），同时，各镇街从事辅助工作的综治专干、村社干部共 249 人，到目前为止，尚未引入志愿者或者社工。

针对该县 300 余名社区矫正对象，笔者共发出 100 份调查问卷，收回有效问卷 92 份。抽样调查显示：该县社区矫正对象以轻刑罪犯和农村人口为主体。修改后的刑事诉讼法施行前，我国的矫正对象包括被判处管制、被宣告缓刑、被暂予监外执行、被裁定假释、被剥夺政治权利者五类。如图 1 所示，缓刑罪犯约占总人数的 80% 以上，其余矫正对象人数不足总数的 1/5。矫正对象中，如表 1 所示，除位于县城中心的 A、B 两个街道农村户籍人员少于 30% 外，其余镇街农村户籍人员所占比重均超过 65%。

---

① 摘自《中国司法改革白皮书》。

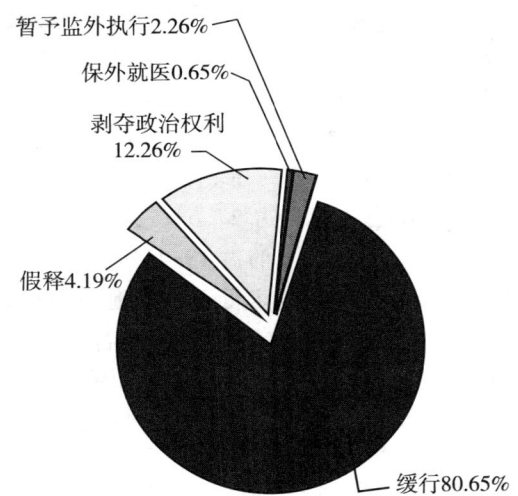

图1 重庆某县社区矫正对象类型分布图

表1 某县各街道、乡镇社区矫正情况统计表

镇、街	城市户籍	农村户籍	农村户籍占比
A	40	14	25.93%
B	16	6	27.27%
C	9	20	68.97%
D	2	20	90.91%
E	5	25	83.33%
F	0	15	100.00%
G	2	8	80.00%
H	0	13	100.00%
I	0	19	100.00%
J	7	8	53.33%
K	0	10	100.00%
L	11	15	57.69%
M	0	4	100.00%
N	2	15	88.24%
O	4	20	83.33%
总计	98	212	
占比	31.61%	68.39%	

调查中，45.36%的矫正对象认为，其回归社会最需要的是找到稳定的

工作。就业（再就业）情况及其家庭经济状况如何，是决定着矫正效果的重要因素。从就业情况看，矫正对象目前在国有企业或事业单位工作的占2.22%，在私营企业工作的占32.22%，在打零工的占40.00%，无工作的占25.56%，就业情况多数都不容乐观，超过65%以上的矫正对象处于失业或半失业状态。从个人收入状况看，矫正对象月收入在500元以下的占17.11%，在500元至1000元之间的占27.63%，在1000元至2000元之间的占36.84%，月收入在2000元以上的占18.42%，多数矫正对象的收入虽可以解决温饱问题，但95%以上月收入低于在当地平均水平，更有44.74%月收入在1050元的最低工资标准线之下。总体而言，矫正对象在社会中处于经济地位和抗风险能力上的绝对弱势，有21.98%矫正对象家庭处于贫困状态。针对部分矫正对象的"就业难"问题，当地有关部门也采取了相应的就业帮扶措施，但由于工资待遇偏低，打零工的方式更具吸引力，因此，矫正对象普遍没有积极性。B县是一座轻工业发达的中等城市，市场经济（特别是私营经济）的蓬勃发展给社区服刑人员创造了较多的就业机会，使超过70%的社区服刑人员可以实现自主就业，而以私营企业为主的非公有制经济成为吸纳社区服刑人员的主渠道，但打零工的就业方式因其较强的流动性，给社区监管造成一定的难度；另外也应该看到，至少仍有25.56%的社区服刑人员尚处于失业状态，存在着自身难以克服的就业障碍。

从具体矫正方式来看，18.97%的矫正对象表示从事过社区服务，59.48%表示进行过谈话汇报，2.59%的表示从事过工厂劳动，18.97%表示采用心理疏导、就业培训等其他方式。38.37%的矫正对象每月按规定报告一次，48.84%每周报告一次，也有12.79%的对象几乎不报告。公益劳动时间方面，1.14%的矫正对象每月从事公益劳动在24小时以上，48.86%每月在12小时至24小时之间，42.05%每月在6~12小时之间，7.95%在6小时以下；劳动场所方面，79.38%的矫正对象在所居住社区从事公益劳动，11.34%在非居住社区，6.19%在敬老院，1.03%在聋哑学校。通过调查可以发现，实践中受到矫正成本的限制，谈话汇报和公益劳动（社区服务）成为最主要的矫正途径，而实施心理疏导、就业技能培训等成本更高且更具个性化的矫正方式采用的少、覆盖面低，矫正策略和罪犯管理个别化原则未能很好地体现，暴露了社区矫正手段单一、偏重形式化的问题。从居住情况来看，26.97%的矫正对象与自己父母共同居住，70.79%与自己的配偶、子女共同居住，2.24%独居或与他人合租。这显示，家庭在社区矫正中居于核心地位，并在社区服刑人员回归社会过程中扮演着不可替代的角色。

针对该县五个街道办事处共200名社区居民展开的调查问卷，共发出问卷200份，收回有效问卷178份。据调查结果，该县城市社区居民的基本状况如下：从年龄结构来看，18岁至30岁者占25.84%，30岁至50岁者占57.3%，50岁（包括50岁）以上者占16.85%，以中青年居民为主；从职业类型来看，公务员（村干部）占3.37%，事业单位、国企职工占23.60%，个体经营者占26.97%，私企工人占25.84%，农民工及无业人员占20.22%，职业类型多样，分布也较为均衡；从教育程度来看，具有初中及以下学历者占35.96%，高中学历50.56%，大学（大专）学历占13.48%，大专以上学历占比高出2011年底全国10.64%的平均水平，这说明该社区居民拥有较高的教育程度；从居住时间来看，11.24%的被调查对象居住时间在1年以下，46.67%的居住时间在2年至5年，25.84%的居住时间在5年至10年，16.85%的居住时间在10年以上。综上，被调查社区居民职业构成较为多样，绝大部分为流动性低、稳定性强的常住居民，外来人口比例不大，较高的受教育程度和较为合理的年龄结构，上述因素有利于社区矫正工作的开展。

二、当前社区矫正工作所面临的现实困境

研究发现，作为一种刑罚执行领域内的制度性植入和行刑方式的历史性变迁，社区矫正还面临着缺乏群众认同、矫正经费不足、矫正手段单一等突出问题。

（一）非监禁刑适用比例偏低

该县法院为基层法院，以罪行较轻的犯罪为主要对象，特别是醉驾入刑以来，判缓刑人员数量大增，因此非监禁刑适用比例较高①。以2012年为例，该县法院共判决监禁刑384人，缓刑210人，纳入社区矫正人员约为269人②，非监禁刑占比35.35%。但从全国范围看却并非如此，2004年至2008年，全国各级法院一审共判决缓刑1022406人，缓刑适用率为23%，判决管制77270人，管制适用率仅为1.74%。2005年年底，全国各级监狱在押犯人数达170万余人，而当年全国法院核准假释人数为18430人，假使

---

① 鉴于该县未设置监狱，笔者以法院判决结果作为比较参数。
② 由于一年中不断有新的人员被纳入社区矫正，及部分矫正对象刑满被释放或者被收监，因此笔者取每月县社区矫正服刑人员数目的平均值为计算对象。

适用率仅为1%左右①。相较而言，美国1992年缓刑犯人数共有2079881人，而同期监禁人数仅为883549人，两者之比为2.35∶1，监禁刑于仅占29.82%。又如2004年，法国、加拿大、澳大利亚、新西兰等国的社区矫正罪犯人数已经达到全部判决罪犯数的70%～80%，韩国、俄罗斯也达到45%左右。以B县的情形窥豹一斑，在非监禁刑已日渐成为主要刑罚执行方式的国际司法趋势下，我国非监禁刑的适用比例还相当低，限制了社区矫正的对象范围和实施规模，显然滞后于刑事法治和经济社会的发展需求。

（二）矫正类型、手段单一，缺乏针对性

富有针对性和多样化的矫正方式是体现刑罚个别化原则、实现矫正效果最大化的必要条件。以加拿大为例，该国社区矫正方式就包括缓刑、假释、社区服务、家庭监禁、电子监控、中途训练所等10余种之多，能够根据矫正对象的不同危险性和矫正难度加以区别对待，以便增强矫正教育的针对性和有效性；特别是对于再犯危险性较高的毒品犯罪，则普遍采用了电子监控、日报告制度和毒瘾戒断治疗的矫正方式。我国纳入社区矫正的刑罚类型有限。《刑法修正案（八）》第2条、第13条和第17条分别规定对判处管制、缓刑、假释的犯罪份子依法实行社区矫正，相比国外多样化的矫正类型，仅将前述三种类型纳入社区矫正似有不妥。

目前，B县司法行政部门已经建立了三级矫正制度，接收矫正对象后，结合心理测评和具体案情，根据人身危险性、社会危害性的大小将其划分为宽管、普管、严管3个等级，并为加强对严管对象的特别管理，配置了86部GPS监控装置。主要矫正方式为：其一，针对每名对象成立专门的矫正小组，定期召开小组会议，结合矫正对象的犯罪类型、心理特征、家庭背景等因素制定并实施矫正个案。其二，定期组织法律法规集体学习，增强其法律意识和道德素质。其三，组织参加公益劳动，培养社会适应能力。此外，也存在针对矫正对象进行心理疏导和就业帮扶的少数个案。相比欧美国家多样化的矫正方式，我国社区矫正工作还普遍面临着手段同质化的突出问题，表现在：多以集体活动的方式进行，缺乏个性化的矫正处遇，矫正措施缺少针对性。实践中，上述三种矫正方式还常常流于形式，甚至采取"放羊式"管理，对矫正对象"一放了之"，不仅缺少有效的矫正措施，也缺乏有力的监督手段。2011年至今，B县缓刑犯、假释犯和暂予监外执行犯违反相关

---

① 以上数据转引自最高人民法院统计报表。

规定者 11 人被（或应当被）裁定收监，约占全部人数的 3.67%，再犯（违法）比例相当高，脱管现象也较为严重。

（三）社区矫正制度不完善

其一，矫正法律体系不完备。从启动试点到全面推行的 10 年间，我国社区矫正立法工作取得了长足的进步，但时至今日，社区矫正所依据的法律、法规、规章，在矫正对象、执行机关、法律文书送达、公益劳动时间等方面仍存在不一致的情形。此外，自试点以来一直作为矫正对象的被暂予监外执行犯和被剥夺政治权利（并在社会上服刑）犯，却未能纳入《刑法修正案（八）》规定的由司法行政机关实施矫正的对象范围；由于实践中公安机关基本未对被剥夺政治权利的罪犯实施任何监管措施，导致对该类罪犯的监管处于半真空状态，暴露出社区矫正法律体系不完善、不协调的弊端。

其二，权力结构不合理，衔接机制不完善。根据《刑法修正案（八）》和修改后的刑事诉讼法，司法行政机关取代公安机关成为社区矫正的执行主体，行使组织社区服刑人员参加义务劳动、进行法制教育等矫正执行权；公安机关行使矫正惩戒权，"对违反监督、考察规定的社区服刑人员，根据具体情况依法采取必要的措施"，"对重新犯罪的社区服刑人员依法及时处理"；作为法律监督机关，检察机关对前两者实施监督，行使矫正监督权，由此形成了执行权、惩戒权、监督权相互制约的权力结构。上述权力划分和配置看似合理，却容易导致权力过于分散、监控不力的局面，而且，由于缺乏衔接性的程序规定以及法律文书的统一要求，很容易造成工作上的疏漏脱节和推诿扯皮。特别是由于司法行政部门缺乏惩戒权，对违反矫正相关法律规定的社区服刑人员往往"无计可施"，只能请求公安机关依法处理，而后者并无对服刑人员的管理权限和义务，缺乏积极性。一旦出现社区服刑人员顽固抵抗或强行脱逃等情况，司法行政机关也无能为力，即便求得公安机关积极配合，碍于法律没有明文授权，其也无权采取网上追逃等强制措施，援助甚显绵薄。司法行政机关与公安机关在执法权衔接机制的缺失与滞后，造成脱管案件频发、重犯率上升的隐患。以 B 县为例，2011 年，该县社区矫正对象的再犯罪率（或违法率）较高，约为 0.67%，2012 年为 1.67%。

其三，特殊疾病人群矫正、收监两难。因患有严重疾病被保外就医的监外执行罪犯违反规定被裁定、决定收监后，如果其所患保外就医的疾病尚未治愈，而又不符合监狱收押罪犯的健康条件，监狱一般情况下会拒绝接收，这就导致了该类罪犯长期无人监管，有的甚至还会抓住这个监管漏洞，有恃无恐地从事违法犯罪活动。尤其是监外执行的艾滋病罪犯，这类罪犯出监后往往继续从事吸毒等违法活动，再犯率高、不适应纳入社区矫正却又无法收监，呈现矫正、收监的两难状况。

（四）社区居民认同度不高，社区矫正缺乏群众基础

社区矫正的认同程度不高反映在三个方面：概念认知浅、了解渠道窄、接触机会少。在概念认知方面，被调查社区居民中，5.56%表示没听说过"社区矫正"，82.23%表示不是很了解。在了解渠道方面，知晓"社区矫正"概念的居民中，70.56%是通过社区或其他居民进行了解，20.37%是通过报纸、书籍等媒体渠道。在自身接触方面，只有5.56%与矫正对象有过亲身接触，62.92%表示不清楚本社区是否存在或认为本社区根本不存在矫正对象。由此可以看出，社区居民对"社区矫正"的概念性认知还比较浅显，对矫正工作的接触面和参与度也都处于较低水平。

不得不说，起源于西方的社区矫正制度被移植入中国本土社会后，客观上存在着东西方法文化以及传统与现代法文化的双重冲突，这成为矫正制度功能发挥的不利因素。中国传统法文化带有明显的重刑主义倾向，相对于预防再犯风险和人身危险性矫正，更强调对已然犯罪的惩罚和报应。这种浓厚的报应刑主义思想必然导致刑罚执行过程中重监禁刑、轻非监禁刑的实体刑主义，继而影响了社会大众对刑罚的法律认知。具体表现在，部分被调查居民认为，犯了罪的人在监狱服刑是理所应当的，在社区服刑的方式有罚不当罪甚至放纵犯罪的嫌疑。但随着时代的进步和社会主义法治进程的推进，公众的刑罚观念也发生着转变，尤其对社区矫正对象的排斥态度已大为淡化，此次抽样调查也证明了这一点，有79.78%的被调查对象表示对社区矫正对象持接受态度。

（五）矫正队伍专业化程度不高，矫正经费短缺

从欧美国家经验来看，社区矫正工作的承担主体通常为公益性组织和社会工作者，而非政府。社区矫正作为开放的刑罚执行方式，它最大的特征是充分利用社会资源，动员社会力量参与其中。"在执行过程中引入民间力量，可以减轻矫正对象对国家强制力抱有的本能的敌意，促使其对社会的亲和倾向，同时各类专家的参与，还可以弥补矫正队伍背景单一的缺陷，提高

矫正的专业化程度。"① 据统计，仅在 1989 年，就有 9800 万美国人进行平均每周 4 小时的志愿服务②。但在此次调查中笔者发现，仅有 3.26% 的居民赞同由义工承担矫正管理工作，而由 85.87% 表示矫正费用应由国家财政负担，相应矫正管理工作也应由国家工作人员负责实施。应该看到，我国长期处在"政治主导下的行政社会，从来没有形成市民社会，民众的政治参与热情不高，管理社会的能力和水平较低，一切都在探索之中，只有经过相当长时期的努力，国家管理社会的职能才会逐步转移给社区"。由此可见，真正意义上的社区概念远在"群体居住单元"之上，其中应当具备良好的自我管理功能，充分体现居民的自治精神，并为矫正对象提供了包容度高、互动性强的社区环境。可以说，这种现代意义上的社区构成了社区矫正工作有效开展的社会基础。社区矫正这种新型刑罚执行方式其行刑成本可能远低于监禁刑，但其仍然需要矫正场所、再就业服务、监督等必要社会投入，虽然部分如心理矫正等工作经费可以通过引入志愿者服务来解决，但其余部分却只能依赖国家财政支持。目前来看，我国除少数东部发达地区将有关矫正经费纳入财政专项预算外，绝大部分地区只能挤占司法行政机关的办公经费。由于 B 县的财政状况较好，社区矫正经费虽然纳入了该县财政预算，却只解决了 70% 左右的费用开支。以 2012 年为例，财政仅拨付矫正经费 30 余万，平均到每名矫正对象仅为 200 余元。

三、社区矫正工作的改进与检察监督

开展对社区矫正的法律监督，是刑罚执行监督的重要内容，也是修改后的刑事诉讼法赋予检察机关的一项重要权能。由于尚在起步阶段，我国社区矫正工作还存在诸多问题，其中不乏可供改进的余地，如加强经费保障、丰富矫正手段、增进公众认同等措施；同时，这也给检察监督工作提供了进一步发挥作用的空间。

（一）建立审前社会调查和危险性评估机制，扩大非监禁刑和社区矫正的适用范围

当前，我国非监禁刑适用比例偏低，社区矫正规模还相当有限，且局限

---

① 刘文欣：《社区矫正的本土化》，载《犯罪与改造研究》2004 年第 12 期。
② http：//news. 21cn. com/caiji/roll1/2011/08/12/8861825. shtml，2011 年 8 月 12 日。

于缓刑犯。随着刑罚文明的隆昌和社区矫正事业的发展进步，非监禁刑必将逐渐成为主要的行刑方式，在今后一段时期，社区矫正规模也将呈扩张之势，因此，扩大非监禁刑适用率理应成为司法政策的取向之一。然而，当前实践中，公安机关为突出犯罪打击效果，片面追求高羁押率、高实刑率，这种"重打击、轻预防"的刑事政策冲动在公、检、法之间进行线性传导，造成了实体刑滥用的后果。要解决该问题，不妨通过建立审前社会调查和危险性评估机制，增加司法机关对罪犯主体情况的了解，弱化侦查机关对检法两家的影响。考虑到对被告进行社会调查和危险性评估往往需要花费一定的时间，如果由法院实施审前社会调查，不但有悖司法中立原则，也有可能与其审限规定相冲突，造成案件迟延或超期，影响审判效率。相比较，拥有审判监督和量刑约束权的检察机关则更加合适充当起这个"建议者"的角色。也即在刑事案件审查逮捕、审查起诉阶段，由承办检察官对犯罪嫌疑人的犯罪背景、一贯表现、家庭情况等虽案件一同进行调查，并对其人身危险性和再犯可能性加以评估；对适用非监禁刑不致危害社会或量刑畸轻的，检察官可通过量刑建议、矫正建议等求刑权的表现形式，限制法官量刑裁量的实刑化倾向，从而扩大非监禁刑和社区矫正的适用范围。

（二）转变"重打击、轻预防"的执法理念，在检察机关内部增设专门犯罪预防机构

检察机关应当转变"重打击、轻预防"的传统执法理念，更多地发挥其社会管理职能，将监督视野拓展到改善犯罪诱发环境上来，更多地参与犯罪控制和预防工作。从目前检察机关的机构设置以及人员配置上看，仍然偏重于刑事打击和个案监督，缺乏以预防普通刑事犯罪、改善社会治安环境为主要职能的专门性机构和专职工作人员，已经难以适应新形势下公众对社会秩序和公共安全日益增长的司法诉求。因此，有必要在各级检察机关内部设立犯罪预防局（科），专门从事社区矫正、普法教育等超出个案范畴的犯罪预防性工作。同时，考虑到社区服刑人员中，农村户籍者几乎占7成，农村基层是社区矫正工作的重心，理应成为检察监督的重点。鉴于此，笔者认为，在满足基本办案需要的前提下，有必要通过建立派驻中心检察室、检务联络室、检察官社区办公室等外设机构，实现检力向镇街、村居一级有效下沉，为更好地开展基层特别是农村社区矫正工作创造良好的司法条件。

（三）强化公、检、司职能衔接，提升检察监督信息化水平

社区矫正的目标价值可以分为两个层次：一是防止社区服刑人员重新犯罪，维护社会秩序；二是通过社区服刑人员再社会化，恢复重建因犯罪而受

损的社会关系,完善社会建设,达成社会和谐。针对于前者,检察机关有必要加强与司法行政机关、公安机关之间的职能衔接,统一法律文书制式,完善程序衔接性规定,建立矫正信息沟通机制,以便克服矫正权力结构过于分散的弊端,从而加强对社区服刑人员的监督管理。根据立法法的规定,有关犯罪与刑罚的事项只能由法律加以规范。笔者认为,强化公、检、司职能衔接的最佳方式,莫过于尽快制定出台一部与监狱法地位相当的《社区矫正法》,在全国范围内统一社区矫正的条件、程序、机构和措施。"条件成熟时,可借鉴外国的立法经验,将社区矫正法和监狱法加以整合,出台《刑事执行法》"①。此外,无论是控制社区服刑人员再犯罪率,还是促进其再社会化,都需要建立在一整套高度信息化、科学化、社会化的犯罪预防体系的基础之上。因此,检察机关有必要逐步建立与公安机关、司法行政机关、镇街、社区等信息共享系统和数字化管理系统,形成检察机关—中心检察室—检务联络员—社区居民的多级检务工作群落,探索建立以信息化、网络化为特征的新型执法模式。

(四) 引入社会工作者、志愿者,促进矫正专业化、社会化

社区矫正是一个复杂的再社会化过程。犯罪人的再社会化,面临着心理、就业、社会偏见等主客观障碍,也受到来自家庭、社会等犯罪诱发性因素的不利影响。尽管每一名矫正对象面临的自身因素、家庭状况和社会环境均有所不同,矫正措施也千差万别,但社区矫正的终极目的无一不是通过重建社会支持系统促使其顺利回归社会。

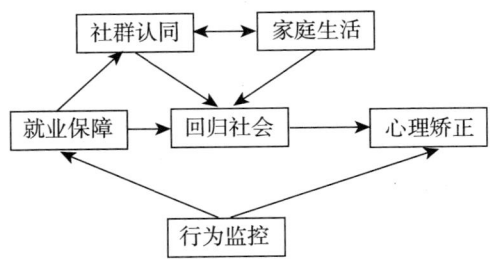

图 2　社区服刑人员回归社会的影响因素

微观层面上,如图 2 所示,矫正工作首先在于对社区服刑人员有效的行为监控(手段),隔绝其犯罪诱发环境;在此前提下,需要进而针对矫正对

---

① 戴勇才:《社区矫正司法适用问题思考》,载《西南政法大学学报》2011 年第 6 期。

象的自身状况和心理特点，实施就业保障和心理矫正措施，帮助其获得稳定的工作，恢复正常的家庭生活和人际交往，重新获得个人对社群以及社群对个人的双向认同，从而顺利回归社会。这就决定了作为一种以社区为背景的开放式的犯罪矫正模式，社区矫正不能依赖国家权力的单方干预，与前者相比较，动员广泛的社会性资源和专业人士的积极参与，提升社区矫正的社会化、专业化水平显得更为关键。因此，社区矫正应积极引入社会工作者和志愿者，理由在于：一方面，此举能够弥补司法行政机关从事社区矫正的专职人员数量上的不足，分散和降低矫正成本；另一方面，可使得具有心理学、社会学等相关专业背景的人士参与其中，在淡化官方色彩的同时，也得以提升社区矫正工作的专业化水平。实践中，北京、上海等地分别采取招聘专职社工或政府购买服务的方式，将社会工作群体纳入矫正体系之中，提高了矫正队伍的专业化素质，不失为一种行之有效的举措，但从国外的先进经验看，普通公众的和志愿者团体以"义工"方式参与矫正工作是实现社会化更为通行的方式。

基于"蝴蝶效应"的检察建议监督实效性探讨

——以职务犯罪预防为视角

彭德贵[*] 彭 宁[**]

古人云:"先其未然谓之防,发而知之谓之救,行而查之谓之戒。防为上,救次之,戒为下。"党的十八大报告指出:"要坚持中国特色反腐倡廉道路,坚持标本兼治、综合治理、惩防并举、注重预防方针。"2013年全国"两会"期间,习近平总书记在参加江苏省代表团审议政府工作报告过程中,当听到全国人大代表、南京市检察院职务犯罪预防局局长林志梅发言中谈到"预防职务犯罪也出生产力"时说:"预防职务犯罪也出生产力,我很以为然。"可见,预防犯罪何等重要。检察建议作为检察机关预防职务犯罪的有效载体,有利于从源头上遏制腐败滋生。然而,实践中往往缺乏针对性,重数量、轻质量,重形式、轻效果,以致预防功效大打折扣,严重影响

---

[*] 彭德贵,重庆市人民检察院第四分院检委会委员、法律政策研究室主任。
[**] 彭宁,重庆市人民检察院第四分院干部。

了检察建议的功效。因而，加强检察建议监督实效性探索，大力促进社会管理制度创新，已成为当前检察机关刻不容缓的研究课题。

一、"蝴蝶效应"原理及其对检察建议的启示

（一）检察建议的内涵

检察建议是检察机关在履行法律监督职责的重要手段和途径，实质上是法律监督职能的必然延伸，通常是指检察机关在履行法律监督职责过程中，依据法律的授权，就已经发现或即将发生的违法情况，向有关单位和个人发出强制性整改的书面建议，促其改进工作，以防止违法情况再度发生的法律监督活动。

（二）"蝴蝶效应"原理

"蝴蝶效应"是复杂系统理论、混沌学理论中的重要概念，最早由美国气象学家洛伦兹于1963年提出，其大意为：一只南美洲亚马逊河流域热带雨林中的蝴蝶偶尔扇动几下翅膀，就可能在两周后引起北美洲一场龙卷风。其寓意在于因小的因素的变化可能会引起轩然大波，即事件初始阶段预防的重要性。

（三）"蝴蝶效应"与检察建议的必然联系

在法学界，"蝴蝶效应"往往被用来说明一个坏的现象如果不加以及时引导，就会给法治带来相当大的危害。这正如意大利著名刑法学家贝卡利亚所言："预防犯罪要比惩罚犯罪更高明，这是一切优秀立法的主要目的。"①

1. "蝴蝶效应"的关联性，要求检察机关应重视检察建议的"助推器"作用

从动力学角度分析，"蝴蝶效应"强调的是在一个动力系统中，初始条件下微小的变化能带动整个系统长期巨大的连锁反应。发生贪污贿赂或渎职侵权犯罪固然令人扼腕，但更重要的是我们要注重对查办案件中发现的苗头性问题进行归纳分析，消除可能产生职务犯罪或者被职务犯罪分子利用的机会和条件，发挥"办理一案、教育一片、治理一方"的效果，使个案预防

---

① ［意］贝卡利亚：《论犯罪与刑罚》，北京大学出版社2008年版，第13页。

延伸为系统预防,从而实现社会化的检察监督。

2. "蝴蝶效应"的连锁性,告诫检察机关不可忽视检察建议的"亡羊补牢"之疗效

犯罪情况的出现并不可怕,可怕的是给社会带来更大的危害,戏称为"风暴"。"蝴蝶效应"就是由"翅膀"大烈度升级成恐怖的"飓风"。现有体制下某些部门普遍存在"权力过分集中,监督机制失衡",一些领导干部养尊处优,抗腐败能力不强,为重复犯罪提供了天然温床。① 为此,在查办职务犯罪案件时,要仔细分析犯罪的共性,找出被犯罪分子利用的漏洞,并通过检察建议及时提出预防措施,帮助发案单位堵漏建制,使之降低犯罪带来的负面效应。

3. "蝴蝶效应"的轰动性,引导检察机关关注检察建议的"警示牌"功效

"蝴蝶效应"阐述了在一定的阈值条件下,初值稍有偏差,将导致未来前景的轰动差异。习近平总书记曾指出,"国家培养一个领导干部比培养一个飞行员的花费要多得多"。从某种程度上说,培养干部就像是党和国家花人力、物力、财力和精力等高成本的投资活动。近年来,许多高官落马,引起了全国范围不小的轰动。俗话说,"千腐败、万腐败,都是思想先腐败"。检察建议是针对具体案件办理情况得出的柔性监督,其具备的针对性内容,可以使被建议单位的工作人员认识到所存在问题的严重性,帮助他们从思想上筑起反腐倡廉的坚固堤防,是促使干部自重、自省、自警的最低"成本"的手段之一。

二、检察建议监督实效性面临的现实困境

(一) 法律规定不具体,权威性缺失

1. 先天不足,无法可依

拉丁法谚云:"无法律即无犯罪,无法律即无刑罚。""依法治国"理念中也将法律的权威上升到了全新的高度。但我国的基本法至今都没有明确规定检察建议的效力问题,所有检察建议的具体操作规程都是由司法解释、部

---

① 根据法律教育网的《职务犯罪的成因与预防》一文得出:"职务犯罪的行为人中80%以上都是明知实施的行为是违背职责义务,并会给社会造成危害结果,而仍然希望或放任这种危害结果发生。"

门法或规范性文件规定的。2009年最高人民检察院出台的《人民检察院检察建议工作规定》（以下简称《规定》），处于法律之下的效力位阶。① 对检察建议在实践中的适用程序规定得仍不够完善，没有充分起到规范检察建议的作用。检察官法规定，"提出检察建议或者对检察工作提出改革建议被采纳，效果显著的，应当给予奖励"。这仅涉及检察建议的一小部分，从而导致检察建议的法律意义只是软性的"建议"，没有法律的强制力作后盾。因此，被建议单位对检察建议是遵照执行还是束之高阁，检察机关也爱莫能助。

2. 行政强权的傲慢，致使检察机关唱"独角戏"

《检察大辞典》中"检察建议"词条这样写道："检察建议是人民检察院履行法律监督职责和参与社会治安综合治理的一种形式。"② 作为当前预防工作的通用手段，检察建议在实践中不被理解，一些单位将它看作对其行政权威的挑战，不予理睬或者敷衍回复。只有当检察建议提出的问题涉及具体制度的细枝末节，并不触及单位的整体利益时，发案单位才会进行整改。具体情况见下图：

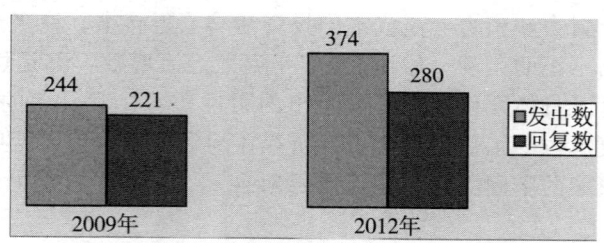

图1　重庆市检察机关2009年、2012年职务犯罪预防
检察建议对比情况表（件）

通过图1可以看出，重庆市检察机关2012年检察建议发出数量为374件，回复的仅有280件，与2009年相比，回复率下降了15.7%，意味着96件检察建议都"石沉大海"。

(二) 流于形式，搞"花架子"工程

1. 只图文来文往

当前职务犯罪预防的检察建议中，"制度不全"、"管理不力"等空话套

---

① 张智辉：《论检察机关的建议权》，载《西南政法大学学报》2007年第2期。
② 陈国庆：《人民检察院检察建议工作规定（试行）解读》，载《人民检察》2010年第1期。

话多，内容缺乏针对性，单纯地为发检察建议而发检察建议，忽视实质问题的解决。经常出现法律依据和整改措施不够明确，尤其是对出现的问题分析犹如蜻蜓点水，浮于表面。检察建议的格式、① 内容都草率应付，有的甚至存在一份建议多处重复使用的情况。据调查显示，重庆市某县检察院的一些检察建议在形式上比较雷同，出现直接采取复制、粘贴的方式套用语句的情况。

2. 只求简单耕耘

在现有检察建议考核机制下，检察机关常常局限于有限的案卷材料，不做调查就匆忙作出结论，普遍存在"收到被建议单位的书面回复就大功告成"的心态。当检察建议发出后，忽视对被建议单位进行跟踪回访，了解真实整改情况；被建议单位通常也是将用书面回复来应付检察建议，回复完就了事，根本没有引起高度重视，从而弱化了检察建议监督的实效性。重庆市某县检察院的数据显示，40%左右的检察建议都是为了完成业务考核而在年末突击完成，无形中降低了检察建议的质量。如此建议，不仅没有发挥检察建议的应有作用，反而可能影响检察机关的形象。

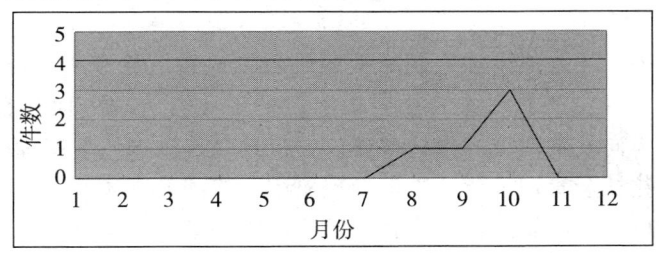

图 2 重庆市某县检察建议每月发送件数统计表

（三）发送对象单一，督促整改不力

检察建议基本都是直接送给发案单位，很难起到促进整改的作用。众所周知，让自己纠正自己的错误往往是最艰难的，特别是当涉案人员为单位主要负责人时，最终可能导致建议内容无法落实。据调查，重庆市某县检察院近几年来发出的检察建议，没有一件是发给发案单位的上级主管部门的。这样只向发案单位提出建议，容易陷入就事论事的境地，不能充分发挥检察建议的预防作用。

---

① 目前存在两种审批模式：一种是承办人制作，业务部门负责人、（分管）检察长审批的三级模式；另一种是承办人制作、业务部门负责人审批的两级模式。

三、如何防止一"蝶"激起多重浪

蝴蝶毕竟是蝴蝶，本来翻不起大浪，但微小的不和谐因素容易扩大，乃至发展成为社会不稳定因素，从而破坏正常的社会秩序。因此，对具有普遍性的现象应及时提出检察建议，以防事态恶化。为使社会代价降到最低成本，可从以下几个方面完善检察建议：

（一）以完善立法为立足点

"建议"是指提出建设性意见，本身不具有约束力。必须将检察建议提上立法日程，确立检察建议强制反馈制度，再加上人民检察院组织法对其进行明确规定，使检察建议名正言顺，加大可操作性。最为有效的方式是，在最高立法机关明确规定检察建议是检察机关开展法律监督工作的重要方式，赋予其相应的法律地位和效力，这样才能有效保障检察建议落到实处。

（二）以提升检察官素质为突破口

预防职务犯罪是减少和遏制腐败的最根本途径。检察机关应见微知著，善于从案件背后发现隐藏着的社会根源，发现社会管理方面存在的个性问题，进而积极向发案单位发出检察建议，促其完善制度，堵塞漏洞，加强内部制约，强化社会管理。要从零散的现象中，找到最本质性的问题；从细小差别中，把握法律的敏感性。这就要求检察干警必须具备以下基本素质：

1. 拥有一定深度和广度的知识面

知识经济时代，需要复合型检察干警。掌握的知识面越广，就越能从容地面对知识万象而在检察工作中游刃有余。职务犯罪涉及的知识面广、专业性强，检察干警必须深入发案单位进行调查研究，发现问题，找准症结，有针对性地提出检察建议，切记泛泛而谈，空洞无物，以致被建议单位无所适从。

2. 正确认识检察建议的功能

通过问卷调查，发现有的检察干警认为被建议单位对检察建议的采纳与否全凭自愿，大多数情况下是发了也白发，收效甚微，所以干脆不发。毋庸讳言，这种认识和做法是错误的，不仅不利于检察职能的充分发挥，而且会影响检察建议工作的有效开展。应当明确，查办职务犯罪案件的最终目的是为了遏制腐败，而开展检察建议则是预防和减少职务犯罪的重要手段和途径,须臾不可小视而削弱。

3. 注重检察建议的时效性

提出预防职务犯罪检察建议,是检察机关依法参与社会综合治理和社会管理创新的重要载体形式,有利于营造公正廉洁的政务环境。检察机关在查办职务犯罪工作中,对于发现的问题若不及时向有关单位发出检察建议,就不会引起案发单位的关注及时加以整改。为了让每份建议都发挥应有的作用,需要在检察建议发出时间上精心谋划,力争收到事半功倍之效。对于典型案件,承办人应及早予以关注,立即展开分析,争取第一时间掌握相关材料,精心制作检察建议,及时发出,以有效遏制和预防同类职务犯罪再次发生蔓延。

(三) 规范制作检察建议

提出的检察建议能被发案单位落实到实处才能达到最佳效果,否则便是一纸空文。《规定》第7条明确了检察建议的制发主题与审批程序,因此,检察机关在制作检察建议时,应当严格遵循由"相关业务部门承办人制作,部门负责人审核,检察长签发"的原则。按照统一的格式和内容,规范检察建议的登记、编号、送达、备案、归档等,避免粗制滥造,随意制发。

1. 重视检察建议的质量

质量是检察建议工作的生命线。"没有调查就没有发言权"。一份分析肤浅、论证薄弱、三言两语的建议必然不会引起发案单位的重视。检察建议必须建立在调查研究的基础上,针对同一系统职务犯罪的作案手段、作案方法、发案规律等特点,通过对已发生的职务犯罪进行专题调研,分析职务犯罪形成的原因、特点、规律,找准发案单位存在的问题,提出切实可行的改进措施,对症下药,防止外行指导内行的情况发生。

2. 重视检察建议的相关程序

(1) 统一登记、编号。要改变检察建议各行其是状况,就必须严格程序,统一登记、编号。由办公室负责检察建议的文稿审核、编号、登记等工作,研究室负责检察建议的分类统计、综合分析和评估等工作。(2) 灵活进行送达。首先要合理选择检察建议发送的范围。预防职务犯罪工作是一项综合治理工程,需要通过各单位、各行业系统"密切配合,各司其职"。检察建议的对象锁定在特定单位时,如果需要引起各预防联系单位重视,则要同时抄送所有联系单位。只有这样,才能既引起被建议单位的警示,又引起其他预防联系单位的重视,促使被建议单位对存在的问题进行整改。其次是对于大案要案以及"窝案",在发送检察建议的同时,检察机关应当与被建议单位进行座谈,详细剖析出现问题的原因,帮助研制整改措施,增强检察建议的效果,以防"蝴蝶效应"。(3)落实备案、归档制度。检察机关在发出检察建议的同时,抄送一份给本院研究室。下级院在发出检察建议五日内报上级检察院的研究室和相关业务部门备案。这样可以引起被建议单位的重视,也有利于上级部门加强对被建议单位的监督。当被建议单位以推诿等方式拒绝整改,检察机关应通知该单位的主管部门或者上级机关,监督被建议单位落实整改。(4)建立跟踪回访机制。检察建议是积极履行法律监督职责的具体表现,具有合法性、权威性。如果发出后不管不问,任其自然,不仅不能体现司法工作的严肃性,也达不到提出检察建议的后续预防目的。因此,要密切同相关单位配合,按照"谁制发、谁负责"的原则,加强催促落实,监督被建议单位整改。

检察机关是国家反腐败总体格局中的有生力量,如何建立完善预防职务犯罪工作机制,是一项极为复杂的系统工程。必须坚持打防并举、标本兼治、综合治理、注重预防的方针,通过检察建议延伸法律监督触角。根据"蝴蝶效应"原理,规范检察建议工作,提高检察建议质量,尤其注重检察建议的针对性、时效性,充分发挥检察建议功效,从源头上消除滋生腐败的温床,增强公职人员的拒腐防变能力,从而做到干部清正、政府清廉、政治清明。

金融检察专业化发展的考察与设计

范卫国* 王婷婷**

一、问题缘起：金融犯罪的专业性对检察工作的挑战

随着金融业的迅猛发展，金融活动逐步从传统的经济领域中独立出来，形成了一个专业化程度较高且空前繁荣的行业。在此背景下，经济犯罪逐步向金融领域转移，作为发生于金融活动领域的一种特殊类型的犯罪，金融犯罪数量与日剧增。据相关统计，2006~2010年，金融犯罪受案数持续激增，从2006年的4000余件增长至2010年的12000余件，年均增幅高达31.67%，其中破坏金融管理秩序罪占37.47%，金融诈骗罪占62.53%。[①]金融犯罪在呈多发性趋势发展的同时，也呈现出规避性、复杂性和手段的高度专业化等特点，此外，在证据收集以及案件定性方面相较于其他案件也有更高的要求，其犯罪处理的难度与发生频率之高对检察机关的司法工作提出

---

* 范卫国，重庆市南岸区人民检察院法律政策研究室干警，博士研究生。
** 王婷婷，西南政法大学经济法学院博士研究生。
① 王军、张晓津、李莹：《金融犯罪态势与金融犯罪研究》，载正义网，2013年5月14日访问。

了挑战。当前，金融犯罪创新的能力已经远远超过了检察机关的防堵能力，在检察机关和金融犯罪这一"猫和老鼠"的游戏中，"老鼠"往往因技高一筹而游离于"法网"之外。在此背景下，金融法治的发展和完善对金融检察工作提出了更高的标准和要求，为有效提高打击金融犯罪的专业化办案能力，金融检察的专业化机制亟须建立。

就金融检察的定义而言，其是指人民检察院通过行使检察权维护金融秩序、保护金融活动各方主体的合法财产、保卫我国社会主义金融市场合法、有序、健康发展的专门性检察工作。① 总体上，金融检察的工作内容既包括对破坏金融秩序的违法犯罪行为的治理上，还包括对金融民行案件的处理以及检察机关参与金融法治建设的其他事项。而本文所谓的金融检察专业化，是指检察机关为了适应金融犯罪的专业化办案需求，以专业化分工为基本原则，将金融检察工作从固有检察工作中进行剥离，建立专业化工作机构和专业化队伍用以承担专门的金融检察职能，并力图构建全面的专业化金融检察工作机制的过程。此外，也有观点认为金融检察专业化仅指针对金融犯罪专业性运作的特点对检察职能进行重新配置，用以有力打击金融犯罪。不过，鉴于金融违法犯罪的广泛和复杂性以及检察权的属性，本文将从广义意义上对金融检察专业化的相关问题进行探讨。

二、价值考量：金融检察专业化发展的必要性

（一）维护金融安全和金融效益价值的需要

金融安全和金融效益是我国金融市场的基本价值追求。然而，金融业作为我国一个尚未完全成熟的高风险行业，其运行漏洞、监管缺位尤其容易为不法分子利用，进而对整个国家的金融安全构成威胁。而在所有威胁金融安全的因素中，金融犯罪无疑是最直接的金融风险。随着金融产品的不断创新和金融市场的瞬息万变，金融案件还呈现出智能化、网络化、虚拟化的特点，在后金融危机时代，金融犯罪案件的数量和隐蔽性已达到空前的程度，犯罪黑数②频现。对此，检察机关只有以专业的金融知识和专门的技术来应

---

① 罗造祉：《金融检察介入金融监管的探索与实践》，载正义网，2013年5月15日访问。
② 所谓犯罪黑数，又称犯罪隐数或犯罪暗数，是指一个国家、地区或行业一定时期内已经发生，但尚未被司法机关获知或没有被纳人官方犯罪统计的刑事犯罪案件的数量。作为潜在犯罪总量指标的估计值，犯罪黑数越高，则犯罪手段越隐秘，对犯罪的控制效果越差。

对形形色色的金融犯罪问题,才能有效地打击和预防金融犯罪,将金融犯罪可能带来的金融风险降低到最低限度。此外,金融犯罪还给无数的被害人带来了伤害,但由于专业化能力的欠缺,而传统的检察办案模式和办案力量对金融犯罪的处理难以做到及时有效,这就亟须检察机关以专业化推动金融案件处理的高效化,以尽快平复受损的社会经济秩序,弥补案件当事人的损失。

(二) 弥补金融犯罪防控机制"失灵"的必然选择

与金融创新相伴相生的金融风险无论是对金融机构的内部控制抑或是对金融机构的外部监管都提出了更高的要求,但由于利益的驱动,处于查处与防范金融犯罪最前沿的金融机构或金融监管部门都陷入"失灵"的困境中。一旦产生金融犯罪,金融机构往往因为行业的利益驱动而疏于内部控制,或进行低调处理,或进行内部消化。例如,当金融机构出现营运资金不良的状况时,一般倾向于采取"先民后刑"这一投鼠忌器的方式解决问题,① 这不仅不利用金融机构的风险控制,也将纵容金融犯罪行为的发生,让许多金融犯罪"金蝉脱壳"。与此同时,金融监管部门虽然处在防范金融犯罪的首要环节,但由于它们缺乏法定的采取强制措施以及调查取证等权利,即便发现金融犯罪线索,也只能在简单初查后将涉案材料或相关线索移送公安机关或检察机关进行处理;而检察机关虽然具有法定的侦查权力,但由于缺乏金融方面的专业知识,而无法对该类犯罪进行有效的办理。因此,为了不贻误治理金融犯罪的战机,有效弥补金融机构及监管部门在防范金融犯罪上的天然缺陷,检察机关应当加强金融案件的专业化建设,综合应用金融知识及检察权的优势,更好地防范金融犯罪。

(三) 优化检察权配置和发挥检察能动性的必经之路

在金融法治进程中,检察机关处于"中枢和督导"的地位,作为金融法治环境的重要塑造者之一,检察机关担负着维护金融管理秩序和公共利益、保护公民合法的财产所有权以及促进金融市场健康可持续发展的重

---

① 王全:《银行与公安联合防范和打击金融犯罪机制研究》,载《重庆科技学院学报》(社会科学版) 2011 年第 11 期。

担。① 然而，在金融检察工作过程中，传统以诉讼阶段为划分标准的检察权配置模式虽然基本符合我国刑事诉讼活动的程序要求，但对某些专业性强或办案难度大的案件却难以体现机构设置的专业优势。这尤其表现为，检察机关在判断金融犯罪相关构成要件上欠缺自信，甚至过于依赖金融监管部门对罪与非罪的先行行政认定，将某些检察权能让渡给了金融监管部门，进而弱化了检察机关的独立价值。② 因此，我们应正视金融检察专业化缺失的负面效应，通过专业化的制度设计对检察权进行优化配置，使得检察权能在不同类型的案件领域实行专业化分工。在此基础上，检察机关还应充分发挥在惩治金融犯罪、对金融领域实行法律监督以及参与金融市场综合治理中的能动作用，围绕整治和预防金融犯罪重大理论与实践问题，调整工作思路，提升检察工作水平，建立和完善专门的金融检察部门，实现专业化、精细化发展，使金融检察工作更加公正、高效、权威。

三、他山之石：域外金融检察专业化发展的制度考察及启示

针对金融犯罪的高发趋势，域外几个具有代表性的国家和地区为保护投资者合法权益、保障金融市场稳定发展，率先对侦、控、审司法机关实行了专业化改革以应对金融犯罪案件的特殊化处理需求，如设立专业化的的金融警察、金融检察官以及专门的金融法庭等。其中，在金融检察的专业化发展上，各国家和地区还针对金融犯罪的特点采取了许多不同于传统刑事司法的制度安排。

（一）设立了专业化的金融检察组织和机构

对专业性要求较高的特殊类别的案件，设置专业化的金融检察组织和机构负责办理，是各国检察机关的普遍做法。

首先，就专业化的金融检察组织而言，面对国际化、跨区域金融犯罪的威胁，国际上成立了"世界反金融犯罪组织"（FATF），用以重点阻止国际洗钱和惩罚外逃贪官。其他各国也纷纷成立相关组织打击金融犯罪活动。例如，美国在财政部成立了"金融犯罪执法网络"（Financial Crimes Enforce-

---

① 吴权平、余大伟：《检察机关参与金融犯罪治理：透视、剖析与应对》，载《中国检察官》2010年第6期。
② 毛玲玲：《金融刑事司法机制的专业化路径及问题探讨》，载《金融法制》2011年第6期。

ment Network),英国设立了"金融特遣队",希腊成立了"反金融犯罪小分队",萨尔瓦多、哈萨克斯坦成立了"反金融犯罪局"等,专门负责金融犯罪的侦查和追踪。

其次,就专业化的金融检察机构而言,各国检察机关在内设机构的具体设计中也多强调突出案件的专业属性。例如,美国的联邦和州检察机关都设有特别起诉处(局),负责涉及政府官员腐败、工会官员腐败、侵犯民权、复杂的银行内部诈欺以及复杂的金融和白领犯罪等类刑事案件的侦查和起诉。① 英国依据1987年《刑事审判法》设立了重大欺诈犯罪调查署(the Serious Fraud Office),其作为独立的政府部门,在检察总长的监督下专门负责调查包括金融犯罪在内的严重和复杂的欺诈犯罪案件。② 而为应对昔往刑事司法因缺乏足够的专业知识无法应对"白领阶级犯罪"而造成重大经济损失的现实难题,德国检察机关采取了特别专业化措施:一是令每一位检察官及警察人员均接受对经济犯罪侦查的特别教育;二是在地方法院的检察署设立专门处理经济刑案的科组;三是对特别重大及范围广大的经济刑事诉讼委派特别职务的检察官予以处理。③ 这些举措都充分考虑到了金融犯罪所具有的专业化、智能化、技术化、国际化等特殊属性,满足金融犯罪处理的专业化需求。

(二) 构建了专业化的金融检察信息平台

随着金融市场的不断发展,金融犯罪还呈现出高科技化、智能化、网络化、虚拟化的特点,这决定了金融检察工作中必须运用一定的方式来掌握金融犯罪的信息来源。对此,各国在金融犯罪的处理过程中逐步建立起反金融犯罪的信息共享平台。就美国的金融犯罪执法网络而言,它是财政部下设的一个组织,它的参与主体多元,既包括行业监管部门,也包括调查机构和司法机构,是一个连接金融机构和各执法机关用以提供金融情报来源的网络。其中,金融犯罪执法网络的情报来源是在整合金融领域、执法机关和工商业三个不同来源的基础上形成的,通过"通信平台"(Plateform)和"门户"(Gateway)两个程序让执法机关通过派驻金融犯罪执法网络的专家或是自己

---

① 曹坚:《金融刑事司法应专业化》,载正义网,2013年5月14日访问。
② 吴常青:《论金融刑事司法制度完善——比较法视角》,载《浙江金融》2008年第8期。
③ [德]克劳思·罗科信:《刑事诉讼法》(第二十四版),吴丽琪译,法律出版社2003年版,第65页。

的网络终端利用金融犯罪执法网络的信息和技术资源,进而为检察机关对金融犯罪的处理提供有力的信息支持。英国则建立了金融机构与检察机关互通金融犯罪信息的报告机制,每个银行都配备有专门向国家刑事情报局报告可疑性交易的官员,负责同国家刑事情报局和警察局联系。① 值得一提的是,澳大利亚交易报告和分析中心(The Australian Transaction Reports and Analysis Center)作为一个司法型的金融情报机构,其既是直接向澳大利亚国家司法和海关部部长负责的联邦政府部门,同时也是联邦总检察长办公室的下属机构之一。该机构的分析人员既包括金融、法律、情报、计算机等领域的专家,也包括澳大利亚联邦警察局、国家税务局、国家犯罪委员会、澳大利亚海关等相关部门派驻的专业人员,他们共同组成一个专门的分析机构,通过监测和遏制洗钱、逃税、其他严重犯罪和恐怖主义融资,为执法部门、反恐部门和税收部门提供情报服务和帮助。

(三)建立了专业化的检察辅助机制

为弥补检察机关在办理金融犯罪案件中金融知识匮乏的缺陷,建立一定的检察辅助机制也是各国金融检察工作中的一大特色。早在18世纪,英格兰刑事检控体制中就启用了专门化的职业律师代行刑事检控,针对偷盗邮件、伪造货币、伪造支票等犯罪现象越来越严重,邮政局、造币局和英格兰国家银行逐渐认识到有必要聘请专门化的职业律师代表本部门提出刑事指控、参与刑事诉讼等活动。② 德国为了解决检察机关在进行刑事案件调查程序时的"有头无手"的难题,将警察人员分为一般警察人员及检察机关的辅助人员,后者专门协助检察机关进行相关案件的侦查活动。③ 同样的,我国台湾地区也将司法警察设为检察官的辅助机关,司法警察通过整合法律知识、侦查技术与科学知识对犯罪进行侦查,发挥其在案件侦查中的专业优势,进而解决检察机关有将无兵、手无寸铁的现实难题。④ 在此基础上,为了制衡司法警察体制的消极懈怠弊端,我国台湾地区还创设了检察事务官制

---

① 叶涛:《借鉴英国经验,完善中国特色的反洗钱机制》,载《厦门特区党校学报》2005年第2期。

② 黎敏:《西方检察制度史研究:历史缘起与类型化差异》,清华大学出版社2010年版,第230页。

③ [德]克劳思·罗科信:《刑事诉讼法》(第二十四版),吴丽琪译,法律出版社2003年版,第65页。

④ 林钰雄:《刑事诉讼法》,中国人民大学出版社2005年版,第119页。

度,在招录检察人员时,根据职务犯罪侦查工作的需要,适当招收金融、证券、会计、建筑工程、心理学、信息技术等方面的专业人才,将不同专业的人员选用为检察事务官。这些专业人员不走检察官序列而单独列入检察事务官序列,在工作中协助主办检察官或主诉检察官从事职务犯罪侦查和公诉工作,以弥补检察队伍专业知识上的不足。① 此外,为了有效打击金融犯罪,我国台湾地区的"法务部"与金管合作成立了"法务部驻金管会检察官办公室",作为检察机关与金管会间的联系沟通平台,共同建立打击金融犯罪的联系机制,加强侦办金融犯罪的时效与动力。

四、现状考察:我国金融检察专业化的实践探索及主要问题

近年来,随着我国金融刑事犯罪案件的迅猛增加,司法机关先后在内部进行了金融犯罪案件专业化处理的实践。当前,我国的公安机关已建立了相对独立的经济犯罪侦查体制,审判机关也正在着力推广建立金融审判法庭,而我国金融资源聚集区域的检察机关也已经开始探索金融检察的专业化道路,北京、上海相继进行了金融检察专业化的相关试点实践,这两个地区的金融检察专业化实践都各具特点,在打击金融犯罪的过程中取得了良好的法律效果和社会效果。

(一)我国金融检察专业化的现有探索与实践

1. 北京市金融犯罪公诉组专业化建设的基本做法及成效

2004 年,我国第一个金融犯罪公诉组在北京市检察院第二分院成立,专门办理辖区内重大金融犯罪案件。金融犯罪公诉组在金融检察专业化建设中的举措具体可以概括为以下几个方面:② 一是进行业务细分。为了实现金融犯罪的专案专员办理,金融犯罪公诉组在内部分设了证券、期货、银行等公诉岗位,由办理类案经验丰富的检察官专门承担。二是加强人员培训。为提高检察人员办理新型金融犯罪案件的能力,金融犯罪公诉组分别与金融机构、金融监管机构建立起学习交流和合作培训的长效机制,用以提高办案人员的专业化水平。三是强化案件的类型化处理。对同类性质金融犯罪案件的

---

① 刘庆华等:《职务犯罪侦查队伍专业化建设途径》,载《人民检察》2012 年第 12 期。
② 吴春妹、卢楠:《金融犯罪检察一体化构想——全国首个金融犯罪公诉组的实践与探索》,载正义网,2013 年 5 月 14 日访问。

法律适用以及证据标准形成规范化的制度要求,进而形成高效率、统一化的案件办理模式。四是提出专业性的检察建议。将专业化公诉和专业检察建议相结合,针对金融案件办理中发现的问题,向法院、金融机构以及金融监管部门发出检察建议。通过7年的探索与实践,金融犯罪公诉组在专业化建设方面已初显成效,培养了一批办理专业类金融犯罪案件的专家型、专门型公诉人,在专业类金融案件的办理也取得了良好的法律效果和社会效果,并对基层院受理专业类金融犯罪案件具有良好的示范效应。

2. 上海市检察系统专业化建设的基本做法及成效

2009年,上海市人民检察院专门出台了《上海检察机关为加快国际金融中心和国际航运中心建设服务的意见》,意见出台后,一批专门办理金融案件的检察机构相继成立,初步形成了一支金融专业检察办案队伍。这些金融检察机构实现金融检察专业化建设中的基本路径①如下:一是在组织结构上的专业化。上海市浦东、黄浦、静安、杨浦四个区院分别成立了金融犯罪公诉科(处)、金融检察工作小组和金融检察工作委员会等履行专业化办案职能的部门,专司金融检察工作。二是金融刑事案件的专业化处理。首先,金融检察部门将专业化办案职能进一步精细化,针对银行、证券期货、保险等领域的金融犯罪,设置专门的办案组,分门别类地进行办理。其次,金融检察部门从检察机关的角度做好金融案件年度分析报告,为金融监管部门决策提供建议。最后,金融检察部门通过建立与金融监管部门、金融机构的信息互通机制,将办案过程中发现的问题和管理漏洞及时向有关监管部门进行通报,通过发出检察建议,为金融机构防范金融违法犯罪提供警示。三是金融民商事案件的专业化处理。首先,针对当前金融民事申诉案件(建)提抗率较高的特点,金融检察部门加强了金融民事案件的法律监督力度,指定业务骨干、金融办案能手对金融民事案件实行专人办理,提高专业化办案水平。其次,针对金融民事案件专业化程度高的特点,金融检察部门借助金融检察工作委员会等专家力量,对法律监督要点进行准确定位,加强监督实效。再次,金融检察部门积极搭建平台,形成联动协作,与金融机构相关职能部门定期联系,通报案件动态,及时传递金融民事案件的新情况和新特点。最后,金融检察部门还加强调研,延伸民事检察法律监督的触角,在平等主体的交易中积极发现执法不公、利益失衡的问题,向金融监管部门提出检察建议以维护社会公平正义。

---

① 罗造祉:《金融检察介入金融监管的探索与实践》,载正义网,2013年5月14日访问。

(二) 我国金融检察专业化实践面临的问题及挑战

尽管当前部分地区人民检察院设立金融犯罪案件办案部门的措施已在卓有成效地进行，但从长远来看，这些专业化的实践仍有其局限性，存在多种问题和挑战。

1. 金融检察的专业化机构设置不尽科学

金融检察的专业化首先要解决金融检察机构设置的问题。从理论层面而言，金融检察机构的设置可以分为"程序型模式"和"综合模式"两类，前者根据批捕、起诉的诉讼程序模式设立金融检察机构，以对应金融犯罪案件的批捕、起诉工作，即将原由侦查监督部门和公诉部门办理金融犯罪案件的职能划出来单独组建金融检察的对应部门，如金融侦查监督部门和金融公诉部门，而后者则将检察机关相关部门的职能集中在金融检察机构内，设立统一的金融检察处甚至专门的检察院，统筹所有的金融检察事项。① 相较而言，程序型模式简单易行，职责划分容易，但是依据该模式设置的金融检察机构依据诉讼阶段来发挥相应的作用，难以发挥金融检察的整体功能，而综合模式则能发挥金融检察部门的统筹作用，兼顾民刑类金融案件的办理，并对金融市场的变化实时追踪，因此是一种比较理想的选择模式。然而，从我国现有地区的实践来看，北京市人民检察院第二分院成立的金融犯罪公诉组采用的是程序型模式，这种机构设置的基本缺陷在于：其一，金融犯罪公诉组的人员编制较少，且人员组成往往直接从本院的公诉、侦监等部门抽调，不具备特定的金融方面的专业性知识；其二，根据刑事诉讼法级别管辖的原则，对于金融犯罪案件这类既需要相当专业知识又相对复杂的案件由基层人民检察院的某个部门办理实为不妥。易言之，北京市二分院成立金融公诉组的组织方式难以在基层院落实。而目前上海市各区检察机关所设置的金融犯罪案件办案部门职能不一，个别试点检察院的金融检察专业部门只负责办理金融刑事类案件，有的试点院将金融刑事案件和知识产权刑事案件都归由金融检察专业部门办理，还有的试点检察院不分案件的刑事民事性质，只要有金融因素，一律由专门的金融检察专业部门负责办理，这就造成大多数金融检察机构在工作中"重刑轻民"的现象，无法统筹其他金融检察事项，这样的机构设置与金融犯罪案件专业化办理的要求相去甚远，依然仍留在程序型的机构设置阶段。

---

① 李忠诚：《关于金融检察制度的构想》，载正义网，2013年5月14日访问。

2. 金融检察专业化的内外衔接机制不够协调

金融检察是一项需要司法机制相互衔接、管理部门相互配合的工作，然而就我国现有的金融检察专业化的内外衔接机制而言，仍不尽完善，主要表现为以下两点：一是内部衔接机制的缺陷。在我国各司法机关实行专业化改革的过程中，侦、控、审三家金融刑事专业机构在探索金融刑事司法专业化的路径过程中步伐并不一致。当前，公安机关侦查金融犯罪案件已经形成机构专设、人员专配、上下对口、横向联动的专业化侦查机制，但是审判机关的金融法庭只在部分经济发达地区设立，检察机关的金融检察机构尚在阶段性的试点当中。而就金融法庭和金融检察机构设立的目标而言，也存在不一致的情形，法院倾向于推动金融商事审判的专业化建设，对金融刑事审判的专业化发展关注相对不多，检察机关则将金融刑事检察的专业化工作放在十分重要和突出的位置，而对金融民事检察工作提及较少，这种设立进程、专业化水平和目标的不一致导致金融刑事司法改革欠缺互相配套的方案，且其理论基础停留在"因案而起"的层面，无法应对层出不穷的案件类型对专业化的要求。① 二是外部衔接机制不足。当前，虽然我国金融检察机构与金融机构、"一行三会"监管部门已经建立起交流与合作的模式，但这种合作交流的方式过于松散而未形成有效的机制或长效的制度，表现在检察机关和各机构、部门在日常工作中各自履行自身职能，只是在遇到需要协作的个案时，双方根据案件情况，灵活决定合作的途径和方式。这种方式虽然具有针对具体个案的灵活性，但因为缺乏规范而很难形成金融犯罪办理过程中的信息共享，进而不利于打击日益增长且形态各异的金融犯罪。

3. 金融检察专业化的配套制度尚未建立健全

金融检察的专业化发展是一个制度联动的过程，对此，我国学者黄安从新制度经济学提出的制度互补假说认为，制度变迁不仅是一项制度的变迁，其涉及的是一系列制度的变迁，制度的变迁要配以相关制度的变迁才能实现优势互补，降低制度变迁的成本和风险，发挥最大潜力。② 然而，从我国现有的金融检察专业化实践来看，与金融检察专业化息息相关的配套制度尚未建立健全。首先是金融犯罪执法信息网络尚未建立。金融犯罪的运作在很大程度上依赖于信息和网络技术，这就需要我们能够打好信息战，打造"疏而不漏"的信息网络及时发现金融犯罪并予以强势阻击。但是，从当前的

---

① 毛玲玲：《金融刑事司法机制的专业化路径及问题探讨》，载《金融法制》2011 年第 6 期。
② 黄少安等：《我国"费改税"的制度经济学分析》，载《税务研究》2002 年第 10 期。

金融检察专业化实践看来，金融机构对交易信息的报告未形成常态，信息的收集依然具有随意性，尚未形成严密的信息网络。其次是金融检察专业化辅助机制尚付阙如。当前，我国现有的金融检察机构仍依赖于检察官的专业知识的拓展，大多数金融检察机构的专业化实践依托于对原有人员进行金融知识的培训，少数金融检察机构尽管已经开始对新进人员进行专业和学历的考虑，但是通常具有金融专业知识的人员并不一定就有刑事办案的能力，金融检察专业化辅助机制的缺失使得现有的办案人员远不能满足金融犯罪的专业化办理需求。

五、对策分析：我国金融检察专业化发展的制度设计与完善

在应对国际金融危机、建设金融法治的进程中，金融检察的专业化建设具有重要的战略意义，既能够优化检察权能的优化配置，推动我国司法检察制度的有效改革，也能够回应金融犯罪的专业化办理需求，高效率、规范化应对金融犯罪的挑战，维护金融市场的稳固运行和管理，服务于整个金融秩序建设。因此，打造具有中国特色的金融检察专业化制度，尤为必要。本文认为，应从以下几个方面切实建立和完善我国的金融检察专业化制度。

（一）设立综合型的金融检察专业化机构

通过以上对"程序型模式"和"综合模式"金融检察专业化设计的比较，可以发现"综合模式"下的金融检察办案机构既能做到刑事、民事、行政"三合一"的审查模式，有效解决检察机关对于金融秩序的保护仅侧重于刑事部分的现状，还可以真正实现捕、诉、研、防一体化的制度，避免出现程序脱节、衔接不当并造成程序拖沓等不利于保护金融秩序的现象。因此，本文认为应设置综合型的金融检察专业化机构，如专门的金融检察处或专门的金融检察院。在职能设置上，综合型的金融检察专业化机构应重新审视检察权力的作用和范围，进而打破现有依照案件类型以及诉讼环节进行职权划分的检察权配置模式，将金融检察权扩充到对金融民行案件的处理、检察建议以及其他检察机关参与金融法治建设的事项，从而建构统一的金融检察专业化体系。在受案范围上，综合型的金融检察专业化机构的受案范围应包括金融类刑事案件和金融类民事案件，充分发挥检察机关查办金融类案件的专业优势。在人员配备上，综合型的金融检察专业化机构可以在人员招募、队伍建设、学习培训方面采取特定的标准，将兼具金融和法律专业知识

的人才充实进来，打造专业化的金融检察办案队伍。

（二）建立健全金融检察专业化的内外衔接机制

当前，金融检察专业化的内外衔接机制不够健全，主要体现在检察机关与公法两家在金融刑事司法体制运行中衔接不畅以及检察机关与金融机构及其监管机构缺乏长效化的交流合作机制。对此，应重新审视侦查权、控诉权与审判权之间的关系，在公安机关、法院系统已经建立金融专业化内设机构的背景下，做好"侦—控—审"机制的衔接，打造司法机关处理金融案件的专业化机制。一是应加强公、检内部的捕诉衔接制度，在现有捕、诉分离的工作模式下，在金融犯罪案件的办理中实行信息交换，加强检察机关对公安机关侦查金融案件的监督、指导，以提高办理金融犯罪案件的效率及专业化水平。二是应实现检法内部金融案件专门办理部门的对接，加强现有金融审判法庭中金融刑事案件审理小组的建设，统一金融案件办理的"口径"。三是应建立公、检、法三机关办理金融犯罪案件的协调机制，包括信息互通机制以及资源共享机制的建设，对金融犯罪的信息资料予以收集整理，加强对典型案例的分析研究，及时掌握金融犯罪的基本动态，了解金融犯罪的手段、方法、特点及趋势，查找管理漏洞，建立相应的防范措施。此外，还应健全检察机关与金融机构以及监管机构的合作机制。首先，应改变检察机关与金融机构个案合作的办理模式，建立检察巡视制度和检察辅导制度，将办理金融犯罪的检察官派驻金融机构，以及时发现金融犯罪，并对金融机构报告金融犯罪的信息予以监督和指导。其次，应加强检察机关与金融监管机构的联系，建立联席合作制度，使金融监管机构能向检察机关及时通报金融犯罪信息，同时充分发挥检察建议制度的作用，向金融监管机构提示相应的金融风险。必要时，还应赋予金融监管机构一定的"准司法权"，实施一定的冻结、查封措施，让金融监管机构提前介入金融犯罪案件进行有效、完整的搜查取证工作，以避免相关犯罪事实与证据被湮灭、变造、散失或涉嫌人逃匿而影响最终有效的追诉与审判。①

（三）引入"第三方"力量，充实金融检察专业化队伍

金融案件具有极强的专业性，对此，仅靠检察机关的力量很难保证金融犯罪案件办理专业化人力资源的"自给自足"，对此，还应充分借助"外

---

① 毛玲玲：《金融刑事司法机制的专业化路径及问题探讨》，载《金融法制》2011年第6期。

脑",充实金融检察工作力量。首先,应加强检察辅助机构的建设,对我国的司法警察制度进行相应改革,将一部分具有专业知识的司法警察列为检察机关的辅助人员,专门协助检察机关进行相关职务犯罪案件的侦查活动,以弥补检察机关专业力量的不足。其次,还可以借鉴我国台湾地区检察事务官的相关制度,改变现有的检察机关人员编制,将具有金融专业知识的人才聘为检察事务官,协助检察官从事金融职务犯罪的侦查和公诉工作。最后,还可以做好制度的创新,借鉴与吸收西方国家的"法院之友"制度,创建"检察之友"制度,将那些能给检察官办案提供专业性意见的专家列为检察官审查起诉案件的智囊,向具有金融专业知识的专家学者借力借脑,发挥专家对金融案件办理的辅助功能,进而为金融检察工作提供充分的智力支撑。

(四)加强信息网络建设,建立专业化的金融情报机构

金融案件的智能化、网络化、虚拟化特点决定了对金融犯罪的治理需要有更为及时、丰富的信息来源,因此,我国还应加强专业化的金融情报机构的建设,借鉴澳大利亚的交易报告和分析中心的相关设置建立我国的司法型金融情报机构,该机构由专业化的人才组成,负责金融情报的收集、保存、整理、分析和移交,专门服务于我国的金融刑事司法活动。在此基础上,形成类似于美国"金融犯罪执法网络"的数据库,将我国的金融机构、金融监管机构以及执法部门的数据库进行联网,达成信息共享和交流,进而为案件的调查提供线索。只有在充足的信息支持下,我国的金融检察办案机构才能及时发现和掌握金融犯罪的相关信息,有效地打击和预防金融犯罪。

检察建议的批判解读与发展构想

秦志松* 赵 锐**

一、检察建议的概念、类型与法律属性

（一）概念

当前，对于检察建议的概念，通常认为主要有四种主张，即"语义说"、"监督说"、"服务说"、"综合说"[①]，它们基于对检察职能内涵和外延的不同认识和侧重，对检察建议的概念作出了几乎完全不同的解读。

"语义说"从文字意义入手，以检察机关的办案活动为基础概括了检察建议的定义。比如，李伟民主编的《法学辞海》中对"检察建议书"的定义是："人民检察院在查办案件过程中，发现在诉讼过程中无法解决但又应当解决的问题时，向有关单位和部门发出的书面意见。"也有学者仅从字面

---

* 秦志松，重庆市人民检察院第三分院法律政策研究室主任。
** 赵锐，重庆市涪陵区人民检察院民事行政检察科科检察员。
① 吕涛：《检察建议法制化研究》，2010年山东大学博士学位论文，第30页。

上理解"检察建议",认为凡是检察机关提出的建议都可以称为检察建议。

"监督说"主张,检察建议是检察机关履行法律监督职责的一个重要手段。按照这种观点,检察建议包括整改建议、纠错建议和处置建议。在张思卿主编的《中华人民共和国检察业务全书》中对"检察建议"的定义是,"检察机关在履行法律监督职能的过程中,针对不能在诉讼过程中解决的一些问题,诸如预防和减少犯罪、执行和适用法律、对人的处理和表彰等方面的问题,有针对性地采用检察建议书向有关单位提出整改要求,并检查督促落实,以此来实现监督职能的一种方式。"①

"服务说"认为,依照我国法律的规定,检察建议不是检察机关的职权,亦不是法律监督的本身,它是从检察权中派生出来的一种非诉性质的检察活动,是法律监督职能的延伸、拓展和补充。一些学者认为"检察建议是检察机关为改善执法状况、改善行政管理和企业管理,以防止和减少违法犯罪而从事的一项服务性工作",检察建议应限定在社会治安综合治理的领域内,主要表现为预防违法犯罪的建议,以非法律监督的形式,实了法律监督与服务相结合。还有学者指出,检察建议作为检察机关参与社会治安综合治理的一项有效措施和为经济建设服务的一个重要手段,是检察机关坚持为经济建设中心服务、避免就案办案的一种倾向,是检察工作实践中的一项创举。

"综合说"主要体现在《检察大辞典》中的解释,该解释认为检察建议是人民检察院履行法律监督职责和参与社会治安综合治理的一种形式。该说整合了"监督说"和"服务说"的主张,认为检察建议"兼具法律监督与社会综合治理两种职能",应当分为履行法律监督职能的检察建议和履行综合治理职能的检察建议两类。② 有学者进一步主张,检察建议既包括对公安机关侦查活动和监狱刑罚执行活动的监督,又包括对法院审判活动的监督,还包括参与社会治安综合治理、预防犯罪等,检察建议具有纠错功能、整改功能、预防功能、处置功能和引导功能。

上述四种定义,都肯定了检察建议是检察机关履行检察职能的一种手段或者方式,而分歧之处在于:检察建议的外延究竟是什么,这些分歧涉及检察机关的职能是什么,以及这些职能之间是怎样的关系?对这些问题的不同看法,可能会最终影响检察建议的定义。笔者从哲学的角度以批判的观点认

---

① 张思卿主编:《中华人民共和国检察业务全书》,吉林人民出版社1991年版,第422页。
② 张思卿:《检察大辞典》(第二卷),上海辞书出版社1996年版,第4页。

为,"语义说"、"监督说"、"服务说"都存在着重要的不足。首先,"语义说"过于流于形式,仅仅是对检察建议的一种字面的、语义叠加式的理解,这不符合马克思主义哲学关于撇开现象看本质的观点。其次,"监督说"和"服务说"的主张均过于绝对,二者将检察建议的"法律监督"和"服务社会管理"两个密切联系的功能人为地割裂开来,不符合马克思主义哲学的联系和发展的观点,也不能全面揭示出检察建议的本质特征。因此,本文最终采用了"综合说"的观点,并在其基础进行了一定的改进和完善。

据此,笔者给检察建议下的定义是:检察建议是检察机关在开展各项检察业务的过程中,基于诉讼活动的相关法律规定或是针对一些不能通过诉讼手段解决的其他问题,向特定被建议对象提出关于预防犯罪、追究责任、启动再审等工作意见并督促其加以落实,从而实现加强法律监督和促进社会管理完善的一种工作方式。

(二) 在实践中的类型

检察建议的一般分类,按表现方式,可以分为口头检察建议和书面检察建议;按发送对象,可分为向国家机关提出的建议和向其他社会主体提出的建议;按法律依据,可以分为有法定职权的建议和无法定职权的建议;按建议的实际用途,可分为纠错建议、整改建议和处置建议。以上分类虽然具有重要的实践意义,但并没有触及检察建议的本质属性和内在机理。因此,从根本上讲,以不同的检察职能为依据,对检察建议进行类型化研究更为科学。根据现有法律所规定的检察职能,检察建议大致可以分为法律监督类检察建议、参与诉讼类检察建议和预防违法犯罪类检察建议三大类,在此基础上又可以细分为预防违法犯罪、改进监督管理、化解矛盾纠纷、建议表彰处分、规范司法行为、建议法院再审等具体的检察建议。

(三) 法律属性剖析

检察建议的法律属性是什么,这涉及对检察权本质的理解,更密切关系到我们在实践中如何才能正确和充分地应用检察建议,以最大限度地发挥出检察建议应有的积极作用。因此,对检察建议的法律属性进行分析和论证,是检察建议研究领域一个重要的基础理论问题。在学术理论和检察实践中,关于检察建议的法律属性,关于检察建议是否属于公权力的一种,存在多种不同的分歧观点:

第一种意见认为,检察建议只是检察机关落实社会综合治理责任的具体措施，是服务和辅助法律监督目的实现的非诉检察活动方式。它不是检察机关的法定职权，也不是检察机关履行法律监督职权的方式方法，理由是：《人民检察院组织法》第 5 条专门对检察机关的职权作了规定，其中并不包含检察建议。既然法律没有规定检察机关可以提出检察建议，就不能把检察建议说成是法律监督性质的活动，更不能认可"广义"上的法律监督。故有人认为检察建议是检察机关在开展检察业务过程中，就所发现的问题，向相应机关团体、企事业单位或其他社会组织提出的关于改进工作、完善制度等方面的意见，检察建议的本质应归为司法建议的一种。

第二种意见认为，检察建议是一种具有综合性的法律监督权。该观点认为，检察院作为国家法律监督机关，监督的范围既包括了对执法的监督，也包括对守法的监督，检察建议是属于对守法的监督。检察机关参加社会治安综合治理，用检察建议的形式帮助发案单位进行普通犯罪和职务犯罪预防，同样是检察机关行使法律监督职能的重要体现，是检察机关履行法律监督职能的方式之一，属于非诉讼形式的法律监督活动。故有人提出了"在我国，检察机关有检察建议权，它是检察机关参与社会治安综合治理和预防犯罪的一项重要权力"的观点。①

第三种意见认为，从整个检察活动来说，检察建议包含着纠正违法行为的内容，检察建议虽然不完全是法律监督工作，也不是一项检察职权，但含有法律监督的性质是确定无疑的。对检察建议的性质以及在检察工作的地位问题，有学者分析认为：检察建议是检察机关为改善执法状况，改善行政管理和企业管理，以防止和减少违法犯罪而从事的一项服务性工作。检察建议不是法定的检察职权，检察建议书也不是法律文书。检察建议的基础来源于办案，又起到了办案所不能起到的作用，它以创新的检察工作形式，实现了法律监督与服务社会管理的结合。

第四种意见认为，检察建议既是检察机关参加社会治安综合治理的一种方式手段，又是检察机关履行法律监督职能的一种形式。② 按照刑事诉讼法的原则性规定，检察机关除担负打击犯罪的职能外，还负有宣传法制、教育群众、预防犯罪等法律监督职能，而这些职能必须通过非诉讼活动的形式来实现，检察建议书这一非诉讼法律文书也就成为行使这一职能的载体和形式之一。因此，检察建议既是检察机关参加社会治安综合治理的一种手段，也

---

① 甄贞：《21 世纪的中国检察制度研究》，法律出版社 2008 年版，第 185 页。
② 叶青、黄一超主编：《中国检察制度研究》，上海社会科学院出版社 2003 年版，第 290 页。

是检察机关履行法律监督职能的一种形式。

上述关于检察建议法律属性的各种观点中，大致地可以分为三种：第一种观点认为检察建议不属于检察机关的职权，不属于公权力范围，如上述第一、三类型的意见；第二种观点认为应当将检察建议定位于公权力，是法律监督权的组成部分，如上述第二类型的意见；第三种观点认为检察建议具有复合型权力的属性，如上述第四类型的意见。对此，笔者认同第三种观点，认为检察建议兼具公权力和非公权力的法律属性，原因如下：

第一，依据现行法律、司法解释的规定，检察建议显然具有一定的公权力的属性。按照现行民事诉讼法和刑事诉讼法的规定，检察建议是检察机关行使法律监督职能的一种法定手段，因此具有公权力的属性。例如，2013年1月1日施行的《民事诉讼法》第208条规定："地方各级人民检察院对同级人民法院已经发生法律效力的判决、裁定，发现有本法第二百条规定情形之一的，或者发现调解书损害国家利益、社会公共利益的，可以向同级人民法院提出检察建议，并报上级人民检察院备案；也可以提请上级人民检察院向同级人民法院提出抗诉。各级人民检察院对审判监督程序以外的其他审判程序中审判人员的违法行为，有权向同级人民法院提出检察建议。"根据刑事诉讼法的规定，检察机关可以向人民法院提出检察建议的情形包括：延期审理的建议、适用简易程序的建议、传唤有关被告人、证人同时到庭对质的建议、通知侦查人员等见证人出庭的建议、量刑建议等。这些均是检察机关以检察建议的方式行使法律监督权这一公权力的重要体现。[①]

第二，当检察机关以检察建议的形式参与社会治安综合治理和促进社会管理完善的时候，其提出的建议不具有法律监督的职能，也不具有公权力的属性。此时，检察建议只是检察机关参与社会治安综合治理的一种手段及方法，并非检察机关行使法定职权的情形。检察机关的法律监督权在我国的法律语境中是有特定的含义和范围的，检察机关参与社会治安综合治理是特定政治环境下赋予检察机关法定职能之外的政治任务，不是检察机关原有的职能行使。此时，检察建议的适用范围被限定在社会治安综合治理范围内，检察建议就不可能属于检察机关的法律监督权中的一种，只能是检察机关作为社会组织的一种权利。

综上，检察机关在履行对民事诉讼的法律监督和刑事诉讼中的一些公诉职权的时候，其提出的检察建议具有公权力的属性；当检察机关参与社会治

---

① 桂祥：《论检察建议的适用范围》，华东政法大学2010年硕士学位论文，第8~9页。

安综合治理时候,其提出检察建议与法律监督职能无关,不具有公权力的属性。因此,检察建议这一形式载体兼具了公权力和非公权力的双重属性。

二、检察建议在司法实践中的成效

实践中,检察建议的主要功能表现在:延伸执法效果,有力推动社会治安综合治理和反腐倡廉建设;完善检察手段,逐步形成"刚柔相济"的监督方法,有利于实现法律监督的"软着陆";提高诉讼效率,积极回应人民群众的司法需求,及时实现公平正义;强化法律监督,稳妥拓展法律监督的范围,促进依法行政和公正司法。因此,检察建议具有重要的法律价值和存在必要,主要体现在以下功能之中:

(一)进一步延伸了执法效果

检察机关执法办案活动的直接效果是惩治犯罪,但无论从刑罚的全部功能来看,还是从维护社会稳定、促进经济社会和谐发展的现实需要来看,仅就案办案、重打击、轻预防是远远不够的,也无法体现检察工作的全部价值。从20世纪80年代初,检察机关针对执法办案活动中发现的可能引发违法犯罪的风险或隐患问题,主动运用检察建议及时提请有关单位整改或处理,发挥了很好的一般预防的功能。中央社会治安综合治理委员会在《关于成员单位参与综合治理的职责任务的通知》中(1998年8月3日)明确要求:"人民检察院要充分发挥检察职能,落实检察环节社会治安综合治理的各项措施;结合检察业务,做好预防工作,分析掌握各个时期、各个行业的职务犯罪、经济犯罪以及其他刑事犯罪的特点,提出预防犯罪的建议;推动有关部门建章立制,堵塞漏洞,完善防范机制;开展法制宣传教育,扩大办案效果。"实践中,检察机关充分运用掌握和熟悉各类刑事犯罪案件的成因、特点、规律的职能优势,逐步形成了办案和发出预防性的检察建议相结合的做法,形成了"惩防结合、标本兼治"的工作机制。

(二)提高了诉讼效率

"迟来的正义非正义。"在检察机关办理民事抗诉案件的过程中,由于程序烦琐、周期长,有时难以达到群众的心理预期。① 对于一些特别急切的案子,申诉人急于寻求公正处理,如果再审周期过长,往往会引发一些过激行为,严重影响社会的和谐与稳定。而按照再审检察建议程序,检察院可以直接向原审同级法院建议其按照院长发现程序启动再审,而不必再提请上级检察院抗诉,这无疑有利于节省诉讼成本、提高诉讼效率。从外部关系来说,由于再审检察建议突破了抗诉案件的审级限制,在缩短办案周期、简化程序的基础上,实现了"同级建议、同级审理",有利于增进检、法共识,对于共同维护司法权威、促进社会和谐起到十分重要的作用。从内部管理来说,再审检察建议可以有效解决检察机关民行部门工作量"倒三角"的实践难题,有利于合理分配和调动人力物力资源,从而有效避免司法资源的重复浪费。

(三) 丰富和完善了检察手段

检察机关在刑事诉讼活动中,根据违法情形的程度,可以分别使用纠正意见、纠正违法通知书、检察建议、抗诉等手段进行监督,形成了一个合理的梯次结构。例如,《最高人民检察院关于刑事抗诉工作的若干意见》(2001年2月5日)规定:"人民法院审判活动违反法定诉讼程序,但是未达到严重程度,不足以影响公正裁判,或者判决书、裁定书存在某些技术性差错,不影响案件实质性结论的,一般不宜提出抗诉。必要时可以以检察建议书等形式,要求人民法院纠正审判活动中的违法情形,或者建议人民法院更正法律文书中的差错。"实践中,检察建议是对抗诉的一种补充性监督手段,检察机关以检察建议的方式引起刑事案件再审的情况,有着很多成功的例子。

(四) 有力强化了法律监督

宪法规定,检察机关是我国的法律监督机关。"强化法律监督,维护公平正义"是检察工作的主题,承载着广大群众对检察机关的殷切期盼,是检察机关的根本职责。在实践中,三大诉讼法特别是民事诉讼法和行政诉讼法对检察机关的法律监督手段和措施规定得非常原则,从而导致监督的程序、范围、方法以及效力等重要问题还都缺乏法律的支持,让检察院法律监督的效果在实际中大打折扣。检察机关通过主动探索,以检察建议的方式对

---

① 施红霞、王培友:《"再审检察建议"缩短办案时间》,载《人民日报》2007年11月21日第14版。

民事执行、民事调解以及法官的一般违法行为进行监督，积累了丰富的案件实践经验，取得了十分显著的效果，从而最终使得检察建议这一创新的法律监督手段写入基本的民事诉讼法。

在这一过程中，检察建议的先行探索对强化检察机关的法律监督职能起到了不可磨灭的作用，这既与国家层面的制度规划与设计紧密相关，又与检察机关在实践层面的与时俱进、不断探索不无联系。

三、检察建议的不足

检察建议是一种与检察工作实践密切联系的产物，其内涵、外延和功能必将随着社会与时代的进步而不断演化，并趋于完善和制度化。但是，当前还存在着许多制约检察建议发展的诸多不足之处，在这些因素当中既有先天的不足，又有后天的不足，本节将分别予以论述。

（一）最大的先天不足——检察建议的弱权力状态

先天的不足是由于检察建议的表意性而非决定性、弱权力性而非强制性所决定的。尽管检察机关可以自己决定检察建议的制作和发送，但从提出建议的目的角度来看，检察机关希望被建议单位可以按照检察建议的要求进行一定的改进行为，不愿意看到自己发出的检察建议被束之高阁、不被回应或采纳。鉴于检察建议并没有具有完全的强制性，因此检察建议先天就是一种弱性权力。被建议单位是否重视和积极回复建议检察，通常取决于检察机关对该单位具有如何的制约性和影响力。通常来说，行政机关和大多数发案单位对检察建议都能积极回应，因为检察建议毕竟可以有效帮助他们完善制度管理，在结果上对他们有利。但是法院系统对检察建议的回应，特别是诉讼监督类的检察建议的处理比较消极，因为采纳了检察建议就相当于承认法院自己犯了错，故法院对此类检察建议往往要么不理，要么回复不予采纳。[①]因此，如果被建议对象"不买账"，检察建议就会陷入"建"而无用的境地。例如，检察机关提出的再审检察建议，只有为法院所接受，转化成本院院长依职权发现的情形，才能启动审判监督程序；检察机关发送给涉案单位的预防违法犯罪的检察建议，只有被采纳，才能引发相关的整改措施和达到预期的法律效果。

---

① 刘利宁、张俊锋：《再审检察建议若干问题的探索》，载《检察实践》2005年第6期。

(二) 重要的先天不足——现行法律依据极其欠缺

在现行的法律法规中，涉及检察建议的规定屈指可数，这种相关法律规定的缺失，使检察建议在现行的法律体系中其缺乏其应有的权威。从立法层面来讲，1995年2月28日颁布的检察官法首次以法律的形式规定，检察官"提出检察建议或者对检察工作提出改革建议被采纳，效果显著的"，应当给予奖励；刑事诉讼法的少数规定中涉及检察建议，但这些条文更多是为了保证刑事诉讼活动的顺利进行的一种程序性规定，而非出自于强化法律监督的需要；只有2013年1月1日起施行的民事诉讼法，明确规定了检察建议作为一种法定的法律监督手段的地位。从此，在民事诉讼中，检察机关用检察建议对人民法院生效裁判和审判人员的违法行为进行监督的形式最终得到了有效确立。总体来看，现行最高立法层本着宜粗不宜细的立法思想，对检察建议工作开展的方式方法、效力等问题没有作出应有的具体规定，这种笼统规定的局面造成了检察建议的实施和效力缺乏必要的、根本的法律保障。特别需要指出的是，最高人民检察院在2009年11月出台《人民检察院检察建议工作规定（试行）》，该规定初步对检察建议作了系统的专门性规定。但是该规定中使用检察建议的范围过窄，在内容的全面性及可操作性上都还有待进一步完善，且该规定只是检察机关内部的规范性文件，缺乏应用于整个司法活动的效力。

（三）人为的后天不足——检察建议自身的不规范

一是管理机制不完善，使检察建议的制作和发出缺乏严肃性[①]。按照现行检察建议的工作规定，各级检察院办公室统一负责检察建议书的审核、编发工作。但是从调研的实际情况来看，检察建议实际上是由各业务部门具体制发。此外，在实际工作中由于部门业务性质的不同，各个检察业务部门之间缺乏有效沟通和协调，在个别检察院就出现了不同部门因同一案件、向同一单位发送多次不同检察建议的情况，这种程序管理上的不规范无疑会影响检察建议应有的严肃性。二是说理针对性和可操作性差，检察建议质量参差不齐。虽然大多数检察院能够密切结合执法办案的实际，先通过调查研究来查找问题，再有针对性地制发检察建议，但是也有不少检察建议存在文书质量不高、法律效果不佳的情况，主要体现在：倾向于使用公式化的语句，针

---

① 刘铁流：《检察机关检察建议实施情况调研》，载《人民检察》2011年第2期。

对性不强。最常用语句的包括"财务管理混乱"、"制度规章不健全"、"应加强监督"、"重视程度不够"等公式化的语句，但是对被建议单位的制度和管理存在哪些具体问题、应怎样改进和加强工作却没有作进一步的详细阐述。还有的检察建议内容空洞、没有可操作性，对于不同案件、不同发案单位，仅仅只换单位名称与犯罪嫌疑人姓名应付了事。三是后续跟踪不到位，大大影响了整改落实效果。少数检察机关以人少案多为由，对检察建议"一发了之"，对后续工作不重视，对检察建议落实情况没有及时进行跟踪监督，最终使检察建议流于形式，没有达到应有的法律效果和社会效果。

四、检察建议的发展思考

（一）明确检察建议的法律地位和效力——在立法层面的思考

如何明确检察建议的法律地位和效力，主要体现在三个方面：一是在刑事诉讼法、民事诉讼法和行政诉讼法等程序法中对检察建议加以明确规定；二是制定专门的检察建议法；三是修改人民检察院组织法，在这部专门规定检察机关职权的宪法性法律之中，明确规定检察建议这种法律监督方式。对此，笔者认为检察建议是一种灵活的法律监督手段，在当前还不必为之制定专门的《检察建议法》，修改人民检察院组织法的难度过大，在相关的刑事诉讼法、民事诉讼法和行政诉讼法等单行法里面，逐步地引入和完善检察建议的相关内容更为现实，也更加具有可操作性。结合我国立法的实际情况，笔者认为检察建议的立法可以采取逐步推进的方式，即从地方性法规到两高司法解释、最后到最高立法机关正式立法或进行立法解释。在完善检察建议的立法过程中，可以考虑包括以下三个层次的内容：第一，赋予检察建议准实体性的警告、训诫权力。即检察机关对于发现的具有犯罪苗头的违法违纪人员，可视情节对其进行警告、训诫，并制定帮教措施，要求有关单位执行，以达到教育和预防效果。第二，赋予检察机关提请有关机关依法惩处弹劾、追究违纪责任的程序性建议权。对因违法、犯罪而不宜继续担任现有职务的官员，检察机关可以建议其所在单位、纪检监察机关、有关主管部门、人大常委会等进行惩戒处分或弹劾罢免的建议性权力。第三，明确被建议单位必须在规定期限内回复检察建议的义务，此处可以参照香港和澳门廉政公署防贪建议和劝喻的规定。在香港，防贪建议发出后3个月内，接收单位有义务提交落实建议的文件副本以备查存档，防贪处也会主动与之联系，确认建议的落实情况，如果防贪堵漏的建议没有落实，防贪处可以向接收单位上级机构报告，并跟踪直到接收单位落实防贪建议为止①。在澳门，收到廉政专员发出的关于改善行政管理的劝喻后，按照《廉政公署组织法》第12条第5款的规定，必须在90天内作出有依据的答复；如果有关单位不接受劝喻，廉政公署就会分析该单位不接纳的理由，如果认为不接纳劝喻的理由不成立，则可以进一步向该部门所属的上级司长反映。

（二）继续坚持先试先行——以实践推动检察建议工作的科学发展

当前开展检察建议的过程中，虽然存在各种障碍，但是检察机关不能以没有法律规定为借口而弱化检察建议工作，必须坚持先试先行，以实践推动检察建议工作的科学发展。正如鲁迅先生说过："其实地上本没有路，走的人多了，也便成了路。"检察建议工作开展多了，实际案例多了，取得的法律效果和社会效果明显了，就会有力推动检察建议的纳入立法规划的快车道。在检察建议的先试先行工作中，必须抓好两个方面的工作：一是明确检察建议范围。检察建议作为检察机关开展工作的一种创新方式有着重要而积极的意义，但同时要防止检察建议应用上的主观随意性，必须对其适用范围加以一些界定和限制，检察建议应当主要适用于诉讼领域、行政执法领域、职务犯罪和一般违法犯罪预防，不能将适用范围扩展到建国初期的那种一般监督上中去。二是注重检察建议书的质量，特别是内在的说理性。客观上，检察机关需要被建议对象对检察建议的意思表示给予积极的回应和配合，才能顺利达到其目的。因此，对检察建议文书的逻辑结构、表述方式、内容要素均也应有明确具体的规定，防止文书的随意性和简单化，着力保证文书的规范与严谨。

（三）完善内部监督制约——坚持正确的考评价值导向

检察建议不仅是就办案过程中发现的问题而制发出去的简单文书，更重要的是它发出去后达到了怎样的整改落实效果，所建议的问题是否得到切实有效解决，这才是检察建议的法律价值所在。因此，为了确保真正发挥出检察建议的重要价值，有必要在坚持正确考评导向前提下，完善对检察建议的

---

① 黄晶：《香港防贪建议与内地职务犯罪预防检察建议的比较借鉴》，载《法制与社会》2011年10月（中）期。

内部监督制约。一是要建立完善的考核机制。可借鉴检察机关业务工作量化考核的做法，将检察建议工作纳入检察机关的目标考评体系中，制定出科学、合理并具有良好导向作用的考评指标，发挥对关于检察建议的工作思路和工作方法的积极引导作用。对检察建议工作的考核，首要应以检察建议实际发挥的功效为标准，而不能单仅仅考核制发数量或被建议单位是否回复。考核的重点应在于检察建议说理是否充分、是否取得实效。二是要健全管理机制，着力规范检察建议的制发流程。严格检察建议的登记、备案工作，杜绝滥发检察建议，凡是制发检察建议，必须经由部门领导初步审核后，报分管领导签发。对于一些有可能产生重要影响的检察建议，应当提交检委会集体讨论。

（四）完善跟踪监督和评估制度——确保检察建议取得实效

根据"谁制发、谁负责"的原则，检察建议的制发部门应加强跟踪落实，确保整改取得实效。一是建立跟踪"回访制度"，用制度约束好检察建议的回访工作，以便更好地将检察建议落到实处。对于已经发出的不当检察建议，或是被建议单位不采纳确实具有理由的检察建议，检察长或者上级检察院应责令撤销，并及时通知有关单位。二是可以考虑建立联席会议制度。加强与金融、工商、海关、烟草等行业主管部门的协调合作，通过加大沟通交流力度，使有关主管部门对检察建议给予理解、配合、支持，从而在监督者与被监督者之间建立和谐融洽的工作关系，有利于检察建议的落实。三是要坚持定期综合分析和评估。检察机关还要定期对发送检察建议的情况进行综合分析和评估，从发出检察建议的质量是否具有准确的针对性、是否被合理采纳、整改是否得到落实、检察建议自身存在的问题等方面进行分析和评估，以便更好地开展好检察建议工作，使之不断得到完善。

刑事案件量刑建议工作机制的路径设计

李存国* 邓发强** 尹 畅***

近年来，随着司法改革的推进，有关规范量刑和量刑建议的理论与实务探索已走向深入，既促进了量刑公正，又凸显了刑罚功能发挥，更确保了刑罚目的实现。修改后的刑事诉讼法吸收借鉴了量刑建议的改革探索成果。为全面构筑起检察机关对刑事案件的量刑建议工作机制，强化量刑监督，促进量刑公正，现就此问题作如下探析。

一、量刑建议的基本内涵与制度探源

（一）量刑建议的内涵

量刑建议有广义和狭义之分。广义的量刑建议，是指检察机关、被告人、被害人及其诉讼代理人对被告人应当判处的具体刑罚向法院提出的具体

---

* 李存国，重庆市人民检察院第二分院副检察长。
** 邓发强，重庆市人民检察院第二分院副检察长。
*** 尹畅，重庆市人民检察院第二分院法律政策研究室副主任、检察员。

意见；狭义的量刑建议，是指检察机关的量刑建议权，也是本文所要讨论的话题，即指检察机关对被告人应当判处的具体刑罚向法院提出的具体意见。换种表述方式，即在刑事诉讼中，公诉人在出庭支持公诉发表公诉意见时，根据被告人的犯罪事实、性质、情节和社会危害程度，代表人民检察院，建议和要求人民法院对被告人处以某一特定的刑罚（或免予刑罚），即在刑种、刑期、罚金数额及执行方法等方面提出具体的意见。根据《人民检察院开展量刑建议工作的指导意见（试行）》规定，量刑建议是人民检察院对提起公诉的被告人，依法就其适用的刑罚种类、幅度及执行方式等向人民法院提出的建议。

笔者认为，无论广义还是狭义的量刑建议，作为检察机关公诉权的一项重要内容，反映在司法实践中应当是公诉人代表人民检察院建议、要求人民法院对被告人处某一特定的刑罚，对刑种、刑期、罚金数额、执行方法等方面提出的具体的要求，或者说是公诉人向审判机关法官提出对被告人从重处罚、从轻处罚、减轻处罚等的意见，请求审判机关及其法官在一个相对确定的量刑幅度量刑的检察建议。

（二）量刑建议制度的基本含义

由量刑建议实践衍生发展而形成的量刑建议制度，是指在刑事诉讼中，检察机关在代表国家对刑事案件向法院提起公诉的同时，结合犯罪事实、性质、情节以及被告人的认罪态度等因素，建议法院对被告人处某一特定的刑罚，并对刑种、刑期、罚金数额、执行方式等提出具体要求①。

（三）量刑建议制度在我国的演进检索

在我国，由量刑建议演进为量刑建议制度，实际上早已有之，只是没有正式提出，或者说行使得不全面而已。如检察机关的起诉书和公诉意见书中提出的案件适用的法律条款、有关量刑情节的事实和适用法律的意见，其本质就是一种量刑建议，只是这种意见不够具体和明确罢了。为适应1996年刑事诉讼法修改后刑事案件庭审模式由法官为主导的审问式向对抗式转变的需要，我国部分基层检察院逐步尝试推进量刑建议改革。

1999年北京市东城区检察院试行"公诉人当庭发表量刑意见"，2000

---

① 参见石经海：《"量刑规范化"解读》，载《现代法学》2009年第5期。

年初将此确定为公诉改革的课题之一①。

2005年7月,最高人民检察院正式下发《人民检察院量刑建议试点工作实施意见》,明确检察机关要根据罪刑相适应的原则,依照刑法、司法解释有关规定和案件的具体情况,在庭审中就被告人量刑幅度向审判机关提出具体建议。此后量刑建议制度作为刑事诉讼程序改革的一项重要内容,在湖北省武汉市、钟祥市等部分地区进行试点②。

2008年10月26日,最高人民检察院检察长曹建明在十一届全国人大常委会第五次会议上作关于加强刑事审判法律监督工作维护司法公正情况的报告,此报告建议通过立法或修改刑法对各类犯罪的定罪量刑标准作出科学规定。

2010年2月23日,最高人民检察院正式出台《人民检察院开展量刑建议工作的指导意见(试行)》,第一次详细系统地规定了量刑建议的原则、条件、幅度及提出量刑建议的时间、方式等,量刑建议制度终于被正式确立在我国的司法解释之中,成为我国量刑程序的有机组成部分,也标志量刑建议已由单纯的试点进入全面推广的新发展时期,③随后,量刑建议在许多地区基层检察院逐步被制度化。

2012年3月14日第十一届全国人大五次会议通过的《关于修改〈中华人民共和国刑事诉讼法〉的决定》,进一步明确了完善监督程序,增强监督刚性,建立健全刑事二审、再审、减刑假释、死刑复核、量刑建议和诉讼时效等方面的法律制度。修改后的刑事诉讼法从立法层面上对量刑建议工作提出了要求,如第193条规定,"法庭审理过程中,对与定罪、量刑有关的事实、证据都应进行调查、辩论",使量刑建议走向规范化、统一化,标志量刑建议工作成为各级检察机关日常工作的组成部分。④

(四)域外部分量刑建议制度考据

从大陆法系国家的情况看,量刑没有和定罪程序分开,量刑部分主要是通过检察官在诉讼活动中提出量刑建议。大陆法系各国的量刑建议效力都遵循不对法官产生约束力这一基本原则。如德国检察官的建议与最终刑罚都较

---

① 参见李和仁:《量刑建议:摸索中的理论与实践——量刑建议制度研讨综述》,载《人民检察》2001年第11期。
② 参见付磊:《量刑建议改革的回顾及展望》,载《国家检察官学院学报》2012年第10期。
③ 参见陈瑞华:《量刑程序中的理论问题》,北京大学出版社2011年版,第158页。
④ 参见付磊:《量刑建议改革的回顾及展望》,载《国家检察官学院学报》2012年第10期。

为接近，但法官倾向于对检察官的建议作一定的修正，审判官倾向于把刑罚判得低于检察官的量刑建议①。

从英美法系国家的情况来看，刑事程序与量刑程序是两个不同的阶段，有关量刑建议的活动只能发生在量刑阶段，而不发生在以定罪为核心的庭审过程。英美法系国家对量刑建议的做法是，在陪审团定罪后，法庭择日就各种酌定因素举行量刑听证，控辩双方都要参加，都可以就量刑问题充分发表意见，检察官作为控方自然拥有量刑建议权。② 由此可见，目前在大多数国家，检察官均享有量刑建议权。

二、量刑建议制度的司法价值与实践困惑

（一）量刑建议制度的司法价值

量刑建议制度的存在意义，主要通过法定的诉讼程序来限制法官的量刑裁量权，以保障量刑的公正。经调查考证，刑事量刑建议制度的司法价值如下：

1. 维护公诉权的完整性

量刑建议权作为一种追诉请求权，是国家刑罚权得以实现不可或缺的环节。长期以来，检察机关更多的是注重行使定罪建议权。这主要是我国法律规定：人民法院具有唯一的定罪量刑权，任何人未经人民法院判处，不得确认为有罪。此规定与法律赋予检察机关公诉职权所涉及定罪建议权与量刑建议权存在不匹配之处，使得检察机关对行使量刑建议权比较消极、被动。实际上，定罪建议权注重从事实上揭露犯罪、证实犯罪，量刑建议权则侧重从法律角度提出对犯罪人应该作怎样的刑事处罚，是前者的必然结果。只有充分行使量刑建议权，才能使公诉权得以完整体现。

2. 制衡和约束法官的自由裁量权

我国刑法在量刑体制设计上，对刑罚幅度规定较大，使得法定刑具有较大的灵活性。司法实践中，个别法官借助个案具体情节的千差万别，或收受收处后"暗箱操作"，量刑畸轻畸重，法官的自由裁量权得不到足够的约束

---

① 参见樊崇义等：《正当程序文献资料选编》，中国人民公安大学出版社 2004 年版，第 411~412 页。

② 参见徐汉明、胡光阳《关于量刑建议的研究报告》，载《刑事司法指南》（总第 28 期），法律出版社 2007 年版，第 87 页。

和制约。为此，赋予检察官量刑建议权，把量刑建议作为必经程序引入庭审活动，在庭审辩论阶段增设一个新的量刑辩论程序，将定罪和量刑的司法对抗贯穿到法庭审理的全过程，不仅可以使法官在作出裁判时有了很好的参考价值，不得任意裁判，而且使法官在判决时更加审慎，加强自我约束，在量刑时谨慎斟酌，公开、透明地作出公正判决。

3. 增强辩方防御能力和保障被告人合法权益

刑事诉讼被告人的辩护权利，包括是否有罪和应当受到何种处罚的权利。也就是说，被告人不仅应当就自己是否有罪以及犯何种罪进行辩护，而且还应对自己将要受到何种处罚在判决前具有知情权和辩护权。其实，在刑事诉讼过程中，大多数时候当事各方对定罪不存在较大争议，往往对量刑部分比较模糊，导致上诉、抗诉案件比较多。实行量刑建议，能把庭审的重点从过去的以定罪为重心转向围绕以量刑推进，使法庭审判程序公开、透明，不仅有利于监督司法裁判，而且可以使被告人获得事先知情权，以便在庭审中对具体量刑建议予以辩驳，有充足的时间和充分条件为自己进行辩护，从而更好地维护自己的合法权益。与此同时，即使获判后，由于能够认识到量刑程序的公正性，能更加自觉地接受处罚、改造。

4. 助推审判方式改革和实现普通程序简化审

修改后的刑事诉讼法吸收了刑事案件普通程序简化审判方式的探索成果。过去，我国对被告人作出认罪后的刑罚适用情况并无具体的规定，特别是适用普通程序简化审庭审方式的被告人，在作有罪供述且其诉讼权利受到一定程度限制的情况下，法律仍没有规定可以减轻处罚。从普通程序简化审的探索看，规定控辩双方对此类被告人认罪的案件将主要围绕确定罪名、量刑及其他有争议的问题进行辩论，同时规定对自愿认罪的被告人，酌情予以从轻处罚，但对从轻处理的幅度没有具体的规定。赋予检察机关量刑建议权后，由检察机关在量刑建议时提出从轻处理的幅度，不仅有利于化解被告人及其辩护人对简化审庭审方式产生对抗情绪，而且有利于深化审判方式改革。

5. 节约司法资源和提高办案质量

刑事审判过程中，由于控辩双方未就量刑问题进行很好的陈述事实、解释理由，致使有些被告人对判处的刑罚缺少心理准备，转而对一部分事实和证据进行狡辩。如果检察机关行使了量刑建议权，量刑建议可以充分调动控辩双方参与量刑裁判意见的形成，共同探索量刑的合理界限。当辩护方对公诉人的量刑建议经综合考虑后，提出从轻或减轻的异议，能够增强辩论的充分性和针对性，有利于法庭全面了解案件情况，并迅速审判，作出公正合理的量刑裁决。而被告人通过参与量刑辩论，了解了法院为何判处该刑罚，促使其对所判刑罚的理解和服从，不仅可以提高服判率，而且可以减少被告人不必要上诉。这样就可以从一个方面节约诉讼资源，降低司法成本。

(二) 量刑建议制度的实践困惑

长期以来，我国的量刑被法官"包揽"。以前，在探索刑事量刑建议改革时，由于量刑建议不具有强制力，量刑建议的内容又仅限于量刑结果，不够全面具体，法官采信程序受到限制，此项改革探索不免受到局限。经调研考证，刑事案件量刑建议在实践环节主要存在以下困惑：

1. 量刑建议的标准不规范

从量刑建议制度建构上分析，量刑建议适用的案件范围应是检察院向法院提起公诉的所有案件，并不能只对简单的、定性没有争议的刑事案件提出量刑建议。对简易程序提起的案件，因案件事实清楚，量刑通常在3年以下，像交通肇事、故意伤害（轻伤），在民事部分赔偿的情况下基本判决都是缓刑，对此作量刑建议是否有必要，存在争议，既不便把握，又难以统一。加上具体司法实践中，有的办案人是单独制作，随案移送；有的是在庭审中发表的公诉意见中提出，而且这种做法比较常见，从而使整个量刑建议的标准难以规范、统一。

2. 量刑建议的信息难以完整收集

为防止量刑建议出现随意化、形式化，量刑建议提出应当在检察院内部有个审核阶段。办案检察官必须在提出内部审核前全面占有案件事实、情节、证据以及当事人的相关信息，才能确保量刑建议的公正、准确。但司法实践中，由于有时当事人及其辩护人、出庭证人以及法官占有的某些案件事实、情节、证据等信息材料是庭审过程中临时出现，严重影响量刑建议的准确性。

3. 量刑建议的内容及幅度难把握

由于量刑建议的内容需要提出具体的量刑幅度，而司法实践中往往因案有别、因人而异，做法不同，造成量刑建议幅度较为混乱，影响量刑建议制度的作用发挥。

4. 量刑建议的认识差异难弥合

由于有的量刑建议说服力不强，对量刑方案的不确定性，个别检察官的不中立性，对案件认识存在差异，以及量刑建议的采纳率，都将影响量刑建议的作用效果,需通过深化量刑建议制度改革,不断改进、完备,使量刑建议工作机制化。

三、构建刑事案件量刑建议工作机制的路径设计

量刑公正是实现刑事司法公正的前提。量刑建议是监督和促进量刑公正的重要途径。根据中央司法改革的总体精神,依据修改后的刑事诉讼法有关条文和"两高三部"关于量刑规范化建设之规定,运用系统论思维,结合司法实践,提出构建刑事案件量刑建议工作机制的路径设计:

(一) 转变执法观念,用立法理念统领量刑建议机制构建

1. 坚持量刑建议的法制理念

主动转变"重定罪、轻量刑"、"重实体、轻程序"的旧观念,依据修改后的刑事诉讼法关于人权保障的理念,树立起"定罪与量刑并重"、"实体与程序兼顾"的量刑建议执法理念。

2. 坚持量刑建议的正当性

检察机关作为法律监督机关,对刑事案件实行量刑建议,是约束法官自由裁量的重要举措,是规范法官司法行为的重要途径。

3. 坚持公诉权的完整性

认清公诉权作为一种司法请求权,包括定罪请求权和量刑请求权两部分。检察机关请求法院认定案件事实和罪名,是定罪请求权,请求法院确定刑罚及其方式是量刑请求权,两者都是处断刑事案件过程中不可分割的统一体内的两个有机组成部分。

4. 依法执行最高人民检察院的规定

最高人民检察院出台的《人民检察院开展量刑建议工作的指导意见(试行)》,是纳入我国司法解释序列并具有同等功效之规定,是我国量刑程序的有机组成部分,严格执法、依法办案,是各级检察院义不容辞的法律义务。

5. 科学统筹量刑建议机制构建

以人为本,统筹兼顾,精心规划,细化操作规程,逐一实践落实,逐步形成量刑建议工作机制。

(二) 规范量刑建议案件范围，谋求量刑均衡化

鉴于刑法规定的量刑幅度宽的罪名较多，给予法官自由裁量极大的空间，容易产生判决不公和个案不平衡。根据中央"将量刑纳入庭审程序"纳入刑事司法改革重要任务之要求，致力实现量刑均衡量化。

1. 确定哪些案件纳入量刑建议的基本思路。通常情况下，各个检察院每年所办刑事案件数量较多、人手较紧。为科学合理地分配办案人力、物力以及领导精力，建议根据《人民检察院开展量刑建议工作的指导意见（试行）》和《人民检察院关于规范量刑程序若干问题的意见（试行）》之规定，统筹兼顾，制定出台一个哪些类别的案件应纳入量刑建议的优先案件、哪些案件应当缓行的工作规定，妥善安排，逐步推进，以免建议不当而出现不应有的乱象。

2. 根据上述意见之规定，建议按照"四个对于"的要求推进量刑建议工作，即对于社会关注度高的敏感案件，外界干扰大，量刑较难掌握，不适宜提出量刑建议；对于事实和定性有争议的疑难复杂案件，刑期难以把握的案件，不宜勉强提出量刑建议；对于影响重大的死刑案件，应当综合各种社会因素，慎重决定是否提出量刑建议；对于新的犯罪形式，缺乏量刑操作经验积累之前，一般不得主动提出量刑建议。

(三) 统一量刑建议提出的时间、方式，谋求规范操作

鉴于《人民检察院开展量刑建议工作的指导意见（试行）》对量刑建议的提出时间、采取的方式多用"一般"、"可以"等字眼，不够明确具体、随意性较大，不利于具体实施。建议应在总结各地试行探索取得成功经验的基础上，明确规定量刑建议提出的时间、方式等事项，增加执行力度，保障量刑建议实施。

1. 量刑建议提出的时间应当区别对对待

适用简易程序的案件，一般在提起公诉时将量刑建议书和起诉书一并移送法院；对不适用简易程序的案件，一般由公诉人在发表公诉意见时，综合庭审中有有关情况当庭提出量刑建议。这种做法有利于增大公诉人对案件信息的占有量，有利于庭上各方尽可能明确法庭辩论方向及目的，提出的量刑建议更为公正客观。为避免公诉人单一决定的某些缺陷，可以电话请示汇报领导后或者两人以上会商后提出。

2. 量刑建议提出的方式可分为书面、口头两种

建议适用简易程序的案件，一般应当以书面形式提出量刑建议；非简易程序的案件则原则上以口头方式提出，并同步记录备案。

（四）统一量刑建议的内容事项，尽力缩小量刑幅度

1. 使量刑建议取得约束法官量刑裁量权的效果。对适用简易程序的案件，其量刑建议的内容应当尽可能提得明确、具体，尽量避免如从轻处理、从重处理之类模糊的语言。

2. 对新型犯罪案件、社会敏感案件、疑难复杂案件，从提出量刑建议尺度难把握的需要出发，一般采取庭前与法院承办人交换意见的方式提出，且提出的内容尽可能贴近实际处刑标准，以免法院不采纳而挫伤检察官提出量刑建议的积极性。

3. 鉴于《人民检察院开展量刑建议工作的指导意见（试行）》对量刑建议幅度规定得较宽，过宽的量刑幅度完全可以出现畸轻畸重或明显不当的刑罚，使量刑公正被打折扣，应在积累试验经验的基础上，进一步缩小量刑幅度。如基准刑为 3 年以下有期徒刑的案件，建议幅度一般控制在 6 个月以内；基准刑为 3 年以上有期徒刑 7 年以下有期徒刑的案件，建议幅度一般控制在 1 年以内；基准刑为 7 年以上有期徒刑的，建议幅度一般控制在 1 年半以内。

（五）规范量刑建议审批程序，推进多元化量刑建议

根据《人民检察院开展量刑建议工作的指导意见（试行）》的规定，从严把握量刑建议的审批程序。

1. 对于适用建议减轻处罚、免除处罚的案件，以及非主诉检察官承办的案件，要由承办检察官提出量刑意见，部门负责人审核，再由检察长或检察委员会决定。

2. 公诉人在庭审中发现拟定的量刑建议不当需要调整的，可以授权作出调整，若需报检察长决定调整的，应当依法建议法庭休庭后报检察长决定。

3. 庭审过程中出现新的事实、证据导致拟定的量刑建议不当需要调整的，可以依法建议法庭延期审理。

4. 针对量刑建议所涉量刑幅度问题，提出量刑建议可采取绝对确定和相对确定相结合的方式进行。建议对于相对确定的量刑建议，其建议幅度应

在现有基础上作进一步压缩，以提高量刑建议的精确度，发挥量刑建议应有的在制约量刑权方面的价值；对于难以或者不宜提出具体量刑建议的新型犯罪案件、社会敏感案件、疑难复杂案件以及死刑案件，可以提出概括性量刑建议。

（六）规范量刑的实体标准，健全配套制度

1. 相对缩小量刑建议的工作面

在最高人民法院提出的量刑指导意见的基础上，根据我国地域辽阔、不同地区之间的经济、生活差异很大等实际情况，由省级法院、省级检察院研究确立本辖区相适用的量刑标准，报最高人民法院、最高人民检察院审定同意后操作实施。这样量刑建议的面才能相对缩小，量刑建议才能更为准确。

2. 健全量刑建议的配套制度

如建立庭前证据开示制度，使检察机关在庭前能及时全面地了解被告方所掌握的各类证据，为准确提出量刑建议提供条件。又如，建立检察长列席同级人民法院审判委员会会议制度，强化检察机关对重大疑难刑事案件量刑的法律监督。再如，量刑公开、公正制度，规定除不宜公开审理的案件外，其余案件的庭审、量刑等相关信息都应尽可能公开、透明，这既是量刑规范化建设的需要，也是强化量刑监督、约束法官自由裁量权的需要，更是实现量刑公正、司法公正得兼必走的捷径。

3. 健全判决书表述检察建议制度

采取人民法院在刑事案件判决书表述中引入量刑建议的语言表述，对是否采纳量刑建议向检察机关和当事人作出说明，加强审判监督，减少"暗箱操作"，彰显司法公正。

（七）明确沟通、协调、配合途径，完善多项调查制度

1. 建立量刑建议沟通、协调、配合制度

加强与犯罪嫌疑人、辩护人、被害人及其家属的信息沟通，在审查起诉阶段需要听取犯罪嫌疑人、辩护人、被害人及其家属量刑意见。加强与公安机关的工作沟通协调，全面收集量刑证据，尤应收集有利于犯罪嫌疑人的证据。加强与法院的沟通协调，就本地区较为经常发生的罪名、类似情节的案件的量刑幅度达成相近的评判标准，作为量刑建议的提出依据。

2. 建立量刑建议的弹性设置办法，赋予公诉人相机处断的权力

针对庭前议定事项在庭中可能出现的变化，研究制定公诉人相机处断的实施办法，授予公诉人随庭审量刑证据变化，相机作出暂缓、变更、补充、追加、撤销量刑建议等方式，增加量刑建议工作的灵活性。

3. 建立量刑建议前的社会调查制度

健全检察办案人员通过走访被告人家属、邻居、社区、务工单位、所在派出所等途径，核实当事人个人及家庭情况、犯罪前表现、社会评价，掌握量刑情节特别是酌定情节。健全对未成年犯罪嫌疑人的社会调查制度，应当听取其父母或者其他法定代理人、辩护人、未成年被害人及其法定代理人的意见，了解并掌握未成年犯罪嫌疑人的成长经历、家庭环境、个性特点以及犯罪时的年龄、是否初次犯罪、犯罪后的悔罪表现等情况，以便作出正确的量刑建议。

4. 建立量刑建议庭前调查制度

根据修改后的《刑事诉讼法》第 182 条之规定，审判人员可以召集公诉人、当事人和辩护人、诉讼代理人，对回避、出庭证人名单、非法证据排除等与审判相关的问题，了解情况，听取意见。公诉人应当了解辩护人掌握的有可能改变量刑的证据，以便准确地提出量刑建议；根据修改后的《刑事诉讼法》第 279 条之规定，对于达成和解协议的案件，公安机关可以向人民检察院提出从宽处理的建议，检察人员应积极主持和解，提出量刑建议时充分考虑和解结果。

（八）重视培养公诉人才队伍，将量刑建议纳入绩效考核内容

1. 加大优秀公诉人才队伍培养的力度

执行好量刑建议制度，对公诉人才队伍的法律素养和业务水准是个重大的考验。建议各级检察机关应当重视公诉人才队伍的培养，引进优秀人才，搭建岗位练兵的平台、创造优秀公诉人才脱颖而出的成长平台，积极探索用事业留人、感情留人、待遇留人的有效途径。

2. 建立健全量刑建议考评奖惩机制

遵循刑事司法规律，将量刑建议纳入对公诉干警的绩效考核，参照人民法院、公安机关的相关办法，细化出台公诉干警出庭补助、奖惩激励方面的具体操作细则，对量刑建议执行及效果分项细化，该奖励的奖励，该告诫、惩处的按章行事，形成有效的量刑建议执行情况奖惩激励机制。

量刑，作为裁判的最终刑罚结果，其公正与否直接关乎人民法院的执法

形象、关乎刑事司法公正。量刑建议改革探索的成果，已被司法界广泛认同，被修改后的刑事诉讼法吸收。但此项制度受多种因素的影响与制约，需要进一步就案件范围、提出时间、提出方式、提出内容、审批程序、人才培养等事项细化规范，使刑事案件量刑建议工作制度化、机制化。

关于完善检察权运行的
内部监督制约机制研究

勾香华* 崔晓燕**

  孟德斯鸠在《论法的精神》一书中指出:"一切有权力的人都容易滥用权力,这是万古不易的一条经验。"权力必须受到监督和制约是任何一个奉行民主政治的国家公共权力运作的基本准则,制衡是保证权力公正运行的最佳机制。在我国,检察机关作为国家的法律监督机关,掌握着职务犯罪侦查、公诉、侦查监督等重要职权,其执法活动的规范性直接影响到法律监督职能行使的法律效果、政治效果和社会效果。根据"权力必须接受监督"的基本准则,检察机关同样需要接受监督,这既包括来自外部的监督,也包括对检察机关自身的内部监督。随着司法改革的进一步深化、新的诉讼方式和工作模式的施行,完善检察权运行的内部监督制约机制,越来越成为社会关注的重点,同时也成为检察机关亟待解决的重大课题。对检察权运行内部监督制约机制的建构,既要解决内部监督制约机制中存在的具体问题,又要

---

* 勾香华,重庆市巴南区人民检察院法律政策研究室主任。
** 崔晓燕,重庆市巴南区人民检察院法律政策研究室副主任。

在容易产生检察权滥用的环节设置合理的制约机制,确保检察权的规范运行,提升检察机关的执法公信力。

一、完善检察权运行的内部监督制约机制之必要性

（一）这是落实党的十八大关于"健全权力运行制约和监督体系"精神的内在要求

党的十八大强调"健全权力运行制约和监督体系",为此指出"坚持用制度管权管事管人……是权力正确运行的重要保证,要确保决策权、执行权、监督权既相互制约又相互协调,确保国家机关按照法定权限和程序行使权力"。① 这深刻揭示了权力之间相互监督制约的本质。检察机关作为国家的法律监督机关,肩负着监督其他司法机关、行政执法机关的重要职责,是维护社会公平正义的最后一道屏障,公众寄予了极高的期望。然而,正是基于检察机关法律地位和职能定位的特殊性,集侦查、批捕、起诉于一身的检察权也饱受争议。为了防止检察权力的滥用,回应"谁来监督监督者"的质疑,必须对检察权予以必要的监督和制约,保证自身严格公正执法,确保检察权不被滥用。在此形势下,完善检察权运行的内部监督制约机制,使检察机关各项权力之间既互相配合又互相制约,各项检察权运行在科学高效的轨道上,完全符合党的十八大关于"健全权力运行制约和监督体系"的精神,能够确保检察权依法正确行使,提升检察机关的执法公信力。

（二）这是提高执法办案质量的迫切需要

"执法办案质量是检察工作的生命线。"执法是一个动态的过程,从受案到结案,都需要检察人员不仅要严格按照实体法的要求去办案,同时也要重视对程序法以及相关规章制度的遵守。当前,一些检察机关因内部监督制约不力,从而导致执法办案质量不高、执法不规范的问题:有的法律文书不使用法言法语,引用法条有误,适用法律不当;有的在办理过程中不依法使用法律文书、不依法向当事人告知诉讼权利和义务、不按照法定时间送达文书、不在法定期限内办结;有的出现超期羁押、越权办案,以及错捕、错诉、错不诉等现象,这些问题的暴露,使法律在人民心目中的形象、威信大

---

① 引自胡锦涛于 2012 年 11 月 8 日在中国共产党第十八次全国代表大会上的报告。

打折扣,"法律的最后一道防线"职能作用不能得到有效发挥。为此,完善检察权运行的内部监督制约机制,使检察人员在执法活动中严格遵守办案程序,执法工作严格受到内部机制的监督制约,就可以有效防止和减少执法中的各种不规范问题,从而提高执法办案质量。

(三)这是促进检察队伍建设的必然要求

近些年来,由于受社会不良风气、拜金主义等思潮的影响,个别检察人员世界观、人生观、价值观扭曲,出现了一些令人不愿见到的违法违纪现象。据高检院工作报告,近5年来,全国检察机关严肃查处违法违纪的检察人员1122人,其中追究刑事责任124人。[①] 这些违法违纪现象的出现,暴露出一些检察机关内部执法监督制度不够完善、监督体系不够健全,队伍建设力度亟待进一步强化的问题。完善检察权运行的内部监督制约机制,强化对检察人员的监督管理,与加强检察队伍建设的目标是一致的,是促进检察队伍建设的必然要求。同时,强化内部监督制约,从本质上讲是对检察人员的关心和爱护,对于进一步提高检察队伍的整体素质,最大限度地减少检察人员违法违纪现象具有十分重要的意义。

二、国内外相关工作情况研究

(一)域外情况

当今世界许多国家的检察机关都拥有侦查权。尽管这些国家司法体制与我国不同,但在内部监督方面,都有严格的规定和举措。国外检察机关在内部监督方面,以下几个方面值得参考:

一是法律规定较严。许多国家对侦查行为都有制约规定,从立案、拘捕、讯问、勘验、搜查、扣押、鉴定等各侦查环节,都规定了严格的活动内容和程序。如德国讯问被告人时,首先要告知被控罪名和被控根据。各国的刑事诉讼法依据宪法规定,在具体条文中严格规定了拘留、逮捕的实施对象、条件和程序,严禁出现滥用强制措施的行为。

二是检察一体化监督机制。大陆法系国家大多把检察机关界定为行政机关,通过检察一体化机制来实现内部监督制约,即上级检察机关(检察官)

---

① 参见最高人民检察院检察长曹建明于2013年3月10日在第十二届全国人民代表大会第一次会议上所作的工作报告。

发现下级检察机关（检察官）的行为有错误时，有权要求改正或直接予以纠正的一种监督制约机制。它要求在上下级检察机关（检察官）之间实行上命下从的领导关系，上级检察官对下级检察官具有指令权，包括指挥监督权、职务收取和转移权，下级检察官则有相应的服从义务和报告义务。检察一体化具有防范下级检察官滥权的功能。

三是部门分设分立。为加强内部监督，许多国家检察机关的侦、审、诉等职能部门都严格分开，以保证相互制约。美国路易斯安那州奥尔良地区检察官办事处内部设有：职业犯罪局，主要负责案件侦查；审查分部，负责对移送起诉案件的审查，决定是否起诉；审判分部，负责出庭审判案件的法庭公诉业务。有的地区检察机关采用检察官分别担负一项诉讼程序形式，实行流水作业，以便相互制约。日本检察机关设有特别侦查部、刑事部、公审部等，以形成相互制约态势。

四是强化内部监督机构职能。为加强内部监督，一些国家检察机关设有专门的内部监督机构，如泰国的行政委员会等，其职能主要是：讨论、审议、检查检察机关各项活动包括自侦活动的执行情况；英、法等国成立了查处检察官违法行为的机构，如英国的职务委员会具体负责对受到指责的检察官提出处理意见。

五是突出检察长的监督作用。世界上大多数国家的检察机关都实行检察长负责制，强调检察长的监督作用。在美国，检察长有权对地方检察官不愿意起诉的案件予以起诉，但这些制约很少被使用。美国检察系统的内部制约更注重普遍意义的规范和引导，而不是对个案的硬性指令或直接变更。

（二）我国的总体概况

我国检察权统一行使是检察工作的一项基本原则，但是这一原则并不排斥在检察权的具体行使中实行职权分离，通过内部的职权分工，建立防止检察权滥用的制约机制，这是对检察权进行监督制约的重要方面。为解决职务犯罪侦查工作中的突出问题，最高人民检察院于1998年10月21日颁布了《关于完善人民检察院侦查工作内部制约机制的若干规定》，之后又对其做了进一步的修改和补充，于2004年6月24日颁布了《关于人民检察院办理直接受理立案侦查案件实行内部制约的若干规定》，包括以下内容：一是职务犯罪的查处工作在不同的阶段分别由举报中心、反贪污贿赂部门、渎职侵权检察部门、侦查监督部门、公诉部门、控申部门等不同内设机构分别承办；二是实行侦查权与审查决定权分离，凡侦查工作中需要对犯罪嫌疑人做出程序性处理的，都要由侦查部门以外的其他部门进行审查；三是建立侦查工作的集体决策机制，避免个人决定事项；四是建立多环节的制约链条，在环节上，侦查工作中的各项处理决定分别由不同部门作出，并具体规定了各职能部门之间相互制约的具体程序和期限。为进一步加强上级检察院对下级检察院的领导与监督，最高人民检察院于2005年9月23日通过了《关于省级以下人民检察院对直接受理侦查案件作撤销案件、不起诉决定报上一级人民检察院批准的决定（试行）》和《人民检察院直接受理侦查案件立案、逮捕实行备案审查的规定（试行）》，于2009年9月2日印发了《关于省级以下人民检察院立案侦查的案件由上一级人民检察院审查决定逮捕的决定（试行）》。为进一步加强内部监督，促进严格、公正、文明、廉洁执法，最高人民检察院于2011年12月6日出台了《关于加强检察机关内部监督工作的意见》。为进一步规范检察机关的执法活动，保证办案质量，最高人民检察院还先后制定了《关于加强案件管理的规定》、《检察机关职务犯罪侦查部门办案质量考评办法》、《人民检察院错案责任追究条例》等规定。为进一步推进党风廉政建设，加强对检察队伍的管理，最高人民检察院先后出台了《检察人员廉洁从检十项纪律》、《检察人员任职回避和公务回避暂行办法》、《检察人员纪律处分条例》等一系列规范性文件。在我国，对检察权的内部监督制约具有一定的特色，检察机关主要通过职能部门内部的制约、各职能部门之间的相互制约、上级检察院对下级检察院的监督制约，以及纪检监察部门对检察人员的执法执纪进行监督等形式开展检察机关内部监督制约，从而形成了较为完备的具有中国特色的内部监督制约体系。

（三）重庆的实践概述

近年来，重庆市检察机关为强化内部监督制约，保障检察权的统一正确行使，构建了比较科学合理、规范有序的内部监督制约机制。重庆市检察机关在加强内部监督制约机制建设中突出了以下几个重点：一是围绕依法办案，健全了保障案件质量、办案安全防范等方面的监督制约机制，以及扣押冻结款物定期检查、"一案三卡"① 等制度，加强对查办职务犯罪工作的监

---

① 职务犯罪案件"一案三卡"制度，即办案人员承办职务犯罪案件时须填写"办案自律卡"；首次接触当事人时须告知其诉讼权利、检察人员办案纪律及监督电话，并让当事人在"办案告知卡"上签字确认；案件办结后检察机关纪检监察部门须回访发案单位及相关人员，了解办案人员执法执纪情况，并填写"回访监督卡"，使查办职务犯罪工作置于严格监督之中。

督制约。二是围绕法律监督职责的规范有效履行，完善了立案、批捕、起诉、抗诉等环节的监督制约制度，加强对执法活动的监督制约。三是围绕提高检察工作效能和保证各项工作的有序开展，落实了案件备案备查及报批请示制度、工作检查考核制度等机制，加强上级院对下级院的监督制约。四是围绕提高队伍的执法水平和执法素质，通过强化执法过错责任追究制度的落实、加大对违纪人员的查处等，加强对检察队伍的监督制约。重庆市检察机关通过突出上述几个重点，完善了内部监督制约机制，进一步规范了检察机关的执法行为，提升了检察机关的执法形象。

三、问题分析

近年来，检察机关在依法履行检察权过程中，不断完善内部监督制约机制，对于促进公正执法和队伍建设起到了积极作用，但是仍然存在一些不容忽视的问题，主要表现为：

（一）内部监督意识不强

有的检察机关和少数检察干警对内部监督制约的重要性和紧迫性认识不足，不是积极主动自觉地进行监督，而是"上面推一推，下面动一动"；有的检察机关虽然制定了不少规范执法办案行为及日常行为规范的的内部规章制度，但是抓制度的落实不够到位，形成不了内部监督的权威性；有的检察机关业务部门之间一定程度上存在"重配合、轻监督"的思想，从而影响了业务部门之间的监督效果；有的干警对内部监督存有思想顾虑，认为监督限制人、束缚人，而当前检察工作面临的形势很严峻，存在不少阻力和困难，过分强调内部监督是互不放心，搞"窝里斗"，会影响检察工作的开展；有的干警认为检察机关应当重点加强检务公开、人大监督、社会舆论监督等外部监督，却忽视了内部的监督制约。这些问题不同程度地制约了内部监督制约工作的顺利开展。

（二）对职务犯罪案件办理的监督制约不够完善

在职务犯罪案件中，检察机关既有侦查权，又有批准逮捕权，还有提起公诉或不起诉的权力，从始至终都是检察机关"一竿子插到底"，权力过于集中。因此，加强对此类案件的内部监督制约，对防止职务犯罪侦查权的滥用尤显重要。这在最高人民检察院出台的刑事诉讼规则中得到了一定的体现。然而，这种制度上的设计也存在一些问题，由于立法上的不完善，内部协调、通报等内部运行机制不够健全，监督的操作程序不够具体细化，难以有效规范监督制约的流程，使监督效果大打折扣，如没有建立相应的协调、通报机制，职务犯罪侦查部门从案件的受理到决定立案侦查的具体过程，其他部门无法知晓，造成监督制约渠道不畅，出现的问题难以及时发现和纠正；实践中对职务犯罪案件的刑事立案监督、侦查活动监督、侦查终结监督基本上是工作中的薄弱环节。

（三）业务部门之间的监督制约不够健全

目前，检察机关各业务部门的设置基本上强调的是上下对口，而业务部门之间横向监督制约的模式并未形成体系，业务部门之间的相关监督工作职责、工作流程并不是十分严格、规范、具体，对检察权运行的内部监督制约产生了影响。主要表现为：一是业务部门之间，有的因存在职能交叉，各自为政，不能形成有效的监督；二是有的业务部门的职能定位不准，形成要管的不能管，有事无人管的局面，造成监督制约的缺失；三是有的业务部门之间沟通协调不够，工作方式简单，不善监督；四是有的业务部门在履行职能时，强调协调配合，忽视相互监督与制约。如某县院办理的黄某贪污一案，该案证据存在一些问题，公诉部门三次将案件退回职务犯罪侦查部门补充侦查，致使审查起诉环节办案超期。该案起诉至法院后，最终仍被作无罪判决。

（四）对案件质量的管理与监督不够科学

在较长的时期内，检察机关对案件质量的管理与监督未形成系统化、科学化。在多年的执法规范化检查中，我们发现一些检察机关在涉及扣押、冻结款物的处理、讯问职务犯罪嫌疑人同步录音录像的实施、对当事人的权利义务告知等方面，一直存在执行办案流程不规范的问题，影响了案件办理的质量。上述问题涉及执法办案过程中的关键节点，但由于没有科学的案件质量管理监督平台，缺乏从收案到结案整个过程及时有效的流程控制，各执法办案环节的信息相对封闭，难以及时、全面发现相关问题，从而致使这些问题难以从根本上得到遏制。因此，亟待构建科学的现代办案管理监督模式，以加强对案件质量的管理与监督。

(五)检察队伍的管理监督机制不够完善,内部监督制度的执行力度不够

近年来,检察机关制定了不少规范执法的内部制度,以加强对执法活动的监督制约,但仍然存在对检察队伍的管理监督机制不够完善的问题。与此同时,虽然有的制度比较健全,但是有的检察机关在抓落实上不够到位,对队伍管理不够严格,存在着失之过宽、失之过软的现象,一些制度成为一纸空文,其制约和约束作用得不到有效发挥,以致一些检察机关违规扣押冻结款物尚未完全杜绝,讯问职务犯罪嫌疑人同步录音录像制度执行不严格,执法过错责任追究落实不到位等;有的检察干警执法不规范、不文明、不公正,办案中受利益驱动,非法插手经济纠纷,以案谋私、以权谋利,甚至索贿受贿、贪赃枉法,如某省检察系统近几年查办了包括3名区县检察长在内的一批违纪违法案件,教训深刻,发人深省。这些暴露出一些检察机关对队伍的管理监督机制不够完善,内部监督制度的执行不够有力的现实问题。

(六)内外监督制约统筹协调不力,影响了内部监督制约的成效

在监督制约体系中,内部监督制约与外部监督制约的效应是互补的。"效应互补"源自系统论"十个1相加大于10"的基本定理,系指两个或两个以上的行为交互协调,彼此弥补对方的不足或损失,所产生的总效应大于单个行为所产生的有效结果或成果总和。然而在检察实践中,一些检察机关存在加强内部监督制约与接受外部监督制约统筹协调不够有力,甚至加强内部监督制约与接受外部监督制约相互脱节的问题,未能实现内部监督制约与外部监督制约的良性互动,从而削弱了外部监督制约对内部监督制约的促进作用,在一定程度上影响了内部监督制约的成效。

四、检察权运行内部监督制约机制的构建

检察机关内部监督制约机制的构建,应当遵循实体与程序并重,公正与效率并行,形成检察系统内部环环相扣、协作制衡的长效机制,确保检察权的规范高效运行,进一步提升检察机关的执法公信力。

(一)进一步强化对内部监督制约重要性的认识

最高人民检察院检察长曹建明在全国检察机关内部监督工作座谈会上强

调,各级检察机关要牢固树立监督者必须接受监督的观念,始终以积极主动的姿态,切实把强化自身内部监督制约放到与强化法律监督同等重要的位置,用比监督别人更严的要求来监督自己,突出抓好自身监督制约机制建设,确保严格、公正、文明、廉洁执法,为检察工作科学发展提供坚实有力的保障。多年的司法实践证明,仅仅依靠外部监督不能完全实现对检察机关行使职权的及时有效监督。[1] 强化内部监督制约不是对干部的不信任,而是对干部政治上的关心和爱护;不是对干部主观能动性和工作积极性的挫伤,而是对干部的保护;不是对检察工作的束缚,而是促进检察工作健康发展的重要保证。[2] 因此,检察机关要高度重视内部监督制约工作,引导检察人员克服监督是"自找麻烦","自家人跟自家人过不去"的错误观点,进一步强化对内部监督制约重要性的认识,增强工作的自觉性和主动性。检察长、分管检察长、各内设部门要明确内部监督职责,落实监督责任,细化监督措施,切实把内部监督寓于各项检察工作之中,形成内部监督工作的整体合力。

(二) 完善对职务犯罪案件办理的内部监督机制

一是加强相关监督立法。结合新刑事诉讼法和《人民检察院刑事诉讼规则(试行)》的实施,借鉴对公安机关的刑事立案监督、侦查活动监督办法以及国外相关法律规定,加强相关监督立法,明确对职务犯罪侦查部门办理相关案件的监督制约规定,使对职务犯罪案件的内部监督制约有法律效力层次的依据。对于一些新制度,如技术侦查手段的实施、指定居所监视居住的适用等,应尽快出台操作性强的内部监督规定,以适应形势发展的新需要。

二是建立初查登记报告制度和初查过程跟踪制度。现行初查行为的启动由职务犯罪侦查部门单方面决定,对该环节没有具体的监督制约措施,存在一定的随意性。因此,应当建立初查登记报告制度和初查过程跟踪制度,在启动初查程序时必须事先报告,由检察长批准。初查程序启动之后,落实对初查过程的跟踪监督,以监督初查过程是否按照计划进行、目的是否明确、手段是否正当、证据是否符合要求,以防止权力被滥用。

---

[1] 周伟:《探索和建立检察机关内部监督制约机制》,载《辽宁公安司法管理干部学院学报》2010年第2期。

[2] 《强化内部监督制约 提高法律监督公信力》,载《人民检察》2009年第15期。

三是落实职务犯罪案件情况通报、提前介入制度。明确规定职务犯罪案件从受案到立案、侦查、强制措施的采取及变更、侦查终结，按案件的诉讼进程将相应的文书送达侦查监督、公诉、监所等部门，便于掌握和发现问题，及时提出纠正意见。规定侦查监督、公诉部门可主动或应邀提前介入职务犯罪侦查部门的侦查活动，参与重大案件的讨论，提出引导侦查取证的意见或建议。

四是健全备案审查制度。在职务犯罪案件中，立案、撤案、不起诉，都是事关犯罪嫌疑人合法权益的重要环节，将这些诉讼环节中的有关决定报送上级检察院备案，有利于上级检察院及时发现问题，纠正错误，有利于维护犯罪嫌疑人的合法权益，也有利于防止查案不力和滥用职权。[①]

此外，通过全面落实讯问职务犯罪嫌疑人同步录音录像制度、职务犯罪案件审查逮捕上提一级制度、职务犯罪案件"一案三卡"制度[②]等内部监督制度，将查办职务犯罪工作置于严格的监督制约之中，促进依法、文明办案。

（三）健全业务部门之间的相互监督制约机制

检察权在法律体系中是一个统一的整体，但在检察机关内部，是依照不同的权能，分属不同的部门行使。部门之间的相互监督制约，是检察权运行内部监督制约的重要环节。健全业务部门之间的相互监督制约机制，最重要的就是要进一步科学配置各业务部门之间的相关权力，完善权力的"制衡机制"。当前主要应当抓好以下六个环节：一是以加强立案监督为重点，完善侦查监督部门与职务犯罪侦查部门之间的制约机制；二是以强化公诉部门对职务犯罪侦查部门侦查工作的监督、指导为重点，完善公诉部门与职务犯罪侦查部门之间的制约机制；三是以加强协调配合为重点，完善侦查监督部门与公诉部门之间的制约机制；四是以适用强制措施的监督为重点，完善监所检察部门与职务犯罪侦查部门、侦查监督部门、公诉部门之间的制约机制；五是实行办案与复议、复查的分离，完善控告申诉检察部门与其他业务部门之间的制约机制；六是实行受案与办案的分离，完善举报中心与职务犯

[①] 参见孙谦主编：《中国检察制度论纲》，人民出版社2004年版，第362页。

[②] 职务犯罪案件"一案三卡"制度，即办案人员承办职务犯罪案件时须填写"办案自律卡"；首次接触当事人时须告知其诉讼权利、检察人员办案纪律及监督电话，并让当事人在"办案告知卡"上签字确认；案件办结后检察机关纪检监察部门须回访发案单位及相关人员，了解办案人员执法执纪情况，并填写"回访监督卡"，使查办职务犯罪工作置于严格监督之中。

罪侦查部门之间的制约机制。工作中,检察业务在不同环节有相互关联的部门,相关部门之间要健全制度,细化流程,明晰职能,明确责任,注重沟通协调,强化横向监督制约,以此健全业务部门之间的相互监督制约机制。

(四)构建科学的案件质量管理监督模式

在检察机关的内部执法检查中发现的一些执法不规范问题,与案件管理不到位、监督不到位、预警不到位有密切关系。因此,检察机关要全面加强案件质量管理监督机构建设,及时有效控制办案流程,构建以执法规范化为核心,以信息化为特征的科学、高效、专业的现代管理监督模式。通过专门的案件质量管理监督机构,开展案件集中管理监督工作,统一案件的出口、入口,对办理的案件进行全程动态监控,确保案件按照规定流程办理;对办案中开具法律文书,以及搜查、扣押、冻结、处理款物等办案重要节点实行监督,对发现的问题及时进行预警;强化法律文书备案审查,定期开展案件质量综合分析,加强案件质量监督;统一负责接待辩护人、诉讼代理人,严格落实电子卷宗查阅和办案流程信息查询,充分保障律师阅卷权和诉讼阶段的知悉权,从而更好地促进对办案工作的监督与制约。

(五)完善队伍管理的监督制约机制,强化制度执行力建设

围绕检察权运行的关键环节、执法办案的重点岗位和人民群众关注的热点问题,不断完善队伍管理的监督制约机制,并强化制度的执行力。一是进一步完善对检察院领导干部的监督制度。建立领导干部重大事项报告、廉政档案、检察长到上级检察院述职述廉等配套制度,督促领导干部自觉履行"一岗双责"。二是落实检察长对业务和队伍的管理监督机制。检察长要履行好监督与管理职责,加强业务监督和队伍管理工作的监督,及时发现和纠正执法办案中存在的问题,促进检察干警廉洁自律、公正执法。三是强化上级院对下级院的监督制约机制。结合我国"检察一体"的国情,借鉴国外检察一体化监督机制的一些有益做法,重点建立健全工作领导制度、督查督导制度、工作考核制度等机制,以加强上级人民检察院对下级人民检察院的监督。四是建立检察官执法档案制度。在业务部门建立检察官个人执法档案,一人一档,全面记录执法办案情况,以此作为执法办案与队伍管理的连接点,充分发挥执法档案在评价办案业绩、落实执法责任等方面的监督作用。五是完善检务督察制度。完善检务督察办法,加强对检察机关和检察人员行使职权、遵守纪律的监督,对发现的问题责成定期整改并跟踪落实。六

是健全执法过错责任追究机制。针对执法过错责任往往存在牵涉人员多、责任不易划分的情况,从制度上进一步明确执法责任,细化责任认定标准,提高制度的可操作性,使执法过错责任行为得到及时而适当的处理。七是强化制度的执行力建设。采取有力措施,强化制度的执行力建设,加强对制度执行情况的监督检查,确保制度发挥其应有的监督制约作用。

(六)统筹协调内外监督制约,确保内部监督制约取得实效

统筹协调内外监督制约,创新接受外部监督的渠道,实现与内部监督制约的良性互动,通过外部监督推动内部监督,确保内部监督制约取得实效。一是深化检务公开工作。加大检务公开宣传力度,向社会公开检察工作的内容和程序,完善新闻发布制度,落实刑事案件不批捕、不起诉答疑说理制度等,增强检察权运行的公开性,以公开促公正,以公开促内部监督制约机制的不断完善。二是拓展接受监督的方式。借助互联网、广播电视、报刊、短信平台等,全方位加强与人大代表、政协委员、人民监督员、特约监督员等的联络和沟通,通过听取其对检察工作的意见和建议,促使检察机关不断完善内部规章制度,进一步加强对自身执法活动的监督制约和对队伍的监督管理,从而不断改进检察工作。三是依法接受侦查、审判机关的制约。探索侦查、审判机关对检察机关的制约机制,加强侦查权、审判权对检察权行使的制衡作用,通过侦查权、审判权对检察权进行制衡中发现的一些问题,促使检察机关进一步完善内部监督措施,确保检察权的正确行使。

加强内部监督制约是检察机关的发展之基,是控制检察权有效运行的关键。检察机关要正确履行法律监督职能,必须首先加强对自身的监督制约,进一步完善检察权运行的内部监督制约机制。完善检察权运行的内部监督制约机制是一个具有长期性、艰巨性的系统工程,不可能一蹴而就。在检察工作中,我们应不断探索实践、开拓创新,通过加强内部监督制约机制建设提升队伍的法律监督能力,努力打造一支党和人民满意的高素质检察队伍。

图书在版编目（CIP）数据

西部检察. 第 5 卷/黄常明主编. —北京：中国检察出版社，2014.2
ISBN 978－7－5102－1121－8

Ⅰ.①西… Ⅱ.①黄… Ⅲ.①检察学－中国－文集 Ⅳ.①D926.3－53

中国版本图书馆 CIP 数据核字（2014）第 000451 号

西部检察（第五卷）
黄常明　主编

出版发行：	中国检察出版社
社　　址：	北京市石景山区香山南路 111 号（100144）
网　　址：	中国检察出版社（www.zgjccbs.com）
电　　话：	（010）68682164（编辑）　68650015（发行）　68636518（门市）
经　　销：	新华书店
印　　刷：	三河市西华印务有限公司
开　　本：	720 mm×960 mm　16 开
印　　张：	32.75 印张
字　　数：	598 千字
版　　次：	2014 年 2 月第一版　2014 年 2 月第一次印刷
书　　号：	ISBN 978－7－5102－1121－8
定　　价：	69.00 元

检察版图书，版权所有，侵权必究
如遇图书印装质量问题本社负责调换